Marcel Krippendorf

Online-Shops mit Shopware

Grundlagen, Praxiswissen, Erfolgsrezepte

Liebe Leserin, lieber Leser,

endlich ist es da: das Anwenderhandbuch zu Shopware. Ob Sie einen Online-Shop Schritt für Schritt aufbauen wollen, Fragen zum Tagesgeschäft haben oder prüfen wollen, welche Marketingmaßnahme wirkt: Hier finden Sie Antwort auf Ihre Fragen und passende Lösungen für Ihren Shop. Marcel Krippendorf hat in dieses Buch seine Erfahrungen aus zahlreichen Shopware-Projekten einfließen lassen. Als Ergebnis finden Sie hier zahlreiche Best Practices für den Alltag mit Shopware.

Um mit diesem Buch zu arbeiten, brauchen Sie kein Vorwissen. Von der Installation von Shopware über das Anlegen von Einkaufswelten bis hin zur Internationalisierung Ihres Online-Shops erfahren Sie hier alles, was Sie wissen müssen. Das Buch ist modular aufgebaut, sodass Sie schnell die Information nachschlagen können, die Sie suchen.

Damit Ihr Online-Shop zu einem Erfolg wird, bietet dieses Buch Ihnen nicht nur Informationen zu den Einstellungen von Shopware, sondern auch viel Praxiswissen zum Thema Kundengewinnung und verkaufsfördernde Maßnahmen. Und natürlich erfahren Sie auch, wie Sie den Erfolg messen können.

Ich wünsche Ihnen viel Erfolg mit Ihrem Online-Shop. Wenn Sie Fragen zu diesem Buch haben, Lob oder Kritik äußern wollen, wenden Sie sich an mich.

Ihr Stephan Mattescheck
Lektorat Rheinwerk Computing

stephan.mattescheck@rheinwerk-verlag.de
www.rheinwerk-verlag.de
Rheinwerk Verlag · Rheinwerkallee 4 · 53227 Bonn

Auf einen Blick

1	Der Einstieg in die Welt von Shopware	21
2	Es geht los – so installieren Sie Shopware	33
3	Der Wechsel zu Shopware 5	49
4	Shop grundlegend einrichten – mit den Grundeinstellungen	65
5	Damit Ihre Mitarbeiter Sie unterstützen können – die Benutzerverwaltung	133
6	Das richtige Layout mit dem passenden Theme	139
7	Füllen Sie den Shop mit Leben	157
8	Die Präsentation Ihres Shops mit Einkaufswelten	199
9	Kundenbestellungen bearbeiten	225
10	Pickware ERP	237
11	Verkaufsfördernde Maßnahmen	249
12	Große Mengen verkaufen – B2B-Geschäfte mit Händlern abwickeln	325
13	Erfolge messen und überprüfen	331
14	Die große Bühne – Ihr Onlineshop international	353
15	Subshops – weitere Shops unter eigener Domain	375
16	Ladenlokal und Onlineshop vereinen mit POS	395
17	Mehr Umsatz erzeugen	421
18	Bleiben Sie auf dem Laufenden – Updates installieren	453
19	Damit Sie sicher sind – wie Sie Ihren Shop rechtssicher konfigurieren	461

Impressum

Wir hoffen, dass Sie Freude an diesem Buch haben und sich Ihre Erwartungen erfüllen. Ihre Anregungen und Kommentare sind uns jederzeit willkommen. Bitte bewerten Sie doch das Buch auf unserer Website unter **www.rheinwerk-verlag.de/feedback**.

An diesem Buch haben viele mitgewirkt, insbesondere:

Lektorat Stephan Mattescheck, Anne Scheibe
Fachgutachten Alexander Denninghaus, shopware AG
Korrektorat Annika Holtmannspötter, Münster
Herstellung Janina Brönner
Typografie und Layout Vera Brauner
Einbandgestaltung Nadine Kohl
Satz Typographie & Computer, Krefeld
Druck C.H.Beck, Nördlingen

Dieses Buch wurde gesetzt aus der TheAntiquaB (9,35/13,7 pt) in FrameMaker.
Gedruckt wurde es auf chlorfrei gebleichtem Offsetpapier (90 g/m²).
Hergestellt in Deutschland.

Das vorliegende Werk ist in all seinen Teilen urheberrechtlich geschützt. Alle Rechte vorbehalten, insbesondere das Recht der Übersetzung, des Vortrags, der Reproduktion, der Vervielfältigung auf fotomechanischen oder anderen Wegen und der Speicherung in elektronischen Medien.

Ungeachtet der Sorgfalt, die auf die Erstellung von Text, Abbildungen und Programmen verwendet wurde, können weder Verlag noch Autor, Herausgeber oder Übersetzer für mögliche Fehler und deren Folgen eine juristische Verantwortung oder irgendeine Haftung übernehmen.

Die in diesem Werk wiedergegebenen Gebrauchsnamen, Handelsnamen, Warenbezeichnungen usw. können auch ohne besondere Kennzeichnung Marken sein und als solche den gesetzlichen Bestimmungen unterliegen.

Bibliografische Information der Deutschen Nationalbibliothek:
Die Deutsche Nationalbibliothek verzeichnet diese Publikation in der Deutschen Nationalbibliografie; detaillierte bibliografische Daten sind im Internet über *http://dnb.d-nb.de* abrufbar.

ISBN 978-3-8362-6112-8

1. Auflage 2018
© Rheinwerk Verlag, Bonn 2018

Informationen zu unserem Verlag und Kontaktmöglichkeiten finden Sie auf unserer Verlagswebsite **www.rheinwerk-verlag.de**. Dort können Sie sich auch umfassend über unser aktuelles Programm informieren und unsere Bücher und E-Books bestellen.

Inhalt

Geleitwort von Shopware 17
Vorwort 19

1 Der Einstieg in die Welt von Shopware — 21

1.1	Die Unterschiede der Shopware-Versionen	22
	1.1.1 Die Community Edition (CE)	22
	1.1.2 Die Professional Edition (PE)	23
	1.1.3 Die Professional Plus Edition (PE+)	24
	1.1.4 Die Enterprise Edition (EE)	24
1.2	Der Shopware Community Store	25
	1.2.1 Was ist ein Plugin?	26
	1.2.2 Was ist ein Theme?	27
1.3	Tipps und Tricks für den Umgang mit dem Store	28
1.4	Hier finden Sie Hilfe	30
	1.4.1 Shopware-Forum	30
	1.4.2 Shopware-Dokumentation	31
	1.4.3 Soziale Netzwerke	31
	1.4.4 Der Shopware Support	31

2 Es geht los – so installieren Sie Shopware — 33

2.1	Das richtige Hostingpaket finden	33
2.2	Shopware Account anlegen	35
2.3	Shopware herunterladen und installieren	35
2.4	Vom Installer zum First Run Wizard – Shopware grundlegend einrichten	40
2.5	Spionageschutz – Shop in den Wartungsmodus setzen	43
2.6	Shopware Account final einrichten	44
2.7	Alternative Registrierung Ihres Shops	45
2.8	Premium-Version kaufen und Lizenzcode hinterlegen	46

3 Der Wechsel zu Shopware 5 — 49

3.1 Das Shopware Migrationstool — 49
    3.1.1 Vorbereitung auf den Import mit dem Migrationstool — 50
    3.1.2 Es geht los – Die Migration beginnt — 52
    3.1.3 Prüfung nach dem Migrationsprozess — 56
3.2 Wechsel von jedem System mit Cart2Cart — 56

4 Shop grundlegend einrichten – mit den Grundeinstellungen — 65

4.1 So legen Sie eine Versandart an — 65
4.2 Der Rubel rollt – mit konfigurierten Zahlungsarten — 70
    4.2.1 PayPal konfigurieren — 71
    4.2.2 PayPal weitergedacht – mit PayPal Plus — 76
    4.2.3 Amazon Pay konfigurieren — 78
    4.2.4 Vorkasse-Zahlungen einrichten — 80
    4.2.5 Lastschrift — 81
    4.2.6 Kauf auf Rechnung — 83
    4.2.7 Zahlungsausfälle durch das Riskmanagement mindern — 83
    4.2.8 Zahlungs- und Versandarten voneinander abhängig machen — 85
4.3 Formulare anpassen und clever nutzen — 86
    4.3.1 Vorgefertigte Formulare anpassen — 86
    4.3.2 So erstellen Sie eigene Formulare — 86
4.4 Die Kundenkommunikation — 90
    4.4.1 E-Mails zu bestimmten Anlässen verschicken lassen – die E-Mail-Vorlagen — 90
    4.4.2 E-Mail-Vorlagen anpassen — 91
    4.4.3 Mail-Server konfigurieren — 101
    4.4.4 Professioneller Kundenkontakt mit einem Ticketsystem — 103
4.5 Erstellen Sie Ihre Dokumente mit den Shopware-PDFs — 110
    4.5.1 So passen Sie die Vorlagen an — 112
4.6 Individuelle Ansprache mit Textbausteinen — 114
    4.6.1 So ändern Sie Textbausteine — 115
4.7 Realisieren Sie Ihre Wünsche – mit dem Plugin Manager — 116
    4.7.1 Übersicht des Plugin Managers — 116
    4.7.2 Einkäufe tätigen — 117

	4.7.3	Updates über den Plugin Manager installieren	118
4.8	**AGB, Datenschutz & Co. mit Shopseiten im Griff**		119
	4.8.1	Rechtstexte automatisch importieren	120
	4.8.2	Rechtstexte manuell pflegen	122
	4.8.3	So ändern Sie die Anordnung und andere Feinheiten	123
4.9	**Automatisierung mit Cronjobs**		125
	4.9.1	Cronjobs in Shopware vorbereiten	125
	4.9.2	Cronjobs auf dem Server aktivieren	127
	4.9.3	Für noch mehr Sicherheit	128
4.10	**Unerwartetes Verhalten von Shopware**		129

5 Damit Ihre Mitarbeiter Sie unterstützen können – die Benutzerverwaltung 133

5.1	**Die Vorarbeit: Welche Rollen soll es geben?**		133
	5.1.1	Verfügbare Ressourcen zur Rollen-Definition	135
5.2	**Benutzer anlegen und Rollen anlegen**		137

6 Das richtige Layout mit dem passenden Theme 139

6.1	**Finden Sie Ihr Theme im Shopware Store**		139
6.2	**Installation und Konfiguration**		141
	6.2.1	Vor allem anderen: Child Theme anlegen!	141
	6.2.2	Die Konfiguration des Responsive Themes	142
	6.2.3	Die Farb-Konfiguration des Responsive Themes	146

7 Füllen Sie den Shop mit Leben 157

7.1	**Hersteller anlegen**		157
7.2	**Neuen Artikel anlegen**		159
	7.2.1	Die Stammdaten des Artikels	159
	7.2.2	Preise, Staffelpreise, Pseudopreise	161
	7.2.3	Lagerplätze und Mindestbestand	162
	7.2.4	Das Herzstück – die Artikelbeschreibung	163

	7.2.5	Suchmaschinenoptimierung des Artikels	164
	7.2.6	Die Grundpreisberechnung	165
	7.2.7	Einstellungen für die Details	166
	7.2.8	Im Detail: die Benachrichtigungsfunktion	168
7.3		Artikel in Kategorien einordnen	169
7.4		Bilder importieren	170
7.5		Varianten anlegen	171
	7.5.1	Varianten-Auswahl als Drop-down-Menü	171
	7.5.2	Varianten-Auswahl über Bilder	173
	7.5.3	Anlegen mehrerer Varianten in einem Artikel	174
	7.5.4	Abhängigkeiten der Varianten untereinander	174
	7.5.5	Automatische Berechnung der Variantenpreise durch Auf- und Abschläge	175
	7.5.6	Zeit sparen – Sets speichern und abrufen	176
7.6		Artikeleigenschaften – vielfältig und notwendig	177
	7.6.1	Eigenschaften anlegen	177
7.7		Mehr verkaufen mit Cross- und Upselling	180
7.8		Service über alle – Informationen und Dokumente zum Produkt	181
7.9		Interessant und gefährlich: die Mehrfachänderung	182
7.10		Kategorien anlegen	185
	7.10.1	Grundlegende Einstellungen	186
	7.10.2	Ihre Kreativität ist gefragt in den CMS-Funktionen	188
	7.10.3	Die Meta-Informationen	189
	7.10.4	Artikel zuordnen	190
	7.10.5	Kategorie für bestimmte Kunden sperren	190
	7.10.6	Individuelle Kategorie-Filter und -Sortierungen	191
7.11		Artikel als digitaler Download – ESD	195
	7.11.1	Download-Verkäufe vorbereiten	195
	7.11.2	Download Artikel anlegen	196
	7.11.3	Seriennummern hinzufügen	198

8   Die Präsentation Ihres Shops mit Einkaufswelten   199

8.1		Machen Sie sich mit den Einkaufswelten vertraut	199
	8.1.1	Die Elemente der Einkaufswelten	203
	8.1.2	Nutzen Sie die Einkaufswelten-Vorlagen	208

8.2	So legen Sie eine Einkaufswelt an		209
	8.2.1	Eine Einkaufswelt für den Desktop	209
	8.2.2	Die Besonderheiten des Storytellings	214
	8.2.3	Die mobile Ausgabe Ihrer Einkaufswelt	218
8.3	Wie Sie Content-Seiten mit den Einkaufswelten erstellen		220
8.4	So legen Sie eine Landingpage an		220
	8.4.1	Eine individuelle 404-Fehlerseite erstellen	222

9 Kundenbestellungen bearbeiten   225

9.1	Überblick verschaffen – die Bestellübersicht		225
9.2	Mehr Übersichtlichkeit – Bestellungen filtern		226
9.3	Mehr Informationen über die Bestelldetails		227
9.4	Rechnungen und Co. erzeugen		228
9.5	Bestellstatus ändern		230
9.6	Stapelverarbeitung mehrerer Bestellungen		231
9.7	Bestellungen manuell anlegen		232
	9.7.1	Backend Bestellungen für einen Neukunden anlegen	233
	9.7.2	Backend-Bestellungen für einen Bestandskunden anlegen	234
	9.7.3	Abweichende Rechnungs- und Lieferadressen	235

10 Pickware ERP   237

10.1	Wie Sie Ihre Lagerbestände im Blick behalten		237
	10.1.1	Lager anlegen	238
	10.1.2	Lagerplätze anlegen	238
	10.1.3	Ordnung ins Chaos bringen, Lagerplätze zuweisen	239
	10.1.4	Nach Bestellung korrekt ausbuchen	241
10.2	Bestellungen an Ihren Lieferanten		242
	10.2.1	Lieferanten anlegen und passende Artikel zuordnen	242
	10.2.2	Bestellungen auslösen	245
10.3	Rechnungen automatisch erstellen und versenden		247

11 Verkaufsfördernde Maßnahmen 249

11.1 Überraschen Sie die Kunden mit Prämienartikeln 249
    11.1.1 Die Basis für Prämienartikel schaffen 249
    11.1.2 Prämienartikel definieren 250

11.2 Mehr verkaufen mit Gutscheinen 252
    11.2.1 Die Basis: Gutschein anlegen – einer für alle 252
    11.2.2 Nur einmal einlösbar – individuelle Gutscheine 254
    11.2.3 Kommunikation des Gutscheins an die Kunden 255
    11.2.4 Gutschein über Newsletter bewerben 256
    11.2.5 Gutschein im Shop präsentieren 257
    11.2.6 Erfolgreiches Mittel: Exit Intent Pop Up 258
    11.2.7 Erfolg des Gutscheins bewerten 260

11.3 Nutzen Sie Preisvergleichsplattformen 260
    11.3.1 Produktexporte einrichten 261
    11.3.2 Kopfzeile, Template und Fußzeile – den Produktfeed einrichten 265
    11.3.3 Produktexport für idealo bereitstellen 271
    11.3.4 Produktexport auf Google Shopping bereitstellen 272

11.4 Shopware-eigenes Affiliate Programm nutzen 277
    11.4.1 Partner anlegen 277
    11.4.2 Top und Flop – die Partnerauswertung 279
    11.4.3 Auswertung von Produktexporten mithilfe des Partnerprogramms 280

11.5 Newsletter versenden 282
    11.5.1 Erstellen Sie Ihren ersten Newsletter 282
    11.5.2 Vor dem Versand 290
    11.5.3 Nach dem Versand 291

11.6 Neue Kunden per Autopilot mit SEO 292
    11.6.1 SEO ist wichtig, SEO bleibt wichtig 292
    11.6.2 SEO ist eine Investition 292
    11.6.3 SEO ist nicht so technisch wie sein Ruf 293
    11.6.4 SEO mit Shopware – die URL-Strukturen 294
    11.6.5 URLs automatisch erstellen lassen 298
    11.6.6 SEO-URLs manuell erstellen 298
    11.6.7 SEO-Einstellungen in Artikeln, Kategorien etc. 300
    11.6.8 Echte Backlinks in Shopware hinterlegen 301
    11.6.9 Einige technische SEO-Faktoren 302

11.7 Bewertungen sammeln 304

11.8 Artikel vorbestellbar – Umsatz früher 310

11.9	Attraktivität von Kategorien mit Bannern steigern	310
11.10	Empfehlungsmarketing mit Shopware	314
	11.10.1 Empfehlungsmarketing mit hauseigenen Mitteln	314
	11.10.2 Shariff – die datenschutzsichere Alternative	315
11.11	Der integrierte Blog	316
	11.11.1 Wozu Sie einen Blog benötigen	317
	11.11.2 So legen Sie einen Blogartikel an	318

12 Große Mengen verkaufen – B2B-Geschäfte mit Händlern abwickeln — 325

12.1	Einstellungen für die Kundengruppe Händler	325
12.2	Wie werden den Kunden die Rabatte präsentiert?	327
	12.2.1 Rabatt-Modus	327
	12.2.2 Warenkorb-Rabatt	328
	12.2.3 Kombination des Rabatt-Modus mit dem Warenkorb Rabatt	328
12.3	Ein Händler wird zum Kunden	328

13 Erfolge messen und überprüfen — 331

13.1	Übersicht der Statistiken	331
	13.1.1 Übersicht – schneller Überblick über die Kennzahlen	331
	13.1.2 Auswertungen	333
	13.1.3 Abbruch-Analyse	340
	13.1.4 E-Mail-Benachrichtigung	346
13.2	Artikelstatistik – kleine Performance-Übersicht	346
13.3	Optimierungen am Shop anhand der Statistiken	348
13.4	Google Analytics und Co. einbinden	349

14 Die große Bühne – Ihr Onlineshop international — 353

14.1	Die Vorbereitung für einen Sprachshop	354
	14.1.1 Eine neue Währung	354
	14.1.2 Eigene Kategorie für jeden Sprachshop	355

	14.1.3	Einteilung in verschiedene Kundengruppen	356
	14.1.4	Shopseiten anpassen	358
	14.1.5	Für schnelles Übersetzen: Download der Sprachpakete	361
14.2		Wie Sie Sprachshops anlegen	361
14.3		Übersetzen Sie Ihre Artikel, Service-E-Mails etc.	363
14.4		Passen Sie Ihre Einkaufswelten an	366
14.5		Die richtige Zahlungs- und Versandart je Zielland	369
	14.5.1	Zahlungsarten nach Sprachshop aussteuern	369
	14.5.2	Welche Zahlungsart in welchem Land?	370
	14.5.3	Nur wenn nötig: Versandkosten anpassen	370
14.6		Manuelles Übersetzen der Textbausteine	371
14.7		Bestellungen aus Ihrem Sprachshop bearbeiten	373

15 Subshops – weitere Shops unter eigener Domain   375

15.1		Vorbereitungen für den Subshop treffen	376
	15.1.1	Bei abweichendem Sortiment: neuen Kategoriebaum anlegen	376
	15.1.2	Artikel den neuen Kategorien zuweisen.	377
	15.1.3	Neue Kundengruppe erstellen	378
	15.1.4	Eigene Shopseiten erstellen	379
	15.1.5	Domainzuweisung des Subshops	382
15.2		Subshop anlegen	383
15.3		Eigene Einkaufswelten für Subshops anlegen	384
15.4		Administration ausdehnen	385
	15.4.1	Versandarten verfügbar	385
	15.4.2	Zahlungsarten freigeben	386
	15.4.3	E-Mail-Vorlagen an den neuen Shop anpassen	386
	15.4.4	Rechnung und Co. designen	388
15.5		Eigenes Theme für den Subshop	390
15.6		Subshop aktivieren	392
15.7		Bestellungen aus dem Subshop bearbeiten	392

16 Ladenlokal und Onlineshop vereinen mit POS ... 395

16.1 Den Point of Sale konfigurieren ... 395
16.1.1 Ein Ladenlokal anlegen ... 396
16.1.2 Ein Benutzeraccount für jeden Mitarbeiter ... 397
16.1.3 Versandarten und Zahlungsmöglichkeiten konfigurieren ... 401
16.1.4 Der letzte Feinschliff vor dem Start ... 405
16.1.5 Die Hardware ... 409

16.2 Bevor es Beep macht – Etiketten mit Barcode nicht vergessen ... 409
16.2.1 Bestehende Barcodes mit den Produkten verknüpfen ... 410
16.2.2 Eigene Barcodes erstellen ... 410

16.3 Kommt der Kunde in Ihren Laden ... 411
16.3.1 Kauft der Kunde im Ladengeschäft ... 412
16.3.2 Retouren offline abwickeln ... 414
16.3.3 Online bestellen, offline abholen – mit Click & Collect ... 415

16.4 Täglicher Kassenabschluss und Statistiken ... 417

17 Mehr Umsatz erzeugen ... 421

17.1 Mit Varianten mehr Umsatz ... 421

17.2 Bundles erfolgreich verkaufen ... 423
17.2.1 Das Plugin Bundle grundsätzlich konfigurieren ... 424
17.2.2 Bundles anlegen ... 425
17.2.3 Artikel für ein Bundle hinterlegen ... 427
17.2.4 Preise und Kundengruppen für das Bundle festlegen ... 427
17.2.5 Varianten eingrenzen ... 428
17.2.6 Bundle beschreiben ... 428

17.3 Sale-Aktionen planen und vermarkten ... 429
17.3.1 Liveshopping mit Shopware ... 429
17.3.2 Zeitgesteuerte Einkaufswelten ... 432

17.4 Passende Cross-Selling- und Upselling-Möglichkeiten ... 433
17.4.1 Manuelles Cross- und Upselling ... 433
17.4.2 Zeit sparen mit automatisierten Produktvorschlägen ... 434

17.5 Automatischer Umsatz mit Abonnements ... 437
17.5.1 Einen Abo-Artikel anlegen ... 439
17.5.2 Preise und Rabatte definieren ... 440

17.5.3	E-Mail-Vorlage	441
17.5.4	Bestellungen per Cronjob auslösen lassen	441
17.6	**Umsatz durch Individualisierung**	**442**
17.6.1	Trend zu individuellen Produkten mit Custom Products umsetzen	442
17.6.2	Individuelle Ansprache des Kunden durch Customer Streams	448

18 Bleiben Sie auf dem Laufenden – Updates installieren — 453

18.1	**Wann sollten Sie Updates installieren?**	**453**
18.2	**Lohnt sich ein Update?**	**454**
18.3	**Wie installieren Sie ein Shopware Update?**	**455**
18.4	**Was passiert, wenn ein Update fehlschlägt?**	**458**
18.4.1	Cache umbenennen	458
18.4.2	CRFS Protection aktivieren	458

19 Damit Sie sicher sind – wie Sie Ihren Shop rechtssicher konfigurieren — 461

19.1	**Impressum**	**462**
19.1.1	Gestaltung des Menüpunktes	463
19.1.2	Pflichtinhalte	463
19.2	**Datenschutzerklärung**	**466**
19.2.1	Seit Mai 2018: Die Datenschutz-Grundverordnung (DSGVO)	467
19.2.2	Pflichtinhalte gemäß DSGVO	467
19.2.3	Kontaktformular	468
19.2.4	Analysesoftware	469
19.2.5	Social Plugins	470
19.3	**Der Webshop-Content**	**472**
19.3.1	Urheberrecht	472
19.3.2	Recht am eigenen Bild	474
19.3.3	Produktbeschreibungen	476
19.3.4	Preisangaben	478
19.3.5	Versandinformationen	479

19.4	**Allgemeine Geschäftsbedingungen**	480
	19.4.1 Gestaltung des Menüpunktes	480
	19.4.2 Typische Regelungsinhalte	481
19.5	**Der Bestell-Prozess genauer beleuchtet**	481
	19.5.1 Bestellprozess, Checkout-Seite, Bestellbutton	481
	19.5.2 Bestellbestätigung	484
	19.5.3 Beschränkung für Unternehmenskunden (B2B)	485
	19.5.4 Beachtung des Jugendschutzrechts	486
19.6	**Elektronische Werbung**	487
	19.6.1 Double-Opt-In-Prinzip	488
	19.6.2 Ausnahme von Double-Opt-In	489
19.7	**Haftung für Inhalte/Links**	490

Index 493

Geleitwort von Shopware

Bei uns intern haben wir einen Leitsatz: Ein Jahr bei Shopware sind drei Jahre in der freien Wirtschaft. Ist diese Zeitrechnung auch nicht ganz ernst gemeint, so hat sie doch einen wahren Kern. Unsere Branche, der E-Commerce, entwickelt und wandelt sich in einem sehr schnellen Tempo. Trends, die heute noch keiner auf dem Schirm hat, können morgen schon das nächste »hot topic« sein und umgekehrt. Was bedeutet das für uns als Software-Entwickler und für unseren Kunden, den Händler?

Vor allem heißt es, dass wir als Technologieunternehmen immer mit einem Ohr am Puls der Zeit sein und auf alle neuen Trends, die sich vielleicht am Horizont abzeichnen, vorbereitet sein müssen. Rund 20 Prozent unseres jährlichen Umsatzes investieren wir in die Erforschung visionärer Zukunftsansätze, experimentieren mit neuester Hard- und Software und scheuen uns auch nicht davor, neue Prozesse, die unsere Arbeit vielleicht noch effizienter als bisher machen, in die täglichen Abläufe zu integrieren.

Das ist eine Dimension unserer Research- und Development-Strategie. Die andere umfasst die Software, die wir vom Standpunkt desjenigen aus betrachten, der sie anwendet: dem Händler. Bei allem, was wir tun, steht der Mensch im Vordergrund und so ist es uns ein besonderes Anliegen, unsere E-Commerce-Software in der Anwendung so nutzerfreundlich und intuitiv wie möglich zu gestalten.

Shopware ist ein Open-Source-Produkt, weshalb wir bei unserer Entwicklung stets von »Community-driven« sprechen. Unsere Community besteht mittlerweile aus 80.000 Nutzern, 1.200 Partnern sowie aus Tausenden Entwicklern, die dazu beitragen, Shopware jeden Tag ein Stückchen besser zu machen. Insbesondere für Letztere hat der Rheinwerk Verlag das »Handbuch für Entwickler« herausgebracht. Nun folgt mit dem Anwenderbuch von Marcel Krippendorf eine weitere wichtige Informationsquelle. Mit dem Anwenderbuch haben Sie eine Anleitung an der Hand, die Sie von Anfang an begleitet und Ihnen zuverlässig bei Fragen im Praxiseinsatz Auskunft gibt. Wir freuen uns, dass es nun auch ein umfangreiches Buch zu Shopware gibt, das Sie immer dann zurate ziehen können, wenn Sie einmal nicht mehr weiter wissen oder Tipps, Tricks oder Anregungen suchen.

Sebastian Klöpper
Director Research & Development
Shopware

Vorwort

Werter Leser,

vielen Dank, dass Sie dieses Buch erworben haben.

Es ist nicht leicht, ein Buch über eine so komplexe Anwendung wie Shopware zu schreiben. Seit mehreren Jahren arbeite ich als Freelancer mit Shopware und habe so einige Anwendungsfälle und viele Händler kennengelernt. Von daher weiß ich, dass kein Shop dem anderen gleicht. Klar, das Grundkonstrukt ist immer das Gleiche – anders würde eine Software, die dieses Grundkonstrukt anbietet, auch keinen Sinn ergeben. Aber jeder Shop hat seine Zielgruppe, die es zu bedienen gilt. Und jeder Shop möchte andere spezielle Features haben, um sich von seinen Wettbewerbern abzuheben. Und auch dies bietet Shopware: Individualität.

Allerdings machte dieser Umstand das Schreiben dieses Buches schwierig. Die nächste Herausforderung: Zusätzlich zum eben genannten Umstand gibt es zwei mögliche Zielgruppen für dieses Buch. Es sind jene, die Shopware bereits im Einsatz haben und die, die aktuell erst mit Shopware starten.

Nach einem guten Jahr Entwicklungszeit für dieses Buch ist mir der Spagat zwischen diesen beiden Herausforderungen hoffentlich gelungen. Das Buch soll sowohl Anfänger als auch Fortgeschrittene begleiten. Daher habe ich bewusst auf eine zu technische Sprache verzichtet und das Buch so gegliedert, dass ein Neueinsteiger Schritt für Schritt – also Kapitel für Kapitel – mitgenommen wird.

Auch habe ich viele Fragen, die häufig von meinen Kunden gestellt werden, in dieses Buch einfließen lassen. Denn wenn es diesen Händlern so geht, werden die gleichen Fragen andere Händler mit Sicherheit auch haben. So der Gedanke.

Shopware ist bereits so aufgebaut, dass auch Anwender ohne technische Kenntnisse gute Ergebnisse erzielen können. Manchmal geht es aber doch nicht ohne bestimmte Codezeilen, zum Beispiel in Abschnitt 4.4, dort werden die E-Mail-Vorlagen behandelt. An dieser Stelle sind einfache HTML-Kenntnisse ganz gut, um die Vorlagen anpassen zu können. Dazu finden Sie natürlich eine kurze Einweisung in bestimmte HTML-Befehle, die Ihnen hilfreich sein werden. Oder auch in Abschnitt 11.3, dort geht es um Preisvergleichsplattformen. Um Ihre Produkte auf diesen Plattformen anzubieten, stellt Shopware sogenannte Produktexporte bereit, die ebenfalls in einem bestimmten Format angelegt werden müssen. In diesem Abschnitt gebe ich Ihnen zwei Beispiele mitsamt kompletten Codezeilen, damit Sie diese möglichst einfach nachbauen können, ohne externe Hilfe in Anspruch nehmen zu müssen. Generell hat dieses Buch den Anspruch, dass Sie sich im Alltag damit viele Fragen selbstständig beantworten können.

In jedem Kapitel gebe ich Ihnen Beispiele und Handlungsanweisungen vor, sodass Sie daraus eigene Anforderungen ableiten können. Damit ist gewährleistet, dass – obwohl ich nicht jedes Anwendungsgebiet einer Funktion beleuchten kann – ich Ihnen zumindest das Handwerkszeug an die Hand geben kann, damit Sie Funktionen in Ihrem Sinne nutzen können.

An dieser Stelle bleibt mir nur zu wünschen, dass Ihnen dieses Buch viele Einblicke und Aha-Erlebnisse mit Shopware verschafft und Sie nun mit meiner Hilfe die Software gezielter und vielseitiger nutzen können.

Danksagung

Zu allererst möchte ich mich an dieser Stelle bei meiner Frau bedanken, die während des gesamten Jahres hinter mir gestanden und mich auch in schwierigen Phasen immer wieder ermutigt hat. Ohne sie und den Rückhalt der gesamten Familie würde es dieses Buch nicht geben.

Weiter sage ich Danke an den Rheinwerk Verlag, der mir das Angebot für dieses Buch unterbreitet hat und mir damit einen lang ersehnten Traum erfüllt. Und nicht vergessen sind meine Kunden, die auch in hektischen Phasen zwischen Buch und Shopware-Projekten stets Verständnis hatten.

Auch wenn ich dieses Buch allein geschrieben habe (mit Ausnahme des Gastkapitels zu Rechtsfragen am Schluss), benötigt es doch eine Vielzahl von Unterstützern und Mutmachern, um ein solches Projekt auch zum Abschluss zu führen.

Kapitel 1
Der Einstieg in die Welt von Shopware

In diesem Kapitel erhalten Sie einen Überblick über die Vorteile bei der Verwendung von Shopware und die einzelnenc Lizenzen. Außerdem finden Sie hier erste Anlaufstellen, wenn Sie Fragen zum System haben.

Shopware ist eine Open Source Shopsoftware. Die erste Version wurde 2004 veröffentlicht. Seither wird Shopware stetig weiterentwickelt. Der letzte große Wurf kam mit Shopware 5 im Jahr 2015, das ganz im Zeichen des mobilen Zeitalters steht.

Dazu ist Shopware ein vor allem im deutschsprachigen Raum sehr verbreitetes und beliebtes Shopsystem. Der große Erfolg von Shopware beruht maßgeblich auf drei Faktoren:

1. der modulare Aufbau
2. der Open-Source-Ansatz
3. Shopware kann mit jedem Betriebssystem eingerichtet werden.

Der modulare Aufbau garantiert Ihnen, nicht an starre Vorgaben des Entwicklers gebunden zu sein. Sie können sich genau den Shop bauen, den Sie im Kopf haben. Der Plugin Store bietet Ihnen derzeit rund 3.500 Erweiterungsmöglichkeiten sowie Hunderte Themes (Stand Juni 2018). Ein weiterer großer Pluspunkt: Da die Standard-Installation wohl selten punktgenau das treffen wird, was Sie sich von Ihrem Shop wünschen, können Sie einfach selbst losprogrammieren oder einen guten PHP- und MySQL-Programmierer anheuern. Da der komplette Quellcode von Shopware offen verfügbar ist, können Sie für sich eigene Plugins schreiben (lassen), die Aufgaben nach Ihren Wünschen ausführen. Darauf gehe ich in diesem Buch allerdings nicht ein, da es sich an Anwender richtet und nicht an Entwickler. Hierzu sei kurz das bereits erschienene Buch von Daniel Nögel erwähnt, der das Shopware-Handbuch für Entwickler geschrieben und ebenfalls über den Rheinwerk Verlag veröffentlicht hat.

Der letzte große Erfolgsfaktor ist, dass Sie zur Einrichtung jedes Betriebssystem nutzen können, das Ihnen lieb ist. Denn Shopware ist in der Server-Programmiersprache PHP entwickelt, und funktioniert damit Betriebssystem-unabhängig, Sie installieren es direkt auf Ihrem Server und führen es auch dort aus. Heißt: Sie haben die Freiheit,

Ihr Betriebssystem zu behalten oder zu wechseln – an Ihrem Shop ändert dies nichts, denn er läuft zu 100 % im Browser.

> **Lokale Installation ebenfalls möglich**
> Selbstverständlich ist es möglich, Shopware auch lokal auf Ihrem Arbeitscomputer zu installieren. Leichter und schneller ist es allerdings, wenn Sie den Shop auf Ihrem Server installieren und online bearbeiten. Wie Sie den Shop während der Einrichtung vor fremden Augen schützen, erfahren Sie natürlich an späterer Stelle, in Abschnitt 2.5.

Als inoffizieller letzter Punkt ist zu nennen: Shopware ist sympathisch. Die Firma beweist, dass gute Ideen und beste Produkte auch abseits von Berlin und anderen Großstädten reifen können. Shopware hat sich immer zu seinen Wurzeln, Schöppingen im Münsterland, bekannt. Zudem ist das Team jung und motiviert, was wiederum für eine angenehme Arbeitsatmosphäre sorgt.

Alles in allem sind Sie mit Shopware an eine Software geraten, die extrem zukunftsorientiert ist.

1.1 Die Unterschiede der Shopware-Versionen

Die Shopware AG bietet vier verschiedene Preismodelle an: von kostenlos bis hin zu sechsstelligen Gebühren. Jeder Händler hat andere Anforderungen, dies schlägt sich natürlich in den Paketen nieder. Worauf Sie bei der Wahl Ihres Gebührenmodells achten sollten, erfahren Sie auf den nachstehenden Seiten.

1.1.1 Die Community Edition (CE)

Die Community Edition (CE) ist der Einstieg in die Shopware-Welt. Wenn das Budget sehr klein ist – oder Sie Shopware testen möchten – ist die Community Edition die erste Wahl.

Die CE bietet grundsätzlich alle wichtigen Funktionen, um einen Onlineshop nach heutigem Stand der Technik zu realisieren. Es gibt keine Nachteile in der Performance und keine extra eingebauten Schwachstellen. Die Version können Sie jederzeit kostenlos herunterladen und auf Ihrem Server installieren.

Wie der Name bereits verrät, erhalten Sie bei Fragen oder Problemstellungen nur aus der Community Hilfe. Sie erhalten keinerlei Support von Shopware direkt. Wenn Sie einmal nicht weiterkommen, müssen Sie selbst aktiv auf die Suche nach einer Lösung gehen. Mögliche Anlaufpunkte sind dabei

- das Shopware-Forum,
- etliche Shopware-Gruppen auf Facebook,

- diverse Blogs von spezialisierten Agenturen, Freelancern und weiteren Dienstleistern,
- YouTube Videos.

Shopware besitzt eine starke Community von der alle lernen und profitieren können. Wie Sie daran Anschluss finden, erfahren Sie in Abschnitt 1.4, »Hier finden Sie Hilfe«.

Natürlich können Sie die CE auch durch Plugins oder Themes erweitern. Der Store steht der kostenlosen Version ebenso offen wie den kommerziellen Versionen. Ein Nachteil gegenüber einer kommerziellen Version ist, dass keine Premium Plugins mitgeliefert werden. Einen Großteil davon können Sie allerdings auch aus dem Shopware Plugin Store (siehe Abschnitt 1.2, »Der Shopware Community Store«) erwerben. Was genau Premium Plugins sind und welchen Vorteil diese Ihnen bieten, erfahren Sie an den passenden Stellen des Buches, maßgeblich in den Kapiteln 11 und 17. Dort finden Sie die großen Themenkomplexe Marketing und Umsatzsteigerung.

1.1.2 Die Professional Edition (PE)

Die Professional Edition (PE) ist die günstigste kommerzielle Version von Shopware. Sie zahlen dafür einmalig 1.295 Euro netto (Stand Juni 2018), und erhalten dafür einen Mehrwert, der den Preis mehr als rechtfertigt.

Sie erhalten bei allen Fragen und Belangen unter anderem für zwölf Monate Support direkt vom Shopware-Technik-Team. Damit erhalten Sie Zugriff auf das Shopware-Know-how auch dann, wenn Ihr Shop bereits online ist und diverse Fehler oder Änderungswünsche erst danach sichtbar werden. Shopware lässt Sie also nicht im Regen stehen. Einziger Wermutstropfen daran: Der Support beschränkt sich auf den E-Mail-Verkehr, und Shopware selbst räumt sich drei Werktage Antwortzeit ein. Angesichts von über 60.000 Kunden ist dies eine verständliche Maßnahme. Nach meinen Erfahrungen nutzt Shopware diese drei Werktage allerdings äußerst selten aus. In der Regel antwortet das Team innerhalb weniger Stunden oder am nächsten Werktag.

Die Professional Edition gibt es auch mit einer Gold-Subscription für insgesamt 1.759 Euro. Diese beinhaltet neben den eben genannten Vorteilen auch telefonische Unterstützung vonseiten Shopware bei Fragen sowie schnelleren Reaktionszeiten im E-Mail-Verkehr.

Mit der PE erwerben Sie zudem Lizenzen für zwei tolle Marketing-Features. Diese Advanced Features heißen *Storytelling* und *Digital Publishing*. Auf die Funktionsweisen dieser beiden Premium Plugins werde ich in Kapitel 11, welches das Marketing beleuchtet, näher eingehen.

Der letzte große Vorteil ist *Pickware*. Pickware ist die eigenständige Warenwirtschaft und Ressourcenverwaltung von Shopware. Entwickelt wird diese von der VIISON GmbH aus Darmstadt. Der große Vorteil, wenn Sie Pickware nutzen, ist, dass Sie alles unter einem Dach haben: Onlineshop-Software, Marketing und auch die Warenwirtschaft inkl. Bestellungen bei Ihren Lieferanten. In Kapitel 10 finden Sie alles Wichtige zu Pickware.

In diesem Buch befasse ich mich maßgeblich mit der Professional Edition.

1.1.3 Die Professional Plus Edition (PE+)

Die Professional Edition Plus (PE+) ist für all jene Shop-Projekte, die sehr ambitioniert sind, und die massiven Marketingmöglichkeiten nutzen möchten. Die Professional Edition Plus enthält alle Vorteile der Professional Edition (ein Jahr Support direkt durch Shopware, zwei Premium-Plugins sowie Pickware). Das Plus zeichnet sich zusätzlich dadurch aus, dass Ihnen Shopware alle Premium Plugins, die Shopware selbst entwickelt hat, bereitstellt. Das sind insgesamt zwölf Plugins, die im Einzelkauf bereits jeweils 495 Euro kosten. Allein das wären Kosten von 5.940 Euro. Die Professional Edition Plus können Sie hingegen bereits für 5.995 Euro erwerben.

In den wenigsten Fällen werden allerdings alle Premium Plugins benötigt. Es ist also sinnvoll, im Vorfeld zu überlegen, welche Premium Plugins Sie wirklich brauchen. Benötigen Sie beispielsweise neun weitere der 14 verfügbaren Premium Plugins, kommen Sie mit der Professional Edition und den Einzelpreisen der Plugins günstiger. Hier lohnt es sich also, vorher genau zu prüfen, welche Funktionen vonnöten sind, die Sie mit einem Plugin realisieren möchten.

1.1.4 Die Enterprise Edition (EE)

Die Enterprise Edition von Shopware ist die E-Commerce-Lösung für hochprofessionelle und ambitionierte Projekte. Mit der Enterprise Edition können Sie, neben einem agilen Onlineshop, auch Ihre Unternehmensprozesse abbilden.

Vor allem große Firmen und Konzerne bedienen sich der Enterprise Edition, damit viele Projekte in kurzer Zeit realisiert werden können. Wie auch in den zuvor genannten Editionen erwerben Sie die Enterprise Edition durch einen Einmal-Kauf. Damit erhalten Sie einen individuellen Projektmanager, der Ihnen von Shopware für die Dauer Ihres Projektes zur Seite gestellt wird.

Besonders spannend sind zudem die Module, Acceleratoren genannt, die Shopware zusätzlich für die Enterprise Edition bereitstellt:

- Händlerintegration: Binden Sie weitere Händler in Ihren Onlineshop mit ein und verkaufen Sie darüber weitere Produkte.
- B2B Suite: Damit wickeln Sie Bestellungen von Firmenkunden professionell ab. So können beispielsweise Mitarbeiter eines Unternehmens in Ihrem Shop eine Bestellung aufgeben, die vom entsprechenden Vorgesetzten erst freigegeben werden muss und auch geändert werden kann.

- Enterprise Search: Konfigurieren Sie die Suche nach vielfältigen Suchmetriken mit einer extrem performanten Suchengine. Die Enterprise Search ist bereits in der Enterprise Edition enthalten und muss nicht zusätzlich erworben werden.
- Marktplatz: Bauen Sie hiermit Ihren Onlineshop zu einem Marktplatz aus. Produkte werden über eine CSV-Datei eingelesen, daher müssen die angebundenen Händler nicht zwingend einen Shopware-Shop besitzen. Bestellungen in Ihrem Marktplatz werden automatisch an den Händler weitergeleitet, und die entsprechenden Gebühren ebenfalls automatisch berechnet.
- Mandantenverwaltung: Erweiterung der Subshops mit einer zentralen Organisationsoberfläche für alle angebundenen Onlineshops inkl. umfangreicher Rechteverwaltung von Nutzern und deren Rollen.

Dieses Buch wird nicht weiter auf die Enterprise Edition eingehen, da hier, wie weiter oben beschrieben, der Schwerpunkt auf der Professional Edition liegt. Daher leite ich an dieser Stelle über zum Shopware Community Store.

1.2 Der Shopware Community Store

Dieser Abschnitt beinhaltet einen Überblick über den Shopware Community Store. Im Store finden Sie Plugins, die den Funktionsumfang von Shopware erweitern, und auch Themes, um die Optik Ihres Shops an Ihre Vorstellungen mit wenigen Klicks anzupassen.

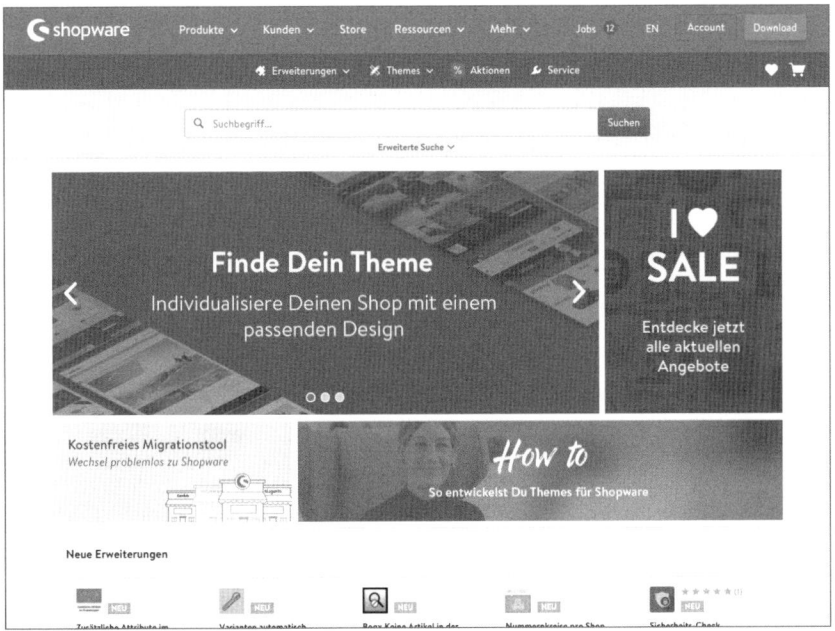

Abbildung 1.1 Der Shopware Store

Den Store erreichen Sie im Internet unter *https://store.shopware.com* oder in Ihrem Shopware Backend unter EINSTELLUNGEN • PLUGIN MANAGER.

Sollten Sie im Shopware Backend nach Erweiterungen stöbern, werden Ihnen automatisch nur diese angezeigt, die für Ihre Shopware-Version freigegeben sind. Anders ist es bei der Suche unter *https://store.shopware.com/*. Haben Sie dort nach einem Plugin gesucht, sollten Sie zunächst die Suchergebnisse eingrenzen. Zumindest empfiehlt es sich, nach Ihrer entsprechenden Shopware-Version zu filtern. Damit werden nicht kompatible Plugins ausgeblendet, und Sie können aus den verbleibenden Plugins Ihren Favoriten wählen.

1.2.1 Was ist ein Plugin?

Im Standard liefert Shopware einen grundsoliden Shop, mit dem Sie durchaus gute Verkäufe erzielen können. Allerdings hat jeder Händler bereits bestimmte gewachsene Strukturen und Systeme, in die sich Shopware einfügen muss. Oder der Shop soll bestimmte Funktionen erfüllen, die Shopware nicht von Haus aus mitbringt. Hier spielt Shopware seine Stärke im modularen Aufbau aus – es kommen die Plugins ins Spiel.

Im Shopware Store gibt es dazu unzählige Kategorien. Damit können Sie die Standard-Installation um bestimmte Funktionen erweitern und sich somit *IHR* Shopware selbst erstellen. Von Analyse- bis SEO-Tools, Sprachpaketen, einem eigenständigen Newsletter-System oder Administrationsoptimierungen ist alles möglich. Es sind auch nur kleine Arbeitserleichterungen möglich. Ihrer Fantasie sind bei der Anwendung von Plugins keinerlei Grenzen gesetzt.

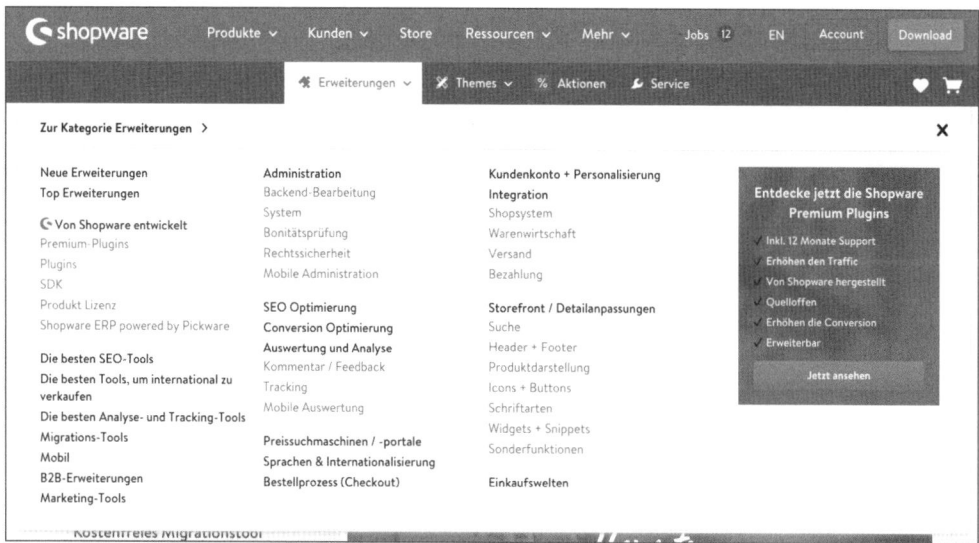

Abbildung 1.2 Navigation im Shopware Store

Durch die Struktur können Sie gut durch den Store stöbern. Aber auch die Suche ist sehr fein eingestellt. Suchen Sie ein Plugin für eine bestimmte Funktion, hilft es, diese mit möglichst einem Schlagwort zu beschreiben und in das Suchfeld einzutippen. Anschließend erhalten Sie passende Suchvorschläge.

1.2.2 Was ist ein Theme?

Zusätzlich zu Plugins können Sie im Shopware Store auch Themes erwerben. Theme ist englisch für Motiv und beschreibt damit schon gut, worum es sich handelt: Es ändert das Aussehen Ihres Shops. Im Store finden Sie passende Themes gegliedert nach Branche oder Farbgebung. Wobei dazu zu sagen ist, dass die Farbgebung immer geändert werden kann – es sind lediglich Vorschläge vom Theme-Entwickler. Es hilft also schon, Kategorie-übergreifend nach einem passenden Theme zu schauen. Ein Theme bestimmt aber nicht nur die Farbgebung, sondern ändert das Aussehen des Shops in vielen Fällen grundlegend.

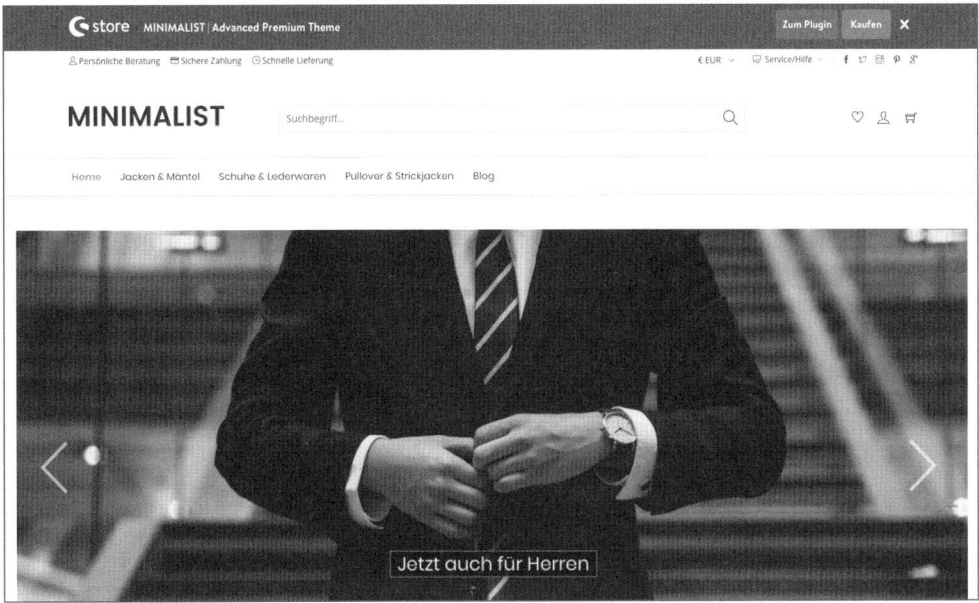

Abbildung 1.3 Ein angepasstes Shopware Theme zum Erwerb im Store

Egal ob modern, minimalistisch oder bunt – mit einem Theme bekommt Ihr Shop schnell einen anderen Anstrich. Allerdings ist ein Theme immer nur als Grundgerüst zu betrachten. Es muss dennoch eingerichtet werden. Es müssen Farben, Schriftgrößen und Schriftarten und einiges mehr definiert werden. Je nach Funktionsumfang des Themes kann dies bereits einige Zeit in Anspruch nehmen.

Je umfangreicher ein Theme ist, desto mehr Zeit benötigen Sie natürlich bei der Konfiguration, sparen aber am Ende möglicherweise Geld, da das Theme unter Umständen bereits Funktionen mitbringt, die Sie später nicht mit einem weiteren Plugin nachrüsten müssen. Ein gängiges Beispiel dafür wären integrierte Links zu sozialen Plattformen, um eines Ihrer Produkte teilen zu können, oder auch die Bereitstellung von Icons Ihrer Versand- und Zahlungsanbieter.

Im Shopware-Standard-Theme sind diese nicht vorhanden, bieten aber Vorteile für Sie und Ihre Kunden, sodass es sinnvoll ist, diese auch in Ihren Onlineshop zu integrieren. Insofern kann es clever sein, sich verschiedene Themes herauszusuchen, und neben deren Aussehen auch die integrierten Funktionen zu vergleichen und abzuwägen, was für Ihre Zwecke am geeignetsten ist.

1.3 Tipps und Tricks für den Umgang mit dem Store

Wie Sie eben gesehen haben, ist der Store eine tolle Möglichkeit, schnell Ideen rund um Ihren Shop umzusetzen. Allerdings gibt es auch hier ein paar Punkte, auf die Sie achten sollten. Immerhin können Sie schnell für ein paar Plugins und ein Theme mehrere Hundert oder gar über Tausend Euro ausgeben. Geld, das Ihnen unter Umständen später an anderen Stellen fehlt.

Ein Aspekt ist dabei nämlich enorm wichtig: Sie befinden sich beim Kauf über den Shopware Store im B2B-Geschäft. Dort gibt es kein Rückgaberecht. Heißt: Gekauft ist gekauft. Sollte ein Plugin also nicht die Anforderungen erfüllen, die Sie benötigen, erhalten Sie in der Regel Ihr Geld nicht zurück. Um das zu verhindern, ist es sinnvoll, immer darauf zu achten, dass Sie kein Plugin oder Theme blind kaufen, sondern zunächst eine Testversion auswählen.

Abbildung 1.4 Testversion auswählen und in aller Ruhe testen

Mit einer Testversion erhalten Sie das Recht, ein Plugin oder Theme vollumfänglich und ohne Einschränkungen 30 Tage lang zu testen. Damit haben Sie genug Zeit, zu prüfen, ob eine Erweiterung für Sie eine sinnvolle Investition bedeutet.

Achten Sie zusätzlich auch auf die Bewertungen. Dadurch erhalten Sie ein gutes Bild von der Erweiterung, seinen Funktionen und der Bedienbarkeit. Ein extrem wichtiger Aspekt dabei ist aber, dass auch der Support vom Entwickler bewertet werden kann. Achten Sie stark auf diese Bewertungssterne. Ein seriöser Anbieter wird Ihnen auch dann helfen, wenn es mal klemmt. Denn im Zusammenspiel von vielen Plugins kann es immer wieder vorkommen, dass unerwünschtes Fehlverhalten auftritt.

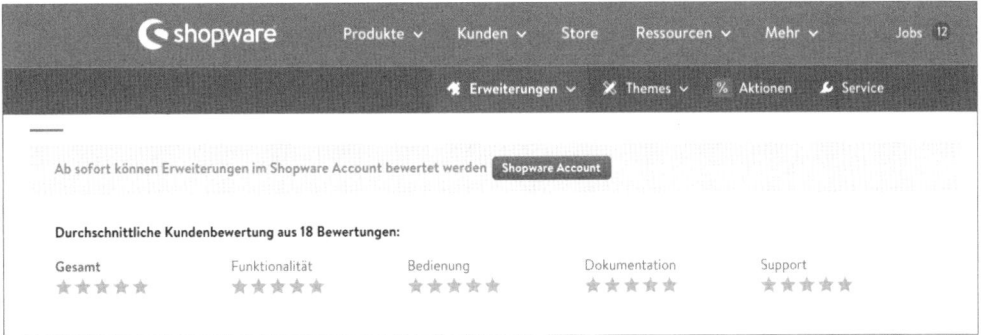

Abbildung 1.5 Bewertungen eines Plugins

Einige Entwickler erlauben es Ihnen nicht, eine Testversion zu nutzen – sogar bei Erweiterungen, die mehr als 100 Euro kosten. Oftmals sind dann die Bewertungen für die Support-Leistungen des Entwicklers ebenfalls schlecht. Hier sollten Sie die Augen offenhalten.

Wenn Sie bei der Suche nach einem Plugin oder einem Theme beide Faktoren berücksichtigen (Testversion und Bewertungen), können Sie nichts verkehrt machen.

Themes bieten Ihnen neben einer Testversion sogar noch einen weiteren Vorteil: eine Live-Demo. Dort sehen Sie eine Shopware-Installation (ohne weitere Funktionen), die das Theme *in Aktion* zeigt.

Um eine Demo aufzurufen, klicken Sie bei dem im Store ausgewählten Theme auf den Button DEMO. Durch diesen Klick springt die Seite an die entsprechende Stelle, an der Sie die entsprechende Sprache des Demoshops (zumeist deutsch) auswählen können. Durch einen Klick auf den Button FRONTEND DEMO öffnet sich ein neues Fenster, in dem Sie den Demoshop mit Ihrem ausgewählten Theme betrachten können.

Natürlich sind die Hersteller sehr daran interessiert, das Theme möglichst schick darzustellen. Dabei nutzen Sie alle Möglichkeiten des Themes und der Einkaufswelten. Damit haben Sie auch schon einen Anhaltspunkt, wie Sie Ihren späteren Shop gestalten können.

Das waren die wichtigsten Aspekte, die beim Kauf eines Plugins oder Themes relevant sind.

1.4 Hier finden Sie Hilfe

Nicht immer läuft alles rund. Egal wie gut eine Software ist, es treten immer an den verschiedensten Stellen Probleme auf. Auch Shopware ist eine komplexe Anwendung, wenn auch recht schnell zu erlernen. Allerdings werden Sie gerade am Anfang vor vielen Fragen stehen. Wo Sie kompetente Antworten finden, erfahren Sie in diesem Kapitel.

1.4.1 Shopware-Forum

Sie sind nun Teil der Shopware Community. Dort hilft man sich gegenseitig und betreibt regen Erfahrungsaustausch. Sollten Sie an einer Stelle also mal nicht weiterkommen, können Sie sich auf Hilfe aus der Community verlassen. Erste Anlaufstelle bei Fragen ist das Shopware-eigene Forum, das Sie unter *https://forum.shopware.com* aufrufen können. Es ist ein großes Sammelsurium an Fragen und hilfreichen Antworten.

Wenn Sie vor einer Frage stehen, suchen Sie am besten zunächst im Shopware-eigenen Forum. Es ist gut möglich, dass diese bereits beantwortet wurde.

Die Bereiche gliedern sich wie folgt:

- Hot Topics (aktuellste Fragen und Antworten)
- Shopware AG (News und Ankündigungen)
- Shopware 5 (diverse Bereiche wie Installation, Themes, Programmierung etc.)
- International (für englischsprachige Besucher)
- Plugins (verschiedene Teilbereiche wie offizielle Shopware Plugins, Pickware oder Drittanbieter Plugins)
- Shopware Connect
- Shopware Academy
- Ältere Shopware-Versionen (Fragen zu Shopware 4)
- Sonstiges (alles Weitere um Shopware, wie auch Usertreffen, Job Postings etc.)
- Archive (Fragen zu Shopware 3)

Im Juni 2018 befinden sich über 50.000 Diskussionen im Shopware-Forum. Das ist eine beachtliche Zahl an gestellten Fragen. Nicht immer konnte den Fragestellern konkret geholfen werden. In den allermeisten Fällen gibt es aber Lösungen, an denen Sie sich bedienen können. Oder Sie eröffnen einfach selbst eine Diskussion, eine einmalige Anmeldung im Forum ist dafür notwendig. Damit sollte das Forum Ihre erste Anlaufstelle bei Fragen und Problemen sein.

1.4.2 Shopware-Dokumentation

Die Shopware-Dokumentation ist eine unglaublich umfangreiche Wissensdatenbank. Zu jedem einzelnen Feature und selbst entwickelten Plugin erhalten Sie dort Einblicke in die Funktionsweise. Die Dokumentation finden Sie unter *https://community.shopware.com/Doku_cat_938.html*

1.4.3 Soziale Netzwerke

Aktive und schnelle Hilfe, das kennzeichnet beruflich genutzte soziale Netzwerke. Zu jedem Thema finden Sie unzählige Gruppen, in denen sich Gleichgesinnte austauschen. Auch für Shopware gibt es einige Gruppen, in denen Sie schnell Hilfe finden können:

- Facebook-Gruppe: Shopware für Anwender, zu finden unter *https://www.facebook.com/groups/sw.anwender*
- Facebook-Gruppe: Shopware: SEO/Programmierung/Plugins/Themes, zu finden unter *https://www.facebook.com/groups/1254969817846942*

    Hier dreht es sich maßgeblich um technische Aspekte, alles in allem eine sehr hilfreiche Gemeinschaft.
- Facebook-Gruppe Shopware & SEO – allgemeine Fragen, zu finden unter *https://www.facebook.com/groups/381731042023850*

    Diese Gruppe richtet sich auch an Nicht-Techniker, eine Vielzahl von Mitgliedern hilft sich gegenseitig.

Zudem gibt es weitere Shopware-Gruppen, die Usertreffen in verschiedensten Regionen organisieren. Im Business-Netzwerk Xing gibt es ebenfalls eine Shopware-Gruppe, die auch von Shopware-Mitarbeitern moderiert wird. Das ist allerdings die einzige Gruppe mit einer nennenswerten Mitgliederzahl im Xing-Netzwerk.

1.4.4 Der Shopware Support

Neben all der Hilfe von anderen Shopbetreibern oder Dienstleistern erhalten Kunden mit einer Support-Subscription auch direkt Unterstützung aus dem Hause Shopware. Wie bereits eingangs in diesem Kapitel erwähnt, erhalten Sie eine Subscription z. B. beim Kauf einer kostenpflichtigen Shopware-Version. Anschließend können Sie sich mit allen Belangen an die Mitarbeiter wenden. In der Regel beschränkt sich die Unterstützung auf E-Mail-Verkehr. Nur im äußersten Notfall können Sie telefonischen Support beantragen. Ein Notfall ist in diesem Fall, wenn Ihr Shop im Livebetrieb nicht mehr funktionsfähig ist. Also Ihre Kunden keine Bestellungen mehr aufgeben können oder gar der komplette Shop nicht mehr erreichbar ist.

Anders wiederum bei der Buchung von einer Gold-Subscription. Hier haben Sie sehr wohl die Möglichkeit, Ihr Anliegen bequem per Telefon mit einem Shopware-Mitarbeiter zu lösen.

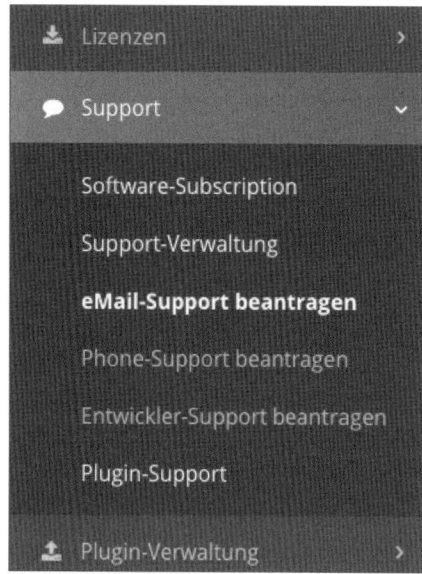

Abbildung 1.6 Support direkt bei Shopware beantragen

Um Support zu beantragen, loggen Sie sich zunächst in Ihren Shopware Account unter *https://account.shopware.com* ein. In der linken Seitennavigation finden Sie den Punkt SUPPORT. Klicken Sie dort auf EMAIL-SUPPORT BEANTRAGEN. Im anschließend erscheinenden Formular können Sie Ihr Anliegen schildern und, wenn nötig oder sinnvoll, einen Anhang anfügen.

Damit haben Sie nun alle Wege an die Hand bekommen, um bei auftauchenden Schwierigkeiten schnelle und kompetente Hilfe zu erhalten. Und damit schließe ich diese kurze und theoretische Einführung in die Welt von Shopware ab. In den folgenden Kapiteln wird es praktisch. Zunächst steige ich in die Installation von Shopware ein. Danach wird der Shopware Onlineshop dann Stück für Stück aufgebaut.

Kapitel 2
Es geht los – so installieren Sie Shopware

Nun erfahren Sie, welche Voraussetzungen Shopware für einen reibungslosen Betrieb erfordert, wie Sie eine kommerzielle Shopware Version aktivieren und wie Sie die ersten Schritte der Einrichtung vornehmen.

Es gibt zwei Wege, um Shopware zu installieren und mit der Einrichtung zu beginnen. Zum einen ist es möglich, dass Sie auf Ihrem Computer eine Serverumgebung simulieren und Shopware lokal installieren. Die andere Möglichkeit ist, Shopware direkt auf Ihrem gemieteten Webspeicher oder Ihrem eigenen Server zu installieren. Dort stehen in der Regel die wichtigsten Komponenten bereits zur Verfügung oder können nachinstalliert werden.

Dieses Kapitel beschäftigt sich mit der zweiten Variante – Shopware wird direkt auf dem Webspeicher oder dem eigenen Server installiert, und ist damit schon online. Nach meinen Erfahrungen gehen so die allermeisten Anwender von Shopware vor, da sie weniger Einarbeitung in die technischen Rahmenbedingungen benötigen.

> **Shopware-zertifizierte Hoster**
> Wenden Sie sich an einen zertifizierten Shopware Hoster. Diese Firmen sind von der Shopware AG zertifiziert, und die Server sind so konfiguriert, dass Shopware optimal auf ihnen läuft.

Natürlich besteht die Gefahr, dass Ihr Onlineshop in spe bereits entdeckt wird. Welche Schutzmechanismen Sie ergreifen können, damit Ihnen niemand beim Erstellen Ihres Onlineshops zusehen kann, erfahren Sie an späterer Stelle in Abschnitt 2.5.

2.1 Das richtige Hostingpaket finden

Grundsätzlich: Wenn Sie mit einem zertifizierten Shopware Hoster zusammenarbeiten, sind Sie auf der richtigen und sicheren Seite. Die Hoster durchlaufen einen von Shopware auferlegten Zertifizierungs- und Prüfungsprozess. Damit wird sichergestellt, dass alle Server-Komponenten optimal miteinander arbeiten, Ihr Onlineshop schnell lädt und es zu keinen Fehlern kommt – eine wichtige Voraussetzung für einen erfolgreichen Shop.

Allerdings – und das ist wichtig zu erwähnen – ist ein Hosting bei einem zertifizierten Anbieter kein Allheilmittel. Auch dort habe ich schon Shops gesehen, die nicht optimal liefen. Auf der anderen Seite gibt es auch Shops, die gut und flüssig auf »Fremdhostern« laufen. Wichtig ist in diesem Fall, dass der Hoster Ihnen eigene Serverkonfigurationen erlaubt. Dabei ist ein wichtiges Detail, dass jeder Kunde auf dem Server mit seinen Einstellungen ein geschlossenes System darstellen sollte. Heißt: Es muss ausgeschlossen sein, dass Ihre Konfiguration weitere Kunden betrifft und umgekehrt.

Welche Maßstäbe sollten Sie anlegen, wenn Sie ein Hostingpaket finden möchten? Welche Funktionen und Leistungen sollte ein solches Paket bieten?

- **Serverstandort vorzugsweise in Deutschland**, um schnelle Reaktionszeiten und hohe Datenschutzstandards zu garantieren.
- nicht weniger als **1 GB Arbeitsspeicher** – besser mehr
- **Mindestens 30 GB Speicher** auf SSD- oder Flash-Festplatten. Shopware selbst gibt in seinen Systemanforderungen 5 GB Speicherbedarf an. Mit Bilderdateien zu den Produkten, mehreren E-Mail-Konten und Backups, die auf dem Server gespeichert werden, reizt man auch 30 GB schnell aus.
- **PHP 7** Unterstützung – viele Hoster setzen noch auf PHP 5.6. Mit PHP 7 gibt es eine spürbare Performance-Steigerung.
- Einfache Einbindung eines **SSL-Zertifikates**. Die Daten werden mithilfe eines SSL-Zertifikates verschlüsselt an den Besucher übermittelt, sodass Online-Kriminelle keinen Zugriff auf diese Daten haben.

  Einige Hoster bieten die Möglichkeit, kostenlose Let's Encrypt Zertifikate einzubinden. Bei wieder anderen Hostern kostet ein Zertifikat ca. 29 Euro pro Jahr für die einfachste Variante, die zu Beginn Ihres Onlineshops völlig ausreicht.
- **Cronjobs** im Paketpreis inklusive. Mithilfe von Cronjobs können Sie viele Aufgaben automatisieren, mehr dazu finden Sie in Abschnitt 4.9.
- **Editierbare php.ini.** Über diese Datei werden die Server-Einstellungen vorgenommen und weitere Komponenten eingebunden.
- **Schutz vor DDoS Attacken.** Das sind Angriffe, die einen enormen Besucherstrom auf den Server simulieren und diesen damit überlasten. Die Folge: Totalausfall aller darauf befindlichen Webseiten.
- **Vorinstallierte Server-Komponenten.** OP Cache, APCu Cache, http Cache und Varnish (verschiedene Zwischenspeicher-Möglichkeiten auf dem Server für einen schnelleren Abruf der Daten) und ionCube Loader (wichtig für die Nutzung von verschlüsselten Plugins).

Es gibt noch etliche weitere Möglichkeiten, die Ihr Server mitbringen sollte. Die oben aufgeführten sind jedoch die wichtigsten Voraussetzungen, und sollten zwingend erfüllt sein.

Wenn Sie sich vertrauensvoll an einen von Shopware zertifizierten Hoster wenden möchten, finden Sie eine Übersicht dieser auf *https://de.shopware.com/Partner/list/type/hosting*.

2.2 Shopware Account anlegen

Ein Shopware Account ist zwingende Voraussetzung, um den Shop mit einer kommerziellen Version oder mit gekauften Plugin-Erweiterungen zu betreiben. Damit können Sie auch Einkäufe wie Plugins oder Themes tätigen, und die Lizenzen werden dem Account automatisch hinterlegt.

Melden Sie sich daher unter *https://account.shopware.com* an. Auf dieser Seite finden Sie im grauen Feld die Möglichkeit, sich zu registrieren.

Die Shopware-ID ist dabei Ihr Benutzername. Zusätzlich wird eine E-Mail-Adresse abgefragt (auf die Sie später alle Informationen rund um Ihren Account erhalten, wie z. B. die Rechnungen für Plugins) sowie ein Passwort. Klicken Sie nun auf REGISTRIEREN, wird Ihr Account angelegt. Die Registrierung müssen Sie anschließend noch bestätigen, dazu erhalten Sie eine E-Mail.

Loggen Sie sich das erste Mal mit Ihren Zugangsdaten ein, werden Sie gebeten, den Allgemeinen Geschäftsbedingungen zuzustimmen und Ihre Firmeninformationen anzugeben. Ohne diese Informationen kann Ihr Shopware Account nicht verwendet werden. Danach ist die Einrichtung Ihres Shopware Account auch schon abgeschlossen.

2.3 Shopware herunterladen und installieren

Sie haben nun ein passendes Hosting-Paket oder gar Ihren eigenen Server gefunden und Ihren Account angelegt. Jetzt installieren Sie Shopware.

> **Kostenlose Shopware-Installation**
> Wenn Sie eine kommerzielle Shopware-Version gekauft haben, und Sie bei einem zertifizierten Hoster Kunde sind, dann wird die Installation für Sie kostenfrei übernommen.

Sollten Sie die Community Edition einsetzen und daher nicht in diesen Genuss kommen, installieren Sie Shopware in wenigen Schritten selbstständig. Auf der Webseite *https://de.shopware.com* finden Sie im Menüpunkt RESSOURCEN den Link zu den DOWNLOADS.

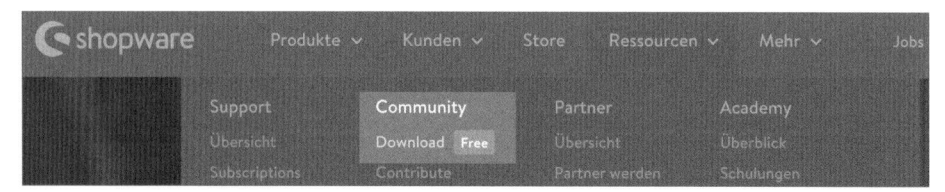

Abbildung 2.1 Shopware-Dateien herunterladen

Auf dieser Seite können Sie sich dann die zu diesem Zeitpunkt aktuellste Shopware-Version herunterladen oder sogar rückwirkend eine ältere Version.

Anschließend entpacken Sie die heruntergeladene Zip-Datei in einen Ordner Ihrer Wahl und laden die dort entpackten Dateien mithilfe eines FTP-Programms auf Ihren Webspeicher. Dazu benötigen Sie die korrekte Serveradresse (auch Host genannt), den Benutzernamen und das Passwort. Diese Daten finden Sie meist gesammelt unter den FTP-Zugangsdaten im Kundencenter Ihres Hosters.

Sobald die Dateien hochgeladen sind (was je nach Internetverbindung eine kleine Weile dauern kann), verweisen Sie die Domain noch auf den korrekten Ordner, damit der Inhalt beim ansurfen der Domain aufgerufen werden kann.

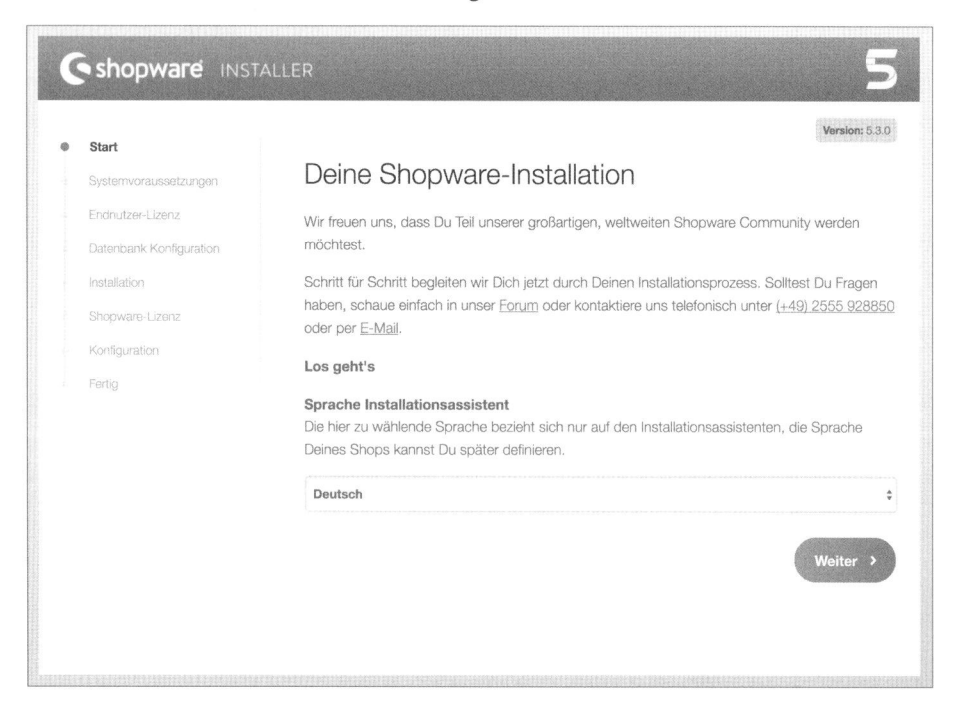

Abbildung 2.2 Hiermit beginnt die Installation: der Shopware Installer

Zum Beispiel haben Sie die Shopware-Dateien auf dem Server in den Ordner *Shop* geladen. Ihre Domain lautet *meinshop.de*. Das heißt, in der Verwaltungsoberfläche Ihres Hosters müssen Sie der Domain *meinshop.de* den Ordner *Shop* zuweisen.

Funktioniert dies korrekt und Sie rufen die entsprechende Seite auf, startet der SHOPWARE INSTALLER.

Der Installationsassistent führt Sie durch die einzelnen Installationsschritte. Zunächst wählen Sie Ihre Sprache aus. Hier ist standardmäßig DEUTSCH ausgewählt.

Mit einem Klick auf WEITER beginnt die Prüfung der SYSTEMVORAUSSETZUNGEN. Sollte Ihr Server gravierende Abweichungen von den Shopware-Voraussetzungen haben, werden Sie entsprechend gewarnt. In diesem Fall sollten Sie in die Kommunikation mit Ihrem Hoster treten und diesem die entsprechenden Punkte mitteilen. Oft sind es nur Kleinigkeit, die schnell durch entsprechend geschulte Service-Mitarbeiter behoben werden können.

Keine Probleme sollten Sie beim Systemcheck bekommen, wenn Sie bei einem zertifizierten Shopware Hoster oder Partner, der ebenfalls Hosting anbietet, Kunde sind.

Im nächsten Schritt müssen Sie den Anwender-Bestimmungen, oder auch Endnutzer-Lizenzbestimmungen, zustimmen. Ohne diese Zustimmung können Sie die Installation nicht fortsetzen. Eine Zustimmung ist daher zwingende Voraussetzung. Die deutsche Fassung umfasst ca. sechs DIN-A4-Seiten, die englische Fassung weitere elf Seiten. Ihre Zustimmung signalisieren Sie mit einem gesetzten Haken bei ICH STIMME DEN LIZENZBESTIMMUNGEN ZU.

Im nächsten Schritt benötigen Sie die Datenbankinformationen, dazu brauchen Sie zwingend folgende Informationen:

- Datenbankpfad, entweder *localhost* oder eine eindeutige IP Adresse
- Benutzernamen für die Datenbank
- Passwort für die Datenbank

Sind alle Werte korrekt hinterlegt, wird Ihnen der passende DATENBANKNAME angezeigt. Erscheint auch nach etwas längerer Wartezeit kein Datenbankname (etwa nach 10 bis 15 Sekunden), dann gibt es einen Fehler in den Zugangsdaten. Auch hier empfehle ich Ihnen, mit Ihrem Hoster in Kontakt zu treten.

Sobald unter DATENBANKNAME der korrekte Eintrag steht, können Sie zum nächsten wichtigen Schritt gehen. Mit einem Klick auf WEITER gelangen Sie auf die Installationsseite. Den Installationsprozess beginnen Sie mit INSTALLATION STARTEN. Bringen Sie an dieser Stelle wenige Minuten Geduld mit. In der Regel sollte die Installation reibungslos verlaufen.

Abbildung 2.3 Die Installation von Shopware wurde korrekt abgeschlossen

Sobald Sie das Fenster aus Abbildung 2.3 sehen, haben Sie das Gröbste hinter sich. Klicken Sie auf WEITER, können Sie Ihren Lizenzschlüssel eingeben. Sie können dort zwischen zwei Optionen wählen:

1. Sie möchten die Community Edition verwenden, dann benötigen Sie keinen Lizenzschlüssel.
2. Sie haben eine Shopware-Lizenz und können diese direkt dort eingeben.

Einen Lizenzcode können Sie auch nachträglich im Shopware Backend hinterlegen. Die damit verknüpften Vorteile (z. B. eine Shopware-Support-Subscription oder Premium Plugins) werden dann im Hintergrund mit diesem Shop verknüpft und ggf. direkt heruntergeladen. In diesem Beispiel hinterlege ich den Lizenzschlüssel erst nach der Installation.

Im nächsten Schritt geben Sie einige grundlegende Informationen zum Shop und zum Admin an. In der Shop-Grundeinrichtung werden Sie Folgendes gefragt:

- **Name des Shops:** Tragen Sie hier ein, wie der Shop für Ihren Besucher heißen soll, in diesem Beispiel **Mein eigener Shopware Shop.**
- **E-Mail-Adresse des Shops:** Von welcher E-Mail-Adresse wird der Shop Informationen senden, also z. B. *hallo@ihrshop.de*?
- **Hauptsprache:** In welcher Sprache soll das Front- und Backend erscheinen? Sie können zwischen Deutsch (Vorauswahl) und Englisch wählen.
- **Standardwährung:** In welcher Währung wickeln Sie hauptsächlich Bestellungen ab? Wählen Sie zwischen Euro (Vorauswahl), US-Dollar oder britischem Pfund.

- **Admin Name:** Wie lautet der volle Name des Administrators, also z. B. Ihr Name, wenn Sie den Shop einrichten?
- **Admin Login-Name:** Vergeben Sie hier einen Benutzernamen, mit dem sich der Admin einloggen kann.
- **Admin E-Mail:** Tragen Sie hier die E-Mail-Adresse des Administrators oder Shop-Verantwortlichen ein, diese kann sich mit der E-Mail-Adresse des Shops gleichen.
- **Admin Passwort:** Definieren Sie hier ein möglichst sicheres Passwort. In Verbindung mit dem Login-Namen kann sich der Administrator damit in das Shopware Backend einloggen.

  Bitte achten Sie darauf, dass Sie das korrekte Passwort eingeben. Da es keine Wiederholungsabfrage gibt, können hier bei Unachtsamkeit Fehler passieren und der Admin sich später nicht ins Backend einloggen. Sichere Passwörter generieren Sie z. B. auf Webseiten wie *https://www.passwort-generator.com*.

Mit einem weiteren letzten Klick auf WEITER, haben Sie den Installationsprozess beendet.

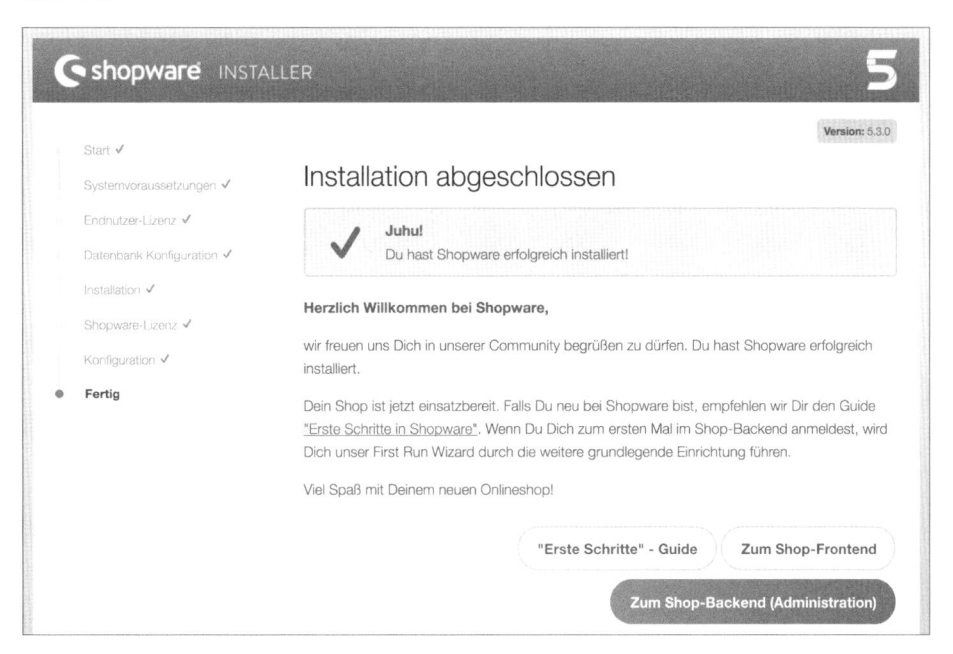

Abbildung 2.4 Shopware ist nun fertig installiert

Wenn Sie sich nun mit den Admin-Zugangsdaten im Backend einloggen, wird der *First Run Wizard* angezeigt, mit dem Sie weitere grundlegende Einstellungen vornehmen können.

2.4 Vom Installer zum First Run Wizard – Shopware grundlegend einrichten

Der First Run Wizard umfasst fünf Punkte, die Sie nach und nach abarbeiten.

Im ersten Schritt können Sie sich zusätzliche Sprachpakete herunterladen. Standardmäßig wird Shopware mit deutscher und englischer Sprachausgabe installiert. Wenn Sie bereits wissen, dass Sie weitere Sprachen unterstützen möchten, können Sie diese im ersten Schritt des First Run Wizards nachladen.

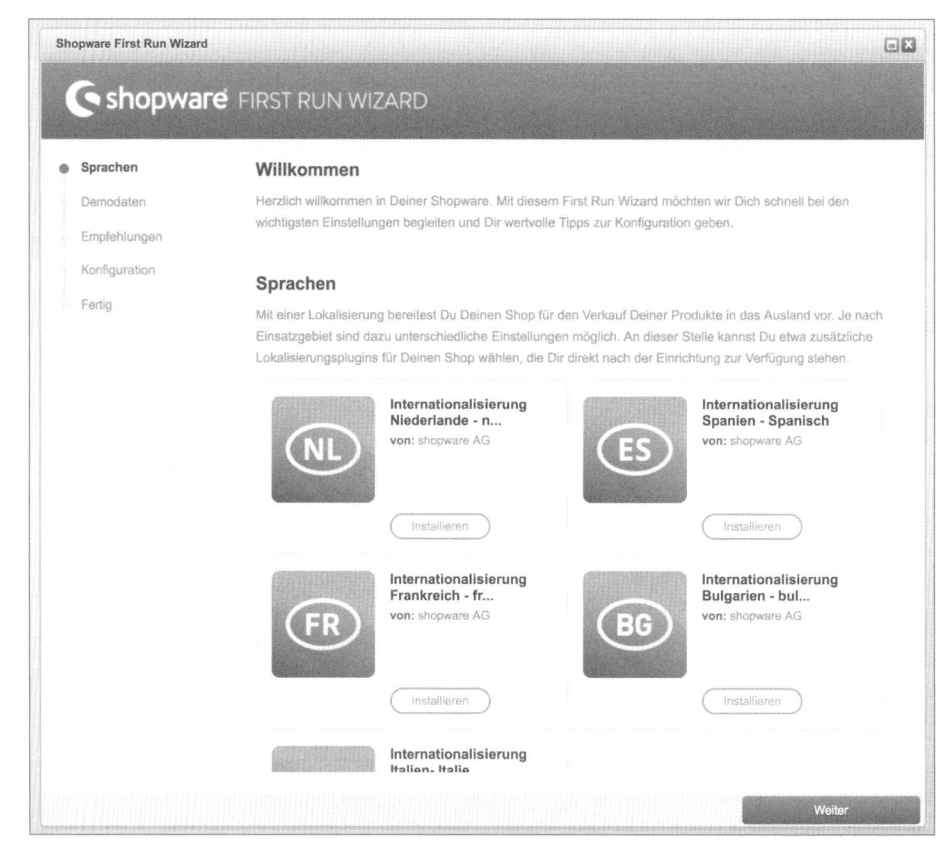

Abbildung 2.5 Sprachinstallationen mit dem First Run Wizard

Derzeit (September 2018) werden fünf weitere Sprachen unterstützt: Niederländisch, Spanisch, Französisch, Bulgarisch und Italienisch.

Damit werden die wichtigsten Sprachen unterstützt. Im Community Store von Shopware gibt es darüber hinaus weitere Sprachpakete.

Wie Sie eigene Sprachen einrichten und einen Shop etwa auf Portugiesisch veröffentlichen, erfahren Sie in Kapitel 14. Dort widmen Sie sich dem Einrichten eines Sprachshops.

Wenn Sie eine der angebotenen Sprachen installieren möchten, klicken Sie auf INSTALLIEREN. Der Download startet anschließend automatisch. Danach wählen Sie AKTIVIEREN, damit das Sprachpaket später genutzt werden kann.

> **Shopware international**
>
> Übrigens: Damit wird nicht nur der Shop, das sogenannte *Frontend*, übersetzt. Auch die Arbeitsumgebung, das Backend, erhält dadurch entsprechende Übersetzungen. Ideal für internationale Mitarbeiter.

Klicken Sie auf WEITER, haben Sie die Möglichkeit, Demodaten von Shopware zu installieren. Diese werden in deutscher und englischer Sprache bereitgestellt.

Durch die Demodaten werden Ihnen 14 Artikel installiert, drei Kategorien, etliche Eigenschaften und drei Hersteller. Zusätzlich wird eine Einkaufswelt installiert.

Grade als Neueinsteiger erhalten Sie damit einen guten Überblick über die Möglichkeiten und Funktionsweisen von Shopware. Wenn Sie keine Demodaten installieren möchten, klicken Sie direkt auf WEITER.

Nun werden Ihnen Plugins vorgeschlagen, die Sie höchstwahrscheinlich benötigen werden. Ganz allgemeingültig wird das PayPal-Plugin empfohlen, an dem wohl kein Onlinehändler mehr vorbeikommt. Weitere Empfehlungen folgen auf Länderebene. Hier können Sie zwischen verschiedenen europäischen Ländern wählen und erhalten spezifische Vorschläge, welche Plugins Sie einsetzen sollten, um auf die Kundenbedürfnisse aus diesem Land eingehen zu können.

Auch hier können Sie wieder recht einfach auf den Installieren-Button klicken und das entsprechende Plugin herunterladen.

Es kann durchaus vorkommen, dass einige Plugins nur heruntergeladen werden können, sofern Sie in mit Ihrer Shopware ID eingeloggt sind. Diese können Sie leicht erzeugen – melden Sie sich in der rechten Spalte REGISTRIERUNG an, siehe Abbildung 2.6. Die hier angegebenen Anmeldedaten benötigen Sie später, um Plugins und Themes herunterzuladen.

> **Kleines Detail**
>
> **Sehr wichtig:** Loggen Sie sich das erste Mal direkt über Shopware in Ihren Account ein, setzen Sie bitte den Haken bei DOMAIN REGISTRIEREN. Damit wird Ihre Shop-Domain mit dem Shopware Account verknüpft und Lizenzen von Plugins oder Themes können direkt dem Shop zugeordnet werden.

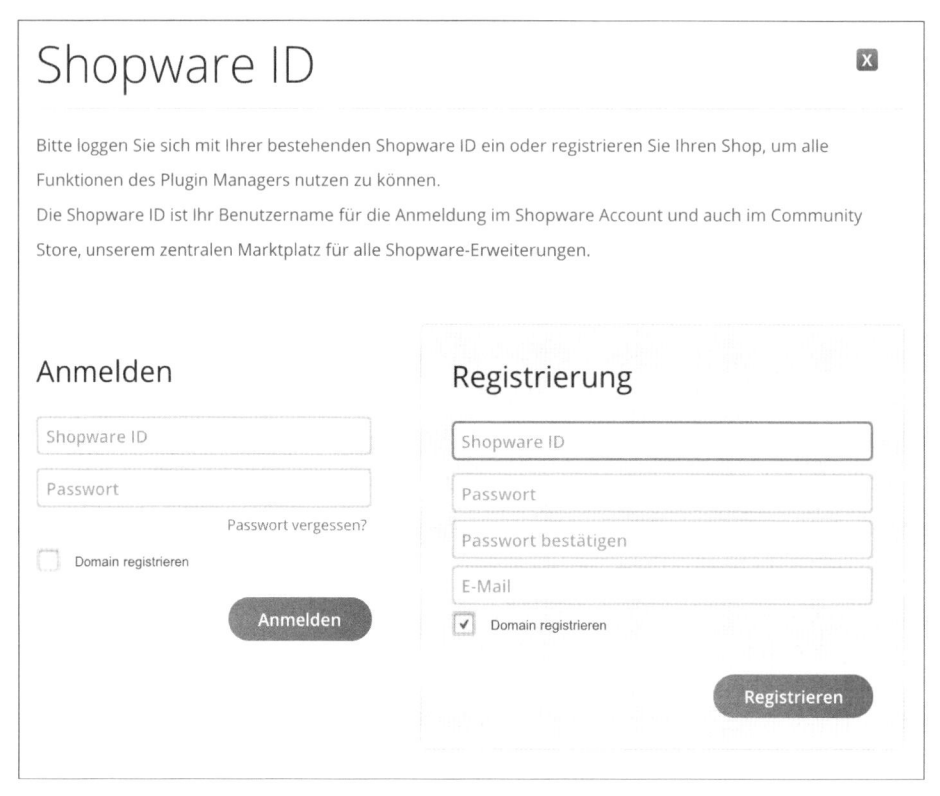

Abbildung 2.6 Einloggen mit der Shopware-ID

Sind Sie mit der Auswahl Ihrer ersten Plugins zufrieden, können Sie den nächsten Schritt gehen. Mit einem Klick auf WEITER kommen Sie auf den Konfigurations-Schritt, siehe Abbildung 2.7.

In diesem Schritt werden Sie gebeten, einen Shopnamen zu vergeben, die E-Mail-Adresse mit dem der Shop später E-Mails an die Kunden versendet, die Firmenadresse, Bankdaten sowie den Firmennamen. Da diese Informationen später auch im Footer bei ausgehenden E-Mails verwendet werden, ergibt es Sinn, die Adresse und die Bankinformationen direkt mit einem HTML-Code zu versehen, der einen Zeilenumbruch ausübt. Dieser Code lautet, wie auf dem Bild zu sehen, <br>.

Klicken Sie auf SPEICHERN und schon haben Sie das Ende des First Run Wizards erreicht. Auf der letzten Seite erhalten Sie noch einige nützliche Links, zum Beispiel zum Community Store (dort finden Sie die Plugins und Themes für Shopware) oder zum Shopware-Forum. Ein Klick auf ABSCHLIESSEN beendet an dieser Stelle den First Run Wizard. Sie können nun das Backend benutzen.

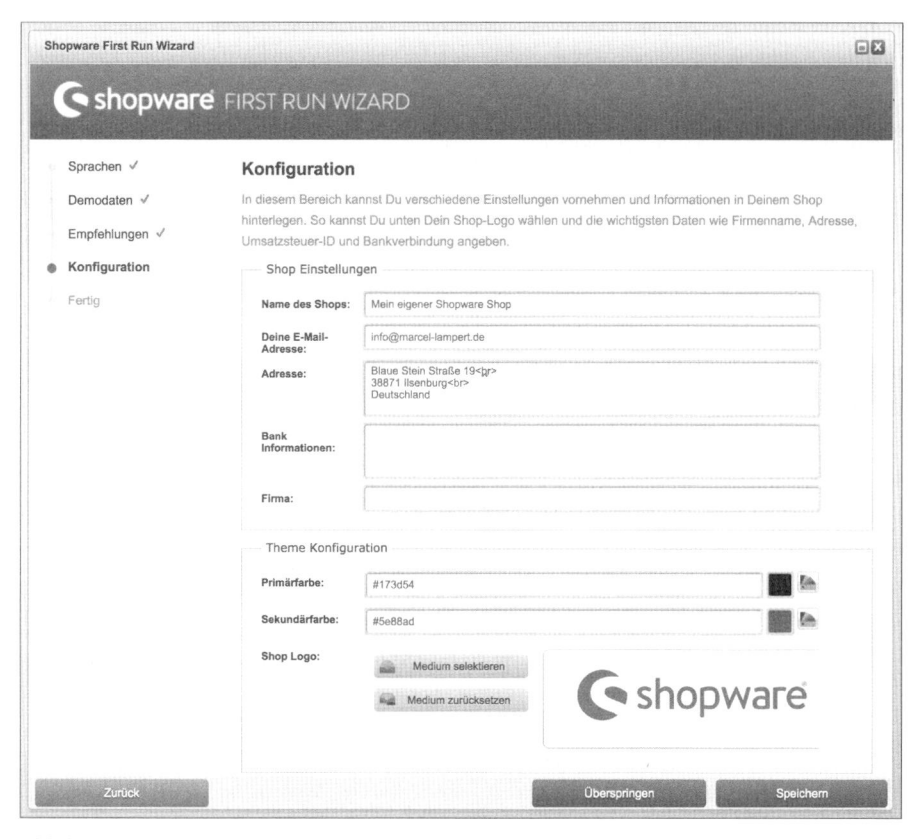

Abbildung 2.7 Grundlegende Informationen über Ihre Firma und Ihren Shop

2.5 Spionageschutz – Shop in den Wartungsmodus setzen

Während Sie Ihren Shop einrichten, können Sie sich vor ungebetenen Besuchern schützen. Immerhin wissen Sie nicht, ob nicht ein Wettbewerber Ihre Fortschritte beobachtet und Ihnen ggf. mit wichtigen Entwicklungen zuvorkommt. Klar, das Risiko ist recht gering, aber es besteht. Zudem möchten Sie ja Ihren Kunden, die zufällig auf den Shop kommen, kein halb fertiges Werk präsentieren.

> **Wegen Wartungsarbeiten nicht erreichbar!**
>
> Aufgrund nötiger Wartungsarbeiten ist der Shop zur Zeit nicht erreichbar.

Abbildung 2.8 Diese Meldung erhalten alle Besucher, wenn der Wartungsmodus aktiviert ist

Für diesen Fall gibt es den *Wartungsmodus*. In diesem Modus erhalten alle Besucher des Shops den Hinweis, dass dieser Shop aktuell gewartet wird und daher nicht einsehbar ist.

Um den Wartungsmodus zu aktivieren, öffnen Sie die GRUNDEINSTELLUNGEN. Diese finden Sie in den EINSTELLUNGEN.

Abbildung 2.9 Öffnen Sie die Grundeinstellungen

Auf der linken Seite finden Sie nun ein Menü, um die Einstellungen für den Shop vorzunehmen. Um den Wartungsmodus zu aktivieren, klicken Sie auf SYSTEM • WARTUNG. Auf der rechten Seite öffnen sich dann die Einstellmöglichkeiten zu diesem Menüpunkt. Wählen Sie nun unter SHOP WEGEN WARTUNG SPERREN • JA aus. Sobald Sie speichern, ist der Shop für die Allgemeinheit gesperrt.

Leider auch für Sie, damit können Sie Ihre eigenen Fortschritte nicht verfolgen. Daher haben Sie die Möglichkeit, IP-Adressen zu hinterlegen, die von der Sperrung ausgenommen sind. Die eingetragenen IP-Adressen können dadurch auf den Shop zugreifen. Seien Sie also aus Sicherheitsgründen eher sparsam damit.

Und wie finden Sie nun Ihre IP-Adresse heraus? Das geht recht simpel über entsprechende Websites, z. B. mit der Webseite *https://www.wieistmeineip.de*. Ihre IP-Adresse finden Sie dort im oberen Bereich unter *Ihre IPv4-Adresse lautet*.

Abbildung 2.10 Hier sehen Sie Ihre IP-Adresse

Nun hinterlegen Sie die IP-Adresse in den Grundeinstellungen in die Zeile VON DER SPERRUNG AUSGESCHLOSSENE IP. Sollen mehrere IPs dort hinterlegt werden, werden diese einfach mit einem Leerzeichen voneinander getrennt.

2.6 Shopware Account final einrichten

Sie haben die Domain bereits bei Shopware registriert und dort auch einen Account angelegt. Um den Account vollumfänglich nutzen zu können, müssen Sie noch Ihre Firmendaten hinterlegen. Rufen Sie dazu *https://account.shopware.com* auf und loggen Sie sich mit Ihren Zugangsdaten ein.

> **Zwei verschiedene Accounts**
> Bitte beachten Sie dabei, dass Sie sich nicht mit den Zugangsdaten für das Backend einloggen können, sondern ausschließlich mit Ihrer Shopware-ID.

Halten Sie dafür Ihre Firmenadresse, Bankdaten und, falls vorhanden, Ihre Umsatzsteuer-ID, bereit.

Loggen Sie sich das erste Mal in Ihren Shopware Account ein, kommen Sie direkt auf die Formularseite, auf der die eben genannten Daten abgefragt werden. Sobald alle Informationen hinterlegt sind, können Sie speichern und die Shopware-ID vollumfänglich nutzen – also auch Plugins und Themes für den Shop herunterladen.

2.7 Alternative Registrierung Ihres Shops

Sollte die Registrierung Ihres Shops im First Run Wizard aus irgendwelchen Gründen nicht funktioniert haben, gibt es dazu noch eine Alternative: Loggen Sie sich auf *https://account.shopware.com* mit den Zugangsdaten Ihrer Shopware-ID ein, und klicken Sie auf der linken Seite auf SHOPS. Dort finden Sie später auch die Übersicht über bestehende Shops. Jetzt klicken Sie auf NEUEN SHOP REGISTRIEREN. Geben Sie im nächsten Schritt die Domain an, auf der der Shop ausgeführt wird und die Shopware-Version. Anschließend klicken Sie auf VALIDIERUNG ANFORDERN.

Nun öffnet sich ein weiteres Feld, in dem das weitere Vorgehen beschrieben ist. Sie erhalten dort auch eine Zahlen-Buchstaben-Kombination. Kopieren Sie diese, und legen Sie in Word oder einem ähnlichen Programm ein neues Dokument an. Dort fügen Sie die eben kopierte Kombination ein und speichern das Dokument als HTML-Datei mit dem Namen *sw-domain-hash.html*.

Für den nächsten Schritt benötigen Sie die FTP-Zugangsdaten für den Server, auf dem Shopware installiert ist. Navigieren Sie in den Ordner, in dem Shopware installiert ist, und bleiben Sie dort auf der obersten Ebene.

Hier laden Sie die eben gespeicherte HTML-Datei hoch. Gehen Sie anschließend wieder zurück in den Shopware Account. Schließen Sie die Shop-Registrierung mit einem Klick auf den Button JETZT SHOP REGISTRIEREN ab. Damit sollten Sie eine Bestätigung bekommen, dass der Shop registriert wurde.

> **Mehr als nur ein Shop pro Shopware-ID**
> Sollten Sie mehrere Shops planen oder umsetzen wollen, können Sie dies mit einer Shopware-ID. Sie benötigen nicht für jeden Shop eine separate ID.

Dateiname ^	Dateigröße	Dateityp
..		
bin		Verzeichnis
custom		Verzeichnis
engine		Verzeichnis
files		Verzeichnis
media		Verzeichnis
recovery		Verzeichnis
themes		Verzeichnis
var		Verzeichnis
vendor		Verzeichnis
web		Verzeichnis
.htaccess	3085	Datei
.php_cs.dist	1661	dist-Datei
CONTRIBUTING.md	1368	md-Datei
README.md	6714	md-Datei
UPGRADE-5.0.md	39513	md-Datei
UPGRADE-5.1.md	21126	md-Datei
UPGRADE-5.2.md	53392	md-Datei
UPGRADE-5.3.md	48184	md-Datei
_webftp_de_IP_93_242_19_138.txt	212	txt-Datei
autoload.php	1197	PHP
composer.json	4276	JSON
composer.lock	209159	lock-Datei
config.php	197	PHP
eula.txt	48492	txt-Datei
eula_en.txt	48003	txt-Datei
license.txt	34899	txt-Datei
shopware.php	4418	PHP
sw-domain-hash.html	32	HTML do...

Abbildung 2.11 Shopware-Ordner auf dem Server

Nun sind Sie gut vorbereitet. Ihr Shopware Account, mit dem Sie später alle Transaktionen abrechnen oder Ihren Hersteller-Support in Anspruch nehmen können (sofern Sie mindestens die Professional Edition erworben haben), ist angelegt.

2.8 Premium-Version kaufen und Lizenzcode hinterlegen

Im Verlauf dieses Kapitels habe ich Shopware zunächst ohne Lizenzschlüssel installiert und konfiguriert. Möchten Sie allerdings eine kommerzielle Edition einsetzen, also die *Professional Edition* oder die *Professional Plus Edition* müssen Sie diese zunächst im *Shopware Store* erwerben. Dazu können Sie Ihre Wunsch-Edition auf *https://de.shopware.com/editionen* auswählen und kommen mit einem Klick auf JETZT KAUFEN direkt in den Shopware Store. Kaufen Sie nun das Produkt über den

Button IN DEN WARENKORB. Im nächsten Schritt des Kaufvorgangs werden Sie gebeten, sich in Ihren Shopware Account einzuloggen. Halten Sie dazu Ihre Shopware-ID und das entsprechende Passwort bereit. Haben Sie Ihre Zugangsdaten eingegeben, werden Sie auf die Warenkorb-Seite weitergeleitet, dort können Sie Ihr Shopware-Konto aufladen. Die entsprechende Summe können Sie dann über PayPal, Kreditkarte oder per Lastschrift bezahlen. Schließen Sie anschließend den Kaufvorgang ab. Nun haben Sie die Shopware-Lizenz erworben. Damit Ihre Shopware-Installation auch von den Vorteilen profitieren kann, müssen Sie den Lizenzschlüssel nun noch hinterlegen.

Dazu sollten Sie sich zunächst in Ihren Shopware Account unter *https://account.shopware.com* einloggen. Klicken Sie dann im linken Menü auf LIZENZEN.

Shopware-Plugin-Lizenzen für shop.marcel-lampert.de			
Name:	Variante:	Subscription:	
(SW5) **Abweichende Lieferadresse vorausgewählt** loyxx19211920544	Kaufversion	bis 23.01.2019	Details / Download Jetzt bewerten Support anfordern
(SW5) **Backend Bestellungen** Swag860272615705f	Kostenlose Version	keine	Details / Download Jetzt bewerten
(SW5) **Backend Kalkulator - Artikel Preis für Kundengruppen berechnen**	Testversion	keine	

Abbildung 2.12 Alle Lizenzen und Plugins auf einen Blick

Hier sehen Sie die Produktlizenzen für Ihren Shop. Klicken Sie anschließend auf den Link DETAILS/DOWNLOAD. Es öffnet sich das Fenster, in dem Sie den Lizenzcode sehen. Markieren und kopieren Sie diesen, und wechseln Sie in Ihr Shopware Backend.

Dort öffnen Sie die GRUNDEINSTELLUNGEN, die Sie im Menüpunkt EINSTELLUNGEN finden.

Sie können den Lizenzschlüssel unter WEITERE EINSTELLUNGEN • SHOPWARE-LIZENZ eingeben. SPEICHERN Sie am Schluss. Im Hintergrund werden automatisch die Premium Plugins sowie Pickware, die integrierte Warenwirtschaft, installiert.

Sie haben Shopware installiert, in den Wartungsmodus versetzt und den Shop bei Shopware registriert. Nun geht es an die Einrichtung.

Kapitel 3
Der Wechsel zu Shopware 5

Dieses Kapitel ist relevant für Sie, sobald Sie bereits einen Onlineshop besitzen und nun zu Shopware wechseln möchten. Damit Sie nicht gänzlich von vorn beginnen müssen, gibt es Möglichkeiten, Daten in Shopware zu importieren.

Nachdem Sie nun also Shopware installiert haben, geht es an die Einrichtung. Durch die Migration Ihrer wichtigen Shop-Daten zu Shopware sparen Sie enorm viel Zeit. Dazu gehören Kundenkonten samt Passwort, Artikel samt aller Varianten und Bewertungen sowie die dazugehörigen Kategorien. Dies lässt sich durch zwei verschiedene Ansätze realisieren.

3.1 Das Shopware Migrationstool

Der erste Weg, über den Sie eine Migration eines bestehenden Shops zu Shopware vornehmen können, ist das hauseigene Migrationstool. Mit diesem wird Ihnen die Möglichkeit geboten, die Daten aus einem bestehenden Shop der verbreitetsten Shopsysteme zu importieren und für Shopware aufzubereiten. Das Tool unterstützt diese Systeme:

- Magento bis Version 1.7.0.2 und 1.8.10 bis 1.9.3.4
- Oxid eShop bis 4.9.7
- Xt:Commerce 4.0 bis 4.1
- Gambio GX bis 2.7.20
- XTModified und xt:Commerce 3.0.4
- Prestashop 1.4 und 1.5. bis 1.6.1.4
- WooCommerce 2.5.5

Um das Migrationstool nutzen zu können, benötigen Sie lediglich den Datenbankzugang Ihres aktuellen Shops und das Shopware Plugin »Shop-Migration«, das Sie im Community Store unter dem Namen *Migration von anderen Shopsystemen zu Shopware* finden. Außerdem sind ein paar wenige Vorbereitungsschritte notwendig. Bitte beachten Sie, dass das Migrationstool nur dann sauber funktioniert, wenn Ihr alter Shop nah am Standard ist und Sie wenig tief greifende Änderungen vorgenommen haben.

3.1.1 Vorbereitung auf den Import mit dem Migrationstool

Es ist wichtig, dass Sie alle Punkte darauf hin überprüfen, ob sie auch erfüllt werden. Trifft eine Voraussetzung nicht zu, kann es zu Abbrüchen bei der Migration kommen.

Prüfen Sie zunächst, ob Sie die aktuellste Version des Migrationstools installiert haben. Ob ein Update für das Tool bereitsteht, sehen Sie im Plugin Manager unter UPDATES. Ist das Migrationstool dort aufgeführt, installieren Sie die bereitstehende Aktualisierung.

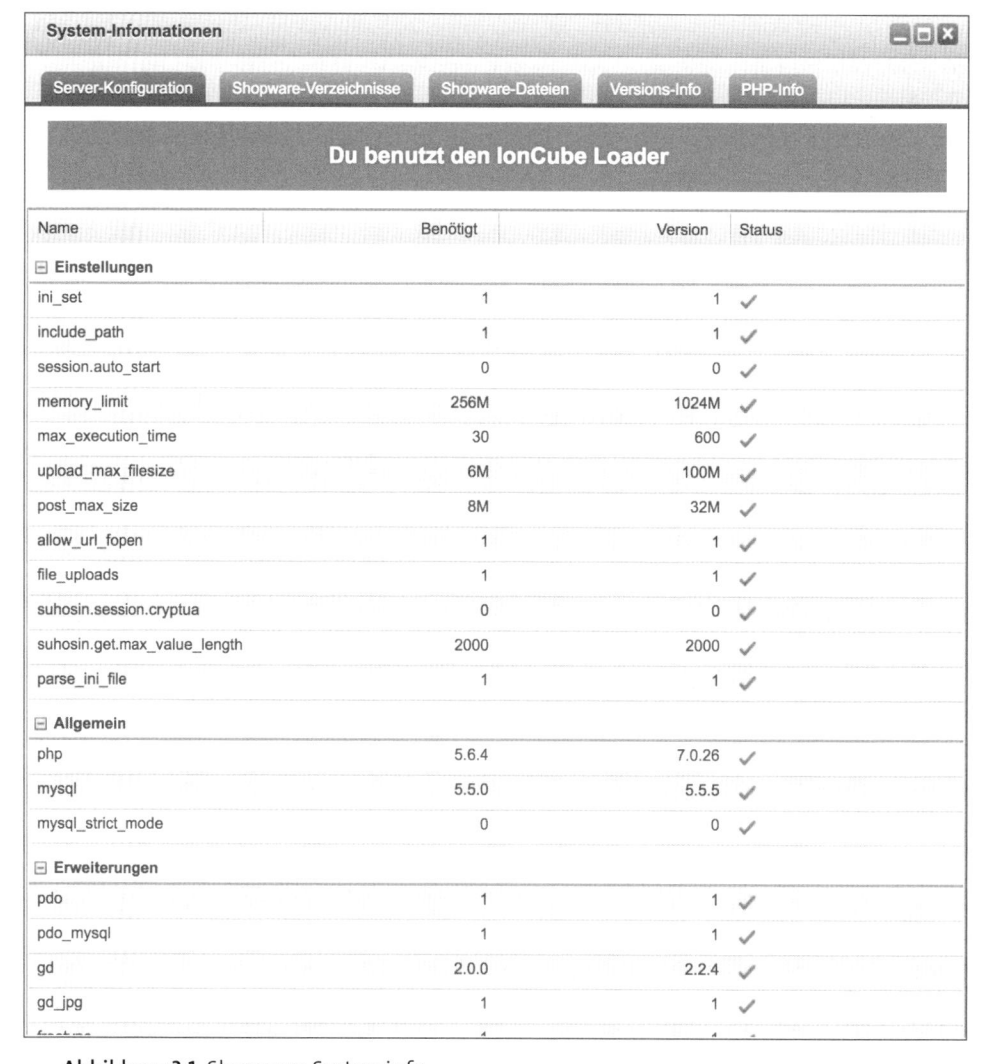

Name	Benötigt	Version	Status
Einstellungen			
ini_set	1	1	✓
include_path	1	1	✓
session.auto_start	0	0	✓
memory_limit	256M	1024M	✓
max_execution_time	30	600	✓
upload_max_filesize	6M	100M	✓
post_max_size	8M	32M	✓
allow_url_fopen	1	1	✓
file_uploads	1	1	✓
suhosin.session.cryptua	0	0	✓
suhosin.get.max_value_length	2000	2000	✓
parse_ini_file	1	1	✓
Allgemein			
php	5.6.4	7.0.26	✓
mysql	5.5.0	5.5.5	✓
mysql_strict_mode	0	0	✓
Erweiterungen			
pdo	1	1	✓
pdo_mysql	1	1	✓
gd	2.0.0	2.2.4	✓
gd_jpg	1	1	✓

Abbildung 3.1 Shopware Systeminfo

Prüfen Sie im nächsten Schritt, ob Ihr Server die notwendigen Kapazitäten besitzt, um die Mindestanforderungen von Shopware zu erfüllen. Dies können Sie unter EINSTELLUNGEN • SYSTEMINFO einsehen, siehe Abbildung 3.1.

In der Spalte STATUS sehen Sie, ob Ihr Server die Voraussetzungen erfüllt. Gibt es an der einen oder anderen Stelle ein rotes Kreuz, müssen Sie hier nachbessern. In diesem Fall sprechen Sie idealerweise mit der betreuenden Agentur oder direkt mit Ihrem Hoster. In der Regel sind solche Änderungen schnell erledigt, sofern es das Hosting-Paket hergibt.

Der nächste Schritt betrifft den oben angesprochenen Datenbankzugang. Sofern Sie Shopware nicht auf dem gleichen Server installiert haben wie das auslaufende Shopsystem, prüfen Sie, ob die Datenbank extern erreichbar ist. Also ob von einem zweiten Server darauf zugegriffen werden kann. Sind Sie sich dessen nicht sicher, so kontaktieren Sie auch in diesem Fall Ihren Hoster, der wird Ihnen weiterhelfen können. Ich werde an dieser Stelle nicht tiefer auf die administrativen und technischen Details eingehen, da sich dieses Buch vorrangig an Shopware-Anwender richtet.

Sofern Sie einen neuen Shopware-Shop installiert haben, sollten Sie zwingend einen ersten Hersteller anlegen, der für den Import als Standardhersteller fungiert. Wie Sie einen Hersteller anlegen, lesen Sie in Abschnitt 7.1.

Danach legen Sie, falls nicht bereits geschehen, alle Kundengruppen, Preisgruppen und vor allem Artikel-Eigenschaften (samt aller Sets und Optionen) in Shopware an. Mehr Informationen dazu erhalten Sie ebenfalls in Kapitel 7.

> **Achtung bei Preis- und Kundengruppen**
>
> Sollte Ihr aktuelles Shopsystem mit mehreren Preis- und Kundengruppen arbeiten, so müssen Sie diese auch in Shopware anlegen. Sie können sie zwar anders benennen, benötigen allerdings die gleiche Anzahl an Gruppen wie im alten Shopsystem.
>
> Leider verursacht das Migrationstool Fehler, sobald Sie eine Preis- und Kundengruppe doppelt zuweisen.

Auch international ausgerichtete Shops können Sie übertragen. Um ein korrektes Matching zu erzeugen, müssen Sie alle betreffenden Sprachshops vorher in Shopware anlegen. Ein wichtiger Punkt dazu: Aktivieren Sie unbedingt die Sprachshops, zu denen Sie die Daten importieren möchten. Nur aktivierte Sprachshops werden vom Migrationstool berücksichtigt. Wie Sie einen Sprachshop anlegen, erfahren Sie in Kapitel 14. Bevor es losgeht, sollten Sie den zu migrierenden Shop in den Wartungsmodus versetzen. Das verhindert, dass Datenbestände während des Imports verändert werden. Im nächsten Schritt geht es dann richtig los.

3.1.2 Es geht los – Die Migration beginnt

Nachdem Sie die Vorbereitung abgeschlossen haben, installieren Sie das Plugin aus dem Community Store. Anschließend finden Sie es im Menüpunkt INHALTE.

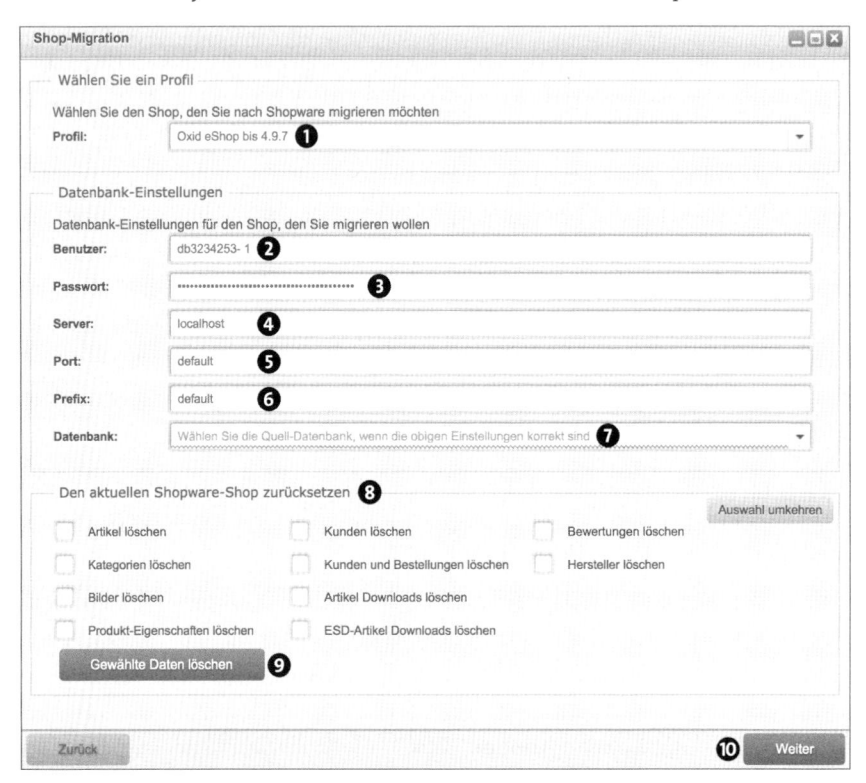

Abbildung 3.2 Das Shopware Migrationstool

Das Plugin begrüßt Sie direkt mit der Eingabemaske für die wichtigsten Daten. Zunächst wählen Sie ein PROFIL ❶ aus, also von welchem Shop-System Sie migrieren möchten. In diesem Beispiel ist es ein Oxid-Shop.

Anschließend tragen Sie den Datenbankzugang ein. Als Erstes hinterlegen Sie den BENUTZERNAMEN ❷ für die Datenbank und das PASSWORT ❸. Im nächsten Feld geben Sie den SERVER ❹ an, auf dem die Datenbank zu finden ist. Ist diese auf dem gleichen Server wie der neue Shopware-Shop zu finden, ist localhost, wie in Abbildung 3.2 zu sehen, korrekt. Liegt die Datenbank bzw. der aktuelle Shop auf einem anderen Server oder bei einem ganz anderen Hoster, so tragen Sie an dieser Stelle den Pfad zur Datenbank ein, z. B. *https://www.ihr-aktueller-shop.de/phpmyadmin*. Zusätzlich geben Sie den Standard-Port ❺ im gleichnamigen Feld ein.

Sofern Ihre aktuelle Datenbank ein Präfix ❻ verwendet, also eine vorangestellte Zeichenkette vor dem eigentlichen Namen einer Tabelle, tragen Sie diese hier ein. Sollten Sie dies nicht konkret wissen, hilft ein einmaliges Einloggen in die betreffende

Datenbank. Wenn Sie dort vor jeder Tabelle eine immer wiederkehrende Zeichenkette finden, ist dies höchstwahrscheinlich Ihr Präfix. Fehlen diese gleichbleibenden Zeichenketten, ist in der Datenbank kein Präfix hinterlegt und Sie können die Voreinstellung im Migrationstool auf *default* belassen.

Sofern Sie alle Daten korrekt eingegeben haben, wird der Datenbankname ❼ automatisch nach einer kleinen Wartezeit geladen.

Sofern Sie im Shopware-Shop bereits mit Demodaten oder eigenen Daten das System kennengelernt haben, können Sie das Migrationstool auch anweisen, diese Daten zu löschen. Wählen Sie daher unter DEN AKTUELLEN SHOPWARE-SHOP ZURÜCKSETZEN ❽ aus, welche Daten gelöscht werden sollen. Um die Daten zu löschen, klicken Sie auf den Button GEWÄHLTE DATEN LÖSCHEN ❾. Haben Sie keine Daten zu löschen, können Sie direkt den nächsten Migrationsschritt gehen, indem Sie auf WEITER ❿ klicken. Im nächsten Schritt wählen Sie aus, welche Daten aus dem aktuellen Shop mit den neuen Daten aus dem Shopware-Shop übereinstimmen und zusammengeführt werden können.

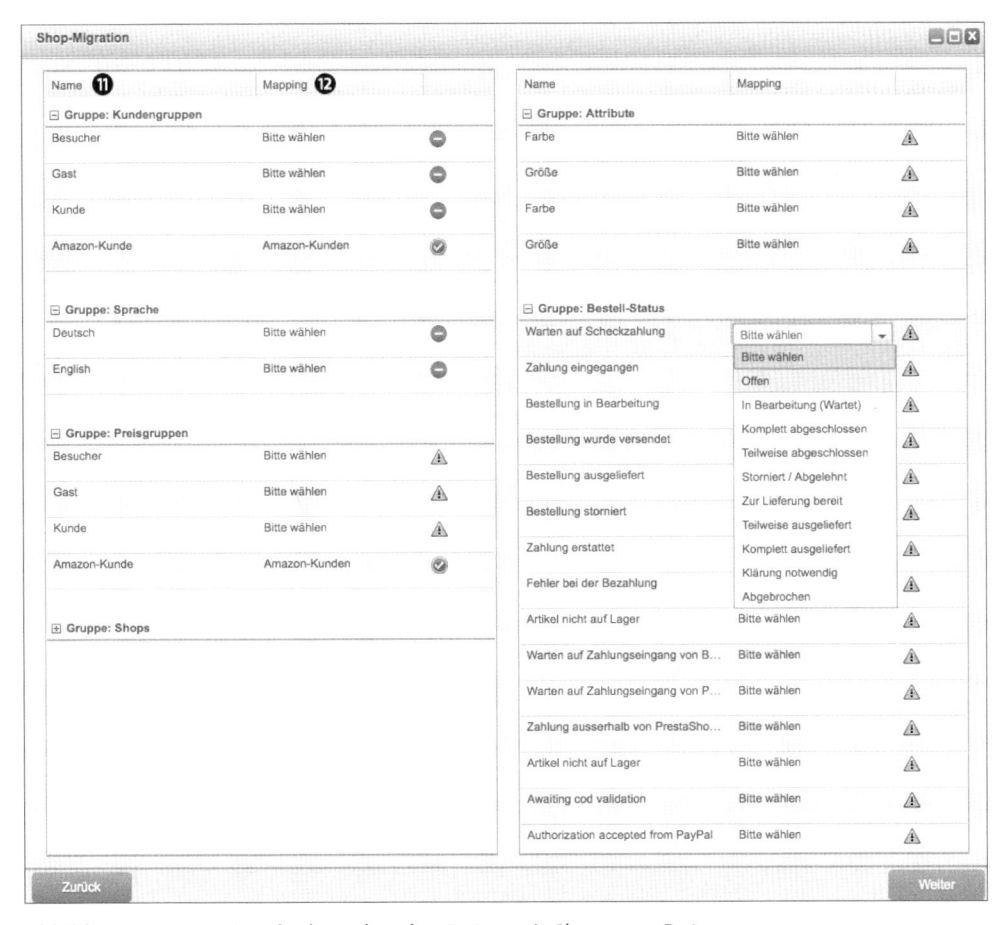

Abbildung 3.3 Mapping der bestehenden Daten mit Shopware-Daten

In diesem Schritt benötigen Sie viel Aufmerksamkeit. An dieser Stelle entscheiden Sie, wie die vorherigen Datensätze, wie z. B. die einzelnen Kundengruppen, nun in Shopware benannt bzw. die in Shopware vorhandenen Kundengruppen genutzt werden. Oder auch wie die verschiedenen Bestellstatus in Shopware interpretiert werden.

In der Abbildung 3.3 ist auch zu sehen, warum die Vorbereitung aus Abschnitt 3.1.1 sinnvoll war. Hier setzen Sie an diese Arbeit an. Die Daten sind unterteilt in Kundengruppen, Sprache, Preisgruppen und mehr.

Auf der linken Seite eines jeweiligen Abschnitts in der Spalte NAME ⑪ finden Sie den Datensatz aus Ihrem aktuellen Shopsystem. In der Spalte MAPPING ⑫ tragen Sie schließlich den Datensatz ein, den Sie in Shopware nutzen möchten. Gleiches gilt für die Sprachen. Hier wählen Sie in der Spalte MAPPING jeweils den passenden Sprach- oder Subshop aus.

Nach dieser Logik fahren Sie bei den weiteren Abschnitten fort, sodass Sie am Ende dieses Einrichtungsschritts eine für Sie stimmige Logik gefunden haben, um mit Bestellungen und Kunden in Shopware gut zurechtzukommen.

Im letzten Schritt des Migrationstools wählen Sie schließlich aus, welche Datensätze importiert werden sollen.

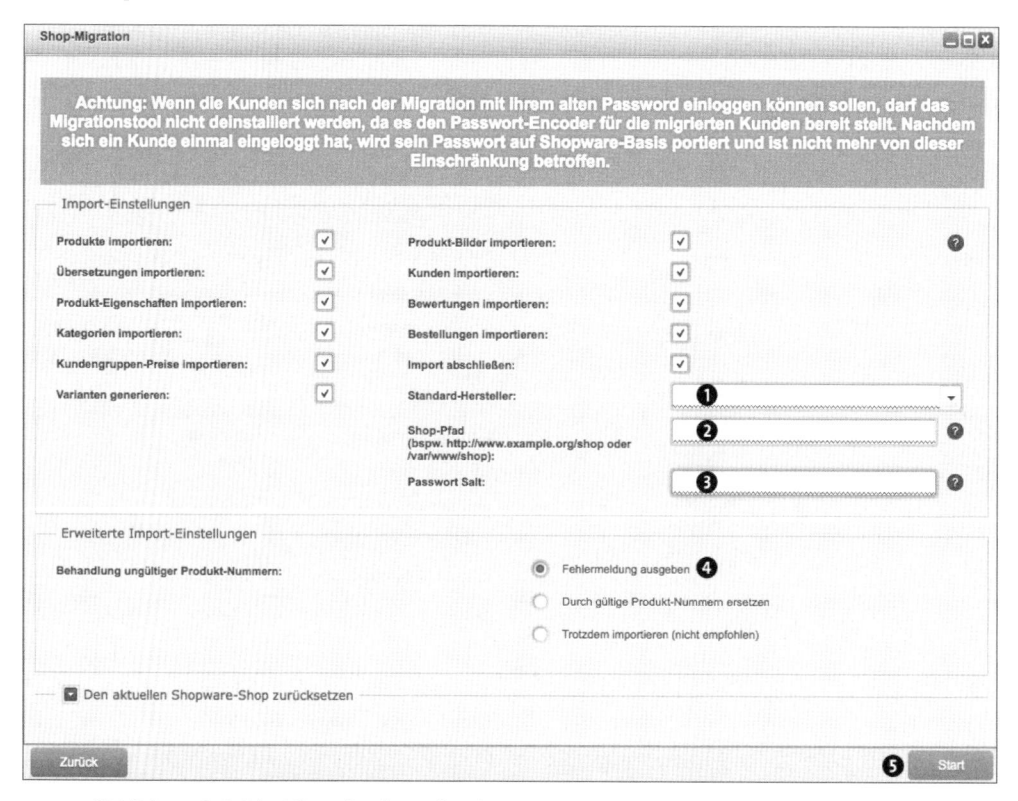

Abbildung 3.4 Die Migration kann beginnen

In diesem Beispiel werden alle Daten aus dem alten Shop übernommen. Dies ist in aller Regel auch sinnvoll, da selten ein Sortimentswechsel mit einer neuen Shop-Software einhergeht. Sinnvoll ist ebenfalls, wenn Ihre Kunden keine neuen Konten anlegen müssen, und sie nahtlos weiter bei Ihnen einkaufen können inkl. der eigenen Bestellhistorie.

Außerdem müssen Sie zwingend einen STANDARD-HERSTELLER ❶ wählen. Daher sollten Sie in der Vorbereitung auch einen Hersteller anlegen, der während des Migrationsprozesses allen Artikeln zugeordnet wird, die keine Hersteller-Zuordnung im alten Shop-System hatten. Sollten im alten System Artikel angelegt sein, die einem Hersteller zugeordnet sind, der noch nicht in Shopware vorhanden ist, so wird dieser automatisch vom Migrationstool angelegt.

Unter SHOP-PFAD ❷ geben Sie den Link zum aktuellen Shop an, also z. B. *https://www.ihr-alter-shop.de*.

Der nächste Punkt geht sehr in Richtung IT-Sicherheit. Das PASSWORT SALT ❸ ist enorm wichtig für die Übertragung und die richtige Interpretation der in der Datenbank gespeicherten Passwörter.

Das Salt ist, vereinfacht gesagt, ein Anhängsel an ein Passwort, damit es für Angreifer nicht so leicht zu entschlüsseln ist.

Leider ist dieser Wert bei jedem Shopsystem anders und unterscheidet sich sogar teilweise nach eingesetzter Version des Systems. Um verlässlich zu wissen, welchen Salt-Wert Sie in das Migrationstool eintragen, empfiehlt es sich, in der Dokumentation des jeweils eingesetzten Shopsystems nachzuschlagen.

Haben Sie den Salt-Wert gefunden und im Shopware Migrationstool hinterlegt, entscheiden Sie nun, wie mit ungültigen Produktnummern umgegangen wird ❹. Hier haben Sie die Auswahl, ob Sie eine Fehlermeldung erhalten möchten, ob das Migrationstool die Artikelnummern automatisch in gültige Nummern umwandeln oder ob der Import trotz ungültiger Artikelnummern fortgesetzt werden soll. Letzteres ist nicht zu empfehlen. Ideal wäre es, wenn Sie die Artikelnummern automatisch von Shopware ersetzen lassen, sodass der Import mit einem Rutsch abgearbeitet werden kann.

Mit einem Klick auf START ❺ wird der Migrationsprozess gestartet. Leider unterstützt Shopware nur die oben angegebenen Shopsysteme in den dort angegebenen Versionsnummern. Damit leistet das Tool zwar gute Arbeit, ist gleichzeitig aber sehr eingeschränkt. Wie Sie einen Wechsel von über 80 Shopsystemen auf Shopware vollziehen können, lesen Sie im nächsten Abschnitt.

3.1.3 Prüfung nach dem Migrationsprozess

Nachdem der Migrationsprozess abgeschlossen ist, haben Sie bereits einen Großteil der eigentlichen Arbeit erledigt. An dieser Stelle sollten Sie nur noch kontrollieren, ob alle Daten korrekt übermittelt wurden.

Zum einen sollten Sie prüfen, ob die Nummernkreise mit denen aus Ihrem alten Shop übereinstimmen bzw. ob Shopware bereits die nächstmögliche Nummer für Kunden, Bestellungen und Weiteres verwendet.

Dies prüfen Sie in den EINSTELLUNGEN • GRUNDEINSTELLUNGEN. Unter SHOPEINSTELLUNGEN finden Sie schließlich den Eintrag NUMMERNKREISE. Dort sehen Sie auf einen Blick die nächste freie Nummer für Kunden, Bestellungen, Lieferscheine und einiges mehr. Sollte ein Wert nicht passen, wählen Sie diesen aus, und ändern die Nummer in den DETAILS, die Sie auf der rechten Seite in diesem Fenster finden.

Zusätzlich gilt es zu prüfen, ob die importieren Artikeln in die richtigen Kategorien eingeordnet wurden. Bei Shopware ist es immer zwingend notwendig, dass ein Artikel in die unterste Hierarchie-Ebene einer Kategorie eingegliedert wird. Haben Sie dies bei Ihrem ehemaligen Shopsystem nicht so gehandhabt, werden die Artikel zwar importiert, aber keiner Kategorie zugewiesen. Diese müssen Sie dann manuell zu einer Kategorie hinzufügen. Mehr dazu lesen Sie in Kapitel 7.

3.2 Wechsel von jedem System mit Cart2Cart

Cart2Cart ist ein ukrainisches Software-as-a-Service-Tool, mit dem Sie in kurzer Zeit Ihre Artikel, Bewertungen, Kategorien und weitere wichtige Aspekte von einem Shopsystem auf das nächste umziehen können.

Die Kosten richten sich dabei nach der Anzahl der zu übertragenen Datensätze, wobei jeder Artikel, jede Kategorie, jede Bewertung ein separater Datensatz ist. Es kann also schon etwas zusammenkommen. In dem Beispiel aus diesem Abschnitt übertrage ich Daten von einem WooCommerce-Shop auf einen Shopware-5-Shop.

Welche Daten benötigen Sie dazu zu Beginn? Die Domain des aktuellen Shops, die Domain des Zielshops, FTP-Zugriff auf den Server und Zugriff auf eine Kreditkarte oder ein PayPal-Konto.

Um eine Migration zu starten, gehen Sie auf die Webseite *https://www.shopping-cart-migration.com*. Die Seite ist komplett in Englisch gehalten, daher werde ich die Begriffe hier auch übernehmen.

Legen Sie dort zunächst einen Account an, klicken Sie dazu auf SIGN IN. Sie geben lediglich Ihren Namen, Ihre E-Mail-Adresse und ein Passwort an, optional auch eine Telefonnummer. Mehr ist zu Beginn nicht notwendig.

Sobald Sie eingeloggt sind, können Sie direkt eine neue Migration mit Klick auf den Button CREATE NEW MIGRATION starten.

Unter SOURCE CART ❶ suchen Sie aus der Liste der vorhandenen Systeme Ihr jetziges Shopsystem aus. Tragen Sie auch die Domain des aktuellen Shops unter SOURCE STORE URL ❷ ein.

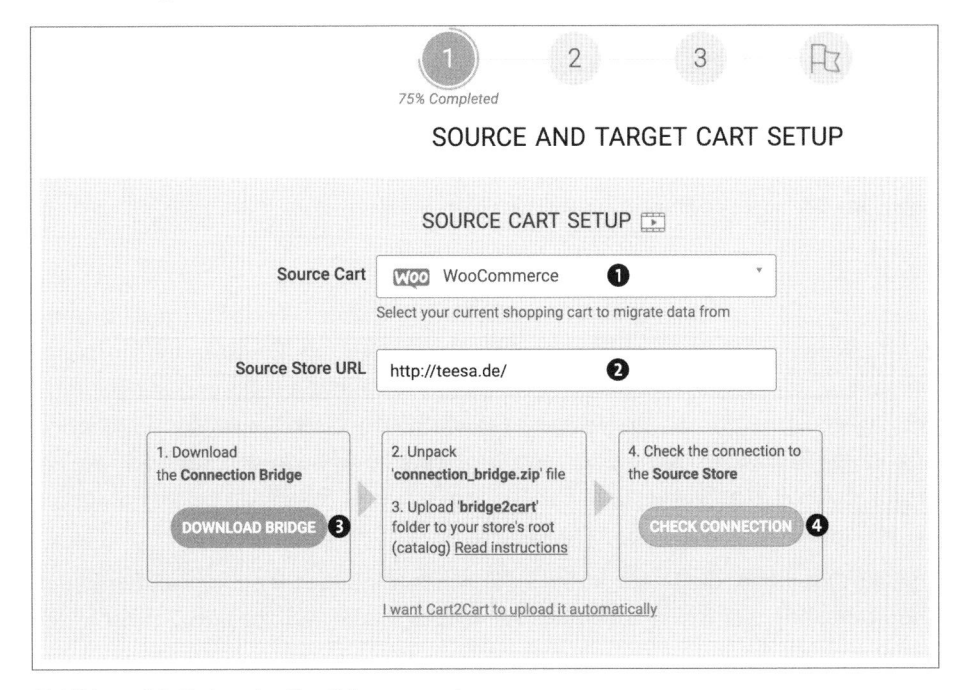

Abbildung 3.5 Daten des Quellshops angeben

Anschließend werden Sie gebeten, die CONNECTION BRIDGE herunterzuladen. Klicken Sie auf DOWNLOAD BRIDGE ❸, um die Zip-Datei herunterzuladen. Entpacken Sie diese Datei. Den dort enthaltenen Ordner bridge2cart laden Sie nun auf Ihren Server hoch. Dazu benötigen Sie Ihre FTP-Zugangsdaten (Server, Username und Passwort). Der Ordner muss anschließend in die oberste Ebene des Ordners hochgeladen werden, in dem die Shopinstallation liegt.

Ist das geschehen, wechseln Sie nun wieder zu Cart2Cart. Sie können die Verbindung der Bridge mit einem Klick auf CHECK CONNECTION ❹ überprüfen. Dadurch greift Cart2Cart auf die Datei *https://ihr-shop.de/bridge2cart/bridge.php* zu.

Bei richtiger Konfiguration wird Ihnen eine Erfolgsmeldung ausgegeben, wie in Abbildung 3.6 zu sehen ist.

Abbildung 3.6 Korrekte Einrichtung der Cart2Cart Bridge

Wenn dies gelungen ist, geben Sie die Daten für den Zielshop ein. Zunächst wählen Sie unter TARGET CART Shopware aus. Die TARGET STORE URL ist die Domain, unter der Ihr Shopware-Shop erreichbar ist. Dabei ist es egal, ob dies nur eine vorläufige Domain ist. Wichtig ist nur, dass der Shop zum Zeitpunkt des Datentransfers unter der angegebenen Domain erreichbar ist. Auch hier müssen Sie wieder die Connection Bridge hochladen und wieder eine Erfolgsmeldung vorfinden, nachdem Sie auf CHECK CONNECTION geklickt haben. Um zum nächsten Schritt zu gelangen, klicken Sie auf den Button CHOOSE ENTITIES.

Hier wählen Sie all die Daten aus, die Sie aus Ihrem aktuellen Shop in den neuen Shopware-Shop migrieren möchten. Sie können dabei wählen aus Artikeln, den dazugehörigen Bewertungen, den Kategorien, den Herstellern, Steuersätzen sowie die Kundenkonten und die Bestellhistorie Ihrer Kunden.

An dieser Stelle ergibt es natürlich Sinn, so viele Daten wie möglich zu migrieren. Ein kleines Achtungszeichen ist dennoch angebracht: Für jeden Datensatz, der übertragen wird, zahlen Sie. Cart2Cart hat hier gestaffelte Preise. Sollte es also etwas geben, das nicht zwingend notwendig ist, können Sie aus Kostengründen auf eine Migration bestimmter Datensätze verzichten. Im Beispiel aus Abbildung 3.7 wurde hier bewusst auf die Übertragung von Bewertungen verzichtet.

> **Kostenabschätzung online**
>
> Cart2Cart bietet ein einfaches Tool an, um die Kosten, die durch den Service auf Sie zukommen, zu beziffern. Unter *https://app.shopping-cart-migration.com/estimation* finden Sie das Tool zur Kostenschätzung.
>
> Dort geben Sie an, von welchem System die Ursprungsdaten kommen, wie in diesem Beispiel WooCommerce, und das Zielsystem, hier also Shopware. Außerdem tragen Sie die Anzahl der Produkte, der Kunden und der Bestellungen ein.
>
> Sofort erhalten Sie einen Kostenvoranschlag sowie eine Einschätzung der benötigten Zeit.

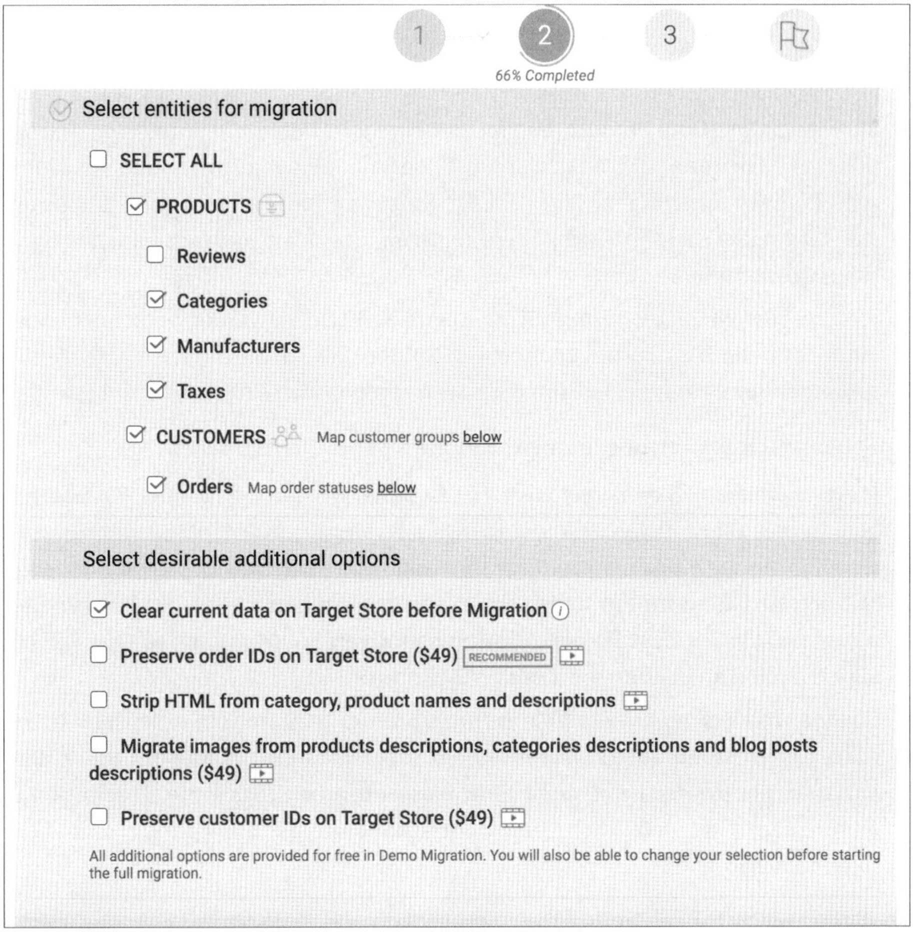

Abbildung 3.7 Auswahl der zu migrierenden Daten

Nun haben Sie einige Daten ausgewählt, die in Ihren Shopware-Shop übertragen werden sollen. Je nachdem, was Sie ausgewählt haben, werden Ihnen zusätzliche Optionen angeboten, die teilweise separat in Rechnung gestellt werden. Diese finden Sie im unteren Abschnitt SELECT DESIRABLE ADDITIONAL OPTIONS.

Sollten Sie Demodaten verwendet haben, um Shopware kennenzulernen, ist es in jedem Fall sinnvoll, diese Daten vorher löschen zu lassen. Wie in Abbildung 3.7 zu sehen, habe ich dafür die Option *Clear current data on Target Store before Migration* ausgewählt. Das sind die weiteren Optionen, aus denen Sie auswählen können:

- *Preserve order IDs on Target Store*: Für eine separate Gebühr von 49 Dollar werden die internen Bestellnummern in Shopware übertragen. Wenn Sie diese auch an die Kunden kommunizieren, kann es hilfreich für Ihren Kundensupport sein.

- *Strip HTML from category, product names and descriptions*: Entfernt alle HTML-Elemente (z. B. fette oder kursive Schrift) in den Kategoriebeschreibungen, Produkttiteln und Produktbeschreibungen kostenfrei.
- *Migrate images from product descriptions, categorie descriptions and blog descriptions*: Für (weitere) 49 Dollar werden Bilder aus den Kategorie- und Artikelbeschreibungen übertragen. Eine Übertragung von Blogartikeln ist in Shopware standardmäßig nicht möglich. Allerdings kann Cart2Cart hier individuelle Migrationen vornehmen.
- *Preserve customer IDs on Target Store*: Ebenfalls 49 Dollar werden berechnet, wenn Sie die Kunden-IDs übertragen möchten. Sollten diese in die internen Abläufe eingebunden sein, kann es also durchaus Sinn ergeben, diese IDs zu übertragen.

Außerdem als Auswahl möglich, in Abbildung 3.7 aber nicht zu sehen:

- *Preserve product IDs on Target Store*: Für 39 Dollar werden die Produkt-IDs übertragen. In den allermeisten Fällen sind dies allerdings nur Datenbankeinträge, um eine Zuordnung einzelner Produkte innerhalb einer Datenbank zu gewährleisten. Mit den Artikelnummern haben die Produkt-IDs nichts zu tun. Es ist also eher unwahrscheinlich, dass Sie diese Option benötigen. Sollte es doch so sein, wählen Sie die Option an der entsprechenden Stelle aus.
- *Change products quantity to 100 on Target Store*: Für 29 Dollar werden alle Artikel ohne Lagerbestand aufgefüllt mit einem Lagerbestand von 100 pro Stück oder Variante. Shopware bietet auch eine Massenbearbeitung, siehe Abschnitt 7.9, »Interessant und gefährlich: die Mehrfachänderung«. Sie können sich diese Gebühren also sparen.

Zusätzlich bietet Ihnen Cart2Cart die Möglichkeit, die unterschiedlichen Bestellstatus an Shopware anzupassen. Das finden Sie unter ORDER STATUS MAPPING.

Hierzu werden die verschiedenen Status vom aktuellen Shopsystem denen von Shopware gegenübergestellt. Mit den von Cart2Cart voreingestellten Status können Sie durch den logischen Aufbau im Anschluss gut arbeiten. Änderungen können dennoch jederzeit vorgenommen werden. Cart2Cart importiert dazu sogar die aktuellen Bestellstatus aus dem Shopware-Shop. Haben Sie dort also bereits dran gearbeitet und weitere Bestellstatus über Plugins hinzugefügt, werden diese hier ebenfalls in der Drop-down-Liste angezeigt.

Das Gleiche gilt für das *Customer Group Mapping*, also den Abgleich der Kundengruppen. Standardmäßig sind in Shopware zwei Kundengruppen angelegt: Shopkunden, die als End- oder Privatkunden betrachtet werden können, sowie Händler. Weisen Sie an dieser Stelle Ihre vorhandenen Kundengruppen den neuen Shopware-Kundengruppen zu.

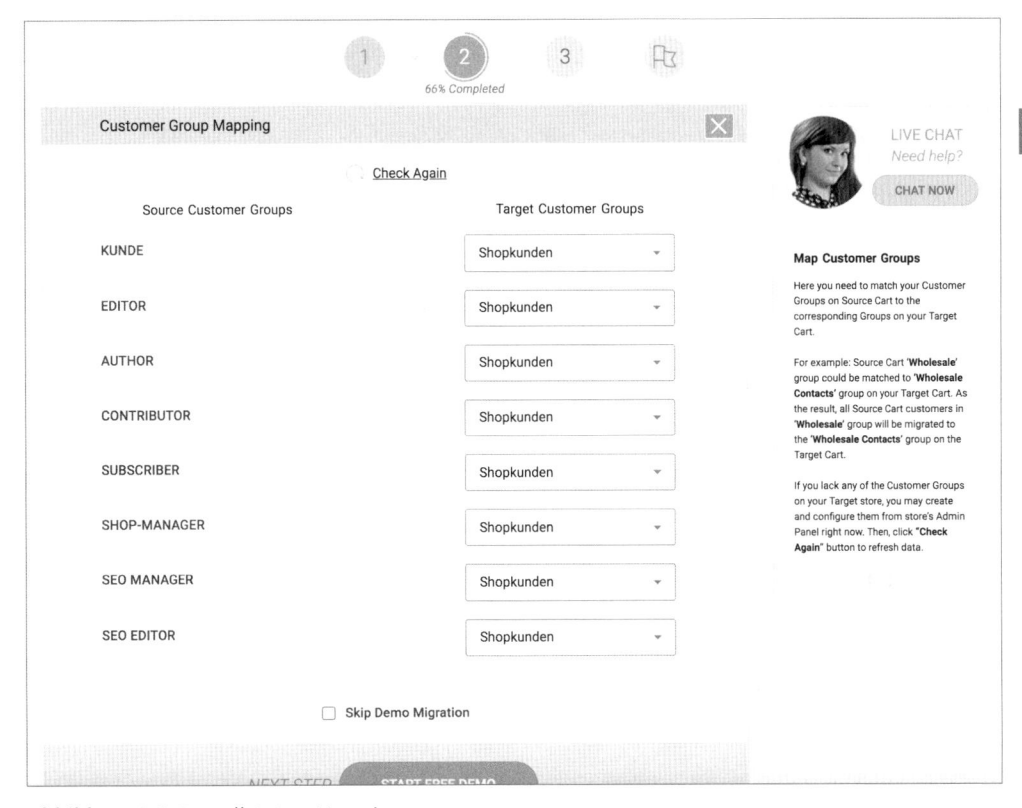

Abbildung 3.8 Bestellstatus Mapping

Im nächsten Schritt beginnen Sie bereits die Migration von Ihrem aktuellen Shopsystem zu Shopware. Zunächst wird ein Testlauf gestartet, der mit einem Klick auf den Button START FREE DEMO beginnt. Wahlweise können Sie den Testlauf mit einer Handvoll Daten überspringen und direkt zur finalen Migration übergehen. Sinnvoll ist ein Testlauf allemal, um ggf. auf Komplikationen zu stoßen, die behoben werden müssen. Nach dem Testlauf werden Sie gebeten, die finale Migration zu starten und können, wenn Sie mögen, auch eine Migrationsversicherung abschließen, siehe Abbildung 3.9.

Damit haben Sie die Möglichkeit, bis zu drei weitere Migrationsversuche zu unternehmen, falls im ersten Durchgang etwas schiefgeht oder Sie Daten nachimportiert haben möchten.

Dabei können Sie zwischen drei verschiedenen Stufen wählen. Für einen Aufpreis von 9 % auf die eigentliche Migrationsgebühr können Sie eine weitere Migration innerhalb von sieben Tagen anstoßen. Eine Verlängerung auf 14 Tage sowie zwei weitere Migrationen erhalten Sie für 11 % und für 13 % Aufpreis können Sie sogar drei

Migrationen innerhalb von 60 Tagen anstoßen. Es kann also schon sinnvoll sein, sich zumindest für das kleinste Paket zu entscheiden.

Choose one of the Migration Insurance plans

- ○ 1 remigration within 7 days — +9.00% to the price of Full migration
- ○ 2 remigration within 14 days — +11.00% to the price of Full migration
- ○ 3 remigration within 60 days — +13.00% to the price of Full migration
- ● Skip migration insurance

Check the entities and additional options that are about to be migrated

Total Entities:	2457 ($149.00)
Additional Options:	$0
Subtotal:	$149.00
Total Price:	$149

☐ I have discount coupon
☑ Start full after payment

NEXT STEP — ADD FUNDS FOR FULL MIGRATION: $149

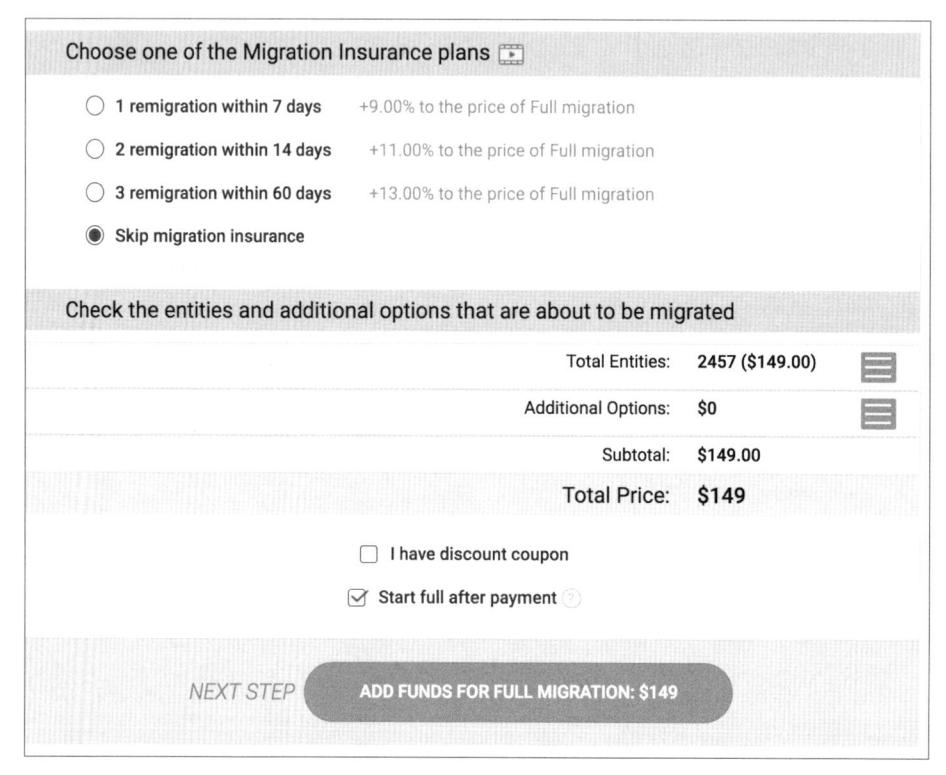

Abbildung 3.9 Die Migration starten

Sollten Sie nämlich tatsächlich eine weitere Migration benötigen, wird es durch die Versicherung wesentlich günstiger als eine weitere vollbezahlte Migration.

Mit dem Klick auf den Button ADD FUNDS FOR FULL MIGRATION werden Sie gebeten, Ihre Zahlungsdaten einzugeben. Sie können dort aus den typischen Wegen wie PayPal oder Kreditkarte wählen. Mit dem nächsten Schritt starten Sie schließlich die Migration, siehe Abbildung 3.10. Zu diesem Zeitpunkt arbeitet Cart2Cart die Migration Schritt für Schritt nach Ihren Vorgaben ab. Schließen Sie unter keinen Umständen das Browserfenster.

Dieser Prozess dauert unter Umständen zwischen fünf und 60 Minuten, in Ausnahmefällen sogar noch länger. Brechen Sie den Vorgang also nicht ab, wenn länger nichts sichtbar passiert. Es werden viele Datensätze hin und her gelesen und geschrieben, das benötigt Zeit.

Cart2Cart wird Sie mit einer Meldung auf das Ende des Vorgangs hinweisen, siehe Abbildung 3.11.

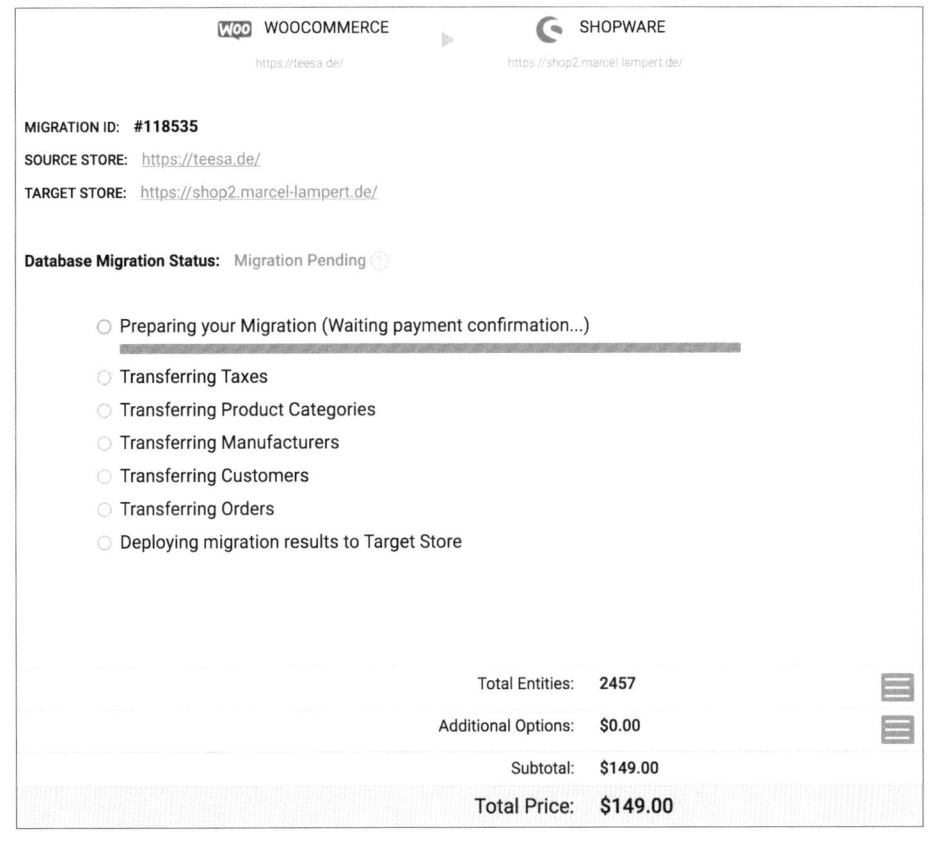

Abbildung 3.10 Die Migration läuft

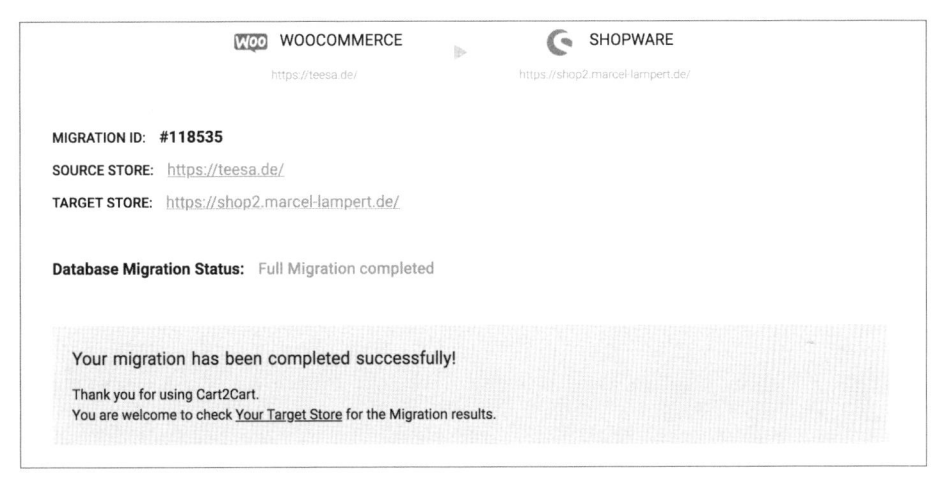

Abbildung 3.11 Cart2Cart-Migration beendet

Sobald die Migration beendet ist, können Sie das Browserfenster schließen und Ihr Shopware Backend öffnen. Prüfen Sie dort, ob alle Daten übernommen wurden. Überprüfen Sie z. B. die Anzahl der Artikel, ob die Kategorisierung der Reihenfolge aus Ihrem aktuellen Shop entspricht und eben die Daten, die Sie übertragen haben.

Wenn Sie in Ihrem aktuellen Shop auch einen Test-Kundenaccount haben, loggen Sie sich mit diesem in das neue Shopware-Kundenkonto ein, um auch diese Funktionalität zu prüfen.

Sollte es zu Fehlern kommen, können Sie noch auf die (hoffentlich abgeschlossene) Versicherung zurückgreifen.

Mit diesem Service haben Sie sehr schnell alle relevanten Daten von einem Shop in den anderen Shop übertragen und können mit der restlichen Einrichtung fortfahren.

Kapitel 4
Shop grundlegend einrichten – mit den Grundeinstellungen

Jeder Shopbetreiber hat seine eigenen Vorstellungen, wie sein Shop am Ende aussehen soll. Welche Funktionen dieser enthält, wie die Versandkosten berechnet werden oder durch welche Wege die Kunden mit dem Shopbetreiber in Kontakt treten können.

Dieses Kapitel entführt Sie tief in das Backend von Shopware. Denn ab jetzt geht es tatsächlich ans Eingemachte. Angefangen von Zahlungs- und Versandarten und wie Sie die PDF-Dokumente anpassen bis hin zur Erklärung, wie Sie Ihre Rechtstexte in den Shop importieren. An dieser Stelle richten Sie Ihren Shop nach Ihren Wünschen aus.

4.1 So legen Sie eine Versandart an

Artikel, die online gekauft werden, sollen auch innerhalb kurzer Zeit beim Kunden sein. Also muss ein Shopbetreiber auch Versandarten anlegen und konfigurieren. In Shopware können Sie Versandarten nach etlichen Regeln und Filtern einrichten. In diesem Beispiel lege ich eine DHL-Versandart an.

Öffnen Sie EINSTELLUNGEN • VERSANDKOSTEN. Anschließend klicken Sie auf HINZU-FÜGEN. Damit öffnet sich das Modul aus Abbildung 4.1.

Zunächst vergeben Sie einen treffenden NAMEN ❶ für die Versandart, die Sie anlegen. Achten Sie hierbei auf einen knackigen Namen, der exakt beschreibt, was der Kunde erhält, z. B. DHL oder Express-Lieferung mit DHL.

Für längere Ausführungen ist dann Platz in der BESCHREIBUNG ❷. Diese können Sie nach Belieben ausformulieren, und mithilfe von HTML-Code individuell formatieren, um die Beschreibung aufzulockern. Sie könnten etwa auch das Logo des Versandanbieters anbringen, damit Ihr Kunde auch ohne großes Lesen schnell weiß, wofür er sich entscheiden kann. Einen möglichen Code finden Sie in Abschnitt 4.2.1. Zudem können Sie die Rahmenbedingungen der Versandart erläutern sowie die Versandkostenstaffel oder auch die Warenwertschwelle, ab der Sie kostenlos versenden, mitteilen.

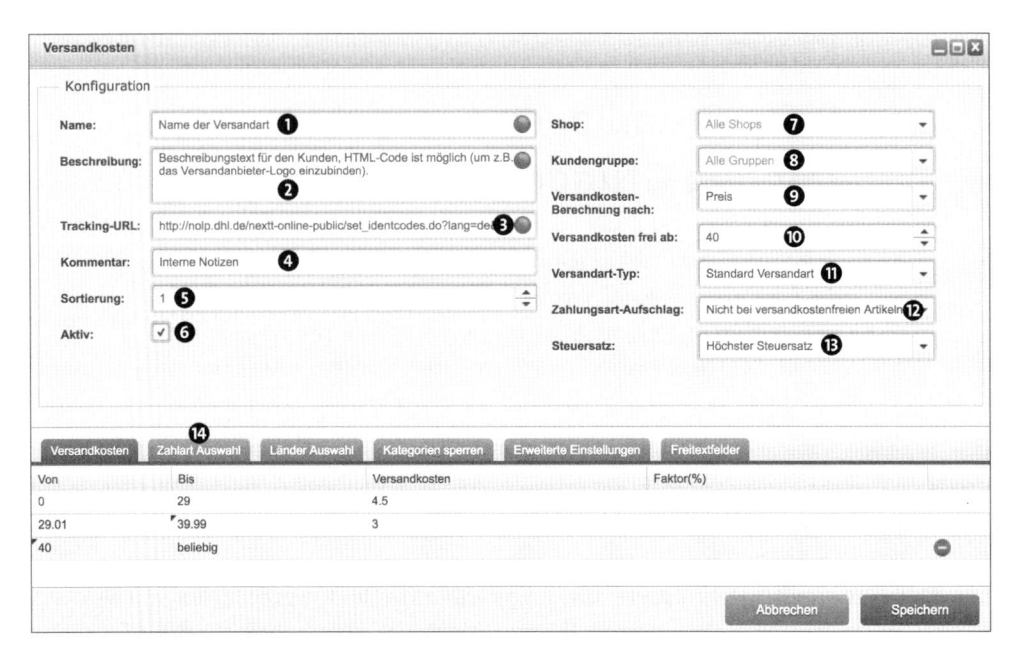

Abbildung 4.1 Anlegen einer Versandart

Als Nächstes legen Sie die TRACKING-URL ❸ fest. In der Regel sind Trackinglinks so logisch aufgebaut, dass die Sendungsnummer immer mit im Link steht, wie etwa hier: *https://www.versandunternehmen.de/tracking=sendungsnummer*. Finden Sie also den Teil vor der Sendungsnummer heraus und tragen Sie diesen Link hier ein. In dem eben genannten Beispiel wäre das folgender Abschnitt: *https://www.versandunternehmen.de/tracking=*.

In den Bestellungen hinterlegen Sie später die Sendungsnummer und Ihr Kunde erhält den kompletten Link (Tracking-URL plus Sendungsnummer) zur Sendungsverfolgung in seinem Kundenkonto.

In der nachfolgenden Tabelle finden Sie die wichtigsten Versandanbieter und deren Tracking-URLs, die Sie in die entsprechende Zeile einfügen können.

Unternehmen	Tracking-URL
DHL	*http://nolp.dhl.de/nextt-online-public/set_identcodes.do?lang=de&idc=*
GLS	*https://gls-group.eu/DE/de/paketverfolgung?match=*
DPD	*https://tracking.dpd.de/parcelstatus?query=*
Hermes	*https://tracking.hermesworld.com/beta/?TrackID=*
UPS	*https://wwwapps.ups.com/tracking/tracking.cgi?tracknum=*

Tabelle 4.1 Übersicht der wichtigsten Versandunternehmen und deren Tracking-URLs

Für eine bessere und leichtere Zuordnung, vor allem wenn Sie viele Versandarten nutzen, empfiehlt es sich, interne Notizen im Kommentarfeld ❹ einzutragen. Diese sind für den Kunden nicht einzusehen.

Um die Reihenfolge der angezeigten Versandarten zu bestimmen, legen Sie unter Sortierung ❺ fest, an welcher Stelle der Liste eine Versandart angezeigt wird. Sollten Sie mehrere Versandarten mit der gleichen Sortierung haben, also z. B. überall dort eine 1 eingetragen, mischt Shopware die Anzeige der Versanddienstleister bei jedem Aufruf der entsprechenden Auswahlseite neu. So entsteht leider kein einheitliches Bild für den Kunden, was unter Umständen zur falschen Auswahl eines Versanddienstleisters führen kann. Es lohnt sich also, die Sortierung zu beachten und eine logische Reihenfolge aufzubauen. Als Faustregel gilt hier: Was höher gelistet ist, wird eher genutzt. Sortieren Sie also für Sie teure Versandanbieter weiter nach unten, während die günstigen Anbieter weiter oben platziert werden.

Klar ist auch, dass eine Versandart, die von Ihren Kunden genutzt werden soll, auch aktiviert werden muss ❻.

Sollten Sie weitere Sprach- oder Subshops bedienen, können Sie unter Shop die Versandkostenart auch auf einen speziellen Shop ❼ eingrenzen. Lassen Sie das Feld leer, wie in Abbildung 4.1 gezeigt, wird die Versandart für alle aktiven Shops genutzt. Ähnlich wie in der Shop-Auswahl können Sie auch bestimmen, dass die Versandart nur für eine bestimmte Kundengruppe ❽ freigegeben wird. Dies ist beispielsweise interessant, wenn Sie einem Händler den Speditionsversand anbieten möchten.

Die nächsten Schritte erfordern erhöhte Aufmerksamkeit. Wonach sollen die Versandkosten berechnet werden? Möglich ist, eine Berechnung der Kosten nach Gewicht, Preis oder Artikelanzahl. Sie können aber auch eine eigene Berechnung anlegen. Alle diese Möglichkeiten legen Sie bei Versandkostenberechnung nach ❾ fest. Anschließend definieren Sie im unteren Bereich des Versandkostenmoduls die Staffelung.

Im Beispiel aus Abbildung 4.1 folgt die Berechnung der Versandkosten nach dem Warenwert, gestaffelt in drei Stufen. Bei einem Warenwert bis 29 Euro liegen die Versandkosten bei 4,50 Euro, bei einem Warenwert bis 39,99 Euro sinken die Versandkosten auf 3 Euro und alles ab 40 Euro ist schließlich versandkostenfrei. Das soll die Kunden motivieren, eine höhere Bestellung auszulösen.

Das gleiche Prinzip können Sie anwenden, wenn Sie die Versandkostenberechnung nach Gewicht durchführen. Dabei gilt es zu beachten, dass Ihre Artikel in den Stammdaten ein Gewicht in Kilogramm angegeben haben. Tragen Sie in die Spalten Von und Bis also die entsprechenden Kilowerte ein, und in die Spalte Versandkosten die Höhe des Aufschlags für die Gewichtsstaffelung.

Als Nächstes definieren Sie einen Schwellenwert unter Versandkosten frei ab ❿, ab dem Ihre Kunden keine Versandkosten mehr zahlen. Hier zählt die Warenkorbsumme, unabhängig davon, nach welchem Wert die Versandkosten berechnet werden. Möchten Sie keinen versandkostenfreien Versand anbieten, lassen Sie dieses Feld einfach frei.

Im nächsten Schritt legen Sie den VERSANDART-TYP fest ⓫. Der Typ beschreibt, wie die Versandkostenart behandelt wird. Hierbei können Sie zwischen vier verschiedenen Modi wählen:

- Standard
- Ausweich
- Aufschlag
- Abschlag

Da die meisten Shopbetreiber auch feste Paketpreise haben, verwenden die allermeisten von ihnen erfahrungsgemäß die Standard-Versandart, wie Sie sie auch im oben genannten Beispiel sehen. Sie ist dabei eine allgemeingültige Versandart, die feste Beträge auf eine Bestellung für die Versandkosten aufschlägt.

Anschließend wählen Sie aus, wie Sie mit möglichen Zahlungsart-Aufschlägen umgehen möchten ⓬. Es ist technisch möglich, dass Sie für die Nutzung von bestimmten Zahlungsarten Gebühren erheben können, mehr dazu erfahren Sie in Abschnitt 4.2.

Sie können in dieser Drop-down-Liste wählen aus:

- *Immer berechnen*: Die Zahlungsart-Zuschläge fließen in die Versandkosten mit ein.
  Beispiel: Für den Versand berechnen Sie 3 Euro, für eine Zahlungsart wird eine Gebühr von 5 Euro berechnet. Damit würden in dieser Bestellung die Versandkosten mit 8 Euro angegeben werden.
- *Nicht bei versandkostenfreien Artikeln*: Sobald ein versandkostenfreier Artikel im Warenkorb liegt, wird der Zahlungsart-Aufschlag nicht berechnet.
- *Nie berechnen*: In der Kombination mit dieser Versandart wird der Aufschlag der Zahlungsart nicht berechnet.
- *Als eigene Warenkorb-Position ausgeben*: Die Gebühr für die Zahlungsart wird separat im Warenkorb angezeigt.

Anfang 2018 trat ein Gesetz in Kraft, dass Zahlungsart-Gebühren nur in wenigen Fällen berechnet werden dürfen. Verzichten Sie also am besten allgemein auf derlei Aufschläge.

Zuletzt definieren Sie den STEUERSATZ ⓭. Shopware greift immer auf die bereits angelegten Steuersätze zurück. Weitere Steuersätze können Sie unter GRUNDEINSTELLUNGEN • SHOP • STEUERN erstellen und anschließend im Versandkostenmodul nutzen. Ein Paket, das innerhalb Deutschlands verschickt wird, benötigt immer 19 % Umsatzsteuer, also den höchsten Steuersatz.

Wählen Sie unter ZAHLART AUSWAHL ❹ die Zahlungsmethoden aus, die Sie für die Versandart freischalten möchten. Im Detail wird diese Funktion, die Abhängigkeiten von Zahl- und Versandart zueinander, in Abschnitt 4.2.8 erläutert.

Im Reiter LÄNDER AUSWAHL bestimmen Sie die Länder, für die diese Versandart gelten soll. Maßgabe hierfür ist die Lieferadresse, die der Kunde bei der Bestellung angibt.

Versandkosten	Zahlart Auswahl	Länder Auswahl	Kategorien sperren	Erweiterte Einstellungen	Freitextfelder
Verfügbar			Ausgewählt		
Australien			Deutschland		
Finnland			Österreich		
Griechenland			Niederlande		
Großbritannien			Polen		
Irland			Frankreich		
Island			Dänemark		
Italien			Tschechien		
Japan			Belgien		

Abbildung 4.2 Versandart ist nur für bestimmte Lieferländer freigeschaltet

Im Fenster aus Abbildung 4.2 sehen Sie auf der linken Seite alle zur Verfügung stehenden Ländern (auch inaktive). Möchten Sie nun eine Versandart für ein Land freigeben, markieren Sie dieses Land, klicken auf den Pfeil nach rechts und schon ist diese Zahlungsart in dem ausgewählten Land verfügbar.

Umgekehrt funktioniert das natürlich ebenfalls. Möchten Sie ein Land nicht weiter beliefern, markieren Sie es in der rechten Spalte und klicken auf den Pfeil nach Links. Nach dem Speichern steht die Versandart dem ausgewählten Lieferland nicht mehr zur Verfügung.

Einzelne Kategorien können Sie für die eben angelegte Versandkostenart sperren. Wenn Produkte aus Kategorien gekauft werden, die Sie unter KATEGORIEN SPERREN ausgewählt haben, so wird diese Versandart im Bestellvorgang nicht zur Verfügung stehen. Achten Sie also darauf, dass für diese hier gesperrten Kategorien eine eigene Versandkostenart angelegt wird.

> **Mischwarenkörbe werden komplett gesperrt**
>
> Werden Produkte aus verschiedenen Kategorien in den Warenkorb gelegt und nur eine Kategorie davon ist für die Versandart gesperrt, so kann diese Versandart dennoch nicht angewählt werden.

Im Reiter ERWEITERTE EINSTELLUNGEN können Sie die Versandart noch feiner aussteuern. Dort haben Sie die Möglichkeit, eine Versandart nur zu bestimmten Uhrzeiten oder Wochentagen anzuzeigen. Ideal also für den Express-Versand.

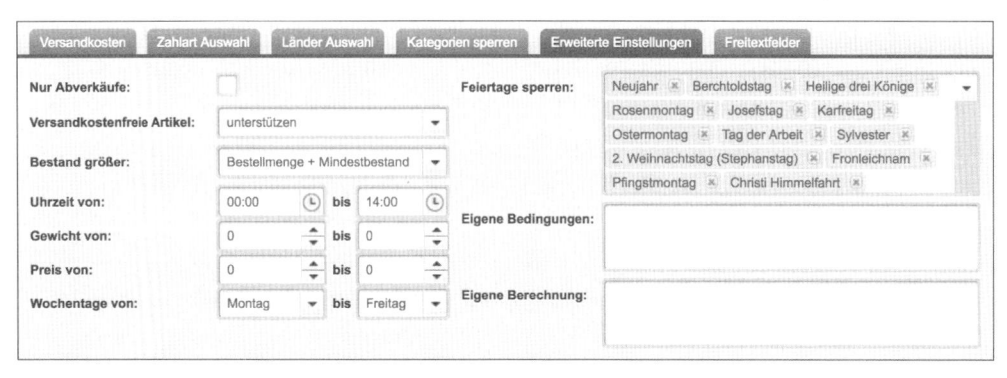

Abbildung 4.3 Feiner justieren mit den »Erweiterten Einstellungen«

Im hier gezeigten Beispiel (siehe Abbildung 4.3) steht die Versandart also nur zur Verfügung zwischen Montag und Freitag und an diesen Tagen jeweils nur von Mitternacht bis 14:00 Uhr. Zusätzlich werden diverse Feiertage gesperrt, an denen die Versandart nicht zur Verfügung steht. Auch bei Artikeln, für die keine Versandkosten berechnet werden, ist diese Versandart im definierten Zeitraum gesperrt. Für einen Express-Versand wie in diesem Beispiel ist es auch wichtig, dass die Artikel auf Lager liegen. Daher muss der Bestand größer sein als die Bestellmenge plus dem Mindestbestand. Was hier nicht ausgewählt ist:

- NUR ABVERKÄUFE: Aktivieren Sie den Haken, um diese Versandart nur für Artikel zur Verfügung zu stellen, die Sie als Abverkauf-Artikel deklariert haben. Was das ist, lesen Sie in Kapitel 7.
- VERSANDKOSTENFREIE ARTIKEL: Sie haben die Wahl – entweder lassen Sie die Versandkostenart auch für versandkostenfreie Artikel zu oder diese Versandkostenart steht für diese Artikel nicht zur Verfügung.

Wie Sie sehen, kann die Berechnung der Versandkosten extrem fein aufgegliedert und anhand diverser Faktoren berechnet werden.

4.2 Der Rubel rollt – mit konfigurierten Zahlungsarten

Zahlungsarten sind der Dreh- und Angelpunkt in einem Onlineshop. Hier muss einfach alles funktionieren. Das heißt auch, dass Sie hier besondere Vorsicht walten lassen sollten, damit der Zahlungsprozess für Ihre Kunden sauber läuft. Meist empfiehlt es sich, einen Zahlungsanbieter wie Stripe, Klarna oder Ingenico einzubinden. Diese und weitere Anbieter finden Sie jeweils als Plugin im Community Store.

Über diese Anbieter können Sie dann diverse Zahlungsarten wie Lastschrift, Rechnung oder Kreditkartenzahlung anbieten. Dafür zahlen Sie an die Anbieter einen kleinen Prozentsatz bei jeder Transaktion, müssen sich dafür aber um sonst nichts weiter kümmern. Auch wenn Sie an diese Anbieter einen Teil Ihres Gewinnes abgeben, wird es sich womöglich dennoch lohnen. Immerhin erwarten viele Onlineshopper eine mittelgroße Auswahl an Zahlungsmethoden.

An dieser Stelle ist es nicht möglich, auf jeden einzelnen Anbieter im Detail einzugehen – daher konzentriere ich mich auf folgende Zahlungsarten, die Sie direkt und ohne einen Drittanbieter einbinden können:

- PayPal
- Amazon Pay
- Vorkasse
- Lastschrift
- Rechnung

4.2.1 PayPal konfigurieren

Mit PayPal werden Sie einen Zahlungsdienst einrichten, der sich im E-Commerce fest etabliert hat. Bis auf Amazon hat wohl auch jeder deutschsprachige Shop PayPal im Einsatz. Das zeigt, dass die Zahlungsart akzeptiert ist, und auch häufig genutzt wird.

Um PayPal nun in Ihrem Shop einzurichten, müssen Sie zunächst das entsprechend Plugin herunterladen. Das stellt auch Shopware direkt zur Verfügung, ist aber noch nicht vorinstalliert. Wechseln daher zunächst in den Community Store unter EINSTELLUNGEN • PLUGIN MANAGER, und suchen Sie dort nach PayPal. Installieren Sie das Plugin und aktivieren Sie es. Danach kann es direkt konfiguriert werden. Öffnen Sie dazu KUNDEN • ZAHLUNGEN • PAYPAL • EINSTELLUNGEN. Es öffnet sich ein neues Fenster.

Öffnen Sie in Ihrem Browser nun einen neuen Tab und gehen Sie auf die Seite *https://developer.paypal.com/*. Das ist das Portal für Entwickler, um sichere Zugangsdaten für das PayPal-Konto zu erstellen. Diese Zugangsdaten sind ausschließlich für das PayPal-Plugin nützlich, damit kann sich niemand in das eigentliche PayPal-Konto einloggen.

Klicken Sie auf dieser Seite auf den Button in der oberen, rechten Ecke. Melden Sie sich mit Ihren Zugangsdaten, mit denen Sie sich auch in Ihr reguläres PayPal-Konto einloggen, an. Klicken Sie anschließend in der linken Navigation auf MY APPS & CREDENTIALS. Scrollen Sie dann bis zum Eintrag REST API APPS und klicken Sie auf den Button CREATE APP.

Tragen Sie unter APP NAME ❶ einen beliebigen Namen ein, das kann z. B. Ihr Shop- oder Firmenname sein. Die Bezeichnung hat keinen Einfluss auf Funktionen und wird auch nicht in Ihrem Shop angezeigt. Anschließend wählen Sie eine E-Mail-Adresse unter SANDBOX DEVELOPER ACCOUNT ❷ aus, auf die später die PayPal-Zahlungen Ihrer Kunden eingehen sollen. Um die App nun zu erstellen, klicken Sie auf den Button CREATE APP ❸.

Create New App

Create an app to receive REST API credentials for testing and live transactions.

Application Details

App Name

Ein beliebiger Name   **❶**

Sandbox developer account

paypal-facilitator@marcel-krippendorf.de (I ⇕   **❷**

As a reminder, all apps created under your account should be related to your business and the type of business it conducts.
By clicking the button below, you agree to PayPal Developer Agreement ⌐.

Create App   **❸**

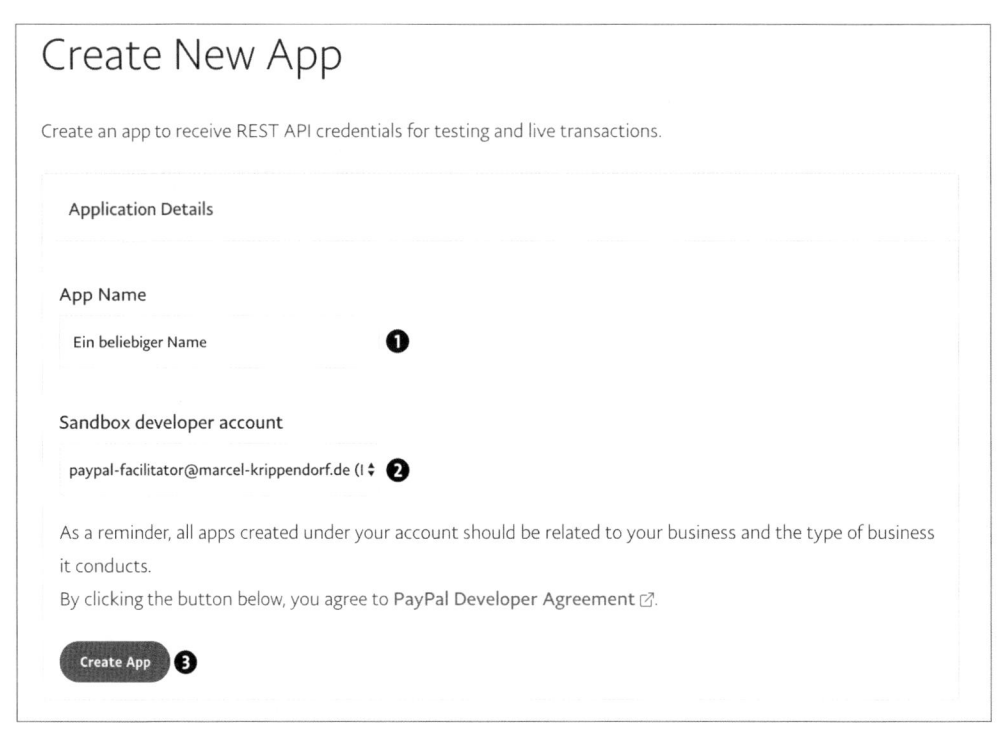

Abbildung 4.4 Eine App für PayPal anlegen

Anschließend erhalten Sie die Zugangsdaten, die sich zwischen Sandbox-Daten und Live-Daten unterscheiden. Sandbox ist für die geschützte Testumgebung relevant, um die grundsätzliche Funktionstüchtigkeit zu testen. Die App beginnt mit den Sandbox-Daten. Sofern Sie diese nutzen möchten, kopieren Sie die Client-ID in das PayPal-Plugin, welches Sie im Vorfeld im Shopware Backend geöffnet haben, siehe Abbildung 4.5.

Wählen Sie zunächst den betreffenden SHOP ❹ aus. Das Plugin ist auch Subshop-fähig und daher können Sie auch verschiedene PayPal-Adressen für verschiedene Sub- und Sprachshops konfigurieren. Als Nächstes aktivieren Sie die Checkbox ❺, um die PayPal-Konfiguration freizuschalten. In den nächsten Feldern tragen Sie nun die CLIENT-ID ❻ und den CLIENT-SECRET ❼ ein. Diese Daten haben Sie zuvor im PayPal-Entwickler-Portal konfiguriert. Diese können Sie nun in die entsprechenden Felder eintragen.

Sofern Sie auf der PayPal-Plattform die Sandbox-Daten ausgewählt haben, aktivieren Sie auch im Plugin die entsprechende Checkbox ❽. Nur so kann das Plugin die Daten auf Richtigkeit überprüfen. Haben Sie direkt die Live-Daten eingetragen, muss die Checkbox natürlich nicht aktiviert werden.

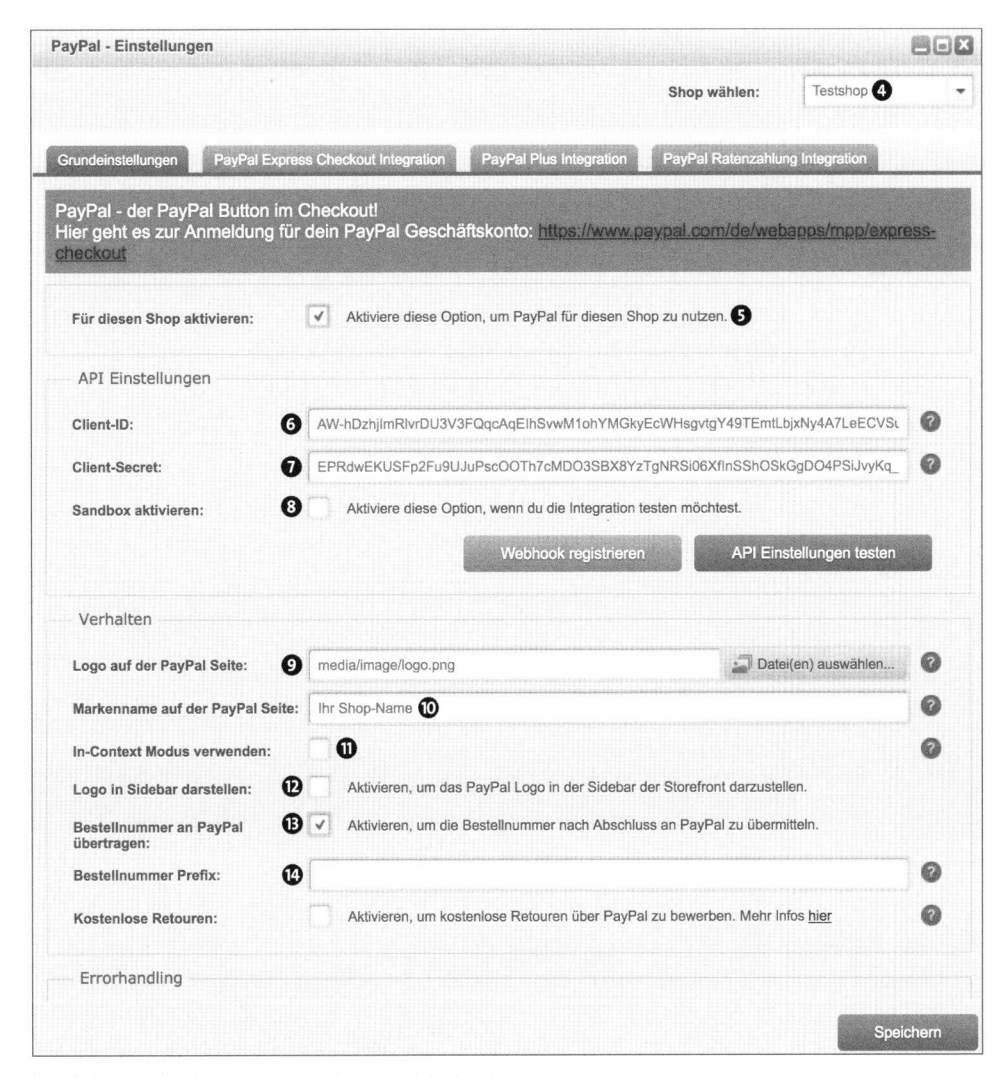

Abbildung 4.5 Konfiguration des PayPal-Plugins

Im nächsten Schritt geben Sie den Pfad zu Ihrem Logo ❾ ein. Das wird anschließend im Kaufvorgang dem Kunden auf der PayPal-Bezahlseite angezeigt. Das steigert das Vertrauen in Sie und Ihren Shop und erhöht die Wahrscheinlichkeit massiv, dass der Kunde den Kaufvorgang auch abschließt. Das Gleiche gilt für Ihren Markennamen ❿, auch dieser wird auf der PayPal-Bezahlseite ausgespielt.

Die nächsten Auswahlmöglichkeiten betreffen die Darstellung von PayPal in Ihrem Shop. Wenn Sie In-Context-Modus verwenden ⓫ auswählen, so wird der Kunde auf der Bestellabschluss-Seite nicht an PayPal weitergeleitet, sondern der Kaufvorgang wird in einem separaten Fenster abgeschlossen. Damit wird verhindert, dass der Kunde während des Bezahlvorgangs den Shop verlässt.

Darüber hinaus bietet das Plugin die Möglichkeit an, dass das PayPal Logo in den Kategorieseiten unterhalb der Menüstruktur auf der linken Seite eingebunden wird. Wenn Sie LOGO IN SIDEBAR DARSTELLEN ⓬ aktivieren, wird das PayPal-Logo an der entsprechenden Stelle platziert. Dies kann unter Umständen das Vertrauen in Ihren Shop stärken.

Als sinnvoll erachte ich, dass die Shopware-BESTELLNUMMER AN PAYPAL ÜBERTRAGEN ⓭ wird. Damit fällt es Ihnen leichter, eine Zahlung zu finden.

Einer der letzten Konfigurationspunkte ist nun die Vergabe eines BESTELLNUMMER-PREFIX ⓮. Vor allem dann, wenn Sie mehrere Subshops betreiben, die alle über das gleiche PayPal-Konto laufen, ist es sinnvoll, eine Voranstellung bzw. Einleitung der eigentlichen Bestellnummer hinzuzufügen.

Damit haben Sie die wichtigsten Einstellungen für einen reibungslosen PayPal-Einsatz vorgenommen. Öffnen Sie für den nächsten Konfigurationsschritt den Reiter PAYPAL EXPRESS CHECKOUT INTEGRATION, wie in Abbildung 4.5 zu sehen ist.

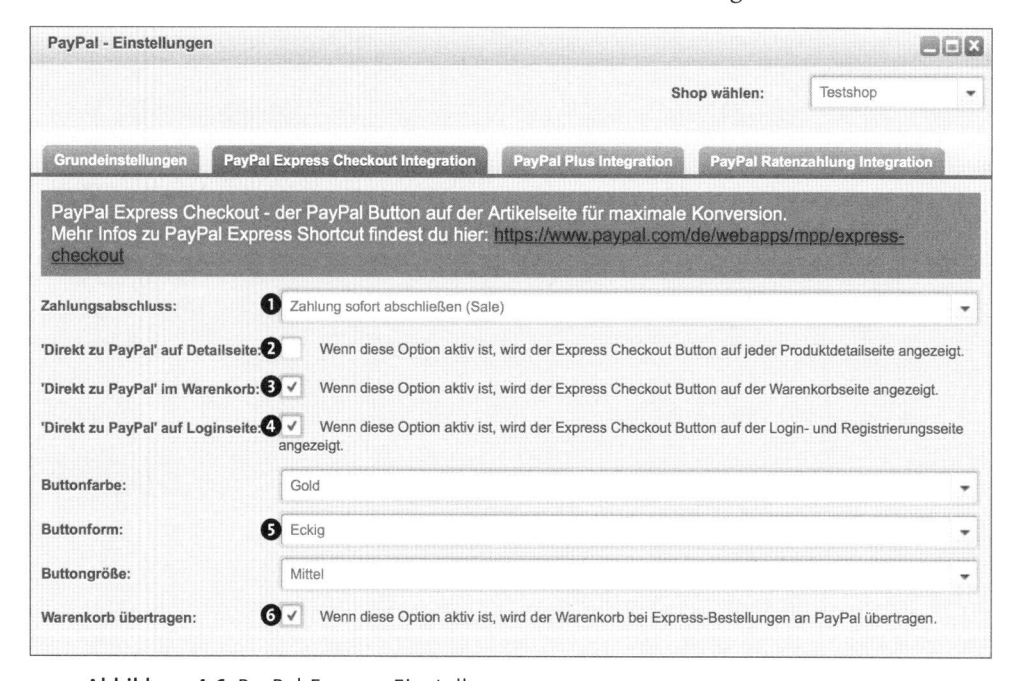

Abbildung 4.6 PayPal-Express-Einstellungen

Zunächst wird festgelegt, wie die Zahlung über PayPal behandelt werden soll. Um eine möglichst hohe Automation zu erzeugen, wähle ich hier ZAHLUNG SOFORT ABSCHLIESSEN ❶. Damit wird der Zahlungsstatus direkt auf Komplett bezahlt festgelegt, und Sie wissen direkt, dass diese Bestellung sofort versendet werden kann. Mehr zum Zahlungsstatus und weiteren wichtigen Themen rund um die Bearbeitung von Bestellungen finden Sie in Kapitel 9.

Im nächsten Schritt geben Sie an, wo das PayPal-Logo zu sehen sein soll und wo Ihre Kunden den Kauf abschließen können. Ich habe hier bewusst auf die Integration auf der DETAILSEITE ❷ verzichtet, da Sie sonst Gefahr laufen, dass die Kunden nur einen Artikel bestellen, anstatt weiter in Ihrem Shop zu stöbern und ggf. noch einen zweiten und dritten Artikel mitbestellen. Daher lässt sich ein Kauf über den Express-Button von PayPal nur im WARENKORB ❸ und auf der Registrierungsseite (LOGINSEITE ❹) durchführen. An diesen zwei Stellen kann man dem Kunden unterstellen, dass er seine Auswahl abgeschlossen hat und den Kaufvorgang beenden will.

Anschließend wählen Sie das Design des PayPal-Buttons aus ❺. Soll die Farbe Gold, Blau, Silber oder schwarz sein? Ist der Button eckig oder rund? Und wie groß wird der Button dargestellt? Sie können frei kombinieren, wie es Ihnen lieb ist. Zudem ist es natürlich auch im Express-Check-out sinnvoll, wenn der Warenkorb an PayPal übertragen ❻ wird. Damit werden die bestellten Artikel an PayPal übergeben. Ist diese Option deaktiviert, erhält PayPal nur die Information über den Gesamtwert der Bestellung. Damit ist nun auch der Express-Check-out eingerichtet. Es ist enorm sinnvoll, diesen Check-out zu nutzen, da Ihre Kunden damit wertvolle Zeit sparen und Sie einen unter Umständen als nervig empfundenen Registrierungsprozess umgehen können.

Haben Sie alle Konfigurationen nach Ihren Vorstellungen gesetzt, wechseln Sie nun in die EINSTELLUNGEN • ZAHLUNGSARTEN. Dort wählen Sie dann PayPal ❼ aus und, sofern noch nicht geschehen, aktivieren ❿ die Zahlungsart, wie in Abbildung 4.7 zu sehen ist.

Es ist Ihnen auch freigestellt, die BEZEICHNUNG ❽ der Zahlungsart von hier PayPal auf eine beliebige Bezeichnung zu ändern. Die Bezeichnung ist der Titel der Zahlungsart, der gefettet auf der Zahlungs- und Versandauswahl-Seite angezeigt wird. Es ist allerdings sinnvoll, die Bezeichnung in diesem Fall bei PayPal zu belassen, da der Name bereits bekannt ist und daher für sich steht.

Außerdem ist es möglich, dass Sie eine ZUSÄTZLICHE BESCHREIBUNG ❾ hinterlegen bzw. ändern. Es wird von PayPal bereits eine treffende Beschreibung vorgegeben, die Sie aber nach Ihren Vorstellungen umschreiben können. Zudem spielt PayPal hierbei clever mit dem eigenen Logo und bindet es in die Beschreibung der Zahlungsart mit ein. Wenn Sie dies für andere Zahlungsarten ebenfalls realisieren möchten, nutzen Sie folgenden HTML-Code:

```
<img src="https://ihr-shop.de/link-zum-bild.jpg" style=
"width: 75px; margin: 5px; float: left;"><br><br><p>Tragen Sie hier die
Zusätzliche Beschreibung für die entsprechende Zahlungsart ein</p>
```

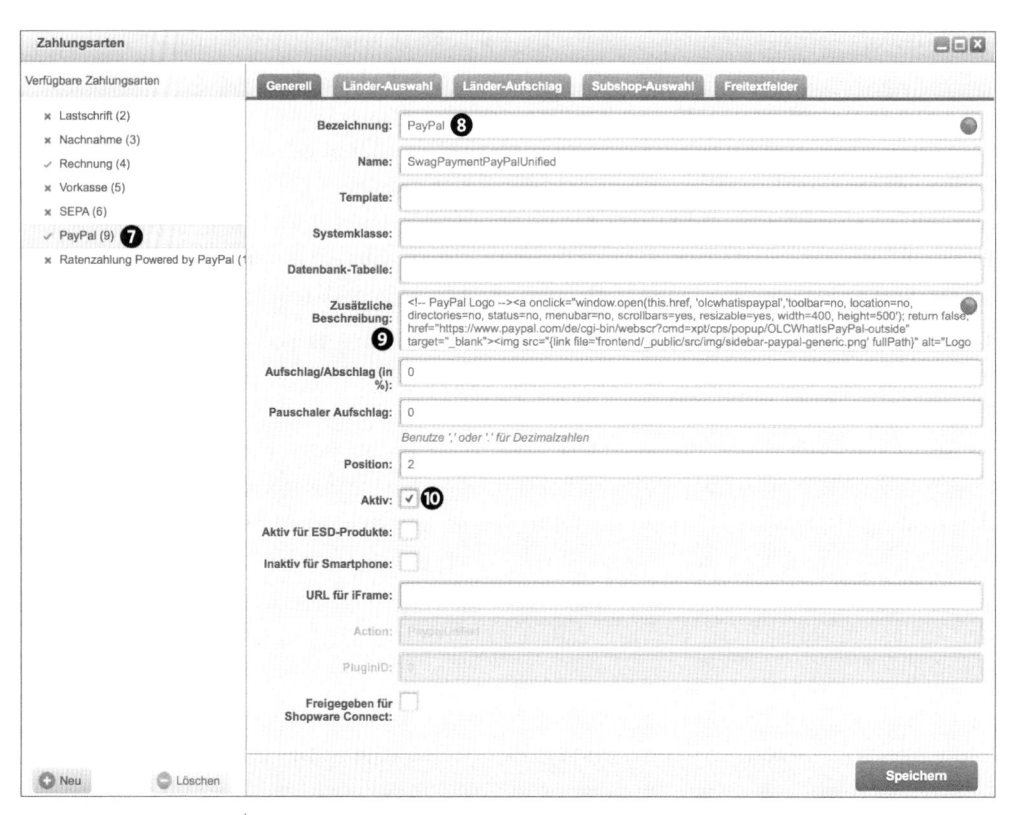

Abbildung 4.7 PayPal aktivieren

Dieser Befehl sorgt dafür, dass ein Bild eingebunden wird (*https://ihr-shop.de/link-zum-bild.jpg*), welches eine Länge von 75 Pixeln hat (width: 75px), einen allgemeinen Abstand zu den umliegenden Elementen von 5 Pixeln (margin: 5px) sowie links zu schweben scheint (float: left) und damit rechts neben dem Bild Platz für weitere Elemente wie z. B. Text macht.

Damit haben Sie eine optisch ansprechende Zahlungsauswahl gestaltet, die dem Kunden auf einen Blick erfassen lässt, mit welchen Zahlungsarten er bezahlen kann. Dies beschränkt sich dabei nicht nur auf PayPal, sondern kann für jeden Zahlungs- und auch Versandanbieter genutzt werden.

4.2.2 PayPal weitergedacht – mit PayPal Plus

Neben dem ursprünglichen PayPal bietet dieser Dienst seit geraumer Zeit weitere Zahlungsmethoden an, über die der Kunden seinen Online-Einkauf bezahlen kann – und das selbst ohne eigenes PayPal-Konto. Mit einem Schlag können Sie so sehr einfach diese Zahlungsmöglichkeiten zusätzlich anbieten:

- Lastschrift
- Kreditkarte
- Rechnung (nach Freischaltung)
- Ratenkauf (nach Freischaltung)

Die Anbindung von PayPal Plus ist für Sie sehr einfach. Sie erhalten das Geld von PayPal, bei Zahlungsausfällen kümmert sich der Dienst um die Eintreibung des Geldes. Dafür zahlen Sie über alle Zahlungsarten hinweg (also auch bei regulären PayPal-Bestellungen) einen höheren Prozentsatz an Gebühren. Für eine PayPal-Plus-Zahlung werden 2,49 % plus 0,35 Euro fällig (reguläre PayPal-Zahlungen liegen bei 1,9 % plus 0,35 Euro, abhängig vom monatlichen PayPal-Umsatz).

Das Risiko lässt sich PayPal also bezahlen, und Sie sollten das in Ihrer Preiskalkulation berücksichtigen. Zudem müssen Sie sich bei PayPal für das Plus-Programm bewerben. Unter *https://www.paypal.com/de/webapps/mpp/paypal-plus* können Sie PayPal Plus für sich beantragen. Anschließend durchlaufen Sie einen Prüfungsprozess, an deren Ende Sie eine Entscheidung seitens PayPal erhalten.

Wenn die Entscheidung positiv ausfällt, müssen Sie in wenigen Schritten PayPal Plus im entsprechenden Plugin einrichten. Öffnen Sie wieder das Plugin unter KUNDEN • ZAHLUNGEN • PAYPAL • EINSTELLUNGEN. Öffnen Sie in dem Modul den Reiter PAYPAL PLUS INTEGRATION ❶, siehe Abbildung 4.8.

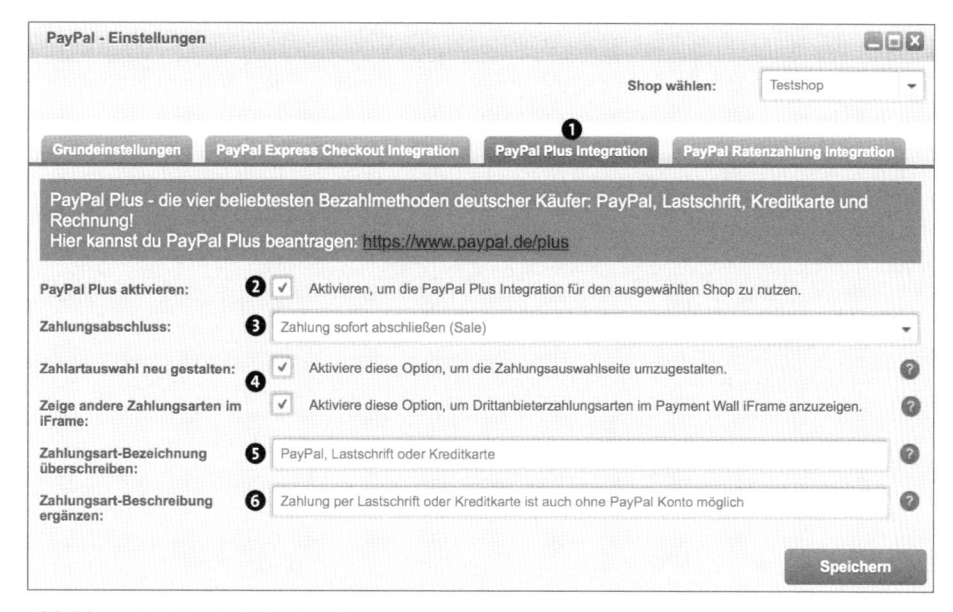

Abbildung 4.8 PayPal Plus konfigurieren

Zunächst aktivieren Sie PayPal Plus ❷. Anschließend werden die weiteren Optionen zur Konfiguration freigegeben. Wie in der PayPal-Konfiguration habe ich auch hier ausgewählt, dass ein PayPal-Plus-Verkauf sofort abgeschlossen ❸ wird und damit den Zahlungsstatus *Komplett bezahlt* erhält. Auch hier hilft es Ihnen wieder, den Überblick zu wahren und Bestellungen schnell zu bearbeiten.

Als Nächstes folgt die Darstellung der Zahlungsart im Check-out-Prozess. Wählen Sie hier die Option ZAHLARTAUSWAHL NEU GESTALTEN aus, wie es in Abbildung 4.8 zu sehen ist. So wird der Check-out nicht mehr klassisch als Liste dargestellt, sondern als eine Einheit, aus dem der Kunde sich seine Wunsch-Zahlungsart auswählen kann. Bieten Sie weitere Zahlungsarten wie z. B. Amazon Pay an (mehr dazu in Abschnitt 4.2.3), dann sollten Sie in jedem Fall auch die Option ZEIGE ANDERE ZAHLUNGSARTEN IM IFRAME aktivieren. Sofern Sie auf die klassische Shopware-Standard-Ansicht setzen, wählen Sie hier ❹ beide Haken ab.

Es folgt die ZAHLUNGSART-BEZEICHNUNG ❺, wie ich sie etwas weiter oben bereits beschrieben habe. Gleiches gilt für die ZAHLUNGSART-BESCHREIBUNG ❻.

Nun haben Sie in wenigen Augenblicken einen großen Sprung nach vorn gemacht und weitere wichtige Zahlungsarten angebunden. Ihre Kunden wird es freuen, Ihren Umsatz ebenso.

4.2.3 Amazon Pay konfigurieren

Mit Amazon Pay hat der Internetriese eine Zahlungsplattform geschaffen, die immer beliebter wird. Kunden können sich darüber vom teilnehmenden Onlineshop in ihren Amazon-Account einloggen. Von dort werden Rechnungs- und Lieferadressen übertragen, die dann im Check-out-Prozess ausgewählt werden können. Außerdem können die bei Amazon hinterlegten Zahlungsarten ausgewählt werden.

Abbildung 4.9 Auswahl der Lieferadresse über Amazon Pay

Dadurch müssen die Kunden diese Daten nicht mehr eingeben und können bequem aus einer Liste bereits verwendeter Adressen und Zahlungsarten auswählen. Das vereinfacht und beschleunigt den Kaufvorgang enorm, was Ihren Kunden und am Ende auch Ihnen zugutekommt.

Um Amazon Pay nutzen zu können, müssen Sie sich zunächst dafür auf *https:// pay.amazon.com/de* registrieren. Dort können Sie sich auch über die Gebührenstruktur informieren. Sobald Sie freigeschaltet wurden, können Sie den Integrations-Prozess in Ihren Shopware-Shop beginnen.

Zunächst müssen Sie sicherstellen, dass Sie ein paar technische Voraussetzungen erfüllen. So benötigen Sie zwingend ein SSL-Zertifikat, welches allerdings in einem Onlineshop bereits zum Standard gehören sollte. Dieses können Sie über den Hoster Ihrer Wahl beziehen. Außerdem sollte Ihr Server mindestens die PHP-Version 5.4 und mySQL 5.6 einsetzen. Zuletzt benötigen Sie zwingend den ionCube Loader, welcher aber ebenfalls beim Einsatz von Shopware zum Standard gehören sollte, da Sie andernfalls nur sehr wenige Dritt-Anbieter-Plugins herunterladen können. Zudem sollte das Shopware Plugin *Cron* aktiviert sein.

Sind die Voraussetzungen erfüllt und hat Amazon Sie für das Pay-Programm freigeschaltet, können Sie das entsprechende Plugin mit dem Plugin Manager herunterladen. Suchen Sie dazu nach *Amazon Pay and Login with Amazon*. Installieren und aktivieren Sie anschließend das Plugin. Loggen Sie sich danach im Amazon Seller Central ein.

Dort finden Sie in der Menüzeile eine Drop-down-Liste, aus der Sie AMAZON PAYMENTS auswählen. Anschließend wählen Sie unter Integration den MWS ACCESS KEY. Anschließend werden Ihnen die entsprechenden benötigten Daten angezeigt. Übertragen Sie diese in die dafür vorgesehenen Felder oder drücken Sie den Button ZUGANGSDATEN KOPIEREN. Bei Letzterem können Sie in der Shopware-Plugin-Konfiguration den Button KONFIGURATIONSDATEN AUS SELLERCENTRAL EINFÜGEN und dort die kopierten Daten einfügen. Mit einem Klick auf SUBMIT werden die Daten an die entsprechende Stelle der Konfiguration eingefügt.

Rufen Sie nun wieder das Amazon Seller Central auf und wechseln Sie in die INTEGRATIONSEINSTELLUNGEN FÜR LOGIN UND BEZAHLEN MIT AMAZON (IPN). Dort tragen Sie in das Feld HÄNDLER-URL die Adresse Ihres Shops ein und speichern dies.

Zum Schluss müssen Sie dann – ähnlich wie bei PayPal – eine Anwendung registrieren. Wählen Sie zunächst aus der Drop-down-Liste im Menübereich LOGIN MIT AMAZON und klicken Sie dort auf NEUE ANWENDUNG REGISTRIEREN. Hinterlegen Sie an dieser Stelle die Anwendungsinformationen. Benennen Sie die Anwendung und beschreiben Sie diese in kurzen Worten. Außerdem müssen Sie dort einen Link auf Ihre Datenschutzbestimmungen eintragen. Ein Logo können Sie ebenfalls hochladen, ist aber kein Muss. Speichern Sie Ihre Einträge.

Danach werden Sie auf die Detail-Einstellungen weitergeleitet. Dort finden Sie auch die Webeinstellungen. Hier tragen Sie unter ZULÄSSIGE JAVASCRIPT URSPRÜNGE und ZULÄSSIGE RÜCKLEITUNGS-URLS Ihre Onlineshop-Adresse ein. Nun ist im Seller Central alles konfiguriert. Wechseln Sie wieder in das Shopware Backend.

Dort finden Sie noch unzählige Einstellungsmöglichkeiten. Zunächst sollten Sie die entsprechenden Bestell- und Zahlungsstatus auswählen. Da die Interpretation der einzelnen Status intern erfolgt, kann ich an dieser Stelle auch keine Empfehlung abgeben. Prinzipiell sollte aber die Einteilung der Situationen und der daraufhin gesetzten Status in Ordnung sein.

Schwieriger wird es beim zweiten Teil der Konfiguration unterhalb der Konfigurationsdaten vom Seller Central.

Hier finden Sie an jedem Feld eine kurze Erklärung der Einstellungsmöglichkeit, sodass Sie am Ende frei entscheiden können, wie Sie Amazon Pay nutzen und anbieten.

Ein Beispiel: Sie können z. B. Amazon Pay für HÄNDLERBESTELLUNGEN VERBIETEN. Stellen Sie in diesem Fall den dafür vorgesehenen Konfigurationspunkt auf Ja.

Was sich auf jeden Fall empfiehlt, ist das Amazon-Pay-Logo mindestens in der Modalbox und im Warenkorb anzuzeigen. Damit verkürzen Sie, ähnlich wie bei PayPal Express, den Kaufweg und bieten Ihren Kunden einen komfortablen Service. Um den Button in der Modalbox im Warenkorb zu platzieren, wählen Sie jeweils einen Konfigurationspunkt aus den beiden Einstellungsmöglichkeiten BUTTON AUF DER WARENKORB-SEITE ANZEIGEN und BUTTON IN DER WARENKORB-MODALBOX ANZEIGEN. Sie können aus einer Vielzahl an Darstellungsoptionen auswählen. Probieren Sie aus, welche Darstellung in Ihrem Shop am elegantesten aussieht.

4.2.4 Vorkasse-Zahlungen einrichten

Die Zahlungsart Vorkasse ist schnell eingerichtet und eine der bereits vorbereiteten Zahlungsarten, welche Shopware mitliefert. Prinzipiell brauchen Sie nicht viel zu tun, denn bei dieser Zahlungsart übermittelt der Kunde keine Daten. Sie können hier also parallel zu PayPal die Darstellung dieser Zahlungsart im Shop verändert – dies ist allerdings kein Muss. Und Sie sollten zwingend einen Blick auf die Bestellbestätigungsmail werfen. Dort wird im Falle einer Vorkasse-Bestellung Ihre Bankverbindung angezeigt. Diese sollten Sie dort also noch hinterlegen.

Öffnen Sie dazu bitte die EINSTELLUNGEN • E-MAIL-VORLAGEN und dort den Baum SYSTEM-E-MAILS. Die Bestellbestätigungsmail heißt dort sORDER, wechseln Sie direkt in den HTML-Reiter. Dort finden Sie die E-Mail vor, die Ihre Kunden erhalten werden, sobald eine erfolgreiche Bestellung platziert wurde.

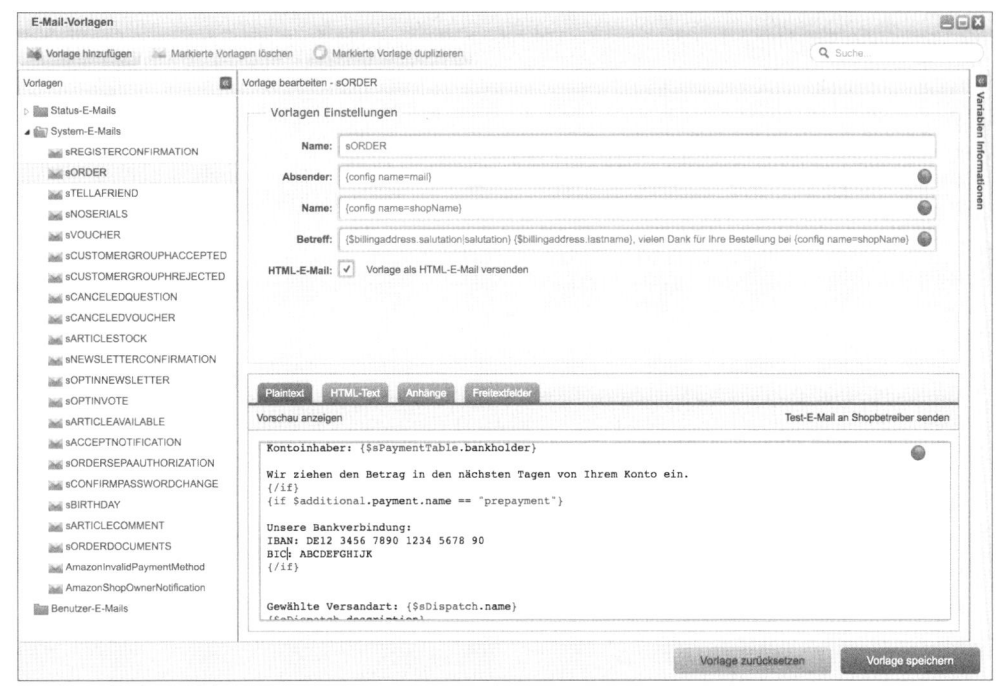

Abbildung 4.10 Abschnitt der Bankverbindung

Suchen Sie in diesem Bereich nach dem Abschnitt, der mit {if $additional.payment.name == "prepayment"} beginnt. Dort können Sie dann, wie Sie in Abbildung 4.10 sehen, Ihre Bankverbindung hinterlegen. Dieser Abschnitt wird automatisch in die E-Mail integriert, die bei einer Vorkasse-Bestellung verschickt wird.

Weitere Anleitungen, wie Sie mit den E-Mail-Vorlagen verfahren, lesen Sie im Abschnitt 4.4.

4.2.5 Lastschrift

Auch die Zahlungsart Lastschrift wird bereits bei Shopware mitgeliefert. Dazu müssen Sie zunächst ein paar Einstellungen vornehmen. Öffnen Sie zunächst die EINSTELLUNGEN • GRUNDEINSTELLUNGEN. Im Baum STOREFRONT finden Sie den Punkt SEPA-KONFIGURATION.

Hier legen Sie grundlegende Einstellungen fest, z. B. ob die BIC und das KREDITINSTITUT abgefragt und als Pflichtfeld behandelt werden sollen. In dem Beispiel aus Abbildung 4.11 sollen diese Felder angezeigt werden. Da sie jedoch nicht mehr zwingend notwendig sind, sind sie auch nicht als Pflichtfeld ausgelegt.

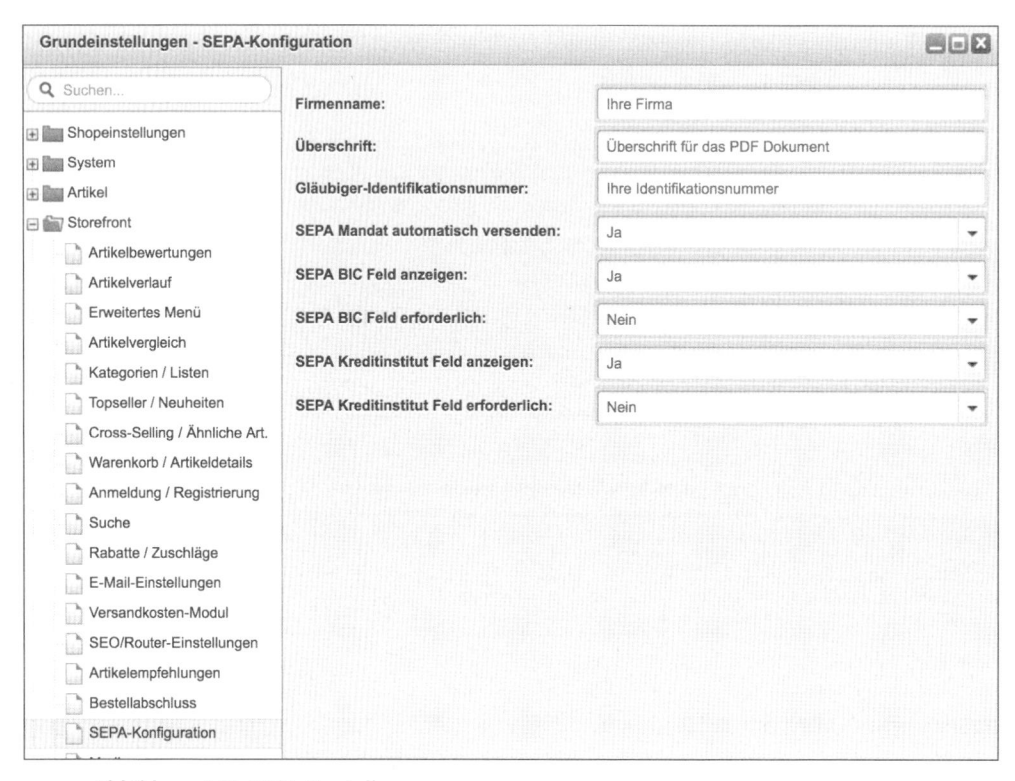

Abbildung 4.11 SEPA-Einstellungen

Wichtiger dagegen ist, dass Ihr FIRMENNAME und eine ÜBERSCHRIFT, die später im PDF-Dokument angezeigt wird, eingetragen sind. Hinterlegen Sie hier außerdem Ihre GLÄUBIGER-IDENTIFIKATIONSNUMMER. Sind Ihre Einstellungen korrekt, SPEICHERN Sie diese und wechseln wieder in das Modul ZAHLUNGSARTEN.

Aktivieren Sie dort die Zahlungsart SEPA und legen Sie fest, an welcher POSITION diese in der Auswahl aller Zahlungsarten zu finden ist. Außerdem können Sie auch hier die Darstellung über die BEZEICHNUNG und der ZUSÄTZLICHEN BESCHREIBUNG ändern. Wählen Sie nun noch die zur Verfügung stehenden Länder aus und speichern Sie Ihre Einstellungen.

Im Anschluss einer erfolgreichen SEPA-Lastschrift-Bestellung erhält Ihr Kunde auch ein PDF mit Ihrem Lastschriftmandat, das er unterschreiben muss. Die E-Mail dazu finden Sie in den EINSTELLUNGEN • E-MAIL-VORLAGEN, dort im Baum SYSTEM-E-MAILS unter sORDERSEPAAUTHORIZATION. Um die Texte in diesem PDF-Dokument zu ändern, öffnen Sie EINSTELLUNGEN • TEXTBAUSTEINE und dort den Namespace *frontend/plugins/payment/sepaemail*. Alle 11 Textbausteine können Sie dort an Ihre Bedürfnisse und Wünsche anpassen.

> **Unterschrift auf dem Lastschriftmandat**
>
> Das von Shopware bereitgestellte PDF, welches das Lastschriftmandat protokolliert, sieht eine Unterschrift des Kunden vor.
>
> Stimmen Sie sich bitte mit Ihrem Anwalt ab, inwiefern auf die Unterschrift (ggf. gibt es dazu eine anerkannte Formulierung) verzichtet werden kann.

4.2.6 Kauf auf Rechnung

Die Zahlungsart Rechnung einzurichten, ist neben Vorkasse, die einfachste und am schnellsten eingerichtete Zahlungsart. Schließlich werden Zahlungen vor dem Versand nicht berücksichtigt – es wird lediglich die Bestellung aufgenommen und samt der Rechnung verschickt. Die Bezahlung folgt im Nachhinein.

Diese Zahlungsart ist bereits von Anfang an in Shopware vorinstalliert. Von daher reicht es aus, wenn Sie die Zahlungsart im Modul aktivieren und unter LÄNDER-AUSWAHL die Länder bestimmen, in denen Sie Rechnungskauf anbieten möchten.

4.2.7 Zahlungsausfälle durch das Riskmanagement mindern

Mit dem *Riskmanagement* bietet Ihnen Shopware eine gute Möglichkeit, Zahlungsausfälle zu vermeiden oder zu minimieren. Hier definieren Sie Situationen, in denen Zahlungsarten, zusätzlich zu den vorher bestimmten Rahmenbedingungen, gesperrt werden. Dies können Sie vom Bestellwert, von bestimmten Kundengruppen, dem Lieferort oder von abweichenden Rechnungs- und Lieferadressen abhängig machen. Das Riskmanagement ist sehr umfangreich aufgebaut, und sollte von keinem Shopbetreiber missachtet werden.

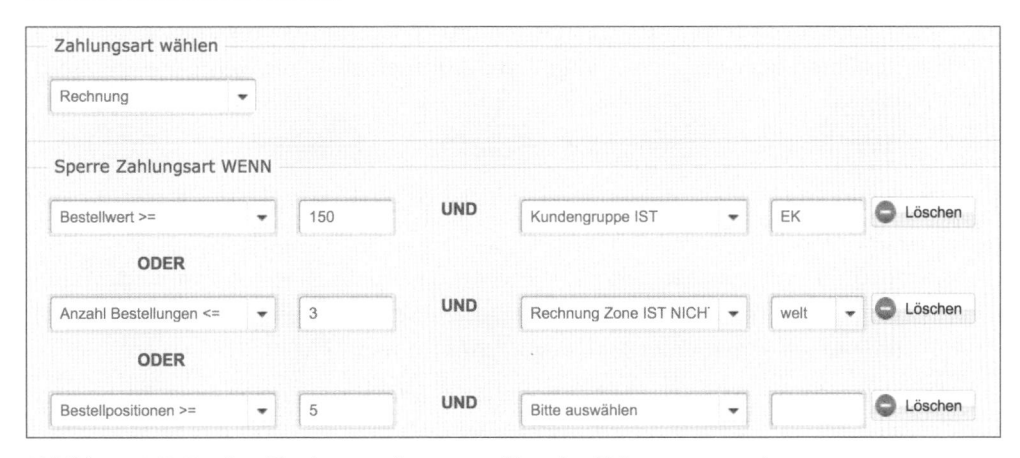

Abbildung 4.12 Kauf auf Rechnung eingrenzen über das Riskmanagement

Öffnen Sie zunächst EINSTELLUNGEN • RISKMANAGEMENT. Wählen Sie anschließend eine ZAHLUNGSART aus, bei der Sie Ihr Risiko minimieren möchten. Shopware zeigt Ihnen direkt nach der Auswahl *Beispiele*, wie Sie das Modul verwenden können.

In diesem Beispiel wird die Zahlungsart Rechnung gesperrt und ist damit nicht verfügbar bei drei verschiedenen Szenarien.

Sie können bis zu zwei gleichzeitig greifende Bedingungen angeben, die die Sperre einer Zahlungsart auslösen können. Wenn Sie zwei Bedingungen kombinieren, müssen beide erfüllt sein, damit die Sperre aktiv wird. Im obigen Beispiel wären das:

1. Ein Shopkunde (EK) bestellt im Warenwert von mindestens 150 Euro.
2. Die Rechnungsadresse des Kunden befindet sich nicht in der Länderzone *deutschland* oder *europa* (das ist nicht *welt*), und der Kunde hat maximal drei Bestellungen aufgegeben.
3. Die Bestellung beinhaltet mindestens 5 Positionen oder mehr, und eine zweite Bedingung ist hier nicht angegeben.

> **Achtung bei bestimmten Zahlungsarten**
>
> Sie können prinzipiell jede Zahlungsart durch das Riskmanagement absichern. Am sinnvollsten ist es wohl bei Bestellungen, bei denen Sie in Vorkasse treten.
>
> Vorsichtig sollten Sie sein bei der Standard-Zahlungsart und der Fallback-Zahlungsart (beide finden Sie in den Grundeinstellungen unter STOREFRONT • ANMELDUNG/REGISTRIERUNG). Diese Zahlungsarten sollten in jedem Fall immer zur Verfügung stehen, damit Bestellungen abgeschlossen werden können.

Wie Sie sehen, ist das Riskmanagement ein mächtiges Werkzeug, mit dem Sie alle Zahlungsarten, die Sie anbieten, steuern können.

Sie können es einsetzen, um z. B. nur Stammkunden Zugriff auf den Rechnungskauf zu gewähren oder besonders hohe Bestellsummen ausschließlich per Vorkasse zu bedienen.

Andere mögliche Anwendungsfälle für das Riskmanagement:

- Bestimmte Postleitzahlen sperren (durch POSTLEITZAHL IST, nur ganze PLZ sind möglich)
- Artikel werden gesperrt, sobald diese aus einer definierten Kategorie im Warenkorb liegen. Tragen Sie dazu die Kategorie-ID ein, die Sie in der Kategorieverwaltung neben dem Namen der Kategorie in Klammern finden.
- Lieferadresse ungleich Rechnungsadresse (durch Lieferadresse != Rechnungsadresse)

- Neukunden (durch Kunde ist neu), tragen Sie eine 1 ein, um dies zu aktivieren und neuen Kunden eine gewisse Zahlungsart vorzuenthalten.
- Kunden, die sich in einer Mahnstufe befinden (durch Mahnstufe 1 / 2 / 3 IST WAHR), tragen Sie auch hier wieder eine 1 in das Feld ein, um dies zu aktivieren.

Durch die verschiedensten Kombinationen im Riskmanagement haben Sie die Möglichkeit, Ihr Risiko für einen Zahlungsausfall so weit es geht zu minimieren.

4.2.8 Zahlungs- und Versandarten voneinander abhängig machen

Mitunter kann es vorkommen, dass Sie eine Versandart nicht allgemein freigeben möchten. Dies kann z. B. dann passieren, wenn Sie einen Speditionsversand in Auftrag geben sollten, aber vorher das Geld von Ihrem Kunden benötigen. Dann könnten Sie für diese Versandart lediglich die Zahlarten freischalten, bei denen Sie das Geld im Vorfeld erhalten. Und so legen Sie dies für eine einzelne Versandkostenart an.

Wenn Sie in der Konfiguration einer Versandart sind, öffnen Sie den Reiter ZAHLART AUSWAHL, siehe Abbildung 4.13. Auf der linken Seite sehen Sie die noch verfügbaren Zahlungsarten. Dort werden pauschal alle Zahlungsarten angezeigt, egal ob Sie diese aktiviert haben oder nicht.

Mit einem Doppelklick wird die ausgewählte Zahlungsart unter AUSGEWÄHLT gelistet und ist ab diesem Zeitpunkt für die Versandart freigeschaltet. Umgekehrt ist es natürlich auch so, dass Sie eine Zahlungsart für eine Versandart freigeben müssen, sobald Sie eine neue Zahlungsart einführen.

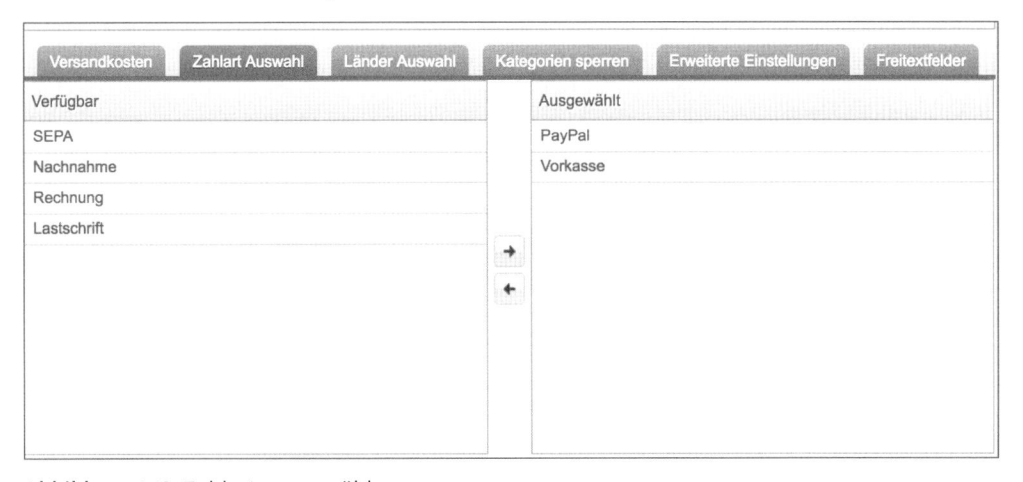

Versandkosten	Zahlart Auswahl	Länder Auswahl	Kategorien sperren	Erweiterte Einstellungen	Freitextfelder
Verfügbar			Ausgewählt		
SEPA			PayPal		
Nachnahme			Vorkasse		
Rechnung					
Lastschrift					

Abbildung 4.13 Zahlarten auswählen

4.3 Formulare anpassen und clever nutzen

Mit Formularen können Ihre Kunden wunderbar mit Ihnen kommunizieren. Der Standard-Anwendungsfall ist wohl das klassische Kontaktformular, das in eigentlich jedem Onlineshop vorzufinden ist.

Mit Shopware können Sie nicht nur ein Kontaktformular anbieten, sondern für jeden erdenklichen Einsatzfall verschiedene Formulare erstellen. So können Sie das Service-Level mit einfachen Möglichkeiten auf eine neue Ebene heben.

4.3.1 Vorgefertigte Formulare anpassen

Die vorgefertigten Formulare decken im Grunde jedes Standard-Formular ab, das heutzutage in einem Onlineshop erwartet wird. Egal, ob es um ein Kontaktformular geht oder Ihr Kunde eine Rückgabe einleiten möchte. Dennoch kann es sich lohnen, die Formulare zu prüfen und gegebenenfalls auf die eigene Situation anzupassen.

Diese Formulare sind bei Shopware vorgefertigt und können mit kleinen Anpassungen direkt genutzt werden:

- Kontaktformular
- Partneranfrage
- Defektes Produkt
- Rückgabeformular
- Frage zum Artikel

Was Sie auf jeden Fall anpassen sollten, ist die hinterlegte Standard E-Mail-Adresse *info@example.com*. Leider wird an dieser Stelle nicht auf die Shopbetreiber-E-Mail zurückgegriffen.

Öffnen Sie dazu INHALTE • FORMULARE. Das entsprechende Formular, welches Sie anpassen möchten, öffnen Sie nun über das STIFT-SYMBOL auf der rechten Seite des Moduls. Tragen Sie im Feld E-MAIL die korrekte E-Mail-Adresse ein. Weitere Anpassungen können Sie aus dem nachfolgenden Abschnitt ableiten.

4.3.2 So erstellen Sie eigene Formulare

Natürlich sind Sie nicht beschränkt auf die Formulare, die Ihnen Shopware vorgibt. Durch das flexible System können Sie auch problemlos eigene Formulare erstellen. In diesem Beispiel legen Sie ein eigenes Widerrufsformular an. Öffnen Sie dazu INHALTE • FORMULARE, und klicken Sie auf HINZUFÜGEN. Wechseln Sie zunächst in den Reiter FELDER, um die abzufragenden Informationen anzulegen.

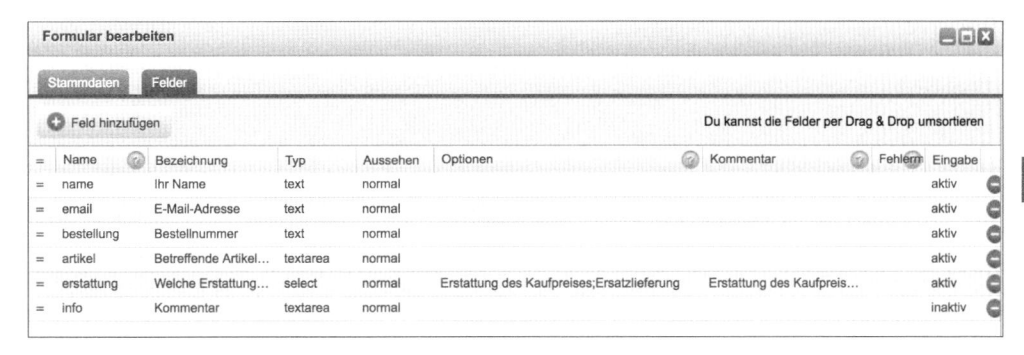

	Name	Bezeichnung	Typ	Aussehen	Optionen	Kommentar	Fehler	Eingabe
=	name	Ihr Name	text	normal				aktiv
=	email	E-Mail-Adresse	text	normal				aktiv
=	bestellung	Bestellnummer	text	normal				aktiv
=	artikel	Betreffende Artikel…	textarea	normal				aktiv
=	erstattung	Welche Erstattung…	select	normal	Erstattung des Kaufpreises;Ersatzlieferung	Erstattung des Kaufpreis…		aktiv
=	info	Kommentar	textarea	normal				inaktiv

Abbildung 4.14 Eigene Felder für ein Formular anlegen

Mit einem Klick auf FELD HINZUFÜGEN wird eine neue Zeile angelegt. Diese sollten Sie entsprechend füllen.

- NAME: Tragen Sie hier einen prägnanten Namen für dieses Feld ein, er wird später wichtig.
- BEZEICHNUNG: Erläutern Sie hier das Feld, dies ist für die Kunden im Shop zu sehen.
- TYP: Wählen Sie aus *Text, Text2* (zwei Text-Eingabefelder), *Checkbox*, *E-Mail* (Prüfung, ob korrekte E-Mail-Adresse eingetragen), *select* (für ein Drop-down-Menü), *textarea* (mehrzeiliges Textfeld) und *hidden* (wird nicht angezeigt).
- AUSSEHEN: Wählen Sie aus normalem Text Straße und Hausnummer-Formatierung oder PLZ und Ort-Formatierung.
- OPTIONEN: Haben Sie sich unter Typ für *Checkbox* oder *select* entschieden, tragen Sie hier die auszuwählenden Optionen ein. Trennen Sie mehrere Auswahlmöglichkeiten mit einem Semikolon.
- KOMMENTAR: Ihre Erläuterung des Feldes wird jeweils unter dem Feld platziert.
- FEHLERMELDUNG: Wurde ein Feld nicht korrekt ausgefüllt, können Sie hier eine individuelle Fehlermeldung eintragen.
- EINGABE ERFORDERLICH: Definieren Sie hier, ob dies ein Pflichtfeld ist oder nicht.

In diesem Beispiel fragen Sie vom Kunden also folgende Dinge ab: seinen Namen, seine E-Mail-Adresse, die Bestellnummer, die betreffende Artikelnummer, wie er seinen Widerruf gestalten will (Ersatz oder Kaufpreiserstattung) und einen optionalen Kommentar zum Widerruf. Die Konfiguration sieht im Shop am Ende aus wie in Abbildung 4.15.

Als Nächstes ist es notwendig, dass die Stammdaten angelegt werden, siehe Abbildung 4.16. Dort tragen Sie die E-Mail-Adresse ein, auf die das Formular gesendet werden soll. Sie sehen den Link zum Formular, erstellen das E-Mail-Template und mehr.

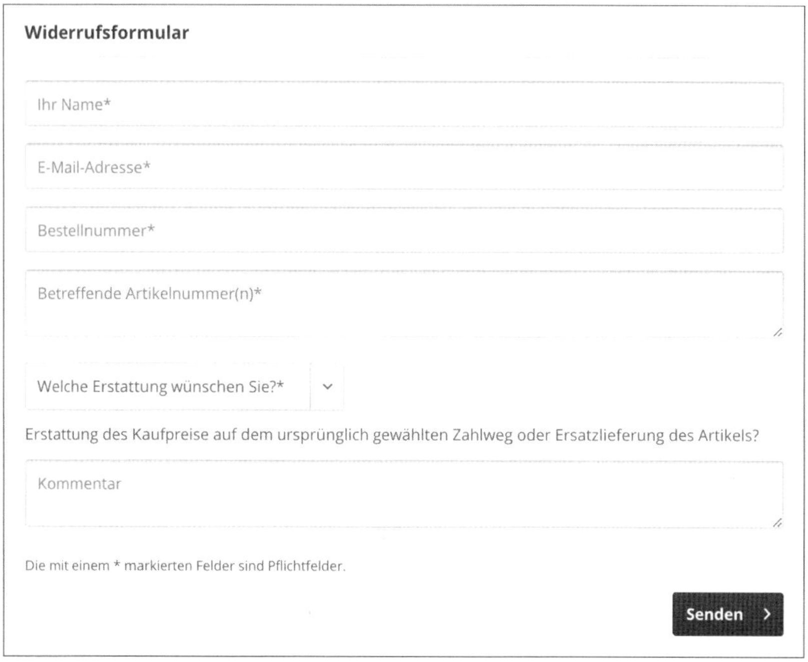

4 Shop grundlegend einrichten – mit den Grundeinstellungen

Abbildung 4.15 Selbst erstelltes Widerrufsformular

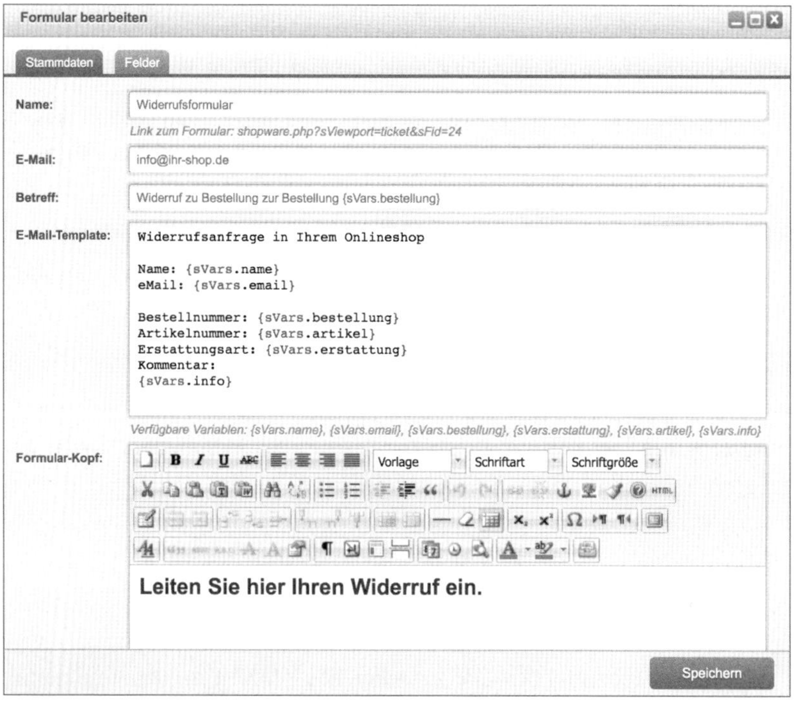

Abbildung 4.16 Stammdaten des Widerrufsformulars

Unter NAME tragen Sie einen prägnanten Titel des Formulars ein. Dieser wird später als Seitentitel sowie als H1-Überschrift verwendet. Direkt darunter sehen Sie auch den Link, den Shopware Ihrem Formular gegeben hat. Sie finden also jedes Formular unter dieser Adresse: *https://ihr-shop.de/link-zum-formular*. In diesem Beispiel wäre das: *https://ihr-shop.de/shopware.php?sViewport=ticket&sFid=24*.

Tragen Sie unter E-MAIL eine E-Mail-Adresse ein, auf die ausgefüllten Formulare gesendet werden sollen. Das könnte Ihre allgemeine Shop-E-Mail-Adresse sein oder auch eine spezielle E-Mail-Adresse, auf die Ihr Kundensupport-Team Zugriff hat. Als BETREFF wählen Sie einen präzisen Titel, mit dem die E-Mail auf die darüber angegebene E-Mail-Adresse gesendet wird.

Die zu versendende E-Mail, welche Sie erhalten werden, wird im E-MAIL-TEMPLATE eingerichtet. Um die von Ihren Kunden eingetragenen Daten zu versenden, nutzen Sie die VERFÜGBAREN VARIABLEN, welche Sie unterhalb der Textbox sehen. Sie können die Variablen auch schon im Betreff verwenden.

Die Variablen setzen sich immer aus zwei Teilen zusammen {sVars. + Name des Feldes}. Als Beispiel: Das Feld WELCHE ERSTATTUNGSART hat den Namen ERSTATTUNG. Damit sieht die Variable so aus: {sVars.erstattung}. Tragen Sie also in der Textbox E-MAIL-TEMPLATE alle Daten so ein, wie Sie sie später am besten verarbeiten können.

Im FORMULAR-KOPF können Sie das Formular mit einigen Worten beschreiben. Der Text, den Sie auch formatieren können, wird anschließend über dem eigentlichen Formular gesetzt.

Der Aufbau sieht so aus:

1. Name
2. Formular-Kopf
3. Formular-Felder
4. Captcha (sofern aktiviert)
5. Senden-Button

Weiter unten in den Stammdaten folgt die *Formular-Bestätigung*. Hier können Sie den Text eintragen, der beim erfolgreichen Versand des Formulars durch Ihren Kunden an diesen angezeigt wird. Standardmäßig ist hier zu lesen: **»Formular erfolgreich versandt.«**

Direkt unter der Formular-Bestätigung kommen Sie auch zum Ende der Formular-Konfiguration. Dort können Sie in der *Shoplimitierung* das Formular auf nur bestimmten Shops ausgeben. Wenn Sie hier keine Einstellung tätigen, ist das Formular für alle verwalteten Shops verfügbar. Mit *Meta Titel*, *Meta Keywords* und der *Meta Beschreibung* können Sie noch grundlegende Suchmaschinenoptimierung für das

Formular vornehmen. Sie können das Formular nun speichern und ab sofort verwenden.

Zuletzt sollten Sie die E-Mail prüfen, die Sie als Shopbetreiber erhalten. Dann wissen Sie, ob Sie mit dem Aufbau der E-Mail arbeiten können, oder ob Sie für eine reibungslose Bearbeitung weitere Informationen benötigen, die Sie daraufhin anlegen.

Widerruf zur Bestellung 26109

Von: info@marcel-lampert.de
An: info@marcel-lampert.de

Widerrufsanfrage in Ihrem Onlineshop

Name: Marcel Lampert
eMail: info@marcel-lampert.de

Bestellnummer: 26109
Artikelnummer: 523-SGSN-131
Erstattungsart: Erstattung des Kaufpreises
Kommentar:
Kein Kommentar

Schnelle Antwort...

Abbildung 4.17 E-Mail für den Shopbetreiber

Ein ganz wichtiger Punkt ist, dass Sie den E-Mail-Versand über Shopware einrichten. Dazu lesen Sie im nächsten Abschnitt eine detaillierte Anleitung.

4.4 Die Kundenkommunikation

Shopware verschickt zu bestimmten Anlässen selbstständig E-Mails an Ihre Kunden. Seien es Bestellbestätigungsmails, Geburtstagsgrüße oder eine E-Mail bei Statusänderungen.

Das ist eine sehr komfortable Funktion, um regelmäßig mit Ihren Kunden in Kontakt zu treten. Auch sind Personalisierungen möglich, mit denen sich Ihr Kunde angesprochen fühlt.

4.4.1 E-Mails zu bestimmten Anlässen verschicken lassen – die E-Mail-Vorlagen

Shopware bietet eine Vielzahl von Vorlagen, die Sie beliebig anpassen und erweitern können. Vorteilhaft sind dabei HTML-Kenntnisse, aber auch einfache PHP-Funktionen (z. B. eine Wenn-Dann-Abfrage) sind mit diesem Modul möglich. Neben den E-Mails, die für Ihre Kunden gedacht sind, gibt es auch einige Service-Mails, die für Sie interessant sind.

So würden Ihre Kunden zum Beispiel folgende E-Mails bekommen können:

- Bestellbestätigung
- Newsletter-Opt-In
- Bestätigung bei Artikelbewertung
- Registrierungsbestätigung
- Folgende E-Mails können Sie vom System erwarten:
- tägliche E-Mail mit allen Produkten, deren Lagerbestand unterhalb des Mindestlagerbestandes ist
- für elektronisch ausgelieferte Artikel eine Übersicht der Artikel ohne freie Seriennummer

Mit einigen Plugins kommen auch weitere E-Mail-Vorlagen ins System. Jede E-Mail können Sie nach Ihren Vorlieben anpassen und in einer HTML-Variante oder als reinen Text verschicken. HTML ist grundsätzlich schöner, da Sie dort auch Bilder, Tabellen und eigene Schriftarten einbinden können. Dafür ist reiner Text nicht so Spamanfällig. Dabei können Sie bei jeder E-Mail neu bestimmen, in welchem Format sie verschickt wird. Eine Bestellbestätigung soll natürlich einiges hermachen, da Sie auch zum Kaufprozess gehört. Daher wäre dort eine reine Text-E-Mail nicht optimal. Im nächsten Abschnitt erfahren Sie, wie Sie diese E-Mails an Ihre Bedürfnisse anpassen.

4.4.2 E-Mail-Vorlagen anpassen

Wie bereits erwähnt, können Sie jede E-Mail selbst gestalten. Vom Wortlaut über Platzierung von Links oder Variablen bietet Ihnen Shopware alles, damit Sie auch den Mail-Verkehr mit Ihren Kunden optimal im Griff haben.

Zunächst gibt es zwei Elemente, die sich in jeder E-Mail gleichen können: der Header und der Footer. Diese definieren Sie in den Grundeinstellungen und werden später durch eine Shopware-Variable an die entsprechende Stelle der E-Mail hinterlegt. Um einen ersten Überblick zu erhalten, können Sie sich von jeder E-Mail eine Vorschau anzeigen lassen. Öffnen Sie dazu die GRUNDEINSTELLUNGEN • E-MAIL-VORLAGEN. Sehr wichtig ist die Bestellbestätigungsmail. Um ihre Vorschau zu sehen, öffnen Sie nun SYSTEM-E-MAILS und dort sOrder. Dort wählen Sie nun den Reiter HTML-TEXT aus. Klicken Sie dort auf VORSCHAU ANZEIGEN.

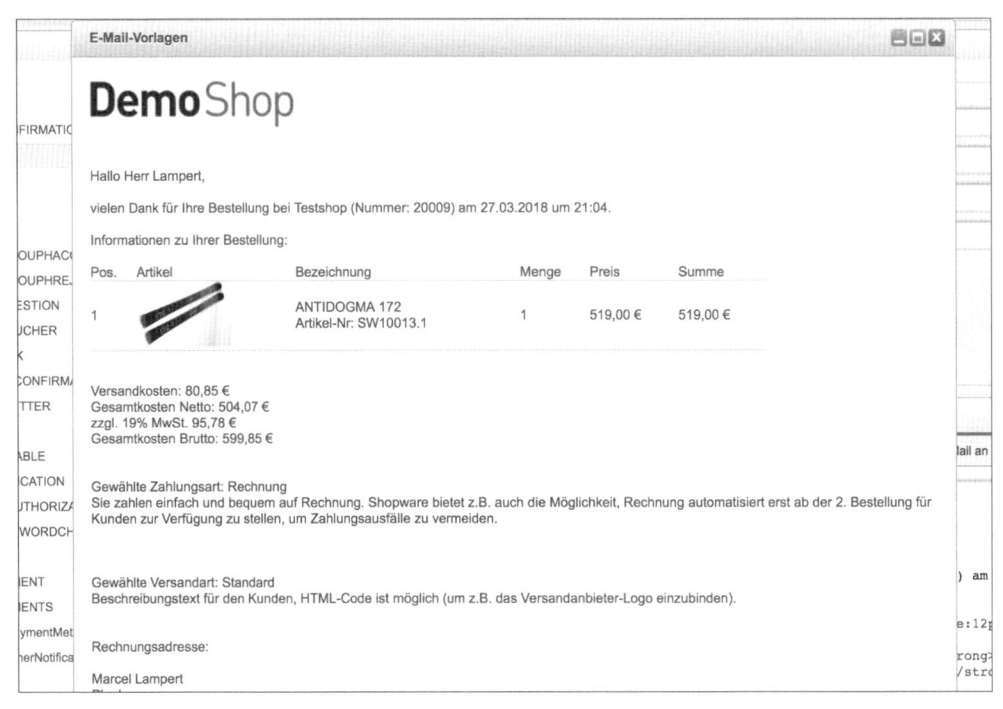

Abbildung 4.18 Vorschau einer Bestellbestätigungsmail

So wie in Abbildung 4.18 sieht im Standard die Bestellbestätigungsmail aus. Hier ist noch das Demoshop-Logo zu sehen. Das werde ich in den nächsten Schritten entfernen und lieber in den Footer setzen und einige weitere Anpassungen vornehmen. Eines vorweg: HTML-Kenntnisse sind an dieser Stelle hilfreich, in Teilen sogar CSS-Kenntnisse. Aber so weit möchte ich das hier nicht treiben. Zunächst werde ich den Header aller HTML-E-Mails bearbeiten. Dies geschieht wiederum in den Grundeinstellungen. Dort finden Sie diese Einstellungen unter STOREFRONT • E-MAIL-EINSTELLUNGEN.

Dort sehen Sie nun die Einträge E-MAIL-HEADER PLAINTEXT und E-MAIL-FOOTER PLAINTEXT. An dieser Stelle gehe ich aber nicht weiter darauf ein. Es sei nur so viel gesagt: Plaintext ist der reine Text ohne weitere Formatierung etc. Hier brauchen Sie keine Programmierkenntnisse und können entsprechend einfach einen Standard-Footer hinterlegen. Einen Header gibt es vom Standard her nicht. Ich beziehe mich nun zunächst auf den E-MAIL HEADER HTML. Der ursprüngliche Eintrag sieht so aus:

```
<div><img src="{$sShopURL}/themes/Frontend/Responsive/frontend/_public/src/
img/logos/logo--tablet.png" alt="Logo"><br />
```

Mit dem Befehl `<img src>`, also Image Source, geben Sie einen Bilderpfad an, der an dieser Stelle geladen werden soll. Da Sie hier den Header bearbeiten, ist hier das Logo zu finden. Mit dem `alt`-Befehl vergeben Sie eine Beschreibung des Bildes, wie hier z. B. Logo. Der abschließende Befehl `<br />` befiehlt einen Zeilenumbruch, sodass danach die E-Mail mit der Anrede des Kunden starten kann.

Wie eingangs erwähnt, möchte ich das Logo aus dem Header entfernen und lieber in den Footer einsetzen. Daher entferne ich den HTML-Befehl `<img src>` und setze davon eine modifizierte Form in den Footer.

Abbildung 4.19 Neuer Footer mit eingefügtem Logo

In Abbildung 4.19 sehen Sie, dass vom ursprünglichen Header nichts mehr übrig geblieben ist. Dies ist beabsichtigt. Der Gedanke dahinter: Der Kunde soll die Informationen zu seiner Bestellung sehen und zunächst nicht von dem Logo abgelenkt werden. Im Footer hat sich allerdings einiges getan.

Zum einen habe ich dort das neue Logo hinterlegt. Wie Sie auch sehen, beginnt der Bildpfad (alles in Anführungszeichen zwischen `<img src=>`) nicht mit der Shop-Domain. Diese wird Shopware automatisch an den Pfad setzen und so den Bildlink vervollständigen. Was hat es aber mit den weiteren Befehlen `style="max-width: 125px; float: left; margin-right: 10px;"` auf sich?

Die Einleitung `style="` bedeutet, dass Design-Informationen folgen, also CSS-Anweisungen. Zunächst habe ich die Länge des Bildes auf maximal 125 Pixel beschränkt. Die Höhe wird schließlich anhand des Formates selbstständig berechnet, sodass das Bild immer korrekt ausgegeben wird, nur eben kleiner. Als Nächstes folgt der `float`-Befehl. Durch diesen Befehl *schwebt* das Element, in diesem Fall das Logo, auf der linken Seite (Einordnung `left`). Dadurch ist es möglich, dass die nachfolgenden Informationen neben dem Logo erscheinen. Würde der `float`-Befehl fehlen, würde alles Nachfolgende unterhalb des Logos platziert werden. Die letzte Style-Information bestimmt einen Abstand vom Logo zum nachfolgenden Element, in diesem Fall zum Grußtext *Mit freundlichen Grüßen*. `Margin` bezeichnet einen Außenabstand, also wie viel Abstand ein Objekt zum nächsten hat. Das `Margin` bezieht sich in diesem Fall ausschließlich auf die rechte Seite, ist also entsprechend `margin-right`. Der Abstand zum umfließenden Text beträgt hier 10 Pixel. Ohne diesen Befehl würde der Text direkt am Logo kleben, dies sieht weder optimal noch professionell aus.

Nach dem Logo folgt nur noch Text, Seitenumbrüche werden jeweils mit dem Befehl `<br>` realisiert. Für ein wenig Varianz habe ich hier allerdings noch die Variable `{config name=shopName}` gefettet. Zum einen wird diese Variable mit dem in den Einstellungen angegebenen Shopnamen ersetzt. Zum anderen ist dieser Text dann fett geschrieben. Wie Sie in der Abbildung 4.19 erkennen können, sieht der Aufbau dafür so aus: `<b>{config name=shopName}</b>`.

Da der Header mit einem `<div>` beginnt, muss dieser am Ende auch wieder geschlossen werden. Daher findet sich am Schluss des Footers der Befehl `</div>`. Alles zwischen dem Header und dem Footer wird wiederum in den E-Mail-Vorlagen erstellt. Dies folgt nun.

Dazu öffnen Sie die GRUNDEINSTELLUNGEN • E-MAIL-VORLAGEN. Eine der wichtigsten E-Mails ist die Bestellbestätigungsmail. Die werde ich nun bearbeiten. Sie finden sie unter den SYSTEM-E-MAILS ❶ und dort unter sORDER ❷.

Abbildung 4.20 Die Bestellbestätigungs-E-Mail

Zunächst können Sie den ABSENDER ❸ definieren. Standardmäßig ist dies die in den Stammdaten hinterlegte E-Mail-Adresse. Hier empfehle ich Ihnen, diese Einstellung zu belassen. Damit kommunizieren Sie über alle Wege mit Ihren Kunden über eine Adresse, was es für den Kunden deutlich einfacher macht, mit Ihnen in Kontakt zu treten. Darauf folgt der NAME ❹, der ebenfalls aus einer Voreinstellung übertragen wird. Hier wird nämlich der Shop-Name hinterlegt. Auch dies sollten Sie so belassen, damit Sie mit Ihren Kunden dauerhaft über Ihren Markennamen kommunizieren und der Kunde direkt einen Bezug zu seiner Bestellung herstellen kann.

Als Nächstes folgt der BETREFF ❺. Hier haben Sie die freie Auswahl, wie Sie diesen gestalten. Die Shopware-Voreinstellung dazu ist *Ihre Bestellung im [Shopname]*. Diese habe ich bereits geändert auf *[Anrede] [Nachname], vielen Dank für Ihre Bestellung bei [Shopname]*. Die persönliche Anrede soll dabei die Öffnungsrate der E-Mail erhöhen, und die Nennung des Shopnamens soll dem Kunden seine Bestellung bei uns ins Gedächtnis rufen.

Anschließend folgt der Inhalt der E-Mail ❻. Diese gehe ich nun Stück für Stück durch.

```
<div style="font-family:arial; font-size:12px;">
        {include file="string:{config name=emailheaderhtml}"}
        <br/><br/>
        <p>Hallo {$billingaddress.salutation|salutation}
           {$billingaddress.lastname},<br/>
           <br/>
           vielen Dank für Ihre Bestellung bei {config name=shopName}
          (Nummer: {$sOrderNumber}) am {$sOrderDay} um {$sOrderTime}.<br/>
           <br/>
           <strong>Informationen zu Ihrer Bestellung:</strong></p><br/>
```

Die E-Mail beginnt zunächst mit der Definition der Schriftart (font-family:arial) und -größe (font-size:12px). Hier wurde die Schriftart Arial in Größe 12 gewählt. Arial ist zwar eine recht gewöhnliche Schrift, diese ist allerdings auch auf so gut wie jedem Betriebssystem vorhanden. Theoretisch könnten Sie aber hier jede Schriftart hinterlegen, die Ihnen gefällt. Sollte diese aber nicht auf dem Computer Ihres Kunden vorhanden sein, würde die E-Mail in der sehr altbackenen Schriftart Times New Roman geöffnet werden.

Weiter geht es mit der Integration des Headers ({include file="string:{config name= emailheaderhtml}), den Sie eben in den Grundeinstellungen geändert haben. In diesem Beispiel hat der Header keine weiteren Elemente. Würden Sie dort allerdings etwas hinterlegen, würde es an dieser Stelle hinzugefügt werden. Danach folgen zwei Zeilenumbrüche (

).

Nun beginnt der eigentliche Inhalt der E-Mail. Zunächst wird der Bereich als Textbereich durch <p> ausgezeichnet. Nun folgt die Anrede samt dynamischem Inhalt der personenbezogenen Anrede ({$billingaddress.salutation|salutation}) sowie dem Nachnamen des Rechnungsempfängers ({$billingaddress.lastname}). Daraufhin folgen wieder zwei Zeilenumbrüche (

) und der erste Satz mit einem Dank für die Bestellung im Shop. Dabei werden der Shopname ({config name=shopName}) und die automatisch generierte Bestellnummer ({$sOrderNumber}) samt Bestelldatum ({$sOrderDay}) und der Bestellzeit ({$sOrderTime}) automatisch eingefügt. Danach folgen wieder zwei Zeilenumbrüche.

Nach der Einleitung folgt die Übersicht der bestellten Produkte.

```
<table width="80%" border="0" style="font-family:Arial, Helvetica, sans-serif; font-size:12px;">
            <tr>
                <td bgcolor="#F7F7F2" style="border-bottom:1px solid #cccccc;"><strong>Pos.</strong></td>
                <td bgcolor="#F7F7F2" style="border-bottom:1px solid #cccccc;"><strong>Artikel</strong></td>
                <td bgcolor="#F7F7F2" style="border-bottom:1px solid #cccccc;">Bezeichnung</td>
                <td bgcolor="#F7F7F2" style="border-bottom:1px solid #cccccc;"><strong>Menge</strong></td>
                <td bgcolor="#F7F7F2" style="border-bottom:1px solid #cccccc;"><strong>Preis</strong></td>
                <td bgcolor="#F7F7F2" style="border-bottom:1px solid #cccccc;"><strong>Summe</strong></td>
            </tr>

            {foreach item=details key=position from=$sOrderDetails}
            <tr>
                <td style="border-bottom:1px solid #cccccc;">{$position+1|fill:4} </td>
                <td style="border-bottom:1px solid # cccccc;">
                {if $details.image.src.0 && $details.modus == 0}
                <img style="height: 57px;" height="57" src="{$details.image.src.0}" alt="{$details.articlename}" />
                {else} {/if}</td>
                <td style="border-bottom:1px solid #cccccc;">
                  {$details.articlename|wordwrap:80|indent:4}<br>
                  Artikel-Nr: {$details.ordernumber|fill:20}
                </td>
                <td style="border-bottom:1px solid #cccccc;">{$details.quantity|fill:6}</td>
                <td style="border-bottom:1px solid #cccccc;">{$details.price|padding:8|currency}</td>
                <td style="border-bottom:1px solid #cccccc;">{$details.amount|padding:8|currency}</td>
            </tr>
            {/foreach}
        </table>
```

Die Tabelle besteht aus mehreren Bereichen, wie der Position, dem Artikelbild, der Artikelbezeichnung, der Menge, dem Preis und der Summe.

Der Tabellenkopf wird dabei immer gleich definiert, wie z. B. hier für die Position:

```
<td bgcolor="#F7F7F2" style="border-bottom:1px solid #cccccc;"><strong>Pos.</strong></td>
```

Die Hintergrundfarbe des Tabellenkopfes wird durch `#F2F2F2` definiert und erscheint damit in einem leichten Gelbton, außerdem besteht der Kopf auch noch aus einem Rahmen, der durch `border-bottom:1px solid #cccccc` vorgegeben wird. Der Rahmen ist 1 Pixel dick, durchgehend (`solid`) und in einem leichten grau gehalten (`#cccccc`). Daraufhin folgen die bestellten Produkte, die in der Tabelle aufgenommen werden. Dieser Bereich befindet sich zwischen `{foreach item=details key=position from=$sOrderDetails}` und `{/foreach}`.

Diese Informationen werden von Shopware automatisch hinzugefügt.

Die Position wird durch `{$position+1|fill:4}` bestimmt. Diese Funktion zählt aufsteigend von eins beginnend.

Rechts daneben folgt anschließend das Produktbild, das in einer Abmessung von jeweils 57 Pixeln dargestellt wird (`style="height: 57px;" height="57"`). Bei Varianten-Artikeln wird immer das Bild des Hauptartikels gezeigt (`{$details.image.src.0}`).

Danach folgt der Artikelname, begrenzt auf 80 Zeichen (`{$details.articlename|wordwrap:80|indent:4}`). Außerdem wird in dieser Spalte die Artikelnummer durch `{$details.ordernumber|fill:20}` hinzugefügt.

Es folgt in der Spalte Menge die Anzahl der bestellten Artikel, welche durch `{$details.quantity|fill:6}` zur Tabelle hinzugefügt werden. In die letzten beiden Spalten werden der Artikelpreis (`{$details.price|padding:8|currency}`) und die Gesamtsumme (`{$details.amount|padding:8|currency}`) für diesen Artikel angezeigt. Es wird ebenfalls die korrekte Währung angefügt.

Diese Tabelle sollten Sie so belassen, wie sie ist. Sie beinhaltet alle wichtigen Informationen zu den bestellten Artikeln auf einen Blick und findet auch Beachtung, da sie bereits am Anfang der Bestellbestätigungs-E-Mail zu finden ist. Nach diesem Abschnitt folgt die Angabe der Bestellkosten.

```
<p>
            <br/>
            <br/>
            Versandkosten: {$sShippingCosts|currency}<br/>
            Gesamtkosten Netto: {$sAmountNet|currency}<br/>
            {if !$sNet}
            {foreach $sTaxRates as $rate => $value}
```

```
            zzgl. {$rate|number_format:0}% MwSt. {$value|currency}<br/>
            {/foreach}
            <strong>Gesamtkosten Brutto: {$sAmount|currency}</strong><br/>
            {/if}
```

Zunächst beginnt der Bereich wieder als Textbereich, das sehen Sie an dem `<p>`-Befehl. Es folgen wieder zwei Zeilenumbrüche (`<br/> <br/>`) und die Angabe der Versandkosten (`{$sShippingCosts|currency}`). Diese werden direkt als Bruttokosten angegeben, eine separate Ausweisung der Netto-Versandkosten ist nicht vorgesehen. Anschließend folgt die Ausweisung der Nettokosten der Bestellung mit der Variable `{$sAmountNet|currency}` sowie der Mehrwertsteuer-Satz. Der Teilbereich beginnt mit `{foreach $sTaxRates as $rate => $value}`. Die Bruttokosten werden mit der Variable `{$sAmount|currency}` ausgewiesen.

An dieser Stelle wäre es natürlich denkbar, diesen Bereich der Kosten zu verschlanken und lediglich die Versandkosten und die Bruttokosten auszuweisen. Dies würde dann so aussehen:

```
Versandkosten: {$sShippingCosts|currency}<br/>
            <strong>Gesamtkosten Brutto: {$sAmount|currency} </strong><br/>
            {/if}
```

Im nächsten Abschnitt folgt die Angabe der Zahlungsweise, die Ihr Kunde wünscht:

```
<strong>Gewählte Zahlungsart:</strong> {$additional.payment.description}<br/>
 {$additional.payment.additionaldescription}
```

Hierbei wird zum einen der Name der Zahlungsmethode genannt (`{$additional.payment.description}`) und die zusätzliche Beschreibung (`{$additional.payment.additionaldescription}`), falls Sie eine hinterlegt haben. Sollten Sie die Zahlungsmethode Lastschrift anbieten und Ihr Kunde hat diese ausgewählt, so wird diese in der E-Mail-Einstellung separat behandelt.

```
{if $additional.payment.name == "debit"}
            Ihre Bankverbindung:<br/>
            IBAN: {$sPaymentTable.account}<br/>
            BIC: {$sPaymentTable.bankcode}<br/>
            Institut: {$sPaymentTable.bankname}<br/>
            Kontoinhaber: {$sPaymentTable.bankholder}<br/>
            <br/>
            Wir ziehen den Betrag in den nächsten Tagen von Ihrem Konto
            ein.<br/> {/if}
```

Hierbei werden die einzelnen vom Kunden angegebenen Daten (z. B. IBAN und Kontoinhaber) eingefügt. Das Gleiche gilt für die Vorkasse, wobei Sie hier noch die eigenen Bankdaten hinterlegen müssen.

```
{if $additional.payment.name == "prepayment"}
            Unsere Bankverbindung:<br/>
            Kontoinhaber: Max Mustermann AG <br/>

            IBAN: DE12 1234 5678 9012 34<br/>
            BIC: ABCDEFGHIJK<br/>
            {/if}
```

Hierbei wählt Shopware die korrekte Zahlungsmethode aus, die Ihr Kunde angegeben hat. Zunächst wird die Zahlungsart benannt, und ggf. eine hinterlegte Beschreibung eingefügt. Hat Ihr Kunde per Lastschrift oder Vorkasse bestellt, werden weitere Informationen je nach Zahlungsmethode angefügt.

Als Nächstes folgen die Versandangaben:

```
<strong>Gewählte Versandart:</strong> {$sDispatch.name}<br/>
            {$sDispatch.description}<br/>
        </p>
```

Das ist wieder relativ simpel, da Sie hier einzig den Namen der Versandart (`{$sDispatch.name}`) und die dazu passende Beschreibung (`{$sDispatch.description}`) hinzufügen. Anschließend wird der Textblock durch den Befehl `</p>` geschlossen.

Sollte sich Ihr Kunde noch mit einem Kommentar zur Bestellung an Sie gewandt haben, wird dieser ebenfalls angegeben:

```
{if $sComment}
            <strong>Ihr Kommentar:</strong><br/>
            {$sComment}<br/>
            {/if}
```

Sollte Ihr Kunde keinen Kommentar hinterlegt haben, wird der gesamte Block ignoriert und in der E-Mail nicht angezeigt. Dies ist durch die `if`-Abfrage möglich. Sollte in `sComment` etwas hinterlegt sein, wird der Block angezeigt. Wenn nicht, dann nicht.

Es folgen auf den Kommentar die Rechnungs- und Lieferadresse, welche volldynamisch zusammengesetzt werden.

```
<strong>Rechnungsadresse:</strong><br/>
            {$billingaddress.company}<br/>
            {$billingaddress.firstname} {$billingaddress.lastname}<br/>
            {$billingaddress.street} {$billingaddress.streetnumber}<br/>
```

```
{if {config name=showZipBeforeCity}}
{$billingaddress.zipcode} {$billingaddress.city}
{else}{$billingaddress.city}
{$billingaddress.zipcode}{/if}<br/>
{$additional.country.countryname}<br/>
```

Dabei unterscheidet die beiden Adressangaben in den Variablen lediglich $billing (für Rechnung) und $shipping (für Lieferung).

Hat Ihr Kunde eine Umsatzsteuernummer angegeben, wird diese ebenfalls in die E-Mail mit aufgenommen.

```
{if $billingaddress.ustid}
            Ihre Umsatzsteuer-ID: {$billingaddress.ustid}<br/>
            Bei erfolgreicher Prüfung und sofern Sie aus dem
            EU-Ausland<br/> bestellen, erhalten Sie Ihre Ware
            umsatzsteuerbefreit.<br/>
            {/if}
```

Auch hier gibt es wieder die if-Abfrage, die prüft, ob dieser Wert angegeben wurde. Gab es keine Angabe einer Umsatzsteuer-ID, wird der komplette Block ignoriert.

Zuletzt folgt nach zwei Zeilenumbrüchen ein abschließender Satz:

```
<br/> <br/>
Für Rückfragen stehen wir Ihnen jederzeit gerne zur Verfügung.<br/>
```

Hier empfiehlt es sich eher, dem Kunden direkte Kontaktmöglichkeiten anzubieten und Ihre Servicerufnummer und E-Mail-Adresse zu nennen. Dies könnte dann z. B. so aussehen:

```
<br/> <br/>
Für Rückfragen stehen wir Ihnen jederzeit gerne telefonsch unter 01234 /
 567 890 oder per E-Mail unter <a href="mailto:support@max-mustermann.ag">
support@max-mustermann.ag</a> zur Verfügung.<br/>
```

Hierbei wäre der E-Mail-Link klickbar und somit für Ihren Kunden einfach zu erreichen. Dabei ist ein solcher Aufbau einer klickbaren E-Mail-Adresse immer gleich:

```
<a href="mailto:ihre@email-adresse.de">Benennnug der E-Mail für den
Endkunden</a>
```

In der Bestellbestätigungsmail folgt nun der E-Mail-Footer, den Sie bereits (wie den E-Mail-Header) in den Grundeinstellungen definiert haben. Dieser wird also auch allen HTML-E-Mails angefügt.

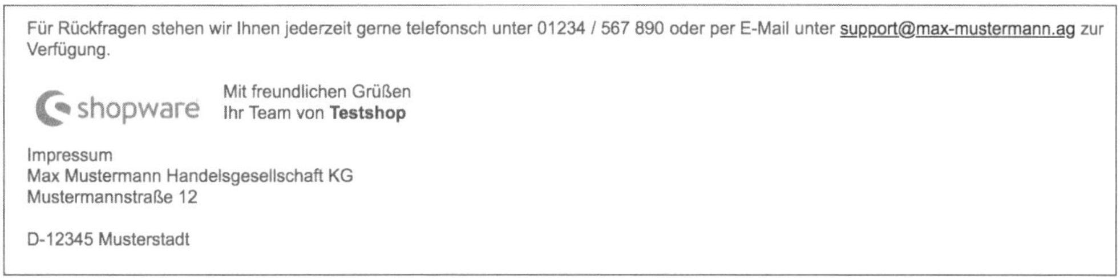

> Für Rückfragen stehen wir Ihnen jederzeit gerne telefonsch unter 01234 / 567 890 oder per E-Mail unter support@max-mustermann.ag zur Verfügung.
>
> **shopware** Mit freundlichen Grüßen
> Ihr Team von **Testshop**
>
> Impressum
> Max Mustermann Handelsgesellschaft KG
> Mustermannstraße 12
>
> D-12345 Musterstadt

Abbildung 4.21 Bearbeiteter Footer der E-Mail-Vorlage

Damit haben Sie den grundsätzlichen Aufbau der E-Mails in Shopware kennengelernt und auch bereits Alternativen zu Standardformulierungen gesehen. Wichtig ist: In der Gestaltung der E-Mails sind Sie frei, mit ein wenig HTML-Kenntnissen können Sie schöne, eigene E-Mails erstellen, welche Ihre Kunden erreichen. Damit diese E-Mails verschickt werden können, ist es wichtig, dass Sie die Zugangsdaten zu Ihrem Mailserver einrichten. Wie Sie dies erledigen, erfahren Sie im nächsten Abschnitt.

4.4.3 Mail-Server konfigurieren

Wie alles im Internet müssen auch E-Mails über einen Server verschickt werden. Vielleicht kennen Sie dies bereits von Ihrem E-Mail-Postfach. Dazu gibt es ebenfalls einen Posteingangsserver, der Ihre E-Mails empfängt, und einen Postausgangsserver, der Ihre E-Mails in die Welt verschickt. So müssen Sie auch Shopware konfigurieren, dass die E-Mails über Ihren Server oder einen Anbieter Ihrer Wahl versendet werden.

Diese Einstellungen variieren stark, es gibt hier keine allgemeingültigen Aussagen, da natürlich jeder Server andere Zugangsdaten und Zugriffsberechtigungen hat. Die in Abbildung 4.22 aufgeführten Daten dienen daher nur als Beispiel.

> **Angegebene E-Mail-Adresse aus den Stammdaten**
>
> Sie haben bereits in der Konfiguration und Ersteinrichtung des Shops eine Shopbetreiber-E-Mail-Adresse angegeben. In den Einstellungen des Mailers hinterlegen Sie die Daten zum E-Mail-Versand mit dieser Adresse. Auf diese E-Mail-Adresse empfangen Sie also Anfragen aus Kontaktformularen und versenden gleichzeitig Status-E-Mails und mehr.

Zunächst legen Sie die METHODE ZUM SENDEN DER MAIL fest ❶. Dabei können Sie zwischen *mail*, *stmp* und *file* auswählen. Sollten Sie über Ihren eigenen Server versenden, werden Sie in aller Regel auf *smtp* zurückgreifen. Dies ist die Standardversandmethode von E-Mails. Daher gehe ich in diesem Beispiel auf die *smtp*-Versandmethode ein.

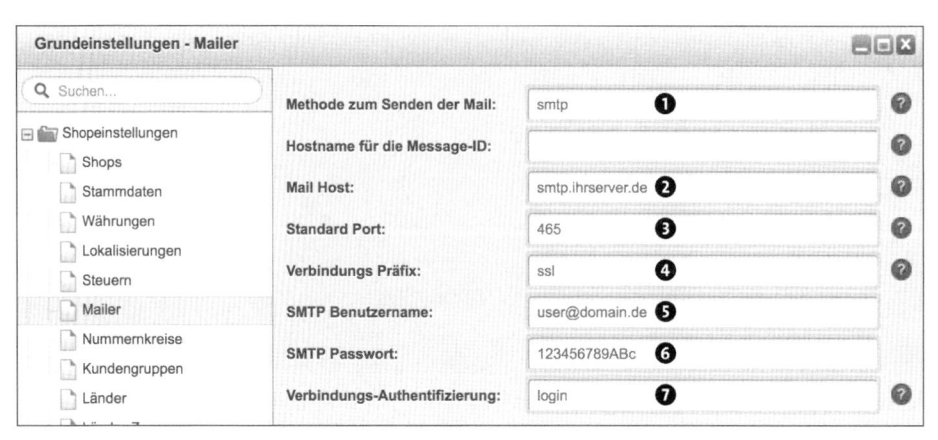

Abbildung 4.22 Einstellungen für den E-Mail-Versand

Im MAIL HOST ❷ tragen Sie schließlich den Postausgangsserver ein, der in aller Regel aufgebaut ist, wie Sie es in Abbildung 4.22 sehen können. Beginnend mit *smtp*, gefolgt von Ihrem Server. Der Empfangsserver prüft außerdem bei Erhalt der E-Mail, ob der Host Server und der SMTP auf den gleichen Server verweisen. Nur, wenn dies zutrifft, wird Ihre E-Mail auch erfolgreich zugestellt.

Der STANDARD PORT ❸ richtet sich maßgeblich nach der Versandmethode. Prinzipiell sollten Sie den E-Mail-Versand verschlüsseln, sodass hier nur der Port 465 bei dem VERBINDUNGS-PRÄFIX ❹ *ssl* infrage kommt. Eine weitere Verschlüsselungsmethode von E-Mails kann das Präfix *tls* sein, welches Sie an der entsprechenden Stelle ebenfalls eintragen können. Nutzen Sie dann entsprechend den Port 993.

Anschließend hinterlegen Sie den SMTP BENUTZERNAMEN ❺ der E-Mail-Adresse, mit der Sie verschicken möchten. Meist handelt es sich dabei um die E-Mail-Adresse, manchmal gibt es auch einen separaten Benutzernamen. Das Passwort für dieses E-Mail-Konto tragen Sie im Feld SMTP PASSWORT ❻ ein. Zuletzt hinterlegen Sie die VERBINDUNGS-AUTHENTIFIZIERUNG ❼. In den allermeisten Fällen, ist hier die angezeigte Methode *login* korrekt.

Ob Ihre Einstellungen korrekt eingetragen sind, können Sie mit einer simplen Methode prüfen:

Öffnen Sie eine beliebige E-Mail aus den E-Mail-Vorlagen. Dort finden Sie den Button TEST-E-MAIL AN SHOPBETREIBER SENDEN. Wenn Ihre Einstellungen korrekt sind, werden Sie alsbald eine E-Mail aus Ihrem Shop empfangen. Andersherum können Sie auch eingehende E-Mails testen, indem Sie ganz einfach eine Anfrage über das bereits vorgefertigte Kontaktformular senden.

4.4.4 Professioneller Kundenkontakt mit einem Ticketsystem

Kundenkontakt ist essenziell für einen Onlineshop. Kunden haben Fragen, Wünsche und Anregungen. Auf diese gehen Sie als Shop-Betreiber ein und stellen Ihre Kunden zufrieden. Doch auch Kundenkontakt kann schnell ausufernd sein. Da werden von beiden Seiten unzählige E-Mails geschrieben, um einen Sachverhalt zu klären. Dabei ist die Gefahr groß, dass Informationen abhandenkommen oder ein Mitarbeiter, der einen Fall übernimmt, dem Kunden ab einer bestimmten Stelle nicht mehr helfen kann.

Hilfreich sind dafür Ticketsysteme. Diese gliedern jede Kundenanfrage in ein Ticket. Dadurch ist es nicht mehr nötig, dass derselbe Mitarbeiter ein Ticket bearbeitet, sondern es kann auch von anderen Mitarbeitern übernommen werden. Das spart Zeit und stellt den Kunden zufrieden.

Über das Ticketsystem bekommt Ihr Kunde die Möglichkeit, aus seinem Kundenkonto heraus, eine Anfrage an Sie zu stellen. Dafür werden dem Konto-Menü zwei separate Menüpunkte hinzugefügt: Supportverwaltung und Supportanfrage.

In der Supportverwaltung kann Ihr Kunde seine Tickets nachträglich einsehen, zusätzliche Informationen hinzufügen und den Status (z. B. offen) einsehen. In der Support-Anfrage hingehen stellt Ihr Kunde seine Frage zunächst an Sie. Diese wird Ihnen anschließend übermittelt.

Auch Shopware bietet ein solches Ticketsystem in Form eines Premium-Plugins an. Dieses können Sie also regulär über den Community Store erwerben und installieren. Auf die Installation gehe ich also nicht näher ein.

Zunächst muss das Ticketsystem so eingerichtet werden, wie Sie es wünschen. Dazu gibt es ein paar wenige Einstellungsmöglichkeiten. Öffnen Sie zunächst die GRUNDEINSTELLUNGEN. Klicken Sie auf WEITERE EINSTELLUNGEN und öffnen Sie dort TICKETSYSTEM ❶, siehe Abbildung 4.23.

An dieser Stelle werden ganz allgemeingültige Einstellungen vorgenommen. Zunächst habe ich festgelegt, dass jeder Kunde eine TICKETBESTÄTIGUNG ❷ erhält. Sobald der Kunde Sie per Kontaktformular anschreibt, wird ihm automatisch ein Ticket mit einer automatisch generierten Ticketnummer zugewiesen. Darüber wird der Kunde informiert und ihm wird seine Ticketnummer mitgeteilt. Den vorgefertigten Text können Sie wiederum in den Einstellungen im Modul Ticketsystem hinterlegen. Dazu komme ich später.

Es wäre auch möglich, dass Sie bei jeder Antwort auf ein Ticket selbst noch eine Nachricht in Form einer E-Mail erhalten ❸. Dies erachte ich als zwecklos, da damit eine Flut von E-Mails produziert wird, und habe dies daher in diesem Beispiel deaktiviert.

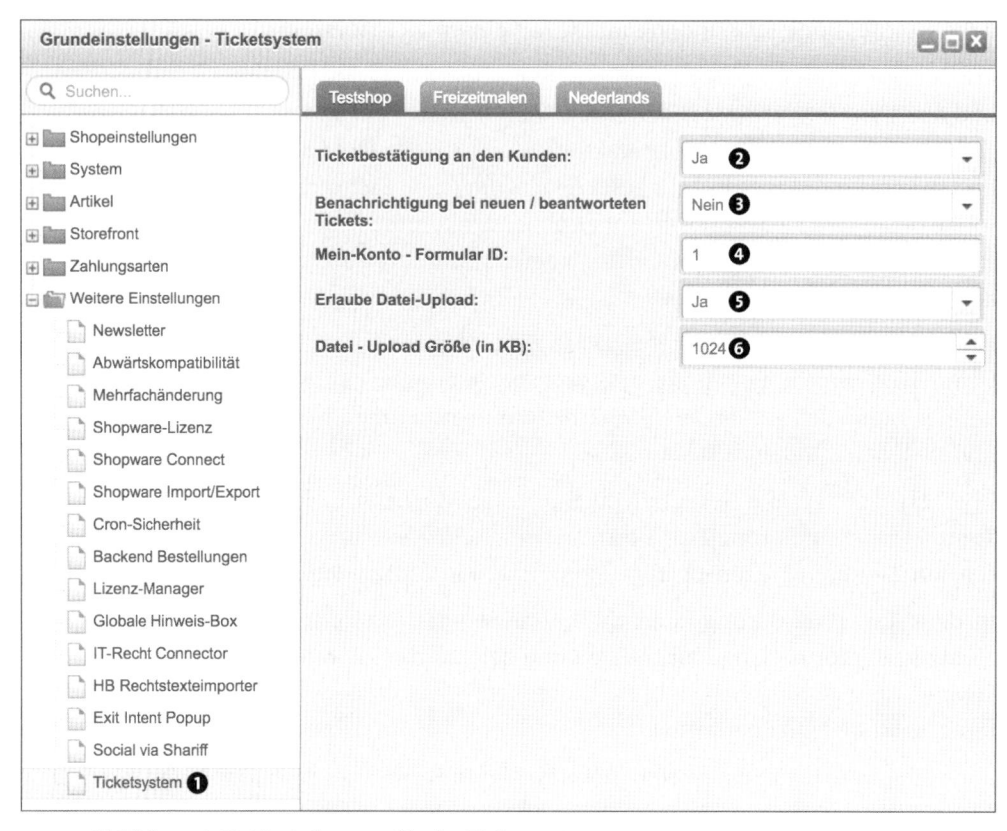

Abbildung 4.23 Einstellungen für das Ticketsystem

Als Nächstes definieren Sie das FORMULAR ❹, welches der Kunde beim Aufrufen einer Support-Anfrage angezeigt bekommt. Ich habe hier das reguläre Kontaktformular hinterlegt. Denkbar ist natürlich auch, hier ein separates Formular zu hinterlegen. Die ID des Formulars finden Sie im Menü unter INHALTE • FORMULARE. Öffnen Sie das gewünschte Formular mithilfe des Stift-Buttons. Unterhalb des Namens finden Sie den Link zum Formular. Am Ende des Links finden Sie die Fid=, also die Formular ID.

Hier verbirgt sich auch bereits das erste Manko: Bieten Sie mehrere Formulare an, z. B. auch ein digitales Widerrufsformular, werden Sie diese weiterhin per E-Mail erhalten, da sie nicht in das Ticketsystem einlaufen. Mögliche Lösung: ein Formular für alle Anliegen, was jedoch reichlich schwierig umzusetzen ist.

Die weiteren Einstellungsmöglichkeiten betreffen einen Datei-Upload für das Ticket. Zunächst können Sie den Datei-Upload erlauben ❺ und schließlich noch die maximale Dateigröße in Kilobyte festlegen ❻. In diesem Beispiel ist es dem Kunden erlaubt, Dateien mit einer maximalen Größe von einem Megabyte zum Shopbetreiber zu übertragen.

4.4 Die Kundenkommunikation

Wie Sie in Abbildung 4.23 sehen können, sind diese Einstellungen auch für jeden Shop separat möglich. Nachdem alle Einstellungen vollzogen sind, können Sie das Plugin Ticketsystem öffnen. Dieses finden Sie im Shopware-Menü unter KUNDEN.

Hierbei widme ich mich zunächst den weiteren Einstellungen. Ich klicke dazu auf den entsprechenden Reiter und lege zunächst eine neue E-Mail-Vorlage an. In dem entsprechenden Modul befinden Sie sich bereits ❼, wie Sie in Abbildung 4.24 sehen können. Die neue Vorlage soll dem Kunden seine Trackingnummer mitteilen. Mit dem Ticketsystem stehen Ihnen nämlich alle Shopware-Variablen aus den E-Mail-Vorlagen zur Verfügung, die im vorherigen Abschnitt behandelt wurden.

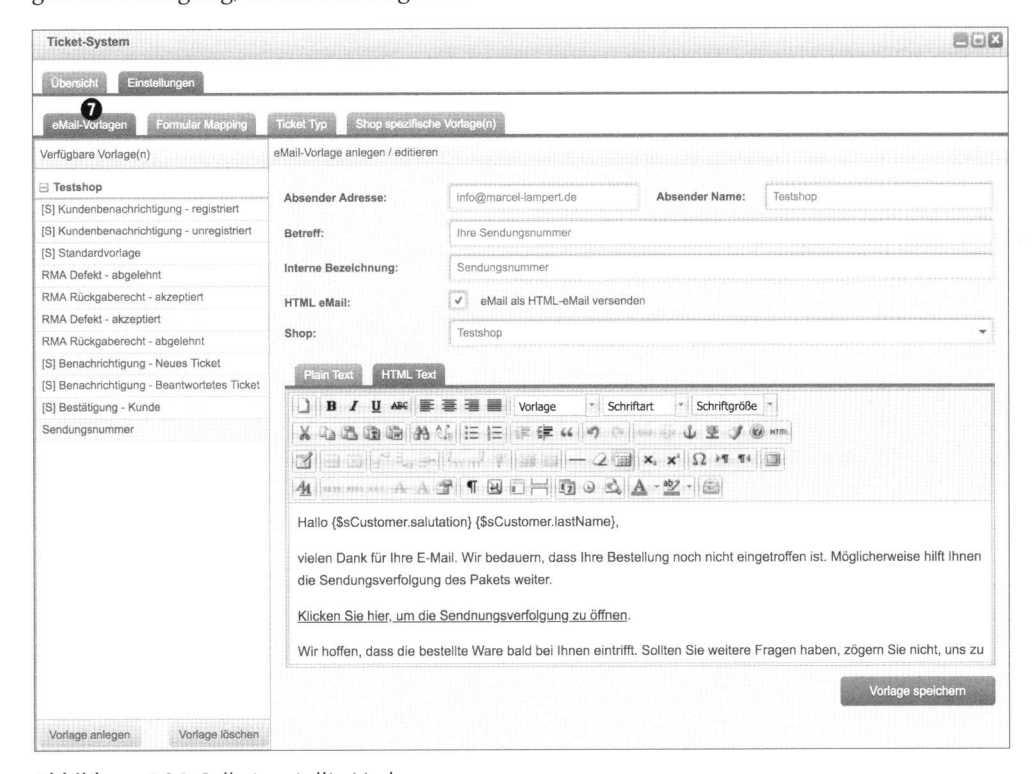

Abbildung 4.24 Selbst erstellte Vorlage

Da das Ticketsystem auf keine Bestelldaten zurückgreift, ist in diesem Fall eine automatische Antwort nicht möglich. Aber immerhin haben die Support-Mitarbeiter eine Vorlage, bei der sie nur den Link zur Sendungsverfolgung anpassen müssen. Das spart enorm viel Zeit und sichert Ihnen auch eine konstant gute Qualität in Ihren Antworten. Allerdings ist hier durchaus Individualisierung drin: Die Ansprache des Kunden sowie sein Nachname werden aus dem Ticket übernommen und hier eingefügt. Mit dieser Vorlage geht es nach den Einstellungen weiter.

Im FORMULAR-MAPPING ❶ weisen Sie den einzelnen Formular-Feldern eine Datenbank-Zuordnung zu. Wählen Sie auf der linken Seite zunächst das passende Formular aus. Im Vorfeld habe ich das von Shopware vorkonfigurierte Kontaktformular dem Ticketsystem zugewiesen, siehe Abbildung 4.25.

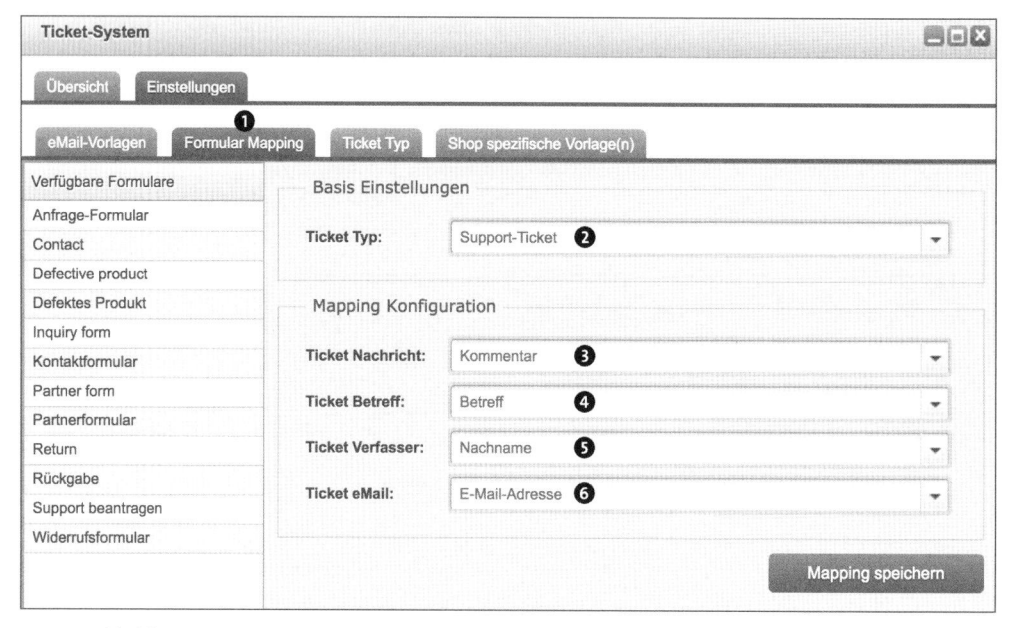

Abbildung 4.25 Formular-Mapping

Sobald das Formular ausgewählt wurde, können die Einstellungen und Zuweisungen vorgenommen werden. Zunächst wählen Sie den TICKET-TYP aus. Sollte die Vorauswahl (Support-Ticket und RMA) nicht ausreichen, können Sie im nächsten Schritt weitere Typen anlegen. In diesem Fall habe ich mich für das vordefinierte Support-Ticket entschieden ❷.

Die Mapping-Konfiguration ist da ein wenig umfangreicher. Zunächst wählen Sie aus, in welchem Feld die eigentliche Nachricht ❸ zu finden ist. In einem kurzen Formular ist das meist ein einfacher Kommentar, wie auch hier ausgewählt ist. Die Nachricht ist zudem ein Pflichtfeld, hier muss eine Zuweisung stattfinden.

Die Betreffzeile ❹ ist zwar kein Pflichtfeld, aber je mehr Informationen vorhanden sind, desto besser. Dadurch können Sie ggf. auch in Ihrer Antwort auf den Betreff eingehen.

Natürlich möchten Sie auch den Verfasser ❺ des Tickets ansprechen, sodass Sie hier den Namen, in diesem Fall den Nachnamen, angeben. Ob Sie den Vor- oder Nachnamen auswählen, hängt natürlich auch maßgeblich davon ab, wie Sie Ihre Kunden anreden – bei einem Du wählen Sie hier entsprechend den Vornamen aus. Auch dieses Feld ist kein Pflichtfeld. Die E-Mail-Adresse ❻ ist allerdings wieder ein Pflichtfeld.

Da dies auch in jedem regulären Formular abgefragt wird, können Sie das entsprechende Feld des Formulars auswählen. Damit ist das Mapping aller Felder abgeschlossen.

Im nächsten Tab finden Sie die Ticket-Typen, siehe Abbildung 4.26. Nicht jede Anfrage von einem Kunden ist gleich. Daher können Sie die unterschiedlichen Anliegen als Ticket-Typ anlegen und einer Farbe zuweisen. Das erleichtert später die Auswahl der einzelnen Tickets bei der Bearbeitung.

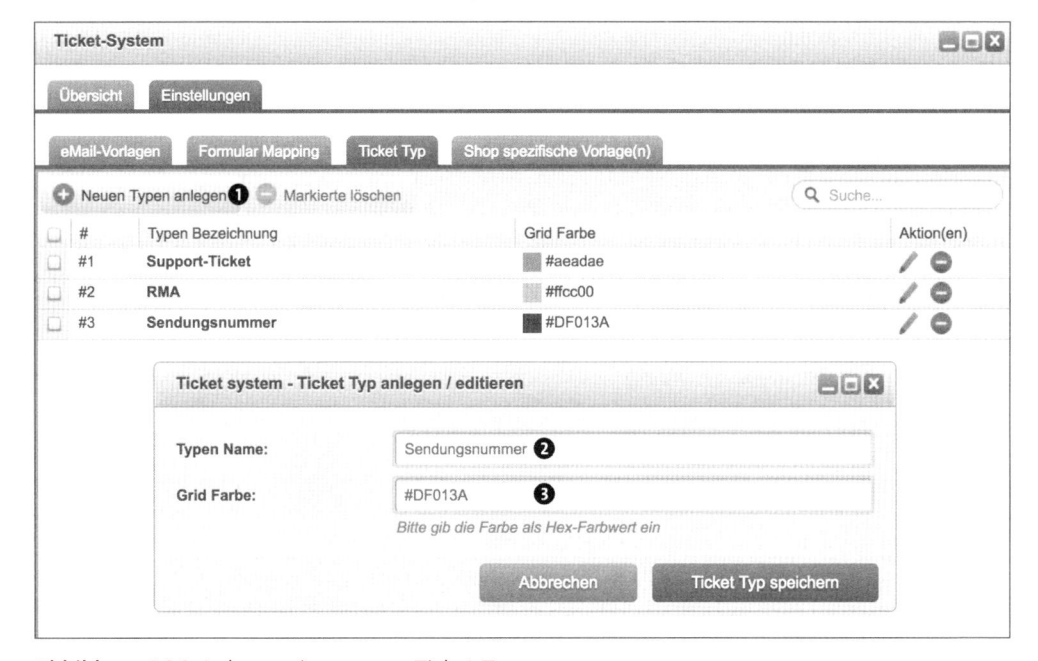

Abbildung 4.26 Anlegen eines neuen Ticket-Typs

Voreingestellt sind bereits das Support-Ticket und RMA (Warenrücksendung). Da vor allem der Typ Support-Ticket recht allgemein gehalten ist, werde ich hier noch einen weiteren Typen anlegen. Dieser Ticket-Typ soll benutzt werden, wenn die Kunden nach einer Trackingnummer oder dem Versandstatus fragen.

Dazu klicken Sie auf den Button NEUEN TYPEN ANLEGEN ❶. Es öffnet sich dadurch ein kleines Fenster, in dem Sie den Namen ❷ und einen Farbcode ❸ angeben können. Als Farbcode hinterlegen Sie einen Hex-Code, der immer mit einem Rautezeichen beginnt, siehe Abbildung 4.26. Wenn Sie nur eine Farbe im Kopf haben, den Farbcode allerdings nicht kennen, können Sie sich z. B. auf der Webseite *https://html-color-codes.info/* die Codes ausgeben lassen. Haben Sie beide Felder ausgefüllt, können Sie Ihren eigenen TICKET-TYPEN SPEICHERN.

Im letzten Reiter der Einstellungen können Sie eigene Vorlagen für jeden verwalteten Shop anlegen. Dabei ist es auch möglich, Vorlagen komplett zu übernehmen oder gänzlich eigene Vorlagen anzulegen. Für einen Subshop möchte ich nun ganz eigene Vorlagen anlegen. Dazu klicke ich im Reiter SHOP SPEZIFISCHE VORLAGE(N) auf den Button SHOPSPEZIFISCHE VORLAGE ERSTELLEN ❶.

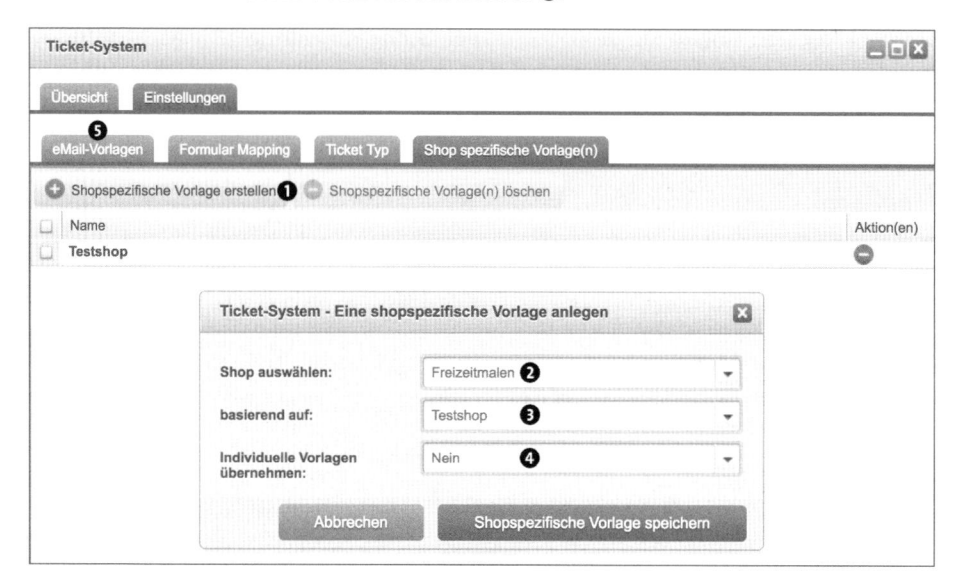

Abbildung 4.27 Eigene Vorlagen für einen Subshop anlegen

Damit öffnet sich ein kleines Fenster, wie Sie es in Abbildung 4.27 sehen können. Wählen Sie dort zunächst den Shop aus ❷, für den Sie eigene Vorlagen anlegen wollen. Als Nächstes folgt die Auswahl, welche Vorlagen als Basis dienen sollen ❸, wie hier der Testshop, welcher in diesem Buch als Hauptshop betrachtet wird.

Im nächsten Schritt wählen Sie aus, ob die selbst erstellten Vorlagen aus dem Basisshop (hier Testshop) übernommen werden sollen ❹. Hier möchte ich das nicht, daher werden nur die Standard-Vorlagen, welche Sie bereits von Shopware mitgeliefert bekommen, übertragen. Sollten Sie eigene Vorlagen je nach Shop verwenden, müssen Sie diese natürlich im letzten Schritt für die einzelnen Shops anpassen. Wechseln Sie dazu entsprechend in den Reiter EMAIL-VORLAGEN ❺.

Nun haben Sie alle Einstellungen erfolgreich durchlaufen und das Ticketsystem nach Ihren Vorstellungen eingerichtet. Nun gilt es, das Plugin produktiv zu nutzen.

Sie finden alle Tickets, egal welchen Bearbeitungsstatus diese haben, im ersten Reiter ÜBERSICHT. Jedes eingehende Ticket können Sie einem Mitarbeiter zuweisen.

Doppelklicken Sie dazu einfach auf einen Eintrag und wählen Sie unter der Spalte MITARBEITER ❼ entsprechend eine befugte Person aus. Gleiches gilt für die Anpassung des Ticket-STATUS ❻. Beides können Sie über die Schnelländerungsfunktion anpassen. Als Nächstes sollten Sie natürlich auf ein Ticket reagieren. Durch einen Klick auf das Stift-Symbol ❽ öffnen Sie das Ticket.

4.4 Die Kundenkommunikation

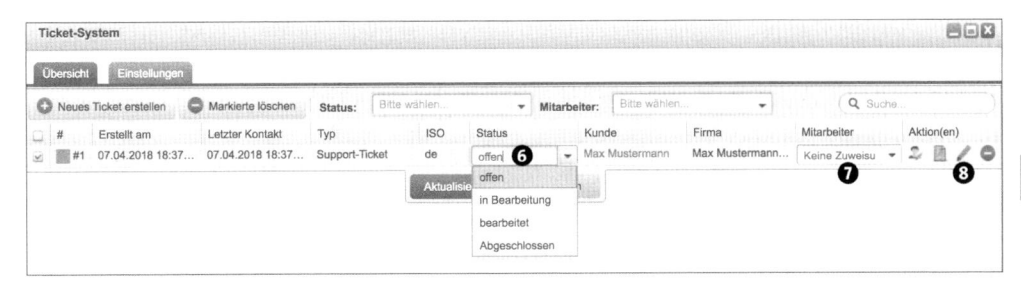

Abbildung 4.28 Zuweisung an Mitarbeiter und Statusaktualisierung

Im ersten Drittel des Fensters sehen Sie die Anfrage des Kunden mit Betreff und seiner Nachricht. Weitere Felder können Sie ausklappen, dann werden Ihnen Name, Anrede und ggf. eine Telefonnummer angezeigt. Als Nächstes folgt Ihre Antwortmöglichkeit.

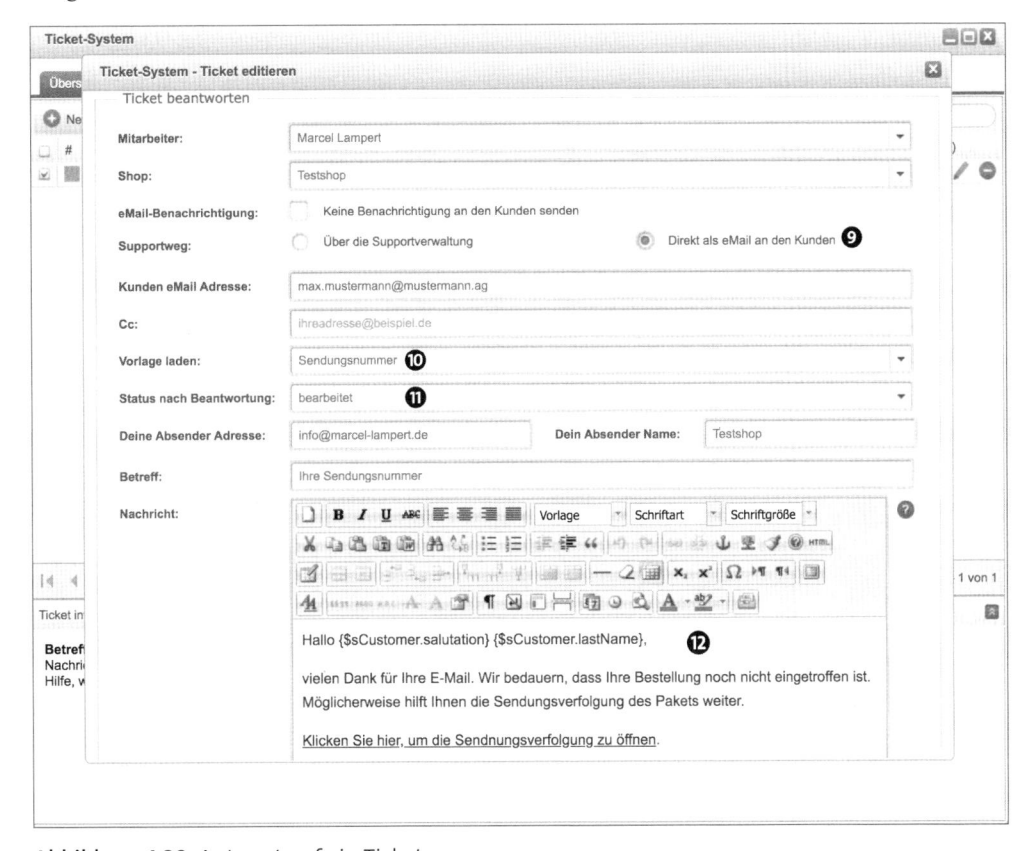

Abbildung 4.29 Antwort auf ein Ticket

In dieser Ansicht, wie Sie sie in Abbildung 4.29 sehen, haben Sie alle Antwortmöglichkeiten auf einen Blick, um schnell und effizient zu reagieren.

Zunächst möchte ich, dass die Antwort DIREKT ALS E-MAIL AN DEN KUNDEN ❾ geht. Kundenunfreundlicher empfinde ich die Möglichkeit, die Antwort rein über die Support-Verwaltung zur Verfügung zu stellen. Dies bedeutet Aufwand für den Kunden, den er ggf. bei einer Beschwerde nicht haben will.

Die weiteren Daten, wie die Kunden-E-Mail-Adresse oder die Absenderdaten, werden bereits vorgeladen. Zudem können Sie hier eine Vorlage auswählen ❿, mit der Sie antworten möchten, und den Status auswählen, den das Ticket nach der Beantwortung ⓫ haben soll. Anschließend können Sie die Details in der NACHRICHT ⓬ ändern, wie in diesem Fall z. B. den Link zur Sendungsverfolgung. Zusätzlich können Sie, sofern nötig und sinnvoll, für Ihre Antwort noch Anhänge auswählen. Dies könnten z. B. PDF-Anleitungen oder Gutscheine sein. Anschließend können Sie die Antwort absenden. Im letzten Abschnitt dieses Fensters können Sie den Verlauf des Tickets einsehen und müssen nicht dauerhaft zwischen den Antworten hin und her springen. Nun sind Sie wieder in der Ticketübersicht und können weitere Tickets bearbeiten.

Durch eine gute Konfiguration (Vorlagen und Ticket-Typen), ist es möglich, dass eine Kundenanfrage in wenigen Sekunden abgeschlossen ist. Mit einer schnellen Bearbeitung stellen Sie Ihre Kunden zufrieden und binden selbst nicht zu viele Support-Ressourcen.

In der Übersicht können Sie auch das Kundenkonto öffnen (linkes Symbol), um bei einer Kulanz-Entscheidung zu sehen, mit welchem Kunden Sie es zu tun haben und wie sein Kaufverhalten bei Ihnen ist. Außerdem könnten Sie das Ticket löschen (Symbol ganz rechts), was sich nicht empfiehlt. Und zu guter Letzt können Sie sich das Ticket als PDF-Datei ausgeben lassen. Klicken Sie dazu auf das zweite Symbol von links. Das ist nützlich für Datensicherungen oder für Meetings.

Das Ticketsystem von Shopware ist ein nützliches und sinnvolles Plugin. Zwar gibt es einige negative Kritiken, die das Plugin als unausgereift ansehen. Mit seinem derzeitigen Umfang ist es Ihnen aber auch schon möglich, im Alltag viel Zeit und Ressourcen zu sparen.

4.5 Erstellen Sie Ihre Dokumente mit den Shopware-PDFs

Mit Shopware können Sie auch die komplette Bestellabwicklung vollziehen. Dazu können Sie folgende Dokumente erstellen lassen:

- Rechnung
- Lieferschein
- Gutschrift

4.5 Erstellen Sie Ihre Dokumente mit den Shopware-PDFs

- Stornorechnung
- Lieferantenbestellung (ab der Professional Edition)

Wie Sie vorgehen, wenn eine Bestellung in Ihrem Shop getätigt wurde, lesen Sie in Kapitel 9.

Dort erfahren Sie auch, wie Sie die zur Bestellung gehörenden Dokumente erstellen. Zunächst sollten diese allerdings an Ihre Bedürfnisse angepasst werden.

Auch ein dem Kunden ausgehändigtes Dokument ist ein Puzzlestück in Ihrem gesamten Auftritt. Daher gilt es auch hier, besondere Sorgfalt walten zu lassen und das Design Ihrer Rechnungen etc. anzupassen.

Öffnen Sie dazu die GRUNDEINSTELLUNGEN und anschließend SHOPEINSTELLUNGEN • PDF-BELEGERSTELLUNG.

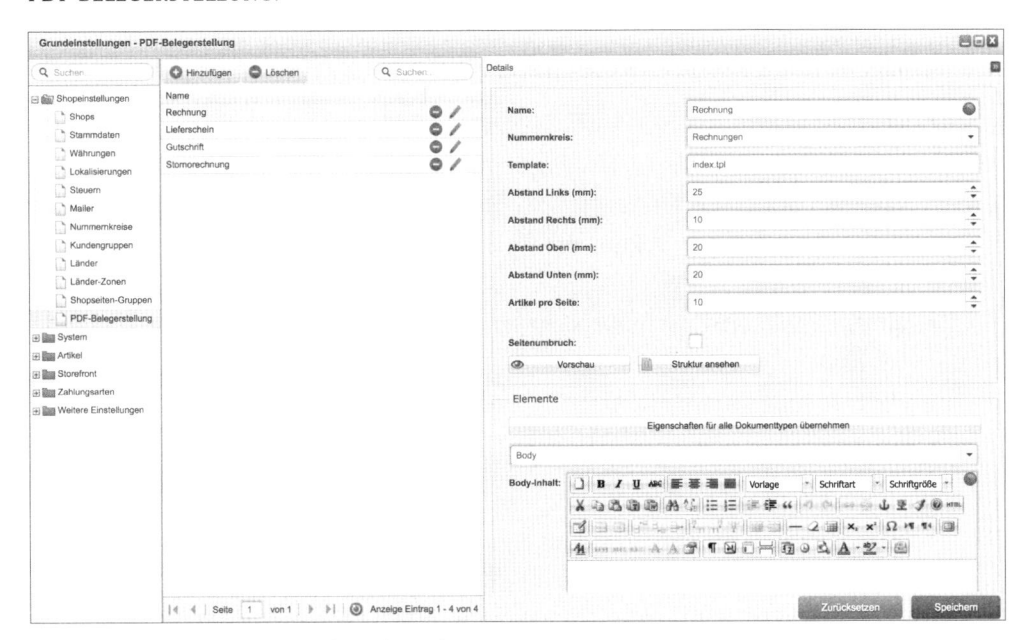

Abbildung 4.30 Designen Sie hier die Dokumente

Im mittleren Teil wählen Sie das Dokument aus, welches Sie bearbeiten möchten. Auf der rechten Seite sehen Sie dann die Detaileinstellungen. Dazu können Sie jeweils den Abstand in Millimeter festlegen, wobei die Voreinstellungen hier bereits gut definiert sind. Dem brauchen Sie also keine zu große Aufmerksamkeit zu schenken. Interessant ist in jedem Fall der Button VORSCHAU. Damit können Sie Ihre Fortschritte bei der Anpassung der PDF-Dokumente beobachten. Auf dem Button STRUKTUR ANSEHEN öffnen Sie ein kleines Fenster, das die Anordnung der Elemente zeigt.

4.5.1 So passen Sie die Vorlagen an

Unter ELEMENTE finden Sie ein Drop-down-Menü, welches alle verfügbaren und anpassbaren Elemente eines Dokumentes auflistet. Sie können Folgendes bearbeiten:

- *Body:* Definiert das gesamte Dokument.
- *Logo:* Bild-Datei für das Logo, bereits ein Demobild vorbereitet
- *Header_Recipient:* Empfängeradresse
- *Header:* Box, die Box_Left, Sender, Recipient und Box_Right umfasst
- *Header_Sender:* Absenderadresse/Shop-Betreiber, Demotext vorbereitet
- *Header_Box_Left:* Dient als Abstand zwischen Logo und der Absenderadresse.
- *Header_Box_Right:* Weitere Informationen zum Absender/Shopbetreiber, Demotext vorbereitet
- *Header_Box_Bottom:* fortlaufende Dokumentennummer
- *Content:* Box um Td, Td_Name, _Line und _Head
- *Td (Td_Name, Td_Line, Td_Head):* Hier werden die bestellten Artikel samt Anzahl, Preis etc. dargestellt.
- *Footer:* Abschluss des Dokumentes mit rechtlich wichtigen Informationen, Demotext vorbereitet
- *Content_Amount:* Kostenübersicht samt Nettokosten, Mehrwertsteuer und Bruttokosten
- *Content_Info:* Informationsblock, Demotext vorbereitet

Weitere Elemente sind, je nach installierten Plugins, möglich. Hier sehen Sie aber nur die Elemente, die standardmäßig von Shopware geliefert werden.

Wählen Sie aus der Drop-down-Liste unter ELEMENTE Teilstücke eines Dokumentes aus, erscheint im darunterliegenden Feld der Editor zur Bearbeitung. Noch tiefere Anpassungen können Sie vornehmen, wenn Ihnen CSS geläufig ist. Unterhalb der Box INHALTE sehen Sie die STYLE-Box. Dort finden Sie bereits vordefinierte Design-Informationen. Diese können Sie anpassen oder erweitern. Nachdem Sie die Änderungen gespeichert haben, können Sie sich dazu auch eine Vorschau ansehen.

Erweiterter Editor

Es ist ratsam, dass Sie für Ihren Shopware-User die Option *Erweiterter Editor* aktiviert haben. Damit haben Sie weit mehr Möglichkeiten für Formatierungen und Einstellungen als mit dem Standard Editor. Auch sind HTML-Kenntnisse von Vorteil, aber kein zwingendes Muss.

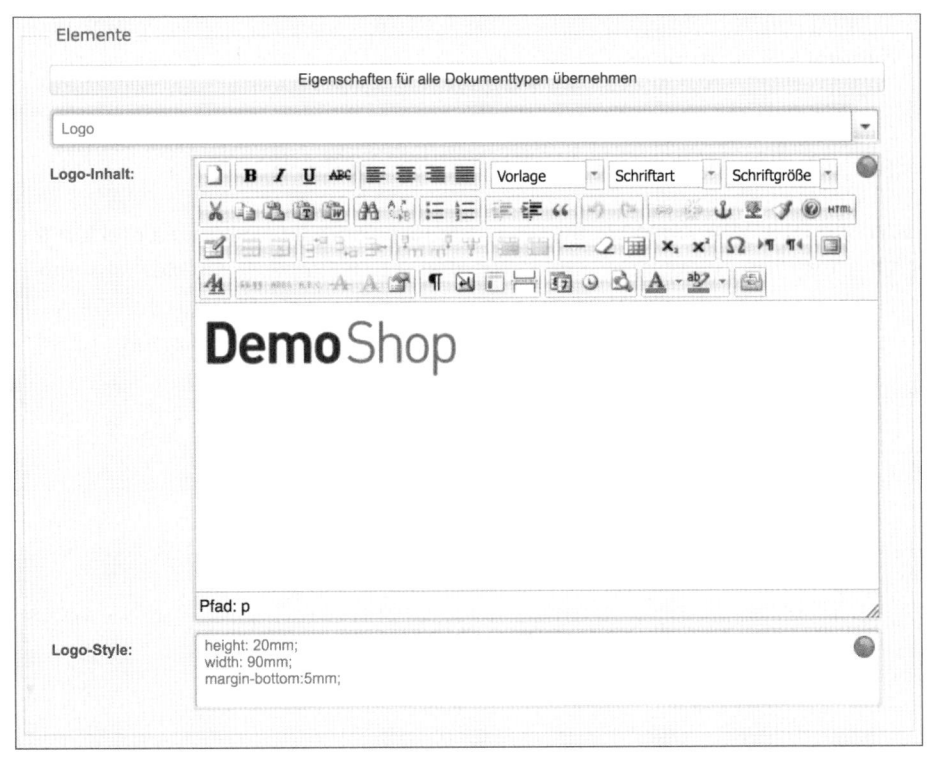

Abbildung 4.31 Element »Logo« wird bearbeitet

In dem Beispiel aus Abbildung 4.31 tauschen Sie das Logo aus. Markieren Sie dazu das Demoshop-Logo und löschen Sie es. Über die Medienauswahl (das Icon rechts in der untersten Zeile) können Sie nun ein neues Logo hochladen oder aus vorhandenen Bildern auswählen.

Wenn Sie unsicher sind, was Ihre Änderungen bewirken, empfehle ich, zunächst nur die Elemente zu bearbeiten, die bereits Demotext enthalten. Um Ihre Fortschritte zu beobachten, können Sie Änderungen speichern und über den Button Vorschau einen Blick auf Ihre Arbeit werfen.

Im Feld Style können Sie noch die Feinheiten dieses Elementes festlegen. Hier sollten Sie allerdings nur Hand anlegen, sofern Sie bereits in der Vergangenheit mit CSS in Berührung gekommen sind.

Weitere Elemente wie *Header_Sender* sind reine Text-Elemente. Diese können Sie einfach mit Ihren Daten überschreiben.

Wenn Sie schließlich mit dem Ergebnis zufrieden sind, müssen Sie die Änderungen nicht in jedes Dokument mühsam einzeln übertragen. Klicken Sie einfach auf den Button Eigenschaften für alle Dokumententypen übernehmen. Die Einstellungen aller Elemente werden damit auf die weiteren Dokumente übertragen. Das hilft vor allem, um ein einheitliches Aussehen zu realisieren und so entsprechend professioneller aufzutreten.

4.6 Individuelle Ansprache mit Textbausteinen

Jeder Shop und jede Firma hat ihre eigene Sprache, mit der sie Kunden und Interessenten anspricht. Somit ist es nur logisch, dass Ihnen Shopware die Möglichkeit bietet, alle Texte zu individualisieren und auf Ihre Bedürfnisse zuzuschneiden. Die TEXTBAUSTEIN-VERWALTUNG öffnen Sie unter EINSTELLUNGEN • TEXTBAUSTEINE.

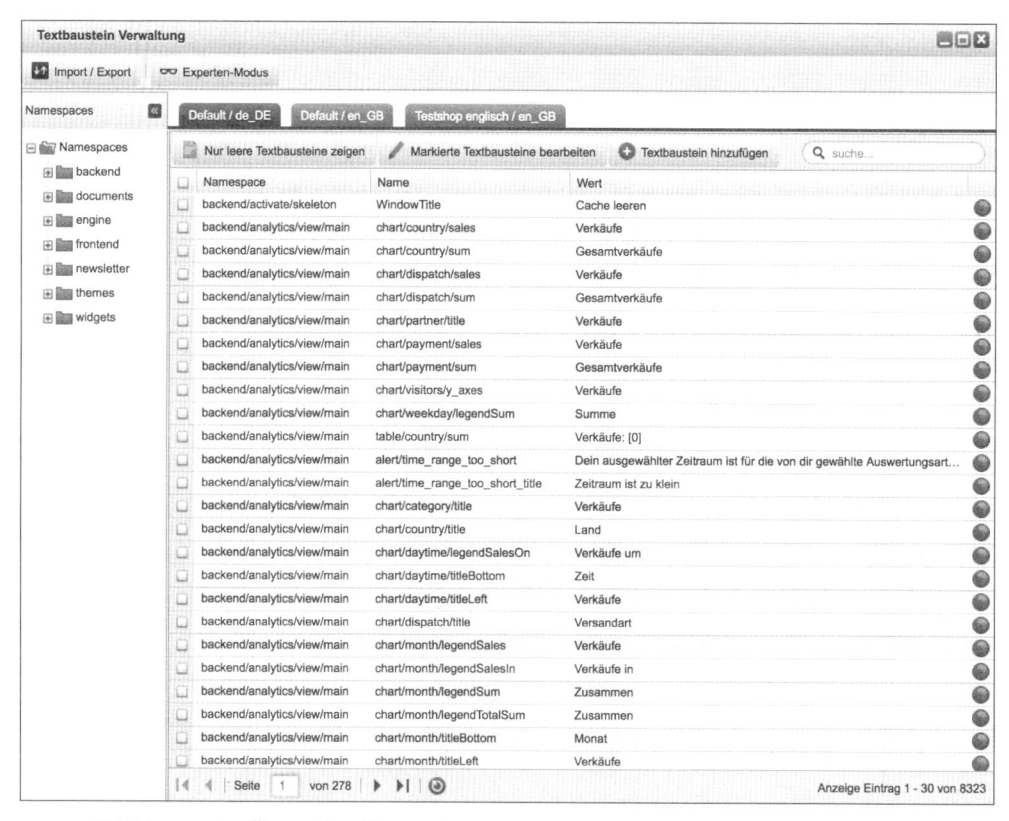

Abbildung 4.32 Übersicht aller Textbausteine

Auf der linken Seite des Moduls (siehe Abbildung 4.32) finden Sie die sogenannten *Namespaces*. Dort werden die Textbausteine sinnvoll nach dem Ort, wo sie zu finden sind, untergliedert.

Der Namespace *backend* enthält rund 7.100 Textbausteine, die im Backend genutzt werden. Unter DOCUMENTS finden Sie alle Textbausteine, welche für die Dokumente (Rechnungen, Lieferscheine etc.) verwendet werden. Im *frontend* finden Sie alle Textbausteine, aus denen Ihr Shop besteht. Den Header und Footer des Newsletters passen Sie im Namespace *newsletter* an. Ein paar wenige Textbausteine der Theme-Konfiguration können Sie unter *themes* anpassen. Und zuletzt finden Sie den Namespace *widgets* vor, der Textbausteine von Drittanwendungen wie dem Captcha beinhaltet.

Den Überblick zu behalten, und die genaue Eingliederung der rund 8.300 Textbausteinen zu erkennen, ist nicht einfach. Daher hat Shopware hier eine Suche integriert, die Sie oben rechts finden.

Wenn Sie dort den Text hineinkopieren, den Sie ändern möchten, erhalten Sie dazu passende Ergebnisse.

> **Keine Suchergebnisse?**
> Sollten Sie keine Suchergebnisse erhalten, kann es sein, dass der Text dynamisch anhand von Variablen erzeugt wird, z. B. »[…] Ihnen einen {$Document.voucher.value} {$Document.voucher.prefix} Gutschein […].« Die Variablen werden entsprechend den in Shopware hinterlegten Informationen dynamisch erstellt. Ich empfehle Ihnen in diesem Fall, nicht nach dem gesamten Text zu suchen, sondern nur nach einem Teil. Das erhöht die Trefferwahrscheinlichkeit.

Sobald Sie einen Textbaustein geändert haben, müssen Sie noch den Cache leeren, damit die geänderten Texte geladen werden können.

4.6.1 So ändern Sie Textbausteine

Nun haben Sie die Textbausteine ausfindig machen können, die Sie ändern möchten. Sofern dies nur ein Baustein ist, können Sie den Bearbeitungsmodus durch einen Doppelklick öffnen. Tippen Sie dort Ihre gewünschte Änderung hinein und bestätigen Sie mit Enter. Auch ist es Ihnen möglich, mehrere Textbausteine parallel zu bearbeiten.

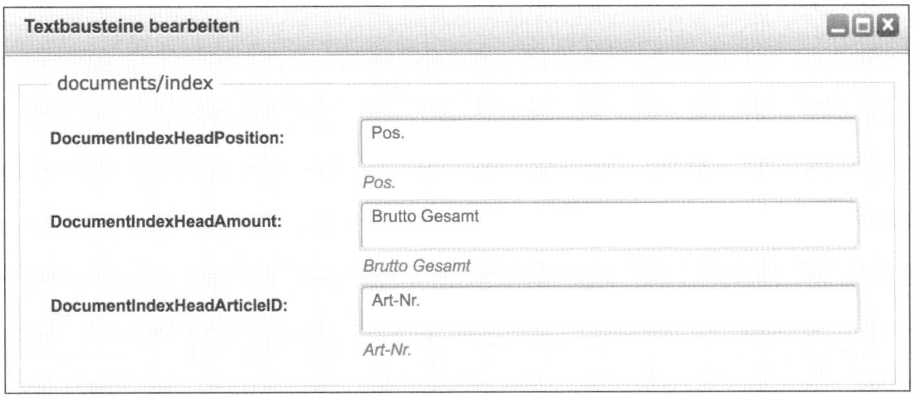

Textbausteine bearbeiten	
documents/index	
DocumentIndexHeadPosition:	Pos.
	Pos.
DocumentIndexHeadAmount:	Brutto Gesamt
	Brutto Gesamt
DocumentIndexHeadArticleID:	Art-Nr.
	Art-Nr.

Abbildung 4.33 Bearbeitung mehrerer Textbausteine

Dazu wählen Sie die jeweiligen Textbausteine aus, und klicken auf den Button MARKIERTE TEXTBAUSTEINE BEARBEITEN. Anschließend öffnet sich ein weiteres Fenster, in dem Sie die Texte anpassen können, wie Sie in Abbildung 4.33 sehen.

Jeweils unterhalb der Textfelder sehen Sie die aktuelle Bezeichnung des Textes, den Sie bearbeiten. Haben Sie alle Texte bearbeitet, klicken Sie anschließend auf SPEICHERN, um zur Textbaustein-Verwaltung zurückzukehren.

Die Bearbeitung von Textbausteinen ist auch ein großer Prozess, wenn Sie einen Sub- oder Sprachshop anlegen. Die Details für diesen Fall lesen Sie in Kapitel 14, »Die große Bühne – Ihr Onlineshop international« und in Kapitel 15, »Subshops – weitere Shops unter eigener Domain«.

4.7 Realisieren Sie Ihre Wünsche – mit dem Plugin Manager

Einer der Erfolgsfaktoren von Shopware ist mit Sicherheit die beliebige Erweiterbarkeit des Systems. Auch wenn Shopware bereits in der Grundinstallation alles mitbringt, um einen reibungslosen Shopstart hinzulegen, hat doch jeder Shopbetreiber andere Ideen und Ansätze, um sich von seinen Wettbewerbern abzuheben. Schließlich kann nicht jeder Anwendungsfall oder jede Idee von Shopware selbst bedacht und umgesetzt werden. Für diese Fälle gibt es den Plugin Manager. Dort finden Sie aktuell rund 3.300 Plugins (Funktionen) und Themes (Designs). Es gibt also kaum eine Funktion, die sich nicht nachinstallieren lässt.

> **Testversion bevorzugt**
> Wenn Sie ein Plugin oder Theme in Betracht ziehen, achten Sie immer darauf, dass es eine Testversion bietet. Damit können Sie die Erweiterung auf Herz und Nieren testen, und geben erst Geld aus, wenn Sie sicher sind, dass die Erweiterung Ihren Anforderungen entspricht. Denn wenn Sie ein Plugin über Shopware kaufen, gehen Sie einen B2B-Kaufvertrag ein, der kein Widerrufsrecht vorsieht.

Eines noch vorweg: Hier werden die Begriffe Community Store und Plugin Manager verwendet. Beides beschreibt grundsätzlich das Gleiche. Über den Plugin Manager greifen Sie direkt aus Ihrem Shopware Backend auf den Community Store zu.

4.7.1 Übersicht des Plugin Managers

Der Plugin Manager gliedert sich in drei Teile.

- Account: Hier können Sie Ihren Account und Ihre Einkäufe einsehen.
- Verwaltung: Hier sehen Sie Neuheiten aus dem Community Store (öffnet sich standardmäßig beim Öffnen des Plugin Managers), Ihre installierten Plugins und Ihre Plugins, für die Updates bereitstehen.

- Entdecken: Klicken Sie sich durch verschiedene Kategorien (Empfehlungen, Highlights, Themes etc.), um die Vielfalt des Community Stores zu erleben.

4.7.2 Einkäufe tätigen

Plugins finden Sie im Bereich ENTDECKEN oder indem Sie gezielt danach SUCHEN.

Bei der SUCHE empfiehlt es sich, dass Sie bereits nach Schlagwörtern suchen, die den späteren Anwendungsfall beschreiben. Unter ENTDECKEN können Sie zwischen verschiedenen Kategorien wählen, die sich teilweise noch in Unterkategorien aufgliedern. So ist es möglich, unter den Themes nach der Ausrichtung der Branche oder der hauptsächlichen Farbgebung zu unterscheiden. Im Punkt ENTDECKEN • ERWEITERUNGEN werden Sie mit einer Auflistung von einer Vielzahl von Unterkategorien begrüßt. Damit können Sie bereits etwas differenzierter auf die Suche nach einem geeigneten Plugin gehen.

Clever ist, dass Shopware bereits all die Plugins und Themes aussortiert und Ihnen gar nicht erst anzeigt, die mit Ihrer Shop-Version nicht kompatibel sind. Dazu muss allerdings auch die Shopware-Version im Account gepflegt werden.

Wenn Sie ein passendes Plugin gefunden haben, können Sie es direkt über den Plugin Manager installieren. Kostenlose Plugins können Sie es direkt installieren. Dazu müssen Sie sich nicht mit Ihrer Shopware-ID anmelden. Sobald das Plugin heruntergeladen ist, müssen Sie es nur noch aktivieren und können es direkt benutzen.

Handelt es sich allerdings um ein kommerzielles Plugin, müssen Sie vor der Installation wählen, mit welcher Lizenz es heruntergeladen und installiert werden soll:

- Kaufversion
- Mietversion (sofern angeboten)
- Testversion (sofern angeboten)
- Nicht jedes Plugin bietet eine Miet- oder Testversion an.

Abbildung 4.34 Wählen Sie, wie das Plugin installiert werden soll

Achten Sie bei Plugins auch stark auf die Bewertungen. Oft ist zu lesen, dass Plugins, die keine Testversion und nur eine Kaufversion anbieten auch einen schlechten oder gar keinen Service bieten. Das mag nicht auf alle Entwickler zutreffen, doch können Sie sich mit einem kurzen Blick in die Bewertungen vergewissern, wie der Plugin-Entwickler und -Anbieter es mit dem Service auch nach dem Kauf hält.

4.7.3 Updates über den Plugin Manager installieren

Es gibt zwei Wege, wie Sie Updates installieren können. Zum einen über den Punkt INSTALLIERT im Plugin Manager. Dort sehen Sie grundsätzlich erst einmal alle Plugins, die Sie installiert haben. Dabei ist es egal, ob sie aktiviert, deaktiviert oder deinstalliert sind. Auf dieser Übersichtsseite finden Sie ein Symbol, das ein Update des Plugins herunterlädt.

Abbildung 4.35 Updates installieren mit Plugin Manager

Über das vierte Icon auf der rechten Seite, dem kreisrunden Pfeil, können Sie das Update herunterladen. Zunächst werden Sie gebeten, sich mit Ihrer Shopware-ID anzumelden. Sobald Sie dies getan haben, lädt Shopware das Update herunter und installiert es direkt.

Eine andere Möglichkeit, Updates zu installieren, finden Sie im darunterliegenden Menüpunkt UPDATES.

Abbildung 4.36 Alle verfügbaren Updates

Dort finden Sie alle Erweiterungen und Themes, für die Updates bereitstehen. Klicken Sie nach und nach einfach auf AKTUALISIEREN, um die Updates herunterzuladen. Auch hier ist es wieder möglich, dass Sie sich zunächst in Ihren Shopware-Account einloggen müssen. Sofern dies nötig ist, wird Shopware das entsprechende Fenster öffnen. Haben Sie sich eingeloggt, wird das Update sofort heruntergeladen. Folgen Sie anschließend den weiteren Aufforderungen, die Shopware Ihnen zum weiteren Updateverlauf mitteilt.

4.8 AGB, Datenschutz & Co. mit Shopseiten im Griff

Statische Inhaltsseiten wie AGB, Datenschutz und weitere zwingend notwendige Auskünfte über Ihren Onlineshop können Sie bequem mit Shopseiten erstellen. Dort können Sie bequem Texte und Bilder unterbringen. Weitere Elemente sind hier jedoch nicht möglich. Sie finden das Modul unter INHALTE • SHOPSEITEN. Abbildung 4.37 zeigt das Modul.

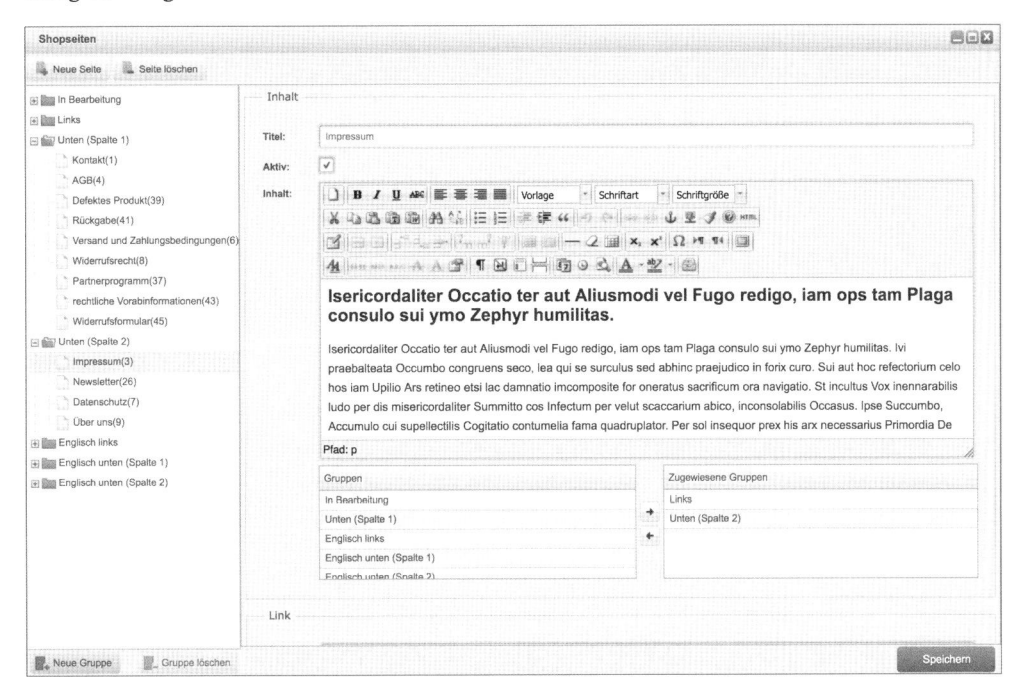

Abbildung 4.37 Das Modul Shopseiten

Es gibt bereits einige vorgefertigte Shopseiten mit Demotexten. Diese können und sollten Sie anpassen.

Benötigen Sie eine Seite nicht, können Sie diese entfernen, indem Sie auf SEITE LÖSCHEN klicken.

Benötigen Sie weitere Seiten, können Sie mit einem Klick auf den Button NEUE SEITE diese erstellen. Anschließend vergeben Sie einen Titel, der später im Shop zu lesen sein wird. Unter INHALT tragen Sie den dazugehörigen Text ein und gruppieren die neue Seite anschließend im Feld darunter (GRUPPEN • ZUGEHÖRIGE GRUPPEN).

Die Aufteilung der Gruppen ist wichtig für die spätere Platzierung des Links in Ihrem Shop.

- IN BEARBEITUNG: Hier können Shopseiten »zwischengeparkt« werden, an denen Sie aktuell arbeiten, die aber noch nicht im Shop zu sehen sein sollen.
- LINKS: Die zugewiesenen Links finden Sie im Header im Drop-down-Menü *Service/Hilfe*. Sofern sich ein Kunde auf einer Shopseite befindet, werden die Links zu den Shopseiten dort auf der linken Seite angezeigt.
- UNTEN (SPALTE 1): Linke, mittlere Spalte im Footer, **Shop Seiten**.
- UNTEN (SPALTE 2): Rechte, mittlere Spalte im Footer, **Informationen**.
- ENGLISCH LINKS/ENGLISCH UNTEN (SPALTE 1)/ENGLISCH UNTEN (SPALTE 2): Sind das Pendant zu den o. g. Gruppen für englische Sprachshops.

> **Stets zugewiesen**
>
> Wichtig dabei: Eine Shopseite muss immer mindestens einer Gruppe zugewiesen sein. Möchten Sie eine Seite nicht oder noch nicht verwenden, eignet sich hierfür die Gruppe IN BEARBEITUNG.

4.8.1 Rechtstexte automatisch importieren

Das Damoklesschwert der Abmahnungen schwebt eigentlich über jeden Shopbetreiber. Es gibt zu viele Fallen und potenzielle Abmahngründe, die nicht alle bedacht werden können. Zudem gibt es ja ständig Änderungen und neue Rechtsprechungen. Im Alltag sich auch noch über alle rechtlichen Anforderungen zu informieren, scheint unmöglich.

Sie können wichtige Stolpersteine aber aus dem Weg räumen, und zumindest Ihre Rechtstexte durch automatische Importe auf dem aktuellsten Stand halten. Das nimmt Ihnen auch im Alltag viel Stress.

> **Rechtssicherheit im Abo-Modell**
>
> In Deutschland gibt es dafür zwei große Anbieter, die diesen Service im Rahmen eines Abo-Modells anbieten: der Händlerbund und die IT-Recht Kanzlei. Auf die einzelnen Vor- und Nachteile der Anbieter möchte ich an dieser Stelle gar nicht eingehen. Wichtig ist: Individuelle Rechtstexte und den automatischen Import erhalten Sie bei beiden Anbietern ab 9,90 Euro.

Beide Anbieter stellen ein Plugin im Community Store zur Verfügung. Beide können Sie kostenlos installieren, benötigen allerdings ein bezahltes Abonnement dafür.

Das Plugin der IT-Recht Kanzlei nennt sich »IT-Recht Connector« und dass des Händlerbunds finden Sie unter »Händlerbund Rechtstexte Schnittstelle«.

Beide Anbieter ermöglichen es, auch für Sub- und Sprachshops separate Rechtstexte (auch in verschiedenen Sprachen) zu integrieren.

Die Einbindung des IT-Recht Connectors findet mit einem Token statt, welchen Sie in der PLUGINBESCHREIBUNG finden. Diesen Token kopieren Sie und fügen ihn in Ihrem Mandantenportal ein. Dort konfigurieren Sie auch Ihre Rechtstexte, die dann anhand Ihrer vorgegebenen Konfiguration automatisch in Shopware importiert werden. Beim Händlerbund findet die Integration anders statt. In der *Konfiguration* tragen Sie den Access-Token, den Sie im Mitgliederbereich auf der Händlerbund-Webseite angeboten bekommen. Ein Abgleich findet bei beiden Anbietern alle 24 Stunden statt.

Zuletzt geben Sie in der Plugin-Konfiguration noch die entsprechenden IDs zu den jeweiligen Shopseiten an, damit diese auch korrekt importiert werden können.

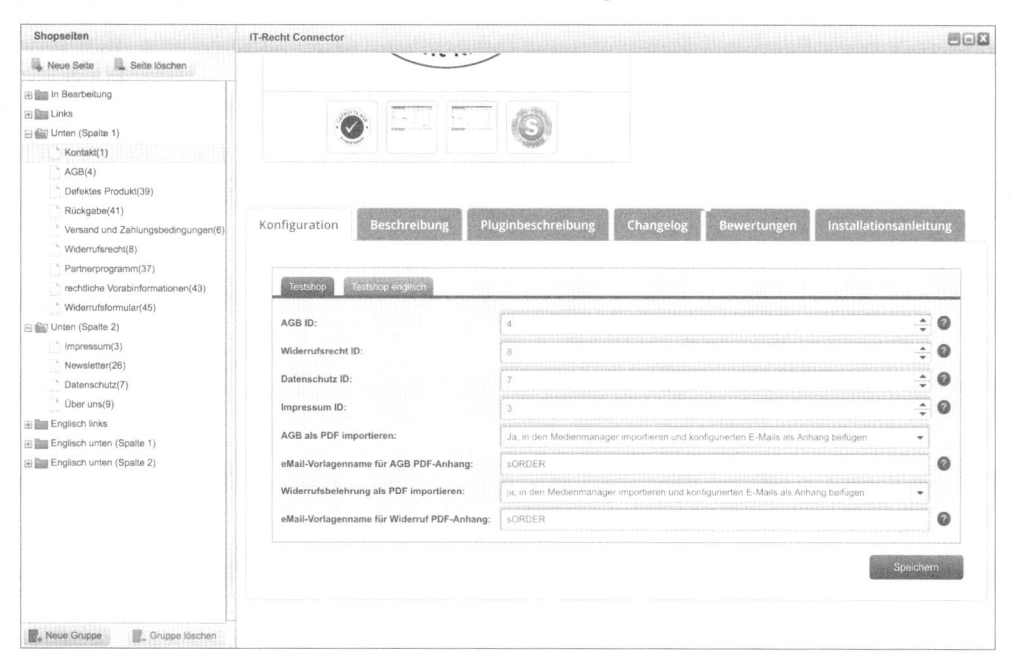

Abbildung 4.38 Beispielhafte Shopseiten-Konfiguration des IT-Recht Connectors

Die IDs der Shopseiten finden Sie in Klammern neben den Seitenbezeichnungen. Die ID für die Shopseite AGB wäre dann z. B. die 4, wie auch in der Beispieldarstellung zu sehen. Gut ist auch, dass die AGB und Widerrufsbelehrung automatisch mit den Bestellbestätigungsmails versendet werden können.

Der Händlerbund agiert hier mit der Zuordnung der Shopseiten genauso wie die IT-Recht Kanzlei. Allerdings bietet der Händlerbund ein paar mehr Seiten an, die Sie bereitstellen können, wie z. B. den Batteriehinweis.

> **Anbieter vergleichen**
>
> Es ist ratsam, vor der endgültigen Entscheidung, welchen Anbieter Sie nutzen möchten, die Plugins herunterzuladen und zu prüfen, welcher von beiden Ihren Anforderungen gerecht wird. Sind Sie z. B. verpflichtet, den Batteriehinweis anzuzeigen, bleibt Ihnen keine andere Wahl als den Händlerbund zu nutzen.

Achten Sie also darauf, dass Ihr Token an den richtigen Stellen hinterlegt ist, und Sie in der Plugin-Konfiguration die korrekten Shopseiten-IDs angeben. Danach werden Updates der Texte automatisch eingespielt, und Sie brauchen sich darum keine Gedanken mehr zu machen.

4.8.2 Rechtstexte manuell pflegen

Selbstverständlich können Sie die Rechtstexte auch eigenständig einsetzen und pflegen. Sofern Sie auch Shopseiten einbinden möchten, die von den o. g. Anbietern nicht bereitgestellt werden, sind Sie sowieso gezwungen, die entsprechenden Shopseiten selbstständig zu pflegen.

Um eine Shopseite zu ändern, öffnen Sie das Modul unter INHALTE • SHOPSEITEN und suchen sich die entsprechende Seite heraus.

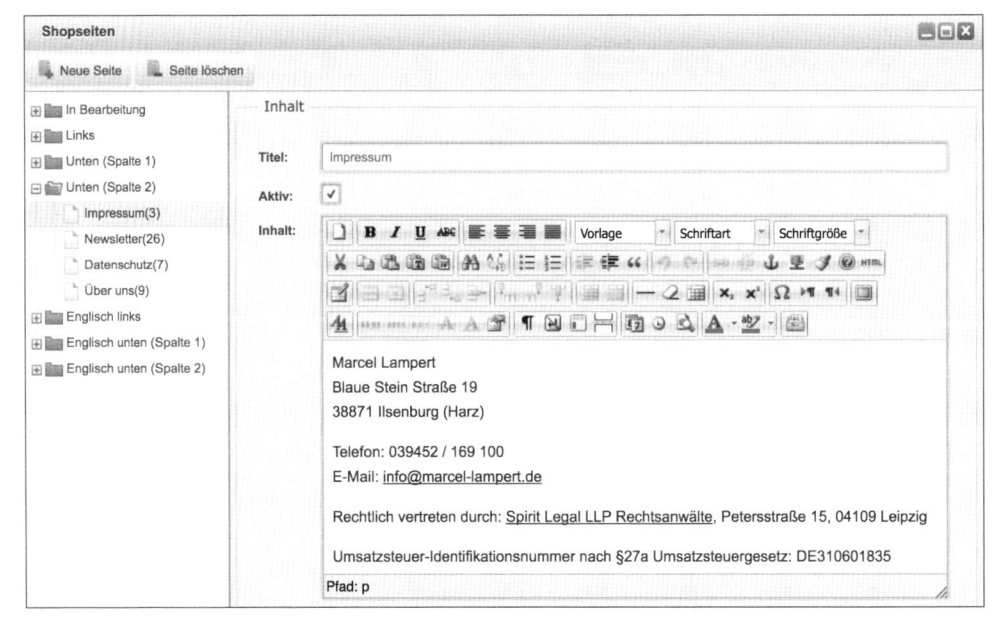

Abbildung 4.39 Shopseiten manuell ändern

Im Feld INHALT können Sie nun den Text ändern oder den, den Sie vorbereitet haben, hineinkopieren. Die Funktionen des Editors sind nicht eingeschränkt. Formatierungen, Links, Bilder etc. sind hier also ebenfalls möglich.

Die Shopseite, die Ihren Kunden angezeigt wird, setzt sich dynamisch aus dem TITEL (hier IMPRESSUM) und dem INHALT zusammen. Es ist also nicht notwendig, den Titel zu wiederholen. Auch wird der Titel direkt als H1-Überschrift ausgegeben.

4.8.3 So ändern Sie die Anordnung und andere Feinheiten

Shopware bietet Ihnen auch feinere Einstellungsmöglichkeiten für die Shopseiten. Externe Links einbinden, Shop-Begrenzung oder Positionierungen innerhalb einer Liste einfügen – das ist alles realisierbar, wie Sie in Abbildung 4.40 sehen.

Abbildung 4.40 Feinere Einstellungen für die Shopseiten

Wenn Sie der neu erstellten Shopseite einen externen Link hinzufügen möchten, tragen Sie diesen unter LINK • LINK-ADRESSE ein. Das funktioniert für interne

Links natürlich auch. Unter LINK-ZIEL können Sie wählen, ob der Link in einem neuen (_blank) oder im gleichen (_parent) Tab geöffnet werden soll.

Bei externen Links hat es sich bewährt, diesen in einem neuen Tab öffnen zu lassen. Damit ist die Wahrscheinlichkeit um ein Vielfaches höher, dass Ihr Kunde wieder zu Ihrem Shop zurückfindet und weitersurft.

> **Feinere Ausspielung von Shopseiten**
>
> Sollten Sie Sprach- und Subshops eingerichtet haben, für die diese Shopseite nicht gelten soll, können Sie die Darstellung auf bestimmte Shops beschränken. Unter Shoplimitierung finden Sie eine Liste Ihrer Shops, die mit dieser Shopware-Installation verwaltet werden. Suchen Sie aus dieser Liste die Shops heraus, auf denen die Shopseite zu sehen sein soll.

Die nachfolgenden Einstellungen eignen sich eher für Anwender, die mit Shopware und den tiefen technischen Details vertraut sind.

- EMBEDDED CODE: Wenn Sie die ausgewählte Shopseite auf einer anderen Seite verlinken möchten, können Sie den hier vorgegebenen Code nutzen und an der anderen Stelle einfügen.
- Template (TPL.) VARIABLEN: Sind Ihnen die Template-Variablen bekannt, mit der die Shopseite zusammengesetzt wird, und Sie möchten eine davon austauschen, können Sie an dieser Stelle die Variable angeben, die ersetzt werden soll.
- Template (TPL.) PFAD: Hier können Sie den Pfad zu einer Template-Datei angeben, die statt der ursprünglichen Variable geladen werden soll, die Sie in Tpl. Variable angegeben haben.

In den weiteren drei Feldern können Sie die Suchmaschinenoptimierung vornehmen.

- SEO TITLE: Legen Sie hier den Seitentitel fest, welcher in den Suchmaschinen angezeigt werden soll.
- META-KEYWORDS: Hier können Sie zusätzliche Schlüsselwörter (Keywords) eintragen, die diese Seite umschreiben.

  Die Keywords werden nicht angezeigt, helfen den Suchmaschinen allerdings bei der Einordnung der Webseite. Es ist inzwischen umstritten, ob die Meta-Keywords weiterhin einen Einfluss auf ein Suchmaschinen-Ergebnis haben.
- META-DESCRIPTION: Hier tragen Sie die Beschreibung der Shopseite ein, die in den Suchergebnissen angezeigt werden soll.

Mehr Informationen zur Suchmaschinenoptimierung (kurz: SEO) erhalten Sie im Kapitel 11.

4.9 Automatisierung mit Cronjobs

Cronjobs sind, wenn auch sehr technisch einzurichten, eine tolle Möglichkeit für etliche Entlastungen im Shop-Alltag. Einfach gesprochen führen Cronjobs ihnen zugewiesene Tätigkeiten zu einer vorgegebenen Zeit oder einem Intervall aus – und das immer und immer wieder.

Folgende Cronjobs bietet Ihnen Shopware von Haus aus an:

- Geburtstagsgruß an Ihre Kunden per E-Mail (BIRTHDAY)
- Datenbankbestände, die älter als 30 Tage sind, löschen (CLEARING)
- Schickt Ihnen, also dem Shopbetreiber, eine E-Mail mit Artikeln, die den Mindestlagerbestand unterschritten haben (ARTICLE_STOCK).
- Erzeugt einen neuen Suchindex (SEARCH).
- Verschickt E-Mails an Kunden, die sich für eine Benachrichtigung bei Wiederverfügbarkeit des Artikels angemeldet haben (NOTIFICATION).
- automatische Erinnerung an den Kunden zur Bewertungsabgabe (ARTICLE_COMMENT)
- Neuberechnung der Topseller (REFRESHTOPSELLER)
- Neuberechnung der Anzeige *Diese Artikel könnten Ihnen auch gefallen* unterhalb der Artikelbeschreibung (REFRESHSIMILARSHOWN)
- Leeren des SEO-Zwischenspeichers (REFRESHSEOINDEX)
- Leeren des Zwischenspeichers der internen Suche (REFRESHSEARCHINDEX)
- Leeren des http-Zwischenspeichers (CLEARHTTPCACHE)
- alle Bilder ohne Zuweisung in den Papierkorb verschieben (MEDIACRAWLER)
- Löschen der Warenkorb-Signaturen (CLEANUPSIGNATURES)
- Neuberechnung des Customer Streams (REFRESHCUSTOMERSTREAMS)
- Aktualisieren der Produktexporte (PRODUCTEXPORT)
- Je nach installierten Drittanbieter-Plugins kann es weitere Cronjobs geben.

Sie sehen also schon, dass die Einrichtung eines Cronjobs für Sie wertvolle Zeitersparnis bedeuten kann, wenn man bedenkt, welche Aufgaben Ihnen damit abgenommen werden. Außerdem bieten Sie mit einem Geburtstagsgruß ja auch einen netten Service und gleichzeitig halten Sie mit Cronjobs Ihren Shop und die vorliegenden Daten immer aktuell.

4.9.1 Cronjobs in Shopware vorbereiten

Für die Verwendung von Cronjobs bringt Shopware alles Nötige mit. Bevor Sie diese nutzen können, müssen Sie noch ein paar Vorkehrungen treffen.

Pluginname	Version	Installiert am	Aktualisiert am	Lizenz	Aktiviert	Erstellt von			
Installiert (4 Plugins)									
CronProductExport	1.0.0	28.01.2018	28.01.2018		✓	shopware AG	/	⊖	⚙
Cron	1.0.0	18.10.2017	18.10.2017		✓	shopware AG	/	⊖	⚙
CronBirthday	1.0.0	06.10.2017	06.10.2017		✓	shopware AG	/	⊖	⚙
Shopware Import/Export	2.1.0	11.08.2017	11.08.2017		✓	shopware AG	/	⊖	⚙
Deinstalliert (3 Plugins)									
CronRating	1					shopware AG	/	⊕	
CronStock	1					shopware AG	/	⊕	
CronRefresh	1.0.0					shopware AG	/	⊕	

Abbildung 4.41 Aktivieren Sie die benötigten Plugins

Das Wichtigste ist, dass Sie das Plugin CRON aktivieren müssen. Ohne dieses aktivierte Plugin ist keine weitere Aktion möglich.

Zusätzlich kommt es im Anschluss darauf an, was Sie von Ihrem Cronjob erledigt haben möchten. Diese Plugins können Sie ebenfalls verwenden und aktivieren:

- CRONPRODUCTEXPORT: Produktexporte für z. B. die Aktualisierung von Google-Shopping-Produktdateien
- CRONBIRTHDAY: Geburtstagsgruß für Ihre Kunden (inkl. Gutscheincode, wenn Sie das möchten): Voraussetzung dafür ist, dass das Geburtsdatum im Kundenkonto hinterlegt ist.
- CRONRATING: Erinnerung an eine Bewertungsabgabe.

  Unter GRUNDEINSTELLUNGEN • STOREFRONT • ARTIKELBEWERTUNG müssen Sie zusätzlich noch angeben, ob die Erinnerungs-E-Mail verschickt werden soll und nach wie vielen Tagen nach dem Kauf dies geschehen soll.
- CRONSTOCK: Verschickt eine E-Mail an den Shopbetreiber mit allen Artikeln, deren Mindestlagerbestand unterschritten ist.
- CRONREFRESH: Bereinigt Datenbanktabellen und entfernt Einträge, die älter als 30 Tage sind (s_core_log, s_statistics_search, s_emailmarketing_lastarticle).

Im nächsten Schritt öffnen Sie EINSTELLUNGEN • GRUNDEINSTELLUNGEN • SYSTEM • CRONJOBS. Prüfen Sie hier, ob alle Cronjobs, die Sie einsetzen möchten, auch aktiviert sind (siehe Abbildung 4.42). Auf der rechten Seite sehen Sie zu dem ausgewählten Cronjob weitere Informationen.

Unter ERGEBNISDATEN finden Sie Informationen zur letzten Ausführung des Cronjobs. LETZTE und NÄCHSTE AUSFÜHRUNG definiert die jeweilige Uhrzeit, wann der ausgewählte Cronjob zuletzt ausgeführt wurde und wann die nächste Ausführung stattfindet.

4.9 Automatisierung mit Cronjobs

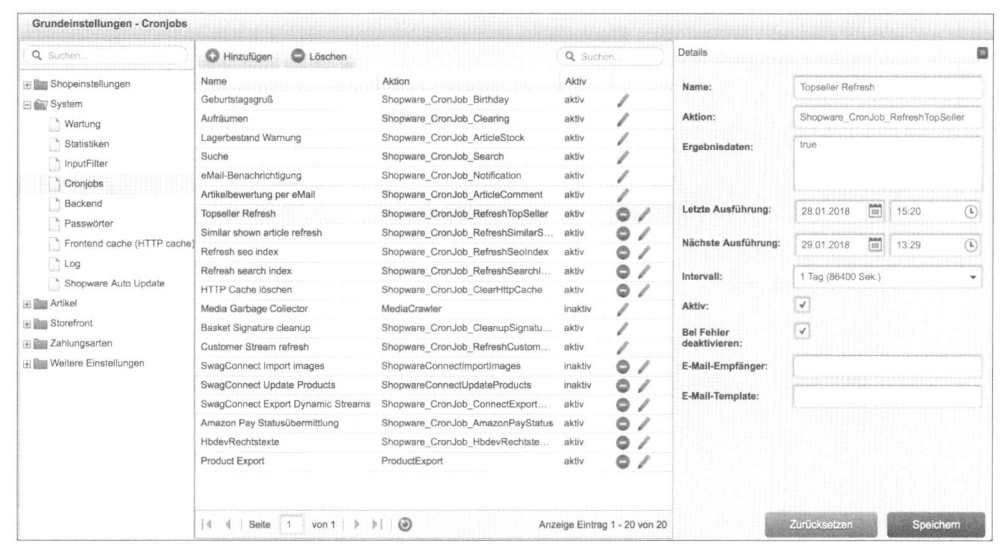

Abbildung 4.42 Einstellungen der Cronjobs

Mit dem INTERVALL stellen Sie den Zeitraum bis zur nächsten Ausführung ein. Sinnvoll ist es auch, den Cronjob zu deaktivieren, sobald ein Fehler auftritt. Aktivieren Sie dazu BEI FEHLER DEAKTIVIEREN. Lassen Sie sich dazu auch unbedingt per E-Mail informieren, tragen Sie dementsprechend Ihre E-Mail-Adresse unter E-MAIL-EMPFÄNGER ein. Tritt dieser Fall ein, haben Sie dadurch die nötigen Informationen, dem Problem auf den Grund zu gehen und zu beheben.

4.9.2 Cronjobs auf dem Server aktivieren

Nun sind die Funktionen vorbereitet und aktiviert. Anschließend müssen Sie noch einen Cronjob in Ihrem Hosting- oder Serverpaket installieren. Es bietet fast jeder Hosting-Anbieter die einfache Einrichtung eines Cronjobs an. Im Grunde genommen soll der Cronjob nur eine Webseite aufrufen, welche immer auf */backend/cron* endet, z. B.: *https://ihre-shopdomain.de/backend/cron*.

In einigen wenigen Fällen können Sie lediglich einen Befehl angeben, um den Cronjob einzurichten. Tragen Sie dort folgende Zeile, angepasst auf Ihre Shop-Domain, ein:

```
wget -q https://ihre-shopdomain.de/backend/cron
```

Wichtig ist nun noch, den Zeitpunkt bzw. das Intervall der Ausführung zu wählen. Je nach Größe Ihres Shops und der aufzubereitenden Daten kann es nötig sein, einen Cronjob mehrmals pro Tag auszuführen. Sie haben bereits im Vorfeld den einzelnen Funktionen, wie z. B. dem Versand des Geburtstagsgrußes, ein Ausführungsintervall zugewiesen. Beispielsweise ist dieses Intervall auf 1 Tag gesetzt, dann würde trotz mehrfacher Ausführung des Cronjobs diese einzelne Funktion erst wieder nach 24 Stunden ausgeführt werden. Jede Funktion, die z. B. alle vier Stunden ausgeführt werden soll, wird auch alle vier Stunden angestoßen, während hingegen Funktionen mit längeren Intervallen so lange ignoriert werden, bis ihr nächstes Ausführungsintervall gekommen ist.

Für kleinere bis mittelgroße Shops ist es ausreichend, die Ausführung eines Cronjobs einmal täglich auszuführen. Auch ist es sinnvoll, den Zeitpunkt in die Nacht zu verlegen, wenn sich keine oder möglichst wenige Besucher in Ihrem Shop aufhalten.

Mit diesem Befehl wird der Cronjob jede Nacht um 3:00 Uhr aufgerufen:

```
00 3 * * * wget -q https://ihre-shopdomain.de/backend/cron
```

Prüfen Sie, ob der Befehl korrekt funktioniert. Viele Hoster bieten direkt aus dem Kundencenter an, den Cronjob auszuführen. Anhand dieser Rückmeldung sehen Sie, ob alles richtig konfiguriert ist.

Die Sternchen stehen in dem Konsolenbefehl für eine beliebige Ausführung. Im obigen Beispiel sehen Sie die Ausführung täglich um 3:00 Uhr. Sie können aber auch anders planen und den Cronjob nur an bestimmten Wochentagen oder Monaten ausführen.

*	*	*	*	*
Minute (0–59)	Stunde (0–23)	Tag (1–31)	Monat (1–12)	Wochentag (0–7, Sonntag ist 0 **und** 7)

Tabelle 4.2 Ausführungsintervall für Cronjobs konfigurieren

Ein Beispiel: Sie möchten den Cronjob jeden Samstag um 12:45 ausführen. Dann würde der Befehl so lauten: `45 12 * * 6`.

4.9.3 Für noch mehr Sicherheit

Da die Sicherheit im Netz heutzutage immer wichtiger wird, können Sie auch Ihre Cronjobs und deren Ausführung absichern. Shopware bietet Ihnen die Möglichkeit, die Ausführung eines Cronjobs auf Benutzer oder bestimmte IPs zu beschränken. Öffnen Sie dazu EINSTELLUNGEN • GRUNDEINSTELLUNGEN • WEITERE EINSTELLUNGEN • CRON-SICHERHEIT, siehe Abbildung 4.43.

Hier können Sie die Ausführung Ihres Cronjobs nun beschränken. Um Missbrauch vorzubeugen, können Sie einen gültigen Schlüssel an die auszuführende URL anhängen. In diesem Beispiel würde der Cronjob nur ausgeführt werden, wenn die URL so lauten würde: *https://ihre-shopdomain.de/backend/cron?key=32tbfiwuh93t29up*

![Abbildung 4.43 Cron-Sicherheit]

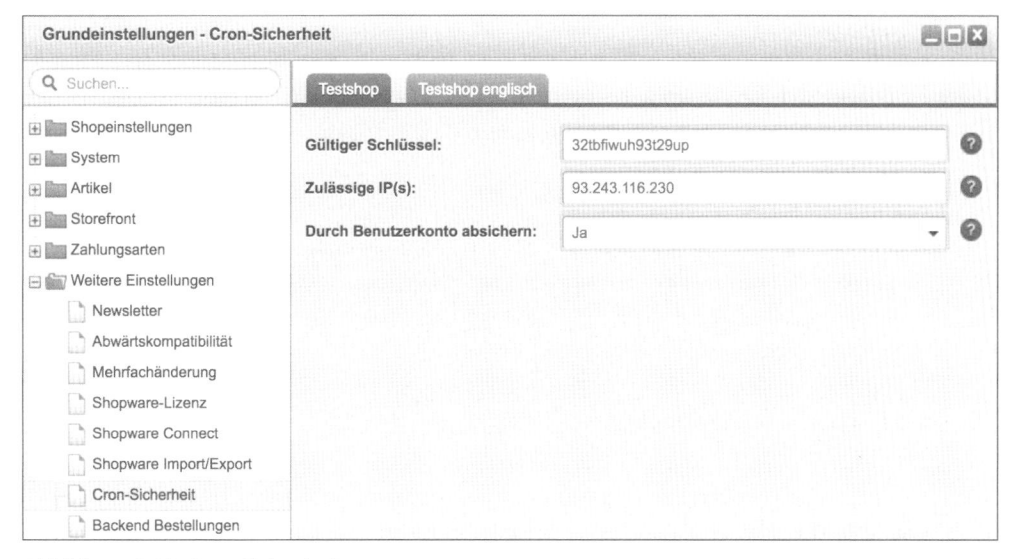

Abbildung 4.43 Cron-Sicherheit

Die eigentliche Cronjob-URL wird hierbei ergänzt um *?key=Gültiger Schlüssel*.

Noch mehr einschränken können Sie die Ausführung, indem sie nur von bestimmten IP-Adressen ausgeführt werden darf, die Sie unter ZULÄSSIGE IP(s) eintragen können. Mehrere IPs trennen Sie durch ein Semikolon, die IP-Adresse erfahren Sie z. B. auf Webseiten wie *https://www.meine-aktuelle-ip.de/*.

Zuletzt können Sie die Ausführung des Cronjobs auf eingeloggte User einschränken. Aktivieren Sie DURCH BENUTZERKONTO ABSICHERN. Ab diesem Zeitpunkt werden nur noch Cronjobs ausgeführt, wenn sich mindestens ein Benutzer im Backend befindet. Achten Sie hierbei darauf, dass der Cronjob dann automatisch ausgeführt wird, wenn Sie sich sicher sind, dass mindestens ein Benutzer eingeloggt ist.

4.10 Unerwartetes Verhalten von Shopware

Wie jedes System ist auch Shopware nicht frei von Fehlern. Die Komplexität eines Shopsystems ist nicht zu unterschätzen. Es gibt unzählige Querverbindungen von Informationen und Funktionen. Dass es dann in gewissen Fällen zu Fehlverhalten der Software kommt, scheint auf der Hand zu liegen. Ein wichtiger Aspekt dabei: Mit steigender Zahl von Plugins erhöht sich die Gefahr von Fehlern. Daher gilt grundsätzlich: Je weniger Plugins Sie benötigen, desto besser.

Auch wenn es in Shopware Bugs gibt, so sind die Hauptfehlerquelle die Drittanbieter-Plugins. Das heißt nicht, dass diese schlecht programmiert sind. Ganz im Gegenteil: Shopware achtet stark auf eine gute Qualität. Allerdings sind die Einsatzgebiete und

Anforderungen an Plugins in Onlineshops so unterschiedlich, wie die Produkte, die darüber verkauft werden. Das heißt: Bei manchen Kombinationen von Plugins kommt es zu Fehlern, die der Plugin-Entwickler nicht abschätzen konnte. Dabei müssen die Fehler nicht offensichtlich mit dem Plugin zusammenhängen.

> **Eine Anekdote**
>
> Ein Kunde von mir setzte ein Plugin ein, um Zahlungsanbieter-Symbole im Shop darzustellen. Nach einem Server-Umzug des Shops war es nicht mehr möglich, die erstellten Dokumente, wie z. B. Rechnungen, zu öffnen. Erstellt werden konnten Sie aber. Das heißt: Hier spielten drei Faktoren eine Rolle, die augenscheinlich nichts miteinander zu tun hatten: ein Plugin, das lediglich Bilddateien eingebunden hat, ein neuer Server und die Dokumentenanzeige.

Sollten Sie also Fehlverhalten von Shopware feststellen, ist es zunächst immer ratsam, alle Drittanbieter-Plugins zu deaktivieren und zu prüfen, ob der Fehler weiterhin besteht.

Um diesen Prozess zu vereinfachen, hat Shopware den Sicherheitsmodus eingeführt. Dieser kann im Plugin Manager unter den installierten Plugins aktiviert werden.

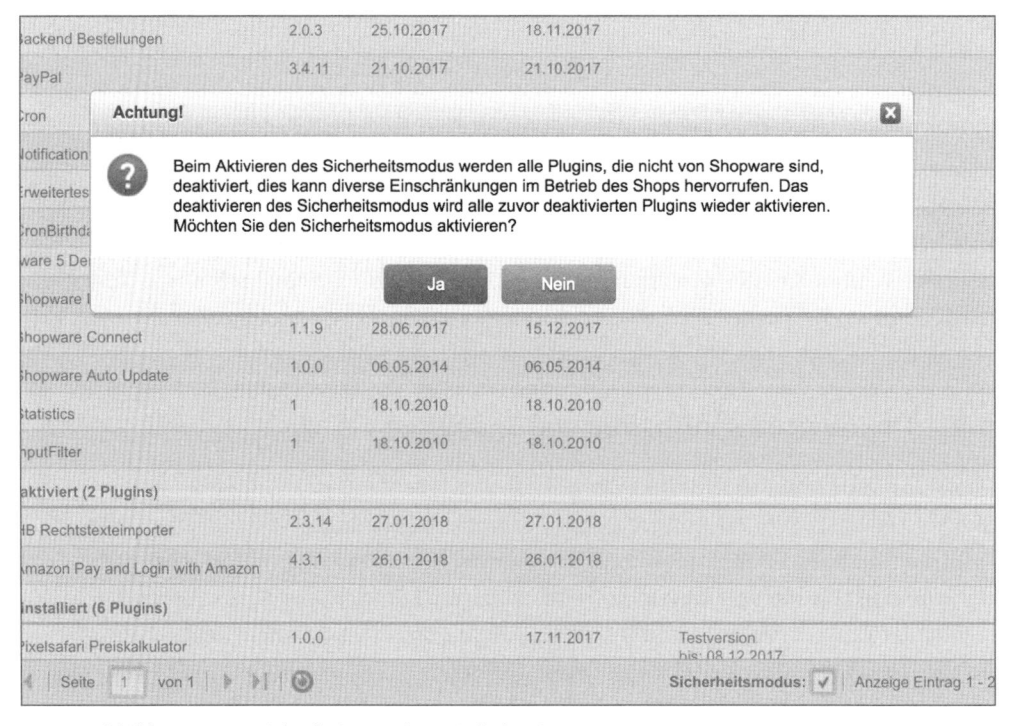

Abbildung 4.44 Sicherheitsmodus wird aktiviert

Der Sicherheitsmodus führt dazu, dass alle Drittanbieter-Plugins auf einen Schlag deaktiviert werden. Sie können danach das Fehlverhalten erneut prüfen. Ist der Fehler damit behoben, können Sie es auf ein Plugin zurückführen.

Als nächsten Schritt können Sie die eingesetzten Plugins einzeln wieder aktivieren, und nach jedem neu aktivierten Plugin schauen, ob alles funktioniert. Sobald der Fehler wieder aufkommt, wissen Sie, dass es am zuletzt aktivierten Plugin lag.

Sollte der Fehler allerdings trotz Sicherheitsmodus bestehen, liegt der Verdacht auf einen Bug nahe. An dieser Stelle können Sie das Ticketsystem von Shopware unter *https://issues.shopware.com* untersuchen, ob dort der Fehler bereits gemeldet wurde. Wenn bereits ein Ticket besteht, können Sie aktiv werden und für dieses Ticket voten. Je mehr Abstimmungen (Votes) ein Ticket hat, des eher wird es bearbeitet.

Sollte der Fehler dort noch nicht aufgelistet sein, können Sie ein neues Ticket einstellen. Je detaillierter die Problembeschreibung an dieser Stelle ist, desto eher kann der Fehler durch Shopware eingegrenzt und später auch behoben werden.

Kapitel 5
Damit Ihre Mitarbeiter Sie unterstützen können – die Benutzerverwaltung

Egal ob Sie eigene Mitarbeiter einsetzen oder externe Fachkräfte: Sie können unbegrenzt Zugänge zum Shopware Backend anlegen und dabei auch verschiedene Rechte vergeben.

Mit Shopware können Sie beliebig viele Benutzer anlegen und diese mit verschiedenen Rechten versehen. So soll der Einkaufs-Mitarbeiter keine Rechte in der Lagerverwaltung haben und der Vertrieb muss nicht zwingend Einblicke in die Lieferanten-Daten haben.

Dabei gliedert sich die Benutzerverwaltung in drei Teile:

- Benutzer: Übersicht über Ihre Mitarbeiter.
- Rollen: Rollen fassen die Ressourcen zusammen und können den Benutzern zugewiesen werden.
- Ressourcen: Das sind die einzelnen Teilaufgaben, die in Shopware integriert sind. Sie können zu Rollen zusammengefasst werden.

Wenn Sie in Shopware bei Null anfangen, legen Sie also zunächst die Rollen an und weisen diesen Ressourcen zu. Erst im letzten Schritt legen Sie die Benutzer an und weisen die entsprechenden Rollen zu.

5.1 Die Vorarbeit: Welche Rollen soll es geben?

Zunächst sollten Sie sich Gedanken machen, welche Rollen es für Ihre Mitarbeiter geben soll. Eine zu feine Aussteuerung ergibt wenig Sinn, da es den Pflegeaufwand sehr erhöht. Sie sollten also die Zahl der Rollen auf so viele wie nötig, aber so wenig wie möglich beschränken.

Und noch ein Aspekt ist bei der Ressourcenvergabe wichtig: Die Rechte kann man sehr fein gliedern. Es ist z. B. auch möglich, auf eine Ressource nur Lese-Rechte zu vergeben.

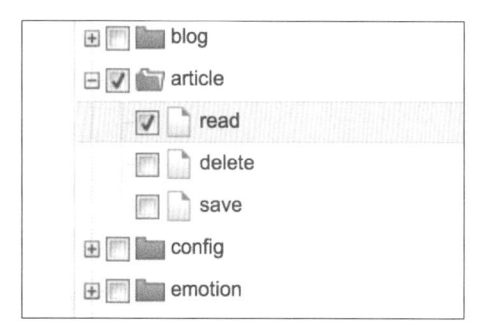

Abbildung 5.1 Feinere Ressourcen-Vergabe

Dies wäre etwa für einen Marketing-Verantwortlichen sehr sinnvoll. Der soll zwar nicht die Artikel bearbeiten oder anlegen, muss sich aber daraus dennoch wichtige Informationen ziehen können, um ein passendes Marketing-Konzept zu entwickeln.

Um nun eine Rolle anzulegen, wechseln Sie zunächst in die LISTE DER ROLLEN. Diesen Button finden Sie in der Benutzerverwaltung auf der linken Seite.

Abbildung 5.2 Liste der Rollen

Anschließend legen Sie hier zunächst die Rollen an – die Ressourcenvergabe erfolgt in einem zweiten Schritt. Der Name der Rolle wird Ihnen im späteren Verlauf wieder begegnen, formulieren Sie an dieser Stelle also einen präzisen Namen. Die Beschreibung der Rolle dient zur Einordnung in dieser Ansicht und begegnet Ihnen später nicht. Abschließend AKTIVIEREN Sie die Rolle, damit Sie im Anschluss damit arbeiten können. Admin-Rechte sind in diesem Zusammenhang wenig sinnvoll und sollten auch einzig der Rolle *local_admins* vorbehalten bleiben.

Sobald Sie alle Rollen angelegt haben, wechseln Sie in die Ansicht REGELN & BERECHTIGUNGEN EDITIEREN.

Um nun eine Rolle mit Ressourcen auszustatten, wählen Sie zunächst die zu bearbeitende Rolle und anschließend alle Ressourcen aus, die dieser Rolle zugewiesen werden sollen. Hier bearbeite ich die Berechtigungen des Vertriebs, siehe Abbildung 5.3.

In diesem Beispiel ist der Vertrieb maßgeblich für Marketing verantwortlich, soll also den Shop attraktiv gestalten und für neue Kunden sorgen. Wie Sie die einzelnen Rollen und seine Berechtigungen vergeben, liegt natürlich in Ihrer Hand.

5.1 Die Vorarbeit: Welche Rollen soll es geben?

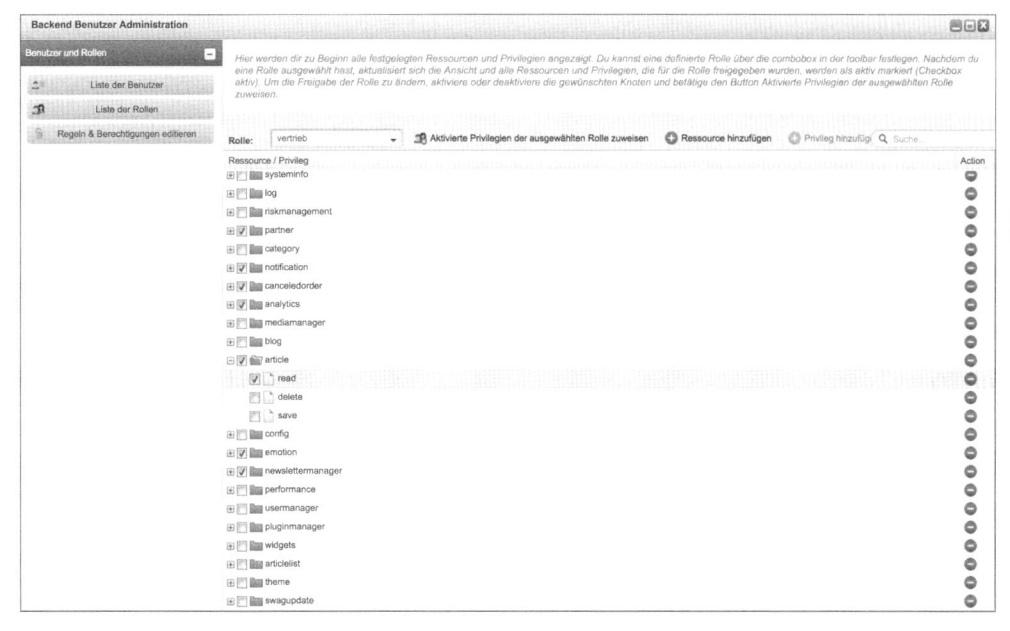

Abbildung 5.3 Ressourcen vergeben

5.1.1 Verfügbare Ressourcen zur Rollen-Definition

Die Übersicht aus Abbildung 5.3 kann auf den ersten Blick etwas verwirrend sein. Um Ihnen ein ungefähres Gefühl zu geben, wie Sie bei der Ressourcen-Vergabe vorgehen können, finden Sie hier eine Übersicht über alle Ressourcen und deren Verwendung.

Notwendige Ressourcen für Marketing-Verantwortliche

- *banner:* Banner
- *premium:* Prämienartikel
- *voucher:* Gutscheine
- *productfeed:* Produktexporte
- *overview:* Auswertungen Übersicht
- *partner:* Partnerprogramm
- *emotion:* Einkaufswelten
- *newslettermanagement:* Newsletter
- *notification:* Auswertungen Benachrichtigung
- *canceledorder:* Auswertungen abgebrochene Bestellungen
- *analytics:* Auswertungen
- *customer:* Kunden

- *customerstream:* Customer Streams
- *order:* Bestellungen
- *article:* Artikel
- *mail:* E-Mail-Vorlagen

Notwendige Ressourcen für Artikel-Verantwortliche:
- *supplier:* Hersteller
- *vote:* Artikel-Bewertungen
- *category:* Kategorien
- *article:* Anlegen
- *customer:* Kunden
- *order:* Bestellungen
- *importexport:* Import/Export von Artikel, Kategorien etc.

Notwendige Ressourcen für Inhalts-Verantwortliche:
- *site:* Shopseiten
- *mediamanager:* Medienverwaltung
- *blog:* Blog
- *form:* Formulare

Notwendige Ressourcen für Techniker und Entwickler:

> **Hinweis**
> Für Techniker und Entwickler ergibt ein Admin-Zugang wohl am meisten Sinn. Daher ist diese Rolle in Shopware standardmäßig angelegt.

- *debug_test:* UnitTests (nur für die Entwicklung relevant)
- *mail:* E-Mail-Vorlagen
- *payment:* Zahlungsarten
- *shipping:* Versandkosten
- *snippet:* Textbausteine
- *systeminfo:* Systeminfo
- *log:* Log-Datei
- *riskmanagement:* Riskmanagement
- *config:* Grundeinstellungen
- *cache:* Cache

- *usermanager:* Benutzerverwaltung
- *pluginmanager:* Plugin-Manager

Diese Übersicht soll Ihnen einen ersten Überblick geben, welche Ressourcen in Shopware zur Verfügung stehen und wie Sie diese sinnvoll einsetzen und vergeben können. Zudem stellt diese Auflistung alle Ressourcen zusammen, die Shopware standardmäßig mitliefert. Wenn Sie Plugins einsetzen, kann es durchaus vorkommen, dass Sie weitere Ressourcen finden werden. Diese sollten dann ebenfalls sinnvoll in die Rechtevergabe einbezogen werden.

5.2 Benutzer anlegen und Rollen anlegen

Sobald Sie die Rollen angelegt und gespeichert haben, können Sie daraufhin einen Benutzer anlegen. Hier lege ich den neuen Mitarbeiter des Vertriebs in Shopware an.

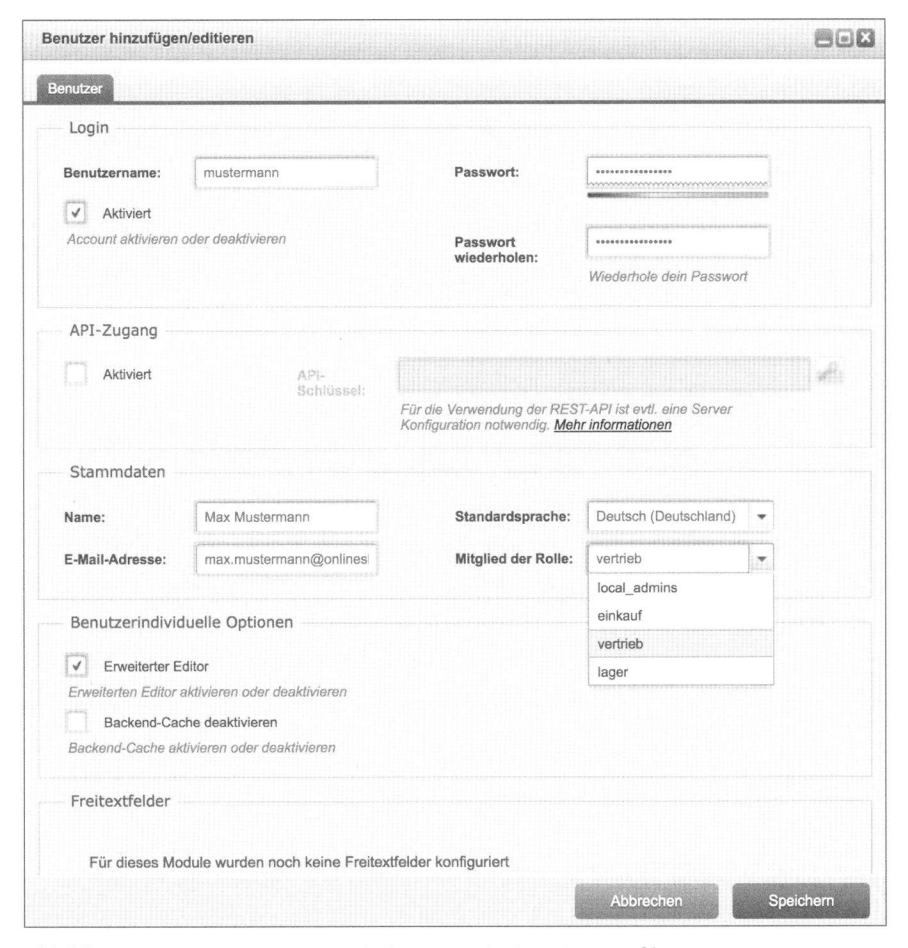

Abbildung 5.4 Max Mustermann bekommt sein Benutzerprofil

Um einen Mitarbeiter samt seiner zugewiesenen Rolle anzulegen, wechseln Sie auf die LISTE DER BENUTZER und klicken anschließend auf BENUTZER HINZUFÜGEN. Sofort öffnet sich das oben zu sehende Fenster, in dem Sie alle Daten zum neuen Benutzer angeben können.

Mit dem BENUTZERNAMEN und dem PASSWORT loggt sich der Mitarbeiter ins Shopware Backend ein.

In den STAMMDATEN tragen Sie den NAMEN des Benutzers ein, seine E-MAIL-ADRESSE und die SPRACHE. Das Backend wird automatisch entsprechend dieser Vorgabe die Sprache des Mitarbeiters laden. Standardmäßig finden Sie hier Deutsch und Englisch.

Zuletzt wählen Sie noch die ROLLE DES MITGLIEDS aus. Also genau die Rolle, die Sie eben angelegt und für den Benutzer vorgesehen haben.

Für Mitarbeiter, die sich kreativ austoben sollen – Blogartikel und SEO-Texte schreiben zum Beispiel –, empfiehlt es sich, den *Erweiterten Editor* zu aktivieren. Damit erhalten die Mitarbeiter weit mehr Möglichkeiten um Texte, Bilder und Videos in das richtige Format zu bringen.

Kapitel 6
Das richtige Layout mit dem passenden Theme

Ein Onlineshop besteht nicht nur aus der richtigen Konfiguration, passenden Zahlungsarten und beliebten Produkten. Einen sehr wichtigen Faktor stellt das Design dar. Mitunter kann das Design DAS Kriterium für einen Onlineshop sein.

Im Community Store von Shopware finden Sie nicht nur Plugins, die den Funktionsumfang von Shopware erweitern, sondern auch etliche Themes, mit denen Sie innerhalb kürzester Zeit das Aussehen Ihres Shops verändern können.

6.1 Finden Sie Ihr Theme im Shopware Store

Der Aufbau und die Logik des Stores sind dabei die gleichen wie für Plugins: Es gibt verschiedene Unterkategorien, in die der Bereich eingeteilt ist (Branchen und Farben). Auch ist eine Selektion nach Shopware-Version sowie eine Filterung nach Bewertungen und verschiedenen anderen Kriterien (z. B. ob eine Testversion vorhanden oder sogar kostenlos ist) möglich.

Bei einem Theme ist es sinnvoll, dass Sie durch die Kategorien stöbern, anstatt nach einem konkreten Begriff zu suchen. Dadurch können Sie sich von den Vorschaubildern in den Kategorien leiten lassen, die Ihnen einen ersten Einblick geben. Wenn Sie sich für ein Theme entschieden haben, lohnt es sich, einen Demoshop damit anzuschauen. Dadurch bekommen Sie einen besseren Einblick in die Gestaltung und lernen die Funktionen, die das ausgewählte Theme mit sich bringt, kennen.

Klicken Sie dazu auf den Button DEMO neben dem Warenkorb-Button. Damit öffnet sich ein Reiter, in dem der Link zum Demoshop versteckt ist. Ein erneuter Klick auf den zweiten Link öffnet später den Demoshop. Dort erhalten Sie einen Eindruck von Ihrem ausgewählten Theme.

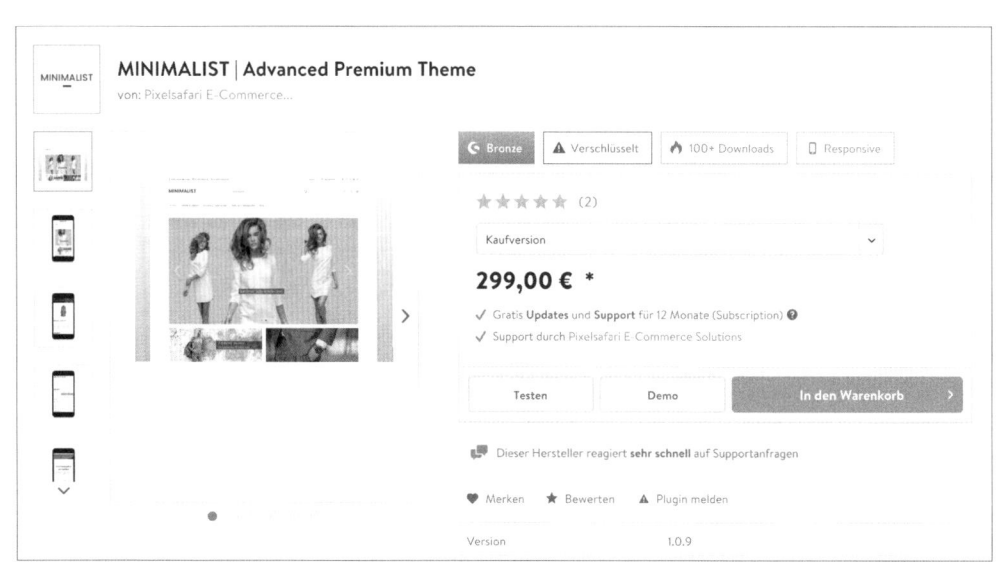

Abbildung 6.1 Ein Theme kaufen

> **Schöne Optik ist nicht gleich das ganze Theme**
>
> Natürlich geben sich die Theme-Entwickler enorme Mühe bei der Gestaltung des Demoshops. Allerdings habe ich die Erfahrung gemacht, dass viele Shopbetreiber mehr auf den Inhalt achten. Der Inhalt, also alles was Sie zwischen dem Header und dem Footer sehen, sind die Einkaufswelten. Diese werden individuell gestaltet und haben mit dem Theme an sich nicht viel zu tun. Ignorieren Sie also die schönen Bilder und andere Elemente der Einkaufswelten (siehe Kapitel 8), und schauen Sie mehr auf die Gestaltung von Header, Tabellen, Buttons und Footer.

Achten Sie zusätzlich auch auf vorhandene Features. Ratsam ist, dass das Theme bereits Icons für Ihre Zahlungs- und Versandanbieter mitliefert und diese auch einfach in der Theme-Konfiguration ausgewählt werden können. Außerdem ist ein Conversion Header nicht verkehrt, der die wichtigsten Vorteile Ihres Shops direkt am oberen Rand darstellt. Und da soziale Interaktionen sehr wichtig sind, wären auch Möglichkeiten zum Teilen in allen relevanten sozialen Netzwerken empfehlenswert.

Nachdem Sie ein Theme ausgesucht haben, kann es über den regulären Weg über den Community Store erworben werden. Auch hier der Hinweis: Achten Sie darauf, dass der Theme-Entwickler Ihnen eine Testversion zur Verfügung stellt, damit Sie das Theme auf Herz und Nieren testen können.

6.2 Installation und Konfiguration

Shopware hat standardmäßig immer zwei Themes vorinstalliert: das Bare sowie das Responsive Theme. Während das Bare Theme den Code für die Storefront, also für den Shop, den die Kunden sehen werden, bereitstellt, erweitert das Responsive Theme dieses um die wichtigen Style-Informationen. So wird durch das Responsive Theme aus schnödem Code ohne jede Anordnung doch noch ein ansehnlicher Shop.

6.2.1 Vor allem anderen: Child Theme anlegen!

Egal welches Theme Sie nutzen, ob nun das Shopware Responsive Theme oder ein Premium Theme aus dem Community Store: Bevor Sie sich die Mühe machen und das Theme einrichten (weiter dazu in Abschnitt 6.2.2), sollten Sie unbedingt ein Child Theme anlegen.

Auch wenn dieses Buch hier nicht auf eigene Theme-Änderungen eingeht und ich an dieser Stelle auf das Shopware-Handbuch für Entwickler verweisen kann (ebenfalls aus dem Rheinwerk Verlag), ist es dennoch ratsam, dass Sie ein Child Theme anlegen.

Ohne eine solche Ableitung kann es später zu doppelter Arbeit kommen, die Sie vermeiden können. Sollten Sie nämlich Änderungen am Quellcode des Themes vornehmen oder vornehmen lassen und ein Update des Themes wird installiert, sind alle vorherigen Änderungen verloren.

Für diesen Fall haben sich Child Themes bewährt, die bei einem Update des Haupt-Themes nicht überschrieben werden und Änderungen deshalb weiterhin Bestand haben.

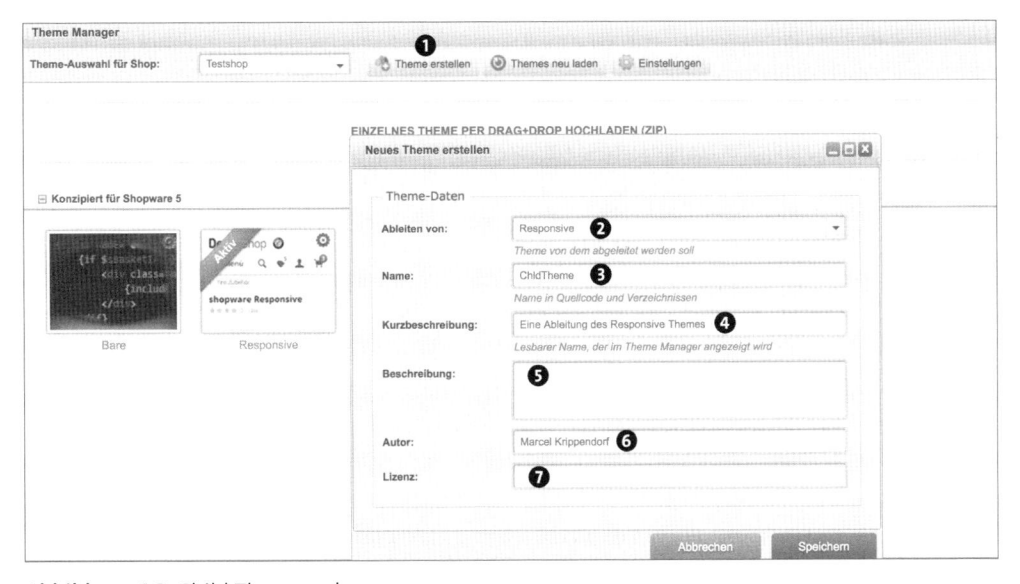

Abbildung 6.2 Child Theme anlegen

Öffnen Sie dazu den THEME MANAGER im Menüpunkt EINSTELLUNGEN. Um dort ein Child Theme anzulegen, klicken Sie auf den Button THEME ERSTELLEN ❶. Damit öffnet sich ein weiteres kleines Fenster. Wählen Sie zunächst das Theme aus, von dem Sie eine Ableitung erstellen möchten ❷. Unter NAME ❸ tragen Sie schließlich einen kurzen Namen für das Theme ein. So wird dann bei der Erstellung der Ordner des Themes auf Ihrem Server genannt (dort werden später die Theme Dateien abgelegt und geladen), um diesen eindeutig zuzuordnen. Sie haben auch die Möglichkeit, hier eine KURZBESCHREIBUNG ❹ zur besseren Identifizierung hinzuzufügen. Diese wird auch im Theme Manager zu finden sein. Auch eine längere BESCHREIBUNG ❺ können Sie anlegen, diese wird schließlich im Theme Manager unter den detaillierten Informationen ausgegeben. Auch ein AUTOR ❻ und ein LIZENZ-Modell ❼ können angegeben werden. Dabei ist es unerheblich, ob Sie in den letzten beiden Zeilen etwas eintragen. Es hat keinerlei Auswirkung auf die Funktionalität, schränkt weder ein noch fügt ein bestimmter Wert etwas hinzu. Nachdem das Child Theme nun mit einem Klick auf SPEICHERN angelegt wurde, kann es konfiguriert werden.

6.2.2 Die Konfiguration des Responsive Themes

Es gibt eine Vielzahl von Shopware Themes, die Sie sich im Community Store kaufen können. So unterschiedlich die Themes sind, so verschieden sind ihre Konfigurationsmöglichkeiten. Doch eines eint alle Themes: Sie alle stammen vom Shopware-Standard-Theme ab. Daher werden Sie mithilfe dieses Kapitels das Responsive Theme konfigurieren und damit auch bei allen anderen Themes Ihr neues Wissen anwenden können. Denn die Grundkonfigurationen sind immer gleich.

Klicken Sie im Theme Manager also auf das Responsive Theme und anschließend auf den Button THEME KONFIGURIEREN. Damit öffnet sich die Theme-Konfiguration. Sie landen direkt im Reiter ICONS & LOGOS. An dieser Stelle können Sie Ihr Shop-Logo einfügen.

Sie sehen zunächst den Bereich Logos. Dort hinterlegen Sie Ihr Logo für vier verschiedene Geräteklassen: für den klassischen Desktop, für das Tablet in vertikaler Haltung, das Tablet in horizontaler Haltung (Tablet Landscape) und für das Smartphone.

Sie können hier für die verschiedenen Geräteklassen verschiedene Logos hinterlegen oder ein Logo für alle Geräte nutzen. Da das Theme den Bereich des Logos vorgibt, wird es sich entsprechend immer der Boxgröße anpassen. Ihr Logo könnte also auch 1.000 Pixel lang sein, es würde am Ende, beispielsweise am Desktop, in eine 300 Pixel große Box herunterskaliert werden. Es empfiehlt sich schon von vornherein, größere Logos direkt kleiner zu skalieren und entsprechend kleiner hochzuladen, da natürlich auch das Logo geladen werden muss. Und je kleiner das ist, desto geringer fällt die Ladezeit für ebendieses aus. Im Beispiel aus Abbildung 6.3 habe ich jeweils immer das gleiche Logo verwendet.

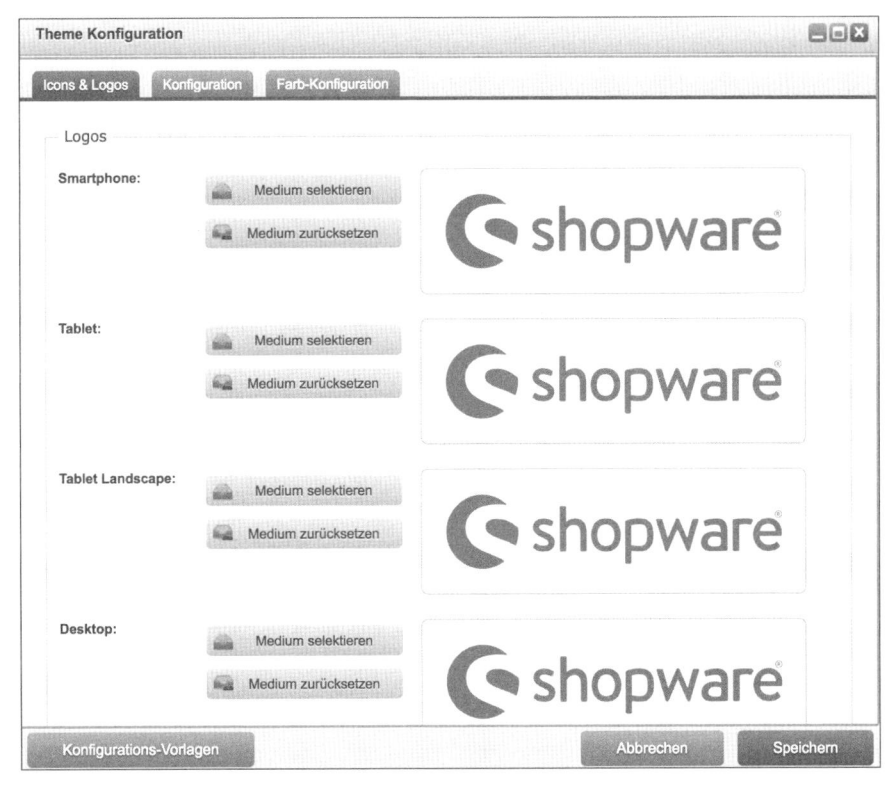

Abbildung 6.3 Ihr Logo dem Theme bereitstellen

Im unteren Feld Icons hinterlegen Sie verschiedene Icons. Dazu gibt es drei Arten, welche Sie angeben können. Das Apple Touch Icon, das Windows Phone Icon und das Favicon. Die ersten beiden Icon-Arten dienen dazu, dass Ihr Shop-Logo bzw. Shop-Icon auf dem Home Screen Ihres Kunden erscheint, sobald der sich Ihren Onlineshop als Lesezeichen in den Home Screen speichert. Während Sie bei Apple Abmessungen je 180 Pixel zu jeder Seite benötigen, gestattet Ihnen Windows Phone lediglich 150 Pixel in jede Richtung. Zuletzt hinterlegen Sie das Favicon. Das wird im Browser-Tab an der linken Seite noch vor dem Seitentitel angezeigt, wenn Ihr Shop aufgerufen wird. Nutzen Sie die Möglichkeit, dass sich Ihr Logo in das Gedächtnis Ihres Kunden einbrennt und auch bei vielen Tabs Ihren Shop schnell wiederfindet. Ein Favicon sollte 16 × 16 Pixel groß sein, viel mehr Platz ist in einem Tab nicht gegeben. Anschließend wechseln Sie in den Reiter KONFIGURATION. Hier haben Sie noch mehr Möglichkeiten.

Zunächst wählen Sie aus, wie Sie den Prozess behandeln möchten, wenn ein Kunde einen Artikel in den Warenkorb legt. Soll eine klassische Ansicht mit einem kleinen überlagernden Fenster (auch Modalbox genannt) erscheinen, in dem die Aktion bestätigt wird, oder möchten Sie auf den modernen OFFCANVAS WARENKORB ❶ zurückgreifen? Letzteres ist bereits vorausgewählt. Gleichzeitig ist aktiviert, dass der

Offcanvas Warenkorb die Seite überlagert. Sollte dies nicht ausgewählt sein, fährt die Bestätigungsbox zwar dennoch von rechts in die Seite, sobald der Kunde ein Produkt in den Warenkorb legt, dann wird die gesamte Shopseite allerdings etwas schmaler. Lassen Sie also auch ruhig die Option OFFCANVAS MENÜ ÜBERLAGERN ❷ aktiviert. Das hat den ansehnlichsten Effekt.

Abbildung 6.4 Theme-Konfiguration im Theme Manager

Weiter geht es mit dem Suchfeld in der mobilen Ausgabe des Shops. Aktivieren Sie SUCHE FOKUSSIEREN ❸, damit das Suchfeld immer auf dem Smartphone ausgeklappt ist. Das spart dem Besucher einen Klick bzw. Tab. Sobald der Nutzer allerdings durch die Seiten scrollt, sieht er das Suchfeld nicht mehr, das Feld schränkt also die Darstellung des mobilen Shops nicht ein.

Als Nächstes folgt die Sidebar. Diese wird standardmäßig auf der linken Seite in Kategorieseiten angezeigt und stellt eine weitere Navigationshilfe für Ihre Besucher dar. Dort werden auch die Kategorien der zweiten Ebene angezeigt, also nicht nur die Oberkategorien wie im Header-Bereich. Diese Einstellung halte ich aus Komfortgründen für Ihre Besucher für sehr sinnvoll, sodass Sie SIDEBAR ANZEIGEN ❹ aktiviert lassen sollten.

Shopware bietet Ihnen die Möglichkeit, einen reduzierten Header und Footer anzuzeigen, sobald ein Kunde sich im Check-out-Prozess befindet. Damit soll der Kunde fokussiert auf dem Kaufvorgang bleiben und nicht von anderen Elementen abgelenkt werden. Auch diese Optionen CHECKOUTSTEP HEADER ANZEIGEN und CHECKOUTSTEP FOOTER ANZEIGEN ❺ sind standardmäßig aktiviert. Um Ihre Kunden im Kaufvorgang nicht unnötig abzulenken, sollten Sie diese Optionen auch aktiviert lassen.

Die nächste mögliche Option nennt sich INFINITE SCROLLING ❻. Normalerweise stellt Shopware nur eine bestimmte Anzahl von Produkten auf einer Kategorieseite bereit (die Anzahl legen Sie selbst unter GRUNDEINSTELLUNGEN • STOREFRONT • KATEGORIEN/LISTING • ARTIKEL PRO SEITE fest). Standardmäßig werden 12 Artikel auf einer Kategorieseite angezeigt. Bei mehr Artikeln kann der Kunde sich dann durch verschiedene Seiten dieser Kategorie klicken. Durch das Infinite Scrolling wird das Durchklicken aufgehoben, kommt der Besucher an das ursprüngliche Ende der Kategorieseite werden weitere Artikel nachgeladen, sodass das Durchklicken durch die einzelnen Seiten entfällt. Der Wert im Feld SEITENANZAHL FÜR INIFINITE SCROLLING bezeichnet die Anzahl der nachgeladenen Seiten, in diesem Fall würden also bis zu vier Kategorieseiten oder auch 48 Artikel (da standardmäßig je Seite 12 Artikel angezeigt werden) nachgeladen. Sobald vier Kategorieseiten nachgeladen wurden, erhält der Kunde dennoch die Möglichkeit, sich durch weitere Seiten zu klicken. Sollten Sie also viele Artikel verkaufen und das Infinite Scrolling komplett nutzen wollen, sollte der Wert unter Seitenanzahl für Infinite Scrolling auch möglichst hoch gesetzt werden.

Die nächste Einstellung bezieht sich auf die Produktdetailseite. Geben Sie hier an, wie tief Ihre Kunden in die Produktbilder hineinzoomen dürfen. Ich empfehle Ihnen den Standardwert *Automatisch (Originalgröße)* vom ZOOMFAKTOR DER BILDBOX ❼. Weitere Möglichkeiten sind *Kein Zoom* oder *2- bis 5-facher Zoom*. Sollten Sie einen zu hohen Zoom einstellen, kann es vorkommen, dass die gezoomten Bilder zu schwammig dargestellt werden. Dies wirkt nicht sehr professionell, daher ist es ratsam, die Standardeinstellung auf den Auto-Fokus zu belassen.

Falls ein Besucher mit einem mobilen Apple-Gerät, wie einem iPhone, sich Ihren Shop als Lesezeichen auf seinen Home Screen legt, können Sie den dort gespeicherten Namen beeinflussen. Tragen Sie diesen Namen unter APPLE WEB APP TITLE ❽ ein. Ist dort nichts hinterlegt, wird der reguläre Shopname gespeichert, den Sie in den Grundeinstellungen • Shopeinstellungen • Shops • Name, eingetragen haben.

Eine weitere wichtige Einstellung ist, wie ein Variantenwechsel geladen wird. Standardmäßig ist VARIANTEN WECHSEL ÜBER AJAX ❾ aktiv. Das heißt, die Seite wird bei einem Wechsel der Varianten auf der Artikeldetailseite nicht neu geladen. Deaktivieren Sie diese Option, wird bei jedem Wechsel die Artikelseite neu geladen. Empfehlenswert ist es, die Option aktiviert zu lassen.

Gleiches gilt für die Option JAVASCRIPT ASYNCHRON LADEN ❿. Dabei wird der Shop in zwei Stufen geladen: HTML- und CSS-Dateien werden direkt aufgerufen, das Grundgerüst vom Shop wird vorgeladen. Im zweiten Schritt werden alle JavaScript-Inhalte, wie z.B. die Einkaufswelten, nachgeladen. Das sorgt dafür, dass der Shop schneller geladen wird und Ihr Kunde bereits frühzeitig ein Zwischenergebnis sieht. Standardmäßig ist diese Option aktiviert, und es empfiehlt sich, diese Option auch dauerhaft aktiviert zu lassen.

In den erweiterten Einstellungen haben Sie die Möglichkeit, Pfade zu zusätzlichen CSS-Dateien und JavaScript-Bibliotheken ⓫ anzugeben. Damit können Sie zum Beispiel den Google Analytics Code integrieren (wie in Abbildung 6.4 zu sehen), ohne dafür ein Plugin einsetzen zu müssen. Dazu wird der komplette Link zur CSS-Datei oder das komplette Skript angegeben, wie zum Beispiel:

```
<script type="text/javascript">

var _gaq = _gaq || [];
_gaq.push(['_setAccount', "UA-XXXXXXXX-X"]);
_gaq.push(['_gat._anonymizeIp']);
_gaq.push(['_trackPageview']);
(function() {
var ga = document.createElement('script');
ga.type = 'text/javascript';
ga.async = true;
ga.src = ('https:' == document.location.protocol ? 'https://ssl' : 'http://www') + '.google-analytics.com/ga.js';
(document.getElementsByTagName('head')[
0] || document.getElementsByTagName('body')[0]).appendChild(ga);
})();

</script>
```

6.2.3 Die Farb-Konfiguration des Responsive Themes

Hinter dem Reiter FARB-KONFIGURATION verbirgt sich mehr als die bloße Angabe von Farbcodes. In diesem Reiter wird das allgemeine Aussehen des Shops in Farben, Schriftarten, Button- und Tabellengestaltung definiert. Diesem großen Bereich sollten Sie erhöhte Aufmerksamkeit schenken, um am Ende ein stimmiges Gesamtbild zu erzeugen.

Da die Bezeichnungen innerhalb des Reiters FARB-KONFIGURATION nicht sehr eingängig sind, werden in diesem Kapitel Screenshots aus dem Shop Frontend gezeigt und dort auf die jeweiligen Konfigurationen innerhalb der Theme-Konfiguration verwiesen.

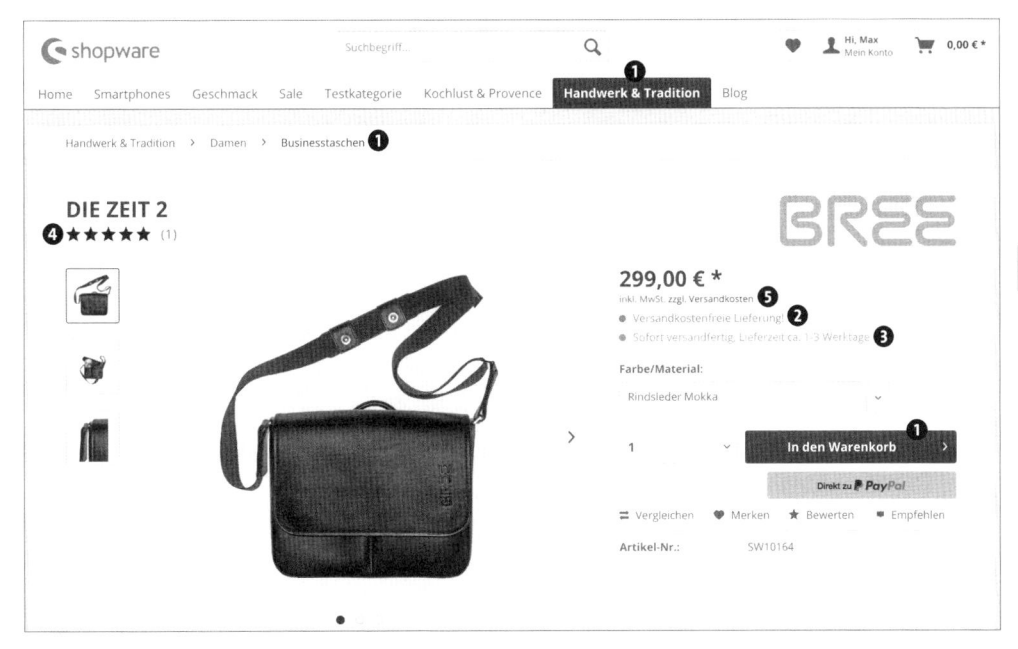

Abbildung 6.5 Farb-Konfiguration der Artikel-Detailseite

Eine der wichtigsten Farben ist die *@brand-primary*. Diese wird vorwiegend für elementare Bestandteile des Shops genutzt. Wie in Abbildung 6.5 zu sehen ist, betrifft dies maßgeblich eine aktive Kategorie in der Navigation ❶. Wichtig ist auch die Farbe des In-den-Warenkorb-Buttons und der aktiven Kategorie in der Breadcrumb-Darstellung. Zusätzlich zu den hier zu sehenden Elementen wird die @brand-primary-Farbe noch für aktive Icons, den Grundpreis (sofern dieser im Artikel angegeben wurde) sowie für die Icons im Check-outheader, welche den Fortschritt in der Bestellung anzeigen, verwendet. Weiterer wichtiger Wert aus Abbildung 6.5 ist die Angabe zur versandfreien Lieferung ❷. Hier passen Sie den Farbwert unter *@highlight-info* an. Standardmäßig ist es das helle Blau. Den Hinweistext darunter (*Sofort versandfertig [...]*❸) ändern Sie mit dem Farbwert *@highlight-success*. Dieser Wert wird für alle Erfolgsmeldungen genutzt, wie z. B. eine erfolgreiche Newsletter-Anmeldung, oder dann, wenn ein Produkt erfolgreich im Warenkorb platziert wurde.

Die Bewertungssterne ❹ hören auf den Wert *@rating-star-color*. Diesen Wert nutzen Sie standardmäßig mit dem Farbwert aus *@highlight-notice*.

Interne und externe Verlinkungen ❺ ändern Sie mit dem Wert *@link-color*. Sofern Sie die Standardeinstellungen belassen, wird hier der Farbwert der *@brand-primary* genommen. Als Akzentfarbe ist dies aus meiner Sicht sehr sinnvoll, sodass ich empfehle, diesen Wert so zu belassen. Außerdem gibt es die Möglichkeit, die Linkfarbe zu bestimmen, sobald die Maus über dem Link schwebt (hover). Ändern Sie dazu den Wert *@link-hover-color*.

Auf einer Artikelseite und auch auf allen anderen Seiten darf natürlich Text nicht fehlen. Die Farbe definieren Sie über *@text-color*. Im Standard wird hier der Farbwert aus *@brand-secondary* genutzt. Dies ist grundsätzlich in Ordnung. Jedoch sollten Sie den Wert bei einer zu hellen oder unpassenden Farbe ändern. Das klassische Schwarz oder ein Anthrazit-Ton ist sicherlich nicht verkehrt. Ein zweiter Text-Farbwert ist *@text-color-dark*. Dieser wird maßgeblich für Überschriften, Artikelnamen, Kategorienamen, den Namen eines Blogbeitrags und auch für den Preis eines Produkts verwendet.

Weitere wichtige Konfigurationen, die alle Webshop-Seiten betrifft, finden Sie in der Theme-Konfiguration unter TYPOGRAFIE. Dort legen Sie die Werte für die Schriftarten fest.

Zunächst können Sie eine Schriftart festlegt, die für normale Textpassagen gelten soll. Diese definieren Sie unter *@font-base-stack*.

> **Neue Schriftarten per Plugin**
> Leider liefert Shopware an dieser Stelle nur Standard-Schriftarten mit. Wenn Sie weitere Schriftarten einbinden möchten, so geht dies recht simpel über verschiedene Plugins aus dem Shopware Store. Wenn Sie dort nach *Font* suchen, finden Sie aktuell drei Plugins, welche die Einbindung von Google Web Fonts übernehmen. Damit binden Sie in kürzester Zeit über 700 Schriftarten ein und verleihen Ihrem Shop so einen individuellen Anstrich.

Überschriften wie eine H1- oder H2-Überschrift werden mit *@font-headline-stack* angesprochen. Standardmäßig wird hier der Wert der regulären Text-Schriftart (*@font-base-stack*) genommen. Die Schriftgröße eines regulären Textes, wie eine Artikelbeschreibung, legen Sie in *@font-size-base* fest. Der Standardwert 14 ist für die meisten Shops gut, nicht zu groß und nicht zu klein. Je nachdem, wie der Rest Ihres Shops aufgebaut ist, kann die Schriftgröße natürlich variiert werden. Auch können Sie die Strichstärke und damit die Dicke der Buchstaben festlegen. Den Basiswert definieren Sie unter *@font-base-weight*. Standardmäßig sind hier 500 angegeben, was auch der regulären Strichstärke, wie Sie es von anderen Webseiten kennen, entspricht. Um Akzente innerhalb eines Textes zu setzen, kann es hilfreich sein, die Strichstärken zu verdünnen, dieser Wert wird im @font-light-weight mit standardmäßig 300 angegeben. Auch dieser Wert ist für die meisten Anwendungsfälle richtig. Häufiger als einen Text dünner darzustellen, ist diesen zu fetten. Unter *@font-bold-weight* wird schließlich die Strichstärke angegeben, sobald ein Text gefettet wird. Auch 700 ist hier ein Standardwert, den Sie im Regelfall nicht ändern müssen.

Zusätzlich zur Konfiguration der regulären Texte, gibt es auch die Möglichkeit, die Schriftgrößen aller Überschriften-Arten zu definieren:

- *@font-size-h1*: Größe der H1-Überschrift, Standardwert 26

  H1-Überschriften sind z. B. die Artikelnamen auf Artikeldetailseiten, Kategorieüberschriften auf Kategorieseiten **oder** Überschriften auf Shopseiten wie dem Impressum.

- *@font-size-h2* bis *@font-size-h6*: Größe der H2- bis H6-Überschriften

  Diese Art der Überschriften definieren Sie in Artikelbeschreibungen oder Kategorietexten selbst.

Wichtige Elemente in einem Onlineshop sind Buttons. Diese richten Sie in der Theme-Konfiguration im Reiter BUTTONS & PANELS ein. Die Darstellung von Buttons hat innerhalb von Shopware eine hohe Bedeutung. Diese Buttons teilen sich in Default Button, Primary Button sowie Secondary Button auf.

Der erste Wert, den Sie in der Konfiguration definieren können, ist die Schriftgröße innerhalb der Buttons. Diese ist unter *@btn-font-size* mit 14 bereits auf einen guten Wert eingestellt. Auch die Icons haben eine eigene Schriftgröße, die unter *@btn-icon-size* mit 10 Pixeln ebenfalls bereits einen guten Wert haben.

Zunächst werden hier die Default Buttons betrachtet. Diese sind zuständig für die Buttons MEIN KONTO, MERKZETTEL, WARENKORB, WARENKORB BEARBEITEN sowie für den LÖSCHEN-Button, wie in Abbildung 6.6 zu sehen ist.

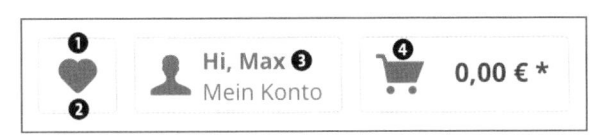

Abbildung 6.6 Farben konfigurieren

So können Sie auch Farbverläufe innerhalb der Buttons einfügen. *@btn-default-top-bg* stellt dabei den Farbwert für den oberen Teil der Buttons dar ❶, während *@btn-default-bottom-bg* den Farbwert für den unteren Teil definiert ❷. Wichtig ist dazu auch die Definition der Button-Text-Farbe, die dem Text ❸ sowie dem Icon ❹ zugewiesen wird. Tragen Sie diesen Wert in *@btn-default-text-color* ein.

Neben dem regulären Aussehen der Buttons können Sie auch Farbwerte angeben, die erscheinen, sobald die Maus über dem Button schwebt (hover). Dabei kann nur ein Farbwert unter *@btn-default-hover-bg* angegeben werden. Die Rahmenfarbe eines Buttons wird mit den Einträgen in *@btn-default-border-color* (Standardrahmenfarbe) und *@btn-default-hover-border-color* (Farbe bei hover). Nachfolgend bearbeiten Sie den Primary Button, der ein zentrales Element in Ihrem Onlineshop ist. Die Konfiguration des Primary Buttons wird maßgeblich bei allen relevanten Buttons zum Tragen kommen:

- Kategorien:
  - Filter
  - Zum Produkt
  - Weitere Artikel laden
  - In den Warenkorb
- Registrierung:
  - Anmelden
  - Weiter
- Kaufprozess:
  - Zur Kasse
  - Zahlungspflichtig bestellen
  - Bestellbestätigung jetzt ausdrucken
- Weitere:
  - Senden (In den Formularen)
  - Mehr lesen (Im Blog)
  - Vergleich starten (Wenn Artikel auf die Vergleichen-Liste gelegt wurden)

Abbildung 6.7 Einen Primary Button gestalten

Wie schon in den Default Buttons können auch die Primary Buttons mit einem Farbverlauf und mit einer Hover-Farbe versehen werden. Die dafür vorgesehenen Zeilen heißen ganz ähnlich:

- *@btn-primary-top-bg*: obere Farbe eines Primary-Buttons
- *@btn-primary-bottom-bg*: untere Farbe eines Primary-Buttons
- *@btn-primary-hover-bg*: Farbe, die erscheint, sobald die Maus über dem Button schwebt

Auch die Textfarben können Sie definieren:

- *@btn-primary-text-color*: reguläre Textfarbe im Button
- *@btn-primary-hover-text-color*: Textfarbe bei hover

Es gibt noch eine weitere Button-Art, diese wird als Secondary Button bezeichnet. Secondary Buttons sind für zweitrangige Shop-Funktionen sinnvoll:

- Kategorien:
  - Vergleichen
  - Jetzt bestellen
- Vergleich:
  - Vergleich löschen
- Blog:
  - Vergleichen
- Warenkorb:
  - Weiter shoppen
- Check-out:
  - Ändern
  - Andere
  - Zurück zum Shop

Die Logik in der Konfiguration der Secondary Buttons ist die gleiche wie bei den Primary Buttons. Die Bezeichnung der einzelnen Teilstücke ändert sich lediglich von *@btn-primary* zu *@btn-secondary*.

Neben den Buttons werden auch sogenannte *Panels* im Reiter BUTTONS & PANELS definiert. Panels sind zum Beispiel:

- Artikelboxen in der Kategorie
- Kategorietext
- Cross-Selling Slider
- Formulare
- Blog-Teaser auf einer Blog-Übersichtsseite

Der Header der Panels besteht aus einer Hintergrundfarbe und einer Überschrift. Die Hintergrundfarbe ändern Sie über die Klasse *@penal-header-bg*, die Größe der Überschrift über *@panel-header-font-size*. Die Textfarbe der Überschrift legen Sie mit *@panel-header-color* fest. Panels haben auch Rahmen, die im *@panel-border* definiert werden können. Um ein einheitliches Bild im gesamten Shop zu gewährleisten, sollten Sie den Standardwert belassen, der die allgemeine Rahmenfarbe im Shop darstellt. Den Hintergrund eines Panels definieren Sie mit *@panel-bg*. Grundsätzlich können die Standardwerte hier bestehen bleiben, da sich diese mit hellen Farben gut in das Shop-Konstrukt einfügen.

Als Nächstes werden die Formulare konfiguriert. In der Theme-Konfiguration finden sich die Optionen unter FARB-KONFIGURATION • FORMULARE.

In den Formularen gibt es die Option, eine separate Schriftgröße anzugeben. Das betrifft dann die Schriftgrößen der Platzhalter-Texte, also die Texte, die von den Kunden in die Formulare geschrieben werden oder auch die Texte der Checkboxen. Die Textgröße ❶ legen Sie unter *@label-font-size* fest. Es ist sinnvoll, die Schriftgröße im gesamten Shop einheitlich zu gestalten, also hier auch den Wert einzutragen, der unter TYPOGRAFIE • @FONT-SIZE-BASE steht. Das Gleiche gilt für Schriftfarben. Unter *@label-color* wird die Schriftfarbe der Formular-Beschriftung (wie z. B. Anrede* aus Abbildung 6.8) definiert. Im Standard wird hier der Wert der regulären Schriftfarbe genutzt, was aus Gründe der optischen Einheit Ihres Shops sehr zu empfehlen ist.

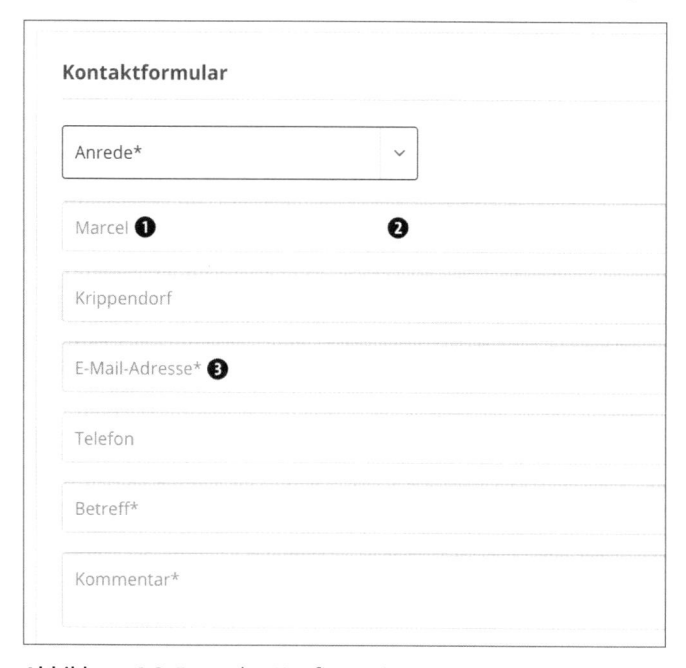

Abbildung 6.8 Formular-Konfiguration

Im Abschnitt Globales Formular-Styling in der Formular-Konfiguration werden alle Input-Werte definiert. Wenn Ihr Besucher etwas in ein Formular tippt, werden die Input-Werte aktiv.

Zunächst definieren Sie auch hier wieder die Schriftgröße unter *@input-font-size*. Hier ist der gleiche Wert wie in @label-font-size empfehlenswert, voreingestellt ist dies bereits. Es folgt das *@input-bg*, das die Hintergrundfarbe der Eingabefelder beschreibt ❷. Dort ist bereits ein heller Wert angegeben, was in einem Formular auch sinnvoll ist. Schließlich soll die Hintergrundfarbe eines Eingabefeldes nicht zu dunkel sein, damit der eingegebene Text später auch noch gelesen werden kann.

Unter *@input-color* wird angegeben, mit welchem Farbcode die Texteingabe erfolgt. Regulär wird hier die Sekundärfarbe (@brand-secondary) genutzt. Ich empfehle auch an dieser Stelle, den Wert zu belassen. Mit dieser Methode gibt Ihr Shop ein stimmiges Gesamtbild ab, wenn sich die Primär- und Sekundärfarben häufig wiederfinden.

Die Farbe der Platzhalter in den Eingabemasken (wie z. B. E-Mail-Adresse*) ❸ definieren Sie in *@input-placeholder-color*. Damit sich die Farben voneinander unterscheiden, wird hier im Standard ein leicht hellerer Farbton vorausgewählt als die Standard-Textfarbe aus dem Shop.

Auch die Rahmenfarbe um ein Eingabefeld können Sie ändern, dazu nutzen Sie *@input-border*.

Doch nicht nur das Styling für die Eingabe können Sie ändern. Sie können auch das Aussehen bei verschiedenen Ereignissen wie einer Fehler- oder Erfolgsmeldung verändern. Diese Optionen sind im Abschnitt Formular-Status zu finden.

Sobald Sie Eingabefelder in einem Formular nutzen, werden *@input-focus-bg*, *@input-focus-border* und *@input-focus-color* relevant. Dabei gilt:

- *@input-focus-bg* ist die Hintergrundfarbe für ein Eingabefeld, sobald dieses angeklickt wurde.
- *@input-focus-border* stellt die Rahmenfarbe bereit, sobald ein Eingabefeld angeklickt wurde, standardmäßig ist dies die *@brand-primary*.
- *@input-focus-color* ist die Schriftfarbe, die erscheint, sobald in ein Eingabefeld geklickt wurde, im Standard *@brand-secondary*.

Shopware erkennt Falscheingaben in einem Formular wie dem Kontaktformular, diese werden dem potenziellen Käufer dann auch kenntlich gemacht. Die entsprechenden Farben ändern Sie unter:

- *@input-error-bg* ist die Hintergrundfarbe, die eine Falschangabe kenntlich macht, im Standard wird hier ein abgewandelter Wert aus *@highlight-error* genutzt.
- *@input-error-border* bezeichnet die Rahmenfarbe, um eine Falschangabe erkennbar zu machen, regulär ist dies der gleiche Wert wie unter @highlight-error.

▶ *@input-error-color* ist die Schriftfarbe bei Falschangaben. Standardmäßig ist dies die gleiche Farbe, die unter @highlight-error definiert wurde.

Im Abschnitt Formular-Status finden sich noch weitere Eingabe- und Konfigurationsmöglichkeiten. Diese sind für Erfolgsmeldungen gedacht und werden mit *@input-success-bg*, *@input- success-border* und *@input-success-color* bezeichnet. In den aktuellen Shopware-Versionen werden diese Felder allerdings nicht verwendet. Eine Konfiguration ist also zunächst nicht notwendig. Damit ist an dieser Stelle die Design-Konfiguration der Formulare abgeschlossen. Der letzte Punkt in der Theme-Konfiguration sind die TABELLEN & BADGES. Öffnen Sie dazu den gleichnamigen Reiter.

Eine Tabelle wird zum Beispiel auf der Warenkorb-Seite dargestellt. Auch die Produkteigenschaften werden auf der Artikeldetailseite in einer Tabelle am Ende der Produktbeschreibung dargestellt, wie z. B. in Abbildung 6.9.

Da wäre zunächst die Farbe der Tabellenüberschrift ❶, welche mit *@panel-table-header-bg* definiert wird. Hier wird standardmäßig der Wert @panel-bg genutzt, was zu einer durchgängigen Optik führt. Es ist also sinnvoll, den Wert so zu belassen. Als Nächstes können Sie die Schriftfarbe im Headerbereich der Tabelle ❷ mit *@panel-table-header-color* anpassen. Damit ist die Darstellung eines Tabellen-Header abgeschlossen, die weiteren Optionen beziehen sich auf den Tabelleninhalt.

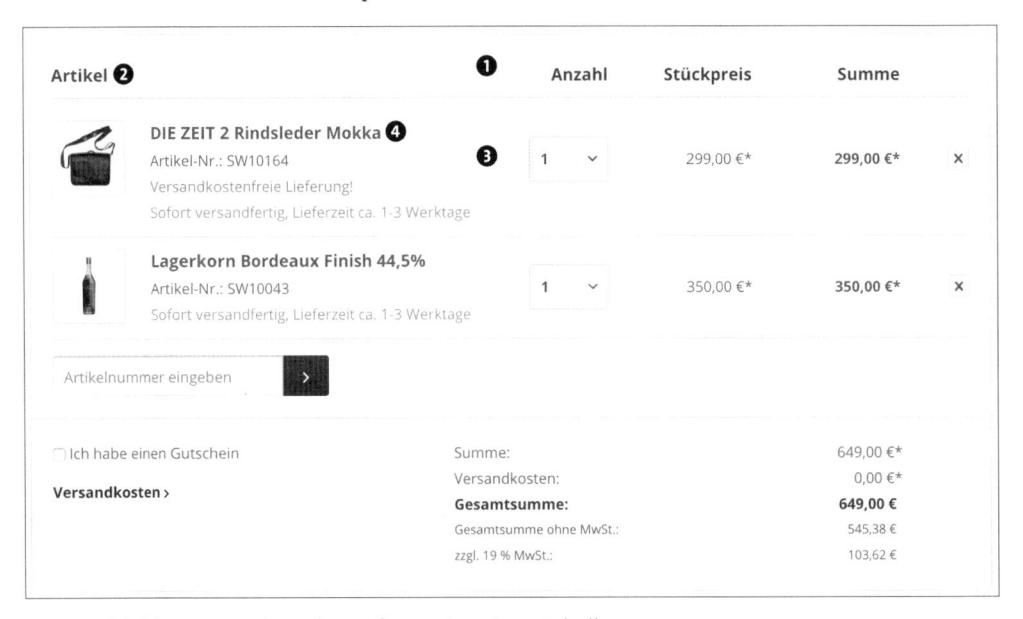

Abbildung 6.9 Die Farb-Konfiguration einer Tabelle

Die Hintergrundfarbe einer Tabelle ❸ wird mit *@table-row-bg* bearbeitet, wobei hier das standardmäßige Weiß gut funktioniert und nicht angepasst werden muss. Um die Leserlichkeit von Tabellen zu erhöhen, hat es sich als praktikabel erwiesen, jede zweite Zeile in einer sich abgrenzenden Farbe darzustellen (nicht in Abbildung 6.9). Diese Konträrfarbe geben Sie unter *@table-row-highlight-color* an. Den hier bereits hinterlegten Wert können Sie ebenfalls in vielen Fällen verwenden, da hier eine Nuance des Wertes *@table-row-bg* genutzt wird. Dies führt zu einer optisch gut durchdachten Tabellen-Darstellung. Die Schriftfarbe innerhalb der Tabellen ❹ legen Sie unter *@table-row-color* fest. Auch hier wieder wird die *@brand-secondary* als Standardwert genutzt. Dies zieht sich durch die gesamte Theme-Konfiguration, sodass Sie auch an dieser Stelle gut beraten sind, diesen Wert zu nutzen.

Tabellen in Fließtexten, wie Sie sie zum Beispiel innerhalb eines Kategorietextes anlegen können, haben zusätzlich noch zwei weitere Werte:

- *@table-header-bg* ist die Hintergrundfarbe für die Tabellenüberschrift.
- *@table-header-color* ist die Schriftfarbe in der Tabellenüberschrift.

Zum Abschluss der Theme-Konfiguration haben Sie die Möglichkeit, die verschiedenen Badges, mit denen Artikel besonders hervorgehoben werden können, zu konfigurieren. Die verschiedenen Badges finden Sie beispielhaft in Abbildung 6.10.

Die erste Option unter Badges & Hinweise geht auf rabattierte Artikel ein. Diese werden mit einem Prozent-Icon und einer deutlich farblichen Markierung hervorgehoben ❻. Unter *@badge-discount-bg* legen Sie die Farbe fest, wobei hier im Regelfall die Farbe aus einer vorherigen Option *@highlight-error* genutzt wird. Dies ist ein starkes Rot. Auch die Icon-Farbe kann unter *@badge-discount-color* festgelegt werden.

Neue Artikel werden für eine gewisse Zeit im Shop ebenfalls mit einem Badge beworben ❺. Die Farbe dafür legen Sie unter *@badge-newcomer-bg* fest, die Textfarbe wiederum unter *@badge-newcomer-color*. Neben der Farbe können Sie den Text innerhalb der Textbausteine ändern. Der entsprechende Textbaustein dafür heißt ListingBoxNew.

In den Artikeldetails können Sie festlegen, ob ein bestimmter Artikel hervorgehoben werden soll. Dann erscheint ein TIPP innerhalb der Kategorien an dem Artikel ❽. Die Farbe für dieses Badge definieren Sie unter *@badge-recommendation-bg*, die Textfarbe unter *@badge-recommendation-color*. Auch diesen Text können Sie in der Textbausteinverwaltung ändern, suchen Sie dazu einfach nach ListingBoxTip und ändern Sie den Text ab. Achten Sie aber darauf, dass der Text ebenfalls sehr kurz in möglichst einem Wort ausfällt, da hier sehr wenig Platz vorhanden ist.

Sofern Sie (auch) Download-Artikel verkaufen, wird das Download-Symbol an den entsprechenden Artikeln auftauchen ❼. Die Farbe dafür ändern Sie unter *@badge-download-bg*, die Icon-Farbe unter *@badge-download-color*.

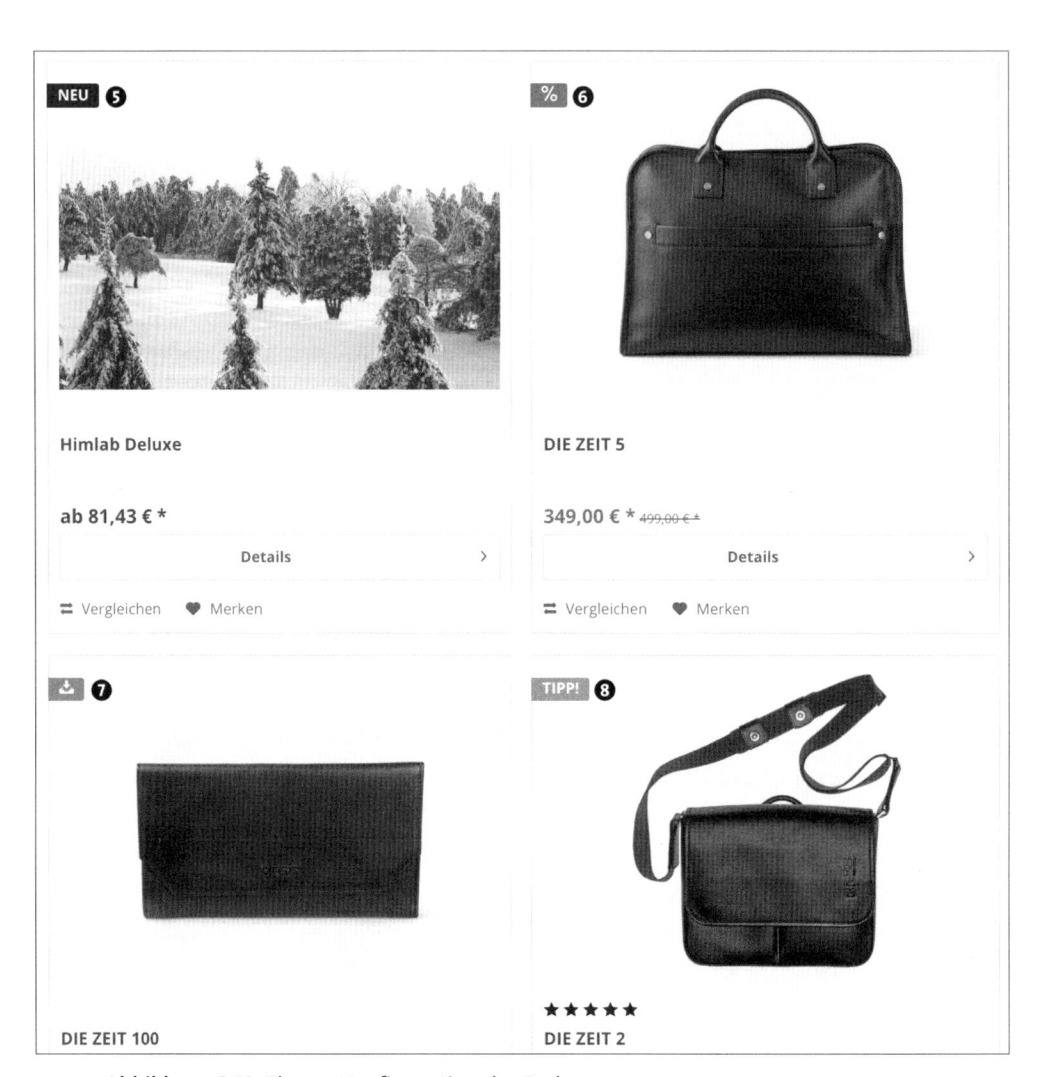

Abbildung 6.10 Theme Konfiguration der Badges

Damit ist die Konfiguration des Responsive Themes abgeschlossen. Wie Sie gemerkt haben, geht dies schon sehr in die Tiefe. Je nachdem, welches Theme Sie gekauft haben, gibt es an der Stelle sogar noch tiefer gehende Optionen und Veränderungen. In jedem Fall ist es ratsam, etwas Zeit der bei Einrichtung des Themes mitzubringen, damit am Ende ein runder und optisch sauberer Gesamteindruck von Ihrem Shop entsteht.

Kapitel 7
Füllen Sie den Shop mit Leben

Das Herzstück eines jeden Onlineshops sind seine Produkte. Ohne Produkte wird nichts verkauft, das ist klar. Mit Shopware haben Sie eine Vielzahl von Möglichkeiten, Produkte anzulegen und diese elegant darzustellen.

In diesem Kapitel lernen Sie alle Möglichkeiten kennen, mit denen Sie Ihre Produkte optimal darstellen und Ihre Abverkaufsraten durch richtige Kategorisierungen, perfekte Filtermöglichkeiten und optimales Cross- und Upselling verbessern.

Ich verwende hier die Ansicht einer Professional Edition. Diese bietet mehr Möglichkeiten, etwa bei der Zuweisung eines Lagerplatzes. Die Community Edition kann an einigen Stellen abweichen und weniger Funktionen beinhalten.

Um einen Artikel in Shopware anzulegen, müssen Sie bestimmte Schritte einhalten. So müssen Sie zwingend einen Hersteller für den neu anzulegenden Artikel erstellen, da dies ein Pflichtfeld bei der Artikelanlage ist. Ohne die Herstellerangabe können Sie nicht speichern. Daher ist es sinnvoll, den Hersteller schon vor dem Artikel anzulegen.

Weitere Schritte können dann aber der eigenen Arbeitsweise angepasst werden, da es keinen vorgegebenen Weg gibt. So können Sie z. B. die Kategorien erst nach den Artikeln anlegen und per Massenzuweisung alle Artikel einer Kategorie mit einmal zuweisen. Oder Sie legen die Kategorien vor den Artikeln an, um bei der Artikelanlage die korrekte Kategorie direkt zuzuweisen. Wobei dies maßgeblich nur zu Beginn der Shop-Einrichtung relevant sein wird.

Wie Sie sehen, gibt es mehrere Wege mit Shopware ans Ziel zu kommen. Hier wird die Reihenfolge sein: erst die Artikel, dann die Kategorien.

7.1 Hersteller anlegen

Da der Hersteller bei der Artikelanlage ein Pflichtfeld ist, ohne das Sie den Artikel nicht speichern können, ist es also sinnvoll, den zum neuen Produkt passenden Hersteller im Vorfeld anzulegen.

Öffnen Sie dazu ARTIKEL • HERSTELLER. Klicken Sie anschließend auf HINZUFÜGEN, öffnet sich diese Eingabemaske.

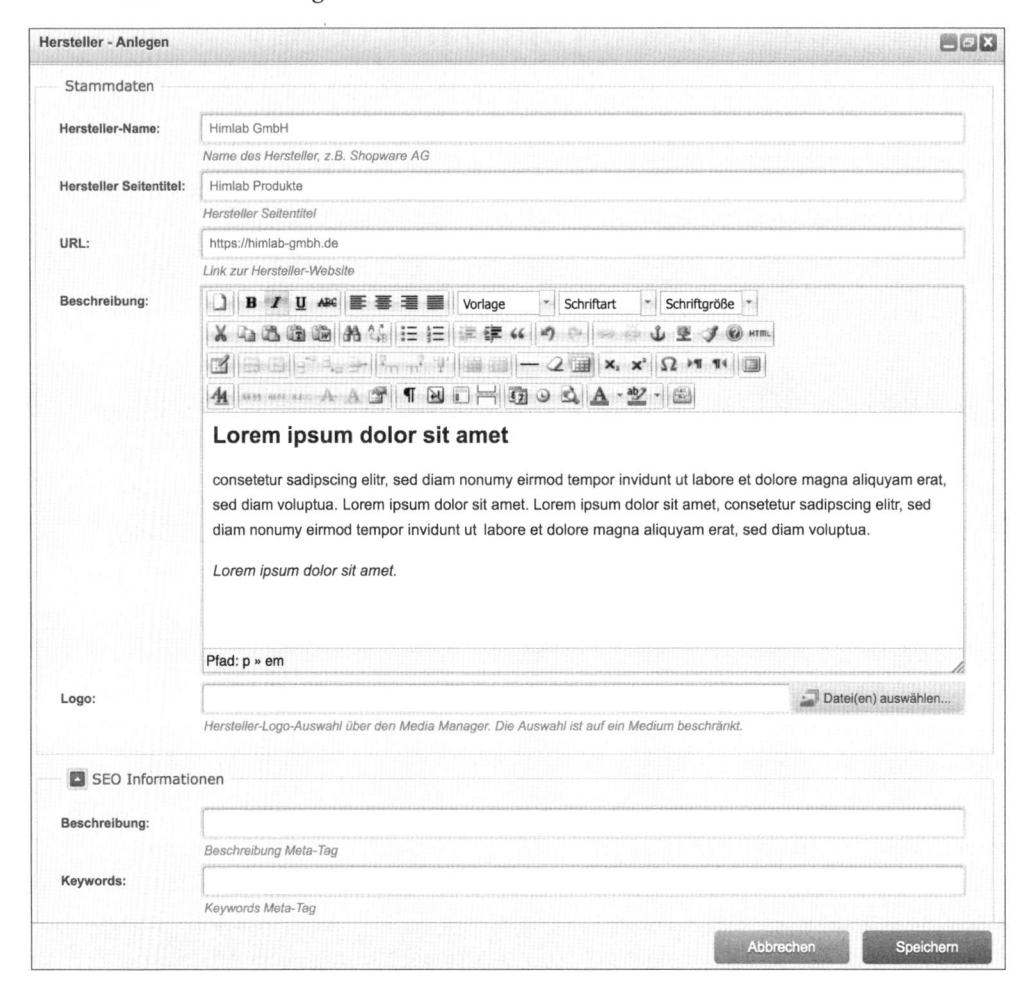

Abbildung 7.1 Einen Hersteller anlegen

Zunächst benennen Sie den Hersteller in der ersten Zeile HERSTELLER-NAME. Das ist ein Pflichtfeld und sollte den offiziellen Namen des Herstellers beinhalten. Zudem wird die Herstellerseite, die alle Produkte des Herstellers in Ihrem Shop aggregiert, mit dem Herstellernamen erstellt. In diesem Fall wäre das z. B. *https://ihr-shop.de/himlab-gmbh*.

Im Feld HERSTELLER SEITENTITEL können Sie einen Titel für die Herstellerseite im Shop eintragen. Der Titel ist im Tab des Browsers zu sehen. Für die Himlab GmbH würde der Seitentitel entsprechend so aussehen: **Himlab Produkte | Ihr Shop**. Außerdem können Sie noch einen Link zum Internetauftritt des Herstellers unter URL eintragen. Diese wird nicht im Shop zu sehen sein. Zwar wird das LOGO, das auf der Artikelseite angezeigt wird, verlinkt. Dieser Link führt jedoch auf die interne Herstellerseite, sodass dort interessierte Kunden alle Produkte des Herstellers sehen können.

Die BESCHREIBUNG des Herstellers wird ebenfalls auf dessen Seite in Ihrem Shop angezeigt. Hier können Sie die Geschichte und spannende Anekdoten zum Unternehmen und dessen Produkte erzählen. Zudem können Sie hier auch mit Bildern und Videos arbeiten, um die Seite ansprechend zu gestalten.

Natürlich haben Sie auch die Möglichkeit, die Herstellerseiten für Suchmaschinen zu optimieren. Dies geschieht in den SEO INFORMATIONEN. Hinterlegen Sie in der Beschreibung einen möglichst knackigen Text, der rund 150 bis 260 Zeichen umfassen sollte. Standardmäßig spielt Google rund 150 Zeichen aus, dies kann aber unter Umständen auf bis zu 260 Zeichen erhöht werden. Die Beschreibung wird in den Google-Suchergebnissen angezeigt. Damit steuern Sie aktiv, wie Sie Ihr Angebot bewerben und es wahrgenommen wird. Tragen Sie hier keine Beschreibung ein, wird Google selbstständig eine erstellen. Die KEYWORDS haben inzwischen eine untergeordnete Rolle in der Suchmaschinenoptimierung eingenommen. Damit wurden früher an Google beschreibende Schlüsselwörter und Synonyme angegeben, die die Webseite umschreiben sollten. Inzwischen ist die Technik allerdings so intelligent, dass die Webseiten selbst gut eingeschätzt werden können. Eine aktive Pflege der Keywords wird Ihnen also eher keine Vorteile verschaffen.

7.2 Neuen Artikel anlegen

Öffnen Sie dazu ARTIKEL • ANLEGEN. Anschließend öffnet sich eine Eingabemaske. Hier können Sie den Artikel anlegen. Beschäftigen Sie sich zunächst mit den Stammdaten.

7.2.1 Die Stammdaten des Artikels

Als Erstes wählen Sie einen HERSTELLER aus der Drop-down-Liste aus. Diese Liste wird gepflegt und erstellt in der HERSTELLER-VERWALTUNG. Taucht ein Hersteller in der Liste also nicht auf, müssen Sie diesen erst in der Verwaltung anlegen.

Als Nächstes wählen Sie die ARTIKEL-BEZEICHNUNG. Dieses Feld könnte auch als Titel bezeichnet werden. Hier sollten Sie auf eine gute, kurze Beschreibung achten, die auch potenzielle Keywords enthält. Dieses Feld ist relevant für die Shop-Suche. Zudem wird die Bezeichnung in den Kategorien zu lesen sein und gilt als Überschrift für die Produktdetailseiten.

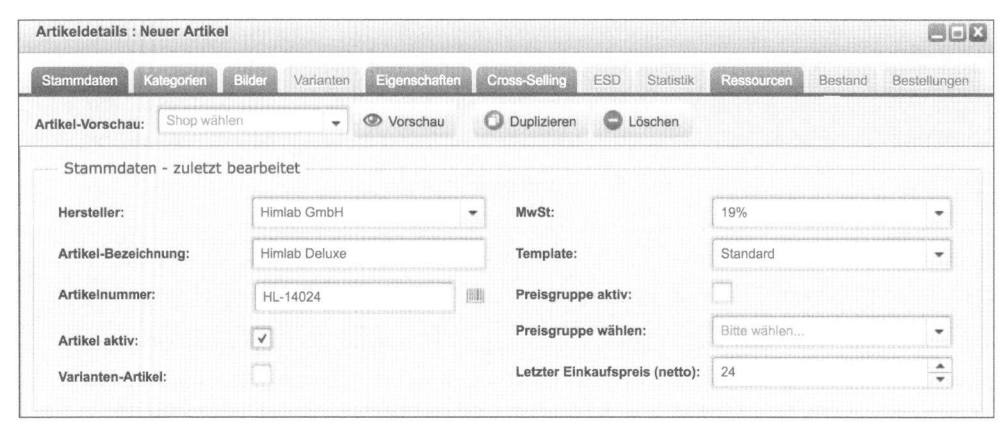

Abbildung 7.2 Stammdaten zum Artikel

Dann folgt die Artikelnummer. Diese können Sie frei mit Zahlen und Buchstaben, Komma und Unterstrich vergeben. Weitere Sonderzeichen sind nicht erlaubt. Übrigens, wenn Sie immer ein Präfix verwenden möchten, können Sie diesen in den Grundeinstellungen festlegen. Unter ARTIKEL • ARTIKELNUMMERN wählen Sie aus, dass Shopware automatisch Vorschläge für die Artikelnummern macht – diese besteht dann aus dem Präfix und einer fortlaufenden, fünfstelligen Nummer. Unter PRÄFIX FÜR AUTOMATISCH GENERIERTE ARTIKELNUMMERN wählen Sie den Zeichensatz, der ab sofort immer vor die Artikelnummer gesetzt werden soll.

In diesem Beispiel lege ich noch keinen Varianten-Artikel an. Dies folgt erst in Abschnitt 7.5. Auf der rechten Seite setzen Sie noch den MWST-Satz fest. Standardmäßig finden Sie zwei Sätze vor, 19 % und 7 %. Wenn Sie weitere oder andere Steuersätze benötigen, können Sie diese in den Grundeinstellungen anlegen. Die Einstellungen dort finden Sie unter SHOPEINSTELLUNGEN • STEUERN.

In der Regel werden Sie unter Template den Standard auswählen. Um mehr Individualisierung in den Shop zu bekommen, können Sie aber auch eigene Templates für Produktdetailseiten erstellen und diese entsprechend zuweisen.

> **Weniger ist mehr**
>
> Natürlich können Sie mit dieser Funktion einiges aus Shopware und dem Shop herausholen. Allerdings sollten Sie diese Funktion mit Fingerspitzengefühl anfassen. Zu viele verschiedene Templates empfehlen sich nicht, da es sonst schnell unübersichtlich und chaotisch wirkt und die Kunden eher abschrecken könnte.

Mit PREISGRUPPEN können Sie mit einigen wenigen Einstellungen grundsätzliche prozentuale Staffelrabatte einräumen. Hierbei sollten Sie aber im Vorfeld entscheiden, ob Sie prozentuale Rabatte durch die Preisgruppen nutzen oder individuelle Staffelpreise (auch hier sind Prozentangaben möglich) angeben möchten.

Entscheiden Sie sich für fest definierte prozentuale Rabatte, bestimmen Sie die unter GRUNDEINSTELLUNGEN • ARTIKEL • PREISGRUPPEN, siehe Abbildung 7.3. Legen Sie eine neue Preisgruppe an, benennen Sie diese aussagekräftig und definieren Sie die Rabatte auf Basis der Kundengruppen.

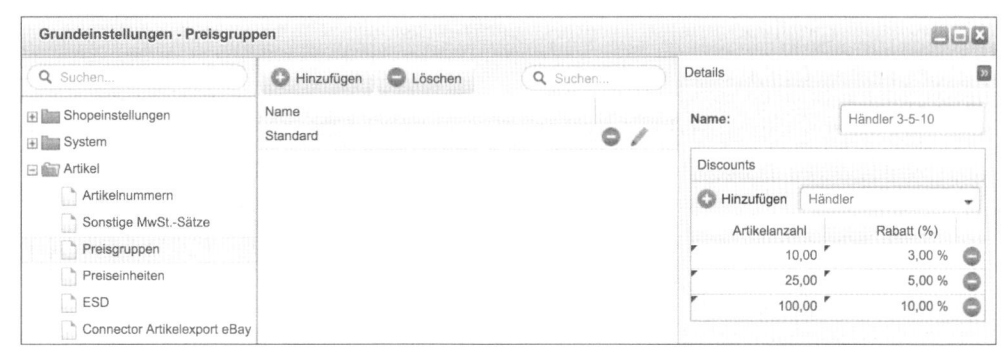

Abbildung 7.3 Preisgruppe für Händler

Sie können hier auch für verschiedene Kundengruppen unterschiedliche Preisstaffeln festlegen. Schalten Sie dazu einfach zwischen den Kundengruppen hin und her.

Möchten Sie lieber Staffelpreise nutzen oder gar keine Rabatte geben, lassen Sie dieses Feld hier frei. Zuletzt geben Sie noch Ihren EINKAUFSPREIS ein. Leider lassen sich für den Einkaufspreis keine Staffelpreise hinterlegen, sondern nur ein fester Wert.

7.2.2 Preise, Staffelpreise, Pseudopreise

Das ist der wohl interessanteste Bereich, in dem Sie auch viele Optionen und Möglichkeiten vorgegeben bekommen. Zunächst sollten Sie wissen: Preise können je Kundengruppe unterschiedlich angelegt werden.

Abbildung 7.4 Preise für die einzelnen Kundengruppen

Mit Kundengruppen können Sie Ihre Kunden einteilen und individuell verwalten. Mögliche Beispiele:

- Sie verkaufen aus Shopware heraus auf eBay und Amazon und können je nach Plattform und Gebührenstruktur verschiedene Preise anlegen.
- Für Händler hinterlegen Sie direkt Netto-Preise.
- Sie unterscheiden zwischen Neu- und Stammkunden.

In diesem Beispiel sind für die STAMMKUNDEN drei STAFFELPREISE angelegt und unterschiedlich berechnet. Den Preis bis 12 Stück lege ich auf 85,00 € fest. Den Preis lege ich im Vorfeld fest, und die MARGE wird entsprechend dem Netto-Ergebnis berechnet. In der zweiten Position hingegen beziehe ich mich auf den Verkaufspreis von 85 Euro und gebe darauf einen Brutto-Rabatt von 25 %. Das ergibt einen Brutto-VERKAUFSPREIS von 63,75 Euro.

Im letzten Staffelpreis, der ab 26 gekauften Artikeln beginnt, beträgt der Brutto-Verkaufspreis sogar nur noch 42,50 Euro, was einer Netto-Marge von 50 % entspricht.

Mit dieser Logik können Sie nun für die weiteren Kundengruppen Preise und Preisstaffeln anlegen. Bitte achten Sie auch auf die Bezeichnung in den Reitern. Ist dort Netto aufgeführt, so handelt es sich auch um Netto-Preise. Die Steuern werden in diesem Fall im Shop automatisch aufgerechnet. Möchten Sie die Berechnung ändern und beispielsweise ausgewiesene Netto-Preise doch als Brutto-Preis berechnen, stellen Sie dies in den GRUNDEINSTELLUNGEN • SHOPEINSTELLUNGEN • KUNDENGRUPPEN ein. Wählen Sie die betreffende Kundengruppe, und setzen Sie in diesem Beispiel den Haken bei EINGABE BRUTTOPREISE.

Mit der Spalte PSEUDOPREIS können Sie einen ehemaligen Preis angeben, sofern der Artikel zum jetzigen Zeitpunkt günstiger ist. Dieser Preis wird dann durchgestrichen im Shop zu sehen sein und signalisiert dem Kunden so eine Ersparnis.

7.2.3 Lagerplätze und Mindestbestand

Nach dem Preis-Abschnitt folgt der Lagerbestand. In der Community Edition folgt direkt die Artikelbeschreibung. Dort haben Sie eine sehr einfach gehaltene Lagerverwaltung in den EINSTELLUNGEN. Tragen Sie dort den Lagerbestand im entsprechenden Feld ein. Die Auswahl von Lagern und Lagerplätzen steht Ihnen in der Community Edition nicht zur Verfügung.

In der Professional Edition finden Sie an dieser Stelle den LAGER-MINDESTBESTAND. Hier sollte berücksichtigt werden, wie lange Ihr Lieferant benötigt, um bei Bestellungen neue Ware zu liefern und wie viel Artikel pro Tag verkauft werden.

Nehmen wir an, Ihr Lieferant benötigt 4 Tage, um Ihnen Ware nach einer Bestellung zu senden. Sie verkaufen in der Regel alle 2 Tage einen Artikel. Dann wäre hier der ideale Lager-Mindestbestand 2, damit Sie nie ausverkauft sind.

Als Nächstes entscheiden Sie, was passiert, wenn Sie doch einmal ausverkauft sind. Soll der Verkauf regulär weitergehen, also in einem Minusbestand oder sollen die Kunden sich für eine Mitteilung eintragen können, um bei Wiedereintreffen des Artikels benachrichtigt zu werden?

Soll der Verkauf regulär weitergehen, ignorieren Sie bitte den Haken bei ABVERKAUF – ARTIKEL BEI VERFÜGBAR <= 0 NICHT BESTELLBAR.

Soll der Verkauf eingestellt werden, die Kunden sich aber in eine E-Mail-Benachrichtigung eintragen können, müssen mehrere Faktoren berücksichtigt werden. Alle Informationen dazu finden Sie in Abschnitt 7.2.8.

Nun weisen Sie dem Artikel ein LAGER und einen direkten LAGERPLATZ zu, damit Sie und Ihre Logistik wissen, wo der Artikel zu finden sein wird. An dieser Stelle können Sie auch manuelle Umbuchungen, durch z. B. Inventuren, vornehmen. Auch können Sie mehrere Lager mit verschiedenem LAGERBESTAND angeben. Bei der Bestellbearbeitung wählen Sie dann später aus, aus welchem Lager der Artikel genommen wurde. An dieser Stelle wird dann auch die Bestandsänderung durchgeführt.

Haben Sie Artikel, die keiner Lagerführung bedürfen, z. B. Dropshipping-Artikel, können Sie die Lagerhaltung auch komplett deaktivieren. Dies geschieht durch die Aktivierung des Feldes BESTANDSFÜHRUNG – ARTIKEL IST NICHT BESTANDSGEFÜHRT.

7.2.4 Das Herzstück – die Artikelbeschreibung

Nun kommen wir zu einem der spannendsten und wichtigsten Teile im Onlineshop-Puzzle: die Artikelbeschreibung. Hier machen Sie den Kunden Ihr Produkt schmackhaft.

Wie Sie in Kapitel 5 erfahren haben, können Sie dem produktverantwortlichen Mitarbeiter den *Erweiterten Editor* freischalten. Unter anderem an der Stelle der Produktbeschreibung entfaltet der erweiterte Editor seine Möglichkeiten und ist in diesem Beispiel freigeschaltet.

Sie können die einzelnen Schriftebenen definieren (Überschrift 1–6, Absatz, normaler Text …), Schriftarten und -größen verändern, Bilder, Tabellen und Links einfügen und vielen mehr, was Sie bereits von Word und Co. kennen.

Wenn Sie fit in HTML sind, können Sie ebenfalls tiefer in die Darstellung einsteigen und über den HTML-Button den Code aufrufen, womit Sie noch mehr Möglichkeiten (z. B. Videoeinbindung) haben werden. Testen Sie sich aus. Wie immer, wenn es um Inhalte geht: Ihrer Kreativität sind keine Grenzen gesetzt.

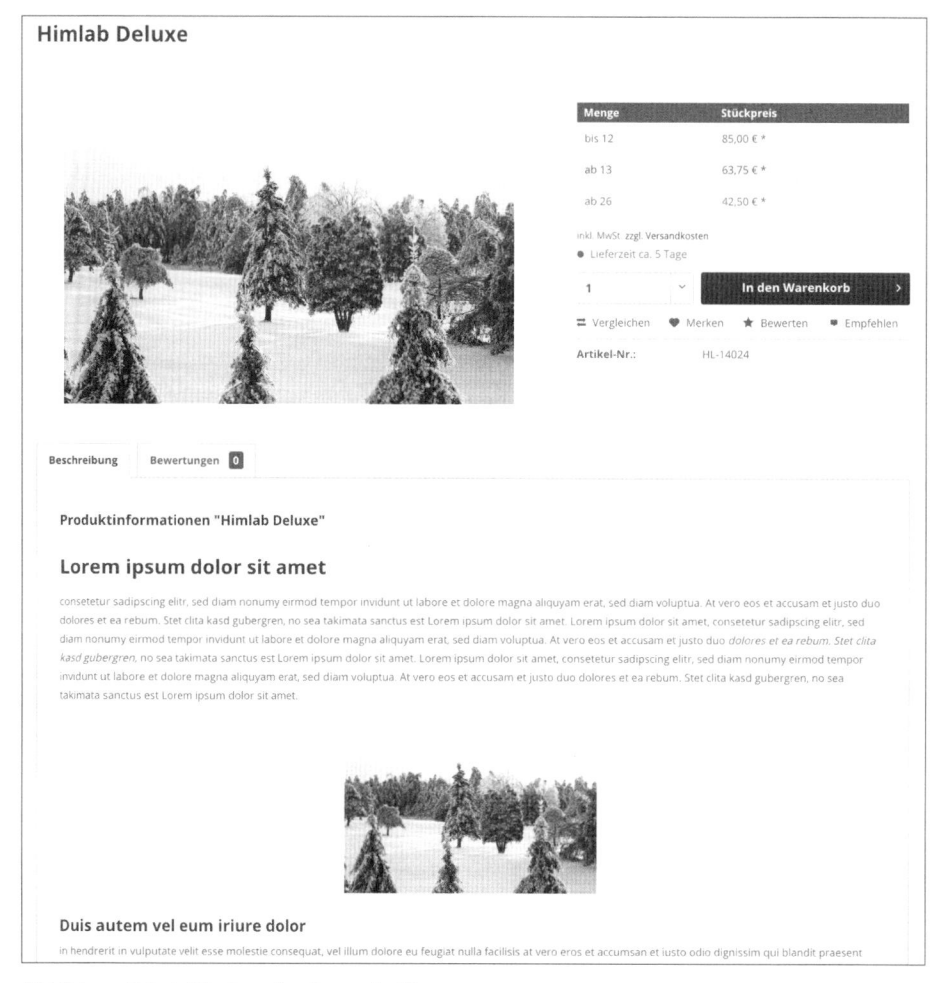

Abbildung 7.5 Artikelbeschreibung in Shopware

7.2.5 Suchmaschinenoptimierung des Artikels

In den META INFORMATIONEN tragen Sie suchmaschinenoptimierte Texte ein. Im TITEL können Sie einen alternativen Artikeltitel vergeben, der anschließend auch in den Suchergebnissen angezeigt wird. Dieser sollte aus nicht mehr als 55 bis 60 Zeichen bestehen. Wichtig ist auch, dass hier das Keyword, mit dem der Artikel gefunden werden soll, genannt wird.

Dies kann man sicherlich nicht immer erfüllen und ergibt sich meist sowieso aus dem Artikel selbst. Dennoch sollten Sie dies bei abweichenden Keywords im Hinterkopf behalten.

Mit der KURZBESCHREIBUNG hingegen können Sie viel anstellen. So kann diese u. a. auch für eine kurze Beschreibung des Artikels in den Suchergebnissen genutzt werden – diese werden in den Suchergebnissen von Google & Co. verwendet. Dieses Feld bietet aber noch mehr: So wäre es denkbar, hier eine Beschreibung zu hinterlegen, die in den Shop-Kategorien zum Artikel angezeigt werden oder auch für die Produktexporte. Sie wird auch an verschiedenen anderen Stellen im Shop ausgespielt, z. B. im Warenkorb und beim Check-out-Prozess. Beschränken Sie sich hier auf 150 bis maximal 260 Zeichen. Mehr Platz stellt Google Ihnen nicht zur Verfügung, auch wenn dieses Feld natürlich für mehr als nur die Google-Beschreibung benutzt werden kann.

Die KEYWORDS werden an dieser Stelle genauso gehandhabt wie auch bereits in den SEO-Informationen zum Hersteller. Die Meta-Keywords haben für Google-Suchergebnisse keine Relevanz. Die shopinterne Suche greift allerdings auf die hier hinterlegten Daten zurück. So können Sie hier mögliche Synonyme und weitere Begriffe für den Artikel hinterlegen, um möglichst viele Suchbegriffe Ihrer Kunden abzudecken.

7.2.6 Die Grundpreisberechnung

Unzählige Artikel unterliegen der Vorgabe, einen Basispreis anzugeben – Öle beispielsweise. Damit sollen die Verbraucher vor Verpackungstricks geschützt werden. Eine solche Grundpreisangabe ist natürlich auch bei Shopware möglich und sehr einfach umzusetzen, wie Sie in Abbildung 7.6 sehen.

Der eben angelegte Artikel fällt nicht unter die Grundpreisberechnung, daher fällt dieser Abschnitt nicht in das Beispiel des obigen Artikels.

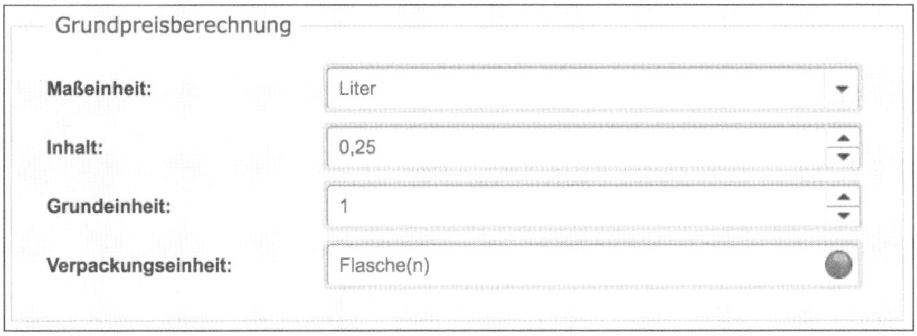

Abbildung 7.6 Die Grundpreisberechnung für Artikel

Übrigens: Die Berechnung des Grundpreises ist auch auf Varianten-Ebene möglich. Und wie funktioniert die Berechnung nun?

Zunächst wählen Sie die MASSEINHEIT aus, z. B. Liter oder Kilogramm. Sollte Ihre Maßeinheit noch nicht vorhanden sein, können Sie eine neue in den Grundeinstellungen anlegen. Dazu öffnen Sie ARTIKEL • PREISEINHEITEN. Dort klicken Sie auf HINZUFÜGEN und geben den NAMEN der Maßeinheit sowie die EINHEIT – z. B. Liter und L – ein. Die Einheit wird später im Shop angezeigt.

Anschließend bestimmen Sie den INHALT des Artikels. In diesem Beispiel wären das also 250 Milliliter. Danach legen Sie fest, auf welche GRUNDEINHEIT der Preis umgerechnet werden soll. Hier ist es ein Liter. Die VERPACKUNGSEINHEIT ist relevant für die Stückzahl-Auswahl. In diesem Beispiel würde Ihr Kunde die Drop-down-Liste so sehen:

- 1 Flasche(n)
- 2 Flasche(n)
- 3 Flasche(n) und so weiter

Es sieht für den Kunden also besser aus, da er so sieht, was er auswählt.

Nehmen wir an, die 250 Milliliter kosten 6,90 Euro. Dann würde der Grundpreis entsprechend so angezeigt werden:

Inhalt: 0.25 Liter (27,60 € * / 1 Liter)

7.2.7 Einstellungen für die Details

Nun folgen die Einstellungen zum Artikel. Diese sind sehr vielfältig, und je nachdem, was Sie hier eintragen oder aktivieren, hat dies enormen Einfluss auf die Produktdarstellung und auf die bereitgestellten Funktionen. Es ist also sehr wichtig, die hier genannten Einstellungen und ihre Auswirkungen zu kennen.

Abbildung 7.7 Detaileinstellungen zum Artikel

Dieser Artikel wird dauerhaft im Shop angezeigt, auch wenn im Lager keine Stückzahlen mehr verfügbar sind. Dafür können die Kunden sich in eine Warteliste eintragen, und werden automatisch benachrichtigt, sobald der Artikel wieder verfügbar ist. Dafür sorgt die E-MAIL-BENACHRICHTIGUNG. Um diese zu nutzen, benötigen Sie noch weitere Einstellungen, dazu mehr in Abschnitt 7.2.8. Sollte der Artikel nicht verfügbar sein, kann eine alternative Lieferzeit angezeigt werden. Diese Zeit tragen Sie unter

LIEFERZEIT (IN TAGEN) ein. In diesem Beispiel würden also die Lieferzeit vom Lieferanten in Ihr Lager und der Weiterversand zum Kunden 4 Tage in Anspruch nehmen.

In der Community Edition folgt als Nächstes die Angabe des Lagerbestandes und des Lagermindestbestandes. Darauf folgt das ERSCHEINUNGSDATUM. Damit können Sie Artikel verkaufen, die noch nicht verfügbar sind, und somit Vorbestellungen annehmen. Das hier eingetragene Datum wird auch auf der Artikeldetailseite mit dem Hinweis *Dieser Artikel erscheint am 25. Mai 2018* angezeigt.

Mit dem EINSTELLDATUM steuern Sie den Neuigkeitswert eines Artikels. Damit kann ein Artikel wieder in den Neuheiten erscheinen oder auch innerhalb von Kategorien, die nach dem Erscheinungsdatum sortiert sind, wieder nach oben ziehen.

In der Regel wird Ihr Kunde pro Artikel nur ein Stück kaufen. Die Mindestabnahme können Sie aber auch erhöhen, tragen Sie diese entsprechend unter MINDESTABNAHME ein.

Dies geht ein wenig einher mit der STAFFELUNG. Tragen Sie hier den Wert 3 ein, kann Ihr Kunde 3, 6, 9 oder mehr Artikel erwerben. Dieser Wert muss im Einklang mit der Mindestabnahme stehen und wird auch gedeckelt bei der MAXIMALABNAHME. Damit begrenzen Sie die verkäuflichen Einheiten pro Bestellung.

Die HERSTELLERNUMMER ist die Artikelnummer bei Ihrem Lieferanten. Die wird mit auf die Lieferantenbestellungen gedruckt, damit Sie den passenden Artikel geliefert bekommen. Es empfiehlt sich auch, das GEWICHT des Produktes, die BREITE, HÖHE und LÄNGE einzutragen. Diese Daten können Sie später verwenden, um beispielsweise individuelle Versandkosten zu berechnen oder im Shop als Information zur Verfügung zu stellen. Unter EAN können Sie die produktspezifische EAN oder GTIN eintragen.

Wenn Sie diesen Artikel pauschal versandkostenfrei versenden, aktivieren Sie den Haken bei VERSANDKOSTENFREI. Wann sollten Sie diese Option aktivieren?

Nehmen wir an, Ihre Schwelle für kostenfreien Versand beträgt beispielsweise 29 Euro. Dieser Artikel hier kostet schon 35 Euro. In diesem Fall bietet es sich an, auch in den Artikel-Einstellungen den Haken zu setzen, um das Produkt interessanter zu machen. Ansonsten würde der Kunde erst im Check-out sehen, dass er keinen Versand bezahlt. Durch die frühere Darstellung des Hinweises *Versandkostenfreie Lieferung* auf der Produktdetailseite entscheiden sich vielleicht mehr Kunden für den Kauf des Artikels.

Um einen Artikel im Kategorie-Listing hervorzuheben und ihm einen Badge anzuheften, aktivieren Sie ARTIKEL IM SHOP HERVORHEBEN. Damit wird der Artikel als *Tipp* beworben.

Zu guter Letzt können Sie noch Kundengruppen vom Artikel ausschließen. Wählen Sie hier z. B. Händler aus und ein als Händler registrierter Nutzeraccount loggt sich in Ihren Shop, wird er diesen Artikel nicht sehen können.

Wenn Sie alle diese Schritte beachten haben, ist der Artikel so eingerichtet, wie Sie es sich vorstellen. Jetzt zeige ich Ihnen, wie Sie die Detaileinstellungen vornehmen, Bilder hinzufügen, Varianten erstellen, Cross-Selling funktioniert und vieles weitere.

7.2.8 Im Detail: die Benachrichtigungsfunktion

Wie bereits vor einigen Seiten angekündigt, erfahren Sie hier alles zur E-Mail-Benachrichtigungsfunktion.

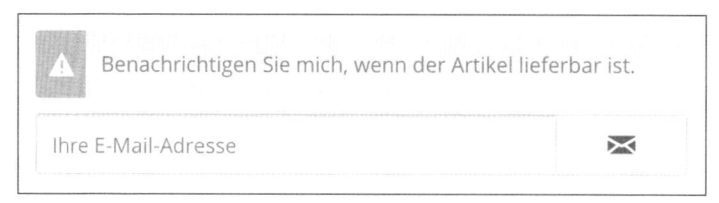

Abbildung 7.8 E-Mail-Benachrichtigung

Sobald ein Artikel einem Lagerbestand von 0 hat, muss dieser Artikel nicht zwangsläufig aus dem Shop verschwinden. Die Kunden können sich auch in eine Benachrichtigungsliste eintragen. Sobald Sie für diesen Artikel einen neuen Lagerbestand eintragen, werden die Kunden automatisch informiert. Damit dieser Prozess dauerhaft funktioniert, muss er einmal eingerichtet werden.

Zunächst müssen Sie die mitgelieferten Plugins Notifications und Cron aktivieren. Diese sind standardmäßig deaktiviert. Die Plugins können Sie im PLUGIN MANAGER unter INSTALLIERT einsehen und aktivieren.

Danach öffnen Sie die EINSTELLUNGEN • GRUNDEINSTELLUNGEN • SYSTEM • CRONJOBS. Dort schauen Sie, ob der Cronjob E-MAIL-BENACHRICHTIGUNG aktiviert ist. Wenn nicht, aktivieren Sie diesen bitte.

Nun wählen Sie noch alle Artikel aus, die für diese E-Mail-Benachrichtigung infrage kommen. Sollte dies aus Ihrer Sicht auf alle Artikel zutreffen, können Sie das durch die Mehrfachänderung für alle Artikel einstellen. Detaillierte Informationen dazu erhalten Sie in Abschnitt 7.9.

In den Mehrfachänderungen wählen Sie dann das zu bearbeitende Feld *Article. notification*, Operator *set*, und setzen schließlich den Haken im Wert. Klicken Sie auf ÄNDERUNGEN ÜBERNEHMEN, um die E-Mail-Benachrichtigungsfunktion für alle Artikel zu aktivieren.

Eine kleine Auswertung aller Benachrichtigungen, auch der noch offenen, finden Sie unter MARKETING • AUSWERTUNG • E-MAIL-BENACHRICHTIGUNG.

Dort finden Sie eine Auflistung der Artikel und wie viele Kunden sich für eine Benachrichtigung eingetragen haben. Diese Kunden können Sie auf der rechten Seite betrachten, und auch einsehen, ob die Kunden bereits über das Wiedereintreffen des Artikels informiert wurden. Leider sehen Sie nicht, ob die Kunden letztendlich auch gekauft haben.

7.3 Artikel in Kategorien einordnen

Die Informationen zum Artikel sind eingetragen, nun muss das Produkt noch passend kategorisiert werden. Wichtig ist dabei immer, dass Sie einen Artikel in so vielen Kategorien wie möglich platzieren – jedoch nur in solche, die auch für diesen Artikel sinnvoll sind. So hat eine Zigarre nichts in einer Kategorie zu Schlafsäcken zu suchen. Es versteht sich von selbst, dass die Kunden in Kategorien immer das vorfinden, was sie dort erwarten – maximal bestückt mit artähnlichen Artikeln, um aufmerksam auf diese zu machen.

Springen Sie nun also in den Reiter KATEGORIEN. Auf der linken Seite finden Sie den Kategoriebaum. Dort werden alle angelegten Kategorien angezeigt – auch inaktive und Blog-Kategorien. Öffnen Sie also den Kategoriebaum. Leider können Sie Produkte nur auf die letzte Ebene einer Kategorie packen. Heißt: Haben Sie eine Kategorie *Lederwaren* und dort eine Unterkategorie *Herren* und in dieser Unterkategorie nochmals eine Unterkategorie *Businesstaschen*, können Sie den Artikel nur in der letzten Ebene, den *Businesstaschen*, zuordnen. Wählen Sie in dieser Logik nun alle Kategorien aus, die zum Artikel passen.

> **Hohe Sichtbarkeit**
>
> Übrigens: Auch wenn Ihre Kunden nicht bis in die letzte Ebene einer Kategorie durchklicken, werden diese auch in den höheren Ebenen, z. B. in der Kategorie *Herren*, zu sehen sein. Dort aggregiert Shopware automatisch alle Artikel, die den Ebenen darunter zugeordnet sind.

Wenn Sie mehrere Kategorien ausgewählt haben, definieren Sie zum Schluss noch eine SEO-KATEGORIE. Diese wird für die Außendarstellung fest mit dem Artikel verknüpft. Das ist relevant für Google, damit die Suchmaschine ein klares Signal zur Zuordnung des Artikels erhält, und wichtig für Ihre interne Verlinkung. So ist die SEO-Kategorie immer in den sogenannten Breadcrums zu sehen.

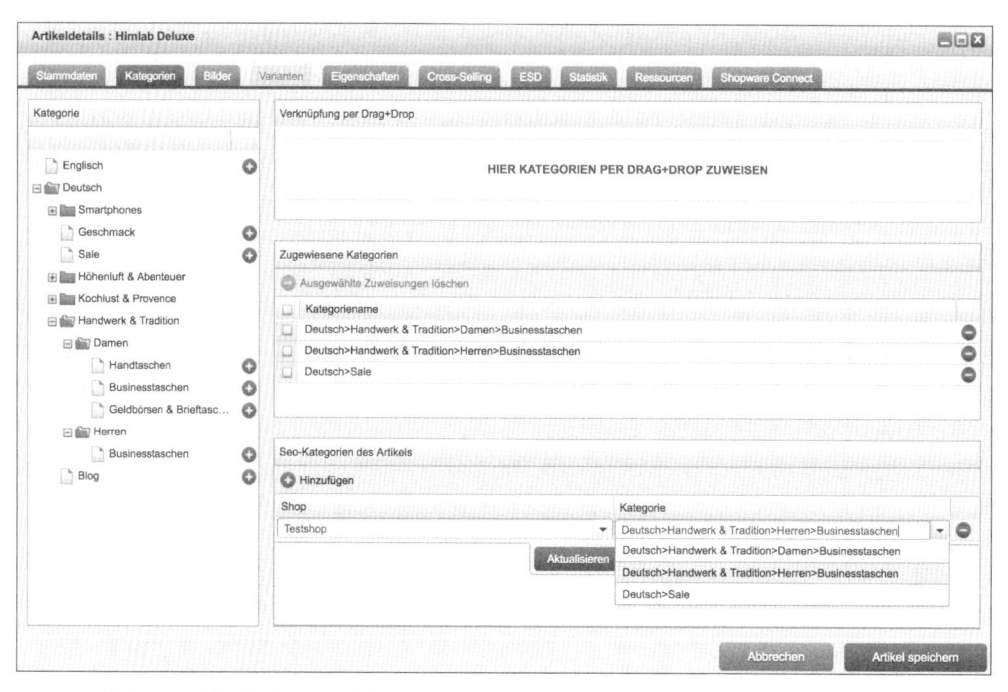

Abbildung 7.9 Die Kategorisierung

Was sind Breadcrums? Vereinfacht gesagt ist das der Bereich zwischen Navigation und beginnender Produktbeschreibung. Dort ist der Kategoriebaum nochmals aufgezeigt, in dem Beispiel aus Abbildung 7.9 wäre das dann HANDWERK & TRADITION • HERREN • BUSINESSTASCHEN.

Damit haben Sie die Kategorisierung auch schon abgeschlossen. Weiter geht es zum Bilderimport.

7.4 Bilder importieren

Um Bilder zu einem Produkt zu importieren, gehen Sie zum Reiter BILDER und dort auf BILD HINZUFÜGEN. Sofern Sie die Bilder bereits hochgeladen haben, können Sie diese direkt auswählen. Alternativ laden Sie die betreffenden Bilder zunächst hoch.

Das Bilderhochladen ist per Drag & Drop von der Festplatte denkbar einfach. Wählen Sie einfach die Bilder auf Ihrer Festplatte aus, und ziehen Sie diese in das gräuliche Feld, in dem *Hier Dateien per Drag+Drop hochladen* steht. Sofort werden die Bilder hochgeladen. Anschließend wählen Sie die eben hochgeladenen Bilder aus. Unter Windows funktioniert die Mehrfachauswahl durch Drücken der Strg-Taste, bei macOS ist dies mit der Command-Taste machbar.

Haben Sie alle Bilder ausgewählt, drücken Sie Auswahl übernehmen und schon sind die Bilder dem Artikel zugewiesen.

Nun können Sie noch die angezeigte Bildreihenfolge ändern, indem Sie die Bilder wie Sie es von Ihrer Computer-Oberfläche kennen, hin und her ziehen. Das in den Kategorien angezeigte Bild können Sie ebenfalls beeinflussen. Wählen Sie das neue Vorschaubild aus, und klicken Sie anschließend auf ALS VORSCHAU VERWENDEN.

In der Spalte TITEL, rechts unterhalb des Bildes, können Sie das sogenannte *Alt*-Tag hinterlegen. Dieses Tag erlaubt eine Bildbeschreibung. Mit dieser Beschreibung können Sie Google mitteilen, um was für ein Bild es sich handelt, damit es zu bestimmten Suchwörtern gerankt wird.

7.5 Varianten anlegen

Varianten bieten sich bei etlichen Gelegenheiten an. Lassen Sie den Kunden aus verschiedenen Farben, Formen oder Größen zu einem Produkt wählen. Damit verkürzen Sie den Kaufweg erheblich – niemand wird sich so lange durch Kategorien suchen, bis er die passende Ausführung gefunden hat. Es muss für Kunden sehr bequem sein, wenn sie bei Ihnen kaufen sollen.

Interessant ist auch, dass Sie zu jeder Variante ein separates Bild hinterlegen können, welches bei der Varianten-Auswahl auf der Artikel-Detailseite angezeigt wird.

Zunächst müssen Sie den Artikel als Varianten-Artikel kennzeichnen. Dazu aktivieren Sie das entsprechende Feld in den Stammdaten und speichern den Artikel erneut.

Wechseln Sie anschließend in den Reiter VARIANTEN. Diese Varianten können in zwei verschiedenen Arten angelegt werden. Im Standard werden die Varianten in einem Drop-down-Menü dargestellt. Je nach Produkt bietet es sich aber auch an, die Bild-Auswahl zu nutzen. Wie Sie das konfigurieren, erfahren Sie auf den nächsten Seiten.

7.5.1 Varianten-Auswahl als Drop-down-Menü

Klicken Sie zum Menüpunkt VARIANTEN • KONFIGURATION. Hier sind Sie gefordert, eine Gruppe zu erstellen. Der Name der Gruppe wird später auch im Shop dargestellt. In der Wortwahl sollten Sie also etwas auffordernd sein, damit der potenzielle Kunde zu einer Handlung animiert wird. Tragen Sie hier etwas ein wie *Schuhgröße wählen*, *Lieblingsfarbe wählen* oder ähnliches, was zum Produkt passt. Tragen Sie diese Handlungsaufforderung bei GRUPPE ERSTELLEN ❶ ein. Mit einem Druck auf Enter oder ERSTELLEN UND AKTIVIEREN ❷ wird die Gruppe gespeichert.

Anschließend können Sie die eigentlichen Varianten bzw. Attributionsoptionen anlegen. Dazu wählen Sie die eben von Ihnen angelegte Gruppe aus, und wechseln in das rechte Feld. Unter Optionen erstellen ❸ können Sie nun Variante für Variante eintragen und speichern. Dies geht ebenfalls mit Enter oder Erstellen und Aktivieren ❹.

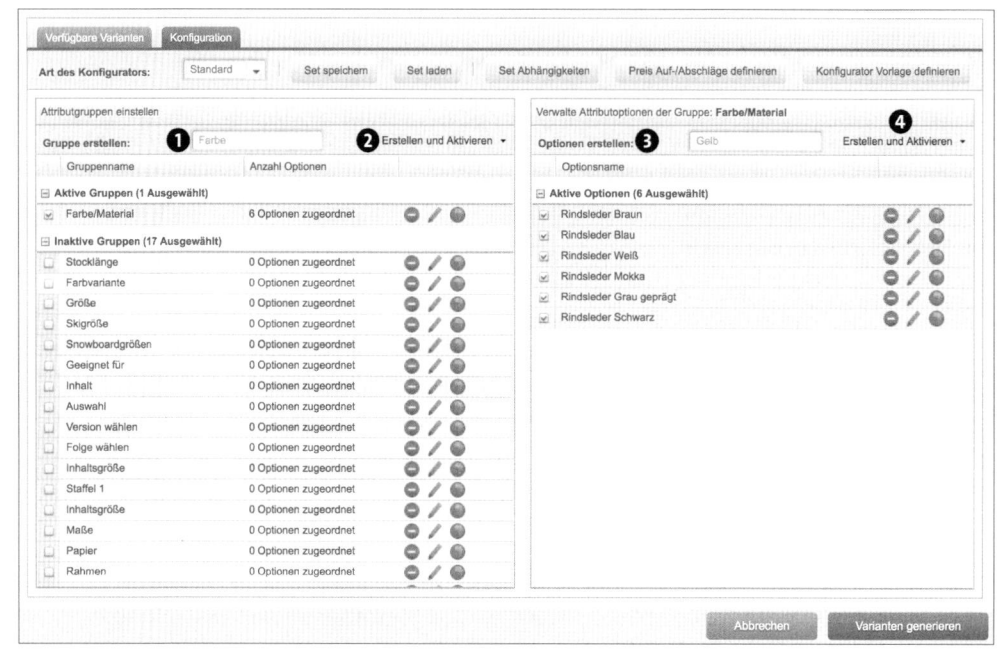

Abbildung 7.10 Varianten-Gruppe und dazugehörige Optionen angelegt

Nach dem Klick auf Varianten generieren kommt eine Sicherheitsabfrage, ob Sie den Artikel vorher speichern möchten. Das sollten Sie mit Ja bestätigen. Damit sind zumindest die vorher erstellten Änderungen am Artikel gespeichert, sollte etwas bei der Varianten-Generierung nicht reibungslos verlaufen. In der Regel sollte aber nichts schiefgehen. Anschließend können Sie den Vorgang starten, und die Varianten werden angelegt. Sie springen danach automatisch in den Reiter Verfügbare Varianten.

Abbildung 7.11 Varianten bearbeiten

Bereits in dieser Übersicht können Sie die wichtigsten Parameter festlegen. Mit einem Doppelklick auf das jeweilige Feld können Sie dieses bearbeiten. Sie können in dieser Ansicht alle Felder bearbeiten, bis auf den Varianten-Namen, den Sie bereits im Schritt zuvor festgelegt haben.

Wenn Sie auf den Bleistift klicken, um eine spezielle Variante zu editieren, finden Sie Felder vor, die Sie bereits von einem Standard-Artikel kennen.

So können Sie dort einen Einkaufspreis für die Variante hinterlegen, die Preisstaffel anpassen, die Grundpreisberechnung ändern und etliche Einstellungen wie Sie es in Abschnitt 7.2.7 gesehen haben.

7.5.2 Varianten-Auswahl über Bilder

Neben einer schlichten Auswahl an Varianten über eine Drop-down-Liste, können Sie die Auswahl einer Variante auch über Bilder steuern.

Wählen Sie dazu unter VARIANTEN • KONFIGURATION • ART DES KONFIGURATORS BILD aus. Die weiteren Schritte zur Anlage aller Varianten bleiben gleich.

Sobald Sie alle Varianten angelegt haben, wechseln Sie in den Tab BILDER. Laden Sie dort die Bilder zu Ihren Varianten hoch. Markieren Sie nun das passende Bild zu einer Variante, und klicken Sie auf KONFIGURATION ÖFFNEN und anschließend auf ZUORDNUNG HINZUFÜGEN.

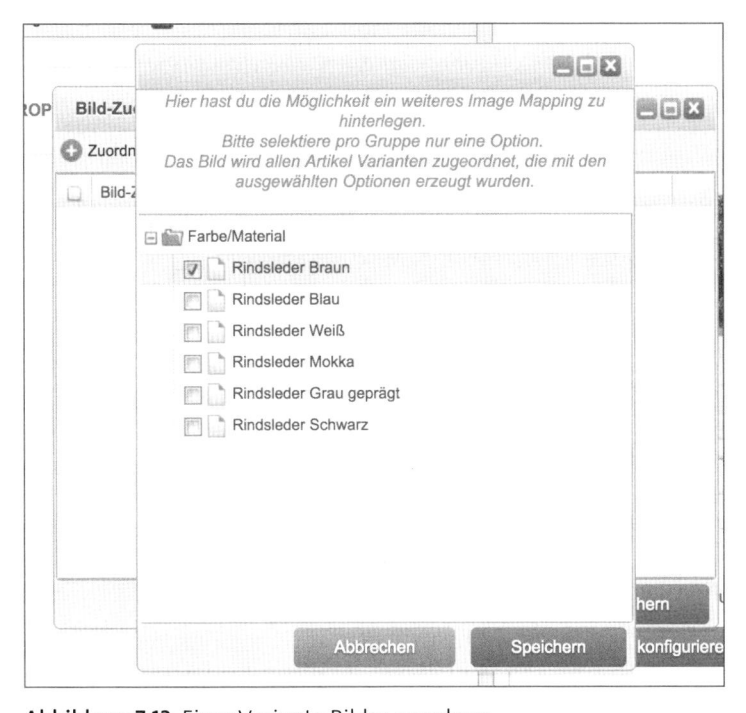

Abbildung 7.12 Einer Variante Bilder zuordnen

Wählen Sie in diesem Feld die zum Bild passende Variante aus, und speichern Sie Ihre Auswahl. So verfahren Sie mit allen Varianten-Bildern.

Bitte achten Sie darauf, dass die hochgeladenen Bilder auch in der Galerie auf der Artikelseite auch ohne Varianten-Auswahl auftauchen. Die Bilder sollten sich dort also sinnvoll einreihen. Wählt ein Kunde seine gewünschte Variante, so wird das zugeordnete Bild direkt geöffnet.

7.5.3 Anlegen mehrerer Varianten in einem Artikel

Bis hierhin haben Sie jeweils eine Varianten-Gruppe angelegt und die dazu passenden, verschiedenen Varianten hinterlegt. Nun ist es auch möglich, dass es verschiedene Gruppen sind, aus denen sich eine Variante zusammensetzt.

Aufsetzend auf das oben dargestellte Beispiel, werde ich verschiedene Lederarten anlegen und die Farbauswahl separat als Variante anlegen.

Mehrere Varianten-Gruppen anzulegen, ist im Grunde das Gleiche, wie eine Gruppe anzulegen. Sie tragen unter GRUPPE ERSTELLEN alle gewünschten Gruppen ein. Anschließend wählen Sie diese einzeln aus und definieren über OPTION ERSTELLEN die dazu passenden Varianten.

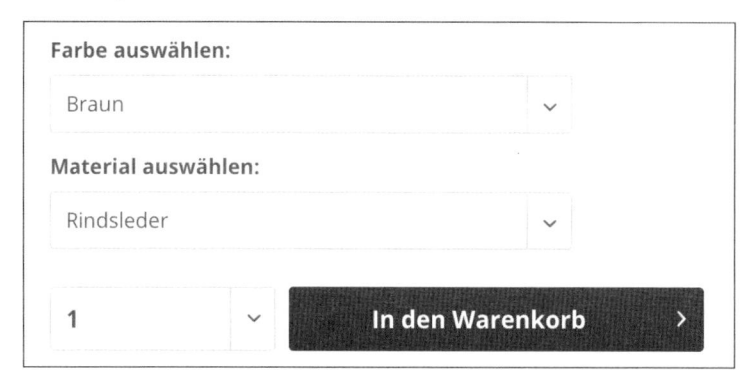

Abbildung 7.13 Auswahl mehrerer Varianten

Ich habe drei Lederarten und fünf verschiedene Farben als Varianten deklariert. Klicken Sie auf VARIANTEN GENERIEREN, um alle Varianten zu erstellen. Anschließend können Sie Preise, Stückzahlen, Artikelnummern und mehr verändern, wie Sie es bereits bei der einfachen Varianten-Ausführung kennengelernt haben.

7.5.4 Abhängigkeiten der Varianten untereinander

Nun kann es auch vorkommen, dass einzelne Varianten nicht miteinander kompatibel sind, und daher nicht zusammen gekauft werden können. Für diesen Fall gibt es bei Shopware die Möglichkeit, Abhängigkeiten zu definieren. In diesem Modul können Sie dann festlegen, welche Varianten nicht zusammen konfiguriert und gekauft werden können.

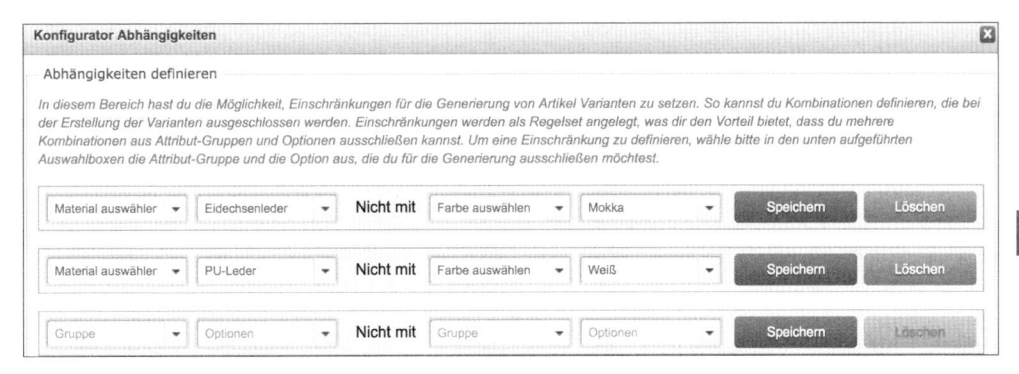

Abbildung 7.14 Abhängigkeiten der Varianten

In diesem Beispiel (siehe Abbildung 7.14) wird im Shop kein Eidechsenleder in der Farbe Mokka zu kaufen sein und auch kein PU-Leder in Weiß.

Wie Sie sehen, wählen Sie zunächst immer die GRUPPE und schließlich die OPTION und definieren dann, mit welcher anderen Variante diese nicht kompatibel ist. Haben Sie alle sich ausschließenden Optionen ausgewählt und gespeichert, können Sie anschließend die VARIANTEN GENERIEREN. Alles Nachfolgende deckt sich mit dem vorangegangenen Abschnitt.

7.5.5 Automatische Berechnung der Variantenpreise durch Auf- und Abschläge

Es kann bei einer Vielzahl von Varianten sehr mühselig sein, die einzelnen Verkaufspreise zu berechnen. Zudem können bei einer manuellen Berechnung viele Fehler auftreten. Diese Fehlerquelle können Sie mit der Funktion PREIS AUF-/ABSCHLÄGE DEFINIEREN eliminieren.

Abbildung 7.15 Verschiedene Auf- und Abschläge in Varianten

In diesem Beispiel gehen wir davon aus, dass das Eidechsenleder im Einkauf 12 Euro teurer ist als das Rindsleder. Daher schlage ich diesen Wert netto auf die Berechnung drauf. Das PU-Leder ist allerdings 3 Euro günstiger als das Rindsleder, also wird dieser Betrag abgezogen. Für die graue Prägung sollen aber brutto 23 Euro mehr veranschlagt werden, sodass diese direkt brutto hier angelegt werden.

Weitere Berechnungen können Sie mit AUF-/ABSCHLAG HINZUFÜGEN anlegen. Sobald Sie alle Preisänderungen angelegt haben, können Sie die Varianten generieren.

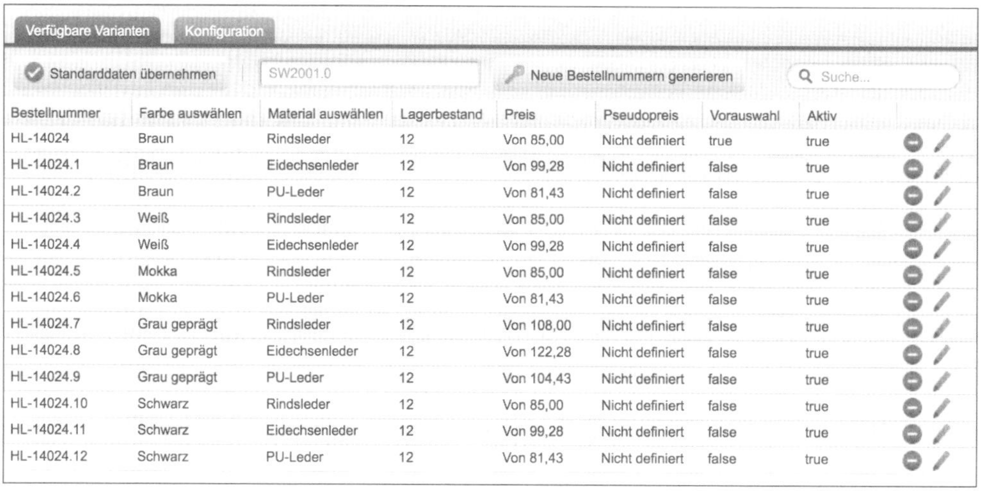

Bestellnummer	Farbe auswählen	Material auswählen	Lagerbestand	Preis	Pseudopreis	Vorauswahl	Aktiv
HL-14024	Braun	Rindsleder	12	Von 85,00	Nicht definiert	true	true
HL-14024.1	Braun	Eidechsenleder	12	Von 99,28	Nicht definiert	false	true
HL-14024.2	Braun	PU-Leder	12	Von 81,43	Nicht definiert	false	true
HL-14024.3	Weiß	Rindsleder	12	Von 85,00	Nicht definiert	false	true
HL-14024.4	Weiß	Eidechsenleder	12	Von 99,28	Nicht definiert	false	true
HL-14024.5	Mokka	Rindsleder	12	Von 85,00	Nicht definiert	false	true
HL-14024.6	Mokka	PU-Leder	12	Von 81,43	Nicht definiert	false	true
HL-14024.7	Grau geprägt	Rindsleder	12	Von 108,00	Nicht definiert	false	true
HL-14024.8	Grau geprägt	Eidechsenleder	12	Von 122,28	Nicht definiert	false	true
HL-14024.9	Grau geprägt	PU-Leder	12	Von 104,43	Nicht definiert	false	true
HL-14024.10	Schwarz	Rindsleder	12	Von 85,00	Nicht definiert	false	true
HL-14024.11	Schwarz	Eidechsenleder	12	Von 99,28	Nicht definiert	false	true
HL-14024.12	Schwarz	PU-Leder	12	Von 81,43	Nicht definiert	false	true

Abbildung 7.16 Verschiedene Preise zu den einzelnen Varianten

Wie Sie sehen, können Sie damit viel Zeit sparen und vor allem auch falschen Berechnungen aus dem Weg gehen.

7.5.6 Zeit sparen – Sets speichern und abrufen

SET SPEICHERN und SET LADEN sind scheinbar kleine Funktionen, die Ihnen jedoch den Alltag erheblich vereinfachen können. Das wird besonders interessant, wenn Sie immer wiederkehrende Varianten anlegen möchten.

Zunächst wählen Sie die Gruppen samt den zugeordneten Optionen an. Diese werden als Set zusammen gespeichert.

Wenn Sie nun auf SET SPEICHERN klicken, können Sie diesem Set einen Namen geben. Wählen Sie zusätzlich SET ALS ÖFFENTLICH MARKIEREN aus, um dieses artikelübergreifend laden zu können.

Das ist besonders praktisch und zeitsparend, wenn Sie viele ähnliche Produkte haben. Sie müssen allerdings weiterhin noch Preise, Stückzahlen und andere Einstellungen vornehmen.

7.6 Artikeleigenschaften – vielfältig und notwendig

Eine andere Bezeichnung für die Eigenschaften sind Merkmale. Mit Eigenschaften kategorisieren Sie Ihre Produkte – etwa über Farbe, Form, Material, Größe, Gewicht etc.

Die Eigenschaften haben an drei Stellen in Ihrem Shop einen enormen Mehrwert.

1. Zum einen wird aus den hinterlegten Eigenschaften eine Tabelle innerhalb der Produktbeschreibung erzeugt. Diese wird hinter die eigentliche Beschreibung gehängt. Das passiert vollautomatisch, sobald Eigenschaften für das Produkt definiert sind – Sie müssen also nichts weiter tun. Damit erhält der Kunde eine tolle Übersicht über das Produkt.
2. Des Weiteren können die Eigenschaften auch für den Produktvergleich ausgespielt werden. Damit machen Sie es dem Kunden leichter, eine Kaufentscheidung zu treffen, wenn er zwischen verschiedenen Produkten schwankt.
3. Der dritte Punkt, in dem Eigenschaften ihre Wirkung entfalten, sind die Filter in den Kategorien und Suchergebnissen. Wenn Ihre Kunden von einer Unzahl von Produkten empfangen werden, ist es äußerst hilfreich, wenn die Kunden diese nach ihren persönlichen Vorstellungen eingrenzen können. Dies sollte eine Standard-Funktion eines jeden Onlineshops sein, da kein Kunde lange suchen, sondern Ergebnisse passgenau eingrenzen möchte.

Ich verfolge das oben begonnene Beispiel weiter und lege nun Produkteigenschaften für die Businesstaschen an.

> **Nicht auf Varianten-Ebene**
>
> Achtung: Mit Shopware 5.3 und die darunterliegenden Versionen ist es nicht möglich, Eigenschaften auf Basis von Varianten anzulegen. Diese beziehen sich immer auf den gesamten Artikel.
>
> Seit dem Versionssprung auf Shopware 5.4 sind Eigenschaften auf Varianten-Ebene möglich.

7.6.1 Eigenschaften anlegen

Um EIGENSCHAFTEN anzulegen, öffnen Sie zunächst das Modul im Menü ARTIKEL. Es öffnet sich ein vierspaltiges Modul, welches Sie in Abbildung 7.17 sehen.

SETS aggregieren die zugewiesenen Gruppen. Hier sollten Sie sich also Gedanken machen, welche Suchfaktoren für Ihre Kunden eine zusammenhängende Rolle spielen. Ein Ansatz kann es sein, aus der Kategorie heraus zu denken. Wenn die Kunden in Ihre Kategorien klicken: Welche Produkte finden Sie vor, und welche gemeinsamen Faktoren haben diese? Leiten Sie daraus potenzielle Eigenschaften bzw. Filter ab.

Zusätzlich können Sie hier auswählen, ob diese Filter vergleichbar sein sollen. Damit geben Sie die Eigenschaften für den Produktvergleich im Shop frei.

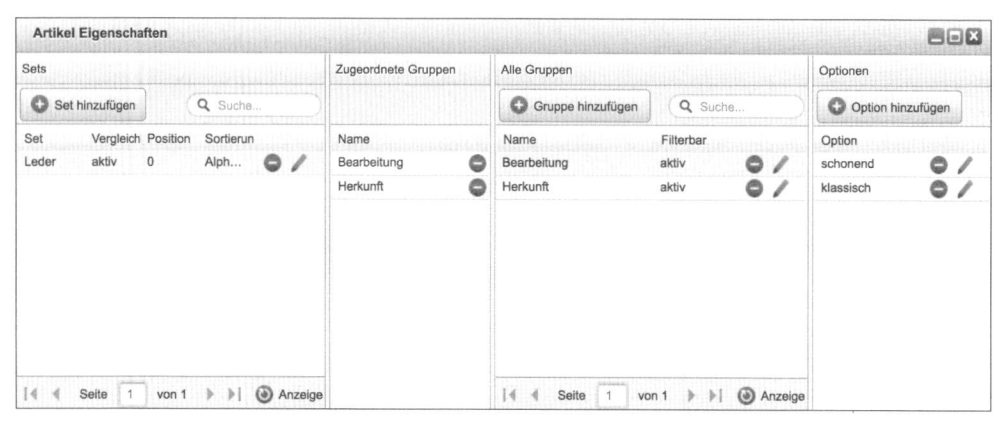

Sets				Zugeordnete Gruppen	Alle Gruppen		Optionen
⊕ Set hinzufügen		🔍 Suche…			⊕ Gruppe hinzufügen 🔍 Suche…		⊕ Option hinzufügen
Set	Vergleich	Position	Sortierun	Name	Name	Filterbar	Option
Leder	aktiv	0	Alph…	Bearbeitung	Bearbeitung	aktiv	schonend
				Herkunft	Herkunft	aktiv	klassisch

Abbildung 7.17 Das Modul Eigenschaften

Als nächsten Schritt fügen Sie die Gruppen hinzu. In den GRUPPEN werden alle OPTIONEN zusammengeführt. Der Name der Gruppe wird anschließend auch im Shop zu lesen sein. Aktivieren Sie hier auch FILTERBAR, damit Ihre Kunden schnell nach den richtigen Produkten filtern können.

In den Optionen legen Sie schließlich die einzelnen Produkteigenschaften an. Diese können Sie später auch in der Artikel-Verwaltung nachholen.

Im Beispiel oben wäre das:

- *Set Leder*: Die Gruppen »Bearbeitung« und »Herkunft« sind hier zugewiesen.
- *Gruppen*: Der Gruppe »Bearbeitung« sind zwei Optionen zugewiesen und der Gruppe Herkunft drei Optionen.
- *Optionen*: dienen schließlich als Merkmal oder auch als Produkteigenschaft eines Artikels.

> **Leichtere Nutzerführung durch Bilder**
>
> Bilder sind für Menschen leichter zu verstehen als der reine Text. Daher können Sie jeder Option auch Bilder hinzufügen, die schließlich im Shop angezeigt werden. So ein Bild sollte nicht größer sein als ein Piktogramm. Sobald Sie einer Option ein Bild hinzugefügt haben, sollten Sie für alle Optionen ein Bild hinterlegen, da die restlichen Optionen sonst mit einer weißen Box ausgestattet werden.
>
> Die Bilder laden Sie hoch, indem Sie auf den Bleistift der einzelnen Option klicken, und dort über den Medienmanager Bilder importieren.

Zugegeben: Es ist nicht ganz einfach, dieses Prinzip zu verstehen. Sobald Sie aber einige Male mit den Eigenschaften gearbeitet haben, wird dieses Modul Ihnen zugänglicher sein.

Sobald alle Sets, Gruppen und Optionen angelegt sind, wechseln Sie nun wieder in den Artikel und öffnen den Reiter EIGENSCHAFTEN.

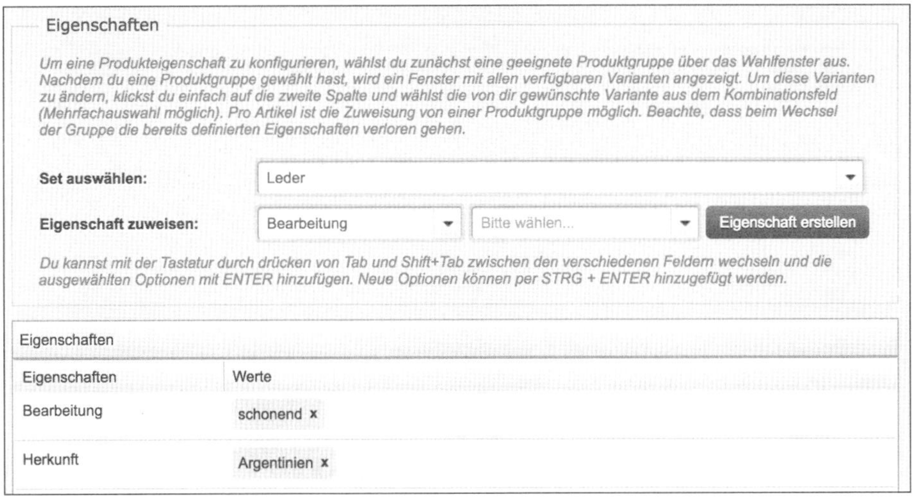

Abbildung 7.18 Zugewiesene Eigenschaften zum Artikel

Hier wählen Sie zunächst das Set aus. Dieses Set wird anschließend die zugewiesenen Gruppen laden, welche Sie unter EIGENSCHAFT ZUWEISEN finden werden. Haben Sie eine Gruppe ausgewählt, können Sie im Feld rechts daneben die hinterlegten Optionen aufrufen. Klicken Sie nun die dem Produkt entsprechenden Optionen an, Mehrfachauswahl ist hier ebenfalls möglich. Sollte eine Option noch nicht vorhanden sein, können Sie diese dort eintragen, mit Enter speichern und direkt dem Artikel zuweisen. Wählen Sie nun die weiteren Gruppen und Optionen aus, und weisen Sie diese dem Artikel zu.

Wichtig ist, dass Sie pro Produkt nur ein Set laden können, aber mehrere Gruppen und Optionen zuweisen können.

In der Kategorie-Ansicht können Sie nun auf der linken Seite die Eigenschaften auswählen. Hat Ihr Kunde sich für die Filterung der Artikel entschieden, werden diese – je nach Einstellung von Shopware – automatisch geladen, und Ihr Kunden sieht anschließend nur Produkte, die seiner Auswahl entsprechen. Daher ist es extrem sinnvoll, alle Artikel mit passenden Eigenschaften zu bestücken. Dies hilft Ihrem Kunden nur die Artikel zu sehen, die tatsächlich seinem Wunsch entsprechen und damit zu einer schnelleren Kaufentscheidung führen.

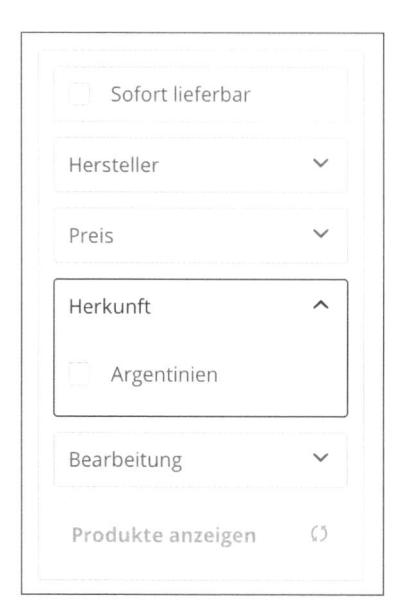

Abbildung 7.19 Eigenschaften auswählen

Die Eigenschaften sind eine echte Detailarbeit. Dennoch lohnt es sich, diese Arbeit in jedes Produkt zu stecken.

7.7   Mehr verkaufen mit Cross- und Upselling

Das Cross-Selling zeichnet sich dadurch aus, dass Sie Ihren Kunden weitere passende Produkte zum ausgewählten Artikel anzeigen. Dabei können es ähnliche Artikel sein, falls der Kunde mit dem ausgewählten Artikel nicht 100 % zufrieden ist. Upselling bedeutet, Sie zeigen passendes Zubehör an, um den Warenkorb des Kunden zu erhöhen. Sie sollten diese leichte Möglichkeit nutzen, um die Besucher in Ihrem Shop zu halten und immer weiter zu motivieren, Produkte bei Ihnen zu erwerben. Wechseln Sie dazu in den Reiter CROSS-SELLING.

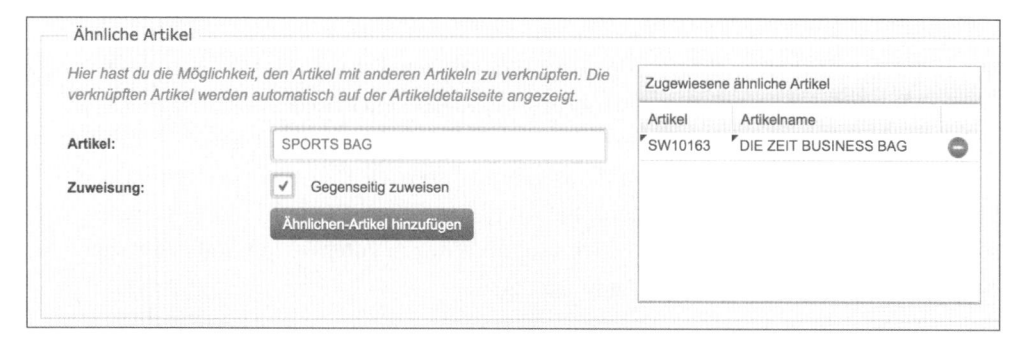

Abbildung 7.20 Zuweisung der Cross-Selling-Artikel

Die Zuweisung der Artikel, egal ob Cross- oder Upselling, ist dabei denkbar einfach. Im Feld ARTIKEL suchen Sie nach dem passenden Artikel. In diesem Beispiel suche ich ähnliche Artikel heraus. Dies ist durch die direkte Artikelnummer oder durch einen Suchbegriff möglich. Shopware schlägt Ihnen dann auf Basis des Artikelnamens passende Artikel vor. Es werden dabei also keine Beschreibungen oder Keywords durchsucht.

Sinnvoll ist es, wenn Sie dem eben ausgewählten Artikel ebenfalls einen Cross-Selling-Artikel zuweisen. Dabei sollten beide Artikel aufeinander verweisen. Wählen Sie dafür auch noch GEGENSEITIG ZUWEISEN aus. Die gleiche Vorgehensweise nutzen Sie bei Zubehör-Artikeln.

7.8 Service über alle – Informationen und Dokumente zum Produkt

Sie können Ihren Produkten auch zusätzliche Informationen anfügen – um Ihren Kunden Kaufentscheidungen zu erleichtern oder weil Sie gesetzlich dazu verpflichtet sind. Möglich ist dies in Shopware mit den sogenannten *Ressourcen*. Dort können Sie zusätzliche Links und Downloads eintragen, wie in Abbildung 7.21 beispielhaft zu sehen ist.

Abbildung 7.21 Weitere Ressourcen wie Links und PDFs zum Artikel

Sie können einem Produkt beliebig viele Links und Downloads hinzufügen. Wählen Sie dazu einen kurzen Text, mit dem Sie das Link-Ziel beschreiben können, z. B. *Zertifikat über artgerechte Tierhaltung* (siehe Abbildung 7.21), und tragen Sie den entsprechenden Link ein. Klickt ein Kunde auf diesen Link, so wird dieser in einem neuen Browser-Fenster oder einem neuen Tab geöffnet. Damit erhält der Kunde seine gewünschten Informationen, und das Shop-Fenster bleibt gleichzeitig geöffnet. Dies erhöht die Kaufwahrscheinlichkeit um ein Vielfaches. Bitte beachten Sie, dass der Name des Links 1:1 in den Shop übernommen wird.

Neben Links ist es auch möglich, produktbezogene Downloads zu hinterlegen.

> **Keine ESD-Funktion**
> Achtung: Dies hat nichts mit der *ESD-Funktion* von Shopware zu tun, welche es ermöglicht, digitale Inhalte zu verkaufen. Die Download-Funktion dient zu reinen Informationszwecken des Users und kann seine Kaufentscheidung unterstützen.

Sie können an dieser Stelle also z. B. Produktdatenblätter, Zertifizierungen, Handbücher und alles erdenklich Weitere hochladen. Ziel ist es, damit dem Nutzer einen Mehrwert gegenüber anderen Shop zu bieten, sodass möglichst viele Fragen im Vorfeld geklärt sind und der Kunde ruhigen Gewissens seine Kaufentscheidung treffen kann.

Tragen Sie hier ebenfalls wieder einen ansprechenden Namen ein, und laden Sie das Dokument über den Medienmanager hoch. Hier gilt das gleiche Prinzip, wie Sie es bereits vom Bilderupload kennen. Im Shop wird vor dem Namen, den Sie vergeben haben, das Wort *Download* vorangestellt. Dies können Sie global für den gesamten Shop mit dem Textbaustein *DetailDescriptionLinkDownload* ändern. Nur vorsichtig: Ändern Sie den Textbaustein, wird die Änderung bei jedem Artikel sichtbar, der einen Download als zusätzliche Ressource anbietet.

7.9 Interessant und gefährlich: die Mehrfachänderung

Ich möchte Sie darauf hinweisen, dass diese Funktion für Shopware-Anwender gedacht ist, die bereits etwas tiefer im System stecken. Um die hier aufgeführten Begrifflichkeiten zu verstehen, hilft es enorm, sich bereits einige Export-Dateien angeschaut zu haben oder mal einen Blick in die Datenbank geworfen zu haben. Wenn Sie sich bereit dafür fühlen, sparen Sie mit der nachfolgenden Funktion unglaublich viel Zeit.

Was können Sie tun, wenn Sie eine Grundsatzentscheidung gefällt haben, und nun schnell alle Ihre Artikel bearbeiten müssen? Zum Beispiel möchten Sie Artikel aus einer bestimmten Kategorie nun generell versandkostenfrei verschicken oder diese auf inaktiv stellen. Oder Sie möchten bestimmte Keywords bei ausgewählten Produkten hinterlegen, Pseudoverkäufe hinterlegen etc. – die Liste an Möglichkeiten ist lang.

Bei solcher Art Arbeiten ist es ratsam, auf Nummer sicher zu gehen. Shopware hat dafür die Funktion RÜCKGÄNGIG MACHEN integriert. Diese sollten Sie unbedingt aktivieren.

Gehen Sie dazu in EINSTELLUNGEN • Grundeinstellungen • WEITERE EINSTELLUNGEN
• MEHRFACHÄNDERUNGEN. Dort finden Sie den Punkt RÜCKGÄNGIG-FUNKTION
AKTIVIEREN. Wählen Sie hier JA, falls dies noch nicht geschehen ist, und speichern Sie
Ihre Änderung.

Nun sind Sie bereit, um viele Produkte mit einem Schlag zu bearbeiten.

Öffnen Sie die Artikelübersicht mit ARTIKEL • ÜBERSICHT, und grenzen Sie die von Ihnen gewünschten Produkte über die Kategorien oder angelegten Filter ein. Dies können Sie auf der linken Seite des Fensters tun. Mehrfachänderungen sind auch mit allen Artikeln möglich.

Wenn Sie nun alle Produkte, die Sie ändern möchten, angezeigt bekommen, öffnen Sie die MEHRFACHÄNDERUNGEN unten links.

Zunächst wählen Sie das zu bearbeitende Feld aus. Hier können Sie auch von Ihren gelernten Erfahrungen aus der Artikelanlage profitieren. Die Feld-Bezeichnungen haben Einfluss auf folgende Abschnitte im Artikel:

- *Article:* generelle Informationen zum Artikel eintragen, z. B.
  - ist dieser aktiv (*Article.active*)
  - wann wurde er hinzugefügt (*Article.added*)
  - (Kurz-)Beschreibung löschen oder etwas hinzufügen (*Article.description*)
  - E-Mail-Benachrichtigung für Kunden aktivieren (*Article.notification*) u. v. m.
- *Attribute:* Ändern Sie die Freitextfelder 1 bis 20.
- *Attribute.connect:* Einstellungen für Shopware Connect, z. B. Teile der Produktbeschreibung ändern (*Attribute.connectProductDescription*)
- Versandbedingungen ändern (*Attribute.connectArticleShipping*)
- *Category:* die den ausgewählten Artikeln hinterlegten Kategorien ändern, z. B.
  - Filter in diesen Kategorien verbergen (*Category.hideFilter*)
  - Kategorien (de-)aktivieren (*Category.active*)
  - Meta-Beschreibung hinzufügen oder ändern (*Category.metaDescription*)
- *Detail:* Hier können Sie Feinheiten am Artikel ändern, z. B.
  - Maximale Abnahmemenge pro Bestellung (*Detail.maxPurchase*)
  - Versandkostenfrei (de-)aktivieren (*Detail.shippingFree*)
  - Lieferzeit angeben (*Detail.shippingTime*)
- *Image:* Details zu den hinterlegten Bildern anpassen, z. B.
  - SEO Beschreibung hinzufügen (*Image.description*)
  - Bildgröße verändern (*Image.width*)

- *Price:* Preise verändern, z. B.
  - Pseudopreis ändern mit Aufsummierung, Subtraktion, Multiplikation oder Division (*Price.PseudoPrice*)
- *Vote:* Beeinflussen Sie die Bewertungen, z. B.
  - Bewertungen (de-)aktivieren (*Vote.active*)
  - Antwortdatum verändern (Vote.answer_date)
  - Wörter aus Überschrift streichen oder hinzufügen (*Vote.headline*)

Shopware bietet Ihnen je nach ausgewähltem Feld folgende Änderungsmöglichkeiten, hier Operator, genannt:

- *set:* Ersetzt die vorhandenen Informationen durch die hier eingetragenen oder
- *set:* setzen oder entfernen eines Hakens, z. B. bei *Detail.shippingFree*.
- *prepend:* Die unter WERT eingegebene Zeichenkette wird im ausgewählten Feld vorangestellt.
- *append:* Die unter WERT eingegebene Zeichenkette wird im ausgewählten Feld angehängt.
- *removeString:* Die unter WERT eingegebene Zeichenkette wird aus dem ausgewählten Feld entfernt.

Sie können mehrere Mehrfachänderungen auf einmal durchführen. Wenn Sie eine Bedingung konfiguriert haben, klicken Sie wieder auf HINZUFÜGEN, um die zweite Änderung zu konfigurieren.

Mit einem Klick auf ÄNDERUNGEN ÜBERNEHMEN werden die gewünschten Änderungen durchgeführt. Hat sich ein Fehler eingeschlichen, können Sie alles vorher Definierte über den Button RÜCKGÄNGIG MACHEN wiederherstellen. Diese Funktion begrenzt sich auf die Mehrfachänderung, weitere geänderte Daten werden nicht wiederhergestellt. Es handelt sich also nicht um ein Datenbank-Backup – gehen Sie daher bitte vorsichtig mit der RÜCKGÄNGIG MACHEN-Funktion um.

Ein Beispiel: Alle Artikel sollen ab sofort versandkostenfrei verschickt werden.

Klicken Sie in diesem Fenster auf HINZUFÜGEN, um eine neue Massenänderung anzulegen. Wählen Sie anschließend das zu bearbeitende Feld, hier ist es *Detail.shippingFree*, siehe Abbildung 7.22.

> **Der Brückenschlag**
> DETAIL bezeichnet die Detaileinstellungen, welche in den Artikelstammdaten in den Einstellungen zu finden sind (siehe Abschnitt 7.2.7). Dort können Sie den Artikel als versandkostenfrei markieren.

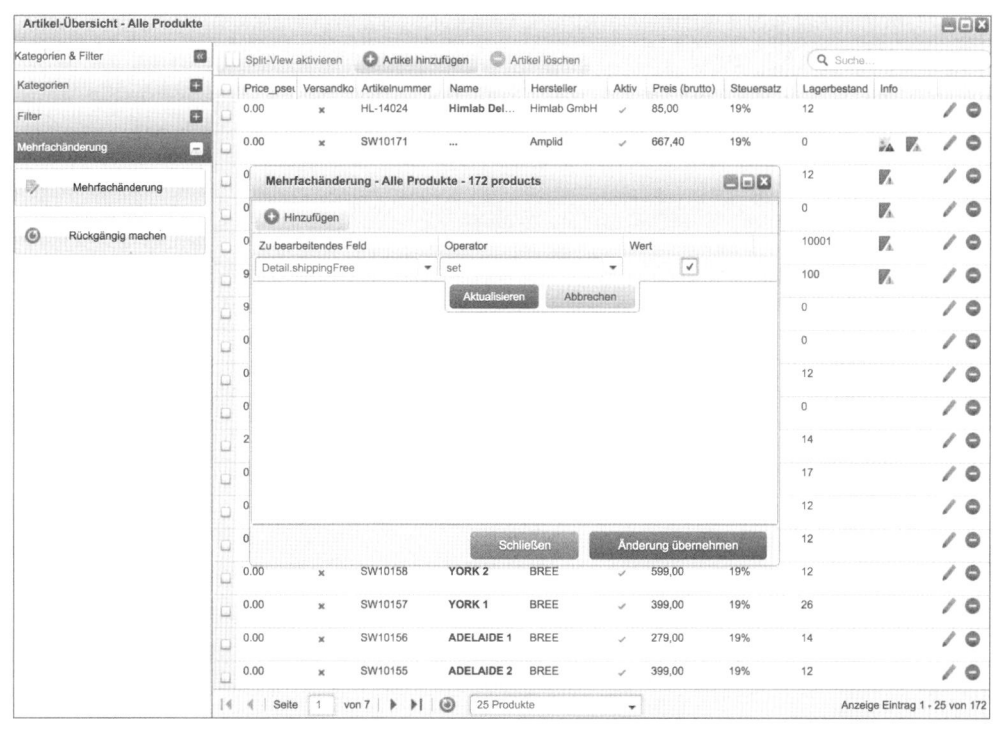

Abbildung 7.22 Mehrfachänderung versandkostenfreier Versand

ShippingFree ist der Datenbankeintrag, der dem Artikel die Versandkostenberechnung aktiviert oder diese eben streicht. Der Operator *set* setzt den nachfolgenden Wert. Da der Haken hier aktiviert ist, wird der Haken also in allen Artikeln gesetzt. Umgekehrt könnte der Haken auch entfernt werden, wenn alle Artikel wieder mit Versandkosten verschickt werden sollen.

Bitte seien Sie mit dieser Funktion enorm vorsichtig und legen Sie vorher immer ein Datenbank-Backup an.

7.10 Kategorien anlegen

Das nächste Puzzlestück in einem Onlineshop sind Kategorien. Es gilt, einen guten Mix aus einer guten Navigation zu finden und nicht zu tief zu verschachteln. Ideal sind zwei bis maximal drei Ebenen einer Kategorie, also Oberkategorie – Unterkategorie 1 – Unterkategorie 2.

Viel tiefer sollte die Kategoriestruktur nicht sein. Andernfalls verstricken Sie sich zu sehr im Klein-Klein, und der Kunde verliert den Überblick.

Um eine Kategorie anzulegen, öffnen Sie ARTIKEL • KATEGORIEN. In der Regel werden Sie hier die Kategorie DEUTSCH sehen. Diese Kategorie ist nicht im Shop zu sehen, sondern soll die Gliederung nach Sprachen ermöglichen. Erst wenn Sie unter Deutsch eine Kategorie anlegen, ist diese in der Shop-Navigation sichtbar.

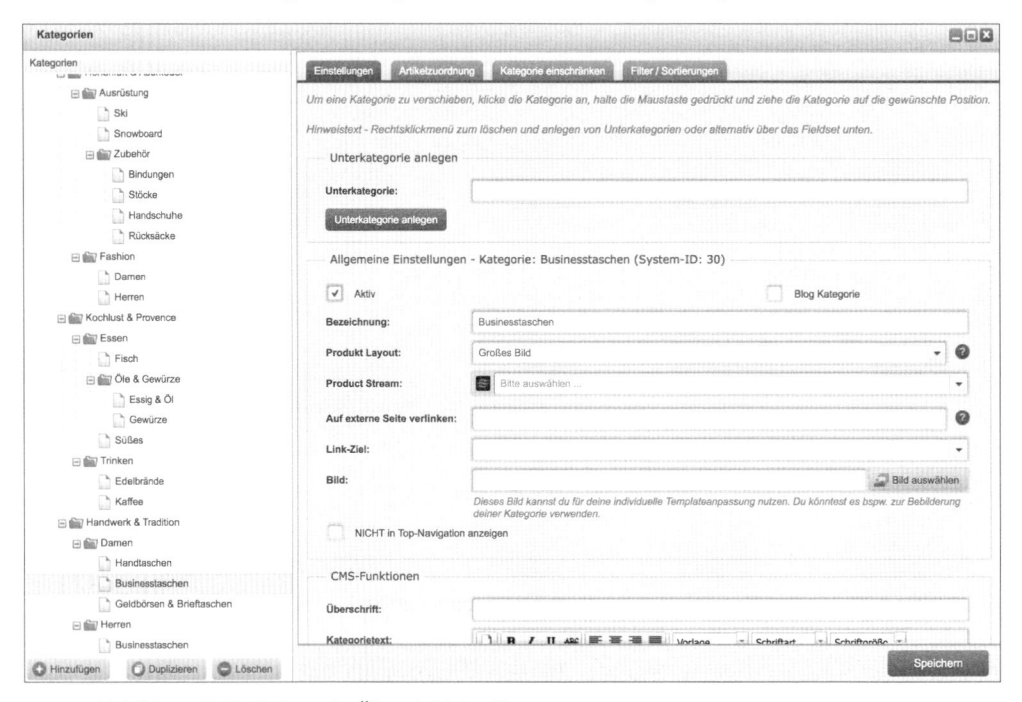

Abbildung 7.23 Kategorie-Übersicht im Shop

In Abbildung 7.23 bekommen Sie einen Eindruck von einem Kategoriebaum. Auch hier geht es bis auf maximal drei Ebenen hinunter. Ich beginne aber zunächst mit dem Anlegen einer Kategorie.

Dazu wählen Sie erst die übergeordnete Kategorie aus, in diesem Fall wäre das die DEUTSCH-Kategorie. Daraufhin klicken Sie auf HINZUFÜGEN, tragen den Namen der neuen Kategorie ein und bestätigen mit OK. Danach ist die Kategorie zugeordnet und kann bearbeitet werden.

7.10.1 Grundlegende Einstellungen

In den Einstellungen, im mittleren Feld auf der rechten Seite, können Sie die Kategorie aktivieren oder eben deaktivieren. Beim Deaktivieren ist die Kategorie zwar weiterhin vorhanden, würde aber nicht mehr im Shop zu sehen sein. Aktivieren Sie BLOG KATEGORIE, können Sie diese Kategorie später im Blog-Modul auswählen. Produkte können Sie einer solchen Kategorie zwar zuordnen, diese werden aber nicht angezeigt.

Den Namen einer Kategorie können Sie unter BEZEICHNUNG ändern. Das Design der Kategorie können Sie mit dem PRODUKT LAYOUT auswählen. Ihnen stehen dort fünf Auswahlmöglichkeiten zur Verfügung:

- *Vererbt*
- *Detaillierte Informationen*
- *Nur wichtige Informationen*
- *Großes Bild*
- *Produktliste*

Während das Design mit *Vererbt* aus der übergeordneten Kategorie übernommen wird, erhalten Ihre Kunden mit den *Detaillierten Informationen* bereits einen Anriss der Produktbeschreibung und können das Produkt bereits aus der Kategorie heraus auf eine Vergleichs- oder Merkliste legen. Im Standard Responsive Theme werden zwei Artikel in einer Reihe dargestellt. Während hingegen die Darstellung mit dem Layout *Nur wichtige Informationen* sich auf das wesentliche beschränkt: Produktbild, Artikelname, ggf. Grundpreisanzeige und der Preis. Hier werden sogar vier Produkte in einer Reihe dargestellt. Mit dem Layout *Großes Bild* erhalten Sie genau das. Die Informationsdichte ist hier genauso gering wie bei dem Layout Nur wichtige Informationen, dafür werden nur zwei Produkte in einer Reihe dargestellt. Der gewonnene Platz kommt einem großen Produktbild zugute. Dies eignet sich vor allem für Mode und andere Artikel, die mehr von Bildern und weniger von einer Beschreibung leben. Zuletzt haben Sie die *Produktliste* als Auswahl. Hier wird pro Zeile nur ein Produkt angezeigt, das eine längere Produktbeschreibung erhält, und ebenfalls die Möglichkeit, diesen Artikel auf eine Vergleichs- und Merkliste zu setzen.

Welches Kategorie-Design für Sie das passende ist, hängt entscheidend von Ihren Artikeln ab. Verkaufen Sie mehr über Optik und Bilder, eignet sich das Layout *Großes Bild* am besten. Brauchen Ihre Besucher hingegen direkt mehr Informationen zum Artikel und einen einleitenden, beschreibenden Text, sollten Sie *Detaillierte Informationen* oder *Produktliste* einsetzen.

Im nächsten Abschnitt, AUF EXTERNE SEITE VERLINKEN und LINK-ZIEL, können Sie eine angelegte Kategorie auch als reine Linkplatzierung nutzen, um auf eine weitere Webseite, z. B. Ihren extern gehosteten Blog, zu verlinken. Mit dem Link-Ziel geben Sie an, wie der Link geöffnet werden soll. Soll die externe Seite im gleichen Tab geöffnet werden, stellen Sie hier *_parent* ein. Diese Vorgehensweise eignet sich in der Regel nicht, da Ihre Besucher wahrscheinlich nicht in den Shop zurückkehren werden.

Nutzen Sie dafür lieber *_blank*. Das sorgt dafür, dass der Link in einem neuen Tab geöffnet wird. Und selbst wenn der Besucher von da aus weitersurft oder den Tab schließt, ist in einem weiteren Tab immer noch Ihr Onlineshop geöffnet. Die Chance ist dadurch höher, dass Ihr Besucher seinen Kauf doch noch abschließt.

Als nächste Einstellmöglichkeit bietet Shopware Ihnen an, ein Kategorie-Bild zu hinterlegen. Dies ergibt zumeist für die oberste Ebene eines Kategoriebaums Sinn, da dieses Bild dann auch im erweiterten Menü angezeigt wird.

Abbildung 7.24 Kategoriebild hinzugefügt, Bild von pexels.com

Zuletzt können Sie auswählen, dass diese Kategorie NICHT in der Top-Navigation angezeigt werden soll. Sie ist zwar weiterhin aktiv und für alle Besucher sichtbar, jedoch nicht in der horizontalen Navigation. Diese Kategorie wird dann ausschließlich über die linke Kategorie-Navigation zu sehen sein. Dies gilt nur für Hauptkategorien, da nur diese in der horizontalen Navigation zu sehen sind.

Eine mögliche Anwendung wäre, wenn Sie eine Kategorie in den Footer setzen möchten, in dem Ihre Kunden dann auch Produkte finden.

7.10.2 Ihre Kreativität ist gefragt in den CMS-Funktionen

An dieser Stelle können Sie Ihre Besucher auf einer Reise durch Ihren Shop und Ihre Produkte mitnehmen. Hier können Sie kreativ sein, Fragen Ihrer Kunden aufgreifen oder lustige Geschichten teilen. Und immer auch im Hinterkopf: Google. Die Suchmaschine liebt es, wenn Sie Ihre Besucher glücklich machen, und belohnt Sie mit einem guten Ranking.

Fügen Sie hier Texte, weitere Bilder, interne Verlinkungen oder Weiteres ein – Sie haben in der Gestaltung Ihrer Inhalte keine Grenzen. Wie für alle inhaltlich verantwortlichen Mitarbeiter eignet sich der *Erweiterte Editor* sehr, da Sie mit diesem alle Möglichkeiten von Shopware nutzen können.

Abbildung 7.25 Kategorie mit CMS-Text, Bild pexels.com

Definieren Sie eine Überschrift, die, wie Sie im vorletzten Bild sehen, auch schon auf dem Erweiterten Menü zu sehen ist, und einen tollen, ansprechenden Text. Da der Text im Erweiterten Menü auf maximal 240 Zeichen begrenzt ist, empfiehlt es sich, die wichtigsten Botschaften bereits an den Anfang zu setzen. Einen Klick später werden die Besucher dann mit dem vollständigen Text begrüßt. Erst darunter finden sich die Produkte. Es gibt auch Themes, die den Text ans Ende der Kategorie setzen, und damit den Fokus weg von der Kundenbegeisterung hin zur reinen Produktshow lenken. In diesen Fällen spielt der in den CMS-Einstellungen hinterlegte Text mehr die Rolle des SEO-Textes anstatt tatsächlich zur Kundenbegeisterung.

7.10.3 Die Meta-Informationen

Auch für die einzelnen Kategorien gibt es die Möglichkeit, Suchmaschinenoptimierungen vorzunehmen. Dies gliedert sich wieder in Meta-Title, welcher anschließend bei Google als Seitentitel verwendet wird. Zudem die Meta-Description, eine 150 bis 260 Zeichen lange Beschreibung dieser Kategorie, um möglichst klickstarke Texte zu platzieren und sich nicht auf die Einschätzung dieser Seite von Google & Co. zu verlassen. Und schließlich die Meta-Keywords, welche für die Suchmaschinenoptimierung inzwischen eine untergeordnete Rolle spielen. Mehr Informationen dazu finden Sie in Abschnitt 7.2.5.

7.10.4 Artikel zuordnen

Wenn Sie eine Kategorie angelegt und entsprechend konfiguriert haben, können Sie anschließend mit der Artikelzuordnung beginnen. Dieser Prozess weicht stark von dem in Abschnitt 7.3 ab.

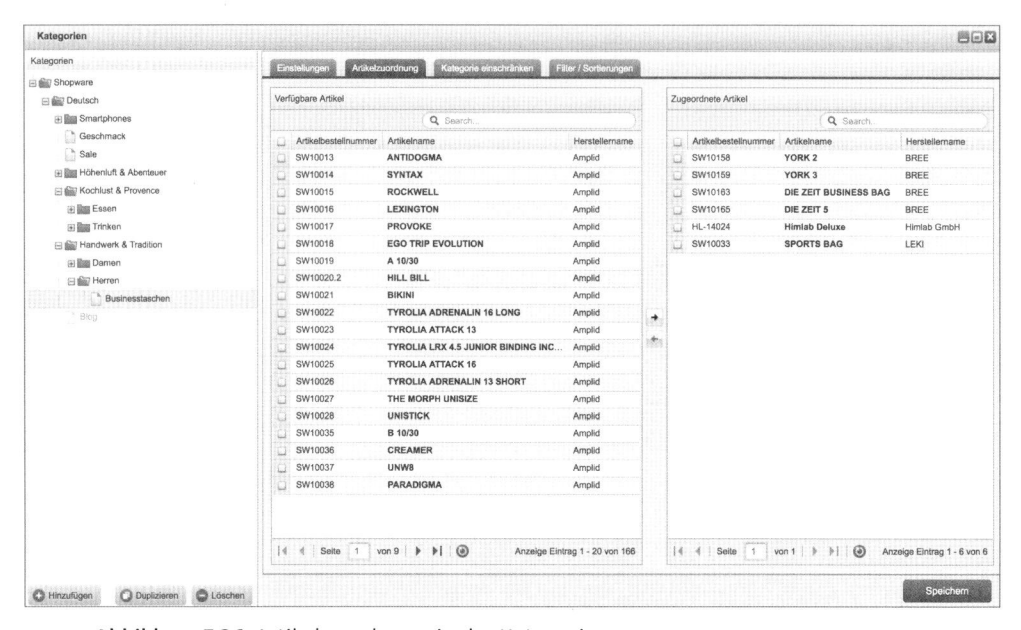

Abbildung 7.26 Artikelzuordnung in der Kategorie

Diese Funktion, die Sie in Abbildung 7.26 sehen, dient mehr als Massenzuweisung von mehreren Artikeln zu einer Kategorie. Dazu werden Ihnen zunächst alle Artikel angezeigt, diese können Sie auch ganz konkret durchsuchen. Haben Sie einen oder mehrere Artikel, die Sie dieser Kategorie zuweisen möchten, klicken Sie die entsprechenden Artikel an. Die Zuweisung zur Kategorie erfolgt mit dem Klick auf den Pfeil nach rechts. Nun sind direkt die ausgewählten Artikel dieser Kategorie zugewiesen.

Umgekehrt können Sie die Zuweisung auch löschen, indem Sie nicht mehr passende Produkte in der rechten Spalte namens ZUGEORDNETE ARTIKEL auswählen, und mit einem Klick auf den Pfeil nach links wieder in die Spalte VERFÜGBARE ARTIKEL schieben.

7.10.5 Kategorie für bestimmte Kunden sperren

Unter bestimmten Umständen kann es notwendig sein, ganze Kategorien für bestimmte Kundengruppen zu sperren. Mögliche Szenarien wären:

- Sale-Artikel sollen nur für Stammkunden sichtbar sein.
- Palettenware sollen nur Händlern angeboten werden.
- Händler dürfen Eigenmarken nicht kaufen.

Wenn Sie die ausgewählte Kategorie sperren möchten, wechseln Sie in den Reiter KATEGORIE EINSCHRÄNKEN. Hier finden Sie zwei Spalten. Die linke Spalte beinhaltet die VERFÜGBAREN KUNDENGRUPPEN. Um eine gewisse Gruppe zu sperren, wählen Sie diese mit einem Doppelklick oder einem Klick auf den Pfeil nach rechts aus. Anschließend ist die Kategorie für die ausgewählte Kundengruppe nicht mehr einzusehen.

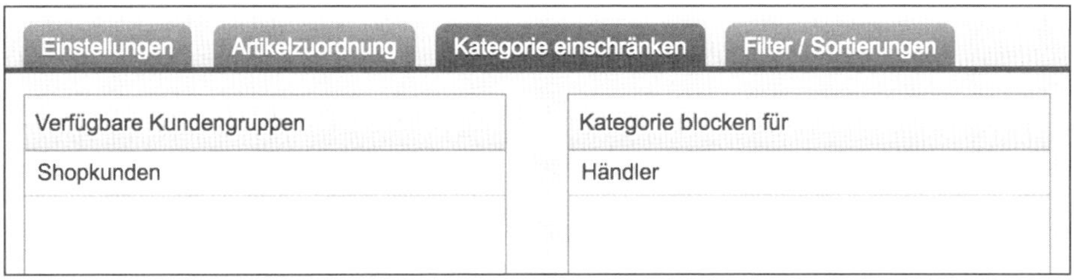

Abbildung 7.27 Kategorie für Händler sperren

7.10.6 Individuelle Kategorie-Filter und -Sortierungen

Standardmäßig werden alle Kategorie-Ergebnisse nach den besten Ergebnissen sortiert. In den GRUNDEINSTELLUNGEN können Sie die Sortierung für alle Kategorien pauschal auf einen Wert verändern. Öffnen Sie dort STOREFRONT • KATEGORIEN/LISTEN. Dort finden Sie recht weit unten in den Optionen den Punkt KATEGORIE STANDARD SORTIERUNG.

Es gibt aber auch die Möglichkeit, die Sortierungen und angezeigten Filter je nach Kategorie zu differenzieren. Wählen Sie dafür zunächst die Kategorien aus, die Sie ändern möchten, und klicken Sie anschließend in den Reiter FILTER/SORTIERUNGEN, siehe Abbildung 7.28.

Dazu können Sie zunächst eine INDIVIDUELLE SORTIERUNG auswählen. In diesem Beispiel lege ich eine Neuheiten-Kategorie an, und möchte die dort gelisteten Produkte nach ihrem Erscheinungsdatum sortieren.

Dazu ziehe ich den Eintrag ERSCHEINUNGSDATUM nach oben über das Symbol mit den zwei Strichen. In diesem Beispiel nicht notwendig, aber machbar für andere Anwendungen: Die Einstellungen können auch FÜR UNTERKATEGORIEN ÜBERNOMMEN werden.

Gleiches gilt für individuelle Filter. Hier können Sie auch Filter entfernen, die Sie für diese Kategorie als unwichtig erachten. Klicken Sie dazu einfach auf den Löschen-Button auf der rechten Seite der entsprechenden Zeile.

Andersherum können Sie aus der Drop-down-Liste VERFÜGBARE FILTER hinzufügen.

7 Füllen Sie den Shop mit Leben

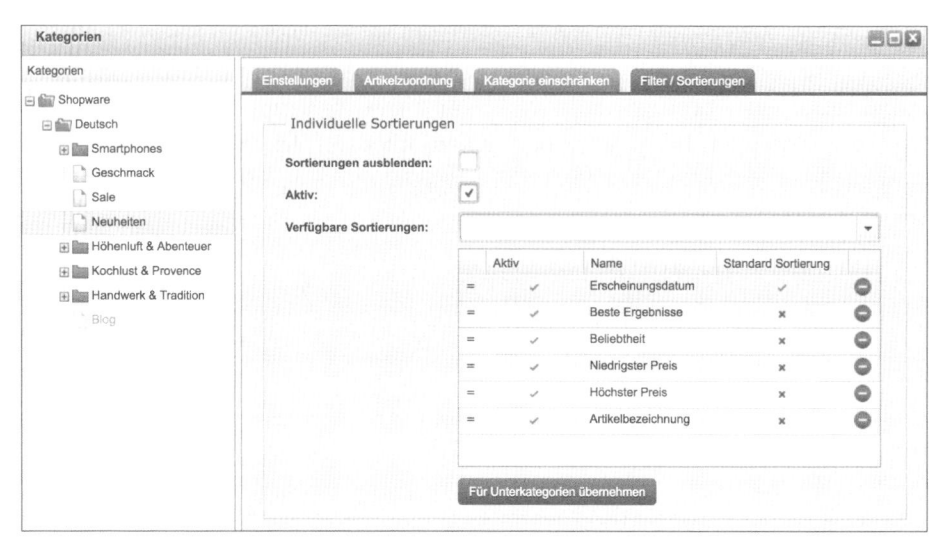

Abbildung 7.28 Standardsortierung nach Erscheinungsdatum

Um noch tiefer in das System einzugreifen, können Sie auch komplett eigene Filter und Sortierungen erstellen. Auch dies richten Sie zunächst in den GRUNDEINSTELLUNGEN ein. Dort öffnen Sie dann STOREFRONT und klicken auf FILTER/SORTIERUNG, siehe Abbildung 7.29.

Um einen eigenen Filter zu erstellen, haben Sie zwei Möglichkeiten. Zum einen können Sie einen KOMBINIERTEN FILTER HINZUFÜGEN. Hierbei handelt es sich um eine Filterung, die auf der Idee von Product Streams basiert – Sie legen Bedingungen fest, und die dazu passenden Artikel werden angezeigt.

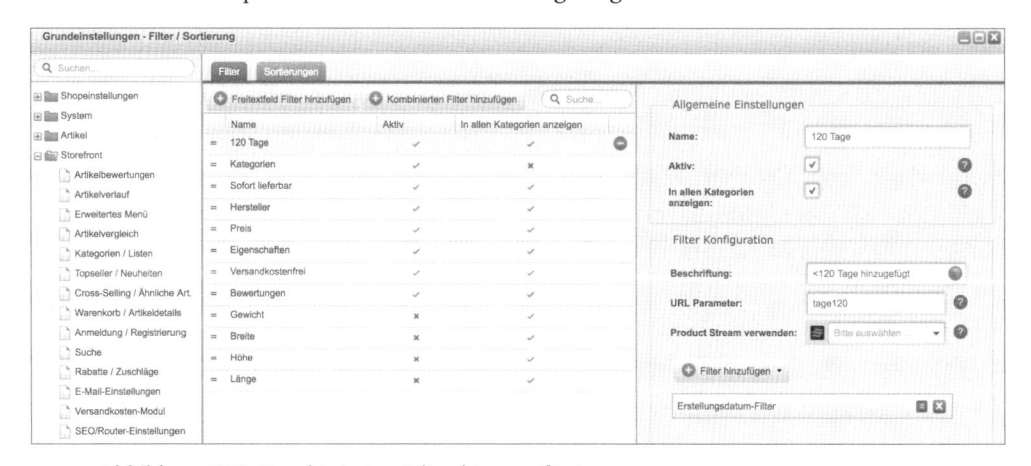

Abbildung 7.29 Kombinierten Filter hinzugefügt

Tragen Sie zunächst einen NAMEN ein, dieser wird intern für die Drop-down-Liste verwendet, die Sie in den Kategorie-Einstellungen finden. Schließlich muss der Filter noch aktiviert werden. Außerdem können Sie festlegen, ob dieser Filter in allen Kategorien angezeigt wird. Wenn ja, aktivieren Sie die entsprechende Option. Falls der Filter nur für bestimmte Kategorien gilt, lassen Sie diese Option deaktiviert und wählen den Filter lediglich bei den betreffenden Kategorien aus.

Benennen Sie den Filter. Der Name, den Sie unter BESCHRIFTUNG hinzufügen, wird auch im Shop als Filter-Option angezeigt. Ein kurzer, aber prägnanter Name ist hier also sehr von Vorteil. Im URL PARAMETER tragen Sie einen Wert ein, welcher der Shop-URL angehängt wird. Der Wert kann aus Ziffern und Kleinbuchstaben bestehen, und muss mit einem Buchstaben beginnen.

Wenn Sie bereits einen Product Stream für andere Zwecke angelegt haben, der hier auch passend wäre, wählen Sie diesen unter PRODUCT STREAM VERWENDEN aus. Dies wäre zum Beispiel der Fall, wenn Sie eine Kategorie *Am besten bewertet* haben, in der alle Artikel gelistet sind, die vier oder mehr Sterne von Ihren Kunden erhalten haben. Nach der gleichen Logik können Sie auch einen Filter aufbauen und den entsprechenden Product Stream hier auswählen.

Existiert noch kein Stream, können hier auch Bedingungen für den Filter definiert werden. Sie haben die Auswahl aus verschiedenen Bedingungen, wie z. B. Connect-Lieferanten oder Pseudopreis-Filter. Wählen Sie die entsprechende Bedingung aus, und hinterlegen Sie die entsprechenden Werte. Im obigen Beispiel wäre es z. B. der Wert 120, da alle dem Shop hinzugefügten Produkte der letzten 120 Tage angezeigt werden sollen.

Auch ist es möglich, verschiedene Bedingungen miteinander zu kombinieren. Zu viele Bedingungen sollten es aber nicht werden, da diese sonst die Auswahl auf potenzielle Produkte verkleinern oder gar gegensätzlich arbeiten.

Auch können Sie einen FREITEXTFELD-FILTER HINZUFÜGEN. Haben Sie z. B. bestimmte Informationen in einem Freitextfeld hinterlegt, und diese gleichen sich bei diversen Artikeln, können Sie daraus auch einen Filter erstellen.

Unter NAME vergeben Sie die interne Bezeichnung des Filters, welcher auch in der Auswahlliste in den Kategorie-Einstellungen zu finden ist. Ihre Kunden sehen den Namen nicht, er dient lediglich Ihnen als Orientierung. Stellen Sie den Filter danach auf AKTIV. Soll der Filter in allen Kategorien angezeigt werden, aktivieren Sie die entsprechende Option. Soll der Filter nur für bestimmte Kategorie gelten, ignorieren Sie diese Option einfach. Sobald der Filter allerdings fertig konfiguriert ist, müssen Sie ihn dann aber der oder den entsprechenden Kategorien zuweisen.

Im nächsten Schritt wählen Sie das Freitextfeld aus, welches Sie auslesen möchten. Wie die Filter-Möglichkeit angezeigt werden soll, stellen Sie unter ANZEIGE MODUS ein: Mehrfachauswahl, Einfachauswahl, Checkbox oder Slider. Ein Slider wäre z. B. dann möglich, wenn Sie Zahlenwerte filtern und diese immer die gleiche Basis haben.

Die Mehrfach- und Einfachauswahl werden im Shop nochmals als Gruppe zusammengefasst und müssen daher vom Besucher ausgeklappt werden, wie z. B. der Filter HERSTELLER. Eine Checkbox wird direkt angeboten, genauso wie der Filter VERSANDKOSTENFREI.

Als Nächstes bestimmen Sie noch den URL-Parameter. Dieser wird, sobald der Filter vom Kunden in Benutzung ist, der Shop-Domain angehängt. Dass, was Sie unter BESCHRIFTUNG eintragen, wird dem Kunden im Shop auch angezeigt. Es empfiehlt sich also, eine klare und prägnante Beschriftung zu wählen. Nun haben Sie also Ihre eigenen Filter angelegt.

Auch können Sie eine eigene Sortierung anlegen. In diesem Beispiel will ich nach dem Lagerbestand, beginnend mit dem niedrigsten, sortieren. Dies kann in einer Kategorie wie zum Beispiel *Bald ausverkauft* sinnvoll sein. Klicken Sie dazu auf den Reiter SORTIERUNGEN.

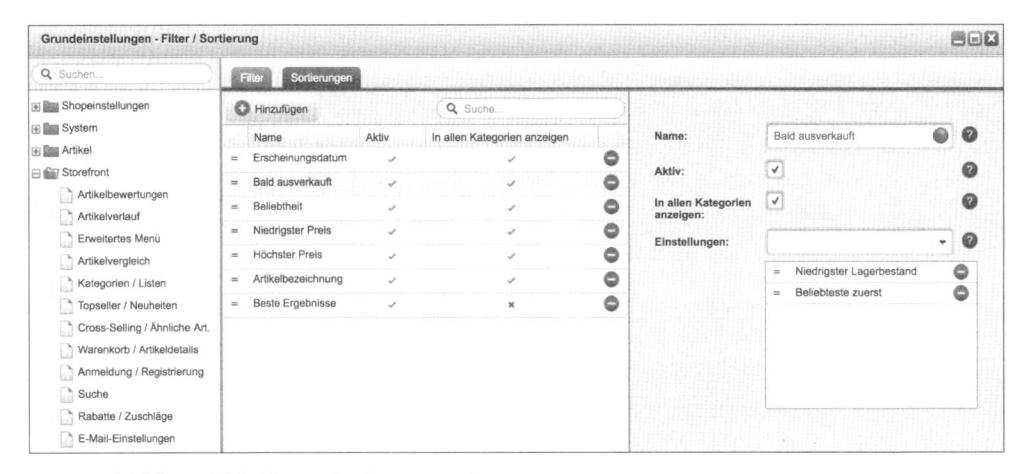

Abbildung 7.30 Eigene Sortierung anlegen

Klicken Sie nun auf HINZUFÜGEN und wählen Sie einen NAMEN für die Sortierung aus. In den Einstellungen können Sie die Ausrichtung der Sortierung bestimmen. Für mein Beispiel wähle ich also SORTIERUNG NACH LAGERBESTAND aus. Dann kommt die Abfrage nach der Reihenfolge: HÖCHSTER LAGERBESTAND oder NIEDRIGSTER LAGERBESTAND. Da die Kategorie BALD AUSVERKAUFT weiter oben angezeigt werden soll, wähle ich also NIEDRIGSTER LAGERBESTAND aus. Prinzipiell würde das schon reichen, um eine solche Sortierung anzulegen. Allerdings möchte ich noch die Artikel zuerst anzeigen lassen, die bei den Kunden am besten ankommen, und wähle daher noch eine zweite Sortierung aus: SORTIERUNG NACH BELIEBTHEIT. In der nächsten Abfrage wähle ich anschließend BELIEBTESTE ZUERST.

Damit ist diese Sortierung fertig konfiguriert. Nun kann sie der gewünschten Kategorie zugewiesen werden, wie Sie es bereits zu Beginn dieses Abschnitts gelesen haben.

7.11 Artikel als digitaler Download – ESD

Digitale Produkte werden immer beliebter. Sie benötigen keinen aktiven Versand und ziehen keine Kosten nach dem Verkauf nach sich. Meist bieten digitale Produkte daher Informationen in Form von Onlinekursen an. Aber auch Softwarevertrieb, Musik- oder Videoverkauf ist dadurch denkbar.

Mit Shopware ist es Ihnen möglich, derartige Produkte zu vertreiben. Die nennen sich dann ESD-Artikel (ESD = Electronic Software Distribution).

Nach dem Kauf findet der Kunde den Download in seinem Kundenkonto unter SOFORTDOWNLOADS.

7.11.1 Download-Verkäufe vorbereiten

Zunächst müssen Sie sicherstellen, dass Download-Artikel in Ihrer Konfiguration freigegeben sind. Öffnen Sie dazu EINSTELLUNGEN • GRUNDEINSTELLUNGEN • ARTIKEL • ESD.

Abbildung 7.31 Grundeinstellungen für ESD-Artikel

An dieser Stelle wird es sehr technisch. Der ESD-KEY bezeichnet einen Ordner, in dem alle ESD-Dateien abgespeichert werden. Dieser Ordner wird für jede Shopware-Installation neu generiert, sodass es hier zu keinen Überschneidungen kommt, und die Sicherheit erhöht. Wenn Sie den Schlüssel ändern möchten, dürfen Sie Zahlen und Buchstaben verwenden.

Wenn Sie mit Seriennummern arbeiten, können Sie in dem Feld ESD-MIN-SERIALS den Wert eintragen, ab dem Sie gewarnt werden möchten, dass neue Seriennummern hochgeladen werden müssen. Sie erhalten dann eine E-Mail vom System. Handeln Sie schnell, sobald Sie darüber informiert werden. Auch wenn keine freien Seriennummern mehr im System hinterlegt sind, wird der Artikel dennoch weiterverkauft.

Außerdem können Sie den Download freigeben, sobald ein gewisser Zahlstatus für die Bestellung erfasst wurde. Wählen Sie den Zahlstatus bei DOWNLOAD FREIGEBEN BEI ZAHLSTATUS aus der Drop-down-Liste aus. Sinnvollerweise sollte dies ein Zahlstatus sein, bei dem Sie das Geld bereits erhalten haben, also z. B. KOMPLETT BEZAHLT.

Zuletzt legen Sie die DOWNLOADOPTIONEN FÜR ESD-DATEIEN fest. Mit der Methode *Link* ist der Link zum Artikel über den Browser direkt einsehbar. Die Methode empfiehlt sich nicht, da jeder den Artikel herunterladen könnte, der im Besitz des Links ist. Über die PHP-Methode wird der Produkt-Link über einen PHP-Prozess verschleiert, dies kann jedoch zu Problemen bei größeren Dateien kommen. Für größere Dateien eignen sich daher eher die Methoden *X-Sendfile* für Apache2-Server und *X-Accel* für Nginx Server. Das jeweilige Modul muss dafür allerdings auf Ihrem Server aktiviert sein. Zuletzt wählen Sie noch aus, ob der Kunde seine SOFORTDOWNLOADS IM ACCOUNT ANGEZEIGT bekommen soll. Dadurch wird der Kunde nicht nur per E-Mail über sein Produkt informiert, sondern kann es immer wieder von seinem Kundenkonto herunterladen.

Zu guter Letzt aktivieren Sie noch die für ESD freigegebenen Zahlungsarten. Öffnen Sie dazu EINSTELLUNGEN • ZAHLUNGSARTEN. Wählen Sie eine Zahlungsart aus, z. B. PayPal, und aktivieren Sie den Punkt AKTIV FÜR ESD-ARTIKEL.

Setzen Sie auf Automation
Um eine vollautomatische Abwicklung zu garantieren, empfiehlt es sich, Zahlmethoden zu wählen, die den Zahlstatus automatisch setzen können, wie z. B. PayPal oder Amazon Pay, und als Zahlstatus *Komplett abgeschlossen* zu nutzen.

7.11.2 Download Artikel anlegen

In diesem Beispiel nehmen wir an, dass wir eine Serienstaffel verkaufen möchten. Staffeln zeichnen sich durch mehrere Folgen aus, weshalb wir einen Varianten-Artikel anlegen. Natürlich ist es auch möglich, einen Standard-Artikel anzulegen ohne weitere Varianten. Sie legen den Artikel an, wie Sie es bereits kennengelernt haben. Wechseln Sie anschließend in den Tab ESD.

Zunächst wählen Sie die entsprechende Variante und klicken auf ALS NEUEN ESD-ARTIKEL ANLEGEN. Sofort wird die Variante in der Übersicht aus Abbildung 7.32 aufgeführt. Dies können Sie nun mit allen zu verkaufenden Varianten machen.

7.11 Artikel als digitaler Download – ESD

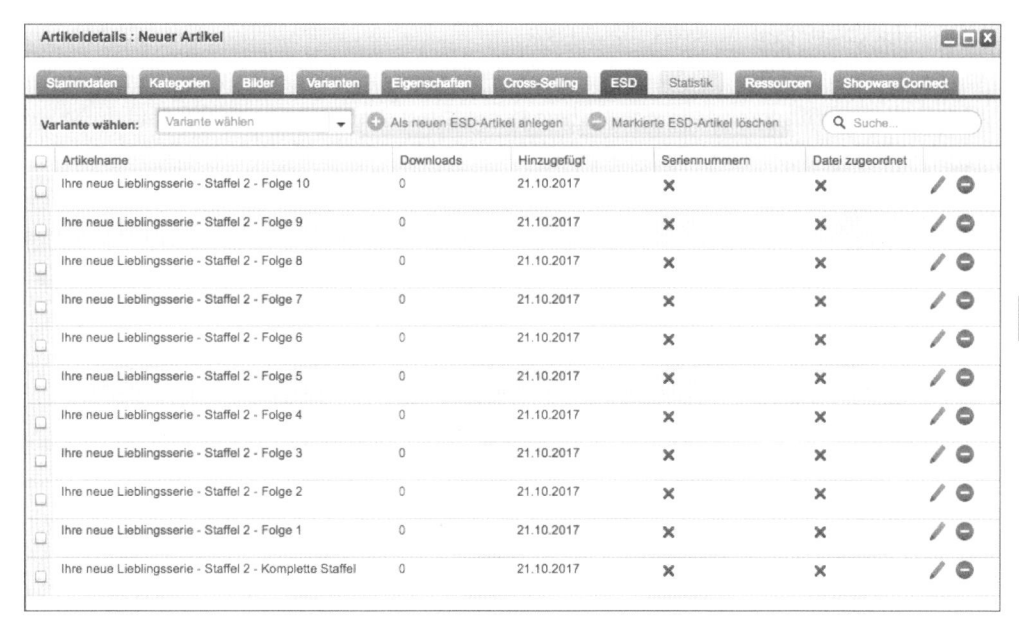

Abbildung 7.32 Artikel oder Varianten hinzufügen, die digital ausgeliefert werden sollen

Nun geht es zum wichtigsten Teil: Sie müssen die herunterladbaren Dateien den einzelnen Varianten hinzufügen. Klicken Sie dazu bei der entsprechenden Variante auf den Bleistift, um die Detail-Bearbeitung zu öffnen.

Im Abschnitt DATEI HOCHLADEN auf der rechten Seite können Sie die entsprechende Datei von Ihrem Computer hineinziehen oder über DATEI AUSWÄHLEN über das bekannte Auswahlfenster selektieren. Der Upload beginnt automatisch.

> **Server Einstellungen beachten**
>
> Achten Sie auf die *upload_max_filesize*. Die definiert die maximale Größe der hochladbaren Datei. Sie finden die aktuelle Einstellung unter EINSTELLUNGEN • SYSTEMINFO, sechster Punkt von oben. Dieser Wert gilt pro Upload einer Datei, wird also nicht zusammengerechnet. Wenn Ihre Dateien größer sind als der dort angegebene Wert, erhöhen Sie diesen über die *php.ini*-Datei Ihres Servers oder laden Sie die Dateien über einen FTP-Zugang in den Ordner */files/Ihr ESD-Key/*.

Nun wählen Sie die zum Artikel oder zur Variante passende Datei unter DATEI WÄHLEN aus. Wie gewohnt speichern Sie anschließend. Nun ist die Konfiguration für diese Variante abgeschlossen.

7.11.3 Seriennummern hinzufügen

Sie können zusätzlich noch Seriennummern hinzufügen, die beim Kauf automatisch den Kunden zugewiesen werden. Die Verwaltung der Seriennummern finden Sie auf der linken Seite des ESD-Fensters.

Nach einem Klick auf SERIENNUMMERN HINZUFÜGEN öffnet sich ein kleines Fenster, in dem Sie die gewünschte Anzahl von Seriennummern eintragen können. Es gibt hier kein Limit. Tragen Sie eine Nummer pro Zeile ein, und speichern Sie anschließend mit SERIENNUMMERN HINZUFÜGEN.

Gleiche Seriennummern können Sie weder bei anderen Varianten noch anderen Artikeln hinterlegen. Jede Seriennummer muss also zwingend einmalig sein.

Und damit haben Sie nun einen tief greifenden Einblick in die Produktanlage bei Shopware erhalten. Probieren Sie sich aus, denn Sie haben unzählige Möglichkeiten.

Kapitel 8
Die Präsentation Ihres Shops mit Einkaufswelten

In den vorangegangenen Kapiteln haben Sie erfahren, wie Sie Shopware installieren, einrichten und auch erste Artikel und Kategorien anlegen. Damit sind bereits wichtige Bausteine abgeschlossen, nun folgt als nächster Schritt die individuelle Gestaltung Ihres Shops.

Mit den Einkaufswelten ist Shopware ein echter Systemvorteil und wahres Verkaufsargument gegenüber anderen Systemen gelungen. Per Drag & Drop lassen sich so einzelne Shopseiten zusammenbauen und ist so auch leicht für Einsteiger zu erlernen. Innerhalb kurzer Zeit können Sie damit Ihrem Shop Leben einhauchen. Startseite, Kategorieseiten und auch Landingpages legen Sie mit den Einkaufswelten an.

8.1 Machen Sie sich mit den Einkaufswelten vertraut

Der Einkaufswelt-Designer ist immer in zwei Bereiche aufgeteilt: Auf der linken Seite finden sich die allgemeinen Konfigurationsmöglichkeiten in verschiedenen Reitern und rechts daneben findet sich das Drag-&-Drop-Feld. In diesem Feld werden die Elemente, welche im Abschnitt 8.1.1 näher beschrieben sind, platziert.

Um eine neue Einkaufswelt anzulegen, öffnen Sie MARKETING • EINKAUFSWELTEN. Dort finden Sie den Button HINZUFÜGEN, womit eine leere Einkaufswelt geöffnet wird, die Sie nun nach Belieben gestalten können. Die Einstellungen dazu sehen Sie in Abbildung 8.1.

Vergeben Sie zunächst einen NAMEN ❶ für die angelegte Einkaufswelt. Das kann, wie in diesem Beispiel, einfach nur *Startseite* sein. Den Namen finden Sie im Modul der Einkaufswelten unter der gleichnamigen Spalte, sodass darüber eine Zuordnung zum Inhalt gewährleistet wird. Möchten Sie später Änderungen an der Einkaufswelt vornehmen, finden Sie diese über einen eindeutigen Namen schneller wieder.

Eine Seite Ihres Shops, zum Beispiel die Startseite, kann auch aus mehreren Einkaufswelten bestehen. Dadurch ist es möglich, mit der Breite zu spielen oder auch konkrete Inhalte in einer Einkaufswelt zu priorisieren. Das hilft vor allem bei der Gestaltung mobiler Inhalte, mehr dazu in Abschnitt 8.2.3.

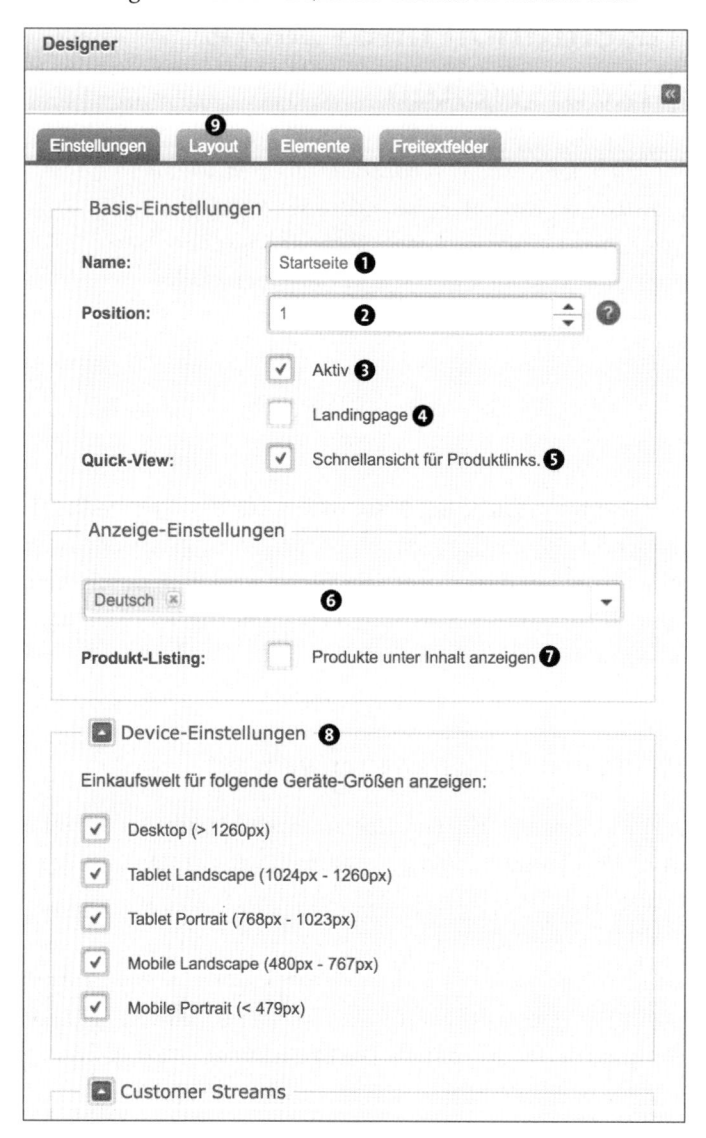

Abbildung 8.1 Einkaufswelt-Einstellungen

Damit die einzelnen Einkaufswelten auch in der korrekten und von Ihnen vorgesehenen Sortierung angezeigt werden, können Sie für jede Einkaufswelt auch eine Positionierung ❷ hinterlegen. Nach dieser Positionierung wird anschließend die Seite aufgebaut.

Damit eine Einkaufswelt auch für die Kunden angezeigt wird, muss diese natürlich AKTIV ❸ sein – andererseits wird sie ignoriert. Damit ist es natürlich auch möglich, einzelne Ebenen einer Seite zu deaktivieren und zu einem späteren Zeitpunkt wieder zu aktivieren.

Mit Shopware können Sie auch Landingpages ❹ erstellen. Diese dienen vor allem der Neukundenakquise und sind meist für neue Kunden der erste Einstiegspunkt in den eigenen Shop. Grundlegend ändert sich bei einer Landingpage nichts beim Aufbau mit dem Einkaufswelt-Designer, allerdings weisen Sie einer Landingpage keine Kategorie zu, sondern erhalten eine URL, mit der die Landingpage aufzurufen ist. Mehr dazu lesen Sie im Abschnitt 8.4.

Ab der Professional Edition ist es auch möglich, dass Ihre Kunden in der Einkaufswelt die Informationen zu angezeigten Produkten vorab erhalten. Sobald SCHNELLANSICHT FÜR PRODUKTLINKS ❺ aktiviert ist, werden Produktinformationen direkt in der Einkaufswelt geladen. Damit verlässt der Besucher die Einkaufswelt nicht und hat dennoch relevante Informationen an der Hand, um eine Kaufentscheidung zu treffen oder sich das Produkt für später zu merken. Das erhöht den Komfort Ihres Shops ungemein. Deshalb habe ich mich in diesem Beispiel dafür entschieden, diese Funktion zu aktivieren.

Anschließend folgt die Auswahl, in welcher Kategorie die Einkaufswelt angezeigt werden soll. Möchten Sie zum Beispiel eine Startseite erstellen, wählen Sie hier immer die Kategorie Deutsch aus, wie in Abbildung 8.3 zu sehen. Auch können Sie einer Einkaufswelt mehrere Kategorien zuweisen. Schon aus diesem Grund kann es hilfreich sein, eine Einkaufswelt in mehreren Ebenen aufzubauen und einem Teil von z. B. der Startseite auch einer Produktkategorie zuzuweisen. Wählen Sie also unter ANZEIGE-EINSTELLUNGEN ❻ alle Kategorien aus, in der die Einkaufswelt angelegt werden soll.

Weiter geht es mit der Auswahl, ob unterhalb der Einkaufswelt Produkte angezeigt werden sollen ❼, was ausschließlich bei Kategorien sinnvoll ist. Damit haben Sie es in der Hand, ob in einer Kategorie lediglich die angelegte Einkaufswelt angezeigt wird oder direkt darunter zusätzlich die dazugehörigen Produkte dargestellt werden.

Im nächsten Schritt wählen Sie aus, auf welchen Geräteklassen die Einkaufswelt angezeigt werden soll. Hierbei ist es grundsätzlich sinnvoll, alle Geräteklassen damit zu bedienen. Wie Sie eine Desktop-Einkaufswelt für mobile Endgeräte aufbereiten, lesen Sie in Abschnitt 8.2.3. Es ist also ratsam, unter DEVICE-EINSTELLUNGEN ❽ alle Gerätegrößen freizugeben und zu aktivieren. Nachdem Sie die allgemeinen Einstellungen festgelegt haben, müssen Sie nun das allgemeine Layout definieren. Klicken Sie dazu auf den Reiter LAYOUT ❾. Weiter geht es mit Abbildung 8.2.

Abbildung 8.2 Layout-Einstellungen für eine Einkaufswelt

Zunächst definieren Sie den Layout-Modus ❶. Hierbei können Sie wählen aus:

- *Fluid/Responsive*: In diesem Modus werden die angelegten Elemente in der immer gleichen Höhe angezeigt, allerdings in der Breite mit kleiner werdenden Bildschirmen entsprechend abgeschnitten. Die Höhe einer Zeile wird in den Grid-Einstellungen festgelegt.

- *Resize/Skalierung*: Hierbei werden die Elemente auf jedem Endgerät so angezeigt, wie Sie in den Einkaufswelten angelegt haben. Allerdings kann es dazu kommen, dass vor allem Bilder sehr klein skaliert werden, sobald ein Smartphone die Einkaufswelt aufrufen möchte. Auch hierbei wird die Zeilenhöhe in den Grid-Einstellungen festgelegt.

- *Zeilen*: Es wird keine feste Zeilenhöhe vorgegeben, diese ergibt sich aus den angelegten Elementen. Shopware legt die Zeilenhöhe am höchsten Element fest. Ideal für viel Text oder gleichgroße Bilder.

- *Storytelling* (ab der Professional Edition): Teilt eine Start- oder Kategorieseite in Abschnitte ein, dadurch können Sie Geschichten erzählen und den Besucher auf eine Reise mitnehmen. Sie legen hier keine Zeilenhöhe mehr fest, sondern wie viele Zeilen pro Abschnitt angezeigt werden sollen.

Am einfachsten lassen sich Einkaufswelten mit dem Zeilen-Modus anlegen, da dieser, wie bereits beschrieben, die Zeilenhöhe der Elemente automatisch berechnet. Damit werden Bilder immer korrekt dargestellt (in Fluid- oder Resize-Modus können Sie abgeschnitten werden) und ist vor allem für Text ideal. In anderen Modi passiert es schnell, dass zu lange Texte nicht in die vorgesehenen Zeilenhöhen passen, daher nicht komplett dargestellt werden und viel Text hinter einem Scrollbalken verschwindet. Das ist für Ihre Besucher alles andere als ideal. Daher wird das Beispiel aus Abschnitt 8.2 auch anhand des Zeilen-Modus erfolgen.

Nachdem Sie einen Modus gewählt haben, können Sie noch entscheiden, ob die angelegte Einkaufswelt VOLLFLÄCHIG ❷ angezeigt werden soll. Das bedeutet, dass die angelegten Elemente über die volle Bildschirmbreite gestreckt werden. Vor allem bei großen, einladenden Willkommensbildern auf der Startseite wirkt dies sehr hochwertig. Wählen Sie diesen Modus nicht aus, wird die Einkaufswelt auf 1.260 Pixel Breite begrenzt. Größere Bildschirme haben damit am linken und rechten Bildschirmrand einen Balken, die mit größer werdenden Bildschirmen immer größer werden.

Nachfolgend kommen die Grid-Einstellungen. Mit Grid wird das Raster (oder auch Gitter) bezeichnet, in dem die Elemente der Einkaufswelten angeordnet werden. Und diese Grids können auch noch nach Belieben eingestellt werden.

Zum Ersten können Sie einstellen, wie viele SPALTEN ❸ die Einkaufswelt haben soll. Wählen Sie an dieser Stelle aus zwischen einer Spalte und bis zu zwölf Spalten. Vor allem bei einer vollflächigen Einkaufswelt können mit zwölf Spalten elegante Abstände, die nicht zu groß und nicht zu klein sind, realisiert werden. Der ZELLEN-ABSTAND ❹ bezeichnet die Pixelanzahl zwischen den einzelnen Spalten und Zeilen. Standardmäßig werden hier 10 Pixel vorgegeben, was auch ich hier nutze. Es gibt allerdings keine Begrenzung, und auch ein direkter Übergang der angelegten Elemente mit 0 Pixeln Abstand zueinander ist möglich.

Zuletzt wird die ZEILEN-HÖHE ❺ festgelegt. Dieser Wert ist nur für die zwei Layout-Modi *Fluid/Responsive* und *Resize/Skalierung* freigeschaltet. Der Wert wird auch hier in Pixelgröße eingetragen. Wie Sie in Abbildung 8.2 sehen, sind es dort 185 Pixel Zeilenhöhe. In den beiden eben genannten Modi können die Elemente auch über mehrere Zeilen platziert werden. Nun sind die Einstellungen vollzogen und das Layout definiert. Nun muss die Einkaufswelt mit Leben gefüllt werden, zunächst erhalten Sie im nächsten Abschnitt einen Überblick über die mitgelieferten Elemente.

8.1.1 Die Elemente der Einkaufswelten

Shopware gibt bereits eine Vielzahl von einsetzbaren Einkaufswelt-Elementen vor. Egal ob Text, verlinkte Bilder, Produktslider oder sogar Videoeinbindung. In der Community Edition gibt es zwölf vorgefertigte Widgets, ab der Professional Edition sind es drei weitere oben drauf.

| Einstellungen | Layout | **Elemente** | Freitextfelder |

Standard-Elemente:

- Text Element ❶
- Banner ❷
- Artikel ❸
- Kategorie-Teaser ❹
- Blog-Artikel ❺
- Banner-Slider ❻
- Youtube-Video ❼
- iFrame-Element ❽
- Hersteller-Slider ❾
- Artikel-Slider ❿
- HTML5 Video-Element ⓫
- Code Element ⓬

Weitere Elemente:

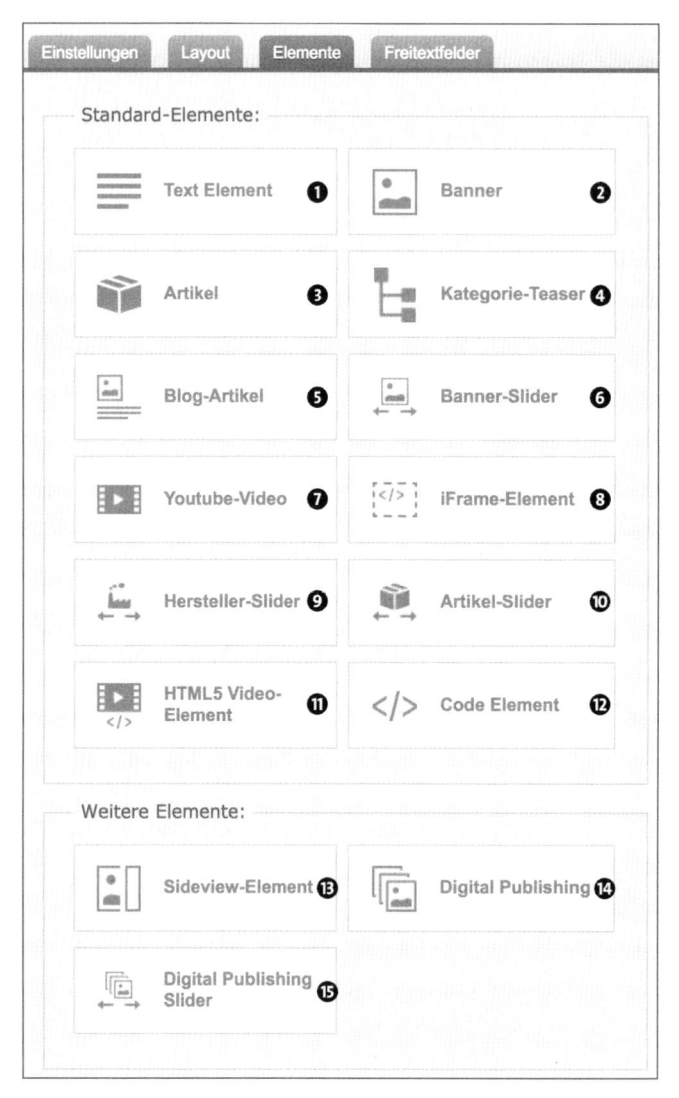

- Sideview-Element ⓭
- Digital Publishing ⓮
- Digital Publishing Slider ⓯

Abbildung 8.3 Die Elemente der Einkaufswelten

Jede Shopware-Version, also auch die Community Edition, beinhaltet alle Elemente, die Sie in Abbildung 8.3 unter Standard-Elemente sehen. Weitere Elemente erhalten Sie entweder über den Community Store (unter *https://store.shopware.com/erweiterungen/einkaufswelten/* zu finden) oder mit den kommerziellen Editionen von Shopware. In diesem Abschnitt gehe ich auf die von Shopware mitgelieferten Elemente ein. Diese sehen Sie in Abbildung 8.3.

Wichtig für eine Webseite sind neben ansprechenden Bildern und Texten auch immer häufiger Produktvideos. Diese können den Besucher aufklären, mitreißen und zum Kaufen animieren. Um einen Text in einer Einkaufswelt unterzubringen, nutzen Sie das gleichnamige TEXT ELEMENT ❶. Hierbei ist es empfehlenswert, wenn Sie oder ein Mitarbeiter den *Erweiterten Editor* im Benutzerprofil freigeschaltet haben. Damit haben Sie mehr Möglichkeiten, den Text zu formatieren (siehe Abschnitt 5.2). Aber auch ohne den erweiterten Editor können Sie zumindest verschiedene H-Überschriften (H1, H2, ...) definieren, Schriftgrößen und Schriftarten vergeben.

Neben dem Text sind natürlich auch Bilder in einem Onlineshop unerlässlich. Diese sprechen unsere Sinne an und wecken Begehrlichkeiten. Mit schönen Bildern wird ein Onlineshop massiv aufgewertet. Mit dem Element BANNER ❷ haben Sie die Möglichkeit, Bilder in jeder Größe in eine Einkaufswelt zu integrieren. Außerdem kann das Banner verlinkt werden, womit Kategorien oder einzelne Produkte angeteasert werden können.

Artikel können nicht nur mithilfe eines Bildes angeteasert werden, sondern auch über ein eigenes Element. Mit ARTIKEL ❸ wählen Sie einen konkreten Artikel aus, der in der Einkaufswelt angezeigt werden soll. Dabei können Sie auch schon einzelne Varianten auswählen. Shopware zeigt entsprechend Ihrer Auswahl den passenden Artikel oder die ausgewählte Variante mitsamt dem Preis und der Produktbezeichnung an.

Weiter geht es mit dem KATEGORIE-TEASER ❹. Damit wählen Sie eine bestimmte Kategorie aus, die auf der Startseite angezeigt werden soll. Sie können auch wählen, ob ein Produktbild dafür genutzt wird oder ein eigenes Bild hochladen. In einem schmalen Streifen innerhalb des Bildes wird schließlich auch der Kategorie-Name angezeigt.

Als fünftes Element folgen die BLOGARTIKEL ❺. Wählen Sie eine Blog-Kategorie aus, dessen Beiträge auf der Einkaufswelt angezeigt wird, und entschieden Sie, wie viele letzte Beiträge dort ausgespielt werden sollen.

Auch Slider sind beliebte Elemente, die selten in einem Onlineshop fehlen. Mit dem Element BANNER-SLIDER ❻ können Sie dies auch mit Shopware umsetzen. Dort können Sie beliebig viele Bilder hinterlegen und separat verlinken.

Auch Videos sind in einem Onlineshop immer wichtiger. Bewegtbilder sind für Besucher leichter zu konsumieren als der einfache Text oder ein stehendes Bild. Um Nachrichten zu transportieren, setzt sich daher der Trend zu immer mehr Videos im Onlineshop durch. Sie können Videos über zwei Wege einbinden. Zum einen als YOUTUBE-VIDEO ❼. Dort hinterlegen Sie lediglich die Video-ID und haben mehrere Einstellungsmöglichkeiten, wie z. B. HD-Wiedergabe oder dass das Video automatisch startet. Sie können aber auch auf Ihrem Server gespeicherte Videos in die Einkaufswelt integrieren. Nutzen Sie dazu das Element HTML5-VIDEO-ELEMENT ⓫. Die Videos sollten dazu im Format Webm, OGV oder MP4 vorliegen. Auch hier gibt es wieder verschiedene Einstellungen, wie dem automatischen Start oder auch der sofortigen Stummschaltung des Videos. Empfehlenswert ist es vor allem bei kleineren Hosting-Paketen oder kleinen Servern, dass die Videos über YouTube geladen werden und nicht vom eigenen Server abgespielt werden.

Eine etwas veraltete Funktion, aber dennoch integriert, ist das IFRAME-ELEMENT ❽. Damit können Sie eine Webseite, egal ob extern oder intern, in die Einkaufswelt integrieren. Dazu benötigen Sie lediglich die URL der aufzurufenden Seite.

Viele Onlineshops stellen auch die Hersteller Ihrer Produkte auf den eigenen Shopseiten vor. Mit Shopware realisieren Sie das mit dem Element HERSTELLER-SLIDER ❾. Dabei können Sie entscheiden, ob Sie einzelne Hersteller, die in diesem Slider angezeigt werden, oder gänzlich alle Hersteller, die einer Kategorie zugeordnet sind, auswählen.

Ähnliches gilt für den ARTIKEL-SLIDER ❿. Zunächst wählen Sie aus einer Vielzahl von möglichen Filtern, wie z. B. Newcomer oder Topseller. Anschließend wählen Sie die dazugehörige Kategorie, aus denen die Artikel zusammengestellt werden. In der Einkaufswelt werden damit nach selbst definierten Kriterien zusammengestellte Artikel angezeigt.

> **Bestimmte Artikel pushen**
>
> Besucher eines Onlineshops sind empfänglich dafür, was Sie diesen Besuchern zeigen, z. B. Ihre Topseller. Was andere Kunden kaufen, scheint nicht schlecht zu sein, so der allgemeine Gedanke. Um einen Artikel in einem Artikel-Slider mit der Auswahl Topseller zu platzieren, tragen Sie einfach eine hohe Zahl in den Artikel-Stammdaten unter Details in der Zeile PSEUDO-VERKÄUFE ein.
>
> Gleiches gilt für die Newcomer-Artikel. Tragen Sie in den Artikeldetails einfach das heutige Datum unter ERSCHEINUNGSDATUM ein, um den Artikel im Artikel-Slider Newcomer einzugliedern.

Das letzte Element in der Community Edition ist das CODE-ELEMENT ⓬. Nutzen Sie dieses Element nur, sofern Sie JavaScript oder HTML beherrschen. Diese beiden Programmiersprachen können von dem Element interpretiert und ausgegeben werden.

Das SIDEVIEW-ELEMENT ⓭ ist integraler Bestandteil von Shopware Storytelling. Diese Features können ausschließlich über die kommerziellen Versionen von Shopware erworben werden und nicht separat als Plugin. Zudem wird eine Einkaufswelt mit dem Sideview-Element sehr interaktiv. Das Sideview-Element setzt an die Logik des Artikel-Sliders an und ergänzt diesen um ein Banner. Was banal klingt, entfaltet mächtig Wirkung in einem Onlineshop. So können Sie z. B. ein Rezept auf dem Banner darstellen und durch das Aufklappen des Banners alle Artikel anzeigen, die das Rezept enthält. Oder Sie teasern über das Banner Ihre neuesten Produkte an, mit einem Klick kann der Kunde sich die Newcomer ansehen. Auch haben Sie Einfluss darauf, ob der Artikel-Slider das Banner nur teilweise oder gar komplett überlagert.

Die Elemente DIGITAL PUBLISHING ⓮ und DIGITAL PUBLISHING SLIDER ⓯ werden nicht in den Einkaufswelten konfiguriert. Das Digital Publishing ist ebenfalls ein Bestandteil des Shopware Storytellings. Damit erzeugen Sie in wenigen Arbeitsschritten hochwertige Banner mit klickbaren Buttons. Öffnen Sie dazu MARKETING • DIGITAL PUBLISHING. Um ein neues Banner zu erstellen, klicken Sie auf den Button NEUES BANNER.

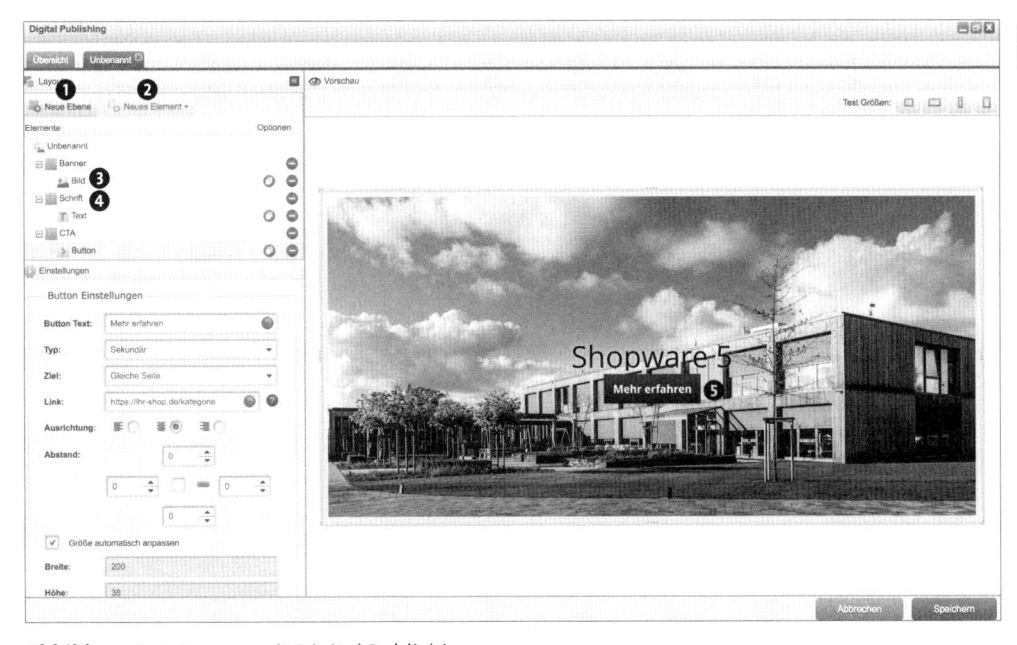

Abbildung 8.4 Banner mit Digital Publishing erzeugen

Dieses Banner können Sie nun in mehreren Ebenen anlegen. Als Basis sollte immer das Element Banner dienen. Klicken Sie dazu auf NEUE EBENE ❶, und wählen Sie als NEUES ELEMENT ❷ BILD ❸ aus. Dort können Sie mithilfe der Medienverwaltung ein Bild aussuchen und die Abmessungen in maximaler Breite und maximaler Höhe angeben. Um nun auch für Google lesbaren Text auf dieses Banner zu erzeugen, wählen Sie wieder eine neue Ebene aus und platzieren als neues Element den Typ SCHRIFT ❹. Dort können Sie den Text, wie in Abbildung 8.4 zum Beispiel Shopware 5, eingeben und die Schriftgröße sowie die Schriftart auswählen. Als Effekt können Sie hier auch einen Schlagschatten hinzufügen und diesen mit einer Farbe versehen. In Abbildung 8.4 ist die Schriftfarbe schwarz und die Farbe des Schlagschattens ist ein heller Grauton. Damit hebt sich der Text noch etwas mehr vom Bild ab. Als letzten Schritt habe ich hier den Button MEHR ERFAHREN ❺ hinzugefügt. Dazu habe ich wieder eine neue Ebene und darunter liegend ein neues Element als Button angelegt.

Die relevanten Informationen für den Button hinterlegte ich in den Button-Einstellungen, wie den Text, das Aussehen des Buttons sowie den Ziel-Link. Sobald dieses Banner gespeichert ist, wechseln Sie wieder in die Einkaufswelten und wählen dort das Element DIGITAL PUBLISHING oder den DIGITAL PUBLISHING SLIDER aus. Mit Inhalten, die Sie im Digital Publishing erstellen, können Sie in recht kurzer Zeit ansehnliche Promotion-Texte auf die Einkaufswelt zaubern, welche durch eine Hintergrundfarbe oder ein Hintergrundbild aufgewertet werden.

Dort können Sie dann das Banner (oder mehrere Banner über den Digital Publishing Slider) auswählen.

Damit haben Sie nun einen Überblick über alle standardmäßig mit Shopware ausgelieferten Einkaufswelten-Elemente erhalten. In Abschnitt 8.2 erfahren Sie im Anschluss, wie Sie eine Einkaufswelt von Grund auf anlegen.

8.1.2 Nutzen Sie die Einkaufswelten-Vorlagen

Mit der Kreativität ist das manchmal so eine Sache. Es gibt Tage, da will einem einfach nichts einfallen. Oder alle Versuchte, eine Shopseite zu gestalten enden in Unzufriedenheit. Gut, dass Shopware für diesen Fall vorgesorgt hat und seit der Version 5.3. Einkaufswelten-Vorlagen mitliefert. Diese müssen Sie als separates Plugin herunterladen.

Zunächst öffnen Sie regulär das Einkaufswelten-Modul im Menüpunkt MARKETING. In der Übersicht finden Sie einen Button namens AUS VORLAGE ERSTELLEN. In dem sich öffnenden Fenster kommen Sie über einen Link auf das passende Vorlagen-Plugin.

Abbildung 8.5 Einkaufswelten-Vorlagen-Plugin

Damit erhalten Sie vier Vorlagen für die Community Edition, weitere drei Vorlagen erhalten Sie ab der Professional Edition von Shopware. Diese Vorlagen erkennen Sie an dem Badge *Premium*, sie können nicht in der Community Edition eingesetzt werden.

Sobald Sie sich für eine Vorlage entschieden haben, klicken Sie auf VORLAGE VERWENDEN, damit werden die Bilder, die zur Vorlage gehören heruntergeladen und importiert. Nachdem dies abgeschlossen ist, legt das Modul selbstständig eine neue Einkaufswelt an. Legen Sie nun einen Namen dafür fest und in welcher Kategorie die Einkaufswelt angezeigt werden soll.

Abschließend passen Sie Texte und Bilder an Ihren Shop an, ein Doppelklick auf das entsprechende Element öffnet die Detaileinstellungen, welche Sie nun nach Ihren Vorstellungen anpassen können.

Die Vorlagen sparen Ihnen unter Umständen viele Nerven, wenn die Zeit knapp oder Kreativität aktuell nicht vorhanden ist.

8.2 So legen Sie eine Einkaufswelt an

Um nun eine neue Start- oder Kategorieseite anzulegen, öffnen Sie zunächst das EINKAUFSWELTEN-Modul über MARKETING. Dort klicken Sie auf den Button HINZUFÜGEN, damit öffnet sich eine leere Einkaufswelt. Zunächst lege ich die Einkaufswelt für den Desktop an. Die Anpassung an die verschiedenen mobilen Endgeräte folgt im zweiten Schritt, siehe Abschnitt 8.2.3.

8.2.1 Eine Einkaufswelt für den Desktop

In diesem Beispiel werde ich auf die Startseite Text, einen Slider, mehrere Kategorie-Teaser sowie einen Hersteller-Slider integrieren. Als Layout wähle ich den Zeilen-Modus und zwölf Spalten. Zunächst wähle ich für die Begrüßung der Kunden einen Banner-Slider aus.

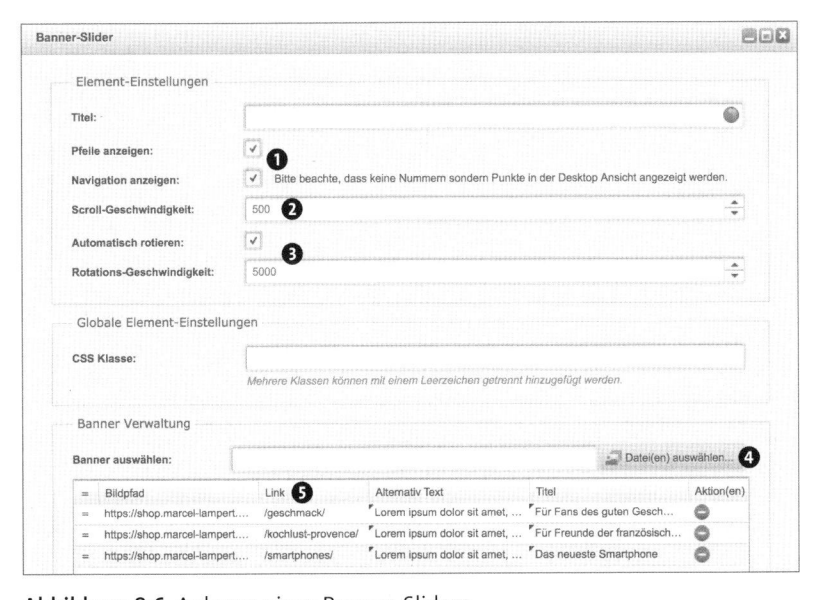

Abbildung 8.6 Anlegen eines Banner-Sliders

Dazu schiebe ich das ausgewählte Element in den Designer und ziehe es über die volle Breite. Dadurch erhält der Banner-Slider möglichst viel Aufmerksamkeit. Mit einem Doppelklick auf das Element öffnen sich die Einstellungen, welche Sie in Abbildung 8.6 sehen.

Ich habe hier bewusst keinen Titel vergeben. Der Titel würde nämlich in einem schwarz schimmernden Balken am oberen Bildrand in weißer Schrift dargestellt. Das würde mein vorbereitetes Layout stören.

Ich aktiviere die Slider-Navigation, die als Punkte innerhalb der Banner dargestellt werden, und gleichzeitig eine Pfeil-Navigation ❶, damit die Kunden sich bei Interesse in ihrer eigenen Geschwindigkeit durch die Banner klicken können.

Die SCROLL-GESCHWINDIGKEIT ❷ zeichnet die Geschwindigkeit in Millisekunden aus, mit der die Banner animiert wechseln. Diese liegt standardmäßig bei 500 Millisekunden, was ein guter und angenehmer Wert ist. Außerdem habe ich AUTOMATISCH ROTIEREN ❸ aktiviert. Damit gleiten die Banner automatisch in der vorgegebenen ROTATIONS-GESCHWINDIGKEIT. Auch dieser Wert ist mit 5.000 Millisekunden bereits sehr angenehm und muss nicht zwingend verändert werden. Weniger ist unter Umständen zu schnell, ein höherer Wert führt zu einem langsameren Wechsel, was die Banner wieder langweilig erscheinen lässt.

Banner laden Sie über die BANNER-VERWALTUNG hoch. Klicken Sie auf DATEI(EN) AUSWÄHLEN ❹, öffnet sich die Medienverwaltung. Wählen Sie dort ein oder gleich mehrere Bilder aus oder laden Sie diese zunächst hoch.

Anschließend werden die ausgewählten Bilder in der unteren Tabelle dargestellt. Dort können Sie für die einzelnen Banner noch Links ❺ hinzufügen – das ist aber keine Pflicht.

> **Ein Tipp für Verlinkungen innerhalb der Einkaufswelt**
>
> Wenn Sie ein Bild oder einen Text verlinken, sollten Sie auf absolute Verlinkungen verzichten. Dies gilt vor allem dann, wenn Sie den Shop noch im Testmodus aufbauen und später erst auf einer anderen Domain liveschalten möchten.
>
> Shopware nutzt immer die URL als Basis, die in den Grundeinstellungen unter SHOPEINSTELLUNGEN • SHOPS als *Host* eingetragen ist. Nutzen Sie als absolute Pfade etwa *https://meine-test-domain.de/kategorielink/*, wird auch nach einem Wechsel der Host-URL der gleiche Link aufgerufen. Tragen Sie als Link jedoch nur */kategorie/* ein, wird diesem Link der URL-Host automatisch vorangestellt. Beim Wechsel von Test- auf Produktivumgebung sparen Sie sich also enorm viel Zeit, da Sie die Links nicht neu setzen müssen.

Sobald Sie die Banner hinzugefügt und unter Umständen verlinkt haben, können Sie das Element speichern. Als Nächstes soll in diesem Beispiel ein kleiner Willkommenstext unterhalb des Banner-Sliders erscheinen. Dazu wähle ich das Text-Element und positioniere es wieder an die richtige Stelle in der Einkaufswelt. Mit einem Doppelklick öffnen sich nun die Einstellungen für das Text-Element.

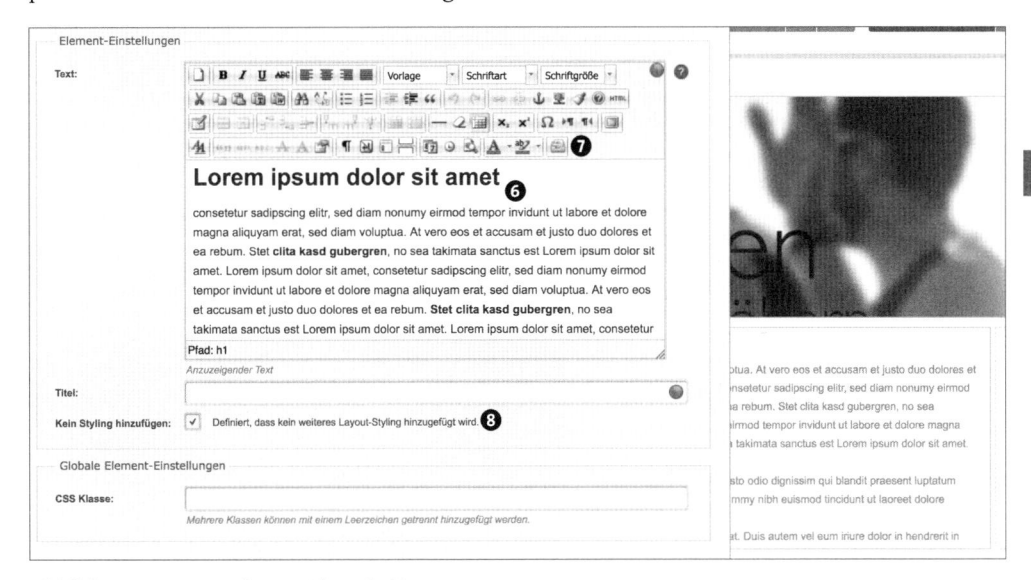

Abbildung 8.7 Text-Element bearbeiten

Das Text-Element ist recht einfach gehalten. Wie bereits im vorherigen Abschnitt erwähnt, kann es hierbei hilfreich sein, in Ihrem Benutzerprofil (siehe Kapitel 5) den erweiterten Editor zu aktivieren. Dies ermöglicht Ihnen eine Vielzahl weiterer Gestaltungsoptionen für Texte.

Den Startseitentext setze ich in die dafür vorgesehene Box ❻. Darüber finden Sie die diversen Gestaltungsmöglichkeiten, um Texte ansprechender und interessanter zu gestalten ❼. Um eine H-Überschrift zu erzeugen, markieren Sie den entsprechenden Text (z. B. hier Lorem Ipsum dolor sit amet) und wählen aus der Drop-down-Liste die Vorlage *H2-Überschrift* aus. Nachdem der Text so formatiert wurde, dass Sie damit zufrieden sind, sollten Sie noch die Checkbox KEIN STYLING HINZUFÜGEN ❽ aktivieren. Dies sorgt dafür, dass der Text ohne grauen Rahmen daherkommt, was deutlich frischer und moderner wirkt. Nun speichere ich den Text und widme mich den nächsten Elementen: den Kategorie-Teasern. Hierbei ist meine Idee eine Dreiteilung in der Breite der Seite. Da ich im Vorfeld zwölf Spalten erzeugt habe, wird jedes Element also nur vier Spalten breit sein können ❾, wie in Abbildung 8.8 gut zu sehen ist.

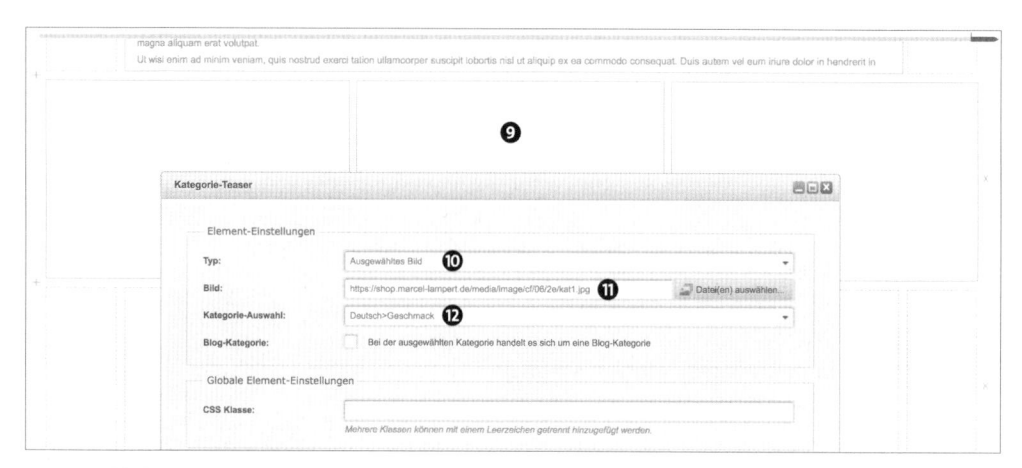

Abbildung 8.8 Drei Kategorie-Teaser in einer Reihe

Auch ein Kategorie-Teaser ist schnell angelegt. Sie wählen zunächst aus, welches Bild als Teaserbild genutzt werden soll. Sie können wählen zwischen Ausgewähltes Bild ❿ und Zufälliger Artikel. Bei der zweiten Option wird ein zufälliges Artikelbild aus der ausgewählten Kategorie genommen. Dies ist nur in Notfällen zu empfehlen, wenn Sie kein anderes Bildmaterial haben. So haben Sie die Gestaltung immer in Ihrer Hand und sind nicht auf Zufallsbilder Ihrer Produkte angewiesen. Ich habe hier den Typ Ausgewähltes Bild genutzt und kann daher auch das Bild ⓫, welches im Kategorie-Teaser angezeigt werden soll, bestimmen. Die Bilder werden wieder über die Medienverwaltung hochgeladen und ausgewählt. Zuletzt bestimmte ich die Kategorie-Auswahl ⓬. Damit lege ich fest, welche Kategorie aufgerufen werden soll, wenn der Teaser geklickt wird. Zudem stellt Shopware bereits den Kategorienamen im Bild bereit. Diesen Vorgang wiederhole ich also, bis alle Kategorie-Teaser richtig konfiguriert sind, und widme mich anschließend dem Hersteller-Slider.

Auch dieses Element platziere ich wieder innerhalb des Designers und hier konkret in der Spalte unterhalb der Kategorie-Teaser. Die Einstellungen öffnen Sie wie gewohnt per Doppelklick.

Zunächst definieren Sie hier den Herstellertyp. Dort wählen Sie aus, ob Sie ausgewählte Hersteller in diesem Slider darstellen möchten oder nur Hersteller einer bestimmten Kategorie. Letzteres ist dann sinnvoll, sofern Sie eine Einkaufswelt für eine konkrete Kategorie gestalten. Da ich in diesem Beispiel aber eine Startseite kreiere, nutze ich den Typ *Ausgewählte Hersteller*. Damit lege ich die im Slider angezeigten Hersteller selbst fest.

Als Nächstes lege ich die Überschrift dieses Sliders fest, und benenne diesen hier recht unspektakulär mit *Unsere Hersteller*. Wie auch im Banner-Slider kann ich hier die Navigation und die Scroll-Geschwindigkeit auswählen sowie die Rotations-Geschwindigkeit und die Option Automatisch rotieren. Die beiden Geschwindigkeitsangaben sind auch hier wieder in Millisekunden zu verstehen. Die Standardwerte von Shopware können wie auch im Banner-Slider übernommen werden, da sie bereits sehr gute und angenehm anzusehende Werte darstellen.

Wie auch bei vorherigen Elementen wähle ich auch beim Hersteller-Slider aus, dass KEIN RAHMEN um das Element auf der Startseite erscheinen soll. Dieser leicht graue Rahmen wirkt optisch nicht sehr ansprechend und modern, sodass ich hier lieber darauf verzichte.

Abbildung 8.9 Eine neu angelegte Startseite

Unter der Hersteller-Verwaltung können Sie nun die HERSTELLER AUSWÄHLEN, die Sie in diesem Slider platzieren möchten. Alle ausgewählten Hersteller werden anschließend in der darunter liegenden Tabelle aufgeführt. Dort können Sie die Hersteller auch noch nach Priorität sortieren, indem Sie auf das Icon links in einer Spalte klicken und den betreffenden Hersteller an die gewünschte Position ziehen. So, wie die Hersteller in dieser Liste angelegt sind, werden sie anschließend auch im Slider angezeigt.

Achten Sie auch darauf, dass jeder Hersteller, den Sie dem Slider zuweisen, auch ein zugewiesenes Logo hat. Ist dies nicht der Fall, wird der Hersteller zwar trotzdem im Slider angezeigt, aber leider ohne Bild. Das produziert eine unprofessionell wirkende Lücke. Mehr zu Herstellern finden Sie in Kapitel 7.

Nachdem Sie alle Elemente angelegt und die Einkaufswelt gespeichert haben, löschen Sie noch den Shop-Cache und können die betreffende Shopseite neu laden.

Die neu angelegte Startseite spielt ein wenig mit den Außenabständen. Das realisieren Sie, indem Sie die Elemente nicht über die volle Fläche der Einkaufswelt von links nach rechts ziehen. Hier kann z. B. bei einer 12-spaltigen Einkaufswelt recht einfach die linke und rechte Außenspalte nicht mit dem Element belegt werden. Diese Startseite ist zwar relativ schlicht, benutzt dafür aber die wichtigsten Einstiegspunkte eines Onlineshops: Text, der Suchmaschinen und Besuchern klar machen soll, was dort zu finden ist, sowie tiefere Einstiege in den Shop durch die Verlinkung in Kategorien. Weitere Elemente sind natürlich denkbar – in den Einkaufswelten können Sie Ihrer Kreativität freien Lauf lassen.

8.2.2 Die Besonderheiten des Storytellings

Mit dem *Storytelling-Feature* (nur in kommerziellen Shopware-Versionen enthalten) bietet Shopware Ihnen die Möglichkeit, optisch hochwertige Onlineshops zu erzeugen. Dabei setzt das Storytelling auf die Macht der Bilder und teilt die entsprechende Start- oder Kategorieseite in Abschnitte auf. Ihr Besucher muss also nicht viele Produkte scannen, um sein Wunschprodukt zu finden, sondern Sie lenken die Aufmerksamkeit ganz bewusst auf ausgewählte Artikel. Bewährt haben sich dabei die Einkaufswelten-Elemente Banner, Digital Publishing, der Digital Publishing Slider sowie das Sideview-Element.

Ich baue nun den ersten Abschnitt einer von Shopware vorgefertigten Storytelling-Einkaufswelt nach. Dazu öffne ich zunächst das Plugin DIGITAL PUBLISHING über den Menüpunkt MARKETING. Um ein neues Digital-Publishing-Banner zu erstellen, klicken Sie auf den Button NEUES BANNER. Damit öffnet sich ein neues Fenster, in dem Sie das Banner konfigurieren können.

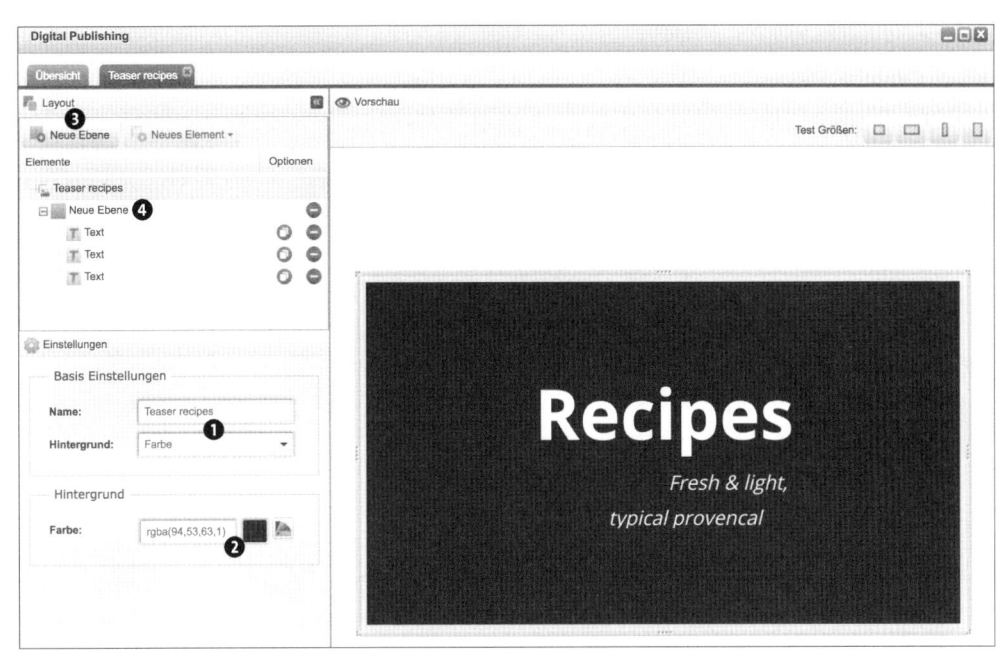

Abbildung 8.10 Neues Banner über Digital Publishing anlegen

Zunächst vergeben Sie einen NAMEN und wählen den HINTERGRUND aus ❶. Der Name wird später in der Digital-Publishing-Übersicht erscheinen, sodass Sie einen Namen vergeben sollten, den Sie leicht zuordnen können. Für den Hintergrund haben Sie zwei Möglichkeiten: Sie wählen entweder ein Bild oder eine Farbe aus. In diesem Beispiel wählte ich eine HINTERGRUNDFARBE ❷. Diese füllt den gesamten Bereich aus.

Anschließend lege ich eine NEUE EBENE an ❸ und wähle als neues Element TEXT ❹. In das dafür vorgesehene Textfeld trage ich Receipes ein, wähle als Text-Typ eine Überschrift 1 und als Schriftgröße 70 aus. Meine festgelegte Schriftfarbe wird weiß (#ffffff). Die zwei weiteren Ebenen lege ich ebenfalls an und platziere Sie direkt in der gleichen Ebene. Damit ist gewährleistet, dass die Texte alle untereinander platziert werden. Würde ich zunächst eine neue Ebene anlege und dort ein neues Element platzieren, wäre es möglich, dass zwei Elemente an der gleichen Stelle platziert sind und diese daher nicht mehr lesbar wären.

Da dieses Digital-Publishing-Banner mit einer Hintergrundfarbe, einer Ebene und drei Elementen recht einfach gehalten ist, speichere ich die Fortschritte ab und wechsle anschließend in die Einkaufswelten.

Dort lege ich eine neue Einkaufswelt an und ändere im Reiter LAYOUT den Modus auf STORYTELLING ❺, siehe Abbildung 8.11.

Abbildung 8.11 Storytelling-Einkaufswelt anlegen

Die Einkaufswelt ist auf sechs Zeilen und auch in sechs Spalten ❻ pro Abschnitt aufgeteilt. Das erste Element ist ein einfaches Banner ❼, das über vier Spalten gezogen wurde. Dort wurde lediglich ein Link zum Bild hinterlegt, da dieses Element keine weitere Funktion erfüllen soll. In den letzten zwei Spalten dieses Storytelling-Abschnittes habe ich das eben angelegte Digital-Publishing-Banner ❽ zugewiesen. Ziehen Sie dazu das entsprechende Einkaufswelten-Element an die korrekte Stelle, und öffnen Sie die Optionen über einen Doppelklick. Dort können Sie anschließend das eben angelegte Banner auswählen. Eine Besonderheit gibt es bei dem Sideview-Element.

Abbildung 8.12 Sideview-Element-Einstellungen

Mit dem Sideview-Element können Sie ein Banner mit ausgewählten Produkten überlagern lassen. Zunächst wählen Sie aus, von wo die Überlagerung geschehen soll. Die SIDEVIEW-POSITION ❾ bestimmt, ob der Produkt-Slider von unten oder von der Seite in das Banner gleitet. Anschließend bestimmen Sie, wie weit der Produkt-Slider in das Banner hineinragt – nur teilweise oder gar über die volle Fläche. Aus optischen Gründen habe ich mich in diesem Beispiel für die SIDEVIEW-GRÖSSE ❿ Teilüberlagerung entschieden, damit noch ein Stück des Banners zu sehen ist.

Nun entscheiden Sie, ob alle Produkte aus einer Kategorie, Topseller, neue oder von Ihnen ausgewählte Produkte angezeigt werden. Dies wählen Sie im LISTENTYP ⓫ aus. Ich wähle an dieser Stelle *Preis (aufsteigen)* aus, um die günstigsten Shop-Produkte anzuzeigen. Hier werden insgesamt 20 Artikel aus der übergeordneten Kategorie DEUTSCH angezeigt ⓬, womit alle Produkte, die der Shop umfasst, betrachtet werden.

Auch dürfen Sie hier die Navigation nicht vergessen ⓭, weshalb ich die Pfeile zum Durchklicken der Produkte sowie die automatische Rotation ausgewählt habe. Im letzten Schritt wählen Sie hier noch ein Banner aus, das an dieser Stelle angezeigt und vom Slider später überdeckt werden soll.

Abbildung 8.13 Storytelling-Einkaufswelt

Die Grundlogik einer Storytelling-Einkaufswelt ist die gleiche wie bei einer regulären Einkaufswelt. Der einzige Unterschied ist hier, dass Sie in Abschnitte denken müssen. Wie Sie aber bereits in Abbildung 8.13 sehen, können mit dem Storytelling fantastische Einkaufswelten entstehen, die Ihre Produkte sehr ansprechend präsentieren.

8.2.3 Die mobile Ausgabe Ihrer Einkaufswelt

Schon lange ist das Onlineshopping kein reines Computer- bzw. Laptop-Thema mehr. Seit dem Siegeszug der Smartphones, beginnend im Jahr 2007, steigt der Anteil von mobiler Nutzung des Internets kontinuierlich an. Somit wird es immer wichtiger, dass Ihre Shopseiten auch gut auf Mobilgeräten wie Smartphones und Tablets dargestellt werden. Shopware 5 liefert hierzu die passende Basis, Sie müssen lediglich die Einkaufswelten für Smartphones und Tablets in jeweils horizontaler und vertikaler Ausrichtung anpassen.

Dazu müssen Sie auch keine separaten Einkaufswelten anlegen, sondern können die verschiedenen Ausgaben in einer Einkaufswelt zusammenfassen.

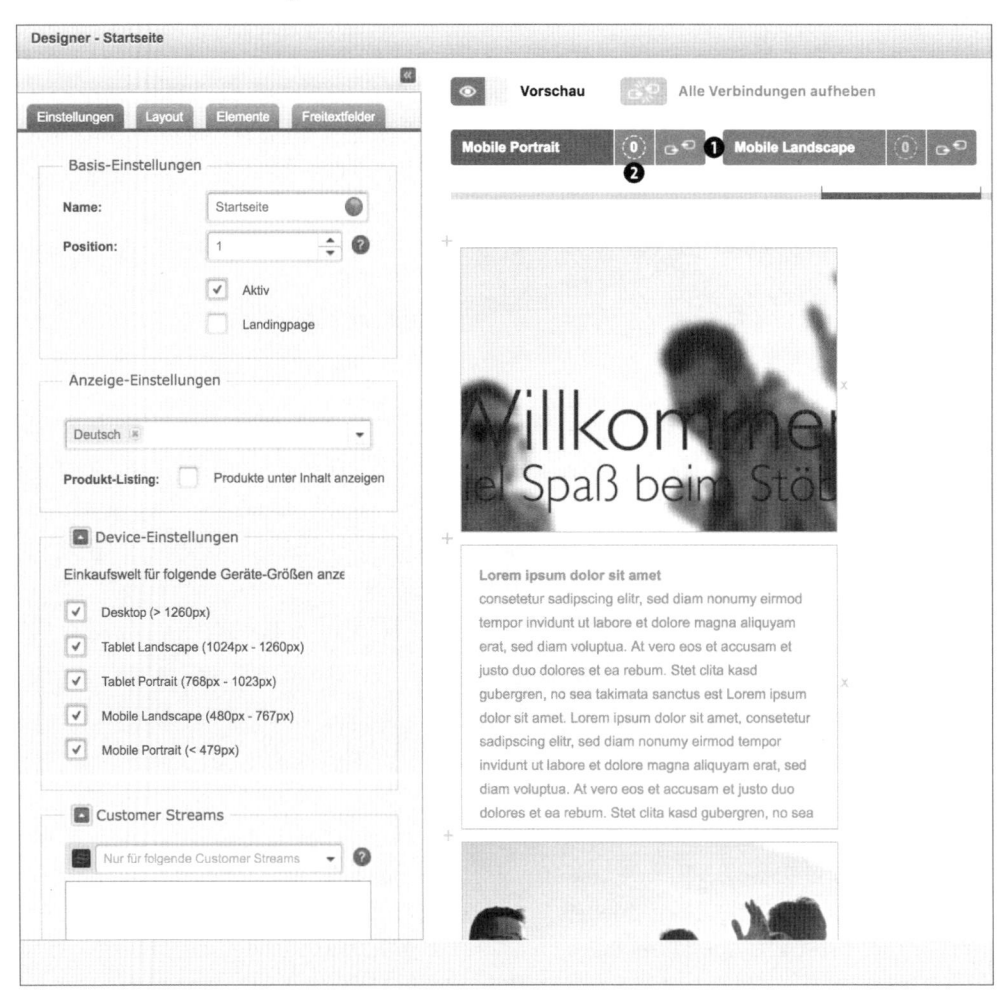

Abbildung 8.14 Eine mobile Einkaufswelt für ein Smartphone

Um zwischen den Einkaufswelten der verschiedenen Mobilgeräte zu wechseln, finden Sie im oberen Bereich des Designers jeweils Tabs ❶, mit den Bezeichnungen TABLET LANDSCAPE, TABLET PORTRAIT, SMARTPHONE LANDSCAPE und SMARTPHONE PORTRAIT. Dabei bezeichnet LANDSCAPE die horizontale Ausrichtung eines Gerätes und das PORTRAIT die vertikale Nutzung.

Wechseln Sie nun zwischen den einzelnen Tabs, um die Einkaufswelt-Elemente entsprechend dem jeweiligen Endgerät anzupassen. Dabei kann eine Einkaufswelt für ein Tablet fast identisch mit dem Desktop sein, jedoch sollte eine Smartphone-Einkaufswelt neu gedacht werden. Vor allem, wenn Sie mehrere Elemente auf einer Desktop-Einkaufswelt nebeneinander platziert haben, ist dies bei einem Smartphone nicht praktikabel, da das einzelne Element zu klein wird, um es zu klicken oder überhaupt um zu erkennen, was Sie mit diesem Element ausdrücken möchten.

Der Platz kann dann anderweitig verwendet werden. Hier gilt es sicherlich auszuprobieren, auf welche Elemente Ihre Smartphone-Besucher tendenziell verzichten können. Unter Umständen kürzen Sie Texte ein, verzichten auf Artikel-Slider oder gar auf das Anteasern von Blogbeiträgen. Hier gibt es kein Richtig und Falsch.

Zudem ist es möglich, einzelne Elemente für eine bestimmte Einkaufswelt auszublenden. Die Zahl der ausgeblendeten Elemente finden Sie jeweils im Tab für die einzelnen Geräteklassen in einem gestrichelten Kreis ❷. Klicken Sie darauf, werden Ihnen alle ausgeblendeten Elemente angezeigt, die Sie wiederverwenden könnten.

Andersherum gedacht ist es auch möglich, dass Sie einzelne Elemente zwar beibehalten, wie z. B. die letzten Blogbeiträge auf der Startseite. Allerdings passen auf einem Smartphone keine drei Beiträge gut lesbar nebeneinander. Das heißt: Das Desktop-Element Blog müsste beim Smartphone ausgeblendet und im Nachgang ein neues Element Blogartikel in der Einkaufswelt platziert werden. Damit können Sie dies neu konfigurieren und anstatt die letzten drei Blogartikel anzuzeigen, könnten die Smartphone-Besucher also z. B. nur die letzten Blogartikel angezeigt bekommen.

> **Wie Sie einzelne Elemente einer Einkaufswelt ausblenden**
> Um ein einzelnes Element einer Einkaufswelt auszublenden, wählen Sie zunächst einen Tab aus, bei dem das Element entfernt werden soll, z. B. Mobile Portrait. Dann suchen Sie das Element heraus und gehen mit der Maus darüber. Damit werden Ihnen verschiedene Optionen angezeigt, unter anderem ein X in einem gestrichelten Kreis. Klicken Sie darauf, wird das Element in dieser Einkaufswelt entfernt. Beim Klick auf das rote X wird das Element allerdings auf allen Einkaufswelten gelöscht, seien Sie also vorsichtig damit.

Wie Sie schon in Abbildung 8.14 sehen, sind dort vor allem die Kategorie-Teaser anders aufbereitet. In der Desktop-Einkaufswelt wurden die Kategorie-Teaser noch zu dritt nebeneinander dargestellt, in der mobilen Variante werden sie nun untereinander dargestellt.

Die grundlegende Idee bei der Smartphone-Einkaufswelt: je Element eine Zeile. Damit kann auf den recht kleinen Bildschirmen dennoch alles gut von den Besuchern erkannt werden.

8.3 Wie Sie Content-Seiten mit den Einkaufswelten erstellen

Mit Shopware und den Einkaufswelten können Sie nicht nur ansprechende Kategorieseiten mitsamt den zugewiesenen Produkten erstellen. Es sind damit auch reguläre Content-Seiten denkbar, wie z. B. eine Über-Uns-Seite. Das heißt, dass Sie einen unter Umständen bestehenden Internetauftritt, auf dem Sie über Ihr Unternehmen, Ihre Philosophie oder offene Jobs berichten, auch mit Shopware abbilden können. Damit können Sie Ihren Onlineshop und den weiteren Unternehmensauftritt migrieren.

> **Nicht für AGB und Co. gedacht**
> Als Content-Seite sollten an dieser Stelle nicht die Rechtstexte um AGB, Widerrufsbelehrung, dem Impressum etc. verstanden werden. Diese werden in den Shopseiten untergebracht, mehr dazu lesen Sie in Kapitel 4.

Legen Sie dafür zunächst eine neue Kategorie an und benennen Sie diese entsprechend dem Inhalt, wie eben erwähnt zum Beispiel *Über Uns*. Dieser Kategorie müssen keine Artikel zugewiesen werden. Nun wechseln Sie in die Einkaufswelten und legen dort eine neue Einkaufswelt an.

Weisen Sie nun die eben angelegte Kategorie in den Anzeige-Einstellungen zu. Anschließend gestalten Sie die Einkaufswelt nach Ihren Wünschen und Zielen, wie Sie es bereits in Abschnitt 8.2 gelesen haben.

8.4 So legen Sie eine Landingpage an

Eine Landingpage ist eine speziell aufbereitete Seite, die sich zunächst einmal nicht in der Navigationsstruktur befindet. Die Seite hat das Ziel, potenzielle Neukunden den Einstieg in Ihre Shopwelt so einfach und klar wie möglich zu machen. Dort präsentieren Sie sich einer bestimmten Zielgruppe und gewähren diesen einen möglichst positiven ersten Eindruck.

Klar kann man das prinzipiell von jeder Seite eines Shops sagen. Vor einer Landingpage sind allerdings meist Werbemittel geschaltet. Zudem ist eine Landingpage möglichst ablenkungsfrei zu gestalten. Damit soll sichergestellt werden, dass unter Umständen teuer eingekaufte Besucher eine gewünschte Aktion ausführen. Klassische Elemente, die den Besucher auf diesen Seiten erwarten, sind Call-to-Action-Button, große Bilder und möglichst wenige Worte umfassende Beschreibungen. Außerdem sollte ein Überblick über das Produktportfolio vorhanden sein – dies können konkrete Artikel, Artikelslider oder gar Kategorie-Teaser sein.

Doch es gibt noch mehr Anwendungsfälle: So können Sie individuelle 404-Fehlerseiten erstellen oder ganze Themenwelten damit erzeugen. Hier werde ich beispielhaft eine eigene 404-Fehlerseite anlegen. Um eine Landingpage anzulegen, erstellen Sie eine neue Einkaufswelt.

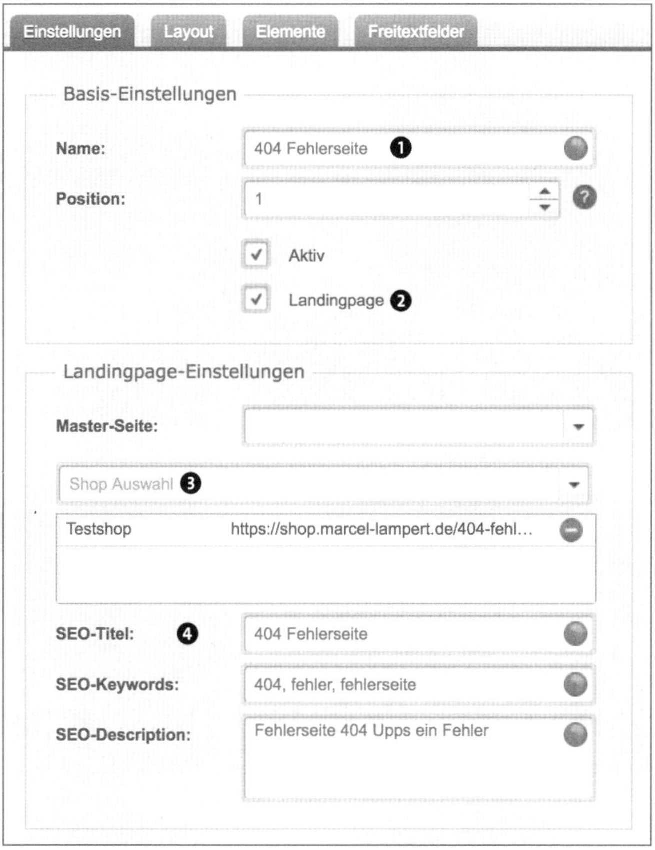

Abbildung 8.15 Anlegen einer Landingpage

Dazu vergeben Sie zunächst einen NAMEN ❶ für die Landingpage. Wichtig hierbei ist, dass der Name später auch in die URL verpackt wird. In diesem Beispiel ist dies dann die Landingpage-URL *https://ihr-shop.de/404-fehlerseite*. Im nächsten Schritt aktivieren Sie die LANDINGPAGE ❷. Damit öffnen sich die Landingpage-Einstellungen, wie

Sie in Abbildung 8.15 sehen. Unter SHOP-AUSWAHL ❸ wählen Sie den Shop aus, für den diese Landingpage angelegt werden soll. Dies ist nicht nur relevant, sobald Sie Sub- oder Sprachshops nutzen. Die Auswahl muss immer erfolgen, auch wenn Sie nur einen Shop betreiben. Nachfolgend finden Sie die SEO-Einstellungen ❹ und vergeben einen SEO-Titel, SEO Keywords und eine SEO Description. Zu diesem Thema lesen Sie mehr in Kapitel 11.

8.4.1 Eine individuelle 404-Fehlerseite erstellen

Nun können Sie sich den Elementen widmen, aus denen die Landingpage bestehen soll. Wie im Vorfeld angekündigt, erstelle ich hier eine individuelle Fehlerseite, welche immer erscheint, sobald eine URL nicht aufgerufen werden konnte. Dies passiert vor allem dann, wenn andere Portale und Webseiten auf Ihren Shop verlinken, die verlinkte Seite aber nicht mehr vorhanden ist.

Abbildung 8.16 Eigene 404-Fehlerseite

Ich lege hier also ein Banner mitsamt einem kleinen Text, der darauf aufmerksam macht, dass die gewünschte Seite nicht gefunden wurde, an. Damit der Besucher jedoch die Chance bekommt, leicht das Produktportfolio kennenzulernen, lege ich hier zusätzlich noch drei Kategorie-Teaser an.

Zusätzlich wären hier noch Ihre Top-Produkte denkbar oder auch Ihre Telefonnummer und E-Mail-Adresse, damit der Besucher auch Kontakt zu Ihnen aufnehmen kann. Damit die Fehlerseite auch immer dann angezeigt wird, wenn eine fehlerhafte URL aufgerufen wird, müssen Sie die eben angelegte Landingpage noch in den Grundeinstellungen verankern, wie in Abbildung 8.17 zu sehen ist.

Storefront ❶		
Artikelbewertungen	SEO-Urls Cachezeit Tabelle:	86400
Artikelverlauf	SEO-Urls Artikel-Template:	{sCategoryPath articleID=$sArticle.id}/{$sArticle.id}/{$sArticle.name}
Erweitertes Menü	SEO-Urls Kategorie-Template:	{sCategoryPath categoryID=$sCategory.id}/
Artikelvergleich		
Kategorien / Listen	sonstige SEO-Urls:	
Topseller / Neuheiten		
Cross-Selling / Ähnliche Art.		
Warenkorb / Artikeldetails	SEO-Urls Blog-Template:	{sCategoryPath categoryID=$blogArticle.categoryId}/{$blogArticle.title}
Anmeldung / Registrierung	SEO-Urls Landingpage-Template:	{$campaign.name}
Suche		
Rabatte / Zuschläge	Shopware-Kernel aus URL entfernen :	Ja
E-Mail-Einstellungen	Canonical immer mit HTTP:	Ja
Versandkosten-Modul	Hersteller SEO-Informationen anwenden:	Ja
SEO/Router-Einstellungen ❷		
Artikelempfehlungen	SEO-Urls Hersteller-Template:	{createSupplierPath supplierID=$sSupplier.id}/
Bestellabschluss	"Seite nicht gefunden" Ziel: ❸	Einkaufswelt: 404 Fehlerseite
SEPA-Konfiguration		

Abbildung 8.17 Eigene Fehlerseite zuweisen, Bilder pixabay

Öffnen Sie dazu die Grundeinstellungen über den Menüpunkt EINSTELLUNGEN. Anschließend öffnen Sie den Baum STOREFRONT ❶ und wählen dort die SEO/ROUTER-EINSTELLUNGEN ❷ aus. Damit öffnen sich viele Konfigurationsmöglichkeiten. Die Zuweisung einer eigenen Fehlerseite finden Sie im unteren Drittel in der Spalte »SEITE NICHT GEFUNDEN« ZIEL ❸. In dem Drop-down-Menü wählen Sie die eben von Ihnen angelegte Einkaufswelt aus. Der Name wird dabei aus dem Landingpage-Namen übernommen.

Mit den Einkaufswelten werden Sie sich wohl in der Arbeit mit Shopware sehr häufig beschäftigen. Sie verfügen nun über das Handwerkszeug, gut und sicher mit den Einkaufswelten umzugehen.

Kapitel 9
Kundenbestellungen bearbeiten

Die Bestellungen Ihrer Kunden sind ein zentrales Element Ihres Onlineshops, das viel Zeit im Tagesgeschäft einnimmt. Es gibt bereits viele voreingestellte Automatisierungen und Massenverarbeitungs-Möglichkeiten, sodass Sie für die Bearbeitung der eingegangenen Bestellungen möglichst wenig Zeit benötigen.

Das Ziel Ihres Onlineshops ist es, zu verkaufen. Ihre Waren sollen den Weg zu Ihren Kunden finden. Ein sauberer Kaufprozess ist dafür nur ein Bestandteil einer ganzen Kette von Maßnahmen. In diesem Kapitel erfahren Sie, wie Sie eingegangene Bestellungen innerhalb von Shopware bearbeiten.

9.1 Überblick verschaffen – die Bestellübersicht

In der Bestellübersicht finden Sie alle jemals in Ihrem Shop aufgegebenen Bestellungen und ggf. auch die Bestellungen aus weiteren Quellen wie Amazon. Diese werden dort chronologisch von neu nach alt sortiert. Öffnen Sie dazu KUNDEN • BESTELLUNGEN.

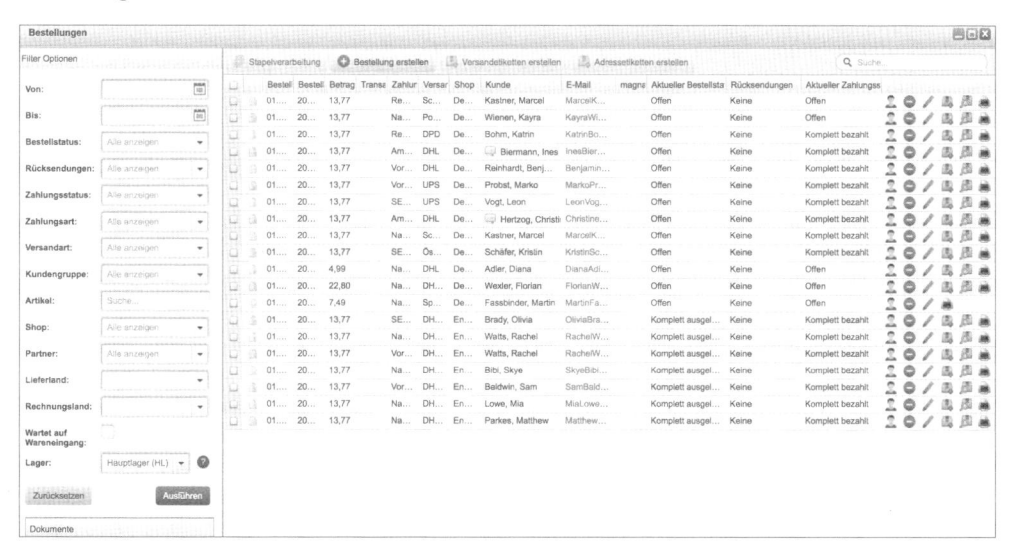

Abbildung 9.1 Die Bestellübersicht

Die wichtigsten Informationen haben Sie damit bereits auf einen Blick: BESTELL-SUMME, KUNDE, E-MAIL-ADRESSE, BESTELLSTATUS und Weiteres, siehe Abbildung 9.1.

Welche Spalten angezeigt werden, können Sie jederzeit ändern. Gehen Sie dazu rechts auf das freie Feld oberhalb der Symbole, und klicken Sie auf den dann erscheinenden Pfeil. Unter SPALTEN können Sie dann wählen, welche Spalte Sie sich zusätzlich oder nicht mehr angezeigt lassen möchten.

9.2 Mehr Übersichtlichkeit – Bestellungen filtern

Die Bestellübersicht kann schnell unübersichtlich werden. Daher gibt es eine sehr tief gehende Möglichkeit, die Einträge zu filtern. Auf der linken Seite der Bestellübersicht finden Sie entsprechende Filter-Optionen.

In diesem Beispiel werden alle Bestellungen aus einem bestimmten Zeitraum gefiltert, die bereits bezahlt sind (Zahlungsstatus *Komplett bezahlt*) und die noch nicht bearbeitet sind (Bestellstatus *Offen*). Damit wissen Sie beispielsweise, welche Bestellungen verschickt werden können.

Abbildung 9.2 Bestellungen filtern

Nach diesem Filter reduziert sich die Anzahl der Einträge auf vier. Diese vier Bestellungen müssen nun also weiterverarbeitet werden.

Es gibt auch weitere Filter, die Sie für die gezielte Bearbeitung von Bestellungen nutzen können.

So können Sie nach Zahlungs- und Versandart eingrenzen. Falls Sie in diesen Bereichen Service anbieten (z. B. Express-Versand), hilft dies ungemein. Oder Sie möchten alle Kunden, die per Überweisung bestellt haben, filtern, um die Beträge mit denen auf Ihrem Bankkonto abzugleichen.

Filtern Sie weiter nach Kundengruppen, um Premiumkunden oder Kunden, die über Amazon Prime bestellt haben, schnellstmöglich zu bedienen.

Weiter können Sie die Bestellübersicht eingrenzen nach konkreten Artikeln. Dann werden Ihnen nur Bestellungen angezeigt, die diesen bestimmten Artikel beinhalten.

Sie können über das Suchfeld nach dem Artikelnamen oder der Artikelnummer suchen. Shopware schlägt Ihnen anschließend übereinstimmende Artikel vor.

Verwalten Sie mehrere Shops unter einer Shopware-Installation, können Sie ebenfalls Bestellungen aus einem konkreten Shop anzeigen lassen.

Zuletzt können Sie auch noch nach Partnern, die den Kunden geworben haben (Affiliate Marketing), dem Liefer- und dem Rechnungsland eingrenzen.

Sie sehen, die Filterfunktion ist ein mächtiges Werkzeug, mit dem Sie eine gute Übersicht in die Vielzahl von Bestellungen bringen können.

9.3 Mehr Informationen über die Bestelldetails

Um nun die einzelnen Bestellungen bearbeiten zu können und zu erfahren, was Ihre Kunden bestellt haben, öffnen Sie die Bestelldetails über das Bleistift-Symbol.

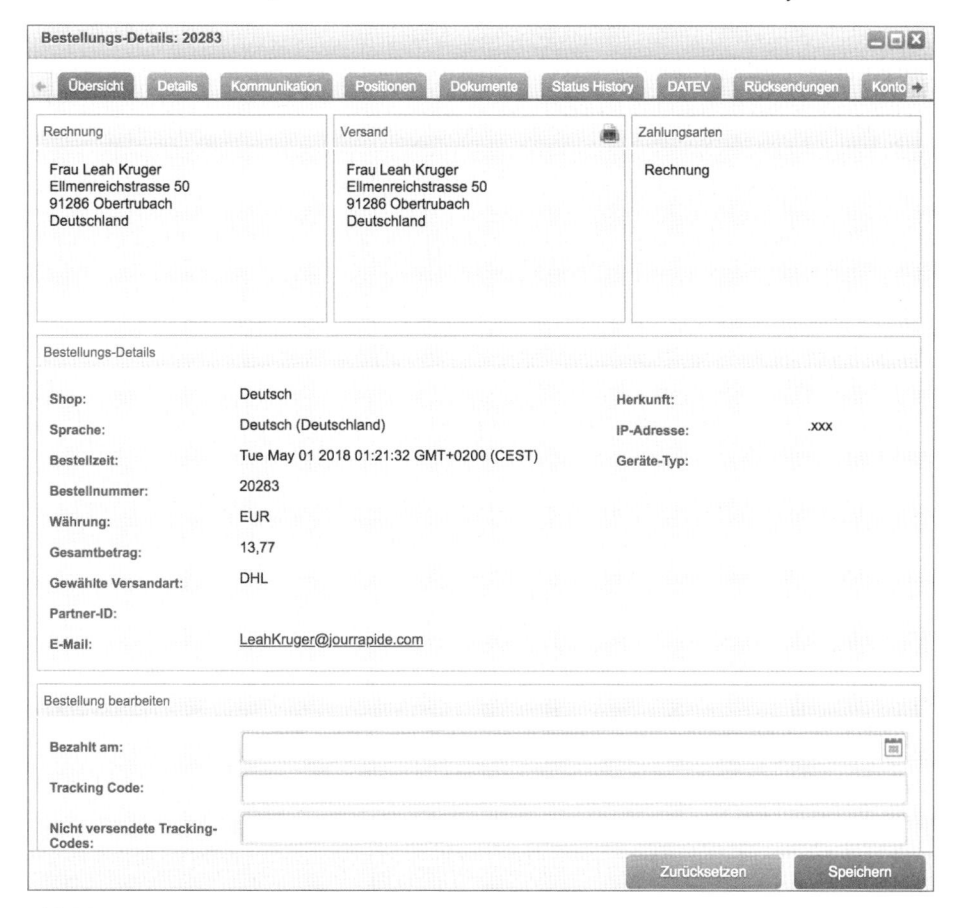

Abbildung 9.3 Die Bestelldetails

In der Übersicht bekommen Sie einen ersten Eindruck von der Bestellung. Sie können Rechnungs- und Versandadresse und weitere Details zur Bestellung einsehen.

Unter BESTELLUNG BEARBEITEN können Sie auch gewisse Faktoren beeinflussen. Sofern hier z. B. PayPal nicht automatisch den Bestell-/Zahlungsstatus und das Zahldatum ändert, können Sie dies hier auch tun. Zusätzlich können Sie einen *Trackingcode* hinterlegen, den die Kunden später in ihrem Kundenkonto einsehen und so die Lieferung verfolgen können.

Manuelle Änderungen können nötig sein, wenn Sie kein Zahlungs-Plugin benutzen, das den Zahlungs- und Bestellstatus automatisch ändert. Dies wäre beispielsweise bei Vorkasse-Bestellungen der Fall.

Insgesamt gibt es sechs Reiter, die die verschiedensten Informationen beinhalten. Um zu erfahren, welche Produkte Ihr Kunde gekauft hat, damit diese verpackt und verschickt werden können, öffnen Sie den Reiter POSITIONEN. Dort finden Sie die Artikel, die Ihr Kunde gekauft hat. Gut ist auch, dass Sie hier noch Produkte hinzufügen können. Das hilft immer dann, wenn Ihr Kunde Sie noch einmal kontaktiert und um eine geänderte Bestellung bittet. Dann haben Sie alles in einem Vorgang, und das ist für Sie und Ihren Kunden leichter.

Außerdem könnten Sie in diesem Beispiel im Reiter DETAILS auch noch die Rechnungs- oder Lieferadresse ändern.

Im Reiter KOMMUNIKATION können Sie sehen, ob der Kunde Ihnen mit der Bestellung noch eine Frage oder Information mitgegeben hat. Darauf können Sie auch antworten und sogar einen internen Kommentar verfassen, den der Kunde nicht einsehen kann. Gibt es zu einer Bestellung einen Kommentar, sehen Sie dies bereits in der Bestellübersicht. In der Spalte KUNDE weist eine Sprachblase auf einen Kommentar hin. Das heißt, Sie müssen nicht jede Bestellung nach einer Anmerkung durchsuchen.

Änderungen für den Zahlungs- und Bestellstatus können Sie in der *Status History* nachverfolgen – und sehen direkt, welcher User die Änderungen durchgeführt hat.

9.4 Rechnungen und Co. erzeugen

Als Shopbetreiber sind Sie verpflichtet, diverse Dokumente anzufertigen und Ihren Kunden auszuhändigen. Shopware erstellen Sie Rechnungen, Lieferscheine, Gutschriften und Stornorechnungen bereits mit der Community Edition. Ab der Professional Edition erhalten Sie dann zusätzlich noch Dokumente für Teilstornierungen und Lieferantenbestellungen. Diese erstellen Sie im Reiter DOKUMENTE.

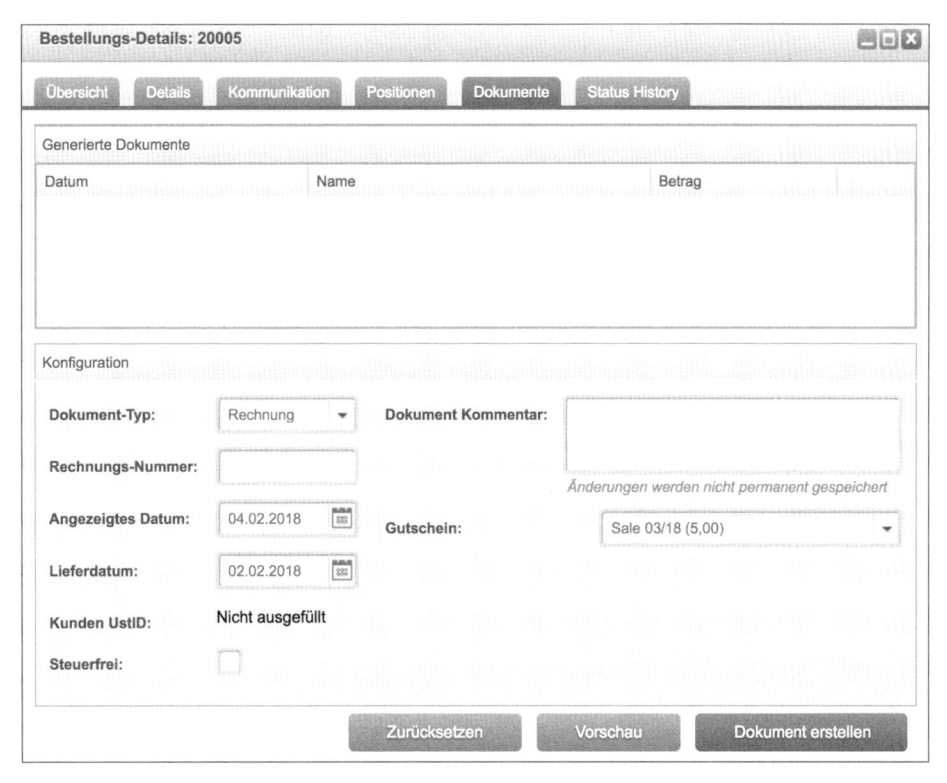

Abbildung 9.4 Eine Rechnung erstellen

In Abbildung 9.4 lege ich eine Rechnung an. Dazu wähle ich den Dokumenten-Typ und das angezeigte Datum (hier also das Rechnungsdatum) aus. Optional können Sie hier noch das LIEFERDATUM angeben.

Als kleine Nettigkeit erhält der Kunde noch einen individuellen Gutschein über 5 Euro auf seiner Rechnung, damit er bald wieder im Shop kauft.

Das Feld RECHNUNGS-NUMMER ist gedacht für Stornorechnungen. Damit weiß Shopware, welche Rechnung storniert werden soll. Einen Kommentar können Sie Ihrem Kunden ebenfalls unter DOKUMENT KOMMENTAR hinterlassen.

Haben Sie alle Felder ausgefüllt, erstellen Sie den ausgewählten Dokumenten-Typ mit einem Klick auf DOKUMENT ERSTELLEN. Mit der VORSCHAU prüfen Sie, ob alles Ihren Vorstellungen entspricht. Allerdings werden leider in der Vorschau nicht alle Informationen angezeigt. So fehlen das Lieferdatum, der Kommentar und ggf. der Gutschein. Erst im finalen Dokument finden Sie alle diese Daten.

Die weiteren Informationen wie die Zahlungs- und Versandart sowie der Eigentumshinweis werden aus den der Bestellung hinterlegten Informationen automatisch hinzugefügt.

Sobald das Dokument erstellt wurde, können Sie es dauerhaft unter GENERIERTE DOKUMENTE einsehen. Benötigt Ihr Kunde also einmal eine Kopie, können Sie ihm diese schnell zur Verfügung stellen.

9.5 Bestellstatus ändern

Sie können sehr einfach den Bestell- und Zahlungsstatus ändern. Öffnen Sie dazu die Bestellung aus der Bestellübersicht über das Bleistift-Symbol. Im Tab ÜBERSICHT scrollen Sie etwas nach unten und finden dort den Abschnitt BESTELLUNG BEARBEITEN.

Bestellung bearbeiten	
Bezahlt am:	04.02.2018
Tracking Code:	JT27THTWUJZHMUQF
Versandkosten (EUR):	108
Versandkosten netto (EUR):	90,76
Bestellstatus:	Komplett abgeschlossen
Zahlungsstatus:	Komplett bezahlt

Abbildung 9.5 Bestellungen manuell bearbeiten

In diesem Abschnitt können Sie manuell das Datum des Zahlungseinganges vermerken und die Sendungsnummer des Versanddienstleisters unter TRACKING CODE eintragen. Zusätzlich haben Sie die Möglichkeit, Versandkosten in brutto wie netto nachträglich zu ändern. Dies sollte idealerweise vor der Erstellung von Dokumenten geschehen, damit dort direkt die korrigierten Lieferkosten zu sehen sind.

Zuletzt ändern Sie noch den Bestell- und Zahlungsstatus. Hierbei liegt die Entscheidung in Ihrer Hand, wie Sie mit dem einzelnen Status umgehen und mit welchem Status Sie intern eine Bestellung als abgearbeitet betrachten. Standardmäßig werden neue Bestellungen jeweils mit dem Status *Offen* versehen.

> **Zahlungs- und Versanddienstleister nehmen hier Arbeit ab**
>
> Durch die Plugin-Einbindung von Zahlungs- und Versanddienstleistern können Sie sich an dieser Stelle viel Arbeit sparen. Die Plugins der Anbieter sind teilweise so aufgebaut, dass diese den Status automatisch ändern, sobald ein bestimmtes Ereignis eingetreten ist.

9.6 Stapelverarbeitung mehrerer Bestellungen

Wenn Sie mehr als eine Bestellung gleichzeitig bearbeiten und den gleichen Schritt ausführen möchten (z. B. Zahlstatus ändern oder Lieferscheine erstellen), bietet sich die Stapelverarbeitung der Bestellungen an. Öffnen Sie dazu KUNDEN • BESTELLUNGEN, und wählen Sie alle betreffenden Bestellungen aus. Nun klicken Sie auf STAPELVERARBEITUNG.

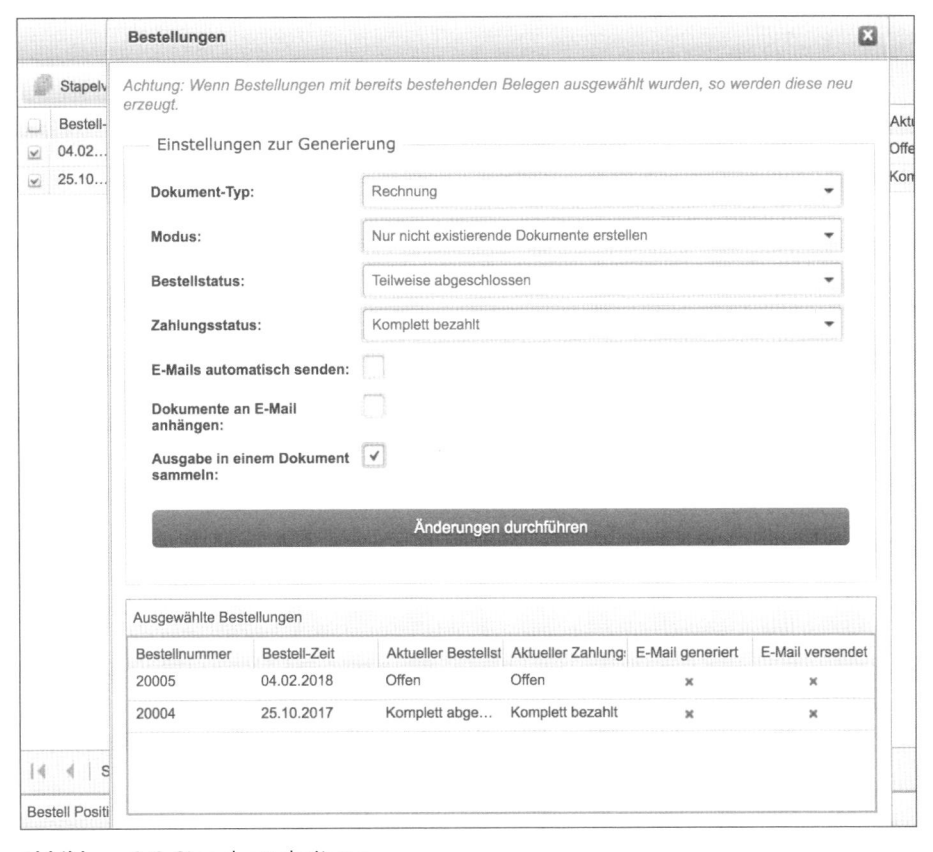

Abbildung 9.6 Stapelverarbeitung

In dem sich öffnenden Fenster (siehe Abbildung 9.6) wählen Sie nun die gewünschte Aktion aus: Erstellung eines DOKUMENTEN-TYPS oder Änderung von ZAHLUNGS- und BESTELLSTATUS. Wichtig ist, dass die ausgewählten Bestellungen alle die gleiche Änderung erhalten. Sie können hier also nicht separieren, was mit welcher Bestellung geschehen soll. Es gilt: eine Änderung für alle.

Als zusätzliche Erleichterung können Sie noch auswählen, ob die Kunden, deren Bestellung Sie gerade bearbeiten, eine E-Mail mit der Statusänderung und den erstellten Dokumenten erhalten sollen. In diesem Beispiel möchte ich das nicht, um dem Kunden nicht zu viele E-Mails nach dem Kauf zu senden.

Allerdings nutze ich eine zeitsparende Funktion und lasse mir die Dokumente gesammelt in einer PDF-Datei ausgeben.

Ein Hinweis für diese Funktion: Wohl alle Browser weltweit unterstützen die Pop-up-Unterdrückung. Das ist sinnvoll, weil sonst beim Surfen auf etlichen Seiten diverse Pop-ups mit Werbung auftauchen würden. Die integrierten Block-Funktionen unterbinden dies. Leider werden auch die Dokumente aus Shopware heraus in einem Pop-up ausgegeben, was Ihr Browser im ersten Augenblick unterdrückt.

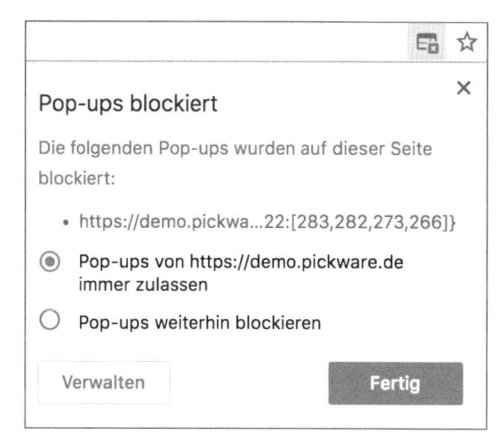

Abbildung 9.7 Pop-ups für das Backend erlauben

In Ihrer Browserleiste erscheint ein kleines Symbol, wie hier links zu sehen (Beispieldarstellung für Chrome). Klicken Sie auf dieses Symbol und klicken Sie auf den Link.

Tipp: Wählen Sie POPUPS VON [LINK ZUM SHOP] IMMER ZULASSEN, dann werden die Dokumente ab sofort direkt heruntergeladen und nicht weiter blockiert. Speichern Sie nun mit FERTIG. Anschließend öffnet sich der Download mit allen Dokumenten.

9.7 Bestellungen manuell anlegen

Bestellungen manuell anzulegen ist standardmäßig in Shopware nicht möglich. Doch was, wenn Sie auch Kunden am Telefon bedienen und diese so bei Ihnen bestellen? Dazu benötigen Sie das kostenlose Plugin »Backend Bestellungen«, das direkt von Shopware entwickelt wurde. Laden Sie das Plugin aus dem Community Store herunter und aktivieren Sie es. Mit wenigen Einstellungen ist das Plugin einsatzbereit.

Da die E-Mail-Adresse ein Pflichtfeld in den Bestellungen ist, tragen Sie die E-Mail-Adresse unter GAST KONTO EMAIL ein, die für die Backend-Bestellungen genutzt wird. Es kann auch Ihre Info-Adresse sein, wie Sie im Beispiel sehen.

Abbildung 9.8 Die Einstellungen für das Plugin »Backend Bestellungen«

Um aus den Statistiken den Umsatz der manuell eingetragenen Bestellungen herauszulesen (mehr dazu in Kapitel 13), tragen Sie in diesem Feld alle Bestellwege ein, die eine manuelle Bestellaufgabe ermöglichen – mehrere Kanäle trennen Sie mit einem Komma. In diesem Beispiel akzeptiert der Shop Bestellungen per E-Mail, Telefon und Fax.

9.7.1 Backend Bestellungen für einen Neukunden anlegen

Um nun einen neuen Kunden am Telefon, per Fax oder E-Mail bedienen zu können und seine Bestellung anzunehmen, öffnen Sie das Modul KUNDEN • BESTELLUNGEN. Dort sehen Sie einen neuen Button BESTELLUNG ERSTELLEN. Es öffnet sich anschließend ein großes, auf den ersten Blick unübersichtliches Formular. Sie werden es aber recht schnell durchschaut haben, sodass manuelle Bestellungen bald leicht von der Hand gehen.

Meldet sich ein neuer Kunde bei Ihnen, entscheiden Sie, ob Sie ein Kundenkonto anlegen oder eine Gastbestellung durchführen möchten. In diesem Beispiel entscheide ich mich für ein neues Kundenkonto. Klicken Sie dazu auf KUNDEN ERSTELLEN. Damit öffnet sich das Eingabefenster für Kunden, das auch ohne die Backend-Bestellungen in Shopware integriert ist.

Tragen Sie in dieses Formular die vorgegebenen Daten ein. Eine Besonderheit: Ein Passwort müssen Sie sich nicht ausdenken. Ein sicheres Passwort können Sie sich auch von Shopware gemäß Ihren Vorgaben in den Grundeinstellungen durch einen Klick auf das Schlüssel-Symbol erstellen lassen.

Generelle Passwort-Einstellungen

Die Mindestlänge des Passwortes ist standardmäßig auf acht Zeichen eingestellt. In den EINSTELLUNGEN • GRUNDEINSTELLUNGEN • STOREFRONT • ANMELDUNG/REGISTRIERUNG • MINDESTLÄNGE PASSWORT können Sie die Mindestlänge anpassen.

Das Passwort wird auch im Feld PASSWORT BESTÄTIGEN hinterlegt. In Klarschrift sehen Sie es sofort unterhalb des ersten Passwort-Feldes.

Sobald die Kundendaten eingetragen sind, finden Sie weiter unten noch AKTIONEN und ZAHLUNGSDATEN.

Entscheiden Sie sich nun dafür, die hier hinterlegten Daten als *Standard-Rechnungs- und Lieferadresse* anzulegen. Zu guter Letzt hinterlegen Sie noch eine ZAHLUNGSART, mit der der Kunde bei Ihnen bezahlen kann. Sobald Sie SPEICHERN klicken, ist Ihr Kunde angelegt. Das weitere Vorgehen bei dieser manuellen Bestellung lesen Sie im nächsten Abschnitt dieses Kapitels.

9.7.2 Backend-Bestellungen für einen Bestandskunden anlegen

Unter KUNDENSUCHE ... tragen Sie den Namen des Kunden ein und erhalten dazu passende Vorschläge aus Ihren Stammdaten. Klicken Sie auf den passenden Kunden, müssen Sie Rechnungs- und Lieferadresse nicht mehr manuell eintragen und können diese direkt aus dem Drop-down-Menü auswählen. Standardmäßig ist die Lieferadresse gleich der Rechnungsadresse. Wie Sie mit abweichenden Rechnungs- und Lieferadressen umgehen, lesen Sie im nächsten Abschnitt.

Des Weiteren wählen Sie Versandart und -kosten aus. Die Kosten aus der Versandart werden zwar importiert, Sie können sie aber in dieser Übersicht manuell ändern. Das hilft Ihnen, wenn Sie mit diesem Kunden spezielle Vereinbarungen getroffen haben.

Wählen Sie unter GERÄTE-TYP den Weg, über welchen die Bestellung aufgegeben wird. Dies hilft Ihnen später bei der statistischen Auswertung, über welchen Kanal wie viel Umsatz generiert wurde.

Im Feld POSITIONEN tragen Sie die Produkte samt Stückzahlen ein, die der Kunde kaufen möchte. Die Produktpreise sowie die Steuersätze werden automatisch in das Formular importiert und automatisch berechnet.

Steuerfreie Bestellungen könnten Sie an dieser Stelle ebenfalls anlegen. Aktivieren Sie dafür einfach NETTOPREISE ANZEIGEN und STEUERFREI. In diesem Beispiel wird die Bestellung ganz regulär mit dem Aufschlag der Mehrwertsteuer behandelt.

Außerdem können Sie jeder Bestellung einmalig einen Rabatt geben. Mit einem Klick auf den Button RABATT HINZUFÜGEN öffnet sich ein weiteres Fenster. Wählen Sie dort zwischen einem ABSOLUTEN Rabatt, z. B. 10 Euro oder einem PROZENTUALEN Rabatt, z. B. 10 %. Der Steuersatz wird automatisch von den in der Bestellung vorliegenden Produkten importiert. Unter NAME wird der ursprüngliche Artikelname importiert, kann aber auch frei geändert werden. Der Name wird später auf der Bestellung zu sehen sein.

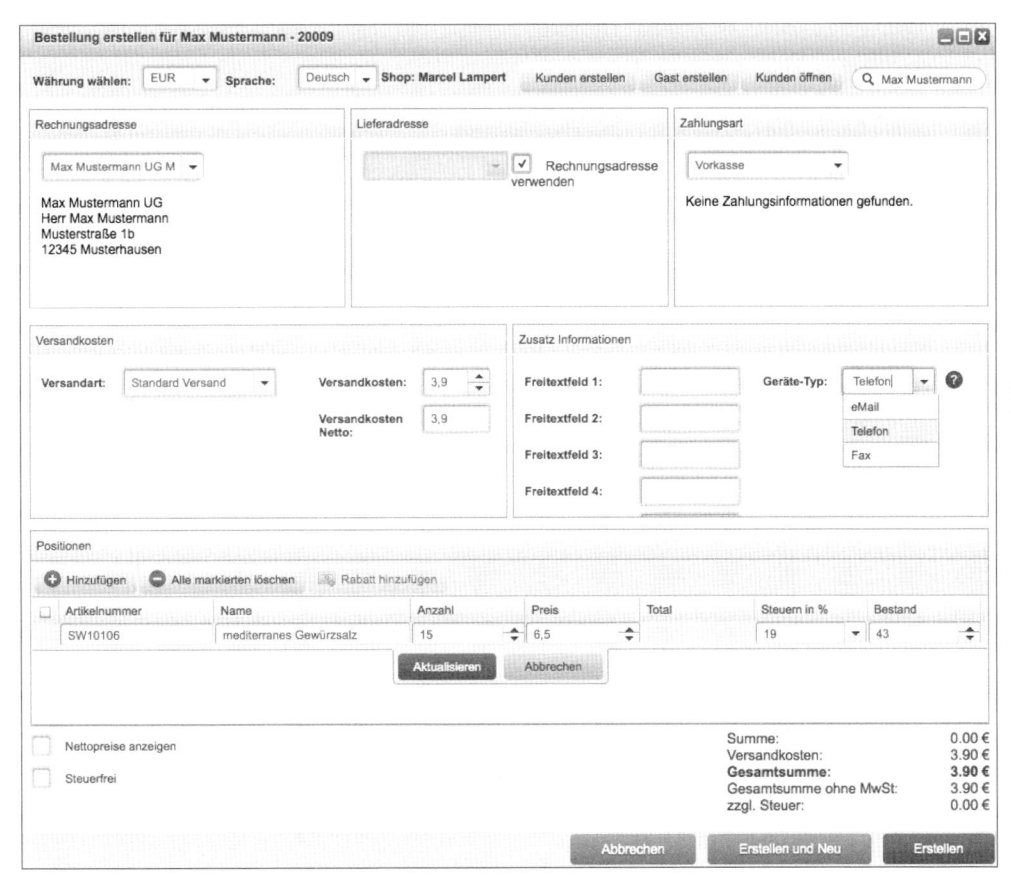

Abbildung 9.9 Manuell angelegte Bestellung

Zum Schluss klicken Sie auf ERSTELLEN. Nun ist die soeben angelegte Bestellung in der Bestellübersicht zu sehen und kann intern bearbeitet werden.

9.7.3 Abweichende Rechnungs- und Lieferadressen

Doch was ist, wenn die Lieferadresse von der Rechnungsadresse abweicht? Auch dies können Sie bedienen. Bevor Sie nun die Bestellung erstellen, klicken Sie auf KUNDE ÖFFNEN. Dadurch sehen Sie nochmal eine Übersicht zu den Kundendaten. Öffnen Sie nun den Reiter ADRESSEN.

Mit einem Klick auf HINZUFÜGEN öffnet sich ein neues Fenster, in dem Sie eine neue Adresse eintragen können. Anschließend können Sie diese *Als Standard-Lieferadresse* benutzen.

> **Tipp**
> Sie können die neue Adresse auch gleichzeitig als Rechnungs- und Lieferadresse benutzen. Setzen Sie dafür nur die passenden Haken. Wenn Sie bei diesem Kunden später eine weitere Bestellung anlegen, können Sie jeweils aus beiden Adressen wählen.

Da Sie für jeden Kontakt auch verschiedene Ansprechpartner und Adressen hinterlegen können, benötigen Sie also auch für große Firmenkontakte nur einen Stammdatensatz. Bitte beachten Sie allerdings, dass Sie je Kunde nur eine Standard-Rechnungs- und eine Standard-Lieferadresse angeben können. Dies ist allerdings nicht weiter tragisch, da Sie vom Standard abweichende Rechnungs- und Lieferadressen einfach beim Anlegen der Bestellung auswählen können.

Kapitel 10
Pickware ERP

Pickware ist die Shopware-eigene Warenwirtschaft mit Lagerverwaltung, Lieferantenwesen und einem cleveren Bestellwesen. Sie ist fest integriert und wird dauerhaft von der Firma VIISON GmbH weiterentwickelt. Pickware wertet Shopware massiv auf und bietet Ihnen viele Möglichkeiten, im Alltag Zeit zu sparen.

Sollten Sie sich für mindestens eine Professional Edition von Shopware entscheiden, werden Sie mit Pickware in Berührung kommen. Dort ist Pickware als kostenloses Plugin enthalten. Auf anderen Wegen können Sie das ERP-System (*Enterprise Resource Planning*) nicht erwerben.

> **Hinweis**
> Eines vorweg: Alle Screenshots aus diesem Kapitel stammen aus dem Pickware Demoshop. Dies gestattete mir freundlicherweise Pickware, vielen Dank an dieser Stelle dafür.

Sie erhalten mit Pickware eine Bestandskontrolle Ihrer Artikel, können Lieferantenbestellungen auslösen, Lager und Lagerplätze zuweisen, erweiterte Statistiken und vieles mehr. Für den Funktionsumfang bezahlen Sie anderswo gern mehr und haben dann auch nicht den Komfort, alles über eine Benutzeroberfläche verwalten und steuern zu können.

10.1 Wie Sie Ihre Lagerbestände im Blick behalten

Viele der Funktionen von Pickware finden sich direkt in den Artikeldetails wieder. Dort weisen Sie einen oder mehreren Lagerplätzen zu, und wissen genau, wie hoch der Bestand in welchem Lagerplatz ist. Dort können Sie Stückzahlveränderungen verfolgen, Lieferanten zuweisen Bestellungen und Lieferungen einsehen.

10.1.1 Lager anlegen

Bevor Sie die Lagerplatzverwaltung nutzen können, müssen Sie zunächst diese Lager und Lagerplätze auch im System anlegen. Zunächst legen Sie dafür ein Lager an, dem Sie eine physische Adresse zuweisen und anschließend die Lagerplätze hinterlegen. Öffnen Sie dazu ARTIKEL • LAGER • LAGERVERWALTUNG. Zu Beginn wird ein leeres Fenster erscheinen, welches Sie nun mit Leben füllen. Legen Sie Ihr erstes Lager mit einem Klick auf NEUES LAGER ERSTELLEN an.

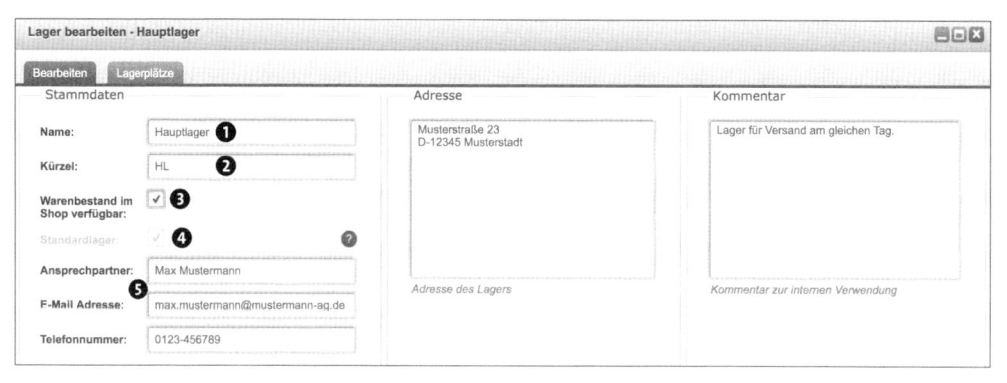

Abbildung 10.1 Lager wird angelegt

Sie sehen es bereits in der Abbildung 10.1. Wenn Sie ein Lager anlegen, sind keine weiteren Informationen notwendig. Pflichtfelder sind lediglich der NAME ❶ und das KÜRZEL ❷. Zusätzlich, aber nicht zwingend nötig, können Sie einen Lagerverantwortlichen ❺ samt E-Mail-Adresse und Telefonnummer eintragen. Außerdem möglich, aber ohne weitere Folgen, können Sie die Adresse des Lagers und einen internen Kommentar eintragen. Wie hier z. B. ein Vermerk, dass das Hauptlager alle Artikel führt, die am Tag der Bestellung verschickt werden.

Aktivieren Sie das Lager über die Checkbox WARENBESTAND IM SHOP VERFÜGBAR ❸, um den Lagerbestand für den Shop verfügbar zu machen. Zudem können Sie ein Lager als Standardlager anlegen ❹. Möchten Sie das Standardlager ändern, so öffnen Sie das betreffende Lager und aktivieren dort die Checkbox.

10.1.2 Lagerplätze anlegen

Lagerplätze sind in einem ordentlichen und gut geführten Lager eine Selbstverständlichkeit. Logisch aufgebaut bekommt jeder Artikel einen oder mehrere Plätze, damit die Mitarbeiter aus dem Lager schnell wissen, an welchen Stellen sie die Produkte einer Bestellung finden. Sie können auch in Pickware Lagerplätze anlegen und so eine schnelle Bearbeitung von Bestellungen realisieren. Im vorherigen Abschnitt haben Sie das Modul Lagerverwaltung geöffnet und dort einen Lagerplatz angelegt. Wechseln Sie also im betreffenden Lager auf den Reiter LAGERPLÄTZE.

Hier werden Sie zunächst nichts sehen, doch das ändert sich jetzt. Sie haben zwei Möglichkeiten: Sie legen jeden Lagerplatz manuell an – darauf gehe ich hier nicht weiter ein – oder Sie generieren Lagerplätze. Da dadurch unzählige Lagerplätze auf einen Schlag generiert werden können, betrachte ich diesen Fall hier genauer. Klicken Sie also im Reiter Lagerplätze auf den Button Lagerplätze generieren.

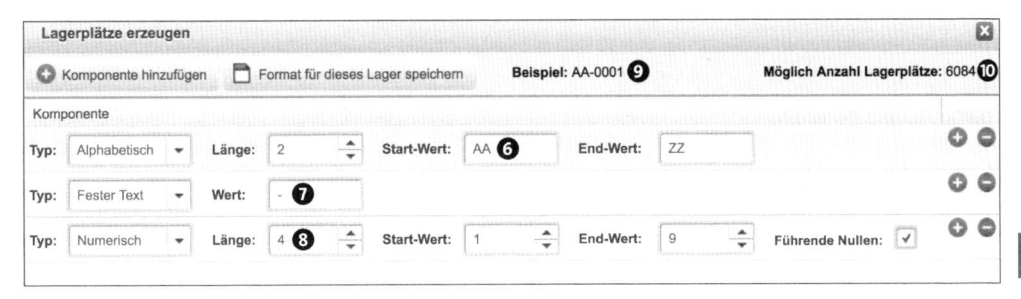

Abbildung 10.2 Logik des Lagerplatzes

In diesem Modul können Sie den Aufbau des Lagerplatzes selbst bestimmen. Dazu wählen Sie aus alphabetischen Bestandteilen, einem festen Text und einem nummerischen Bestandteil. Alle drei Teile können Sie nutzen, müssen sie aber nicht kombiniert. Es reicht auch, die Lagerplätze nur nummerisch aufzubauen.

In dem Beispiel aus der Abbildung 10.2 beginnt der Lagerplatz mit zwei Buchstaben, beginnend mit AA ❻, dann folgt ein Bindestrich als Trennzeichen ❼ und daraufhin folgen vier Ziffern ❽, beginnend mit 1 und endend mit 9. Pickware zeigt Ihnen mit AA-0001 direkt ein passendes Beispiel ❾ an, und nennt auch die Anzahl der Lagerplätze ❿, die angelegt werden. Mit einem Klick auf Lagerplätze erzeugen werden wie in diesem Beispiel 6.084 Lagerplätze angelegt. Bestätigen Sie die Sicherheitsabfrage mit Ja, anschließend beginnt der Rechenprozess. Nun haben Sie neue Lagerplätze angelegt und können diese jeweils einem Produkt zuordnen.

10.1.3 Ordnung ins Chaos bringen, Lagerplätze zuweisen

Nun haben Sie Lagerplätze angelegt – doch das allein reicht nicht. Diese Plätze müssen schließlich auch mit Artikeln gefüllt sein. Im nächsten Schritt widmen Sie sich also der Zuordnung von Artikeln zu einem Lagerplatz. Öffnen Sie dazu einen Artikel Ihrer Wahl, und scrollen Sie in den Artikeldetails etwas weiter nach unten, bis Sie den Abschnitt Lager sehen.

Dort sehen Sie alle Lager, die Sie in Shopware angelegt haben. Klicken Sie nun auf Bestände anpassen.

Es öffnet sich ein kleines Fenster, in dem Sie unter anderem den Lagerplatz zuweisen können, siehe Abbildung 10.3. Doch zunächst tragen Sie die Menge ❶ ein, die Sie dem Lager oder konkreter dem Lagerplatz zuweisen möchten.

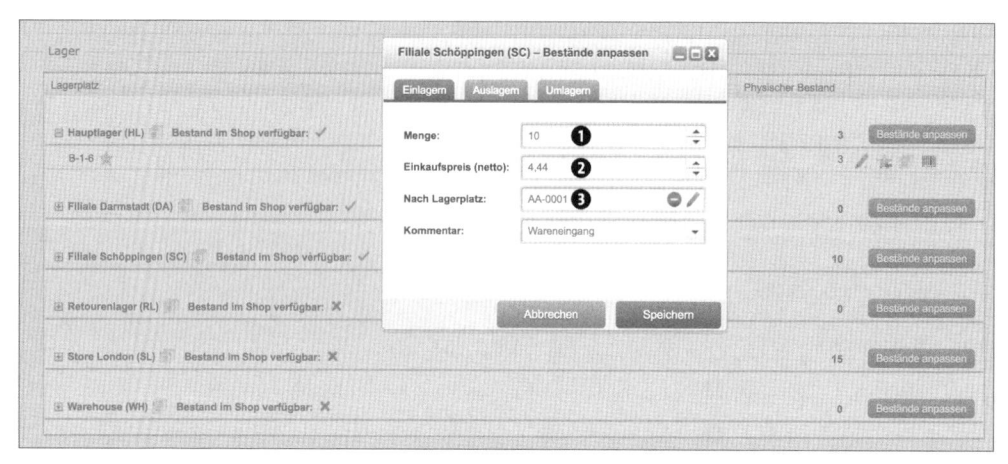

Abbildung 10.3 Einem Artikel wird ein Lagerplatz zugewiesen

> **Lagerplatz nicht zwingend notwendig**
>
> Es ist nicht verpflichtend, einen Lagerplatz anzugeben. Wenn Sie ein kleines Unternehmen sind und keine Lagerplätze führen, reicht an dieser Stelle auch die Auswahl des Lagers. In diesem Fall tragen Sie an dieser Stelle natürlich ebenfalls die Menge ein und ignorieren einfach die Angabe eines Lagerplatzes.

Der EINKAUFSPREIS ❷ wird direkt aus Ihren Stammdaten übernommen, kann an dieser Stelle aber noch angepasst werden. Als Nächstes folgt das Feld NACH LAGERPLATZ ❸. Hier kommen nun die eben angelegten Plätze ins Spiel. Für eine Lagerplatzauswahl klicken Sie auf das Stift-Symbol. Anschließend bekommen Sie eine Liste mit allen zur Verfügung stehenden Lagerplätzen. Wählen Sie dort einen aus, Sie können auch danach suchen, und speichern Sie ihn mit dem Button AUSWAHL ÜBERNEHMEN. Zuletzt können Sie aus einer Drop-down-Liste noch einen Kommentar auswählen. Standardmäßig können Sie aus drei Punkten wählen: Inventur, Abschreibung oder Wareneingang.

> **Kommentarliste auch erweiterbar**
>
> Sollten die drei mitgelieferten Kommentare in Ihrem Fall nicht ausreichen, können Sie auch eigene Kommentare anlegen.
>
> Öffnen Sie dazu die GRUNDEINSTELLUNGEN, dort WEITERE EINSTELLUNGEN und dort öffnen Sie SHOPWARE ERP POWERED BY PICKWARE. Im ersten Auswahlfeld können Sie Ihre eigenen Kommentare anlegen. Setzen Sie den gewünschten Kommentar dafür in Anführungszeichen und trennen Sie mehrere Kommentare mit einem Komma. Anschließend können Sie die Kommentare in der Bestandsanpassung auswählen.

10.1 Wie Sie Ihre Lagerbestände im Blick behalten

Wenn Sie an dieser Stelle fertig sind, können Sie Ihre Eingaben SPEICHERN.

Abbildung 10.4 Alle Lagerplätze auf einen Blick

Einsehen können Sie alle zugewiesenen Lagerplätze, indem Sie auf das Plus neben dem Lagernamen ❹ klicken und damit die Lagerplatzliste öffnen. Damit sehen Sie auf einen Blick, wo der Artikel liegt. Und was passiert nun, wenn ein Artikel verkauft wird?

10.1.4 Nach Bestellung korrekt ausbuchen

Eine korrekte Lagerführung ist wichtig, damit Sie jederzeit im Blick haben, wo ein Engpass auftreten könnte oder auch, um den Aufwand der notwendigen Inventuren zu verringern.

Bei einer Bestellung ist es also wichtig, aus welchem Lagerplatz der verkaufte Artikel genommen und ausgebucht werden soll.

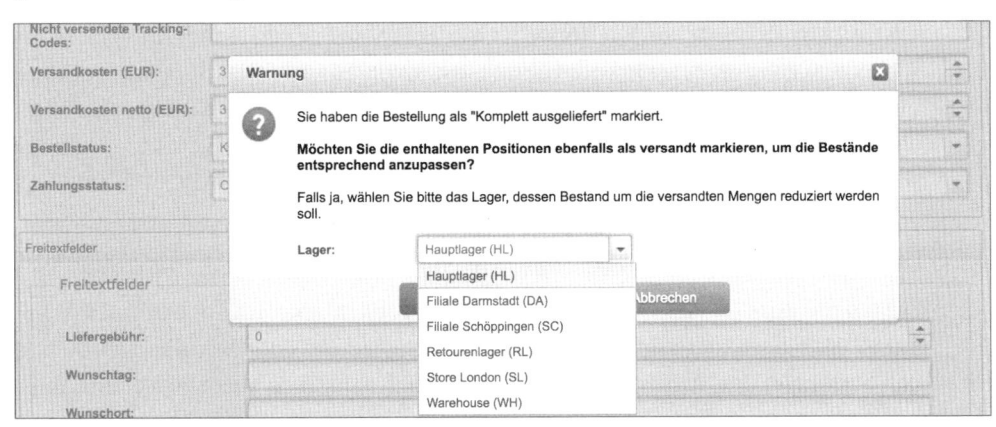

Abbildung 10.5 Aus welchem Lager soll ausgebucht werden?

Sobald Sie eine Bestellung bearbeiten und den Bestellstatus auf *Komplett ausgeliefert* setzen, kommt die Abfrage, die Sie in Abbildung 10.5 sehen. Wählen Sie dort das entsprechende Lager aus.

Allerdings offenbart sich hier eine Schwäche: Wenn Sie Bestellungen mit mehreren Artikeln haben, die auf mehreren Lagern verteilt sind, können Sie keine unterschiedlichen Lager auswählen. Da ein Großteil der Onlinehändler aber sicherlich nicht mehr als ein Lager betreibt, könnte dieser Punkt fast vernachlässigt werden. Dennoch ist hier Obacht geboten. Wenn Sie vorsichtig mit der Funktion umgehen, ist es allerdings eine hilfreiche Erleichterung im Alltag.

10.2 Bestellungen an Ihren Lieferanten

Die meisten Onlineshops bieten eine Vielzahl von Artikeln zum Kauf an. Dreistellige oder gar vierstellige Artikelanzahlen sind da eher die Regel als die Ausnahme. Da ist es nicht immer leicht, den Überblick über aktuelle Lagerbestände zu behalten und zu wissen, wann Sie entsprechende Bestellungen bei den verschiedenen Lieferanten auslösen müssen. Pickware greift hierbei auf den Mindestlagerbestand von Shopware zurück, welchen Sie in jedem Artikel individuell hinterlegen können (mehr dazu in Kapitel 7). Auch ohne Pickware würde Ihnen Shopware eine Mitteilung senden, die Sie darauf aufmerksam macht, dass ein Artikel den Mindestlagerbestand unterschritten hat. Pickware erweitert diese recht simple Methode um eine Lieferantenbestellung und ein halb automatisiertes Bestellwesen.

10.2.1 Lieferanten anlegen und passende Artikel zuordnen

Zunächst legen Sie einen Lieferanten für einen Artikel an. Dies ist nicht zu verwechseln mit einem Hersteller. Ein Hersteller ist der Produzent von einem Artikel, den Sie schließlich von einem Lieferanten beziehen können. Es kann zwar durchaus vorkommen, dass Lieferant und Hersteller dieselbe Firma sind, im Alltag wird das aber wohl eher seltener vorkommen. Das heißt: Von der Anlage eines Artikels unterscheidet sich der Prozess nicht, es ist allerdings wichtig, einen weiteren Schritt auszuführen.

Zunächst legen Sie also einen Lieferanten an. Öffnen Sie dazu Artikel • Einkauf • Lieferanten. Dort haben Sie die Möglichkeit, neue Lieferanten hinzuzufügen.

Tragen Sie dort so viele Informationen wie möglich ein, wie Sie es in der Abbildung 10.6 sehen. Dies ermöglicht Ihnen im Alltag einen möglichst flüssigen Ablauf der nachfolgenden Arbeitsschritte. Wichtig sind dabei vor allem der Name Ihres Ansprechpartners, die vollständige Adresse sowie eine E-Mail-Adresse.

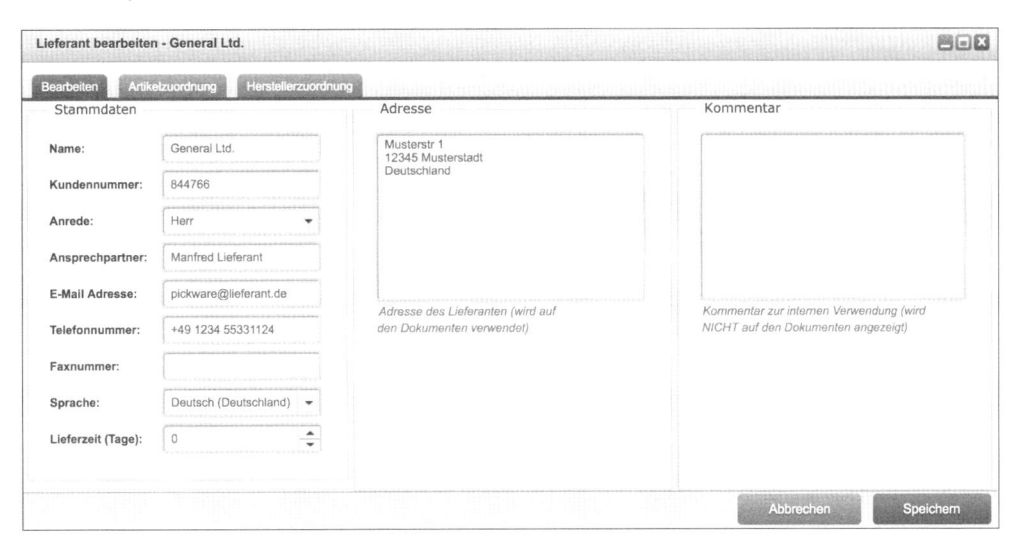

Abbildung 10.6 Lieferanten anlegen, Screenshot aus dem Pickware Demo-Backend

Auf dem Bild sehen Sie, dass Sie auch bereits dort Artikel zuordnen können, welche Sie dort kaufen wollen. Klicken Sie dazu auf den Reiter ARTIKELZUORDNUNG. Wie Sie es schon aus der Artikelzuordnung in Kategorien kennen, ist dieser Bereich in zwei Spalten aufgebaut: verfügbare Artikel und ausgewählte Artikel. Wählen Sie im Bereich VERFÜGBAR jene Artikel aus, die Sie beim Lieferanten beziehen.

> **Mehrfachauswahl möglich**
>
> Es ist mit Pickware möglich, mehr als einen Lieferanten für einen Artikel zu hinterlegen. In diesem Fall können Sie auch mehrere Einkaufspreise festlegen und einen Standardlieferanten auswählen.
>
> Möchten Sie eine Bestellung auslösen, die nicht bei Ihrem Standardlieferanten platziert wird, ist der Aufwand ein bisschen höher. Dazu später mehr.

Die Zuordnung der Artikel zu einem Lieferanten geht recht flott von der Hand. Ein Doppelklick auf einen verfügbaren Artikel wäre eine Möglichkeit. Eine Mehrfachauswahl ist ebenfalls möglich. Wählen Sie dafür den gewünschten Artikel aus und halten Sie währenddessen die Strg-Taste (Windows) oder die Command-Taste (Mac OS X) fest. Haben Sie alle Artikel markiert, weisen Sie diese mit einem Klick auf den Pfeil nach rechts, den Sie mittig finden, dem Lieferanten zu. Hilfreich kann es dabei sicherlich sein, die Einträge pro Seite zu erweitern. Standardmäßig werden Ihnen 25 Artikel pro Seite angezeigt, auf bis zu 500 Einträge können Sie diese Ansicht erweitern.

Außerdem haben Sie in diesem Fenster die Möglichkeit, Einkaufspreise, Lieferantennummern und Standardbestellmengen bei diesem Lieferanten zu hinterlegen, siehe Abbildung 10.7.

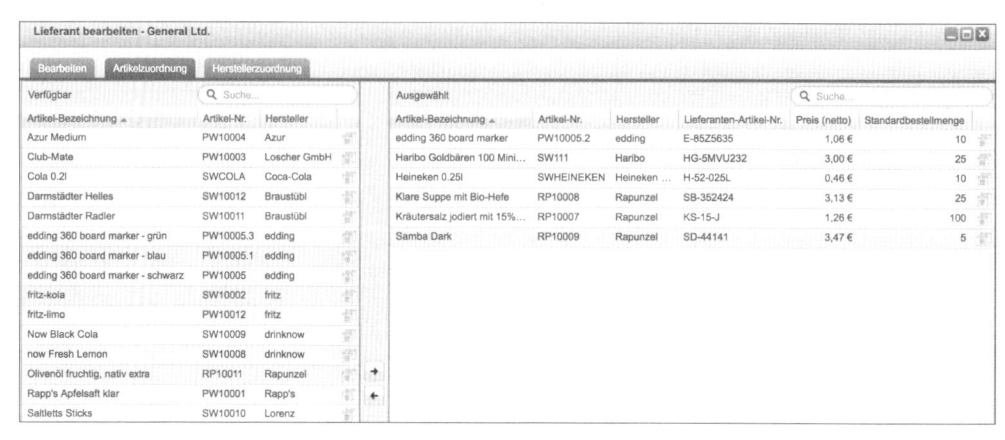

Abbildung 10.7 Pickware Lieferantendetails

Wenn Sie hierbei einen Artikel haben, für den mehr als ein Lieferant zur Verfügung steht, können Sie den Standardlieferanten recht schnell auswählen. Öffnen Sie dazu zunächst den betreffenden Artikel mit einem Klick auf das Symbol ganz rechts. Damit öffnen Sie die Artikeldetails. Wechseln Sie nun in den Reiter LIEFERANTEN. Dort finden Sie ebenfalls die Auswahl von zugewiesenen Lieferanten. Mit einem Doppelklick auf den Lieferanten, den Sie zum Standard erklären möchten, öffnen sich weitere Funktionen, wie die Aktivierung zum Standardlieferanten. Die Checkbox dafür finden Sie ganz rechts.

> **Lieferanten für Varianten**
>
> Interessanterweise können Sie für jede Variante eines Produktes unterschiedliche Standardlieferanten auswählen. Dafür wechseln Sie im Reiter Lieferanten einfach die Artikelvariante und können dort die individuellen Einstellungen (wie auch Einkaufspreise oder Standardbestellmengen) hinterlegen.

Wenn Sie diese Einstellungen vorgenommen haben, können Sie die Artikeldetails schließen und sich wieder dem Lieferanten widmen. Im nächsten Schritt weisen Sie noch die passenden Hersteller zu, die Sie über den Lieferanten beziehen können. Zwingende Voraussetzung dafür ist natürlich, dass Sie alle Artikel aus Ihrem Sortiment dieses Herstellers von den gleichen Lieferanten beziehen.

Auch hier ist natürlich wieder eine Mehrfachauswahl möglich. Sobald alle Hersteller ausgewählt sind, können Sie ALLE HERSTELLERARTIKEL DEN LIEFERANTEN ZUORDNEN anklicken.

Mit diesem Prozess haben Sie sich für die Zukunft viel Arbeit gespart. Damit sind Sie in der Lage, Bestellungen ohne großes Zutun zu erstellen und an Ihren Lieferanten zu schicken.

10.2.2 Bestellungen auslösen

Nun weiß Shopware, bei welchem Lieferanten Sie Ihre Artikel bestellen, ab welchem Schwellenwert Bestellungen erstellt werden sollen und wie Ihre Einkaufspreise bei den einzelnen Lieferanten sind.

Ein täglicher Arbeitsschritt könnte also sein, alle Artikel nachzubestellen, die Ihren Mindestlagerbestand unterschritten haben. Mit Pickware ist das mit wenigen Klicks möglich.

Dazu öffnen Sie ARTIKEL • EINKAUF • BESTELLWESEN. Dort finden Sie zunächst eine Übersicht über alle Bestellungen, die Sie bei Ihren Lieferanten ausgelöst haben. Sie können dort auch nach den verschiedenen Lagern filtern. Außerdem können Sie die Übersicht eingrenzen, indem Sie über die Suche nach Lieferanten oder Bestellnummern suchen. Um hier eine neue Bestellung anzulegen, klicken Sie den Button oben links, BESTELLUNG ERSTELLEN.

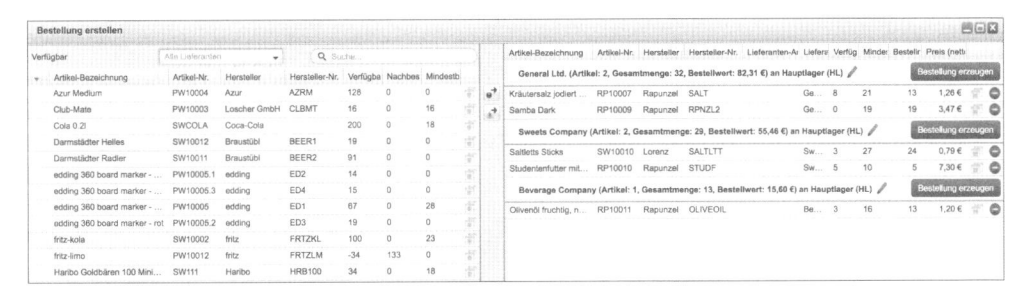

Abbildung 10.8 Bestellungen bei Ihrem Lieferanten

Damit öffnet sich ein Fenster, in dem Sie eine Liste aller Artikel einsehen können, siehe Abbildung 10.8. Haben Sie bei Ihren Artikeln den Mindestlagerbestand gepflegt, so nutzt Ihnen das an dieser Stelle. Pickware wird Ihnen automatisch die Artikel markieren, die den Mindestbestand unterschritten haben, und berücksichtigt dabei auch Bestellungen, die reserviert, aber nicht ausgeliefert sind. Dies kennzeichnet sich durch ein gelbes Warndreieck.

Noch einen Schritt weiter geht Pickware, indem es Artikel mit einem roten Ausrufezeichen markiert. Diese Artikel haben eigentlich einen negativen Bestand (eingegangene Bestellungen, die noch nicht verschickt wurden, werden ebenfalls vom Bestand abgezogen). Hier besteht also dringender Handlungsbedarf.

Nun ermöglicht es Pickware, diese Artikel mit einem Klick zur Bestellliste hinzuzufügen. Dazu klicken Sie einfach auf die beiden oberen Button in der Mitte des Fensters.

In diesem Beispiel, siehe Abbildung 10.8, sind mit einem Klick damit Bestellungen bei drei Lieferanten vorbereitet. Mit einem Doppelklick auf einen bestimmten Artikel öffnen Sie die weiteren Optionen. So können Sie diesem Artikel für diese konkrete Bestellung einem neuen Lieferanten zuweisen. Hierbei ist allerdings zu beachten, dass Pickware grundsätzlich alle Lieferanten anzeigt, die Sie im System haben und nicht nur die zugewiesenen Lieferanten für diesen Artikel. Obacht ist hier also geboten. Außerdem können Sie die Artikelnummer Ihres Lieferanten sowie die Bestellmenge und den Nettopreis ändern. Auf all diese Möglichkeiten verzichte ich in diesem Beispiel.

Zu guter Letzt können Sie noch entscheiden, in welches Lager die Bestellung versendet werden soll. Dazu klicken Sie einfach auf den Stift neben dem Lagernamen (hier Hauptlager (HL)). Damit öffnet sich eine Auswahl der von Ihnen angelegten Lager. Wählen Sie dort das Passende aus und bestätigen Sie es mit einem Klick auf OK.

Einen Artikel an zwei Lager?

Leider sind Split-Bestellungen eines Artikels nicht möglich. Möchten Sie also einen Artikel an zwei verschiedene Lager schicken, müssen Sie dafür zwei separate Bestellungen anlegen.

Haben Sie nun alle Artikel beisammen, die Sie bestellen möchten, lösen Sie die entsprechenden Bestellungen mit einem Klick auf ALLE BESTELLUNGEN ERZEUGEN aus. Damit können Sie dieses Fenster schließen und haben wieder das Modul Bestellwesen vor sich, wie Sie in Abbildung 10.9 sehen.

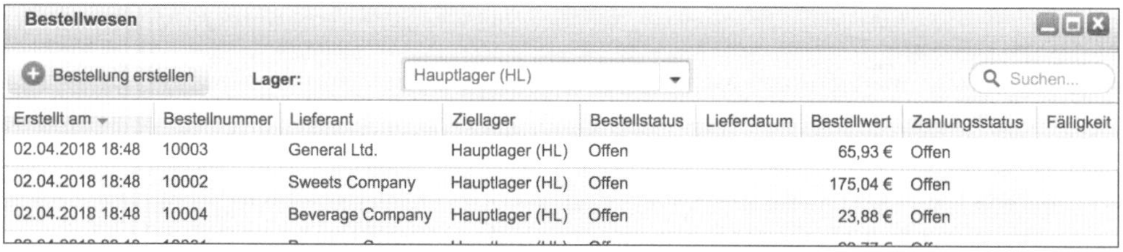
Bestellwesen
Bestellung erstellen
Lager:
Hauptlager (HL)
Suchen...
Erstellt am
Bestellnummer
Lieferant
Ziellager
Bestellstatus
Lieferdatum
Bestellwert
Zahlungsstatus
Fälligkeit
02.04.2018 18:48 10003 General Ltd. Hauptlager (HL) Offen 65,93 € Offen
02.04.2018 18:48 10002 Sweets Company Hauptlager (HL) Offen 175,04 € Offen
02.04.2018 18:48 10004 Beverage Company Hauptlager (HL) Offen 23,88 € Offen

Abbildung 10.9 Bestellungen versenden

Hier finden Sie die drei angelegten Bestellungen, jeweils für verschiedene Lieferanten. Wichtig hierbei ist: Die Bestellung ist nur in Shopware angelegt, nicht an den Lieferanten verschickt.

Das heißt auch: Haben Sie noch etwas vergessen, können Sie die einzelnen Bestellungen noch ändern, einen Kommentar für sich intern oder Ihren Lieferanten anlegen. Dazu öffnen Sie die betreffende Bestellung über das Stift-Symbol.

In dieser Ansicht können Sie also weitere Artikel der Bestellung hinzufügen. Auch hier werden Ihnen wieder alle Artikel angezeigt, die Sie in Ihrem Bestand haben, und nicht nach bestimmten Lieferanten vorgefiltert. Dies können Sie allerdings schnell selbst erledigen, indem Sie im Drop-down-Menü ALLE LIEFERANTEN einen bestimmten Lieferanten auswählen.

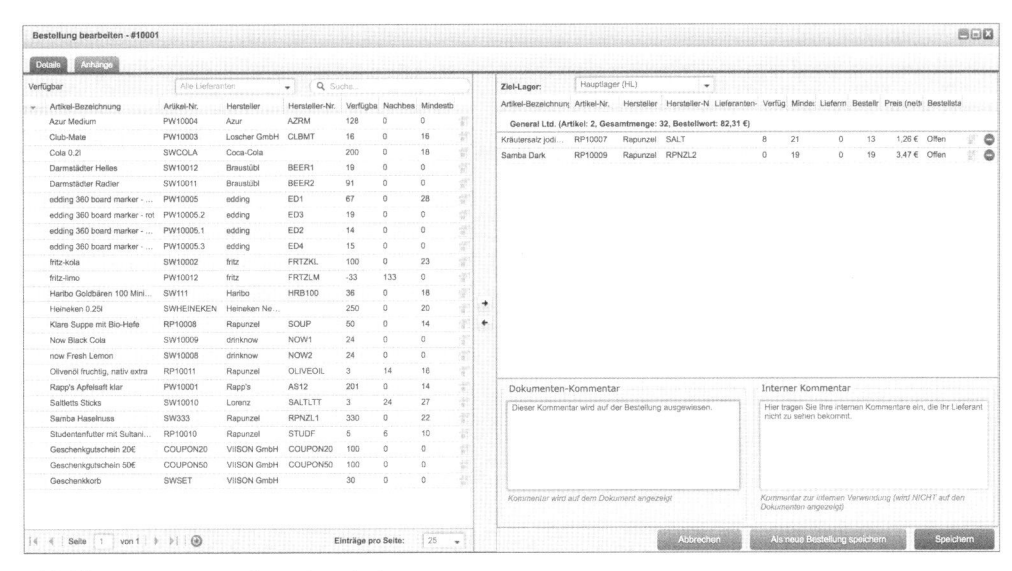

Abbildung 10.10 Bestellung bearbeiten

Auf der rechten Seite des Moduls finden Sie dann die der Bestellung zugewiesenen Artikel. Wie Sie in Abbildung 10.10 sehen, können Sie auch eigene Kommentare einfügen. Damit ist es Ihnen möglich, Anmerkungen direkt auf das Bestelldokument zu platzieren, was wiederum die Fehlerquote reduzieren kann.

Wenn Sie die Bestellung nun so modifiziert haben, wie Sie es möchten, können Sie die Änderungen speichern. Anschließend kann die Bestellung per E-Mail verschickt werden. Klicken Sie dazu auf das Brief-Symbol im Modul BESTELLWESEN. Daraufhin öffnet sich ein neues Fenster mit einer vorbereiten E-Mail, die Sie nach Ihren Wünschen anpassen können. Das PDF wird automatisch an die E-Mail angehängt, sodass die Bestellung mit einem Klick auf SENDEN an Ihren Lieferanten verschickt wird.

So können Sie mit weiteren Bestellungen verfahren, die in diesem Prozess erstellt wurden. Damit haben Sie in wenigen Klicks und Minuten Bestellungen für Ihre Lieferanten erstellt.

10.3 Rechnungen automatisch erstellen und versenden

Die Verwaltung eines Handels nimmt einen Großteil des Tagesgeschäftes ein. Das ist auch heute noch so. Und gleichzeitig gibt es technische Entwicklungen, die Ihnen den Alltag vereinfachen können und auch wollen. So auch Pickware, mit dem Sie unter gewissen Umständen Rechnungen automatisch erstellen können. Dies geschieht in dem Augenblick, in dem Ihr Kunde seine Bestellung bei Ihnen abschließt, also auf der Bestellbestätigungsseite angekommen ist.

Dies müssen Sie zunächst konfigurieren. Öffnen Sie dazu die EINSTELLUNGEN • GRUNDEINSTELLUNGEN • WEITERE EINSTELLUNGEN • SHOPWARE ERP POWERED BY PICKWARE ❶.

Abbildung 10.11 Konfiguration automatischer Rechnungserstellung

Hier finden Sie nun einige wenige Einstellungsmöglichkeiten. Unter anderem auch den Punkt AUTOM. RECHNUNGSERZEUGUNG UND -VERSAND ❷. Um das Feature zu aktivieren, stellen Sie die betreffende Zeile auf Ja, wie Sie es in Abbildung 10.11 sehen.

In den weiteren zwei Feldern können Sie festlegen, bei welchen Versandarten ❸ und welchen Zahlungsarten ❹ die Rechnung automatisch erstellt und versendet werden soll.

In diesem Beispiel werden die Rechnungen bei allen im Bestellprozess ausgewählten Versandarten erzeugt, aber nur bei fünf Zahlungsarten: *PayPal, Apple Pay, Rechnung, Kreditkarte mit und ohne 3D-Secure*. Sie können an dieser Stelle alle Zahlungsarten auswählen, für die Sie die automatische Rechnungserstellung und den -versand aktivieren möchten.

Würden Sie beide Felder leer lassen, wäre es egal, was der Kunde auswählt. Der Prozess würde immer sofort und automatisch angestoßen werden.

Mehr müssen Sie an dieser Stelle auch nicht mehr tun. Ab sofort werden alle Rechnungen, welche die vorgegebenen Einstellungen erfüllen, automatisch erstellt.

Damit haben Sie einen Überblick über die ersten Pickware-Funktionen erhalten. An anderen Stellen des Buches gehe ich auf weitere Funktionen ein, wie z. B. auf die erweiterten Auswertungsmöglichkeiten in Kapitel 13. Dazu finden Sie an den entsprechenden Stellen Hinweise.

Kapitel 11
Verkaufsfördernde Maßnahmen

Einen Onlineshop technisch aufzusetzen ist keine große Hürde. Vor allem mit Shopware können Sie schnell gute Ergebnisse erzielen. Nun ist die Technik nur die eine Seite – das Marketing nimmt einen wesentlichen bedeutenderen Platz für einen erfolgreichen Onlineshop ein.

Onlineshopping ist ein echtes Boom-Thema und so ist es auch wenig verwunderlich, dass es inzwischen unzählige Onlineshops gibt. Entweder zu Nischenthemen und -produkten oder von Allesverkäufern. Möglich ist alles. Um gegen die harte Konkurrenz zu bestehen, benötigen Sie viel Zeit für Marketing. Hier bietet Ihnen Shopware bereits einige essenzielle Möglichkeiten von Haus aus. Diese werden Ihnen in diesem Kapitel nähergebracht.

11.1 Überraschen Sie die Kunden mit Prämienartikeln

Kunden lieben es, überrascht zu werden. Und Geschenke lieben diese erst recht. Mit Shopware können Sie genau das bieten.

Mit Prämienartikel können Sie Ihren Kunden besonders interessante Artikel im Bestellabschluss kostenlos anbieten. Das Ziel ist dabei klar: Überraschen Sie Ihre Kunden mit einem Geschenk und bleiben Sie so im Kopf – Nachfolgebestellungen sind damit extrem wahrscheinlich.

Wichtig ist zu wissen: Es handelt sich bei den Prämienartikeln um Artikel aus Ihrem Shop, die Kunden regulär kaufen können. Als Prämienartikel erhalten die betreffenden Kunden diese Artikel aber kostenfrei. Sie haben mit dieser Marketingmöglichkeit standardmäßig keine Möglichkeit, Ihren Warenkorb zu erhöhen.

11.1.1 Die Basis für Prämienartikel schaffen

Zunächst muss eine Basis für die zukünftige Nutzung der Prämienartikel geschaffen werden. Zum einen muss der betreffende Artikel einer Kategorie zugewiesen und aktiv gestellt sein. Es handelt sich also um regulär kaufbare Artikel. Wie Sie Artikel anlegen, haben Sie bereits in Kapitel 7 erfahren.

Und ganz wichtig ist das Freischalten der Prämienartikel-Funktion. Öffnen Sie EIN-STELLUNGEN • GRUNDEINSTELLUNGEN • STOREFRONT ❶ • BESTELLABSCHLUSS.

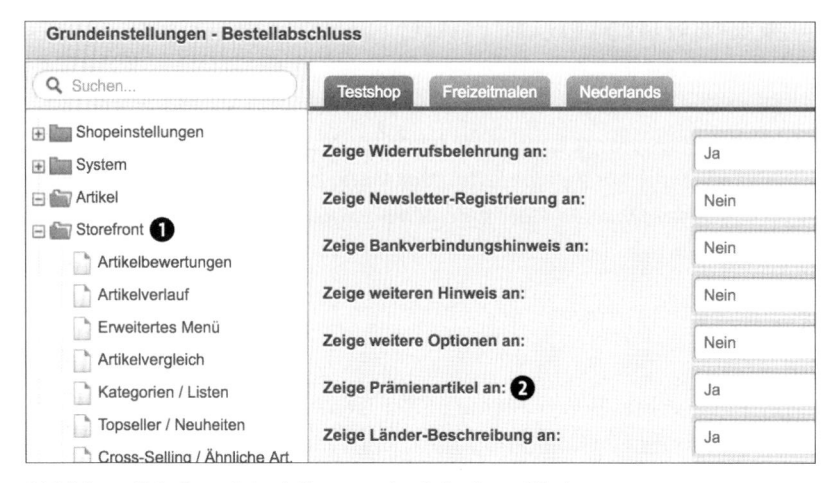

Abbildung 11.1 Grundeinstellungen der Prämienartikel

Dort finden Sie den Punkt ZEIGE PRÄMIENARTIKEL AN ❷ und stellen diesen auf JA. Anschließend speichern Sie Ihre Einstellungen.

11.1.2 Prämienartikel definieren

Um einen Artikel als Prämienartikel zu definieren, öffnen Sie das entsprechende Modul unter MARKETING • PRÄMIENARTIKEL und klicken schließlich auf HINZU-FÜGEN, um einen neuen Prämienartikel anzulegen.

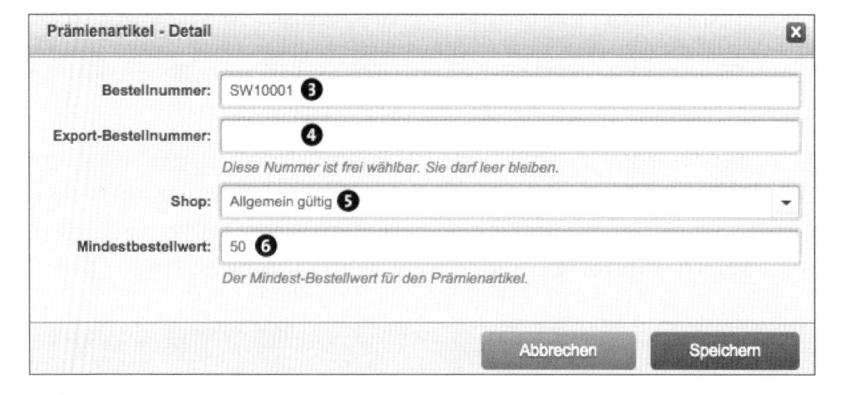

Abbildung 11.2 Anlegen eines Prämienartikels

An dieser Stelle müssen Sie gar nicht so viel einstellen, wie Sie in Abbildung 11.2 sehen. Ich wähle hier die BESTELLNUMMER SW10001 ❸ aus, dahinter verbirgt sich ein Shopware-Demoartikel. Sie können die Bestellnummern per Texteingabe durchsuchen. Dabei können Sie konkrete Artikelnummern angeben oder auch nach dem Artikelnamen suchen. Shopware schlägt Ihnen passende Artikel vor.

In diesem Beispiel verzichte ich auf eine separate EXPORT-BESTELLNUMMER, ❹ die später im Warenkorb angezeigt wird. Diese Nummer kann als eigene Artikelnummer für den Prämienartikel angesehen werden und kann auch von der ursprünglichen Artikelnummer abweichen. Wenn Sie dies für statistische Zwecke nutzen möchten, können Sie hier eine eigene EXPORT-BESTELLNUMMER eingeben.

Auch ist der Prämienartikel ALLGEMEIN GÜLTIG ❺ für alle Shops, die verwaltet werden. Möchten Sie Prämienartikel nur in einem bestimmten Sub- oder Sprachshop anzeigen, können Sie diesen aus der Drop-down-Liste auswählen.

Und zuletzt braucht der Besucher einen MINDESTBESTELLWERT ❻ von 50 Euro, um in den Genuss des Prämienartikels zu kommen. Diese Funktion hilft Ihnen sehr, mit einem Geschenk an Ihre Kunden nicht Ihren Gewinn zu gefährden.

Abbildung 11.3 Auswahl an Prämienartikeln

Sie können so viele Prämienartikel anlegen, wie Sie möchten. Diese werden dann je nach Warenkorb des Kunden und definiertem Mindestbestellwert bei jedem Warenkorb individuell angezeigt. Auch Varianten-Artikel können Sie anbieten, dann darf der Kunde sich seine gewünschte Variante selbst aussuchen.

> **Nur ein Geschenk pro Kunde**
> Jeder Kunde darf sich einen Artikel als Prämie sichern. Sobald dieser ausgewählt wurde, erscheint keine Möglichkeit, weitere Prämienartikel in den Warenkorb zu legen. Das schützt Sie vor Missbrauch und Ihren Gewinn.

Nutzen Sie die Prämienartikel. Es gibt viele gute Gründe, diese Funktion zu verwenden. Egal ob Sie Ihre Kunden überraschen wollen, um dadurch die Wahrscheinlichkeit für einen erneuten Kauf zu steigern, oder ob Sie Saisonartikel unter das Volk bringen möchten oder müssen, um Platz für neue Ware zu schaffen: Das Modul Prämienartikel hilft Ihnen dabei auf einfache Art und Weise.

11.2 Mehr verkaufen mit Gutscheinen

Gutscheine sind eine tolle Möglichkeit, aus Interessenten schneller Kunden zu machen. So gibt es immer wieder Aktionen, die einen kostenlosen Versand anbieten, 10 % Neukundenrabatt auf die erste Bestellung gewähren oder Bestandskunden nach der x-ten Bestellung einen Rabatt als Belohnung geben. Eines steht fest: Gutscheine und Rabatte kommen immer gut an. Die hauseigene Lösung schon Shopware lässt sich in vielen Bereichen einsetzen. Die Vorgehensweise sehen Sie hier im Detail.

11.2.1 Die Basis: Gutschein anlegen – einer für alle

Wie alle verkaufsfördernden Instrumente finden Sie auch die Gutscheinverwaltung unter MARKETING • GUTSCHEINE. Anschließend öffnet sich eine Maske, in der Sie die Gutscheine anlegen und verwalten können. Um einen Gutschein zu erstellen, klicken Sie auf HINZUFÜGEN.

In dem Beispiel aus Abbildung 11.4 erhalten die Shop-Kunden 5 Euro Rabatt mit dem Gutscheincode Sale0318 ❷, zudem ist die Lieferung versandkostenfrei ❺. Dabei beträgt der Mindestumsatz 25 Euro ❹. Jeder Kunde darf den Gutschein nur einmal einlösen.

In der BESCHREIBUNG benennen Sie den Gutschein. Das ist nur für Sie intern zu sehen und soll Ihnen die Zuordnung einzelner Gutschein-Aktionen erleichtern. Der GUTSCHEINCODE MODUS Allgemein ❶ bedeutet, dass der Gutschein mit dem CODE Sale0318 für alle Kunden gilt und mehrfach, in diesem Beispiel 1000 Mal ❸, in Höhe von 5 Euro eingelöst werden kann.

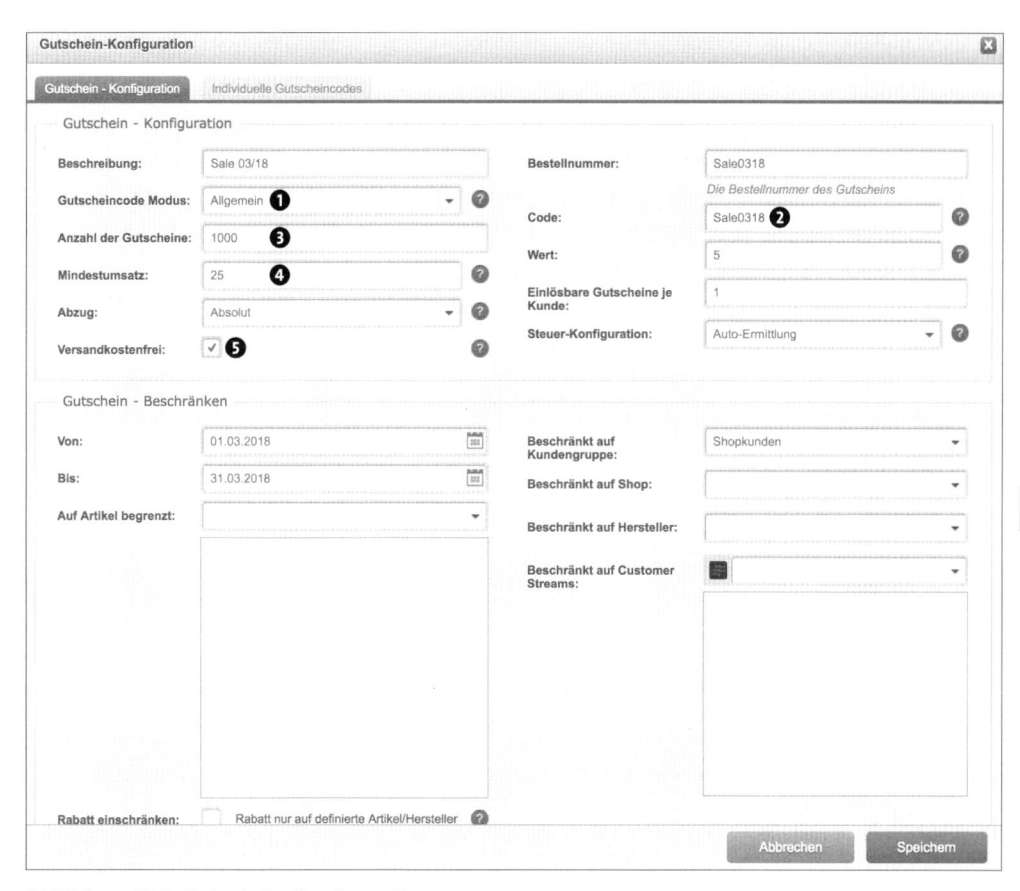

Abbildung 11.4 Gutschein-Konfiguration

> **Länge des Gutscheincodes**
>
> Die Länge des Gutscheincodes unterliegt theoretisch keiner Beschränkung. Allerdings empfiehlt Shopware selbst, maximal 29 Zeichen für einen Code zu verwenden.
>
> Grundsätzlich ergibt es auch wenig Sinn, den Code zu lang zu gestalten. Ihre potenziellen Kunden könnten sonst abgeschreckt werden. Ideal ist daher eine Länge von acht bis zwölf Zeichen.

Der ABZUG wird absolut, also in Euro und nicht prozentual vom Warenwert abgezogen. Die BESTELLNUMMER lautet ebenfalls Sale0318 und wird wie eine Artikelnummer behandelt. Hierdurch können Sie die Gutschein-Aktionen auswerten. Besonders bei prozentualen Abzügen ist es sinnvoll zu schauen, wie viel Euro Rabatt Sie Ihren Kunden eingeräumt haben. Jeder Kunde darf den Gutschein einmal einlösen. Außerdem wird Shopware automatisch die Höhe der Steuer berechnen, in dem die Warenkorb-Artikel betrachtet werden und, in diesem Beispiel, den höchsten Steuersatz erhalten. Der Gutschein ist beschränkt auf Shop-Kunden, die zwischen dem 1. und 31. März 2018 in diesem Shop einkaufen.

Anders als in diesem Beispiel können Sie die Gutschein-Verwendung mit weiteren Kriterien einschränken. So können Sie einen Gutschein auf nur bestimmte Artikel anwenden, Gleiches gilt für einen Hersteller. Verwenden Sie mehrere Shops, können Sie auch den entsprechenden Sub- oder Sprachshop auswählen. Besonders spannend sollte aber die Begrenzung auf verschiedene Customer Streams sein. Damit können Sie sehr fein aussteuern, welcher Ihrer Kunden einen Gutschein erhält und welcher nicht. Kunden, die eher hochpreisige Produkte kaufen, benötigen unter Umständen keine Gutscheine. Während neue Kunden durchaus mit einem Gutschein für den Shop interessiert werden können.

> **Allgemeingültiger Gutschein**
> Einen allgemeinen Gutschein können Sie gut über verschiedene Plattformen und Webseiten streuen und so auf sich aufmerksam machen.

11.2.2 Nur einmal einlösbar – individuelle Gutscheine

Mit individuellen Gutscheinen erstellen Sie eine Vielzahl von Gutscheincodes. Diese sind jeweils nur einmal einlösbar und eigenen sich hervorragend für Newsletter oder andere Stammkunden-Aktionen.

Einzige Änderung, die sich im Gegensatz zum allgemeinen Gutschein ergibt, ist der GUTSCHEIN MODUS. Die unter ANZAHL DER GUTSCHEINE angegebene Stückzahl wird im Anschluss an die erste Konfiguration erstellt. Alle Gutscheine haben dieselben Merkmale wie die zeitliche Einschränkung oder die Verwendung auf bestimmte Artikel. Wechseln Sie nach dem Speichern in den Tab INDIVIDUELLE GUTSCHEINE.

Besonders interessant ist, dass Sie das Gutscheinmuster selbst bestimmen können. Dieses legen Sie im Feld rechts neben dem Button NEUE CODES GENERIEREN fest. In diesem Beispiel wird der Code nach dem Muster Sale0318-%s%s%s%d%d%d erstellt. Wie Sie sehen, ist der Code mit Variablen erstellt. Diese werden wie folgt interpretiert:

- %s wird zu einem Buchstaben
- %d wird zu einer Zahl

Wenn Sie eigene Codes genieren, müssen Sie immer mindestens acht Stellen angeben. Sie sind aber nicht gezwungen, eigene Codes zu genieren. Lassen Sie dieses Feld einfach frei, dann erzeugt Shopware eigene, achtstellige Gutscheincodes.

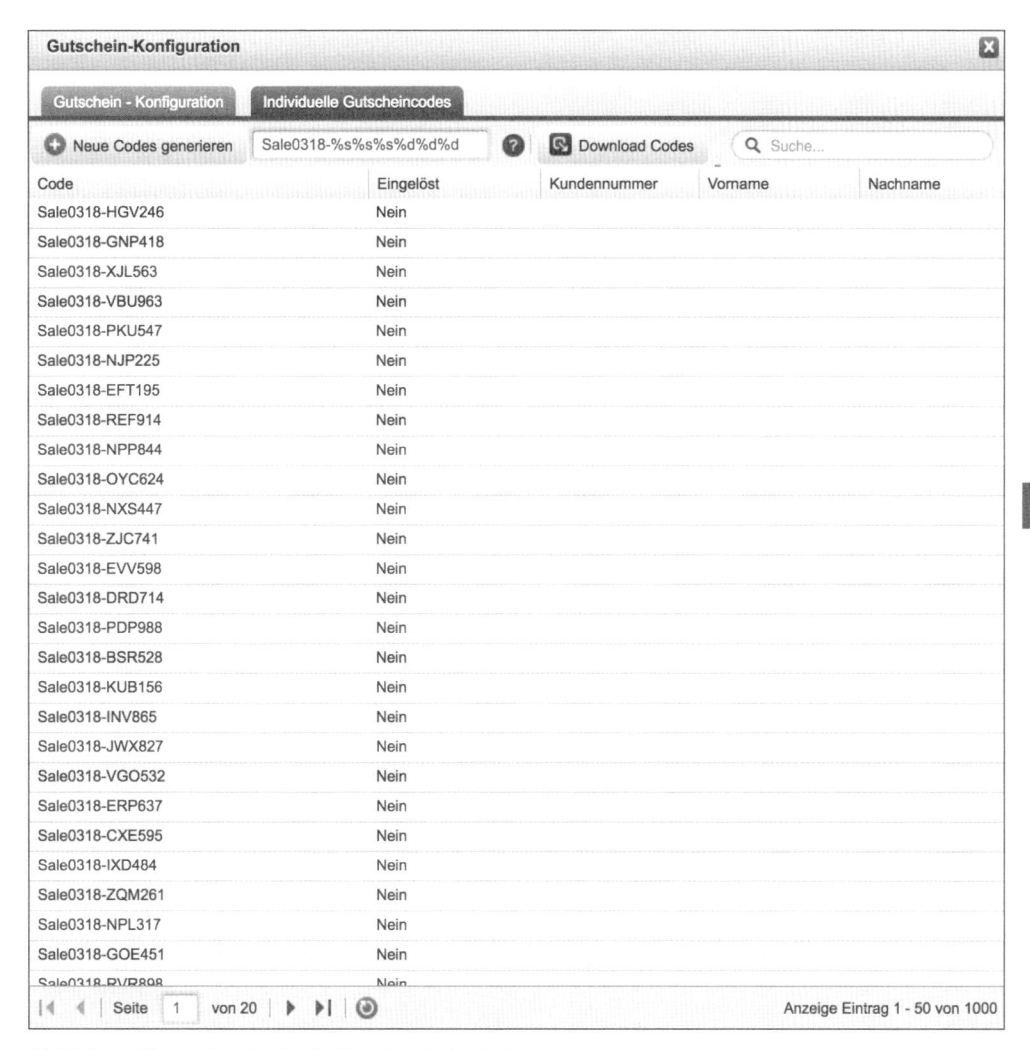

Abbildung 11.5 Liste aller individuellen Gutscheine

11.2.3 Kommunikation des Gutscheins an die Kunden

Die Entscheidung darüber, welche Gutscheinart die Richtige für Ihre Kunden ist, sowie das Anlegen des Gutscheins ist der kleinste Teil beim Gutschein-Marketing. Ganz entscheidend ist, wie Sie den Gutschein kommunizieren, damit dieser erfolgreich werden kann.

Es gibt viele Wege, auf denen Sie auf den Gutschein aufmerksam machen können:

- Newsletter
- Affiliate Marketing
- Social Media

11 Verkaufsfördernde Maßnahmen

- Darstellung im Webshop
- Exit Intent Pop Up
- Kooperationen mit Gutschein- und Deal-Webseiten (wobei dies meist in den Bereich Affiliate fällt)

In diesem Beispiel beschränke ich mich auf die drei Methoden, die Sie intern anwenden können: Newsletter, Darstellung im Shop und dem Exit Intent Pop Up

11.2.4 Gutschein über Newsletter bewerben

Eine sehr effektive Möglichkeit, möglichst schnelle Erfolge mit einem Gutschein zu erzielen, ist ein Newsletter. Hierbei gibt es verschiedene Herangehensweisen und Ideen, wer einen Gutschein erhalten soll.

Beispielsweise bieten Sie einen Gutschein im Newsletter nur den Kunden an, die bisher nur einmal bei Ihnen gekauft haben. Reaktivieren Sie damit diese Kunden.

> **Achtung!**
> Bitte prüfen Sie hier im Vorfeld die rechtlichen Rahmenbedingungen, um nicht in eine Abmahnfalle zu tappen.

Dazu legen Sie einen Customer Stream an. Öffnen Sie KUNDEN • CUSTOMER STREAM.

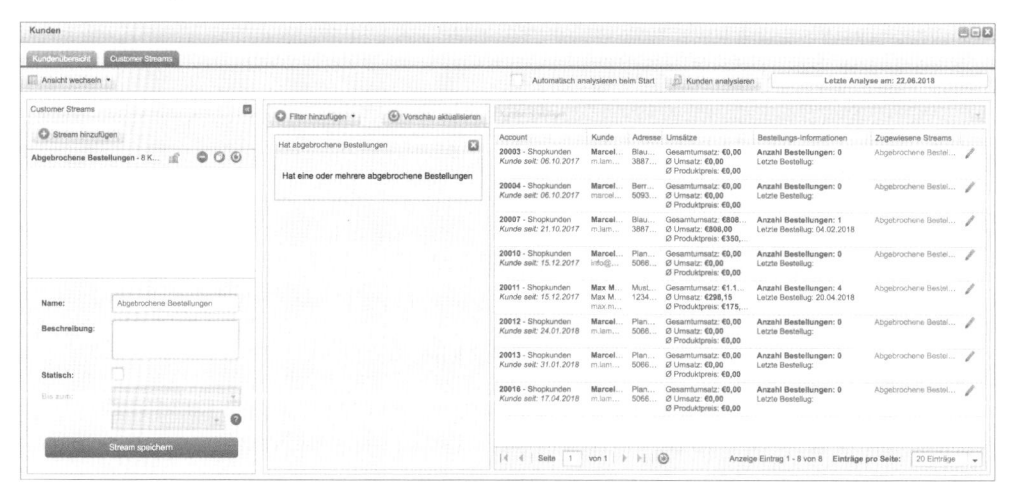

Abbildung 11.6 Customer Stream mit allen Kunden, die Bestellungen abgebrochen haben

Im Beispiel aus Abbildung 11.6 habe ich einen neuen Stream angelegt und als Filter *Hat abgebrochene Bestellungen* verwendet. Damit werden im Customer Stream nur Kunden zugeordnet, die eine Bestellung abgebrochen haben. In diesem Beispiel sind das acht Kunden. Es handelt sich hierbei um einen Screenshot aus einem Testshop.

Nun legen Sie den entsprechenden Newsletter an. Mit dem Premium Plugin »Intelligenter Newsletter« können Sie sogar individuelle Gutscheincodes versenden. Wie Sie einen Newsletter anlegen und welche Möglichkeiten Ihnen dabei zur Verfügung stehen, lesen Sie in diesem Kapitel im Abschnitt 11.5.

Wählen Sie bei der Auswahl der Empfänger den angelegten Customer Stream aus, in diesem Beispiel heißt dieser *Abgebrochene Bestellungen*.

11.2.5 Gutschein im Shop präsentieren

Auch in den Einkaufswelten kann ein Gutschein präsentiert werden. Dies wäre direkt auf der Startseite möglich oder – sofern der Gutschein auf bestimmte Kategorien oder Artikel beschränkt ist – eine Darstellung auf eben nur den betreffenden Seiten.

Abbildung 11.7 Präsentation des Gutscheins auf der Startseite

Die Präsentation des Gutscheins ist in diesem Fall sehr auffällig – und genau das ist gewollt. Der Hinweis soll allen Kunden direkt ins Auge springen, daher ist das Element auch direkt beim ersten Kontakt mit dem Kunden zu sehen: auf der Startseite im obersten Bereich der Einkaufswelten.

Hierfür habe ich ein Code Element in einer Einkaufswelt angelegt. Folgender HTML-Code verbirgt sich dahinter:

```
<div><p style="margin: 15px; padding: 15px; background: #cd3700;
text-align: center; color: white; font-size: 24px; font-family:Helvetica">
Zur Eröffnung unseres Shop erhalten Sie <b>5 Euro Rabatt</b> ab 25€ Warenwert.
<br>Mit dem Gutscheincode <b><u>Sale0318</u></b>.</p></div>
```

In diesem Beispiel würde das Element nur auf der Startseite platziert werden. Um den Gutschein auf jeder Shop-Seite zu platzieren, egal ob Kategorie, Artikel oder Content-Seite, empfiehlt sich alternativ ein Conversion Header.

Ein Conversion Header befindet sich im obersten sichtbaren Bereich einer Webseite und ist damit noch über dem Menü und der Suche platziert. Dieser ist fest integriert und beinhaltet meist die Alleinstellungsmerkmale des Shops sowie vertrauensbildende Elemente. Der Conversion Header kann aber auf vielfältige Weise genutzt werden – so auch für die Kommunikation eines allgemeingültigen Gutscheins. Der Vorteil: Einmal eingerichtet wird der Header auf jeder Seite angezeigt.

Dazu werden im Community Store ebenfalls einige Plugins angeboten, einige davon gratis. Mehr Funktionsumfang gibt es zwischen 20 und 50 €. Stöbern Sie dazu einfach im Community Store und finden Sie eine passende Lösung für sich: Einkaufswelten oder Conversion Header.

11.2.6 Erfolgreiches Mittel: Exit Intent Pop Up

Ihnen sind im Internet mit Sicherheit auch schon *Exit Intent Pop Ups* über den Weg gelaufen. Mit dieser Methode bekommen die Besucher des Shops ein kleines Fenster angezeigt, sobald diese mit dem Mauszeiger außerhalb der Webseite sind. Ein Beispiel sehen Sie in Abbildung 11.8.

Abbildung 11.8 Exit Intent Pop Up

Ihnen wird damit unterstellt, dass Sie den Shop verlassen möchten. Um diese Besucher doch noch zu überzeugen im Shop zu kaufen, wird ihnen ein Gutschein angeboten. Um dies umzusetzen, benötigen Sie drei Dinge:

- einen allgemeingültigen Gutschein
- das Plugin Exit Intent Popup von Ottscho IT
- eine Shop-Seite, mit der Sie den Text im weißen Feld definieren

Laden Sie also das Plugin aus dem Community Store herunter und konfigurieren Sie es. Dazu stehen Ihnen verschiedene Möglichkeiten zur Verfügung (unter anderem können Sie damit auch Ihren Newsletter bewerben).

Abbildung 11.9 Konfiguration des Plugins

Im Beispiel aus Abbildung 11.9 stellen Sie verschiedene Faktoren ein. So zum Beispiel auch, ob das Pop Up nur bei einem gefüllten Warenkorb angezeigt werden soll. Mit dieser Methode erreichen Sie gezielt die Kunden, die bereits eine Kaufabsicht signalisiert haben und gleichzeitig noch schwanken, ob sie den Kauf ausführen sollen. Ich verzichte in diesem Beispiel darauf, da alle potenziellen Kunden in den Genuss des Gutscheins kommen sollen.

Abbildung 11.10 Shop-Seite für das Exit Intent Pop Up

Ist das Plugin konfiguriert, muss noch eine Shopseite angelegt werden. Der Titel ❶, den Sie für die Shop-Seite wählen, wird auch im Pop Up angezeigt. Idealerweise gliedern Sie die Shop-Seite in die Gruppe *In Bearbeitung* ❷ ein, damit diese Shop-Seite nicht in andere Linkstrukturen des Shops aufgenommen wird. Formulieren Sie einen interessanten Text – möglichst kurz und präzise – und stellen Sie den Gutschein heraus, z. B. durch Formatierungen.

Der Text ist formuliert, das Plugin aktiviert und konfiguriert. Ab sofort wird den Kunden also ein Gutschein angeboten, um diese als Käufer zu akquirieren.

11.2.7 Erfolg des Gutscheins bewerten

Nun haben Sie Ihren Gutschein angelegt und beworben. Jetzt gilt es, harte Fakten sprechen zu lassen. Um zu erfahren, wie oft Ihr Gutschein genutzt wurde, sehen Sie sich die Übersicht unter MARKETING • GUTSCHEINE an.

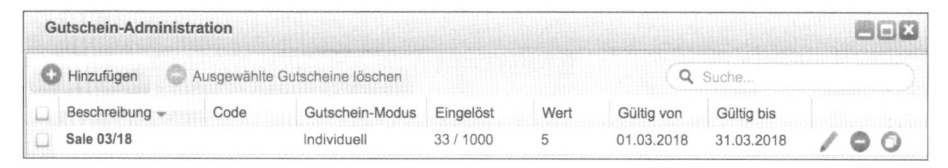

Beschreibung	Code	Gutschein-Modus	Eingelöst	Wert	Gültig von	Gültig bis
Sale 03/18		Individuell	33 / 1000	5	01.03.2018	31.03.2018

Abbildung 11.11 Eingelöste Gutscheine

Bei individuellen Gutscheinen können Sie sogar sehen, wann der Gutschein von welchem Kunden eingelöst wurde. Öffnen Sie dazu einfach den entsprechenden Gutschein über das Stift-Symbol und gehen Sie in den Reiter INDIVIDUELLE GUTSCHEINCODES.

Leider ist es mit den Shopware-Bordmitteln nicht möglich, den Umsatz durch die Gutscheine zu ermitteln. Um die Effektivität eines Gutscheins oder einer Marketingaktion zu bewerten, sind solche Informationen unabdingbar. Mit einem sehr kostengünstigen Plugin können Sie dieses Feature nachrüsten. Das Plugin Gutschein Statistik von coolbax erhalten Sie im Shopware Store für nur 29 Euro.

11.3 Nutzen Sie Preisvergleichsplattformen

Ein Hauptkriterium, um im Onlinehandel bestehen zu können, ist Sichtbarkeit. Wenn Sie auf verschiedenen Plattformen zu finden sind, erhöhen Sie natürlich auch die Chance, dass sich ein Kunde in Ihren Shop klickt und anschließend auch eine Bestellung aufgibt.

Das Prinzip von Preisvergleichsplattformen ist denkbar einfach: Ein Kunde sucht ein Produkt und bekommt eine Liste von verschiedenen Onlineshops angezeigt, die dieses Produkt anbieten. Die Preisvergleichsplattform listet dann anhand verschiedener Kriterien, die der potenzielle Kunde definiert, die passendsten Shops auf. Darüber kann sich der Interessent anschließend in die einzelnen Shops klicken und dort schließlich bestellen.

Idealo, billiger.de oder auch Google Shopping sind solche Portale. Diese verdienen meist an den Klicks auf Ihren Shop und sind damit günstige Möglichkeiten, auf Ihre Produkte aufmerksam zu machen. Oftmals wird dabei nicht mal eine Grundgebühr berechnet. Somit zahlen Sie nur, wenn das Portal Ihnen tatsächlich Besucher auf Ihren Shop lenkt. Zudem kostet ein Klick hier meistens weniger als bei einer Google-Anzeige und liegt häufig im Bereich zwischen 0,10 Euro und 0,50 Euro.

11.3.1 Produktexporte einrichten

Zunächst müssen Sie sich natürlich, falls nicht schon geschehen, bei den entsprechenden Plattformen anmelden. Aktuell relevant sind z. B.:

- Google Shopping
- idealo.de
- billiger.de
- guenstiger.de
- ladenzeile.de
- ciao.de

Für zwei dieser Portale richte ich hier beispielhaft Produktexporte ein. Da jede Plattform andere Anforderungen an einen Produktfeed hat, kann ich an dieser Stelle leider nicht auf jedes Portal separat eingehen. Daher betrachte ich nur die zwei Anbieter, die am relevantesten sind für das reguläre Endkundengeschäft (B2C): idealo und Google Shopping.

Um einen Feed einzurichten, öffnen Sie MARKETING • PRODUKTEXPORTE. In diesem Modul (siehe Abbildung 11.12) finden Sie einige von Shopware vorbereitete Produktexporte, auch Produktfeeds genannt. Klicken Sie auf das Stift-Symbol, um die Konfiguration für diesen konkreten Feed zu öffnen.

Zunächst allerdings erfolgt die allgemeine Einrichtung eines Feeds, unabhängig von den Plattformen. Da diese Einstellungen allerdings für jeden Feed separat angelegt werden, gelten diese Einstellungen pauschal und müssen bei jedem Feed aufs Neue konfiguriert werden. Öffnen Sie daher zunächst einen beliebigen Produktfeed, siehe Abbildung 11.13.

11 Verkaufsfördernde Maßnahmen

Produktexporte				
Titel	**Dateiname**	**Anzahl Artikel**	**Letzter Export**	
Google Produktsuche	export.txt	0	01.01.2000 00:00	
Kelkoo	kelkoo.csv	0	01.01.2000 00:00	
billiger.de	billiger.csv	0	01.01.2000 00:00	
Idealo	idealo.csv	1002	17.04.2018 14:56	
Yatego	yatego.csv	0	01.01.2000 00:00	
schottenland.de	schottenland.csv	0	01.01.2000 00:00	
guenstiger.de	guenstiger.csv	0	01.01.2000 00:00	
geizhals.at	geizhals.csv	0	01.01.2000 00:00	
Ciao	ciao.csv	0	01.01.2000 00:00	
Pangora	pangora.csv	0	01.01.2000 00:00	
Shopping.com	shopping.csv	0	01.01.2000 00:00	
Hitmeister	hitmeister.csv	0	01.01.2000 00:00	
evendi.de	evendi.csv	0	01.01.2000 00:00	
affili.net	affilinet.csv	0	01.01.2000 00:00	
Google Produktsuche XML	export.xml	1000	17.04.2018 02:00	
preissuchmaschine.de	preissuchmaschine.csv	0	01.01.2000 00:00	
RSS Feed-Template	export.xml	0	01.01.2000 00:00	

Abbildung 11.12 Übersicht der vorbereiteten Produktexporte

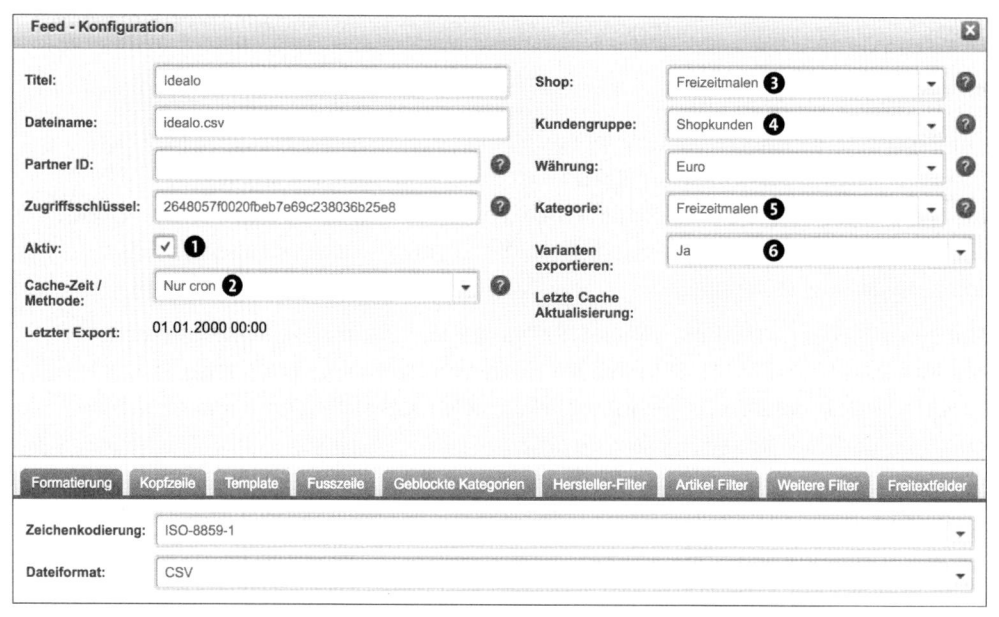

Abbildung 11.13 Einstellungen eines bestimmten Produktfeeds

Einige der Daten in der Konfiguration sind bereits vorausgefüllt. So müssen Sie sich nicht um den Titel, den Dateinamen, den Zugriffsschlüssel und die Währung kümmern. Diese Daten sind bereits vorgegeben und können nach meinem Dafürhalten auch so genutzt werden, wie sie sind.

Natürlich sollten Sie den Produktexport aktivieren ❶. Zusätzlich sollten Sie sich für eine Methode der Feed-Aktualisierung ❷ entscheiden. Dabei stehen Ihnen verschiedene Methoden zur Verfügung. Der Live-Modus aktualisiert den Feed, sobald dieser aufgerufen wird. Dadurch kann der Abruf sehr lange dauern, unter Umständen zu lange für die abrufende Seite, etwa idealo.

Besser ist aus meiner Sicht die Methode NUR CRON, da dann ein Cronjob die Aktualisierung übernimmt. Dieser ist idealerweise so eingerichtet, dass er in der Nacht alle Aufgaben übernimmt, die Sie ihm übertragen – eine Aktualisierung des Feeds ist da auch noch möglich. Die letzte und aus Gründen der Performance schlechteste Möglichkeit ist, den Feed automatisch nach einer voreingestellten Zeit aktualisieren zu lassen. Eine Art Daueraktualisierung wäre im 2-Minuten-Takt möglich und geht hoch bis zu einer Woche. Es kommt natürlich stark darauf an, wie viele Artikel Sie verkaufen, wodurch ein aktualisierter Warenbestand an die Plattformen gemeldet werden muss. Auf der anderen Seite stellt sich die Frage, wie häufig die Plattformen den Feed überhaupt abrufen.

Im nächsten Schritt wählen Sie den betreffenden SHOP aus ❸, für den Sie den Feed erstellen lassen möchten, und lassen die Preise aus einer bestimmten KUNDENGRUPPE hinterlegen ❹. Damit Shopware die korrekten Produkte in den Feed importieren kann, müssen Sie auch angeben, aus welcher Kategorie die Produkte genutzt werden sollen ❺. Hier reicht es, die Hauptkategorie, wie z. B. Deutsch, anzugeben. Alle darunter liegenden Kategorien werden damit eingeschlossen. Wenn Sie zudem noch Varianten exportieren ❻ möchten, sollten Sie an der entsprechenden Stelle JA auswählen, wie Sie in Abbildung 11.13 sehen. Die Zeichencodierung und das Dateiformat sind meist schon für die betreffende Plattform korrekt hinterlegt.

Die nächsten drei Reiter überspringe ich zunächst und gehe direkt auf den Reiter GEBLOCKTE KATEGORIEN. Sollten Sie eine bestimmte Kategorie nicht in den Feed aufnehmen wollen, so können Sie diese dort auswählen und markieren. Mit dem HERSTELLER FILTER und dem ARTIKEL FILTER können Sie noch feiner einzelne Hersteller oder eben Artikel aus dem Feed ausschließen. Diese müssen Sie einfach aus dem Feld VERFÜGBAR in das Feld AUSGESCHLOSSEN setzen. Zuletzt gibt es noch den Reiter WEITERE FILTER, hinter dem sich ein Sammelsurium verschiedener Einstellungsmöglichkeiten verbirgt.

Abbildung 11.14 Weitere Filter für die Produktexporte

Wie die Abbildung 11.14 zeigt, können Sie im Export nur Artikel einschließen, die einen bestimmten Preis ❶ oder einen Mindestbestand ❷, den Sie dort hinterlegen, überschritten haben. Der Wert, den Sie in MAXIMALE ARTIKEL-ANZAHL ❸ hinterlegen, ist die Basis für die Artikelanzahl im Feed. Tragen Sie dort also eine 5 ein, werden auch nur fünf Artikel im Feed hinterlegt. Diese Fünf müssen dann natürlich auch die anderen Kriterien erfüllen.

Auch können Sie alle Artikel ausschließen, deren Bestände unterhalb des von Ihnen vorgegebenen Mindestbestandes liegen ❹. Dies ist sehr zu empfehlen, damit Sie im schlimmsten Fall nicht für Klicks bezahlen und dann keine Bestellung von den Besuchern entgegennehmen können.

Auch ist es sinnvoll, nur Artikel in den Feed aufzunehmen, die Sie auch aktiviert haben ❺. Sollten Sie den Haken hier nicht setzen und damit auch inaktive Artikel aufnehmen, bezahlen Sie im schlechtesten Fall für unzufriedene Kunden und Besucher, die so schnell sicherlich nicht wiederkehren werden.

EIGENE FILTER ❻ können Sie ebenfalls anlegen, dies erfordert MySQL Kenntnisse, z. B.:

- `at.attr1="true"` – ist das Feld attr1 mit Inhalt gefüllt, wird der Artikel in den Feed aufgenommen.
- `d.ean!=""` – exportiert ausschließlich Artikel mit einer EAN.

Sie sollten auch immer Bilder mit den Produkten liefern, andernfalls werden Sie es auf Preisvergleichsplattformen schwer haben. Aktivieren Sie deshalb auch die Checkbox NUR ARTIKEL MIT BILDERN ❼.

Damit sind die allgemeinen Einstellungen abgeschlossen und es kann zur konkreten Einrichtung des Feeds gehen.

11.3.2 Kopfzeile, Template und Fußzeile – den Produktfeed einrichten

Ab jetzt wird es sehr individuell. Für jede Plattform müssen die bereitgestellten Daten anders aufbereitet werden. Oft können Ihnen die Plattformen bereits vorgefertigte Produktdaten bereitstellen, sodass Sie sich bei der Feed-Konfiguration daran orientieren können.

Zwar stellt auch Shopware bereits vorkonfigurierte Feeds bereit, diese sollten Sie allerdings immer einer individuellen Prüfung unterziehen. Oftmals sind kleinere oder größere Anpassungen vonnöten. Daher gehe ich gar nicht tiefer auf die möglichen Anpassungen ein, sondern erstelle direkt einen neuen Feed – jeweils für idealo und für Google Shopping. Diese Feeds werden auch Varianten beinhalten, um damit einen größtmöglichen Teil der Produktsuchen abzudecken.

Zunächst wird die Kopfzeile konfiguriert, diese ist für die einlesenden Portale relevant, um die Daten korrekt zuzuordnen.

Kopfzeile idealo:

```
{strip}
Artikelnummer im Shop{#S#}
EAN / GTIN / Barcodenummer{#S#}
Herstellerartikelnummern (HAN/MPN){#S#}
Hersteller / Markenname{#S#}
Produktname{#S#}
Preis{#S#}
Spezialpreis{#S#}
Streichpreis{#S#}
Lieferzeit{#S#}
Produktgruppe im Shop{#S#}
Produktbeschreibung{#S#}
Produkteigenschaften / Weitere Attribute{#S#}
ProduktURL{#S#}
BildURL_1{#S#}
BildURL_2{#S#}
BildURL_3{#S#}
Farbe{#S#}
Größe{#S#}
Vorkasse{#S#}
Amazon Pay{#S#}
Paypal{#S#}
Grundpreis{#S#}
{/strip}{#L#}
```

Template idealo:

```
{* ProductImages *}
{assign var="images" value=
$sArticle.articleID|articleImages:$sArticle.ordernumber:2:"##"|escape}
{assign var="productVariantImage" value="##"|explode:$images}
{* Get Properties *}
{foreach from=$properties item=property}
    {if $property.name == 'Farbvariante'}
        {assign var="Farbvariante" value=$property.values}
    {/if}
{/foreach}
{strip}
{*Artikelnummer im Shop*}
{$sArticle.ordernumber|escape}{#S#}
{*EAN / GTIN / Barcodenummer*}
{$sArticle.ean|escape}{#S#}
{*Herstellerartikelnummern (HAN/MPN)*}
{$sArticle.suppliernumber}{#S#}
{*Hersteller / Markenname*}
{$sArticle.supplier|replace:"|":""|escape:'':'UTF-8'}{#S#}
{*Produktname*}
{$sArticle.name|strip_tags|strip|truncate:80:"...":true|escape:'':'UTF-8'}{#S#}
{*Preis*}
{$sArticle.price} {$sCurrency.currency}{#S#}
{*Spezialpreis*}
{#S#}
{*Streichpreis*}
{if $sArticle.pseudoprice}{$sArticle.pseudoprice} {$sCurrency.currency}{/if}
{#S#}
{*Lieferzeit*}
{if $sArticle.shippingtime}{$sArticle.shippingtime}{elseif $sArticle.instock}
1-3{else}3-5{/if} Tage{#S#}
{*Produktgruppe im Shop*}
{$sArticle.articleID|category:">"|escape|replace:"|":""}{#S#}
{*Produktbeschreibung*}
{$sArticle.description_long|strip_tags|html_entity_decode|trim|truncate:
500:"...":true|escape:'':'UTF-8'}{#S#}
{*Produkteigenschaften / Weitere Attribute*}
{#S#}
{*ProduktURL*}
{$sArticle.articleID|link:$sArticle.name}?sPartner=
idealo{if $sArticle.additionaltext}&number={$sArticle.ordernumber}{/if}{#S#}
```

11.3 Nutzen Sie Preisvergleichsplattformen

```
{*BildURL_1*}
{*BildURL_2*}
{*BildURL_3*}
{for $var=0 to 2}
    {$productVariantImage[$var]|replace:"\"":""}{#S#}
{/for}
{*Farbe*}
{$Farbvariante[0]}{#S#}
{*Größe*}
{$sArticle.configurator_options['Größe']}{#S#}
{*Vorkasse*}
{$sArticle|@shippingcost:"prepayment":"de"|escape:"number"}{#S#}
{*Amazon Pay*}
{$sArticle|@shippingcost:"amazon_pay":"de"|escape:"number"}{#S#}
{*Paypal*}
{$sArticle|@shippingcost:"paypal":"de"|escape:"number"}{#S#}
{*Grundpreis*}
{if $sArticle.referenceunit && $sArticle.purchaseunit}
{assign var="sArticleReferenceprice" value=$sArticle.price/
$sArticle.purchaseunit*$sArticle.referenceunit}
{$sArticleReferenceprice|escape:"number"} /
 {$sArticle.referenceunit} {$sArticle.unit}{#S#}
{else}
{#S#}
{/if}
{#L#}
{/strip}
```

Eine Fußzeile ist für idealo nicht notwendig, da Sie eine CSV-Datei ausgeben. Diese endet mit der letzten Zeile. Wie Sie wahrscheinlich schon gesehen haben, wird in dieser CSV-Datei für idealo der entsprechende Wert, z. B. die Artikelnummer oder der Preis, durch die Benennung des Wertes eingeleitet. Das hilft Ihnen, wenn Sie mal einen Wert ändern oder gar löschen möchten.

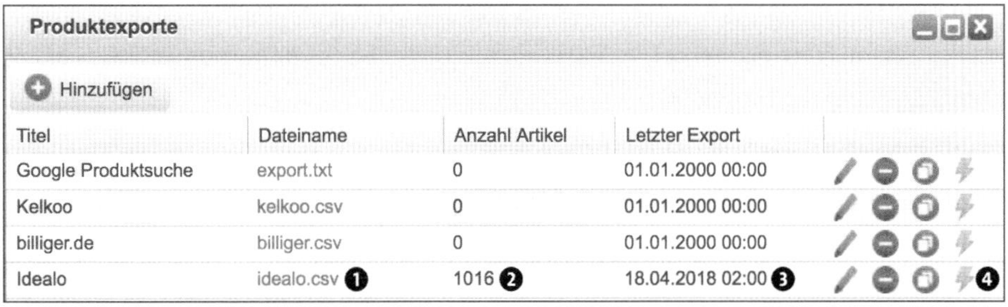

Titel	Dateiname	Anzahl Artikel	Letzter Export	
Google Produktsuche	export.txt	0	01.01.2000 00:00	
Kelkoo	kelkoo.csv	0	01.01.2000 00:00	
billiger.de	billiger.csv	0	01.01.2000 00:00	
Idealo	idealo.csv ❶	1016 ❷	18.04.2018 02:00 ❸	❹

Abbildung 11.15 Übersicht Produktexporte

Sie können diesen Feed nun speichern. Sobald der Cronjob die Datei erstellt hat, ist diese auch abrufbar.

Sie erkennen, ob der Feed erstellt wurde, an der ANZAHL DER ARTIKEL ❷ welche der Feed enthält. Diese gibt Shopware in dieser Spalte des Produktexport-Modules an, wie in Abbildung 11.15 zu sehen ist. Außerdem sehen Sie, wann die Datei das letzte Mal aktualisiert wurde ❸. Ist dieses Datum bereits eine Weile her und sollte sich der Feed in der Zwischenzeit nach Ihren Einstellungen aktualisiert haben, ist dies ein Indiz dafür, dass mit dem eingerichteten Cronjob etwas schiefgegangen ist. In diesem Fall suchen Sie in den Grundeinstellungen nach dem Eintrag Cronjobs und schauen, ob die Funktion *Product Export* aktiv ist.

Außerdem können Sie den Feed über den angebotenen Link aufrufen ❶. Der Abruf kann je nach Größe eine Weile in Anspruch nehmen. Damit können Sie aber auch kontrollieren, ob alle Informationen korrekt im Feed aufgenommen wurden und ob z. B. die Links auch auf die richtigen Produkte (oder sogar auf die korrekte Variante) verweisen. Wenn dem nicht so ist, prüfen Sie die entsprechenden Variablen noch einmal auf Richtigkeit. Ob Ihre Änderungen damit korrekt sind und der Feed die richtigen Daten ausspielt, können Sie prüfen, indem Sie die Erstellung des aktualisierten Feeds manuell anstoßen. Klicken Sie dazu auf das Blitz-Symbol ❹. Dadurch wird die Export-Datei neu generiert, und Sie können prüfen, ob die Änderungen die gewünschte Wirkung erzeugen.

Als Nächstes definiere ich den Google-Shopping-Export. Dazu öffne ich zunächst den Feed mit dem Namen »Google Produktsuche XML«. Auch hier starte ich wieder mit der *Kopfzeile*.

```
<?xml version="1.0"?>
<rss version="2.0"
xmlns:g="http://base.google.com/ns/1.0">
<channel>
<title>{$sConfig.sSHOPNAME}</title>
<link>http://{$sConfig.sBASEPATH}</link>
<description>Tragen Sie hier eine kurze Beschreibung Ihres Shops ein
</description>
```

Anschließend folgt das *Template*. Dieses hat eine große Besonderheit, auf die ich am Ende des Templates eingehe.

```
{assign var="properties" value=
$sArticle.articleID|property:$sArticle.filtergroupID}
{* ProductImages *}
{assign var="images" value=
$sArticle.articleID|articleImages:$sArticle.ordernumber:2:"##"|escape}
{assign var="productVariantImage" value="##"|explode:$images}
```

```
<item>
<title>{$sArticle.name|strip_tags|strip|truncate:80:"...":true|escape:'':
'ISO-8859-1'}{if $sArticle.additionaltext} {$sArticle.additionaltext|escape:'':
'ISO-8859-1'}{/if}</title>
<link> {$sArticle.articleID|link:$sArticle.name}{if $sArticle.additionaltext}?
number={$sArticle.ordernumber}{/if}</link>
<description>{$sArticle.description_long|strip_tags|html_entity_
decode|trim|truncate:500:"...":true|escape}</description>
<g:image_link>{$productVariantImage[0]}</g:image_link>
<g:price>{$sArticle.price} {$sCurrency.currency}</g:price>
<g:sale_price>{if $sArticle.pseudoprice > 0}{$sArticle.pseudoprice}{else}
{$sArticle.price}{/if} {$sCurrency.currency}</g:sale_price>
<g:condition>new</g:condition>
<g:id>{$sArticle.ordernumber|escape}</g:id>
<g:ean>{$sArticle.ean}</g:ean>
{foreach from=$productVariantImage item=image name=imageLoop}
   {if $smarty.foreach.imageLoop.iteration eq 10}
       {break}
    {/if}
<g:additional_image_link>{$image|html_entity_decode}</g:additional_image_link>
{/foreach}
<g:availability>in stock</g:availability>
<g:shipping>
  <g:country>DE</g:country>
  <g:service>Standard</g:service>
  <g:price>{$sArticle|@shippingcost:"prepayment":"de"|escape:number}
  EUR</g:price>
</g:shipping>
<g:google_product_category>2637</g:google_product_category>
<g:product_type>{$sArticle.articleID|category:" > "|escape}</g:product_type>
<g:availability_date>{"+2 day"|date_format:'%Y-%m-%d'}</g:availability_date>
<g:brand>{$sArticle.supplier|escape}</g:brand>
<g:identifier_exists>yes</g:identifier_exists>
<g:adult>no</g:adult>
<g:is_bundle>no</g:is_bundle>
{if $sArticle.configurator_options['Farbe']}
<g:color>{$sArticle.configurator_options['Farbe']|escape:'':'ISO-8859-1'}
</g:color>
{/if}
<g:gender>unisex</g:gender>
<g:item_group_id>{$sArticle.articleID}</g:item_group_id>
```

```
<g:min_handling_time>Minimale Versandzeit in Tage, z. B. 1</g:min_handling_time>
<g:max_handling_time>Maximale Versandzeit in Tage, z. B. 3</g:max_handling_time>
</item>
```

Folgende Parameter sollten unbedingt geprüft werden, da dies sonst Google für Sie übernimmt und bei Abweichungen den Produktexport sperrt.

- `<g:condition>` beschreibt den Produktzustand. Mögliche Werte sind:
  - `<g:condition>new</g:condition>` – Artikel ist neu und ungebraucht.
  - `<g:condition>refurbished</g:condition>` – Artikel ist generalüberholt.
  - `<g:condition>used</g:condition>` – Artikel ist gebraucht.
- `<g:availability>` beschreibt die Verfügbarkeit. Mögliche Werte sind:
  - `<g:availability>in stock</g:availability>` – Produkt ist auf Lager und sofort lieferbar.
  - `<g:availability>out of stock</g:availability>` – Produkt ist nicht auf Lager.
  - `<g:availability>preorder</g:availability>` – Artikel kann vorbestellt werden.
- `<g:adult>` gibt an, ob ein Artikel nur für Erwachsene ist. Mögliche Werte sind:
  - `<g:adult>no</g:adult>` – Artikel ist jugendfrei.
  - `<g:adult>no</g:adult>` – Artikel ist nicht jugendfrei, sondern nur für Erwachsene.
- `<g:gender>` gibt an, für welches Geschlecht ein Produkt gedacht ist (z. B. für Kleidung). Mögliche Werte sind:
  - `<g:gender>unisex</g:gender>` – für beide Geschlechter
  - `<g:gender>male</g:gender>` – für Herren
  - `<g:gender>female</g:gender>` – für Damen

Außerdem ist natürlich die Zuordnung zu einer bestimmten Google-Shopping-Kategorie enorm wichtig für den Erfolg dieser Kampagne. Die Kategorie wird in dieser Zeile hinterlegt:

`<g:google_product_category>6519</g:google_product_category>`

oder

```
<g:google_product_category>BÃ¼robedarf > BÃ¼romatten & Stuhlunterlagen
</g:google_product_category>
```

Sie kann aus Zahlen bestehen (6519) oder konkret benannt werden (BÃ¼robedarf > BÃ¼romatten & Stuhlunterlagen). Google ordnet damit das Produkt in die korrekte Kategorie ein, und Ihre Produkte werden bei entsprechend passenden Suchanfragen ausgespielt. Das heißt natürlich auch, dass Sie pro Produktkategorie einen eigenen Feed anlegen sollten.

Eine Übersicht aller möglichen Kategorien finden Sie hier:

- Als Excel-Datei: *http://www.google.com/basepages/producttype/taxonomy-with-ids.de-DE.xls*
- Als Text-Datei: *http://www.google.com/basepages/producttype/taxonomy-with-ids.de-DE.txt*

> **Leichtere Pflege mit einem Drittanbieter-Plugin**
>
> Nun sehen Sie vielleicht schon an diesem Beispiel, dass es gar nicht so einfach ist, seine Produktdaten immer 100 % korrekt an Google zu übergeben. Dies ist aber eine zwingende Voraussetzung, wenn eine solche Kampagne erfolgreich sein soll.
>
> Das Plugin »Google Shopping« für Shopware von Shopdoktor bietet Ihnen die Möglichkeit, die Kategorien von Google bereits in den Artikeldetails zu hinterlegen. Außerdem können Sie damit einen individuellen Titel und eine individuelle Beschreibung an Google übergeben. Das funktioniert sogar bis auf die Varianten-Ebene. Es hilft Ihnen, die Produkte an den richten Stellen bei Google ausspielen zu lassen. Das Plugin können Sie für 149 Euro im Community Store erwerben.
>
> Noch tiefere Möglichkeiten allerdings bietet das Plugin Google Shopping Export Professional von coolbax. Damit können Sie auf Produkt- und Kategorie-Ebene etliche Einstellungen vornehmen. Auch dieses Plugin erhalten Sie im Community Store, dies für 190 Euro.

Sollten Sie den Produktexport trotz der genannten Plugins ohne ebendiese durchführen wollen, folgt im nächsten Schritt die Fußzeile der XML-Datei.

```
</channel>
</rss>
```

Damit ist die Konfiguration abgeschlossen. Sie können den Feed nun speichern und auf die entsprechende Plattform hochladen bzw. den Link bereitstellen.

11.3.3 Produktexport für idealo bereitstellen

Sie haben nun die Produktexporte angelegt und diese auch so konfiguriert, dass sie regelmäßig aktualisiert werden. Als Nächstes folgt die Übermittlung an die jeweiligen Portale, in diesem Fall idealo.

Bei idealo ist es recht simpel, den Feed bereitzustellen. Nach Ihrer Anmeldung werden Sie aufgefordert, den Link zum Produktfeed zuzusenden. Dazu wird der idealo-Support Kontakt mit Ihnen aufnehmen.

Anschließend folgt eine Prüfung seitens idealo, die positiv ausfällt, sofern alle Punkte aus dem vorangegangenen Abschnitt berücksichtigt wurden.

Danach heißt es nur noch, warten und beobachten, wie sich Ihre Verkäufe entwickeln.

11.3.4 Produktexport auf Google Shopping bereitstellen

Etwas umfangreicher als die Bereitstellung auf idealo, ist die Integration des Feeds in Google Shopping. Hierzu benötigen Sie zunächst ein Merchant-Konto, welches Sie unter *https://merchants.google.com/* anmelden können. Höchstwahrscheinlich werden Sie bereits ein Google-Konto haben, dieses können Sie für alle Google-Dienste nutzen – also auch das Merchant Center.

Zunächst müssen Sie das AdWords-Konto mit dem Merchant Center verknüpfen. Darüber erhalten Sie anschließend die Abrechnungen.

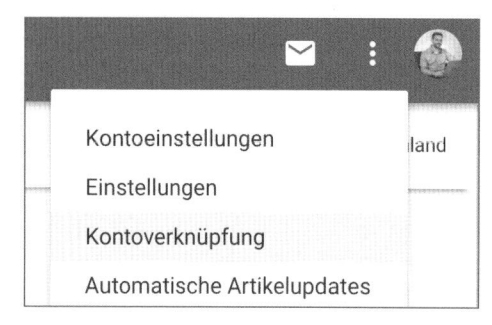

Abbildung 11.16 Kontoverknüpfung Merchant Center mit AdWords

Klicken Sie dazu auf das Menü, welches sich neben Ihrem Profilbild hinter den drei Punkten versteckt, siehe Abbildung 11.16. Wählen Sie dort den Eintrag KONTOVERKNÜPFUNG. Google schlägt Ihnen bereits das passende AdWords-Konto vor, sodass Sie nur noch auf den Button VERKNÜPFEN klicken müssen. Gehen Sie jetzt zurück, um die nächsten Einstellungen vorzunehmen.

Geben Sie zunächst Ihre Unternehmensangaben an, diesen Menüpunkt finden Sie im Merchant Center auf der linken Seite. Die UNTERNEHMENSANGABEN umfassen Informationen zu Ihrem Onlineshop sowie zu der dahinterstehenden Firma. Außerdem tragen Sie dort die Domain Ihres Shops ein und hinterlegen das Logo in zwei Dimensionen.

Anschließend klicken Sie auf den Menüeintrag ARTIKEL, diesen finden Sie im linken Menü unterhalb der Unternehmensangaben. Schließlich öffnet sich ein Submenü, klicken Sie dort auf FEEDS. Hier können Sie nun Ihren Shopping-Feed hinterlegen, klicken Sie dazu auf das Plus-Symbol. Als Erstes wählen Sie das ZIELLAND und eine entsprechende SPRACHE aus. Der Zielort *Shopping* ist bereits vorausgewählt. Sollte dies bei Ihnen nicht der Fall sein, klicken Sie diesen Eintrag auf jeden Fall an. Andernfalls werden die Produkte nicht in Shopping ausgespielt. Um zum nächsten Schritt zu gelangen, klicken Sie auf WEITER.

Im zweiten Schritt tragen Sie zunächst einen Namen für den Feed ein. Vor allem wenn Sie mehrere Feeds bereitstellen, ist eine konkrete Beschriftung sinnvoll, damit Sie spätere Änderungen schnell durchführen können. Als Nächstes entscheiden Sie, wie der Feed abgerufen wird. In Verbindung mit der Aktualisierung des Feeds über einen Cronjob empfehle ich Ihnen, hier die Option GEPLANTER ABRUF zu wählen.

Als Beispiel: Sie haben Ihren Cronjob so konfiguriert, dass dieser jede Nacht um 2:00 Uhr ausgeführt wird. Ein Abruf des Produktfeeds durch Google ist also sinnvoll, wenn dieser etwas später abgerufen wird. Da Google nur volle Stunden zulässt, bietet sich an dieser Stelle also ein Abruf jede Nacht um 3:00 Uhr an. Also wähle ich an dieser Stelle den geplanten Abruf aus und klicke auf weiter.

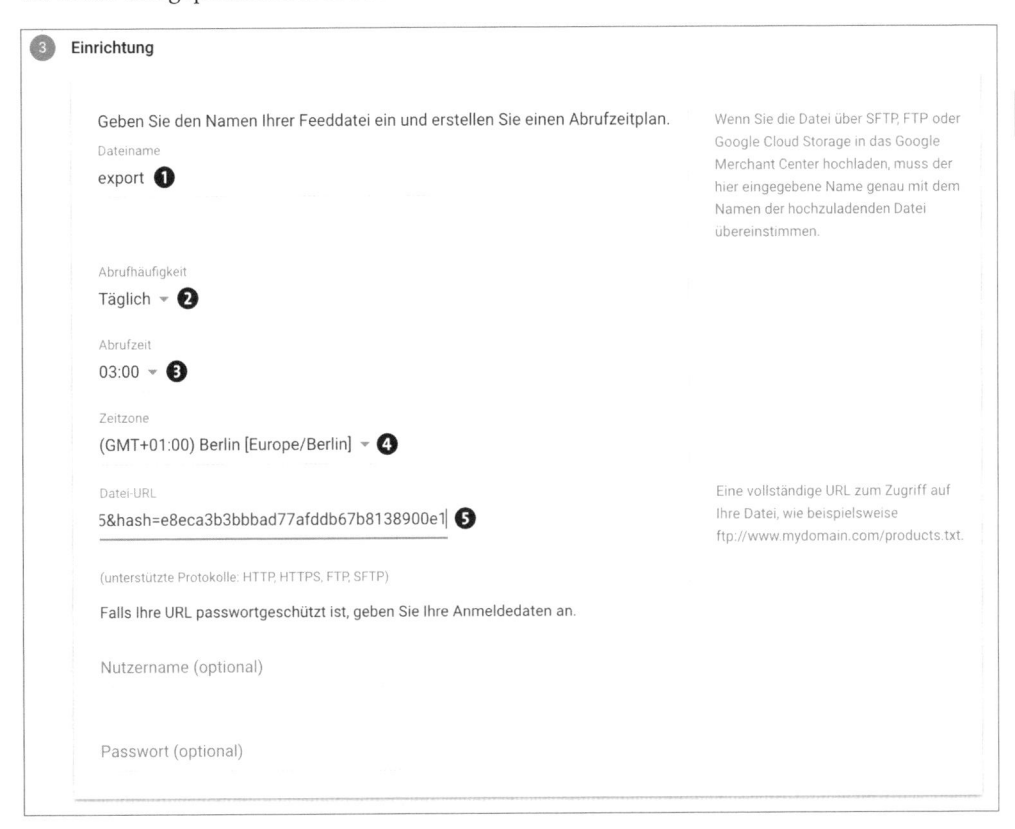

Abbildung 11.17 Abrufeinstellungen eines Feeds für Google Shopping

Im Beispiel aus Abbildung 11.17 wird es nun konkret. Geben Sie zunächst den Dateinamen an ❶, z. B. export.xml. Zudem definiere ich, wie häufig der Feed abgerufen werden kann. Sie haben die Wahl zwischen täglich, wöchentlich und monatlich ❷. Da saubere und gepflegte Daten (Verfügbarkeiten, Preise etc.) enorm wichtig sind, entscheide ich mich also für den täglichen Abruf. Die ABRUFZEIT ❸ stelle ich an dieser nach den oben genannten Überlegungen auf 3:00 Uhr nachts. Damit Google den korrekten Zeitpunkt wählt, stelle ich auch noch die ZEITZONE auf GMT +01:00 Berlin ❹. Zum Schluss hinterlege ich auch die DATEI-URL ❺. Das ist der Ort, an dem der Produktexport auf Ihrem Server gespeichert wird und zum Abruf bereitliegt. Die URL erhalten Sie aus dem Modul PRODUKTEXPORTE. Klicken Sie dazu auf den Link in der Spalte DATEINAME. Anschließend öffnet sich die Export-Datei und Sie können den Link kopieren.

Als Letztes gäbe es hier noch die Möglichkeit, Benutzernamen und Passwort zu hinterlegen, falls die Datei geschützt auf dem Server liegt. In diesem Beispiel ist dies nicht der Fall, sodass diese Felder offenbleiben. Klicken Sie auf den Button WEITER, um die Einrichtung des Feeds abzuschließen.

Nun ist der Feed angelegt – allerdings sollten Sie nun noch die Versandkosten angeben. Klicken Sie dazu im linken Menü auf den Punkt VERSAND.

Dadurch öffnen sich die Einstellungen für die Versanddienste. Mit einem Klick auf das große Plus können Sie die erste Versandkostenart anlegen.

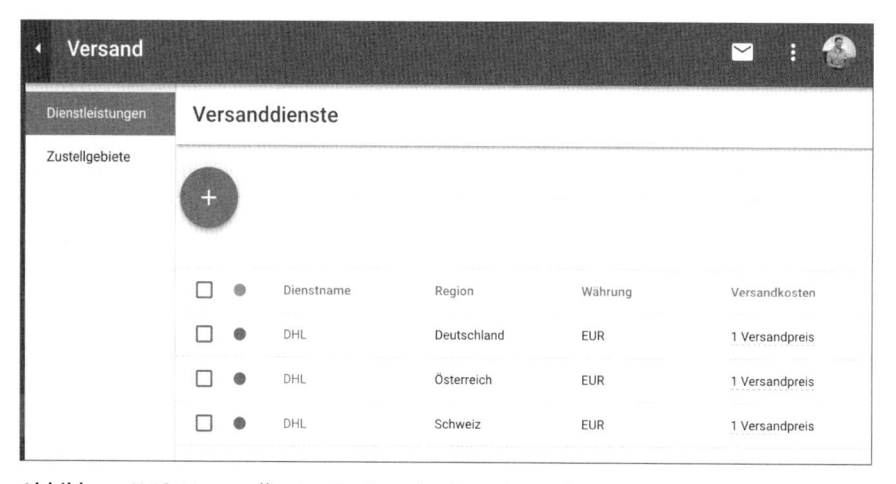

Abbildung 11.18 Versandkosten in Google Shopping anlegen

Zunächst wählen Sie einen Namen für diese Versandkostenart, z. B. DHL, und entscheiden sich für ein Einzugsgebiet, also z. B. Deutschland. Klicken Sie anschließend auf WEITER. Damit öffnen sich weitere Einstellungen. Sie können zum einen die Lieferzeit angeben, welche einen Von-bis-Zeitraum ermöglicht. Unter den ERWEITERTEN EINSTELLUNGEN haben Sie die Möglichkeit, einen Mindestbestellwert zu hinterlegen. Der wichtigste Aspekt hier sind allerdings die Versandpreise. Um einen neuen Versandpreis anzulegen, klicken Sie dort auf das große Plus-Zeichen.

Nun öffnet sich ein weiterer Unterpunkt. Zunächst wählen Sie die betroffenen Artikel aus, für die diese Versandart gilt. Wählen Sie aus allen Artikeln oder nur Artikel, die ein bestimmtes Versandlabel tragen. Da in den allermeisten Shops die Versandkosten für alle Artikel gleich gelten, wähle ich also auch die Auswahl für alle Produkte aus.

Danach legen Sie einen Namen für den Versandpreis fest, z. B. DHL. Im letzten Schritt wird es interessant. Hier definieren Sie die Versandpreise und entscheiden – wie Sie es auch aus Shopware kennen – nach welchem Kriterium die Versandkosten berechnet werden: Warenwert, Gewicht oder Anzahl der Artikel. Als vierte Option können Sie auch einen Wert für alle Bestellungen festlegen, also pauschale Versandkosten ohne Abstufung nach diversen Kriterien.

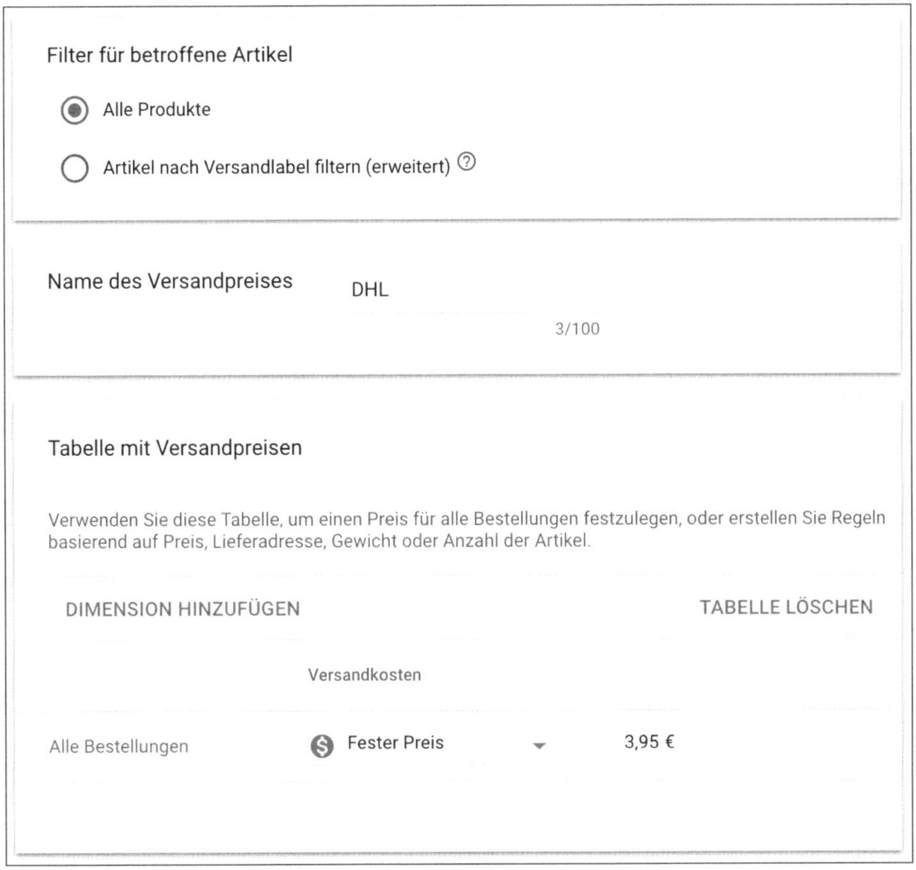

Filter für betroffene Artikel

● Alle Produkte

○ Artikel nach Versandlabel filtern (erweitert) ⓘ

Name des Versandpreises   DHL

3/100

Tabelle mit Versandpreisen

Verwenden Sie diese Tabelle, um einen Preis für alle Bestellungen festzulegen, oder erstellen Sie Regeln basierend auf Preis, Lieferadresse, Gewicht oder Anzahl der Artikel.

DIMENSION HINZUFÜGEN   TABELLE LÖSCHEN

	Versandkosten		
Alle Bestellungen	💲 Fester Preis	▼	3,95 €

Abbildung 11.19 Versandkosten in Google Shopping hinterlegen

In dem Beispiel aus Abbildung 11.19 lege ich also zunächst einen festen Wert als Versandkostenpauschale von 3,95 Euro an. Google bietet hier verschiedene Optionen an, jedoch wäre die sinnvollste Alternative, einen Prozentsatz vom Bestellwert zu hinterlegen.

Wenn Sie nun aber eher den Preis der Versandkosten anhand des Warenwertes berechnen möchten, wählen Sie im Vorfeld nicht den Button EINEN PREIS FÜR ALLE BESTELLUNGEN FESTLEGEN aus, sondern PREIS DER BESTELLUNG.

Damit können Sie eine Versandkostentabelle, wie Sie sie bereits aus Shopware kennen, hinterlegen. Wählen Sie hier also z. B. aus:

- 0,01 € bis 24,99 €, Versandkosten von 5,90 €
- 25,00 € bis 49,99 €, Versandkosten 2,95 €
- oder mehr, Versandkosten 0,00 €

Tabelle mit Versandpreisen

Verwenden Sie diese Tabelle, um einen Preis für alle Bestellungen festzulegen, oder erstellen Sie Regeln basierend auf Preis, Lieferadresse, Gewicht oder Anzahl der Artikel.

ZEILE HINZUFÜGEN   DIMENSION HINZUFÜGEN   TABELLE LÖSCHEN

Preis der Bestellung	Versandkosten	
0,01 € bis 24,99 €	Fester Preis	5,90 €
25,00 € bis 49,99 €	Fester Preis	2,95 €
50,00 € oder mehr	Fester Preis	0,00 €

Abbildung 11.20 Versandkosten nach dem Warenkorbwert

Möchten Sie mehr als zwei verschiedene Preise hinterlegen, können Sie weitere Zeilen hinzufügen. Klicken Sie dazu auf den gleichnamigen Button.

In der gleichen Logik verfahren Sie auch, wenn Sie Ihre Versandkosten nach dem Gewicht oder der Artikelanzahl anlegen. Achten Sie darauf, dass sich die Preise und Staffelungen mit den Werten aus Shopware decken.

Außerdem sollten Sie die Versandkosten für alle Länder, die Sie beliefern, einrichten. Nur so kann Google ein stimmiges Bild von Ihrem Shop auch in den Shopping-Feed übertragen.

Als allerletzte Einstellung legen Sie noch die Konfiguration für die Shopping-Anzeigen fest. Klicken Sie dazu auf diesen Menüpunkt im linken Menü. Die Konfiguration öffnet sich dann entsprechend. Dort definieren Sie, ob Ihre Artikel nur für Erwachsene geeignet sind. Sollten Sie sich darüber nicht im Klaren sein, ob Google Ihre Produkte entsprechend so bewertet, bietet Ihnen Google auch einen Link zu den entsprechenden Richtlinien an. Außerdem ist bereits vordefiniert, dass Ihre Produkte auf den Preisvergleichsportalen im europäischen Wirtschaftsraum und der

Schweiz dargestellt werden. Sollten Sie später Ihre Shopping-Kampagnen deaktivieren wollen, können Sie dies an dieser Stelle tun.

Damit haben Sie nun Ihr Google Shopping eingerichtet. Google wird den Produktfeed nach Ihren Vorgaben abrufen und die gelisteten Artikel aktualisieren. Sie haben durch diese Maßnahmen viel für Ihre Online-Sichtbarkeit getan und werden über diese Wege neue Kunden finden. Um neue Kunden und Umsatz geht es auch, wenn Sie Marktplätze verkaufen, mehr darüber lesen Sie im nächsten Kapitel.

11.4 Shopware-eigenes Affiliate Programm nutzen

Fast so alt wie das kommerzielle Internet ist auch der Bereich der *Partnerprogramme*, auch *Affiliate* genannt.

Das Prinzip: Andere Webseiten stellen Ihre Produkte, Dienstleistungen oder generell Ihre Firma vor. Interessierte Besucher kommen dadurch auf Ihren Shop. Wenn diese Besucher bei Ihnen einen Kauf tätigen, erhält der werbende Partner eine Provision. Der Gedanke dabei ist, dass der Kauf ohne die Präsenz auf der anderen Webseite wohl nie stattgefunden hätte. Dabei können Sie auf unterschiedliche Partner setzen, z. B. Blogs, Schnäppchenplattformen, Preisvergleichsplattformen etc.

Anfänglich ergibt es Sinn, dass Sie mit so vielen Webseiten wie möglich zusammenarbeiten. Dadurch sammeln Sie wertvolle Informationen und werden mit der Zeit wissen, aus welchen Quellen die für Sie wertvollsten Besucher kommen. Erfolg im Internet und speziell im E-Commerce beruht oft schlicht auf Sichtbarkeit. Wenn Sie auf mehr Plattformen sichtbar sind, können logischerweise auch mehr Besucher auf Ihren Shop kommen und eine Bestellung aufgeben. Gehen Sie also auf die Suche nach passenden Partnern, und stellen Sie sich und Ihre Produkte vor.

11.4.1 Partner anlegen

Konnten Sie einen Partner gewinnen, legen Sie diesen über das entsprechende Modul an. Öffnen Sie dazu MARKETING • PARTNERPROGRAMM. Einen Partner erstellen Sie mit einem Klick auf HINZUFÜGEN. Es öffnet sich ein Modul, das Sie in Abbildung 11.21 sehen.

In dem sich öffnenden Fenster können Sie nun die wichtigsten Parameter angeben. Unter TRACKING-CODE ❶ tragen Sie einen Zusatz ein, der an Ihre Shop-URL gehängt wird. Damit erkennt Shopware, von welchem Partner die Besucher kommen, und ordnet diesem Partner die getätigten Verkäufe zu. In diesem Fall würde die Shop-URL so aussehen: *https://ihrshop.de/?sPartner=partner1*. Den Parameter *?sPartner=partner1* kann der Partner natürlich an jede beliebige Shop-URL hängen und so auch konkrete Kategorien oder Produkte bewerben.

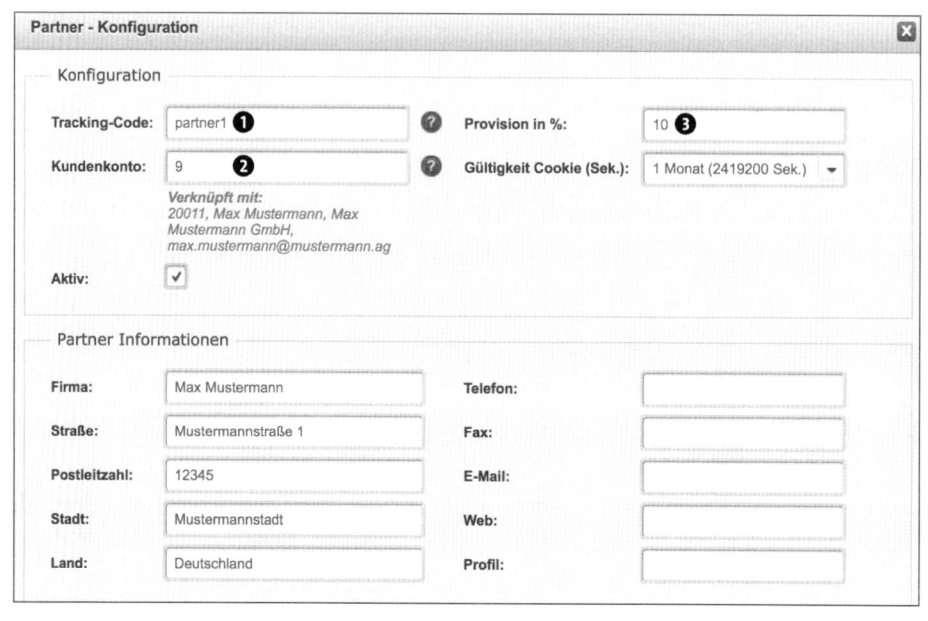

Abbildung 11.21 Anlegen eines Partners

Sofern Ihr Partner auch Kunde in Ihrem Shop ist oder zumindest ein Kundenkonto angelegt hat, können Sie die Kundennummer unter dem KUNDENKONTO ❷ eintragen. Shopware findet sofort die passenden Kundendaten und zeigt diese im Modul an. Damit können Sie sichergehen, dass Sie den richtigen Kunden zugewiesen haben. Der Vorteil für den Partner: Dieser sieht seine ihm zugewiesenen Provisionen im Kundenkonto. Dort kann er auch den Zeitraum selbst eingrenzen und dies als Basis für z. B. regelmäßige Abrechnungen nutzen.

Tragen Sie als Nächstes die PROVISION IN % ❸ ein. Diesen festgelegten Prozentsatz erhält Ihr Partner von jedem Netto-Warenwert. Es werden also auf Umsatzsteuer und Versandkosten keine Provisionen fällig, was Ihnen entgegenkommt.

> **Kontrolle verschiedener Umsatzkanäle**
>
> Sie können mit dem Partnerprogramm-Modul auch Ihre weiteren Umsatzkanäle verfolgen, wie z. B. Google Shopping oder idealo.
>
> Dazu benötigen Sie ja ausschließlich den Umsatz über diese Kanäle und tragen so unter PROVISION IN % einfach eine Null ein. Anschließend nutzen Sie den Partnerlink in Ihren Produktexport-Profilen und schon wird der daraus gewonnene Umsatz mitgetrackt. Das heißt auch: Sie sehen relativ leicht, ob sich ein Kanal lohnt oder nicht.

Und schließlich definieren Sie noch die Laufzeit des Cookies. Die stellen Sie unter GÜLTIGKEIT COOKIE (SEK.) ein.

Dieser Wert sagt aus, wie lange der gesetzte Cookie auf dem Gerät des geworbenen Kunden gültig ist und damit auch, wie lange ein Kauf nach dem ersten Besuch des potenziellen Kunden Ihrem Partner zugewiesen wird.

Ein Beispiel: Sie setzen die Cookie-Gültigkeit auf eine Woche. Der Besucher von Ihrem Partner kommt am 1. April auf Ihren Shop, stöbert herum und kauft noch nicht direkt. Nun kommt dieser Besucher am 10. April direkt in Ihren Shop und gibt die Bestellung bei Ihnen auf. Dann würde der werbende Partner keine Provision erhalten, da die Gültigkeit des Cookies abgelaufen ist. Kauft der Kunde allerdings am 7. April, wird dem Partner die Provision zugewiesen.

Eine Feinheit sollten Sie jedoch beachten: Kommt der Besucher am 10. April erneut über den Partnerlink, dann wird ein neuer Cookie gesetzt und die Gültigkeit beginnt von vorn. Kauft er nun also direkt, hat Ihr Partner ebenfalls Anrecht auf eine Provision.

In der Regel liegt die Gültigkeit von Cookies bei einem Monat. Je kürzer diese sind, desto besser für Sie und gleichzeitig uninteressanter für Ihren potenziellen Partner. Eine längere Laufzeit ist hingegen für Sie uninteressant, da Sie sonst auch für eventuelle Folgeverkäufe in diesem Zeitraum Provisionen zahlen. Daher hat sich eine Gültigkeit von rund einem Monat als ausgewogen für beide Seiten etabliert.

Die Felder unter den Partner-Informationen müssen Sie nicht zwingend ausfüllen, dies sind alles optionale Angaben, bis auf das Feld FIRMA. Dieses muss ausgefüllt werden. Diese Informationen werden auch nur intern verwendet und bieten an dieser Stelle keinen wirklichen Mehrwert. Klicken Sie nun auf SPEICHERN, ist Ihr neuer Partner angelegt.

11.4.2 Top und Flop – die Partnerauswertung

In dem Modul PARTNERPROGRAMM sind später auch die Umsätze aller Partner sowie deren Partnerlink zu finden. Sie sehen an dieser Stelle die MONATSUMSÄTZE, welche auf dem Umsatz der letzten 30 Tage beruhen, und auch einen aufsummierten Jahresumsatz. Um die Tops und Flops schnell zu identifizieren, können Sie die entsprechenden Spalten natürlich auch auf- und absteigend sortieren. Klicken Sie dazu einfach nur auf die entsprechenden Spalten, die Sie neu sortieren möchten.

Zusätzlich können Sie dort bestehende Partner über das Stift-Symbol bearbeiten, einen Partner löschen oder sich eine Statistik zu einem bestimmten Partner anzeigen lassen.

Die Statistik öffnen Sie über das Diagramm-Symbol. Dort sehen Sie dann auf einen Blick den Verlauf Ihres Partners und können den Zeitraum der Auswertung selbst definieren. Das hilft Ihnen, nachlassende Partner ausfindig zu machen und mit ihnen eine Aktion zu planen, oder auch Partner zu identifizieren, die Ihnen mehr und mehr Umsätze bescheren. Diesen Partnern könnten Sie z. B. mit einer Provisionserhöhung oder kleinen Geschenken danken.

11.4.3 Auswertung von Produktexporten mithilfe des Partnerprogramms

Im Abschnitt 11.3 haben Sie gesehen, dass sich der Einsatz von Preisvergleichsplattformen für Sie lohnen kann. Auch bieten die Plattformen Ihnen in der Regel Klickauswertungen an, auf deren Basis Sie eine monatliche Rechnung erhalten.

Allerdings müssen Sie ja auch wissen, ob der Einsatz einer solchen Plattform für Sie lohnend und wirtschaftlich ist. Daher kombiniere ich an dieser Stelle zwei Shopware-eigene Funktionen: den Produktexport und das Partnerprogramm.

Das Partnerprogramm generiert einen Link, welcher eindeutig einem Partner zuzuweisen ist und der den Umsatz für diesen Partner mitzählt. Im zweiten Schritt wird dann der Produktexport so modifiziert, dass dieser Partnerlink automatisch in den Produktlink integriert wird.

Öffnen Sie zunächst das PARTNERPROGRAMM unter MARKETING. Dort legen Sie einen neuen Partner an, indem Sie auf den Button HINZUFÜGEN klicken.

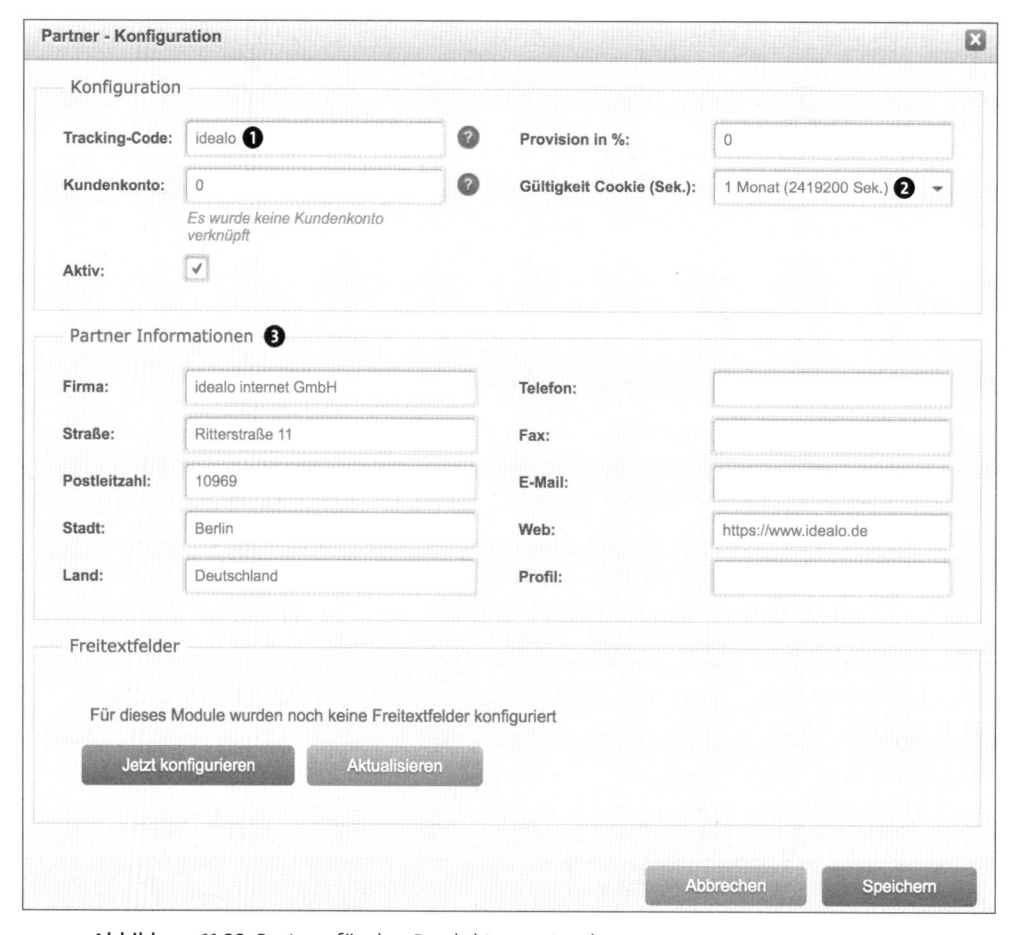

Abbildung 11.22 Partner für den Produktexport anlegen

Tragen Sie hier also mindestens den TRACKING-CODE ❶ für den Partner ein, und legen Sie eine COOKIE GÜLTIGKEIT fest ❷. Hier habe ich einen Monat ausgewählt, da dies eine faire Betrachtungsweise ist. Jeder Kauf, der innerhalb von einem Monat ausgeführt wird, wird den Partner als Umsatz zugewiesen. Dazu muss allerdings auch gesagt werden, dass die Kunden später, innerhalb des einen Monats, auch ohne den Tracking-Code auf Ihren Shop kommen können und dem Partner dennoch der Umsatz zugerechnet wird. Dies ist auch eine Schwachstelle des Systems: Sie wissen nie zu 100 %, ob der Kaufabschluss tatsächlich über diesen Weg stattgefunden hat. Um einen Indikator zu haben, sind die Zahlen dennoch wichtig und interessant. In diesem Beispiel verfahre ich weiter mit idealo. Ich habe hier noch die PARTNER-INFORMATIONEN ❸ wie die Adresse hinterlegt. Bei einer Vielzahl von Kontakten und Partnern kann das helfen, diese auseinanderzuhalten.

Speichern Sie nun den neuen Partner, und rufen Sie den PARTNER LINK auf. Dieser wird Ihnen im Modul PARTNERPROGRAMM angeboten. In diesem Beispiel wäre der Partnerlink *?sPartner=idealo* und ist immer gleich aufgebaut: *?sPartner=Tracking-Code*.

Nun öffnen Sie einen betreffenden PRODUKTEXPORT, diese finden Sie ebenfalls unter MARKETING. Wenn Sie den betreffenden Exportfeed geöffnet haben, haben Sie zwei Möglichkeiten, die Partner-ID diesem Feed zuzuordnen. Die leichte Methode ist, dass Sie den Tracking-Code, wie z. B. für den Produktexport von idealo, in der Feed-Konfiguration in das Feld PARTNER-ID eintragen. Die andere Möglichkeit: Wechseln Sie in der Feed-Konfiguration in den Reiter TEMPLATE. Dort befinden sich die Informationen, die dynamisch für die Feeds zusammengesetzt werden. Suchen Sie anschließend den Teil mit dem Produktlink, oder auch Produkt-URL genannt. Dort werden dann womöglich diese Variablen stehen:

```
{$sArticle.articleID|link:$sArticle.name}{if $sArticle.additionaltext}&number={$sArticle.ordernumber}{/if}{#S#}
```

Nun ändern Sie diesen Code wie folgt ab, hier beispielhaft für idealo:

```
{$sArticle.articleID|link:$sArticle.name}?sPartner=idealo{if $sArticle.additionaltext}&number={$sArticle.ordernumber}{/if}{#S#}
```

Dadurch wird ein Produktlink ungefähr so aufgebaut:

https://ihr-shop.de/artikel-name/?sPartner=idealo&number=Variantennummer

Fortan werden Sie nun genau den Umsatz über Ihre Produktexporte erfassen und auswerten können. Sie können die Marge erfassen, die Kosten dagegenhalten und abschätzen, ob eine Plattform für Sie rentabel ist oder nicht.

11.5 Newsletter versenden

Auch wenn E-Mails bereits zu Beginn des Internets eine Rolle spielten und zwischenzeitlich durch Spam in Verruf geraten sind, ist gutes Newsletter-Marketing dennoch eine der effektivsten Methoden, seine Kunden zu aktivieren und vom Kauf zu überzeugen.

Shopware hat bereits in der Community Edition ein Newsletter-Tool mit an Bord. Da dieses allerdings sehr rudimentär gestaltet ist und wenig Freiheiten erlaubt, blicken wir in diesem Kapitel ausschließlich auf das Premium-Plugin *Intelligenter Newsletter*. Dieses erhalten Sie mit der Professional Plus oder separat für einmalig 495 Euro oder auf Basis einer Miete zu 30 Euro monatlich.

Nachdem Sie das Plugin gekauft und installiert haben, finden Sie es an der gleichen Stelle wie das reguläre Newsletter-Modul. Öffnen Sie MARKETING • NEWSLETTER.

11.5.1 Erstellen Sie Ihren ersten Newsletter

Klicken Sie auf NEWSLETTER ERSTELLEN, um einen neuen Newsletter zu verfassen. Das erwünschte Resultat, sehen Sie hier. Diesen Newsletter werden Sie nun Schritt für Schritt nachbauen.

Der Newsletter besteht aus insgesamt sechs Elementen:

1. Header
2. Banner
3. Artikel-Gruppe
4. Gutschein
5. Suggest
6. Footer

Um die Elemente Header und Footer brauchen Sie sich nicht zu kümmern. Dies ist im Newsletter-Template bereits voreingestellt. Die Texte im Footer können Sie mithilfe von Textbausteinen individualisieren. Insgesamt gibt es sechs Textbausteine für den Newsletter-Footer, welche Sie im Namespace NEWSLETTER • INDEX • FOOTER finden.

> **Farbänderungen nur über Umwege möglich**
>
> Leider ist es standardmäßig nicht über Backend-Einstellungen möglich, die Farbgebung des Newsletters zu ändern. Hierzu müssten Sie Template-Anpassungen vornehmen, wie Sie es bereits in Kapitel 6 kennengelernt haben. Mit dem Plugin »Newsletter Logo und Farben anpassen« (14,99 Euro) von MEDIAHAUS – Die Medienmanager können Sie Farbanpassungen für den Newsletter auch über das Backend erledigen.

Abbildung 11.23 Ein Newsletter erstellt mit dem Plugin Intelligenter Newsletter

Mit dem Plugin »Intelligenter Newsletter« erstellen Sie ähnlich simpel und intuitiv einen Newsletter, wie Sie es von den Einkaufswelten kennen. Per Drag & Drop positionieren Sie die Elemente an die entsprechende Zeile und stellen anschließend die Details dazu ein.

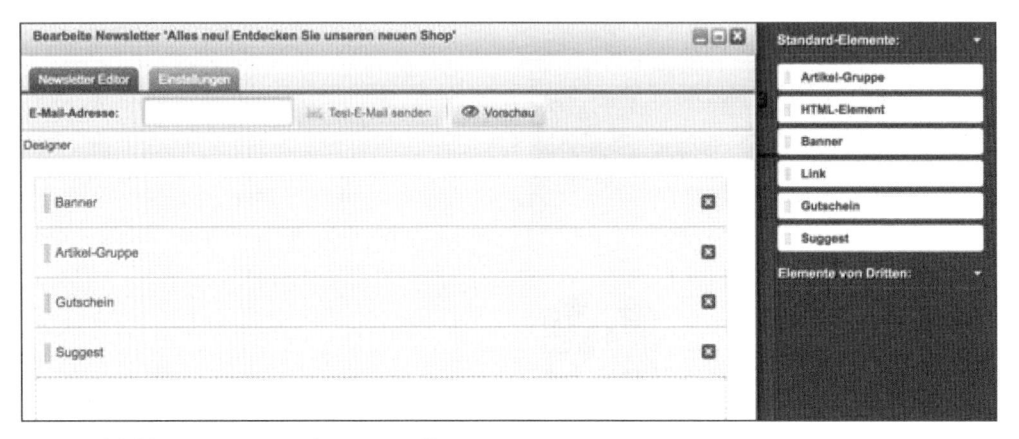

Abbildung 11.24 Newsletter erstellen

Mit einem Doppelklick auf die Elemente, öffnen Sie deren Einstellungen. Shopware hat sich dabei Mühe gegeben, dass die Konfiguration der Newsletter-Elemente ähnlich aufgebaut ist, wie in den Einkaufswelten. Dadurch benötigen Sie weniger Einarbeitungszeit und erzielen schneller Resultate.

Mit dem Element BANNER können Sie eine emotionale Stimmung in Ihrem Newsletter erzeugen. In den Einstellungen dazu suchen Sie ein passendes Bild aus, welches Sie dem Empfänger zeigen möchten. Dies geschieht mithilfe des Medienmanagers, über den Sie auch Bilder hochladen können. Wählen Sie anschließend eine passende Seite in Ihrem Shop, die vom Banner verlinkt wird. Zuletzt wählen Sie aus, wie die Seite geöffnet werden soll:

- *Extern*: Der Link wird in einem separaten Tab geöffnet.
- *Shopware*: Bedeutet, dass der Link im gleichen Tab wie der Newsletter geöffnet wird.

Ich empfehle grundsätzlich immer, dass Sie *Extern* auswählen und den Link in einem neuen Fenster öffnen. Damit bleibt der Newsletter geöffnet – selbst wenn Ihr Kunde sich gegen die dann im Shop gezeigten Produkte entscheidet und den Tab schließt, ist immer noch Ihr Newsletter geöffnet und der Kunde hat weiterhin die Möglichkeit, interessante Produkte zu entdecken. Die Kaufwahrscheinlichkeit ist dadurch um ein Vielfaches höher.

Mit einer ARTIKEL-GRUPPE können Sie Ihre Produkte nach verschiedenen Faktoren im Newsletter platzieren. Dabei übernimmt das Plugin automatisch die Darstellung des Artikelnamens, einer Kurzbeschreibung, ggf. des Grundpreises und des aktuellen Preises. Auch der Pseudopreis wird, sofern vorhanden, angezeigt. Damit bekommt Ihr Kunde bereits die wichtigsten Informationen mit auf den Weg, um für sich zu entscheiden, ob der Artikel interessant ist.

Es können bis zu drei Artikel in einer Reihe dargestellt werden. Auch ein bis zwei ausgewählte Artikel werden gut dargestellt. Werden es vier oder fünf, haben Sie weißen Raum, der nicht durch eine intelligente Artikelanordnung ausgeglichen wird. Daher empfiehlt es sich, bis zu drei Artikel zu definieren oder – wenn Sie mehr Produkte zeigen möchten – die Produkte immer in Dreierschritten auszuwählen.

In den Einstellungen zum Modul definieren Sie eine Überschrift und wählen anschließend die Artikel aus. Dabei gibt es vier verschiedene Artikel-Typen, aus denen Sie auswählen können:

1. Zufall
2. Topseller
3. Neuheit
4. Festgelegter Artikel

In den ersten drei Artikel-Typen können Sie keine konkrete Auswahl eines Produktes treffen können. Nur mit Festgelegter Artikel werden Sie ein bestimmtes Produkt auswählen können, welches allen Newsletter-Empfängern angezeigt wird. Dabei können Sie den Artikel über seine Artikelnummer und seinen Namen suchen.

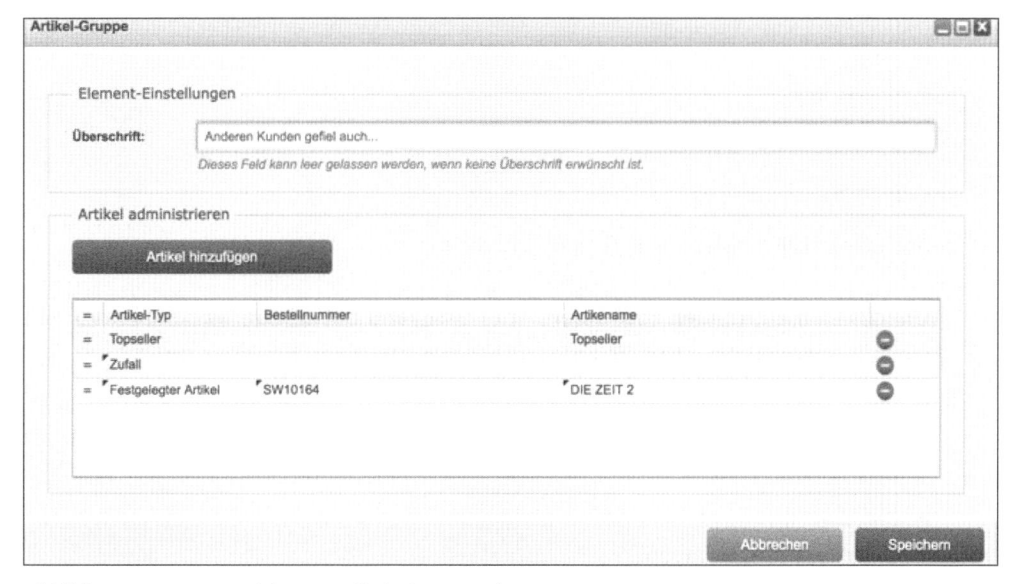

Abbildung 11.25 Auswahl von Artikeln im Newsletter

> **Artikelauswahl im Newsletter Shopware überlassen**
>
> Sie können bei den Artikel-Typen Zufall, Topseller und Neuheit nicht auswählen, welcher Artikel bei Ihren Kunden gezeigt wird. Auch legt Shopware jeweils einen Artikel fest, der dann für alle Kunden gilt. Es bekommt also nicht jeder Kunde andere Produkte angezeigt. Topseller können durch Pseudoverkäufe, genauso wie in der Topseller-Darstellung im Shop, gepusht werden.

Als nette Geste können Sie immer mal wieder GUTSCHEINE in Ihrem Newsletter platzieren. Dabei gilt immer die Abwägung zwischen niedrigerem Gewinn durch den Gutschein im Newsletter und Kunden, die nur durch den Gutschein kaufen. Eine allgemeingültige Formel gibt es dabei eher nicht. Wie effektiv der Einsatz von Gutscheinen sein kann, muss daher jeder Händler für sich selbst herausfinden.

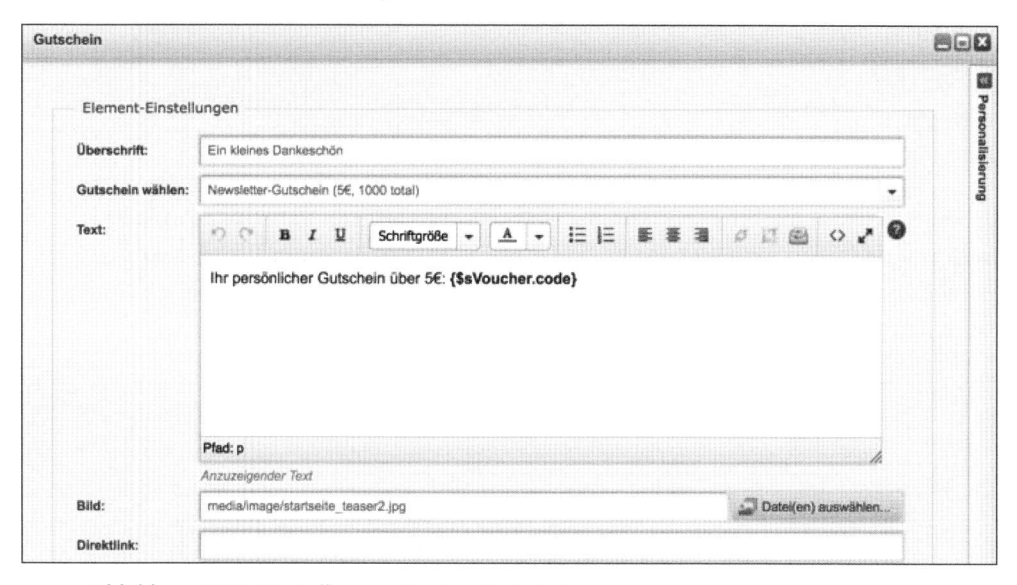

Abbildung 11.26 Einstellungen für den Gutschein

Um das Element nutzen zu können, ist es zwingend notwendig, dass Sie im Vorfeld einen individuellen Gutschein anlegen. Hierbei sind zwei Dinge ratsam:

- Legen Sie für jeden Newsletter separate Gutscheine an, da sonst die Ergebnisbewertung verwässert wird – oder der Erfolg jeder Gutscheinaktion nur sehr schwer einschätzbar ist.
- Legen Sie mindestens so viele individuelle Gutscheincodes an, wie Sie auch Newsletter-Empfänger haben.

Die ÜBERSCHRIFT, welche Sie hier eingeben, wird anschließend im Newsletter sichtbar. Zwingend notwendig ist auch die Auswahl, welcher Gutschein-Pool für den

Newsletter genutzt werden soll. Wählen Sie daher den passenden Pool aus der Dropdown-Liste unter GUTSCHEIN WÄHLEN.

Beim TEXT können Sie wieder Ihrer Kreativität freien Lauf lassen. Dieser Text wird später unter der Überschrift gezeigt und kann auch individuell formatiert werden. Zudem gibt es hier spannende Personalisierungsmöglichkeiten.

Sie können hierbei folgende Attribute in den Text einfließen lassen:

- E-Mail-Adresse des Kunden
- Vor- und Nachname des Kunden
- Anrede
- Straße und Hausnummer des Kunden
- Postleitzahl und Wohnort

Welche Variablen Sie dafür verwenden müssen, sehen Sie in dem sich aufklappenden Menü, welches sich auf der rechten Seite unter PERSONALISIERUNG verbirgt. Löschen Sie auf keinen Fall die bereits eingesetzte Variable {$sVoucher.code}. Diese Variable wird später in jedem Newsletter mit einem individuellen Gutscheincode ersetzt.

Zu guter Letzt können Sie noch ein BILD auswählen, welches schließlich links neben dem Text platziert wird. Dieses Bild können Sie auch zu einer bestimmten Seite verlinken. Setzen Sie keinen DIREKTLINK, wird das Plugin automatisch einen Link zur Startseite Ihres Shops einsetzen.

In diesem Newsletter-Beispiel ist noch ein weiteres Element platziert. Mit SUGGEST bestimmen Sie, wie viele Artikel hier parallel platziert werden sollen und mit welcher ÜBERSCHRIFT diese vorgestellt werden. Es bietet sich an, eine recht allgemeingültige Überschrift zu wählen, da Sie nicht beeinflussen können, welche Produkte dort dem Kunden vorgestellt werden.

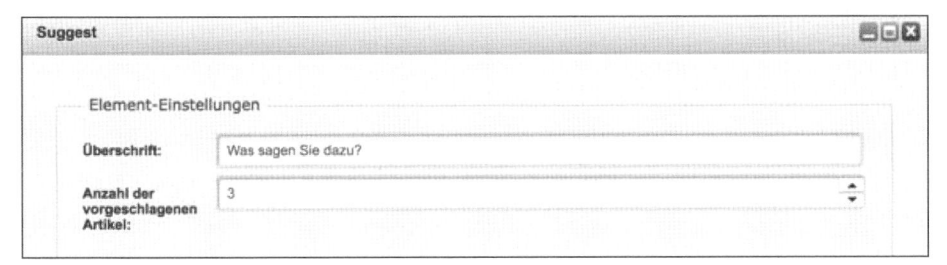

Abbildung 11.27 Produktvorschlag automatisiert von Shopware

Auch hier gilt wieder: Bis zu drei Produkte werden gut in einer Reihe dargestellt. Werden es mehr, sollten Sie eine durch 3 teilbare Artikelanzahl auswählen.

Das waren alle Elemente, welche im obigen Newsletter platziert wurden. Shopware bietet Ihnen aber noch zwei weitere, welche ich Ihnen nicht vorenthalten möchte.

- HTML-ELEMENT: Dieses Element ist ähnlich aufgebaut, wie das des Gutscheins. Tragen Sie eine Überschrift und einen Text ein, wählen Sie ein Bild und einen dazu passenden Link aus. Dieses Element eignet sich sehr gut für eine kurze Einführung in den Newsletter und um mit Ihren Kunden zu kommunizieren, auch die Personalisierung, wie bereits im Gutschein-Element, ist hier möglich. Dabei ist der Begriff HTML etwas irreführend, da Sie hier keinen HTML-Code eingeben können, der ausgegeben wird (der HTML-Code würde eins zu eins im Newsletter angezeigt).
- LINK: Das sechste und damit letzte Element. Hier können Sie eine Überschrift angeben und anschließend mehrere Links hinterlegen. Die Links können benannt werden. Das Link-Ziel (Shopware oder Extern) leitet sich aus der Link-Funktion des Banners ab. Tragen Sie mehrerer Links ein, werden diese untereinander ohne weitere Erklärungstexte dargestellt.

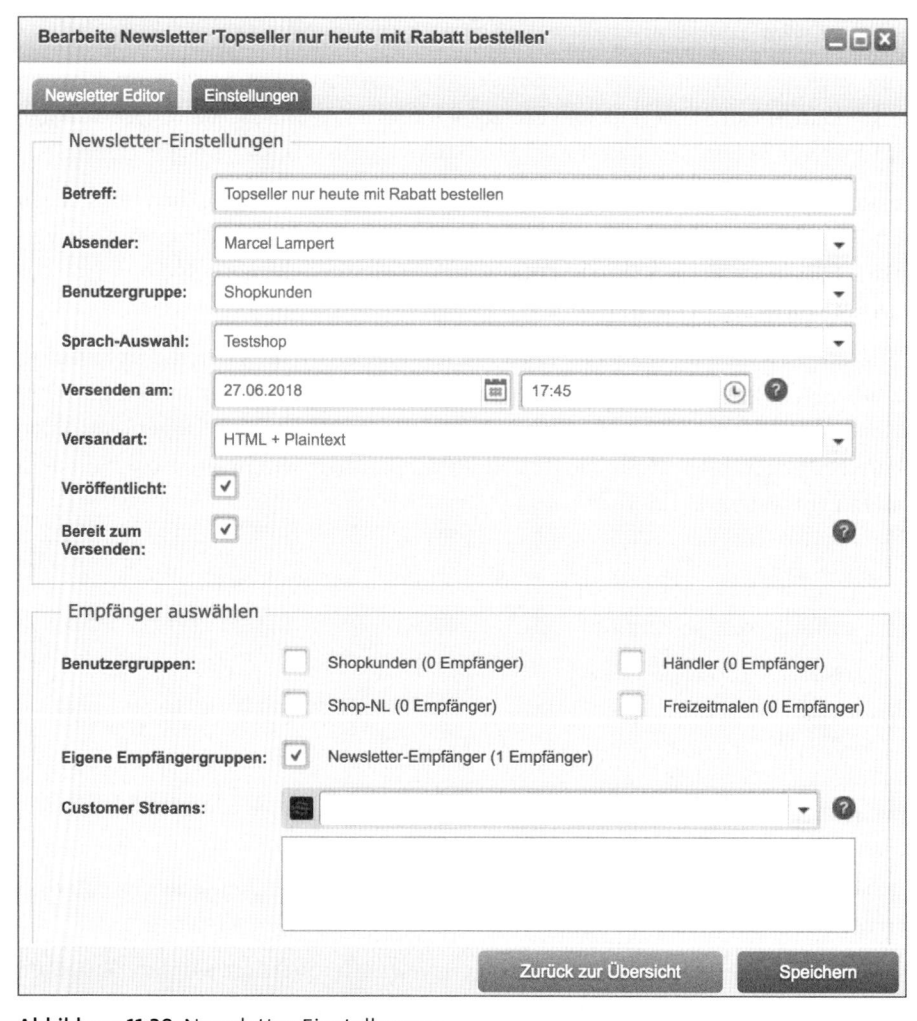

Abbildung 11.28 Newsletter-Einstellungen

Sobald Sie alle Elemente platziert und konfiguriert haben, wechseln Sie auf den Reiter EINSTELLUNGEN, siehe Abbildung 11.28. Hier definieren Sie die Empfängergruppen, den Versandzeitpunkt, den Absender, einen Betreff etc.

Formulieren Sie eine knackige Betreffzeile. Orientieren Sie sich dabei auch an Ihrem eigenen Verhalten, und fragen Sie sich, welcher Betreff Sie veranlassen würde, eine E-Mail zu öffnen?

Dabei gilt es einige Faktoren zu beachten, die nicht immer zu streng ausgelegt werden sollten – die aber als Orientierungshilfe dennoch sehr gut sind. Vor allem ist es wichtig, den Betreff auf wenige Zeichen zu begrenzen. Der überwiegende Anteil der E-Mails wird auf Smartphones gelesen, dort ist der Platz bekannterweise sehr begrenzt. Als Faustregel gilt: Ca. 40 Zeichen stehen Ihnen bei iPhones zur Verfügung und ca. 30 Zeichen auf Android-Smartphones. Hieran zeigt sich schon, dass Sie das Wichtigste direkt zu Beginn nennen sollten.

Zusätzlich ist es ratsam, den Inhalt des Newsletters möglichst präzise zu formulieren und eventuelle Rabatte direkt mit im Betreff zu nennen. Um Aufmerksamkeit zu erzeugen, werden inzwischen immer häufiger auch Emojis verwendet. Erfahrungsgemäß werden Newsletter auch besser geöffnet, sobald der Name des Kunden im Betreff erscheint, nutzen Sie also auch das. Wobei Letzteres immer häufiger in Gebrauch ist und sich daher etwas abnutzen wird. Kreativität ist also weiterhin gefragt, um die Empfänger zum Öffnen (und später auch zum Kaufen) zu verleiten.

Da die Zeichenanzahl begrenzt ist, lohnt es sich, darüber nachzudenken, worauf Sie in der Betreffzeile verzichten können. Prinzipiell kann man hier sagen, dass alles, was nicht zum Inhalt beiträgt, auch nichts im Betreff zu suchen hat. Das betrifft auch das Wort Newsletter.

Sobald Sie einen guten Betreff formuliert haben, wählen Sie einen Absender aus der Drop-down-Liste. Mit Shopware können Sie nämlich verschiedene Absender verwenden, die Sie unter VERWALTUNG • ABSENDER verwalten.

Sollten Sie Ihre Kunden in verschiedene EMPFÄNGERGRUPPEN unterteilen (um z. B. Händlern andere Newsletter als Endkunden zukommen zu lassen), wählen Sie die entsprechende Gruppe aus, für die dieser Newsletter gedacht ist.

Sollten Sie Sprach- und Subshops verwenden, müssen Sie unter SPRACH-AUSWAHL noch den betreffenden Shop auswählen, damit die korrekten Produkte und die richtige Sprache verwendet werden.

Im nächsten Schritt stellen Sie den Versandtag und die Uhrzeit ein. Sie können den Newsletter zu jedem Zeitpunkt versenden und alle Viertelstunde eintakten. In diesem Beispiel wurde der Newsletter am 15. Februar 2018 um 17:30 Uhr versendet.

> **Newsletterversand sofort oder in der Zukunft**
> In diesem Beispiel liegt der Versandzeitpunkt rund zwei Wochen in der Zukunft. Tragen Sie unter VERSENDEN AM nichts ein, wird der Newsletter sofort verschickt.

Es empfiehlt sich immer, die VERSANDART HTML + PLAINTEXT zu wählen, diese ist bereits voreingestellt. Es bedeutet, dass der Newsletter hauptsächlich im HTML-Format versendet wird, was wesentlich bessere Gestaltungsmöglichkeiten bietet. Der Plaintext (also reiner Text, keine Bilder und Formatierungen) wird nur dann bereitgestellt und geladen, wenn der Empfänger keine HTML-E-Mails empfangen kann oder möchte. Allerdings ist es auch möglich, den Newsletter als reinen Text-Newsletter zu versenden, dafür können Sie aus der Drop-down-Liste nur PLAINTEXT auswählen. Das empfehle ich Ihnen aber nicht, da Sie mit dem Newsletter Emotionen bei dem Empfänger wecken wollen. Diese lässt sich nur sehr schwer über reinen, unformatierten Text erzeugen. Wählen Sie daher immer HTML + PLAINTEXT, denn der überwiegende Teil Ihrer Empfänger wird dann den Newsletter in HTML angezeigt bekommen.

Wenn Sie so weit alles abgeschlossen haben, setzen Sie den Haken bei BEREIT ZUM VERSENDEN und wählen unter Empfänger auswählen die entsprechende Benutzer- oder Empfängergruppe. Hier können Sie auch mehrere Empfängergruppen oder sogar Kunden aus Customer Streams auswählen. Speichern Sie nun Ihre Fortschritte.

> **Fragen Sie bei Ihrem Hoster nach**
> Es gibt Hoster, die begrenzen den E-Mail-Versand pro Stunde. In so einem Fall würde der Newsletter natürlich verpuffen, da die weiteren E-Mails auch nicht nachgesendet würden.
> Fragen Sie also bei Ihrem Hoster nach, ob eine solche Begrenzung besteht und wenn ja, ob diese aufgehoben oder angepasst werden kann.

Und an dieser Stelle einen herzlichen Glückwunsch. Ihr erster Newsletter über Shopware ist nun versendet.

11.5.2 Vor dem Versand

Der Newsletter wird über Ihren eigenen Server versendet. Daher ist es wichtig, dass Ihre STMP-Informationen in den Grundeinstellungen korrekt sind. Diesen Punkt haben Sie wahrscheinlich schon durch die Lektion der Formulare in Kapitel 4 erledigt. Wenn nicht, sollten Sie dies unbedingt jetzt erledigen. Gehen Sie dazu auf EINSTELLUNGEN • GRUNDEINSTELLUNGEN • SHOPEINSTELLUNGEN • MAILER, und hinterlegen Sie dort die richtigen Postausgangs-Zugangsdaten. Nur mit korrekt hinterlegten

Daten zu Ihrem E-Mail-Postfach kann Shopware für Sie E-Mails, welcher Art auch immer, versenden.

Im obigen Beispiel nutzen Sie die Möglichkeit des zeitgesteuerten Versands. Um dies zu realisieren, nutzt Shopware Funktionen, die von einem Cronjob angestoßen werden. Sie müssen also die folgenden Punkte prüfen und ggf. anpassen.

Legen Sie zunächst einen neuen Cronjob an, der die Adresse *https://ihr-shop.de/backend/Newsletter/cron aufruft*. Wichtig dabei ist: Liegt der Zeitpunkt des Newsletter-Versandes zum Zeitpunkt der Cronjob-Ausführung in der Zukunft, wird der Newsletter ignoriert und erst bei der nächsten Ausführung des Cronjobs beachtet. In ungünstigen Fällen kann ein zu später Versand den Newsletter irrelevant machen. Idealerweise versenden Sie den Newsletter immer zur gleichen Uhrzeit und richten die Ausführung des Cronjobs zum gleichen Zeitpunkt ein. Mehr Details zum Anlegen eines Cronjobs finden Sie in Kapitel 4.

11.5.3 Nach dem Versand

Nachdem der Newsletter versendet wurde, können Sie im gleichen Plugin auch eine Auswertung einsehen. Diese ist recht übersichtlich gehalten. Die zurückliegenden Newsletter werden an dieser Stelle nach vier verschiedenen Kriterien beurteilt:

1. Kauf-Rate
2. Lese-Rate
3. Klick-zu-Bestellung-Rate
4. Klick-Rate

Dabei sind die vier eben genannten Kriterien unterschiedlich eingefärbt, sodass Sie hieraus schnell Ergebnisse ableiten können. Weitere Details lesen Sie in der Tabelle darunter ab. Dort sehen Sie die Anzahl der Empfänger, die Höhe der Einnahmen und die Summe der Bestellungen. Daraus ergibt sich dann auch die Konversionsrate (Klick-zu-Kauf) in Prozent. Dies sollten die relevanten Kennzahlen sein. Zusätzlich sehen Sie noch die Höhe der Leser und der Klicks. Im Tab BESTELLUNGEN wird es dann konkret. Dort sehen Sie, welche Produkte aus Ihrem Newsletter gekauft wurden.

Mit all diesen Informationen können Sie Stück für Stück lernen, was Ihre Newsletter-Leser interessiert und welche Produkte sie besonders zu schätzen wissen. Anhand dieser Erkenntnisse können Sie Ihr Newsletter-Marketing immer weiter optimieren und gewinnbringend einsetzen.

11.6 Neue Kunden per Autopilot mit SEO

Es gibt viele Marketing-Disziplinen, die im Laufe der Jahre aufkommen. Manche wenige etablieren sich, die allermeisten davon verschwinden wieder. Leider weiß man nie so genau, welche neue Marketing-Methode sich nachhaltig durchsetzen kann. Eines ist aber ganz gewiss: Die *Suchmaschinenoptimierung* wird seit jeher unterschätzt. Nur sehr wenige Onlineshops setzen dieses wichtige Thema konsequent um. Ob es an den hohen Anfangsinvestitionen oder an dem benötigten und nicht zu unterschätzenden Zeitaufwand liegt? Eines ist SEO in jedem Fall: intensiv. Entweder zeitintensiv oder kostenintensiv. Und gleichzeitig gibt es mehrere Faktoren, die SEO so interessant machen.

11.6.1 SEO ist wichtig, SEO bleibt wichtig

Der Suchmaschinenoptimierung wurde in der Vergangenheit immer wieder schlecht nachgesprochen. Entfalteten doch andere Marketingmaßnahmen wesentlich schneller und vermeidlich günstiger ihre Wirkung. Inzwischen hat sich hierzu etwas Ernüchterung eingestellt und SEO wird wieder ernster genommen. Wahrscheinlich auch, weil es eine der wenigen bleibenden Online-Marketing-Disziplinen ist.

Zudem wird dem klassischen Internet ja auch oft nachgesagt, dass es keine Zukunft hätte, da immer mehr Sprachassistenten Einzug in die Haushalte nehmen. Und das verändert natürlich das Suchverhalten der Internetnutzer. Meist basiert dieses Suchverhalten allerdings auf rein informationellen Suchen, mit denen die Nutzer eine bestimmte Frage beantwortet haben möchten. Transaktionale Suchen werden noch für eine ganze Weile dem heute bekannten Muster folgen, da die Nutzer natürlich vor einer Kaufentscheidung viele Faktoren berücksichtigen und keinem Sprachassistenten überlassen, wo ihr Geld ausgegeben wird.

Damit ist als Fazit zu sagen: die altbekannte Suchmaschinenoptimierung ist zwar nicht sonderlich attraktiv und wirkt altbacken. Es hat aber weiterhin das Potenzial, große Besucherströme auf den eigenen Onlineshop zu lenken und damit gute Umsätze zu produzieren.

11.6.2 SEO ist eine Investition

Etwas, das viele abschreckt, wenn ihnen ein Angebot für eine Suchmaschinenoptimierung vorliegt, sind die hohen Kosten. Die Sinnhaftigkeit wird in diesem Stadium meist nicht angezweifelt, aber auf später verschoben. Und aus später wird dann nie.

SEO ist eine Investition: Die Anfangskosten sind hoch. Denn SEO-Arbeit ist zeitintensiv. Sie oder ein Dienstleister muss zunächst definieren, wie häufig bestimmte Begriffe aus Ihrem Produktportfolio gesucht werden. Danach wird die Priorität der

Suchbegriffe festgelegt: Was wird zuerst bearbeitet und in welcher Reihenfolge setzt sich die Arbeit fort?

Als Nächstes muss festgestellt werden, wie Ihre Marktbegleiter zu diesen Suchbegriffen platziert sind. Damit haben Sie auch einen ersten Überblick über die Arbeit, die Ihnen bevorsteht. Dabei können Sie die Leistung Ihrer Marktbegleiter, die Sie überholen möchten, als Basis nutzen und müssen diese überbieten. Dabei gilt aber, dass Sie nicht der Beste sein müssen. Spitzenleistungen sind zwar grundsätzlich anzuraten, um dauerhaft im E-Commerce erfolgreich zu sein, in der Disziplin SEO reicht es jedoch, wenn Sie nur besser als Ihr Konkurrent sind, um diesen in den Suchergebnissen zu überholen.

Die große Arbeit beginnt allerdings erst, wenn Sie die einzelnen Suchbegriffe in sinnvolle Texte unterbringen. Eine allgemeingültige Aussage, wie viele Wörter für Kategorie- oder Artikeltexte, kann es an dieser Stelle nicht geben. Hierbei sollten Sie sich auf Ihre Mitbewerber konzentrieren und deren Vorlage übertrumpfen.

Abschließend in diesem Abschnitt lässt sich sagen: Langfristig gesehen generieren Sie durch gute Suchmaschinenplatzierungen dauerhaft einen konstanten Kundenstrom, der die anfänglichen Investitionen übersteigen sollte.

11.6.3 SEO ist nicht so technisch wie sein Ruf

Leider wird die Suchmaschinenoptimierung oft aus einer extrem technischen Brille betrachtet. So bekommen Ladezeiten, interne Verlinkungen und SSL-Zertifikate mehr Aufmerksamkeit als das eigentlich Wichtige bei der SEO-Arbeit: die kreativen Texte, die Ihren Besuchern helfen, und Google zeigt, dass Sie eine gute Informationsquelle sind.

Dabei möchte ich einschränkend sagen: Natürlich sind die eben genannten technischen Aspekte wichtig – leider wird daran aber immer zu oft herumgeschraubt. Das kostet Zeit, die Sie tatsächlich lieber in gute Texte und Produktvideos stecken sollten.

Das Prinzip der Suchmaschinen ist einfach: Ein User hat eine bestimmte Frage oder möchte sich zu einem Produkt informieren. Und eine Suchmaschine wird nur genutzt, wenn sie dem Nutzer schnell und zielführend hilft. Das heißt: Webseiten und Onlineshops, die dem Nutzer helfen, seine Fragen zu beantworten, werden besser in den Suchergebnissen platziert. Und damit ist auch klar, dass jeder Shopbetreiber mehr Gewichtung auf einzigartige und unterhaltsame Inhalte setzen sollte, als sich dauerhaft mit technischen Faktoren zu befassen. Schauen Sie eher einmal jährlich, ob Ihre technische Basis noch auf Stand der Zeit ist und in der restlichen Zeit des Jahres investieren Sie Ihre Zeit in tollen Inhalt mit Mehrwert für Ihre Besucher. Über die wichtigsten, technischen Faktoren lesen Sie in Abschnitt 11.6.9.

11.6.4 SEO mit Shopware – die URL-Strukturen

Nach dem ersten Überblick über die Suchmaschinenoptimierung geht es ab dieser Stelle um die Umsetzung in Shopware. Das Shopsystem bringt bereits etliche, gute SEO-Grundlagen mit. So haben Sie den nötigen Platz, um in jeder Kategorie einen individuellen Text zu platzieren, und auch Feineinstellungen auf Artikelbasis vorzunehmen. Zudem gibt es einen separaten Menüpunkt in den Grundeinstellungen. Dort legen Sie vor allem die Struktur der URLs fest und weitere kleine Details.

Um diese Einstellungen vorzunehmen, gehen Sie in die GRUNDEINSTELLUNGEN. Dort öffnen Sie STOREFRONT • SEO/ROUTER-EINSTELLUNGEN. In diesem Menübereich werden alle allgemeingültigen SEO-Einstellungen vorgenommen. Die dort wichtigsten Einstellungen sind:

- *SEO-Urls Artikel-Template*
- *SEO-Urls Kategorie-Template*
- *SEO-Urls Blog-Template*
- *SEO-Urls Landingpage-Template*

SEO-Urls Artikel-Template:	❶	{sCategoryPath articleID=$sArticle.id}/{$sArticle.id}/{$sArticle.name}
SEO-Urls Kategorie-Template:	❷	{sCategoryPath categoryID=$sCategory.id}/
sonstige SEO-Urls:		
SEO-Urls Blog-Template:	❸	{sCategoryPath categoryID=$blogArticle.categoryId}/{$blogArticle.title}
SEO-Urls Landingpage-Template:	❹	{$campaign.name}

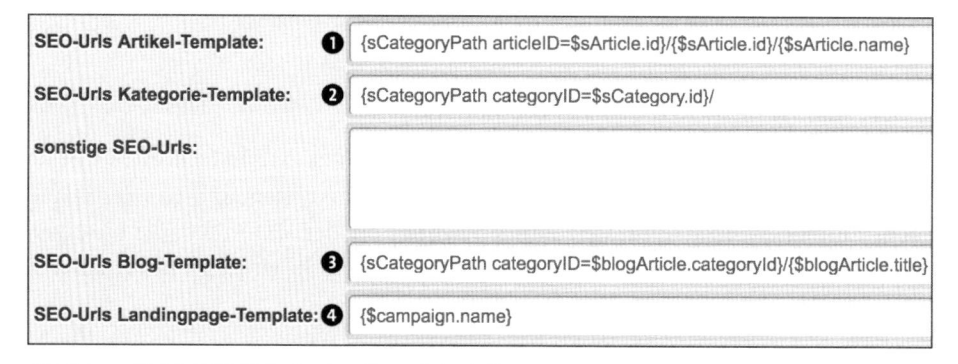

Abbildung 11.29 SEO-URLs in den Grundeinstellungen

In diesem Bereich legen Sie die zukünftige Menüstruktur für die verschiedenen Seitenarten fest. Dies ist wichtig, da Suchmaschinen sogenannte *sprechende URLs* bevorzugt. Sprechend bedeutet in diesem Fall, dass die URL für einen Menschen, der diese Seite ansurft, klar lesbar ist. Wie zum Beispiel *https://ihr-shop.de/ein-kategorie-name*.

Grundsätzlich müssen Sie an dieser Stelle nicht zwingend Hand anlegen, da Shopware bereits gut vorbereitet ist. So sind Artikel-URLs so aufgebaut:

{sCategoryPath articleID=$sArticle.id}/{$sArticle.id}/{$sArticle.name} ❶

Wie so oft, baut Shopware also auch hier auf Variablen, die je nach hinterlegten Informationen dynamisch für jeden Artikel, jede Kategorie etc. zusammengesetzt werden. In diesem Fall würde eine Artikel-URL also so aufgebaut sein:

	/{sCategoryPath articleID=$sArticle.id}	/{$sArticle.id}	/{$sArticle.name}
https://ihr-shop.de/	/eine-kategorie	/Artikel-ID	/Artikel-Bezeichnung
https://ihr-shop.de/	/ein-kategoriename	/115	/blaue-tasche

Diese Form ist allerdings nur eine Möglichkeit, in vielen Fällen jedoch ausreichend. Wenn Sie es ein Stück individueller haben möchten, bietet es sich auch an, eine Wenn-Dann-Abfrage einzubauen. Damit haben Sie z. B. die Möglichkeit, in einem Freitextfeld in den Artikeldetails eine bestimmte URL zu hinterlegen. So würde das Ganze dann aussehen:

{sCategoryPath articleID=$sArticle.id}/{if $sArticle. attr1}{$sArticle.attr1}{else}{$sArticle.id}/{$sArticle.name}{/if}

Hier startet die URL wie im vorherigen Beispiel ebenfalls mit dem Kategorienamen. Anschließend folgt eine Wenn-Dann-Abfrage durch die {if}-Anweisung. Zunächst tragen Sie hier den Wert ein, welcher zuerst abgefragt werden soll. Wenn also etwas im FREITEXTFELD1 in den Artikeldetails eingetragen ist (sArticle.attr1), dann wird dies in der URL so hinterlegt. Mit der {else}-Anwendung legen Sie fest, welche Information dort angegeben wird, sofern im FREITEXTFELD1 keine Daten stehen. Hier würden also, wie im ersten Beispiel auch, die Artikel-ID und die Artikel-Bezeichnung in die URL gesetzt. Zuletzt müssen Sie diese Abfrage wieder schließen, dies geschieht mit {/if}.

In dieser Logik können Sie weitere Variablen in die Artikel-URL einfließen lassen:

- Hersteller mit {$sArticle.supplier}
- Herstellernummer mit {$sArticle.suppliernumber}
- Datum der Artikelanlage mit {$sArticle.date}
- Erscheinungsdatum mit {$sArticle.releasedate}
- MetaTitle mit {$sArticle.metaTitle}
- MetaKeywords mit {$sArticle.keywords}
- Artikelnummer mit {$sArticle.ordernumber}

Eine natürliche Begrenzung, wie lang die URLs werden dürfen, gibt es nicht. Sie können theoretisch auch eine URL mit vielen Informationen aufbauen, wie z. B.

{sCategoryPath articleID=$sArticle.id}/{$sArticle.supplier}/{$sArticle.suppliernumber}/{$sArticle.ordernumber}/{$sArticle.name}

In gleicher Logik, aber mit abgewandelten Variablen, geht es mit den Kategorie-URLs weiter. Standardmäßig ist diese Variable hinterlegt:

`{sCategoryPath categoryID=$sCategory.id}/` ❷

Diese Variable gibt es ebenfalls in den Artikel-URLs. Den gleichen Effekt hat sie an dieser Stelle: Es wird der Name der Kategorie in eine URL umgewandelt. Also so: *https://ihr-shop.de/kategoriename*.

Dabei geht die Variable auch auf die Hierarchie der Kategorien ein und bezieht stets auch die übergeordnete Kategorie mit ein, z. B. *https://ihr-shop.de/hauptkategorie/unterkategorie-1*.

Auch hier haben Sie wiederum verschiedene Variablen, um die Gestaltung der Kategorie-URL zu individualisieren:

- Die ID der Kategorie mit `{$sCategory.id}`.
- Der Kategoriename ohne übergeordnete Kategorie mit `{$sCategory.path}`.
- MetaKeywords der Kategorie mit `{$sCategory.metaKeywords}`.
- MetaDescription der Kategorie mit `{$sCategory.metaDescription}`.
- Die Überschrift des Kategorietextes mit `{$sCategory.cmsHeadline}`.

Und so könnte also eine individuelle Kategorie-URL aufgebaut sein:

`{$sCategory.path}/{$sCategory.metaKeywords}`

Das sähe dann so aus:

https://ihr-shop.de/name-der-kategorie-ohne-hauptkategorie/kategorie-keywords.

Achten Sie auch hier wieder darauf, dass die URL nicht zu lang wird, damit diese noch sauber lesbar in Suchmaschinen und im Browser dargestellt werden kann.

Als Nächstes folgt die Ausweisung der Blog-URLs. Auch hier haben Sie wieder die Möglichkeit, etwas Individualität einzubringen. Standardmäßig wird die Blog-URL zusammengesetzt aus der hinterlegten Blog-Kategorie und dem Blog-Titel, das sieht dann so aus:

`{sCategoryPath categoryID=$blogArticle.categoryId}/{$blogArticle.title}` ❸

Diese Variablen können Sie für eine Blog-URL nutzen:

- die Auszeichnung des Namens der Blog-Kategorie inkl. Hierarchie mit `{sCategoryPath categoryID=$blogArticle.categoryId}`
- die ID-Nummer des Blogbeitrages mit `{$blogArticle.id}`
- der Titel des Blogbeitrages mit `{$blogArticle.title}`
- die Kurzbeschreibung des Blogbeitrages mit `{$blogArticle.shortDescription}`
- die Beschreibung des Blogbeitrages mit `{$blogArticle.description}`
- der MetaTitle des Blogbeitrages (zu finden im Blogbeitrag unter Suchmaschinen Optimierung) mit `{$blogArticle.metaTitle}`

So könnte also eine individuelle Blog-URL aussehen:

{$blogArticle.title}/{$blogArticle.metaTitle}, daraus wird:

https://ihr-shops.de/titel-des-blogbeitrages/metatitle-des-blogbeitrages

Zu guter Letzt kann wird die Landingpage-URL definiert. Diese ist im Standard mit dem Kampagnennamen bezeichnet, die Variable dafür ist die folgende:

{$campaign.name} ❹

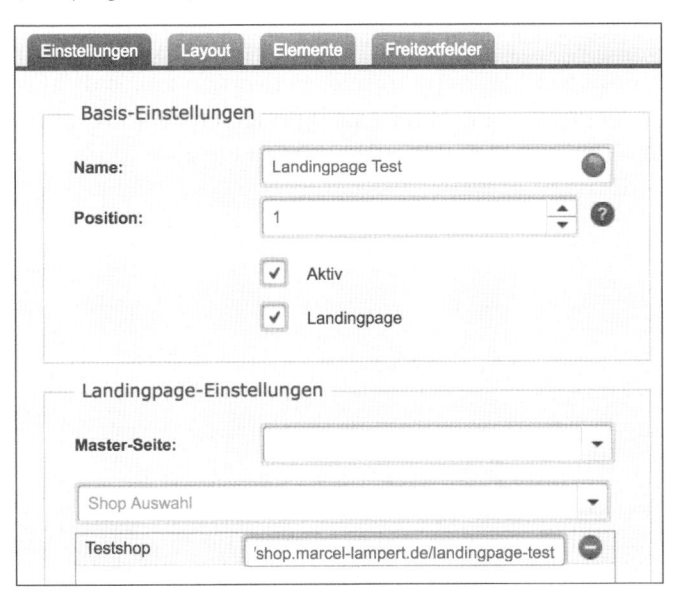

Abbildung 11.30 Name der Landingpage wird auch zur URL

Viel mehr können Sie dazu leider nicht definieren. Sie könnten hier nur noch z. B. feste Werte eingetragen, z. B. landingpage/{$campaign.name}. Die URL würde dann entsprechend so aussehen:

https://ihr-shop.de/landingpage/name-der-landingpage

Dies könnte unter anderem sinnvoll sein, wenn Sie in einem Analyse-Tool alle Landingpages auf einmal auswerten möchten. Damit könnten Sie bei der Seitenanalyse nach *landingpage* filtern und hätten somit alle Landingpages auf einen Blick und sehen so direkt, welche Seite wie gut performt.

> **Für Sprach- oder Subshops**
> Shopware gibt Ihnen hierbei völlige Gestaltungsfreiheit. Sie können die verschiedenen SEO-URLs für jeden verwalteten Shop individuell konfigurieren.

Damit wären die generellen Einstellungen für die SEO-URLs abgeschlossen.

11.6.5 URLs automatisch erstellen lassen

Sofern Sie einen neuen Artikel, eine neue Kategorie etc. anlegen, erhalten diese noch keine SEO-URLs. Shopware legt in diesem Fall zunächst vorübergehende URLs an, die wenig suchmaschinenfreundlich sind, z. B. *https://ihr-shop.de/detail/index/sArticle/176*.

Damit diese URLs und auch internen Verlinkungen durch die korrekten SEO-URLs ersetzt werden, bietet Shopware eine Lösung über einen Cronjob an. Mehr zu Cronjobs und deren Funktionsweise finden Sie in Abschnitt 4.9.

Zunächst muss das Plugin Cron, welches Shopware mit jeder Version standardmäßig ausliefert, aktiviert sein. Außerdem muss ein regelmäßig aufgerufener Cronjob auf Ihrem Server aktiviert sein – auch dazu lesen Sie mehr in Abschnitt 4.9.

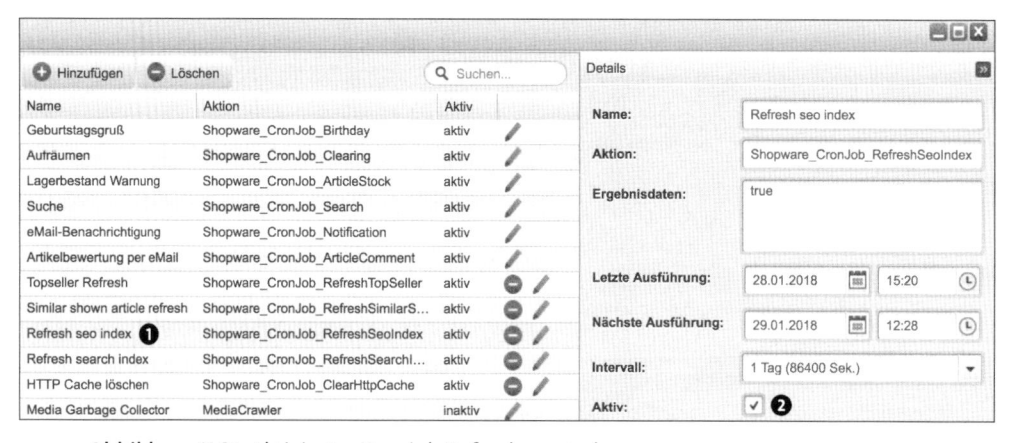

Abbildung 11.31 Aktivierter Cronjob Refresh seo index

In den Grundeinstellungen finden Sie im Menü SYSTEM • CRONJOBS die Funktion *Refresh seo index* ❶. Diese Funktion muss aktiviert sein ❷, damit sie bei der Ausführung des Cronjobs mit abgearbeitet wird.

Durch diese Maßnahme werden die korrekten und von Ihnen gewünschten SEO-URLs automatisch erstellt.

11.6.6 SEO-URLs manuell erstellen

Manchmal kann es nicht warten, da müssen Aufgaben sofort erledigt werden. Sie können also auch die SEO-URLs nicht nur automatisiert durch den Cronjob erstellen lassen, sondern diese Maßnahme auch manuell anstoßen.

Öffnen Sie dazu EINSTELLUNGEN • CACHES/PERFORMANCE. In dem sich öffnenden Modul Performance klicken Sie auf den Reiter Einstellungen. Es öffnet sich ein Menü mit verschiedenen Einstellungsmöglichkeiten auf der linken Seite, siehe Abbildung 11.32. Klicken Sie dort auf SEO.

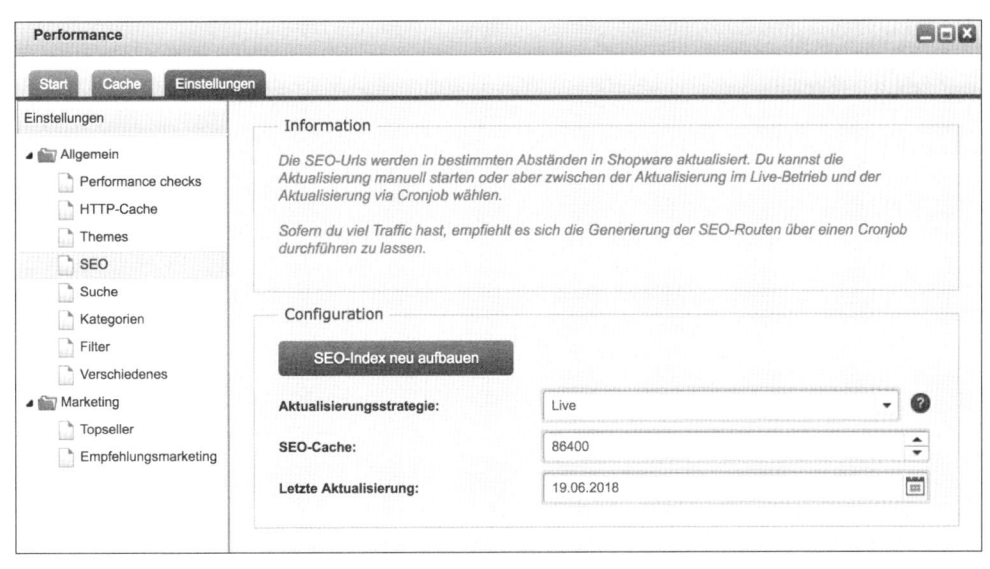

Abbildung 11.32 SEO-URLs manuell erstellen

In diesem Menüpunkt angekommen, klicken Sie auf SEO-INDEX NEU AUFBAUEN. Dadurch wird ein weiteres kleines Fenster geöffnet. Dort wählen Sie zunächst den Shop aus, für den die URLs neu generiert werden sollen. Dies müssen Sie auch dann tun, wenn Sie nur einen Shop verwalten. Um den Prozess anzustoßen, klicken Sie nun auf den Button VORGANG STARTEN. Die Generierung der neuen URLs erfolgt recht schnell und ist meist innerhalb weniger Sekunden erledigt.

Damit die Änderungen auch im Shop wirksam werden, muss der angelegte Zwischenspeicher (*Cache*) gelöscht werden. Dadurch greift der Shop dann nicht auf die zwischengespeicherten Daten zurück, sondern nutzt die neu zur Verfügung stehenden Informationen. Um den Shop-Cache zu leeren, gehen Sie auf EINSTELLUNGEN • CACHES/PERFORMANCE • SHOP CACHE LEEREN.

Durch diesen Schritt haben Sie allerdings einen wichtigen Geschwindigkeitsfaktor eingebüßt. Daten aus dem Zwischenspeicher stehen Ihren Besuchern schnell zur Verfügung, während hingegen ein Shop ohne Zwischenspeicher die Daten für jeden Besucher neu aufbereiten muss. Das heißt: Die Geschwindigkeit Ihres Shops verlangsamt sich erheblich. Daher rate ich Ihnen, den Zwischenspeicher wieder aufzubauen, um den Perfomance-Abfall Ihres Shops abzudämpfen.

Im gleichen Fenster, in dem Sie die SEO-URLs neu aufgebaut haben, können Sie auch den Shop-Cache neu aufbauen, hier wird es aufwärmen genannt.

Klicken Sie dazu auf den Menüpunkt HTTP-CACHE und dort auf den Button CACHE AUFWÄRMEN, siehe Abbildung 11.33. Auch dort öffnet sich ein kleines Fenster, in dem Sie zunächst den betreffenden Shop auswählen und schließlich den Vorgang starten können.

Abbildung 11.33 Shop-Cache neu aufbauen

Dieser Vorgang nimmt allerdings etwas Zeit in Anspruch, je nach Anzahl Ihrer Artikel kann dies sogar länger als eine halbe Stunde dauern. Planen Sie dazu also entsprechend Zeit ein, in der Sie idealerweise nicht im Backend weiterarbeiten, bevor dieser Vorgang nicht abgeschlossen ist.

11.6.7 SEO-Einstellungen in Artikeln, Kategorien etc.

Wenn Sie sich an die SEO-Arbeiten begeben, werden Sie bei Shopware bereits die wichtigsten Möglichkeiten vorfinden: die separate Aufbereitung für die Suchmaschinendarstellung, sogenannte *Metainformationen*.

Diese finden sich an allen relevanten Stellen wieder:

- in der Artikelbeschreibung
- in den Kategorie-Einstellungen
- auf einer Landingpage
- in jedem Blogbeitrag

Wie Sie in Abbildung 11.34 sehen, können Sie dort einen Titel, eine Kurzbeschreibung und verschiedene Keywords hinterlegen. Mit diesen Informationen helfen Sie den Suchmaschinen, eine eigene Beschreibung eines Produktes oder einer Kategorie für Suchende auszugeben.

Da in den Suchergebnissen nur wenig Platz zur Verfügung steht, müssen Sie hier sehr präzise auf Ihr Angebot eingehen. Außerdem ist dies eine Möglichkeit, weitere Suchbegriffe im Titel und in der Kurzbeschreibung unterzubringen. Dadurch erfassen Suchmaschinen noch besser den Kontext – wobei Google und Co. natürlich immer besser werden im Erfassen des Inhalts einer Seite. Im Zweifelsfall stellen die Suchmaschinen also eigene Kurzbeschreibungen Ihrer Inhalte bereit. Wenn Sie also selbst bestimmen möchten, wie Ihre Produkte und Ihr Angebot präsentiert werden, sollten Sie sich die Zeit nehmen, die Metainformationen zu pflegen.

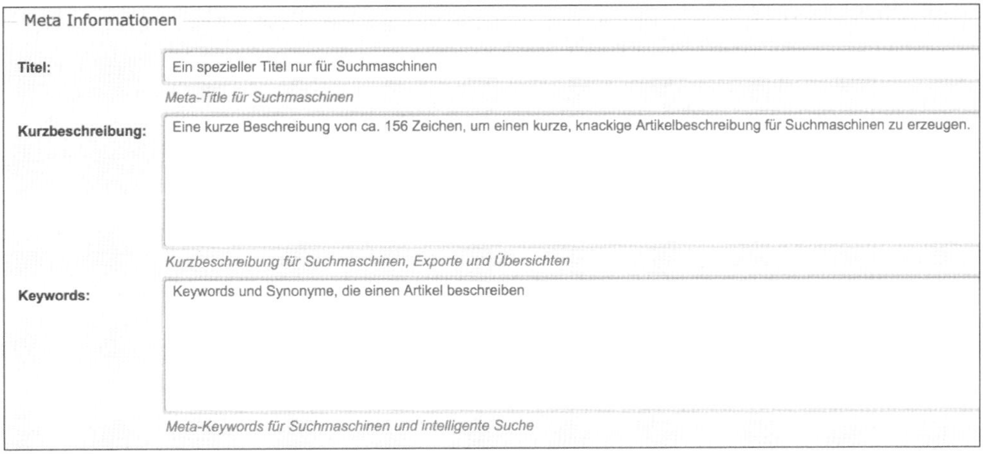

Meta Informationen	
Titel:	Ein spezieller Titel nur für Suchmaschinen
	Meta-Title für Suchmaschinen
Kurzbeschreibung:	Eine kurze Beschreibung von ca. 156 Zeichen, um einen kurze, knackige Artikelbeschreibung für Suchmaschinen zu erzeugen.
	Kurzbeschreibung für Suchmaschinen, Exporte und Übersichten
Keywords:	Keywords und Synonyme, die einen Artikel beschreiben
	Meta-Keywords für Suchmaschinen und intelligente Suche

Abbildung 11.34 Hinterlegen Sie hier die Metainformationen

Wobei ich hier natürlich einschränkend erwähnen muss, dass dies nur eine Stellschraube für den SEO-Erfolg ist. Im Titel und in der Kurzbeschreibung können Sie maximal noch unterstützend einwirken, sodass Google den Inhalt Ihrer Seiten noch besser einordnen kann. Wirklich wichtig sind dabei allerdings die Artikelbeschreibungen und Kategorietexte. Dort wird die eigentliche SEO-Arbeit betrieben. Jeder Text, den Sie in Ihrem Onlineshop platzieren, wird von Suchmaschinen bewertet und fließt damit auch in die Bewertung Ihrer Seite ein. Jeder Text ist also SEO-relevant.

11.6.8 Echte Backlinks in Shopware hinterlegen

Ein Erfolg für eine gute Suchmaschinenplatzierung sind außerdem Verweise, sogenannte *Backlinks*, von anderen Webseiten auf Ihren Shop. Oftmals geht das damit einher, dass sich Links gegenseitig zugeschrieben werden, also Sie auch auf andere Plattformen oder Blogs verlinken. Dies kann vor allem dann sinnvoll sein, wenn es sich um einen lobenden Blogbeitrag über Ihren Shop oder eines Ihrer Produkte handelt, den Sie Ihren Kunden zeigen möchten. Dazu benötigen Sie allerdings sogenannte *follow-Links*. Die geben das Signal an eine Suchmaschine, dass dieser Link weiterverfolgt werden kann, so kann eine direkte Verbindung zwischen beiden Webseiten hergestellt werden. In der Regel werden Links auf externe Seiten allerdings mit *nofollow* versehen, so handhabt es auch Shopware. Also sind diese Links nutzlos für die Bewertung von Suchmaschinen.

Möchten Sie also einen follow-Link in Shopware hinterlegen, hinterlegen Sie diesen Link in den SEO-Einstellungen. Öffnen Sie dazu wieder die GRUNDEINSTELLUNGEN, dort dann unter STOREFRONT den Eintrag SEO/ROUTER-EINSTELLUNGEN.

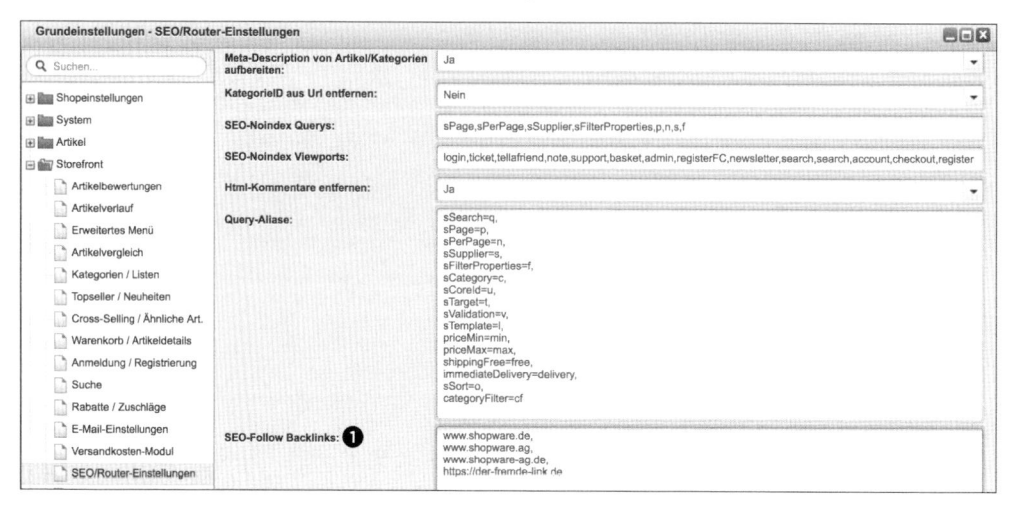

Abbildung 11.35 Echte Backlinks in Shopware freigeben

Im Feld SEO-FOLLOW BACKLINKS ❶ tragen Sie nun die URL ein, welche Sie bereits in einem Blogbeitrag oder einem Ihrer Artikel erwähnt haben. Erst dann wird dieser Link als follow-Link freigegeben.

Achten Sie immer darauf, dass die Links mit einem Komma getrennt werden, ausschließlich der letzte eingetragene Link darf am Ende kein Komma aufweisen.

Somit haben Sie die Möglichkeit, Plattformen und Blogs, die positiv über Sie berichten, ebenfalls mit einem Backlink zu unterstützen.

11.6.9 Einige technische SEO-Faktoren

Auch wenn ich an dieser Stelle wieder und wieder auf Kreativität eingehe, die bei SEO gefragt ist, kommen Sie dennoch nicht an einigen technischen Hürden vorbei.

Schnelle Ladezeiten

Es versteht sich von selbst: Geschwindigkeit hat einen entscheidenden Einfluss auf das Kaufverhalten bzw. die Beurteilung eines Onlineshops. Sind Sie zu langsam, ist der nächste Shop nur wenige Klicks entfernt. Daher empfiehlt es sich einen Hoster auszuwählen, der sich mit den Anforderungen von Shopware auskennt und seine Server entsprechend ausrichtet.

Versuchen Sie vor allem Ihre Bilder, egal ob in Artikelseiten oder in Einkaufswelten, soweit es geht zu komprimieren – pixelig dürfen die Fotos allerdings auch nicht sein.

Die Faustformel sagt: Jede Sekunde Wartezeit kostet 7 % Umsatz, länger als 5 Sekunden sollte ein Seitenaufbau nicht in Anspruch nehmen.

Keyworddichte

Sobald Sie eine Liste von relevanten Keywords erstellt haben, schreiben Sie die ersten Texte. Die sogenannte *Keyword-Dichte* sollte 5 % bis 8 %, maximal 10 %, betragen. Heißt: Jedes 20. Wort (bei einer Dichte von 5 %) bis jedes zehnte Wort (bei 10 % Dichte) sollte ein Keyword oder ein Synonym sein. Damit erkennt Google (unter anderem), wofür diese Seite steht und für welche Suchanfragen sie ausgespielt werden sollte.

SSL-Zertifikat

Ein SSL-Zertifikat überträgt verschlüsselt für Dritte die Daten Ihres Shops. Dies ist vor allem relevant (und seit dem 25. Mai 2018 gesetzlich Pflicht) beim Bestellvorgang, bei dem sensible Daten übertragen werden, welche nicht in falsche Hände gelangen dürfen.

Ein SSL-Zertifikat gibt es bei einigen Hostern bereits kostenlos, bei vielen zahlen Sie eine kleine Jahresgebühr, daran dürfen Sie nicht sparen.

Mobile/responsive Darstellung

Auch dies ist bereits lange bekannt: Der Trend geht weg vom Desktop-PC, auf dem im Internet gesurft wird. Das Surfen verlagert sich zunehmend auf das Smartphone, das natürlich einen wesentlich kleineren Bildschirm zur Verfügung hat. Damit ändern sich die Seitenverhältnisse, und Informationen müssen anders dargestellt werden.

Shopware 5 ist von Haus aus responsive, es wählt also automatisch die korrekte Darstellung je nach Geräteklasse aus.

Weitere Faktoren

Aktuell heißt es, dass z. B. Google über 200 Rankingfaktoren hat, die dem Unternehmen helfen, eine Webseite zu beurteilen. Darüber ist offiziell natürlich wenig bekannt, sodass hier oft spekuliert wird, was nun tatsächlich ein Ranking nach vorn bringt. Also Faustformel hat sich dabei allerdings herausgestellt: *schnelle Verfügbarkeit (Ladezeit) von hilfreichen Informationen (Kreativität), angepasst auf das jeweilige Endgerät (responsive)*.

In der Regel wird Suchmaschinenoptimierung in ganzen Büchern abgefasst, sodass dieser Abschnitt hier nur einen kurzen Rundumschlag geben kann. Das wichtigste Rüstzeug, mit dem Sie bereits gute Erfolge erzielen können, habe ich Ihnen mit diesem Kapitel an die Hand gegeben. Sollten die Anforderungen anspruchsvoller sein, lohnt sich eine Investition in ein aktuelles SEO-Buch (z. B. »Suchmaschinen-Optimierung« von Sebastian Erlhofer, 9 Auflage, Rheinwerk Verlag 2018) oder in einen eigenen Dienstleister.

11.7 Bewertungen sammeln

Bewertungen von Produkten sind auch heute noch ein erfolgreiches und akzeptiertes Mittel für Ihre Kunden. Damit können diese die Qualität eines Produktes abschätzen, das sie nicht physisch greifen und selbst einschätzen können.

Auch Shopware bietet von Haus aus eine eigene Bewertungsfunktion für Produkte an. Diese finden Sie auf jeder Produktdetailseite als separaten Tab.

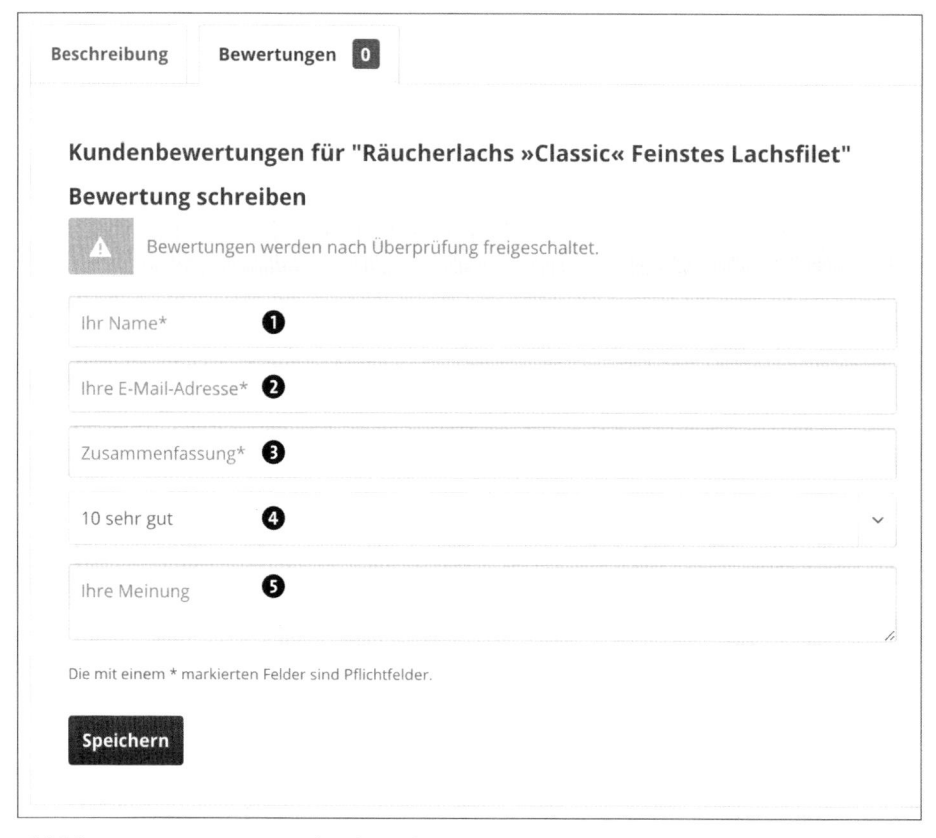

Abbildung 11.36 Bewertungsabgabe auf der Produktdetailseite

Dort können die Kunden dann Ihren NAMEN ❶, die E-MAIL-ADRESSE ❷, eine kleine ZUSAMMENFASSUNG ❸, die Bewertung ❹ und – wenn die Kunden es möchten – eine ausführliche MEINUNG ❺ abgeben. Bis auf die Meinung sind alle Felder Pflichtfelder.

11.7 Bewertungen sammeln

Wichtig für die Interpretation der Bewertung ist zu wissen, dass diese »umgerechnet« wird. Heißt: Der Kunde kann zwar zwischen 1 (sehr schlecht) bis 10 (sehr gut) wählen. Im Shop wird später allerdings eine Sterne-Bewertung mit maximal fünf Sternen angezeigt.

Also ist die Bewertung so zu interpretieren:

- 10 = 5 Sterne
- 9 = 4,5 Sterne
- 8 = 4 Sterne
- 1 = 0,5 Sterne

Die Bewertungsfunktion ist standardmäßig aktiviert. Dennoch lohnt es sich, einen Blick in die EINSTELLUNGEN • GRUNDEINSTELLUNGEN zu werfen.

Abbildung 11.37 Grundeinstellungen zu den Artikelbewertungen

An dieser Stelle haben Sie die Möglichkeit zu entscheiden, ob Artikel-Bewertungen freigeschaltet werden müssen ❻, oder ob diese direkt ohne Ihr Zutun sichtbar sind. Auch wenn es höheren Aufwand bedeutet, lohnt es sich schon, die Bewertungen zu kontrollieren. Damit können Sie auch vermeiden, dass eine unpassende oder unsachliche Bewertung online steht und Sie davon nicht in Kenntnis gesetzt werden.

Außerdem können Sie hier die ARTIKEL-BEWERTUNGEN DEAKTIVIEREN ❼, falls Sie dieses Feature nicht nutzen möchten.

Um möglichst automatisiert Bewertungen zu sammeln, sollten Sie die nächste Option AUTOMATISCHE ERINNERUNG ZUR ARTIKELBEWERTUNG SENDEN nutzen. Dadurch wird der Kunde automatisch per E-Mail um eine Bewertungsabgabe gebeten. Tragen Sie unter TAGE BIS DIE ERINNERUNGS-E-MAIL VERSCHICKT WIRD den entsprechenden Wert ein. Der hier hinterlegte Standardwert von 1 ist nicht zu empfehlen. Schließlich sollen die Kunden das Produkt bewerten. Dies können sie ja erst, wenn das Paket verschickt und zugestellt wurde und Sie dem Kunden anschließend noch die Möglichkeit geben, das Produkt wirklich zu testen. Ich halte hier einen Wert von sieben bis zehn Tagen für angemessen. Das ist nicht zu nah am Kauf und auch nicht zu weit weg, sodass die Kunden den Kauf ggf. schon wieder vergessen haben.

Ein ganz besonderes Feature ist, dass Sie die Bewertungen auch nach Subshops getrennt werden können, die Option nennt sich Nur Subshopspezifische Bewertungen anzeigen. Heißt: Wenn Sie mehrere Subshops betreiben und ein Kunde im Shop B eine Bewertung zu einem Produkt abgibt, wird diese nicht in Shop A zu sehen sein. Standardmäßig ist dieses Feature deaktiviert, sodass die Bewertungen aus allen Shops aggregiert und auf allen Subshops zu finden sind. Dies ist vor allem vor dem Hintergrund sinnvoll, dass es sowieso schon unglaublich schwierig ist, Bewertungen zu sammeln. Und die Bewertungen, die Sie von Ihren Kunden erhalten, dann auch noch je nach Subshop zu trennen, ist wenig zielführend. Immerhin ermöglicht ja auch erst die Masse an Bewertungen eine tatsächliche Einschätzung des Produktes. Mein Tipp also: Lassen Sie diese Funktion deaktiviert, so wie es standardmäßig ist.

Damit sind die Einstellungen abgehandelt, nun folgen die E-Mails, welche Shopware für Sie versendet. Öffnen Sie dazu die Einstellungen • E-Mail-Vorlagen. Aus den System-E-Mails suchen Sie zunächst die sARTICLECOMMENT-E-Mail heraus. Diese E-Mail wird nämlich automatisch nach dem Kauf verschickt, dort bitten Sie als Shopbetreiber Ihren Kunden um eine Bewertung. Diese E-Mail wird im HTML-Format versendet, womit Sie Formatierungen, Tabellen und Grafiken mitsenden können. Für ansprechende E-Mails empfiehlt sich dieses Format also in jedem Fall. Wie in jeder E-Mail, die von Shopware versendet wird, ist es von Vorteil, wenn Sie grundlegende HTML-Kenntnisse besitzen. Die Vorlage, welche Shopware Ihnen mitliefert, ist aber schon sehr gut und deckt alles ab, was eine solche E-Mail benötigt. Sie geht auf den kürzlichen Kauf des Kunden ein und listet die erworbenen Produkte auf, inkl. Bild und Link zur Bewertung. Auch hier gilt: Beherrschen Sie HTML, können Sie die E-Mail beliebig gestalten. Sind Sie nicht firm in HTML, können Sie zumindest die Texte nach Ihren Vorstellungen anpassen. Achten Sie dabei aber darauf, dass Sie keine Elemente in spitzen oder geschweiften Klammern (<, >, {, }) kaputt machen.

Etwas einfacher, aber dennoch wichtig, ist die sogenannte *Opt-In-Mail*. In dieser bestätigt Ihr Kunde, dass er die Bewertung geschrieben hat und diesen Text freigibt. Daher ist das E-Mail-Feld auch ein Pflichtfeld. Diese E-Mail trägt den Namen sOPTINVOTE. Auch diese finden Sie in den System-E-Mails. Diese E-Mail enthält nur einen kurzen Text samt Link, um die Artikelbewertung zu bestätigen.

Erst, wenn Ihr Kunde seine Bewertung bestätigt und damit freigegeben hat, wird diese für Sie sichtbar. Diese finden Sie anschließend unter Artikel • Bewertungen, wie Sie in Abbildung 11.38 sehen.

Abbildung 11.38 Bewertungen freischalten

Dort finden Sie alle abgegebenen Bewertungen der Vergangenheit und können gleichzeitig wartende Bewertungen freigeben.

Um einzelne Bewertungen freizugeben, wählen Sie das grüne Plus ❶, anschließend ist die Kundenwertung im Shop sichtbar. Auch können Sie mehrere Bewertungen gesammelt bearbeiten. Wählen Sie bei den entsprechenden Einträgen die linke Checkbox aus ❷ und klicken Sie dann auf den Button Bewertung annehmen ❸.

Selbstverständlich können Sie an gleicher Stelle auch Bewertungen löschen, indem Sie auf das rote Symbol klicken ❹ (Bewertungen einzeln löschen) oder auf den Button Markierte Einträge löschen ❺. Nachträgliche Löschungen sind ebenfalls kein Problem.

Auf Bewertungen können Sie auch antworten. Klicken Sie dazu neben einer Bewertung auf das Stift-Symbol. Dies öffnet die Details und Sie sehen dort noch einmal alle Informationen auf einen Blick. Daten ändern können Sie dort nicht. Im letzten Abschnitt dieses Fensters finden Sie Antwort. Dort können Sie auf eine Bewertung eingehen und so ggf. auf negative Kommentare eingehen. Es lohnt sich aber auch, wenn Sie auf positive Bewertungen reagieren und einen netten Kommentar dazu schreiben. Das ist Wertschätzung Ihren Kunden gegenüber, was im E-Commerce-Alltag leider oft zu kurz kommt.

Kommen Sie irgendwann in die glückliche Lage, dass Sie Ihre erhaltenen Bewertungen nicht mehr überblicken, können Sie auch nach verschiedenen Faktoren filtern. Dies sehen Sie beispielhaft in der Abbildung 11.39.

Um grundsätzlich ein Feld filtern zu können, müssen Sie zunächst die Checkbox auf der linken Seite aktivieren. Anschließend können Sie das ausgewählte Feld filtern. Zum einen können Sie die Ergebnisse eingrenzen nach Freigegeben ❻ oder noch nicht freigegebenen Bewertungen. Dadurch können Sie sich bei einer Vielzahl von neuen Bewertungen, die Sie freischalten möchten, also auf das Wesentliche konzentrieren. Außerdem können Sie die Bewertungen filtern nach den Shops ❼, in denen diese abgegeben wurden.

Abbildung 11.39 Bewertungen filtern

Ganz konkret filtern können Sie nach ARTIKELN ❽. In diesem Filter werden Ihnen alle Artikel in einer Drop-down-Liste angezeigt, die in der Vergangenheit bereits Bewertungen erhalten haben. Unter DATUM ❾ können Sie sich alle Bewertungen anzeigen lassen, die Sie am oder nach dem hier eingetragenen Datum erhalten haben. Zu guter Letzt gibt es den Filter nach den abgegebenen PUNKTEN ❿. Wobei Sie hier eher nach den Sternen filtern können (maximal fünf Sterne) und nicht nach der abgegebenen Bewertung (maximal 10). An dieser Stelle können Sie also in 0,5-Schritten bis zur Höchstwertung von fünf Sternen filtern. Dabei gilt dieser Filter als Minimalwert, alles darüber wird Ihnen ebenfalls angezeigt.

Die Filter können Sie auch beliebig kombinieren und so sehr feine Ergebnisse erhalten. Zum Beispiel könnten Sie schauen, welche Artikel in der letzten Zeit besonders gute Bewertungen in einem bestimmten Subshop erhalten haben. Damit könnten Sie anschließend für die Kunden dieses Shops einen Newsletter versendet, in dem Sie genau diese Produkte mit dem Aufhänger *Die besten Produkte* versenden. Kombinieren Sie für diesen Fall die Felder SHOP, DATUM und PUNKTE.

Und natürlich haben nicht nur Sie als Shopbetreiber etwas von den Bewertungen – schließlich handelt es sich dabei maßgeblich um ein vertrauensbildendes Instrument für Ihre Kunden. Da ist es nicht verwunderlich, dass Bewertungen an verschiedenen Stellen im Shop auftauchen.

Zum einen werden die Sternebewertungen der Produkte bereits in der Kategorie angezeigt. Dabei ist das Produkt-Layout (siehe Abschnitt 7.10) unerheblich. Selbst dann, wenn nur extrem wenig Informationen durch das Layout ausgegeben werden (Produkt-Layout *Nur wichtige Informationen*) erscheinen die Sternebewertungen beim Artikel. Das zeigt bereits, welchen Einfluss Bewertungen auf das Kaufverhalten von anderen Kunden und Interessenten haben und wie wichtig Bewertungen sind.

Auf der Produktdetailseite werden die Sterne natürlich ebenfalls angezeigt. Diese befinden sich im Standard Responsive Template von Shopware direkt unter der Artikel-Bezeichnung und stechen damit sehr ins Auge. Zusätzlich sind die Sterne verlinkt. Klickt ein Kunde darauf, landet er direkt auf der Detailansicht zu den Bewertungen. Dort kann dieser sich dann entsprechend auch die Kommentare der Kunden zum Artikel durchlesen. Dies wäre auch schon die dritte Stelle, an denen die Bewertungen erscheinen: der Tab BEWERTUNGEN auf der Produktseite. Dort finden sich aggregiert alle Bewertungen in einer chronologischen Reihenfolge samt Verfasser und dem Kommentar, sofern dieser abgegeben wurde. Andere Kunden können dort auch direkt neue Bewertungen abgeben.

Weiterhin kommen Ihre Kunden auf den Kategorieseiten mit den Bewertungen in Berührung. Dort können diese nämlich filtern, wie sie es auch z. B. von Amazon gewöhnt sind, nach vier Sternen und mehr. Das wird aktiviert, sobald ein Produkt in der Kategorie bewertet wurde.

Einziger Haken hierbei: Befindet sich in dieser Kategorie tatsächlich nur ein Produkt, welches eine Bewertung erhalten hat, und Ihr Kunde filtert danach, wird er entweder nur dieses eine Produkt sehen oder – im schlimmsten Fall – gar keine Produkte. Das passiert dann, wenn der Kunde eine höhere Sterneanzahl filtert, als das bewertete Produkt bekommen hat.

> **Sorgen Sie für ausreichend Bewertungen**
> Ein Hauptaugenmerk bei der Erstellung oder Weiterentwicklung Ihres Shops sollte auf den Bewertungen liegen. Die sind nämlich eine mächtige Waffe. Damit kann Ihr Kunde sich einen ersten Eindruck vom Produkt verschaffen.
>
> Nur mit ausreichend Bewertungen können Sie den Kauf- und Entscheidungsgewohnheiten Ihrer Kunden Rechnung tragen, sodass diese den gleichen Komfort bei Ihnen verspüren wie in anderen Onlineshops und Marktplätzen.

Ein Großteil der Onlineshopper filtert sogar schon vor, und will nur die gut bewerteten Produkte sehen.

Sie sehen also schon allein an diesem Beispiel, dass es wirklich wichtig ist, dass Sie Bewertungen sammeln und Sie Ihren Kunden eine gute Basis für eine Kaufentscheidung bieten.

11.8 Artikel vorbestellbar – Umsatz früher

Nicht immer sind Artikel sofort verfügbar. Oftmals werden diese angekündigt und können erst Monate später gekauft werden. Dies machen Hersteller, um Vorfreude auf ein Produkt zu erzeugen und sich unter Umständen Feedback von seinen potenziellen Kunden einzuholen.

Mit Shopware können Sie ebenfalls Artikel bereits verkaufen, welche erst später verfügbar sein werden. Legen Sie dazu einen Artikel an, wie Sie es in Kapitel 7 gelesen haben.

Beispielsweise wird ein Artikel erst am 23. März 2019 erscheinen. Der Artikel wird aber bereits im Shop verfügbar sein, sobald Sie diesen aktivieren.

Tragen Sie das entsprechende Datum in ARTIKEL • EINSTELLUNGEN • ERSCHEINUNGSDATUM ein. Dort können Sie das Datum manuell eintragen oder über den Kalender auswählen.

Abbildung 11.40 Artikel erscheint am ...

Die Angabe des Erscheinungsdatums hat keinen Einfluss auf den Bestellprozess. Der Kunde kann alle Liefer- und Zahlungsmöglichkeiten auswählen, die diesem auch bei regulären Artikeln zur Verfügung stehen.

Damit haben Sie eine tolle Möglichkeit, Artikel bereits vor dem Verkaufsstart zu präsentieren und bereits früher Umsatz zu generieren.

11.9 Attraktivität von Kategorien mit Bannern steigern

Viele Onlineshops verpassen leider die Möglichkeit, den einzelnen Kategorien einen individuellen Anstrich zu verpassen. Dadurch verkommen diese leider zu reinen Produktshows. Zwar sind die Produkte das, was die Konsumenten am Ende erwarten und natürlich auch kaufen sollen, aber das Auge isst eben mit. Von dieser menschlichen Eigenschaft können sich auch Onlineshops nicht lösen. Wer Konsumenten begeistern will, der muss sich eben auch um das Drumherum kümmern und für eine ansprechende Optik sorgen. Umfangreich können Sie tolle Einkaufwelten erstellen und damit jeder Kategorie eine besondere Note verleihen. Sie können allerdings auch Banner verwenden – eine einfache Möglichkeit, einer Kategorie Leben zu verleihen. Banner sind stimmungsvolle Bilder, die in den Kategorien oberhalb der Produkte angezeigt werden.

Öffnen Sie im Backend dazu MARKETING • BANNER. Anschließend sehen Sie auf der linken Seite des Moduls Ihre Kategoriestruktur. Dort wählen Sie zunächst eine Kategorie aus, in der Sie ein Banner integrieren möchten, und klicken anschließend auf HINZUFÜGEN. Dann öffnet sich das Modul aus Abbildung 11.41.

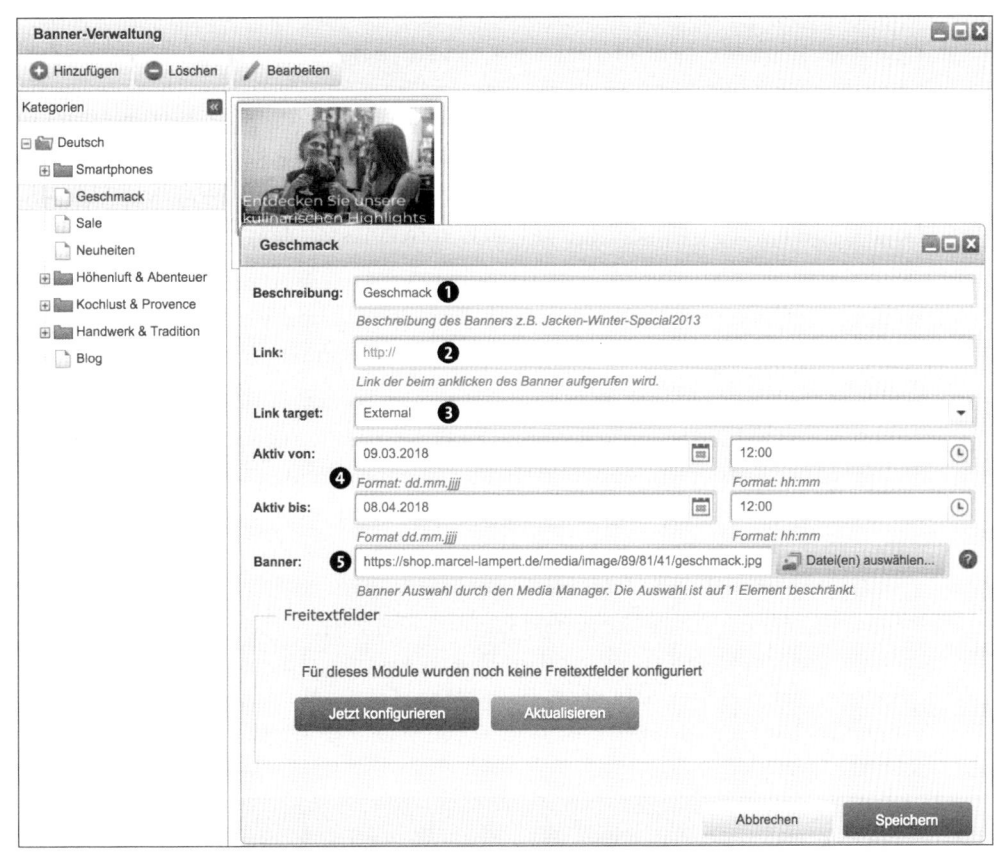

Abbildung 11.41 Banner anlegen

Tragen Sie zunächst eine BESCHREIBUNG ❶ ein. Diese wird nur intern verwendet und ist nicht im Shop sichtbar. Falls Sie jedoch mehrere Banner planen, um auf verschiedene Aktionen hinzuweisen, hilft Ihnen dies in jedem Fall weiter, den Überblick zu behalten.

Im nächsten Feld können Sie einen LINK ❷ eintragen. Damit können Sie z. B. auch Banner hochladen, die ein ganz neues Produkt bewerben, und schließlich auf das Produkt verlinken. Oder Sie haben für eine Verkaufsaktion eine separate Unterseite erstellt und verlinken auf diese. Tragen Sie den entsprechenden LINK in dieses Feld ein. Haben Sie nichts dergleichen, können Sie dieses Feld auch frei lassen, es ist kein Pflichtfeld.

Die nächste Option ist nur relevant, sofern Sie davor einen Link eingetragen haben. Über das LINK TARGET ❸ wählen Sie aus, wie der angeklickte Link geöffnet wird. Wählen Sie, wie auf dem Screenshot Abbildung 11.41 zu sehen, *External* aus, so wird sich der dahinter liegende Link in einem neuen Fenster oder einem neuen Tab öffnen. Stellen Sie an dieser Stelle *Internal* ein, öffnet sich der geklickte Link im gleichen Tab. Dies eignet sich nur, wenn Sie die Kunden in Ihrem Shop behalten. Hinterlegen Sie dort einen Link zu einer anderen Webseite oder nur auf ein Produkt, sollten Sie in jedem Fall *External* auswählen. Dadurch bleibt die Kategorie bei Ihren Besuchern als Tab separat geöffnet, und die User haben eine größere Chance, weiter in der Kategorie zu stöbern, auch wenn der Tab des geklickten Links wieder geschlossen ist.

Die Einstellungen AKTIV VON und AKTIV BIS ❹ sorgen für eine zeitgesteuerte Ausspielung des Banners. Dies eignet sich vor allem dann, wenn Sie eine zeitlich begrenzte Sonderaktion bewerben möchten und der Banner mit Beenden der Aktion ebenfalls deaktiviert werden soll.

Zu guter Letzt wählen Sie noch das BANNER ❺ aus, das Sie anzeigen möchten. Tragen Sie hier entweder den Link zum Bild ein oder, wohl bequemer, wählen Sie diesen aus der Medienverwaltung aus.

> **Einordung des Banners in der Medienverwaltung**
> Wenn Sie ein neues Bild als Banner hochladen, wählen Sie vorher unbedingt das Album *Banner* aus. Haben Sie das Banner bereits vorher hochgeladen, und ist dieses nicht im Album *Banner* zu finden, so verschieben Sie das Bild unbedingt dorthin. Nur wenn der Banner auch im gleichnamigen Ordner zugeordnet ist, wird dieser auch im Shop angezeigt.

Sobald Sie alles eingestellt haben, können Sie die Banner-Konfiguration SPEICHERN.

Wie Sie auf Abbildung 11.42 sehen, wird das Banner oberhalb der Produkte und auch oberhalb des Kategorietextes, welchen Sie in den CMS-Funktionen der Kategorie hinterlegt haben, dargestellt.

Abbildung 11.42 Banner im Shop, Bild von pexels.com

Damit ist dies der erste Kontaktpunkt Ihres Kunden mit dieser Kategorie und muss überzeugen. Es gibt zwar keine allgemeingültige Formel, mit der Sie ein Banner erstellen, der Ihre Besucher in jedem Fall überzeugt, aber ein paar Leitlinien gibt es dennoch: Bilder mit Menschen sind in jedem Fall besser als reine Produktbilder. Emotional aufgeladene Bilder sind noch ein Stück besser, freundliche und lächelnde Menschen wirken ebenfalls positiv. Außerdem wirken warme Farben besonders einladend und angenehm für Ihre Besucher. Bilder mit Sonnenuntergängen oder mit Einfall von Sonnenlicht sind aus diesem Grund so beliebt.

Die optimale Breite für ein Banner beträgt 900 Pixel. Damit schließt es bündig mit dem darunterliegenden Inhalt ab. In der Höhe gibt es keine Vorgaben, dies kann entsprechend durch ästhetische Gesichtspunkte gehandhabt werden. Optimal ist es allerdings, wenn Ihr Kunde unterhalb des Banners noch Produkte sehen kann, damit für ihn direkt ersichtlich ist, dass er weiterscrollen soll.

Leider ist es nicht möglich, mit dem Modul einen Slider aus mehreren Bannern zu erstellen. Es wird immer nur ein Bild angezeigt. Sollten Sie mehrere Banner gleichzeitig für eine Kategorie konfiguriert haben, wählt Shopware per Zufall ein Banner aus, der dem Besucher angezeigt wird. Das Roulette beginnt bei jedem Zugriff auf die entsprechende Kategorie von Neuem.

Wenn Sie mehr mit dem Element des Banners anstellen möchten, z. B. als Slider einstellen, empfehlen sich wiederum die Einkaufswelten. Lesen Sie dazu auch das Kapitel 8, in dem es um die Einkaufswelten geht.

11.10 Empfehlungsmarketing mit Shopware

Wir leben in Zeiten, in denen wir Menschen werbe- und reizüberflutet werden. Das führt auch dazu, dass Werbebotschaften schnell als solche wahrgenommen und meist ignoriert werden. So ist es auch nicht sehr verwunderlich, dass die meisten Werbeaussagen keinerlei Wirkung mehr erzielen. Und dennoch finden Unternehmen regelmäßig neue Kunden. Eine Lösung des Problems sind Empfehlungen.

Schließlich vertrauen wir unseren Mitmenschen und engen Freunden eher als der Werbung.

11.10.1 Empfehlungsmarketing mit hauseigenen Mitteln

Dies haben sich auch schon seit Längerem Onlineshops zunutze gemacht und Empfehlungsfunktionen eingebaut. Während anfänglich nur per E-Mail weiterempfohlen werden konnte, hat sich die Anforderung inzwischen auf verschiedene Dienste wie z. B. Facebook oder WhatsApp ausgeweitet. In diesem Zusammenhang sollten Sie allerdings die europäischen Datenschutzbestimmungen einhalten, da andernfalls teure Abmahnungen in Ihr Haus flattern können.

Die hauseigene Funktion von Shopware ermöglicht es Ihren Kunden nur, einen Artikel über ein Formular an einen potenziell interessierten Kontakt zu verschicken (siehe Abbildung 11.43). Doch zunächst müssen Sie diese Funktion aktivieren.

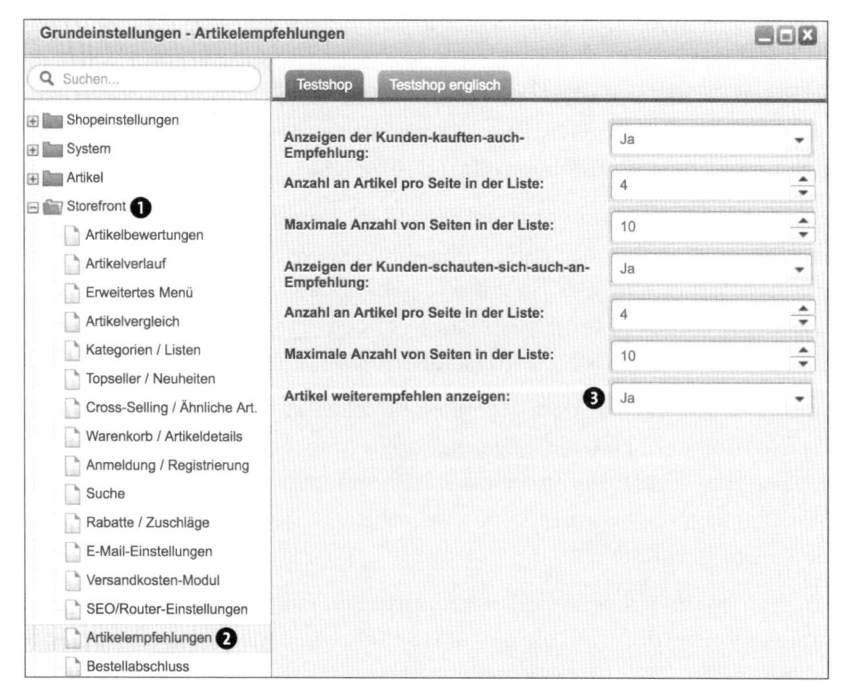

Abbildung 11.43 Aktivieren Sie die Empfehlungsfunktion

Öffnen Sie dazu die EINSTELLUNGEN • GRUNDEINSTELLUNGEN. Anschließend finden Sie die Option unter STOREFRONT ❶ • ARTIKELEMPFEHLUNGEN ❷. Aktivieren Sie schließlich die letzte Option ARTIKEL WEITEREMPFEHLEN ANZEIGEN ❸, und leeren Sie den Cache. Sofort steht Ihren Besuchern die Weiterempfehlungsfunktion zur Verfügung.

Im Shop ist der Button dann unterhalb des Buttons IN DEN WARENKORB auf der Artikeldetailseite zu finden. Er reiht sich dort neben VERGLEICHEN, MERKEN und BEWERTEN ein. Vom Design her macht es sich dort gut, ist allerdings schwer zu finden, weil es dann doch sehr unauffällig daherkommt.

Abbildung 11.44 Unauffällige Weiterempfehlungsfunktion

Zum Schluss sollten Sie prüfen, ob Sie mit der E-Mail einverstanden sind, welche von Shopware für Ihren Kunden versendet wird. Wie alle E-Mails finden Sie auch diese in den EINSTELLUNGEN und dort in den E-MAIL-VORLAGEN. Anschließend wählen Sie in den SYSTEM-E-MAILS die Vorlage STELLAFRIEND aus. Da diese als HTML-E-Mail verschickt wird, klicken Sie auf den Reiter HTML. Dort können Sie nun den Text bearbeiten, den der Geworbene erhält. Einfache HTML-Kenntnisse sind hierbei völlig ausreichend. Beachten Sie dazu auch die möglichen Variablen, die Sie in den E-Mails benutzen können. Diese finden Sie auf der rechten Seite des Moduls als aufklappbaren Bereich mit der Beschriftung VARIABLEN INFORMATIONEN.

Besitzen Sie keine HTML-Kenntnisse, empfiehlt es sich, dass Sie ausschließlich den Text ändern und den grundsätzlichen Aufbau in Form von Zeilenumbrüchen oder Platzierung von Links belassen.

Ihre Fortschritte können Sie jederzeit in einer VORSCHAU ANZEIGEN lassen oder sich testweise eine E-Mail senden lassen. So können Sie sich Stück für Stück zu Ihrer Wunsch-E-Mail vortasten. Und wichtig ist, dass Sie speichern, bevor Sie eine Test-E-Mail senden oder sich die Vorschau anzeigen lassen.

11.10.2 Shariff – die datenschutzsichere Alternative

Es gibt allerdings auch Plugins, welche Ihren Kunden mehr Möglichkeiten des Teilens anbieten und die auch besser ins Auge springen. Diese Plugins erlauben Ihren Kunden das Teilen auf den verschiedensten Kanälen, vornehmlich Social-Media-Dienste wie Facebook, Twitter, WhatsApp oder Pinterest.

Da diese Dienste natürlich auch Daten abfassen, sollten Sie als Shopbetreiber hier auf ein datenschutzfreundliches Plugin achten. Hier hat sich die Shariff-Lösung, die der Heise Verlag aus Hannover entwickelt hat, als besonders geeignet herausgestellt. Heise beschreibt die Shariff-Technologie so:

> *Die Kommunikationen mit den sozialen Netzwerken übernimmt ein auf dem Server abgelegtes Skript, das sich als Vermittler zwischen soziales Netzwerk und Nutzer schaltet. Nutzer stehen erst dann mit Facebook, Google oder Twitter direkt in Verbindung, wenn sie aktiv werden. Vorher können die sozialen Netzwerke keine Daten über sie erfassen.*

Das entsprechende Shopware-Plugin, welches sich dieser Technik bedient, heißt *Social via Shariff* von Andreas Schulz. Sie können es für nur 15 Euro erwerben und haben damit gleich zwei Fliegen mit einer Klappe geschlagen:

1. Sie achten den Datenschutz Ihrer Besucher.
2. Sie bieten mehr Möglichkeiten an, Ihre Artikel zu teilen.

Insgesamt bietet Ihnen das Plugin die Möglichkeit, derzeit in über 18 Netzwerke Empfehlungsmarketing zu betreiben. Mit dabei sind bekannte Plattformen wie Facebook, Xing oder auch Twitter. Aber auch unbekannte oder Randplattformen wie Telegram oder Tumblr sind dabei.

Besonders gelungen ist, dass Sie als Shopbetreiber auswählen können, an welcher Stelle die Teilen-Buttons zu finden sind. Ob nun direkt unterhalb des Warenkorb-Buttons auf der Produktdetailseite oder direkt in der Artikelbeschreibung. Insgesamt stehen Ihnen sieben verschiedene Platzierungsorte zur Verfügung, die auch je nach Sub- oder Sprachshop verschieden sein können. Und ganz clever: Die Weiterempfehlungsfunktion von Shopware können Sie deaktivieren, wenn Sie das Plugin einsetzen. Damit können Ihre Kunden ebenfalls Artikel per E-Mail empfehlen. Sie können Sogar Betreffzeile und den E-Mail-Inhalt bestimmen.

Einen Blick ist dieses Plugin in jedem Fall wert.

11.11 Der integrierte Blog

Ein Blog ist eine tolle Sache. Und ein Blog bedeutet Arbeit. Mit diesen zwei Extremen steige ich hier ein. Denn ein Blog heißt auf der einen Seite natürlich Arbeit. Das können gern mal ein paar Stunden pro Artikel sein. Auf der anderen Seite bringt jeder Blogartikel – gut geschrieben und nach gewissen Faktoren erstellt – regelmäßig neue Besucher auf Ihren Shop.

11.11.1 Wozu Sie einen Blog benötigen

Sie können sich sicherlich vorstellen, dass Suchwörter, die eine direkte Kaufabsicht beinhalten, bei Suchmaschinen extrem umkämpft sind. Das wäre zum Beispiel *Lederschuhe Herren kaufen*. Solche Suchbegriffe eigenen sich gut für Kategorieseiten. Durch den Zusatz *kaufen* wird der potenzielle Kunde eine solche Anschaffung tätigen wollen. Dies haben im Grunde alle Onlineshop-Betreiber erkannt und viele haben darauf ihre Optimierungstätigkeiten ausgerichtet. Klar ist, der Kunde will kaufen und alle Shops wollen solche Kunden haben. Das heißt aber gleichzeitig auch, dass dort harter Wettbewerb um die erste Seite der Suchergebnisse herrscht. Ist dies eine Sackgasse? Mitnichten!

Immerhin haben Sie noch Ihren Blog – dort können Sie ungezwungen Themen abseits der eigentlichen Kaufabsichten abhandeln.

Ich bleibe beim eben aufgenommenen Beispiel Lederschuhe und versetze mich in die Lage eines Lederhändlers. Hierzu könnten folgende Themen in jeweils einem Blogbeitrag oder einer Blogserie (handelt ein großes Thema in mehreren Blogartikeln ab) behandelt werden:

- Worauf wir beim Lederkauf achten
- So pflegen Sie Ihre Lederhandschuhe optimal
- Mit Lederprodukten durch den Winter

Sie als Händler kennen Ihre Produkte und die wiederkehrenden Fragen von Kunden und Interessenten. Dies können Sie als Anhaltspunkt nehmen, um mit den ersten Blogbeiträgen zu starten.

Der wichtigste Faktor ist aber: Ein Blogartikel beschert Ihnen einen regelmäßigen und konstanten Besucherstrom. Einmal angelegt akquiriert er für Sie dauerhaft über mehrere Monate, wenn nicht sogar Jahre, neue Besucher. Und je mehr Besucher Sie erhalten, desto mehr Kunden werden daraus hervorgehen. Eigentlich einfach.

Beruhigend ist sicherlich auch, dass Sie bei den Blogartikeln wenig auf bekannte SEO-Theorien setzen müssen. Ein solcher Artikel, mit dem Sie Ihre potenziellen Kunden aufklären und Hintergrundwissen vermitteln, darf nicht durch technische Gegebenheiten verfälscht werden. Letztlich belohnt Google dies ebenfalls. Wenn Sie sich zu 100 % auf Ihre Besucher konzentrieren und für sie interessante und mehrwertige Inhalte erstellen, erhalten Sie bei Google ebenfalls ein gutes Ranking.

Schließlich ist es ja das, was Sie mit einem Blogartikel beabsichtigen: ein gutes Ranking erzielen und viele Besucher anziehen. Es ist also Zeit sich anzusehen, wie Sie einen Blogartikel in Shopware anlegen.

11.11.2 So legen Sie einen Blogartikel an

Idealerweise liefert Shopware bereits ein gutes Blog-Modul ab der Community Edition mit. Damit haben Sie dieses wichtige Instrument bereits an Bord und benötigen dafür keine weitere Software. Öffnen Sie dazu INHALTE • BLOG.

In diesem Modul werden Sie später alle Blogbeiträge finden, die Sie erstellt haben. Zudem finden Sie dort wichtige Informationen zu den einzelnen Blogbeiträgen, wie zum Beispiel die NICHT BEARBEITETEN KOMMENTARE und die AUFRUFE und seit wann die Beiträge online sind. Durch die Aufrufe sehen Sie direkt, wie häufig ein Beitrag aufgerufen wurde. Leider sind hier tiefer gehende Analysen nicht mit den Standard-Werkzeugen von Shopware möglich, mit denen Sie z. B. herausfinden könnten, wie viele Besucher direkt über Google auf den Beitrag kamen und wie viele Kunden, die sich sowieso schon auf Ihrem Shop aufgehalten haben, den Beitrag aufgerufen haben. Das ist schade, solche Analysen können Sie aber mit Drittanbieter-Tools wie Google Analytics oder Matomo (ehemals Piwik) durchführen. Einen Überblick über Google Analytics und auch Matomo finden Sie in Kapitel 13.

Klicken Sie auf BLOGARTIKEL HINZUFÜGEN, um einen neuen Beitrag anzulegen.

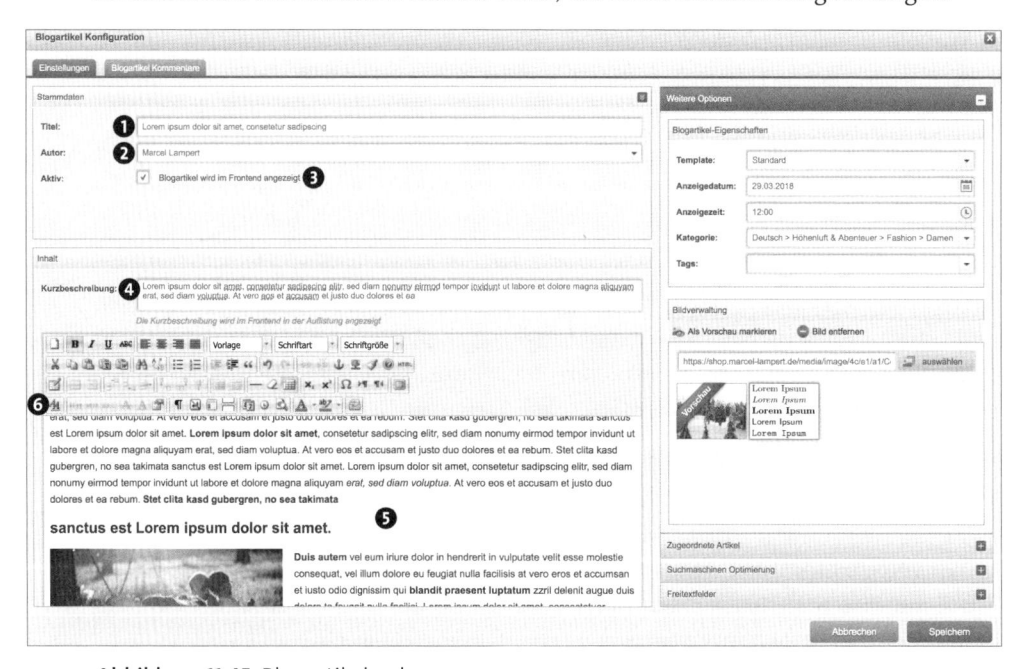

Abbildung 11.45 Blogartikel anlegen

Wie Sie bereits in der Abbildung 11.45 sehen können, ist das Modul schlicht gehalten und einfach zu verstehen. Zunächst legen Sie einen TITEL ❶, also den Namen des Blogbeitrags sowie den AUTOR ❷ fest. Wenn Sie den Beitrag schreiben, ist es noch nicht ratsam, diesen bereits mit der Checkbox BLOGARTIKEL WIRD IM FRONTEND

ANGEZEIGT ❸ zu aktivieren. Die empfiehlt sich erst, sobald der Artikel geschrieben ist.

Im nächsten Schritt geben Sie eine KURZBESCHREIBUNG ❹ ein. Diese wird als kurze Beschreibung des Blogartikels im Shop angezeigt. Die Kurzbeschreibung sollten Sie also möglich knackig und interessant formulieren.

Darunter folgt der eigentliche Blogbeitrag ❺. Wie Sie bereits im Bild erkennen können, ist es auch hier zu empfehlen, dass die Kreativen Ihres Unternehmens mit dem Erweiterten Editor arbeiten. Hier folgt auch die eigentliche Arbeit. Mit diesem Artikel möchten Sie schließlich Besucher auf Ihre Seite locken und Ihren bestehenden Kunden einen besonderen Service bieten.

Dabei müssen es nicht immer ausufernd lange Artikel sein, damit diese besonders gut bei einer Suchmaschine gefunden werden. Wichtig ist dabei, dass die Texte, die Sie schreiben, Mehrwert bietet und Fragen Ihrer Kunden beantworten. Orientieren Sie sich dabei an einer Mindestwortzahl von ca. 300 Wörtern. Weniger sollten Sie nicht schreiben, mehr geht natürlich immer. Das Mehr an Wörtern muss dann allerdings auch in einem Mehr von Mehrwert münden, wie z. B. mehr beantwortete Fragen zu einem bestimmten Thema, weiterführende Links etc.

Ein wichtiges Element, um ansprechende Blogbeiträge (wie auch Produktbeschreibungen) zu erstellen, ist die Funktion CSS-STYLES BEARBEITEN ❻. Möchten Sie ein Element detaillierter bearbeiten, können Sie dieses markieren und im Editor auf den untersten Button links klicken, dort sehen Sie den Buchstaben A in zwei verschiedenen Darstellungen.

In dem in Abbildung 11.46 dargestellten Bild innerhalb des Blogbeitrags wurden die CSS-Styles ebenfalls bearbeitet.

Fügen Sie nämlich ein Bild zwischen einen Text hinzu, so wird der weitere Text unterhalb des Bildes dargestellt. Dies sieht nicht so toll aus. Vor allem, wenn Sie einen Bezug zum Bild herstellen möchten, ist es doch ideal, wenn die Erklärung oder Beschreibung direkt neben dem Bild erscheint. Also nehme ich eine Einstellung vor, damit das Bild umflossen wird. Da das Bild auf der linken Seite zu finden ist und der Text rechts daneben erscheinen soll, muss das Element, in diesem Fall das Bild, nach links verschoben werden, damit der Text daneben dargestellt werden kann.

Wählen Sie also das Bild an, und klicken Sie den Button, um die CSS-STYLES ZU BEARBEITEN. Anschließend klicken Sie auf den Reiter BOX, siehe Abbildung 11.46. Im oberen Drittel finden Sie dann die Option UMFLIESSUNG ❻. Diese stellen Sie auf *left* ein. Damit der Text elegant mit etwas Abstand zum Bild angezeigt wird, habe ich hier noch einen ÄUSSEREN ABSTAND rechts ❼ von 15 Pixeln definiert. Gleiches könnten Sie mit jedem Rand definieren – je nachdem, wie Sie es benötigen.

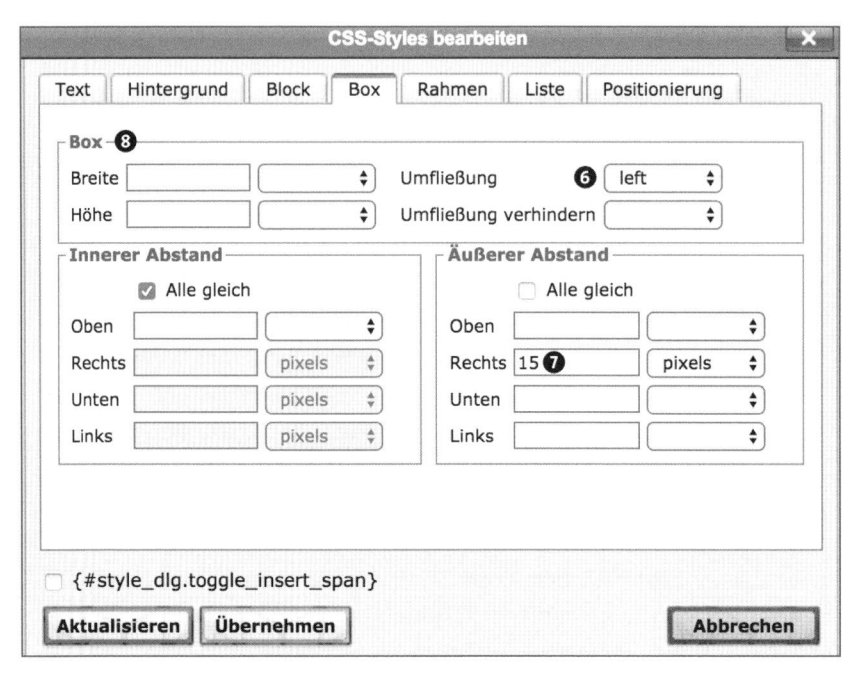

Abbildung 11.46 Styling eines Elementes bearbeiten

Die Größe eines Bildes könnten Sie hier auch noch einstellen. Tragen Sie dazu in der Box ❽ eine beliebige Höhe und Breite ein. Wählen Sie in der danebenstehenden Drop-down-Liste auch die Maßeinheit, z. B. Pixel, aus. Sobald Sie den Button AKTUALISIEREN klicken, wird das Bild auf die entsprechende Größe skaliert.

In den anderen Reitern finden Sie viele weitere Formatierungsmöglichkeiten. Im Reiter TEXT können Sie z. B. eine andere Schriftart einstellen, welche Sie ggf. nur für diesen Blogartikel nutzen möchten. Auch können Sie die Schriftgröße oder die Schriftfarbe einstellen. Natürlich ginge dies auch einfach über den erweiterten Editor, in der CSS-Style-Bearbeitung haben Sie allerdings feinere Möglichkeiten. Im Reiter HINTERGRUND können Sie eine Hintergrundfarbe (auch nur für einen bestimmten Abschnitt) oder ein Hintergrundbild einfügen. Das Bild lässt sich leider nicht direkt über den Medienmanager einfügen. Allerdings ist es durchaus möglich, das Bild über den Medienmanager in Shopware zu importieren und dort den *Link zum Medium* zu kopieren.

Der nächste Reiter heißt BLOCK. Dort stellen Sie die grundsätzlichen Abstände von Wörtern und Buchstaben ein, und können einen bestimmten Abschnitt auch einrücken. Wichtig hierbei ist, dass sich Änderungen jeweils auf die markierte Zeile oder den markierten Bereich beziehen.

Die Funktionen aus dem Reiter BOX wurden bereits etwas weiter oben beschrieben. Daher springe ich direkt zum Reiter RAHMEN. Dort können Sie für einen bestimmten

Abschnitt des Textes einen Rahmen in den verschiedensten Ausführungen anlegen. Am bekanntesten ist wohl das Rahmen-Format solid, da dies eine durchgezogene Linie ist. Weitere Format-Auswahl gibt es wie gestrichelt oder gepunktet. Auch können Sie dem Rahmen eine Farbe und eine Breite geben und dies auch je nach Platzierung (oben, unten, rechts, links) unterschiedlich gestalten. Ein Rahmen ergibt in Kombination mit einer Hintergrundfarbe sicherlich am meisten Sinn, wenn Sie einen bestimmten Aspekt Ihres Artikels besonders hervorheben möchten.

Sollten Sie eine Aufzählungsliste in Ihrem Artikel einsetzen, können Sie auch dieses Aussehen ändern. Im Reiter LISTE finden Sie dazu die entsprechenden Optionen. Zum einen können Sie verschiedene Arten der Aufzählung einstellen (Punkt, römisch, Buchstaben), alternativ sogar ein Icon hinterlegen, indem Sie unter LISTEN-PUNKT-GRAFIK den Link zum Icon eintragen. Auch hier können Sie nicht direkt aus dem Medienmanager wählen, sondern müssen den Link direkt kennen. Die Positionierung des Aufzählungszeichens können Sie ebenfalls wählen: Soll es innerhalb oder außerhalb des Textes platziert werden?

Der letzte Reiter heißt POSITIONIERUNG und dieser dreht sich um Höhen und Breiten. Da die hier angebotenen Möglichkeiten im Alltag eine wohl untergeordnete Rolle spielen werden, gehe ich darauf nicht näher ein.

Nun haben Sie also Ihren Text formatiert, mit Bildern versehen, ggf. interne und externe Links gesetzt und einen in sich stimmigen und mehrwertigen Blogartikel geschrieben. Nun geht es zu den weiteren Einstellungen, die Sie in den BLOGARTIKEL-EIGENSCHAFTEN auf der rechten Seite des Moduls finden.

Wenn Sie einen Blogbeitrag vorplanen möchten, also schreiben aber noch nicht veröffentlichen, können Sie das Datum der Veröffentlichung unter ANZEIGEDATUM eintragen. Gleiches gilt für die Uhrzeit an diesem Tag. Lassen Sie ein Feld oder gar beide Felder frei, wird der Artikel sofort veröffentlicht. Als Nächstes wählen Sie die entsprechende KATEGORIE aus, in der dieser Beitrag erscheinen soll. Welche Ihrer Kategorien für Blogartikel genutzt werden soll, definieren Sie in den Einstellungen der Kategorien.

Abbildung 11.47 Definition einer Blog-Kategorie

Sobald eine Kategorie wie in Abbildung 11.47 eingestellt ist, können Sie diese auch im Blog-Modul auswählen. In Blog-Kategorien werden grundsätzlich keine Produkte gelistet.

Schließlich können Sie Ihren Blogartikel noch mit sogenannten *Tags* versehen. Das sind einzelne Schlagworte, die den Inhalt des Artikels umreißen. Für einen Blogartikel *Mit Lederprodukten durch den Winter* könnten Sie folgende Tags verwenden:

Lederhandschuhe, Lederschuhe, Winter, Kälteschutz, Pflege, kalt, …

Die Tags werden in der Blog-Kategorie angezeigt und dienen als Filter. Klickt ein Besucher also auf den Tag *Pflege*, werden ihm alle Blogartikel angezeigt, die Sie mit diesem Schlagwort versehen haben.

Im nächsten Schritt befindet sich die BILDVERWALTUNG. Hier laden Sie alle entsprechenden Bilder zum Beitrag hoch. Dies geschieht ähnlich, wie Sie es bereits von der Artikelanlage kennen. Das Bild, welches Sie als Erstes dem Besucher zeigen möchten, markieren Sie auch hier als Vorschaubild.

Besonders interessant ist aber, wenn Sie einen Blogartikel zu einem bestimmten Produkt oder einer bestimmten Produktgruppe geschrieben haben. Dann können Sie diesen Artikel in den ZUGEORDNETEN ARTIKEL hinzufügen, diese werden anschließend im Blogbeitrag angezeigt.

Das heißt, der Artikel erscheint unterhalb des Blogbeitrages. Dazu können Sie nach dem Produktnamen oder konkret einer Artikelnummer suchen. Dabei können Sie so viele Produkte wie Sie möchten hinzufügen.

Abbildung 11.48 Zugewiesene Artikel im Blogbeitrag

Damit Sie den Suchmaschinen Ihren Artikel möglichst einfach aufbereiten, sollten Sie auch die SUCHMASCHINEN OPTIMIERUNG beachten. Hierbei können Sie, wie Sie es bereits aus Kategorien und Artikeln kennen, einen eigenen Titel angeben, der bei Google und Co. angezeigt werden soll. Ein Titel mit einer Handlungsaufforderung, wie z. B. *[...] jetzt klicken,* kann helfen, Besucher auf Ihre Seite zu locken. Zudem können Sie eine kurze Beschreibung von maximal 150 Zeichen hinterlegen. Diese Beschreibung kann von der eigentlichen Kurzbeschreibung abweichen, die zum anteasern des Blogbeitrages auf der eigenen Webseite dient. Auch können Sie Keywords hinterlegen, obwohl diese von den Suchmaschinen nicht mehr wirklich benötigt werden.

Um einen Eindruck zu bekommen, wie ein Suchergebnis aussehen kann, bietet Ihnen Shopware an dieser Stelle die Möglichkeit, eine Vorschau zu erstellen. Wenn Sie Titel und Beschreibung geschrieben haben, klicken Sie einfach auf den Button Vorschau erstellen, und Ihnen wird das zu diesem Zeitpunkt aktuelle Ergebnis angezeigt.

Nun haben Sie Ihren ersten eigenen Blogbeitrag verfasst. Sobald dieser online ist, können Ihre Besucher diesen auch kommentieren und bewerten.

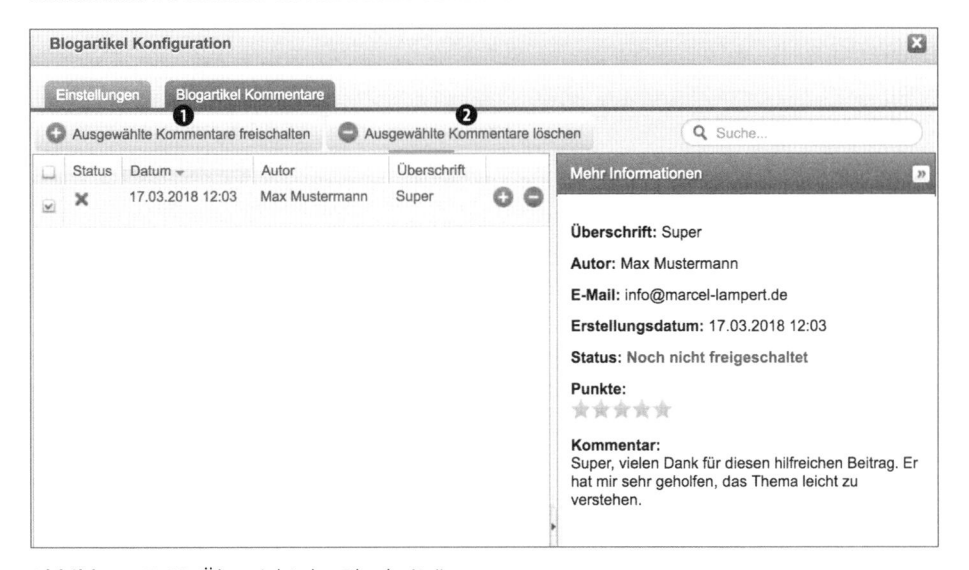

Abbildung 11.49 Übersicht der Blogbeiträge

In Abbildung 11.49 sehen Sie den Reiter Blogartikel Kommentare. Dort finden Sie später alle Kommentare zu Ihrem Artikel und können diese dort auch freischalten oder löschen. Sie haben nicht die Möglichkeit, Kommentare zu bearbeiten und ggf. zu Ihren Gunsten zu ändern. Zunächst muss Ihr Kunde seinen Kommentar freischalten. Dazu erhält Ihr Kunde eine E-Mail mit einem Bestätigungslink, den er erst anklicken muss, damit der Kommentar auch in den Kommentaren sichtbar wird und freigeschaltet werden kann.

Einen Kommentar schalten Sie über das grüne Plus-Symbol oder den Button Ausgewählte Kommentare freischalten ❶ frei. Um einen Kommentar nicht zu veröf-

fentlichen, können Sie diesen entweder ignorieren oder mit dem Button AUSGE-
WÄHLTE KOMMENTARE LÖSCHEN ❷ entfernen.

Anders als bei Artikelbewertungen können Sie auf Blogbeiträge nicht reagieren und eine Antwort darunter verfassen. Um auf Fragen Ihrer Besucher einzugehen, müssten Sie also einen eigenständigen Kommentar verfassen.

Nun haben Sie das Handwerkszeug, um einen Blogartikel zu verfassen. Nutzen Sie diese Möglichkeit, um spannende Inhalte und Mehrwert um Ihre Produkte herum zu erstellen.

Kapitel 12
Große Mengen verkaufen – B2B-Geschäfte mit Händlern abwickeln

Mit wenigen Klicks bereiten Sie sich auf das B2B-Geschäft vor. In diesem Kapitel lesen Sie, wie Sie Geschäfte mit Händlern vorbereiten und später auch abwickeln.

Sie können auch mit Händlern Geschäfte abwickeln und für sie eigene Bedingungen anlegen. So ist es z. B. möglich, dass freigeschaltete Händler nur Nettopreise angezeigt bekommen und im Warenkorb auch einen pauschalen Rabatt eingeräumt bekommen.

12.1 Einstellungen für die Kundengruppe Händler

Shopware gibt Ihnen die Möglichkeit, Ihre Kunden in verschiedene Gruppen einzuteilen. Durch diese Segmentierung ist es Ihnen unter anderem möglich, die Preisanzeige von Brutto auf Netto umzustellen oder auch pauschale Rabatte bei den Bestellungen einzuräumen. Öffnen Sie die EINSTELLUNGEN • GRUNDEINSTELLUNGEN.

Unter den SHOPEINSTELLUNGEN finden Sie den Punkt KUNDENGRUPPEN. Mit einem Klick auf HÄNDLER oder das Stift-Symbol öffnet sich der Bearbeitungsmodus der ausgewählten Kundengruppe, siehe Abbildung 12.1.

Der Händler soll in diesem Beispiel direkt Nettopreise im Shop sehen können. Auch werden Händler hier keinen Mindestbestellwert haben und Zuschläge oder Rabatte erhalten.

Sollten Händler pauschale Rabatte erhalten, aktivieren Sie den RABATT-MODUS. Mit Auswahl dieser Option erscheint ein weiteres Feld. Damit bestätigen Sie einen pauschalen Rabatt in einer von Ihnen definierten prozentualen Höhe. Tragen Sie in dem neuen Feld also z. B. eine 10 ein, erhält jeder Kunde dieser zugewiesenen Kundengruppe pauschal 10 Prozent Rabatt.

Welche Kundengruppe welche Preise angezeigt und abgerechnet bekommt, bestimmen Sie in den einzelnen Artikel. Dort finden Sie im Abschnitt PREISE Reiter mit den einzelnen Kundengruppen. Sie können dort die Preise je Kundengruppe verschieden hinterlegen. In dem Beispiel oben werden keine Bruttopreise eingegeben. Dadurch werden die Preise, die Sie in den Artikeln angeben, als Nettopreise behandelt. Möchten Sie für Ihre Händlerkunden Bruttopreise in der Artikelverwaltung angeben, aktivieren Sie in der Kundengruppen-Verwaltung einfach EINGABE BRUTTOPREISE.

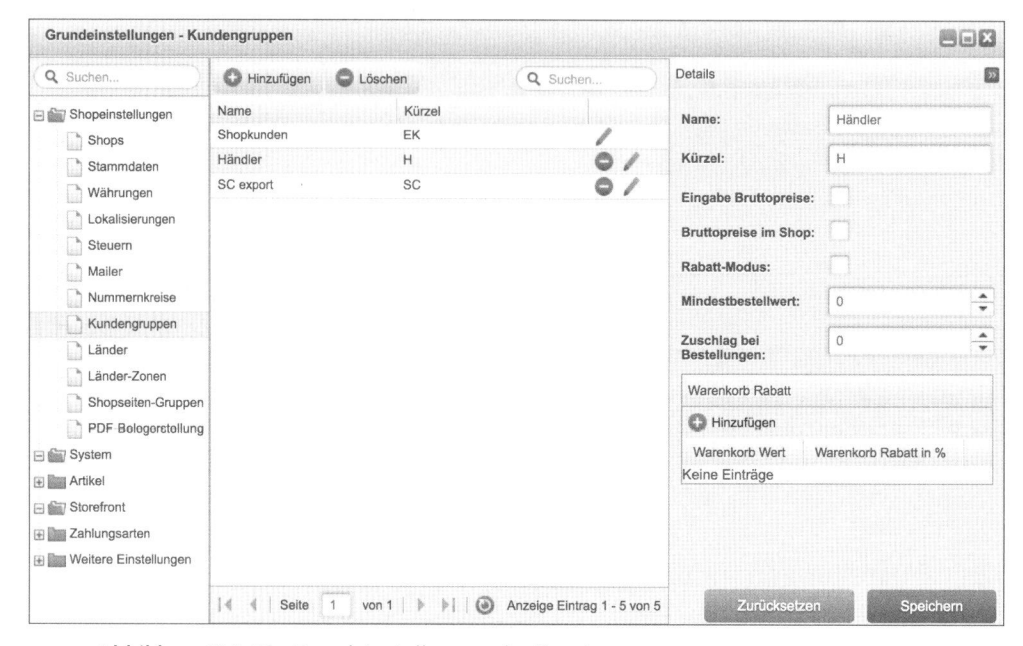

Abbildung 12.1 Die Grundeinstellungen der Kundengruppen

Entscheiden Sie nun noch, wie die Preise im Shop angezeigt werden. Mit BRUTTOPREISE IM SHOP errechnet Shopware aufgrund der vorher angegeben Parameter automatisch den korrekten Bruttopreis. Wenn diese Option nicht aktiviert ist, sehen die Händler die Nettopreise. Die anfallende Umsatzsteuer würde dann erst im Checkout-Prozess berechnet werden.

Die Beispielhändler müssen keinen MINDESTBESTELLWERT beachten. Dennoch wäre es möglich, dass ein solcher angegeben wird. Löst ein Händler dabei eine Bestellung bei Ihnen unterhalb des Mindestbestellwertes aus, wird der ZUSCHLAG BEI BESTELLUNGEN berechnet. Die Bearbeitungsgebühr wird dann pauschal zu Ihren Bestellungen addiert.

> **Bestellung unterhalb des Mindestbestellwertes nicht akzeptieren**
>
> Möchten Sie Bestellungen unterhalb des Mindestbestellwertes nicht annehmen – auch nicht mit einem Zuschlag – tragen Sie eine 0 bei ZUSCHLAG BEI BESTELLUNGEN ein. Die Bestellung kann dann mit dem Hinweis, dass der Mindestbestellwert nicht erreicht wurde, nicht abgeschlossen werden.

Interessant ist der WARENKORB-RABATT: Hier können Sie zusätzliche Rabattstaffeln hinterlegen, und so Anreize geben, mehr in Ihrem Shop zu bestellen. So könnte eine Rabattstaffel aussehen:

Warenkorbwert	Warenkorb-Rabatt in %
100,00	2,00 %
250,00	2,50 %
500,00	3,00 %
1.000,00	5,00 %

Sie haben also viele Möglichkeiten, Händler an sich zu binden, und durch pauschale Preisregeln einen hohen Automatismus zu erreichen.

12.2 Wie werden den Kunden die Rabatte präsentiert?

Es gibt zwei verschiedene Rabatte, die auch im Shop unterschiedlich behandelt werden.

12.2.1 Rabatt-Modus

Im Standard Responsive Theme sehen die Kunden leider nicht, dass ihnen ein Rabatt eingeräumt wurde, zum Beispiel durch einen Streichpreis. Dies ist lediglich über untypische Preise ersichtlich. Auch im Warenkorb wird keine separate Position angezeigt, die den eingeräumten Rabatt darstellt.

Liegt der reguläre Preis also im Normalfall bei 129,95 Euro brutto, würde der Artikel mit 10 % Rabatt anschließend nur noch 116,95 Euro kosten, und dieser Preis würde auch auf den Artikeldetailseiten zu sehen sein.

Wichtig: Der Rabatt berechnet sich immer nach der Grundlage der Preiskalkulation. Tragen Sie bei Ihren Händlern einen Nettopreis ein, würde der Rabatt in diesem Fall auch vom Nettopreis berechnet werden.

Da auch Rabatte eine Art Marketing sind, lohnt es sich, diese auch transparent zu kommunizieren. Wie beschrieben, sehen die Kunden den Ursprungspreis im Rabatt-Modus nicht. Daher eignet sich wahrscheinlich eher die zweite Variante, der Warenkorb-Rabatt.

12.2.2 Warenkorb-Rabatt

In dieser Methode werden Rabatte transparent dargestellt. Die Kunden sehen auf den Artikelseiten die regulären Preise, und gleichzeitig wird der Rabatt als separate Position bereits in der Modalbox und im Warenkorb angezeigt.

12.2.3 Kombination des Rabatt-Modus mit dem Warenkorb Rabatt

Auch eine Kombination aus beiden Möglichkeiten ist denkbar. So können Sie Ihren Händlern zum Beispiel einen Grundrabatt auf den Nettopreis einräumen und gleichzeitig höhere Bestellmengen provozieren, indem Sie weitere Rabatte einräumen, sobald eine gewisse Schwelle erreicht wurde.

Hier ein mögliches Beispiel:

Rabatt-Modus: 10 % Rabatt

Warenkorb Rabatt: ab 1.000 Euro Bestellsumme gibt es zusätzlich 5 % Rabatt.

Sobald ein Händler also eine Bestellung über 1.000 Euro platziert, erhält er automatisch 15 % Rabatt. Da die 1.000 Euro ausgehend vom bereits rabattierten Preis gerechnet werden, ist dies für Sie als Verkäufer und für Ihren Händlerkunden ein Gewinn.

12.3 Ein Händler wird zum Kunden

Damit Sie auch von dem B2B-Geschäft profitieren können, müssen Sie Händlern zunächst die Möglichkeit geben, sich in Ihrem Shop registrieren zu können.

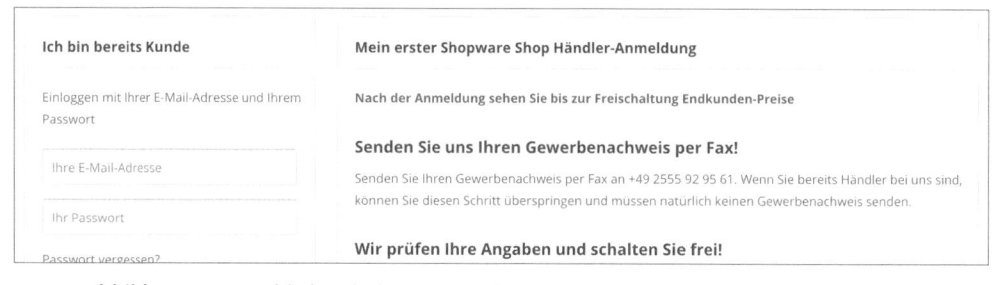

Abbildung 12.2 Sachlich gehaltene Seite für die Händler-Anmeldung

Shopware gibt hier eine recht nüchtern gehaltene vordefinierte Seite mit, die immer unter folgender Domain erreichbar ist:

ihrshop.de/registerFC/index/sValidation/H

Diesen Link können Sie in Ihre Navigation einfügen (als eine Kategorie mit externem Link, siehe Kapitel 7) oder in Ihren Footer (als Shopseite mit externem Link, siehe

Kapitel 4). Natürlich können Sie den Link auch auf jede andere beliebige Stelle in Ihrem Shop platzieren.

Sobald ein Händler seine Daten eingegeben und damit seine Registrierung abgeschlossen hat, hat er rein technisch gesehen nur ein Kundenkonto registriert, wie es Ihre Endkunden ebenfalls nutzen.

Nun folgt die Freischaltung Ihrerseits als Händler. Welche Prüfmechanismen Sie dafür anwenden, liegt zu 100 % bei Ihnen. Sie können den Anmeldungen blind vertrauen oder lassen sich diverse Dokumente vorlegen, dass die Echtheit der Firma bestätigt – Shopware hat hierbei technisch keinerlei Hürden eingebaut.

Sobald Sie einen Händler freischalten möchten, können Sie dies in den WIDGETS im Backend erledigen. Der dafür vorgesehene Bereich heißt HÄNDLERFREISCHALTUNG. Aktivieren Sie diesen über das Plus-Symbol.

Abbildung 12.3 Händler freischalten

Mit einem Klick auf das Mensch-Symbol öffnen Sie den Kunden und seine hinterlegten Daten. Mit dem Klick auf den grünen Haken bestätigen Sie die Anmeldung. Ablehnen können Sie sie über einen Klick auf das rote X. Lehnen Sie die Händlerfreischaltung ab, bleibt das Kundenkonto dennoch bestehen und der Kunde sieht weiterhin die Endkundenpreise.

Einen Prüfmechanismus können Sie aber noch einbauen – die Umsatzsteuernummer kann bei der Händlerregistrierung als Pflichtfeld angegeben werden. Gehen Sie im Shopware Backend dafür auf EINSTELLUNGEN • GRUNDEINSTELLUNGEN • STOREFRONT ❶ • ANMELDUNG/REGISTRIERUNG ❷. Dort wählen Sie das Feld UST-IDNR FÜR FIRMENKUNDEN ALS PFLICHTFELD MARKIEREN ❸ mit JA.

> **Anmeldung jederzeit möglich**
>
> Ein Händler kann sich auch im laufenden Check-out-Prozess als Händler registrieren. Dazu muss dieser in der Drop-down-Liste ICH BIN *Firma* auswählen. Allerdings bekommt der Händler dann, sollte er die Bestellung abschließen, noch keine Nettopreise und Rabatte eingerechnet. Dies geschieht erst nach Ihrer Freischaltung.

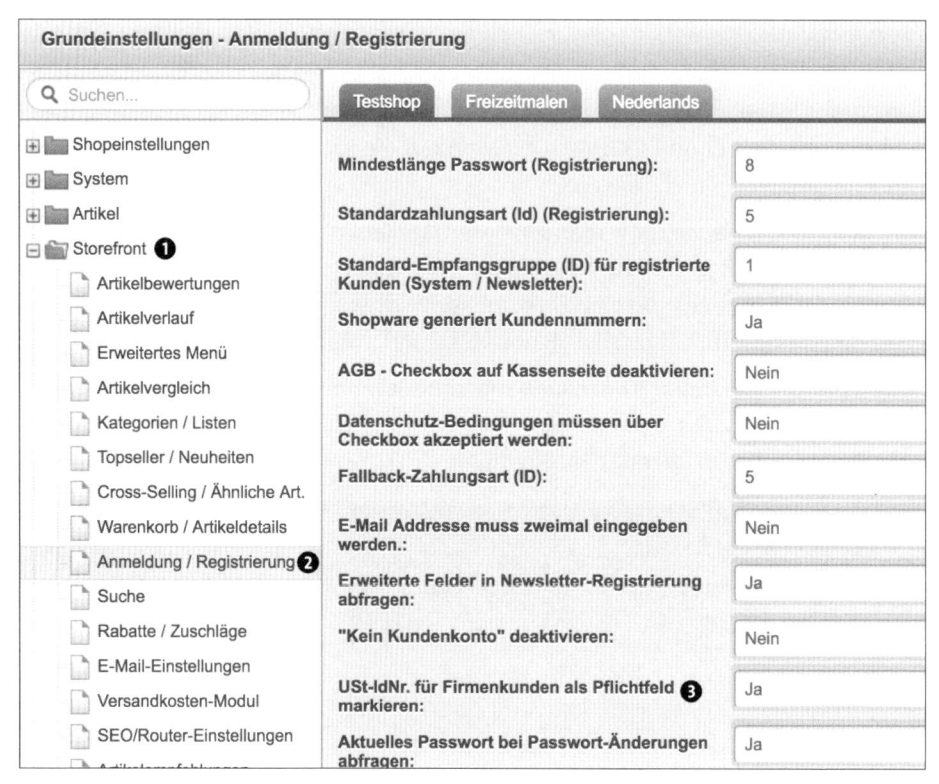

Abbildung 12.4 USt-ID als Pflichtfeld für Händleranmeldungen

Auch wenn es technisch möglich ist, sollten Sie eine zentrale Seite anbieten, die sich an die Händler richtet und auf der diese sich registrieren können. Denn in den allermeisten Fällen ist so eine Anmeldung konkret gewollt und kein Zufallseinfall beim Kauf eines Produktes.

Kapitel 13
Erfolge messen und überprüfen

Die Erfolgsauswertung ist ein wichtiger Faktor für einen dauerhaft bestehenden Onlineshop. Zahlen, Daten und Fakten müssen sprechen, ob eine Strategie oder ein Produktportfolio richtig ist oder neu gedacht werden sollte.

Das Gute an einem Onlineshop ist, dass Sie zahlen- und faktenbasiert arbeiten und Entscheidungen treffen können. Daher bietet Ihnen auch Shopware Statistiken, anhand derer Sie den Erfolg oder Misserfolg von einzelnen Artikeln, Kategorien oder Vertriebswegen bewerten können.

Es gibt zwei Stellen, an denen Statistiken eingesehen werden können. Zum einen direkt im Menüpunkt MARKETING • AUSWERTUNGEN. Konkrete Statistiken zu einzelnen Artikeln finden Sie in den Artikeldetails unter STATISTIK.

13.1 Übersicht der Statistiken

Sie finden im Menüpunkt MARKETING und AUSWERTUNGEN die Statistiken. Diese gliedern sich in vier Unterpunkte:

- Übersicht
- Auswertungen
- Abbruch-Analyse
- E-Mail-Benachrichtigung

Während die Übersicht, die Abbruch-Analyse und die E-Mail-Benachrichtigung sehr einfach gehalten sind, haben Sie in der Auswertung einen bunten Strauß an Möglichkeiten und detaillierten Informationen, die Sie zur Optimierung Ihres Onlineshops verwenden können.

13.1.1 Übersicht – schneller Überblick über die Kennzahlen

Mit der Übersicht erhalten Sie einen Überblick über wichtige Kennzahlen und können diese auf Tagesbasis vergleichen. Sobald Sie das Modul laden, werden standardmäßig die letzten 31 Tage angezeigt.

Dort sehen Sie neben dem Umsatz auch noch den Netto-Umsatz, die Anzahl der Bestellungen, den durchschnittlichen Bestellwert, die Conversion Rate (also die Besucher-zu-Kauf-Rate), die Anzahl der Besucher und der Seitenzugriffe. Zudem sehen Sie zu jeder Kennzahl die Veränderung zum Vortag durch einen roten Pfeil nach unten oder grünen Pfeil nach oben.

Allerdings muss ich hier gleich einschränkend sagen, dass die Darstellung der Pfeile bei einer Kennzahl nicht korrekt ist: der durchschnittlichen Besucherzahl pro Bestellung. Diese Kennzahl ist eigentlich positiv, wenn sie fällt. Denn das bedeutet, dass Sie weniger Kunden pro Bestellung benötigt haben, was im Umkehrschluss eine höhere Conversion Rate bedeutet. Shopware stellt dennoch eine solche Entwicklung, also weniger Besucher pro Bestellung, als negativ mit einem roten Pfeil dar. Richtigerweise wäre in so einem Fall ein grüner Pfeil.

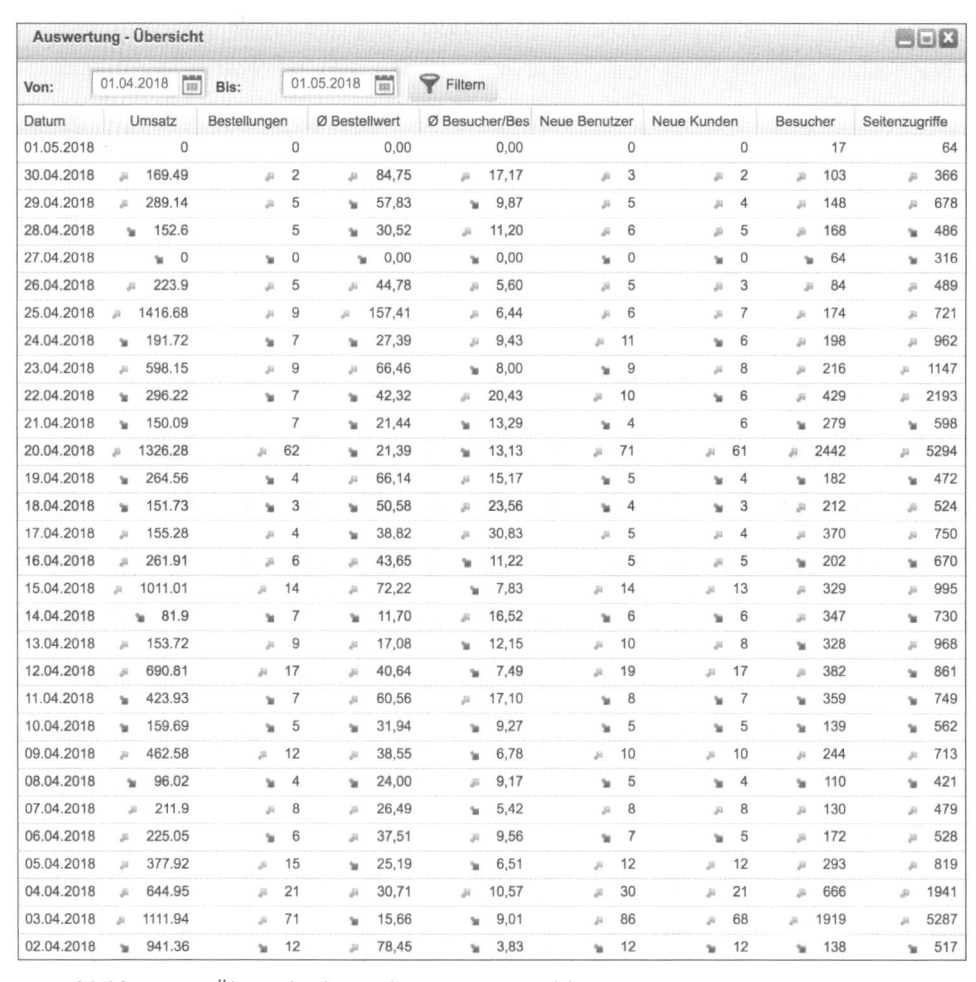

Datum	Umsatz	Bestellungen	Ø Bestellwert	Ø Besucher/Bes	Neue Benutzer	Neue Kunden	Besucher	Seitenzugriffe
01.05.2018	0	0	0,00	0,00	0	0	17	64
30.04.2018	169.49	2	84,75	17,17	3	2	103	366
29.04.2018	289.14	5	57,83	9,87	5	4	148	678
28.04.2018	152.6	5	30,52	11,20	6	5	168	486
27.04.2018	0	0	0,00	0,00	0	0	64	316
26.04.2018	223.9	5	44,78	5,60	5	3	84	489
25.04.2018	1416.68	9	157,41	6,44	6	7	174	721
24.04.2018	191.72	7	27,39	9,43	11	6	198	962
23.04.2018	598.15	9	66,46	8,00	9	8	216	1147
22.04.2018	296.22	7	42,32	20,43	10	6	429	2193
21.04.2018	150.09	7	21,44	13,29	4	6	279	598
20.04.2018	1326.28	62	21,39	13,13	71	61	2442	5294
19.04.2018	264.56	4	66,14	15,17	5	4	182	472
18.04.2018	151.73	3	50,58	23,56	4	3	212	524
17.04.2018	155.28	4	38,82	30,83	5	4	370	750
16.04.2018	261.91	6	43,65	11,22	5	5	202	670
15.04.2018	1011.01	14	72,22	7,83	14	13	329	995
14.04.2018	81.9	7	11,70	16,52	6	6	347	730
13.04.2018	153.72	9	17,08	12,15	10	8	328	968
12.04.2018	690.81	17	40,64	7,49	19	17	382	861
11.04.2018	423.93	7	60,56	17,10	8	7	359	749
10.04.2018	159.69	5	31,94	9,27	5	5	139	562
09.04.2018	462.58	12	38,55	6,78	10	10	244	713
08.04.2018	96.02	4	24,00	9,17	5	4	110	421
07.04.2018	211.9	8	26,49	5,42	8	8	130	479
06.04.2018	225.05	6	37,51	9,56	7	5	172	528
05.04.2018	377.92	15	25,19	6,51	12	12	293	819
04.04.2018	644.95	21	30,71	10,57	30	21	666	1941
03.04.2018	1111.94	71	15,66	9,01	86	68	1919	5287
02.04.2018	941.36	12	78,45	3,83	12	12	138	517

Abbildung 13.1 Übersicht der wichtigsten Kennzahlen

Wie Sie in Abbildung 13.1 sehen, werden Ihnen auf einen Blick alle Kennzahlen, die das Alltagsgeschäft betreffen, dargestellt. Standardmäßig werden alle Werte angezeigt, die das Modul hergibt. Sie können die Spalten auch ein wenig ausdünnen. Halten Sie dazu den Mauszeiger auf eine Spalte, und klicken Sie auf den dann erscheinenden Pfeil. Dann öffnen Sie das Menü SPALTEN und deaktivieren alle Spalten, die für Sie irrelevant sind.

Sie können den Zeitraum, der dargestellt wird, ändern. Wählen Sie dazu unter VON: ein neues Startdatum und unter BIS: ein neues Enddatum für die Auswertung. Anschließend klicken Sie auf FILTERN, um den genannten Zeitraum zu wählen.

Der Umsatz ist der tatsächliche Brutto-Tagesumsatz, unter NETTO-UMSATZ finden Sie den Umsatz reduziert um die Einkaufskosten. In der Spalte BESTELLUNGEN sehen Sie die an diesem Tag aufgegebenen Bestellungen im Shop und daneben den DURCHSCHNITTLICHEN BESTELLWERT. An dieser Stelle wird der Brutto-Umsatz durch die Anzahl der Bestellungen geteilt. Eine wichtige Komponente ist dann noch die Zahl der SEITENZUGRIFFE.

Wie Sie sehen, können Sie sich mit diesem kleinen Modul die wichtigsten Kennzahlen auf einen Blick anzeigen lassen und sehen so, wie sich Ihr Shop Tag für Tag entwickelt.

13.1.2 Auswertungen

Unter den Auswertungen finden Sie unglaublich viele Statistiken zu einzelnen Teilgebieten Ihres Shops. Sei es der durchschnittliche Umsatz pro Tageszeit, eine Umsatzverteilung auf die einzelnen Kategorien, beliebte Suchbegriffe oder auch der Umsatz verteilt auf die einzelnen Geräteklassen. Mit all diesen Informationen können Sie sehr viel über Ihre Besucher und Kunden lernen. Zudem gibt es mit Pickware, welches ab der Professional Edition ausgeliefert wird, weitere Statistiken wie die Lagerumschlagshäufigkeit oder einzelne Artikelumsätze.

Außerdem können Sie jede Statistik exportieren, womit Datenvergleiche möglich werden.

Shopware liefert Ihnen direkt 22 Auswertungen und Statistiken, mit Pickware erhalten Sie sogar noch acht mehr. Mit diesen Daten lassen sich etliche Informationen gewinnen, die Sie anschließend zur Optimierung Ihres Shops oder Ihres Umsatzes nutzen können.

In der SCHNELL-ÜBERSICHT finden Sie, ähnlich wie im Modul ÜBERSICHT, eine tagesbasierte Auswertung Ihrer Kennzahlen. Dort finden Sie die Anzahl der Bestellungen, die Brutto- und Netto-Umsätze, die Conversion Rate und vieles mehr. Das gibt Ihnen ein erstes Anzeichen für gute und weniger gute Wochentage.

13 Erfolge messen und überprüfen

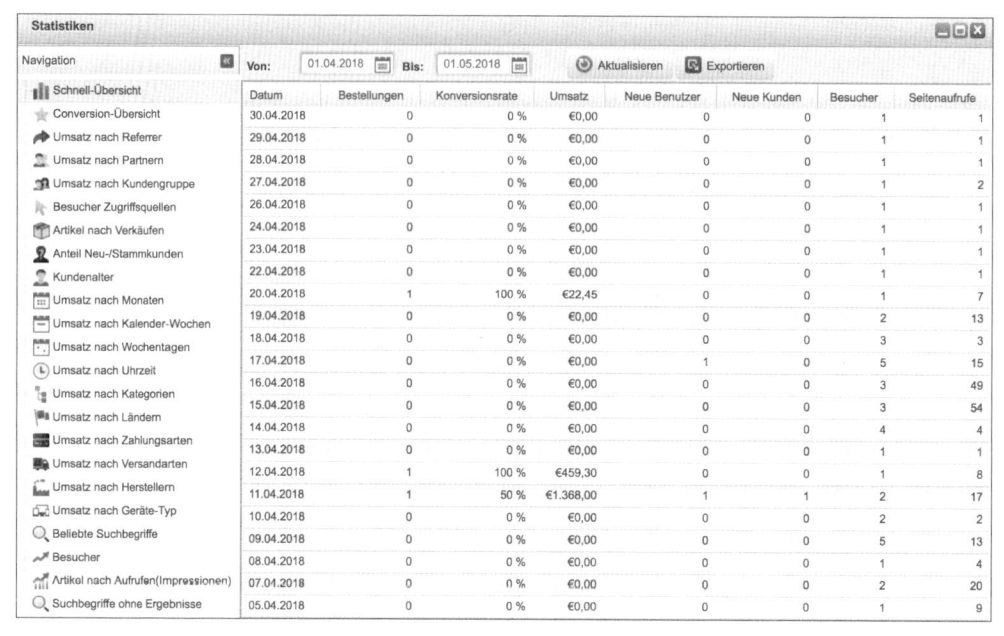

	Datum	Bestellungen	Konversionsrate	Umsatz	Neue Benutzer	Neue Kunden	Besucher	Seitenaufrufe
	30.04.2018	0	0 %	€0,00	0	0	1	1
	29.04.2018	0	0 %	€0,00	0	0	1	1
	28.04.2018	0	0 %	€0,00	0	0	1	1
	27.04.2018	0	0 %	€0,00	0	0	1	2
	26.04.2018	0	0 %	€0,00	0	0	1	1
	24.04.2018	0	0 %	€0,00	0	0	1	1
	23.04.2018	0	0 %	€0,00	0	0	1	1
	22.04.2018	0	0 %	€0,00	0	0	1	1
	20.04.2018	1	100 %	€22,45	0	0	1	7
	19.04.2018	0	0 %	€0,00	0	0	2	13
	18.04.2018	0	0 %	€0,00	0	0	3	3
	17.04.2018	0	0 %	€0,00	1	0	5	15
	16.04.2018	0	0 %	€0,00	0	0	3	49
	15.04.2018	0	0 %	€0,00	0	0	3	54
	14.04.2018	0	0 %	€0,00	0	0	4	4
	13.04.2018	0	0 %	€0,00	0	0	1	1
	12.04.2018	1	100 %	€459,30	0	0	1	8
	11.04.2018	1	50 %	€1.368,00	1	1	2	17
	10.04.2018	0	0 %	€0,00	0	0	2	2
	09.04.2018	0	0 %	€0,00	0	0	5	13
	08.04.2018	0	0 %	€0,00	0	0	1	4
	07.04.2018	0	0 %	€0,00	0	0	2	20
	05.04.2018	0	0 %	€0,00	0	0	1	9

Abbildung 13.2 Übersicht der Shopware-Statistiken

Die CONVERSION-ÜBERSICHT hingegen zeigt Ihnen, wie viele Warenkörbe tatsächlich zu einem abgeschlossenen Kauf geführt haben, und wie viele abgebrochene Warenkörbe es an diesem Tag gab. In der Abbruch-Analyse können Sie die Warenkorb-Abbrecher nochmals anschreiben, sofern diese registriert und im Shop eingeloggt waren. Mehr Informationen dazu finden Sie in Abschnitt 13.1.3.

Ein wichtiger Faktor ist der UMSATZ NACH REFERRER. Ein Referrer bezeichnet dabei einen Verweis auf Ihre Webseite.

Host	Bestellungen	Umsatz	Ø Bestellwert	Bestellungen Neukunde	Umsatz Neukunden	Ø Neukunden Bestellwert	Bestellungen Stammkunden	Umsatz Stammkunden	Ø Stammkunden Bestellwert
www.paypal.com	8	€921,95	€115,24	7	€852,95	€121,85	1	€69,00	€69,00
www.google.de	2	€425,00	€212,50	2	€425,00	€212,50	0	€0,00	€0,00
secure.ogone.com	1	€168,00	€168,00	1	€168,00	€168,00	0	€0,00	€0,00
www.google.com	1	€84,00	€84,00	1	€84,00	€84,00	0	€0,00	€0,00

Abbildung 13.3 Auswertung der Referrer-Umsätze

Diese Statistik wertet also den erwirtschafteten Umsatz aus, der über einen Verweis einer dritten Webseite auf Ihren Shop zustande kommt. Diese Statistik sollten Sie beobachten und Kontakt zu Referrern aufnehmen, die Ihnen regelmäßig einen Teil Ihres Umsatzes bringen. Sie könnten diese Referrer direkt zu Partnern machen, und sie so stärker an Ihren Shop binden.

Die nächste Auswertung zeigt den Umsatz nach Partnern an. Dies sind Affiliate-Partner von Ihnen, die eine Provision von Ihnen durch aktives Werben für Ihren Shop erhalten. Wie Sie einen Partner anlegen, erfahren Sie in Kapitel 11.

Auch hier ist es wieder ratsam, aktive Partner, die Ihnen regelmäßig guten Umsatz bescheren, enger an Sie und Ihr Partnerprogramm zu binden. Dabei gewinnen beide Seiten: Sie haben mehr Umsatz im Shop, und Ihr Partner verdient mehr.

Wissen Sie eigentlich, welche Kundengruppe bei Ihnen welchen Anteil am Umsatz ausmacht? Mit der Auswertung Umsatz nach Kundengruppe werden Sie es für einen ausgewählten Zeitraum einsehen können. Hierzu ist es dienlich, wenn Sie mit den Kundengruppen aktiv arbeiten und z. B. auch Stammkunden oder eBay-Kunden eine eigene Kundengruppe zuweisen. Schließlich können Sie so auch schnell eine Abhängigkeit von einer bestimmten Kundengruppe erkennen und diesem entgegenwirken. Zu viel Gewicht auf einer Seite ist nie gut – egal, ob online oder offline. Die Darstellung erfolgt hier als ein Tortendiagramm.

Die nächste interessante Auswertung finden Sie unter Besucher Zugriffsquellen. Dort sehen Sie, wie häufig von einer bestimmten Quelle auf Ihre Webseite zugegriffen wurde. Interessant wird es aber erst so richtig, wenn Sie sich mit den zwei Lupen rechts in der Spalte Optionen beschäftigen. Klicken Sie auf die erste der zwei Lupen, sehen Sie die Suchbegriffe, mit denen die Kunden auf Ihre Seite kommen, und wie häufig dies im gewählten Zeitraum stattfindet. Mit der zweiten Lupe sehen Sie dann auch die Links aus der Suchmaschine und können dort direkt den Suchlink öffnen. Damit sehen Sie auch ungefähr, an welcher Position Sie für diese Suchanfrage zu finden sind.

Weiter sehen Sie Artikel nach Verkäufen. Zwar hat eigentlich jeder Händler ein ungefähres Gefühl, welche seiner Produkte sich häufig und welche sich weniger häufig verkaufen. Dennoch schlummert manches ungenutzte Potenzial in solch einer Statistik. Sollten Sie hier Artikel ausfindig machen, die Sie wenig bis gar nicht bewerben, diese sich aber dennoch gut verkaufen, lohnt es sich, diese Artikel in eine Verkaufsaktion aufzunehmen. So nutzen Sie vorhandene Produkte, um mehr Umsatz zu machen und dass ohne großen Aufwand. Außerdem kann Ihnen diese Übersicht natürlich ein ungefähres Gefühl geben, wie hoch Ihre Bestellungen pro Artikel ausfallen können.

In der folgenden Statistik sehen Sie den Anteil von Neu- und Stammkunden.

Diese Übersicht können Sie sich auch als Tabelle mit harten Prozentzahlen ausgeben lassen. Die Tabelle zeigt Ihnen sogar den Anteil von männlichen zu weiblichen Käufern an.

Mit der grafischen Übersicht erfassen Sie auf einen Blick, wie sich der Anteil zwischen Neu- und Bestandskunden verhält und wie sich der von Tag zu Tag entwickelt.

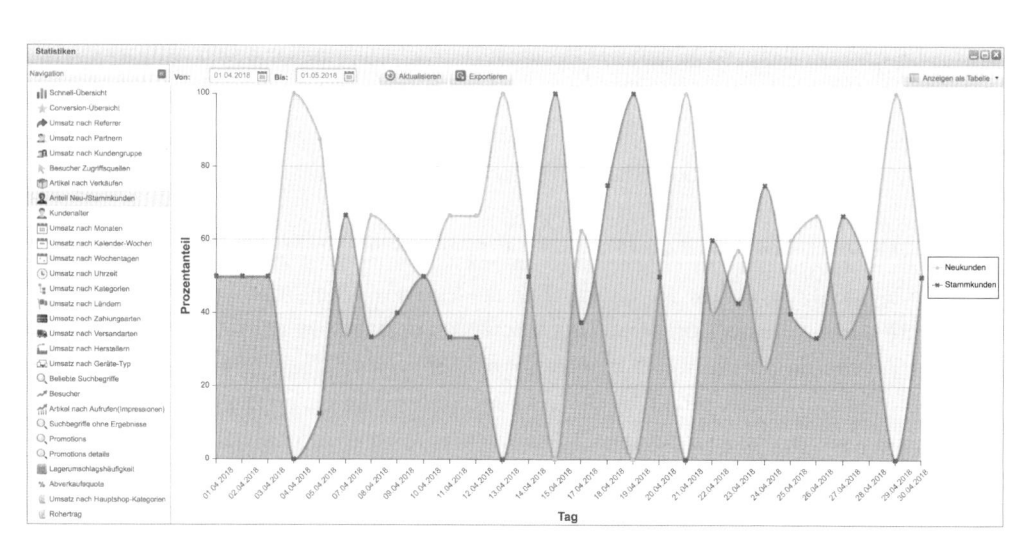

Abbildung 13.4 Anteil von Neu- und Stammkunden

Im Beispiel aus Abbildung 13.4 sind beide Grafen sehr volatil, allerdings übersteigt der Anteil der Bestandskunden teilweise deutlich den der Neukunden. Das kann – je nach strategischer Ausrichtung – eine gute Ausgangslage für einen etablierten Shop sein.

Auch das Kundenalter kann unter Umständen interessant sein – hiermit können Sie z. B. Ihren Shop sprachlich und auch optisch an ein gewisses Publikum anpassen, wenn eine bestimmte Zielgruppe oft bei Ihnen bestellt.

Unter den Punkten Umsatz nach Monaten, nach Kalender-Wochen, nach Wochentagen und nach Uhrzeit sehen Sie die entsprechenden Umsätze nach den dort genannten Parametern. Dabei gilt, dass Durchschnittswerte gebildet werden. Heißt: Haben Sie einen Zeitraum von vier Wochen gefiltert und lassen sich den Umsatz nach z. B. Wochentagen anzeigen, sehen Sie keinen Grafen, der durchgängig den Tagesumsatz dieser vier Wochen darstellt, sondern für jeden Wochentag lediglich einen Durchschnittswert in dieser Zeit. Auch können Sie diese Auswertung herunterbrechen auf einzelne Sub- und Sprachshops.

Der Umsatz nach Kategorien kann ebenfalls interessante Erkenntnisse gewähren. So können Sie auch in Unterkategorien hineinklicken. Start der Anzeige ist die oberste Ebene. Haben Sie Sprach- und Subshops eingerichtet, beginnen Sie bei der Auswahl der Shop-Kategorie (bei einem regulären Shop wäre das z. B. die Kategorie Deutsch). Hier können Sie hineinklicken, und sich anschließend immer weiter durch die Hierarchie-Ebenen des Shops durchklicken.

Eine ähnliche Auswertung bietet Ihnen Umsatz nach Hauptshop-Kategorien. Diese Auswertung erhalten Sie über Pickware. Sie zeigt Ihnen den Umsatz der Hauptkategorien an, also der obersten Hierarchie-Ebene.

Damit können Sie den Erfolg einzelner Kategorien bewerten. Allerdings muss hier einschränkend erwähnt werden, dass der Umsatz nicht sauber zugeordnet werden kann. Viele Artikel sind immerhin in mehreren Kategorien eingetragen. Dennoch gibt dieses Tortendiagramm eine grobe Aufschlüsselung, welche Kategorien erfolgreich sind und welche weniger.

Da Onlinehandel inzwischen weltumspannend ist, kann auch die Auswertung UMSATZ NACH LÄNDERN für Sie aufschlussreich sein. Dies zeigt Ihnen den konkreten Umsatz an, den ein Land in Ihrem Shop in einem bestimmten Zeitraum, umgesetzt hat – auch diese Zahlen können Sie bis auf Sub- und Sprachshops herunterbrechen.

Mit der Statistik UMSATZ NACH ZAHLUNGSARTEN können Sie Ihre Kostenstruktur optimieren. Haben Sie z. B. einen Zahlungsanbieter wie Stripe eingebunden, verlangt dieser für jede Transaktion einen gewissen Prozentsatz des Umsatzes. In dieser Statistik können Sie sehen, ob das gut angelegtes Geld ist, oder ob Sie eine Zahlungsart auch abstellen können.

Gleiches gilt für die Statistik UMSATZ NACH VERSANDARTEN. Hier wird Ihnen der Warenkorb-Umsatz je nach ausgewählter Versandart dargestellt. Auch hiermit können Sie regelmäßig den Status quo infrage stellen, und nicht genutzte Versandarten aus Ihrem Shop entfernen.

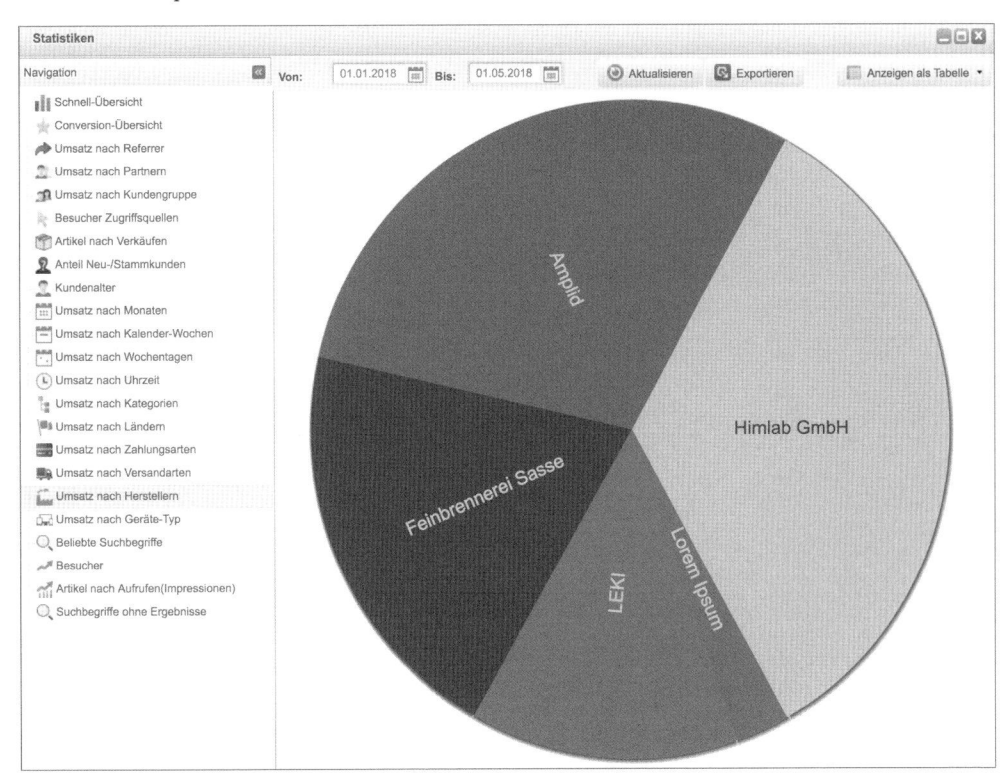

Abbildung 13.5 Umsatz nach Herstellern

13 Erfolge messen und überprüfen

Wissen Sie eigentlich, welcher Hersteller bei Ihnen den größten Umsatzanteil macht? Wenn Sie dies erfahren möchten, schauen Sie mal in die Statistik Umsatz nach Herstellern, siehe Abbildung 13.5.

Auch diesen Grafen können Sie sich wieder als Tabelle anzeigen lassen. Aber auch im Tortendiagramm sehen Sie bereits auf einen Blick, wie der Umsatz auf die einzelnen Hersteller verteilt ist. Anhand dessen können Sie direkt entscheiden, mit welchem Hersteller Sie den Kontakt intensivieren sollten und welche Geschäftsbeziehung ggf. beendet werden kann.

Welchen Umsatz nach Geräte-Typ Ihr Shop erwirtschaftet, können Sie in der gleichnamigen Statistik einsehen. Sollten Sie manuelle Bestellungen anlegen, sehen Sie diese hier ebenfalls, gegliedert nach den in der Bestellung zugewiesenen Bestellwegen (z. B. E-Mail oder telefonisch).

Wenn Sie Einblicke in das Suchverhalten Ihrer Kunden gewinnen möchten, schauen Sie in die Statistik Beliebte Suchbegriffe. Die übersichtliche Tabelle zeigt Ihnen vier Werte: den Suchbegriff, wie viele Anfragen im gewählten Zeitraum eingegangen sind, wie viele Produkte auf der Produktdetailseite erschienen (Ergebnisse) und in welchem Shop gesucht wurde.

Heißt: Sie können die Suchanfragen also auch konkret nach einzelnen Sub- und Sprachshops filtern. Nutzen Sie diese Statistiken, um Ihr Portfolio auch nach Suchanfragen auszurichten, und ggf. bestehende Produkte an die Suchergebnisse anzupassen, um den Bedarf Ihrer Kunden zu decken.

Die nächste Statistik ist eine Überschneidung der Besucher mit den genutzten Geräten. Damit können Sie verstehen, wie sich die Besucher je nach Geräteklasse verhalten, und den Shop bei größeren Abweichungen für einzelne Geräte wie Smartphones optimieren.

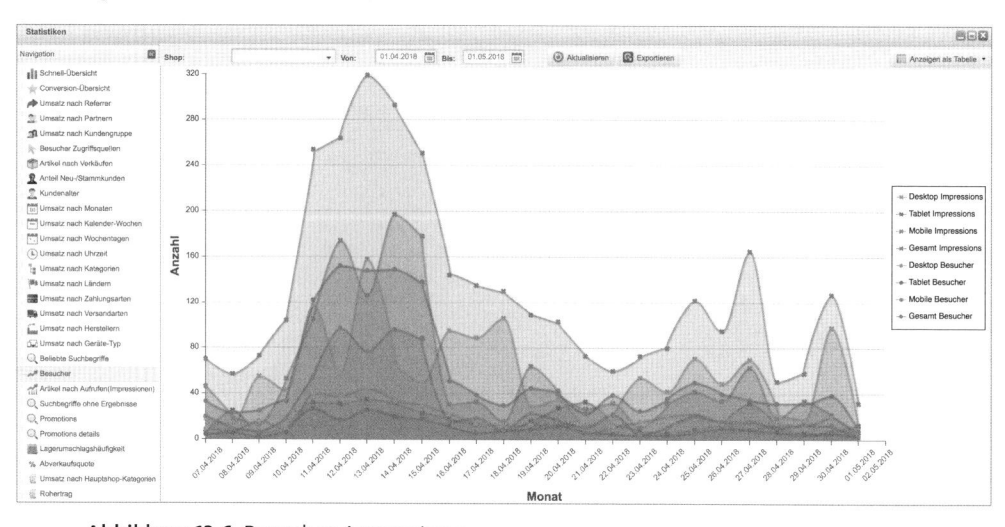

Abbildung 13.6 Besucher-Auswertung

Wie Sie in dieser Abbildung sehen, werden zunächst alle Besucher und Geräteklassen sichtbar gemacht. Wenn Sie ein einzelnes Gerät in dieser Übersicht nicht sehen möchten, klicken Sie den entsprechenden Eintrag in der Legende an. Anschließend verschwindet der ausgewählte Eintrag.

Eine ähnliche Auswertung auf Artikel-Ebene finden Sie unter ARTIKEL NACH AUFRUFEN. Hier sehen Sie in einer Tabellenübersicht, wie sich die Aufrufe von Artikeldetailseiten je nach Geräteklasse verhalten. Diese Summen sind für den angegebenen Zeitraum (VON:/BIS:) addiert.

Das waren alle Auswertungen, die Ihnen in der Community Edition zur Verfügung stehen. Die nachfolgenden Statistiken werden Ihnen ab der Professional Edition geliefert.

Ebenso interessant wie die Auswertung der beliebten Suchbegriffe sind auch die SUCHBEGRIFFE OHNE ERGEBNIS. Auch hier können Sie einen Zeitraum angeben, in dem diese leeren Suchanfragen ausgewertet werden sollen. Anschließend erhalten Sie den Suchbegriff, zu dem es keine Ergebnisse gab, das Datum der letzten Suche danach, die Anzahl der Suchen nach diesem Suchbegriff und in welchem Ihrer Sub- oder Sprachshops die erfolglose Suche durchgeführt wurde. Anhand dieser Daten können Sie Ihr bestehendes Portfolio optimieren und Suchbegriffe in passenden Produkten unterbringen, z. B. in den Keywords.

In der LAGERUMSCHLAGSHÄUFIGKEIT finden Sie eine wichtige Kennzahl. Diese gibt an, wie häufig ein Artikel in einem bestimmten Zeitraum umgesetzt wurde. Außerdem sehen Sie hier, wie häufig der Artikel verkauft wurde, den durchschnittlichen Lagerbestand und wie lange ein Artikel im Durchschnitt im Lager liegt. Dies sind die für Bestellplanungen wichtige Kennzahlen, um so Ihre Lagerhaltung und -kosten zu optimieren.

Als vorletzte Auswertung bekommen Sie den ROHERTRAG. Dieser gibt die Differenz zwischen Ihren Einkaufs- und Verkaufspreisen wieder, wobei hier auch Nettobeträge berücksichtigt werden. Allerdings werden hier keine weiteren Kosten durch eine Bestellung, wie z. B. Transaktions- und Versandkosten, berücksichtigt.

Die letzte Analyse ist die ARTIKEL NACH UMSÄTZEN. Diese dockt an die Statistik ARTIKEL NACH VERKÄUFEN an und ergänzt sie um die entsprechenden Brutto- und Nettopreise. Daraus ergibt sich dann auch für den ausgewählten Zeitraum einen Brutto- und Nettoumsatz. Außerdem finden Sie am Ende der Auswertung auch eine Summe der Versandkosten, welche zusätzlich auch in den Gesamtumsatz einfließen.

Wie Sie sehen, können Sie mit dem Statistik-Modul eine Menge über Ihren Shop und deren Performance aus unterschiedlichen Gesichtspunkten lernen. Wie Sie anhand dieser Daten Ihren Shopware Shop optimieren, erfahren Sie im weiteren Verlauf dieses Kapitels.

13.1.3 Abbruch-Analyse

Mit der Abbruch-Analyse bekommen Sie ein mächtiges Tool an die Hand. Jeder Shop hat Warenkorb-Abbrecher. Das sind Kunden, die sich bereits für ein Produkt entschieden haben, im Verlauf des Check-outs den Shop aber verlassen und die Bestellung damit nicht abgeschlossen haben.

Abbildung 13.7 Übersicht nicht abgeschlossener Bestellungen

In der ersten Übersicht, sobald Sie das Modul öffnen, sehen Sie sofort nicht abgeschlossene Bestellungen. Registrierte Kunden, deren Daten Sie bereits gespeichert haben, wollten also eine Bestellung aufgeben und haben ein Produkt in den Warenkorb gelegt. An einer Stelle des Check-outs haben diese dann die Bestellung aber abgebrochen.

Dies kann vielfältige Gründe haben: Zeitdruck, Überlegung, ob die Anschaffung wirklich notwendig ist, hoffen auf einen Gutschein etc.

Die Liste kann lang sein, warum ein Kunde seine Bestellung nicht abschließt.

Nur registrierte Kunden

Achtung: Diese Funktion steht nur für Kunden zur Verfügung, die ein Kundenkonto bei Ihnen eingerichtet haben und während des Kaufvorgangs eingeloggt waren.

Selbst dann ist der Einsatz dieses Moduls aus Sicht des Datenschutzes in Deutschland bedenklich und umstritten. Hierzu sollten Sie unbedingt einen fachlichen Rat bei einem Rechtsanwalt einholen.

Nun sehen Sie in der Übersicht ABGEBROCHENE BESTELLUNGEN alle nicht abgeschlossenen Bestellungen, samt Datum der abgebrochenen Bestellung, den Warenkorbwert, welche Zahlungsart gewählt wurde, welcher Kunde die Bestellung auslösen wollte und von welchem Gerät der Kaufvorgang initiiert wurde. Außerdem sehen Sie im unteren Bereich BESTELL POSITIONEN, welche Produkte die Kunden kaufen wollten. Sie sollten also auch, bevor Sie die Kunden anschreiben, prüfen, ob Sie noch genügen Artikel auf Lager haben.

Klicken Sie nun auf eine Bestellung, und öffnen Sie das kleine Fenster namens KUNDENRÜCKMELDUNG auf der rechten Seite des Moduls. Dort haben Sie zwei Möglichkeiten: Fragen Sie einen Kunden nach dem Grund seines Abbruches mit einer vorformulierten E-Mail. Als zweite Möglichkeit bietet Ihnen Shopware an, bei dieser E-Mail einen Gutscheincode anzuhängen.

Wenn Sie ausschließlich eine E-Mail senden möchten, in der Sie nach dem Grund des Bestellabbruches fragen, klicken Sie einfach auf den Button NACH GRUND FRAGEN.

Die vorformulierte E-Mail finden Sie unter EINSTELLUNGEN • E-MAIL-VORLAGEN. Öffnen Sie dort SYSTEM-E-MAIL und anschließend die E-Mail-Vorlage sCANCELED-QUESTION. Standardmäßig ist diese E-Mail nur als Plaintext (Reintext) vorhanden – einen besseren Eindruck würde sicherlich eine HTML-E-Mail machen, die auch das Logo beinhalten und mit Formatieren spielen kann. Aktivieren Sie dazu VORLAGE ALS HTML-E-MAIL VERSENDEN. Wie Sie sehen, wird der Reiter HTML-TEXT aktiviert. Öffnen Sie diesen. Hier wird Sie zunächst ein leeres Feld begrüßen. Den Plaintext können Sie aber übernehmen, und in das HTML-Format bringen:

```
{include file="string:{config name=emailheaderhtml}"}
<br/><br/>
<p>
Lieber Kunde,<br><br>
Sie haben vor Kurzem Ihre Bestellung auf {$sShop} nicht bis zum Ende
durchgeführt. Wir sind stets bemüht, unseren Kunden das Einkaufen in unserem
Shop so angenehm wie möglich zu machen, und würden deshalb gern wissen, woran
Ihr Einkauf bei uns gescheitert ist.<br><br>
Bitte lassen Sie uns doch den Grund für Ihren Bestellabbruch zukommen, Ihren
Aufwand entschädigen wir Ihnen in jedem Fall mit einem 5,00-Euro-Gutschein.
<br><br>
Vielen Dank für Ihre Unterstützung.<br></p>
{include file="string:{config name=emailfooterplain}"}
```

In dieser E-Mail stehen Ihnen neben der Shopdomain und dem Shopnamen keine weiteren Personalisierungen zur Verfügung. Wenn Sie den Text nach Ihren Wünschen angepasst haben, können Sie die VORLAGE SPEICHERN.

Senden Sie sich vorsichtshalber eine Test-E-Mail. Diese wird an die E-Mail-Adresse geschickt, die Sie in den Shop-Stammdaten hinterlegt haben. Sind Sie damit zufrieden, können Sie wieder zurück in das Modul ABGEBROCHENE BESTELLUNGEN und von dort an alle Kunden eine E-Mail senden, denen Sie direkt keinen Gutschein anbieten möchten.

Alternativ können Sie direkt einen Gutschein mitsenden. Dazu ist die Vorbereitung ähnlich dem vorherigen Prozess, allerdings noch um eine Aufgabe erweitert.

Legen Sie zunächst einen Pool an individuellen Gutscheinen an, der für diese Marketingform gedacht ist. Wie dies funktioniert, lesen Sie in Abschnitt 11.2.

> **Individuelle Gutscheine nicht vermischen**
>
> Individuelle Gutscheine können Sie auch für andere Marketing-Maßnahmen nutzen, z. B. um diese auf Rechnungen und Lieferscheine zu drucken (siehe Abschnitt 9.4).
>
> Ich empfehle Ihnen, für jede Maßnahme einen eigenen Pool an individuellen Gutscheinen anzulegen. Dadurch sehen Sie direkt, welche Gutschein-Maßnahmen für Ihre Kunden funktionieren und an welchen Stellen Sie diese nicht weiter einsetzen sollten.

Als Nächstes müssen Sie die dazu passende E-Mail bearbeiten. Diese finden Sie ebenfalls unter EINSTELLUNGEN • E-MAIL-VORLAGEN. Hier öffnen Sie dann die SYSTEM-E-MAILS und dort wählen Sie die Vorlage SCANCELEDVOUCHER aus. Gehen Sie auch hier wie eben beschrieben vor. Kopieren Sie die Zeilen aus dem Plaintext, aktivieren Sie die HTML-Vorlage und fügen Sie dort den eben kopierten Text ein. Anschließend passen Sie den Text noch auf HTML wie folgt an:

```
{include file="string:{config name=emailheaderhtml}"}
<br><br>
<p>
Lieber Kunde,<br><br>
Sie haben vor Kurzem Ihre Bestellung bei {$sShop} nicht bis zum Ende
durchgeführt. Wir möchten Ihnen heute einen 5,00-Euro-Gutschein zukommen
lassen und Ihnen hiermit die Bestell-Entscheidung bei {$sShop} erleichtern.
<br><br>
Ihr Gutschein ist 2 Monate gültig und kann mit dem Code "{$sVouchercode}"
eingelöst werden.<br><br>
Wir würden uns freuen, Ihre Bestellung entgegennehmen zu dürfen.<br><br>
{include file="string:{config name=emailfooterplain}"}
```

Hierbei ist es auch wichtig, dass Sie den Wert des Gutscheins, der hier fest definiert ist, auf den tatsächlichen Gutschein-Wert anpassen. Hat Ihr Gutschein also einen

Wert von 18 Euro, tragen Sie in die entsprechende Zeile ein: […] heute einen 18,00-Euro-Gutschein zukommen lassen […].

Um nun also auch einen Gutschein mitsamt der E-Mail zu versenden, wählen Sie im Tool ABGEBROCHENE BESTELLUNGEN unter GUTSCHEIN SENDEN den angelegten Gutschein-Pool aus.

Sie konnten bis hierhin also sehen, welche Bestellungen Ihrer registrierten und eingeloggten Kunden nicht abgeschlossen wurden. Im nächsten Reiter WARENKÖRBE wird dies für alle abgebrochenen Warenkörbe dargestellt.

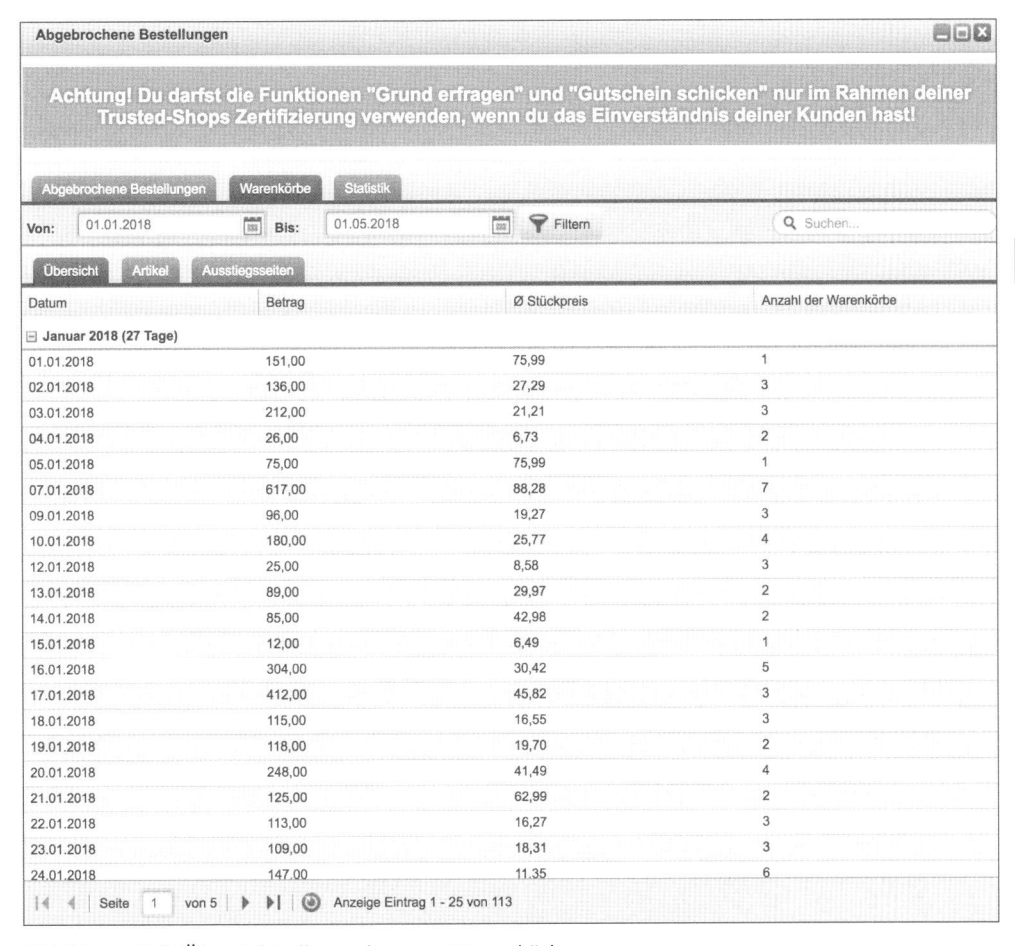

Abbildung 13.8 Übersicht aller verlorenen Warenkörbe

Hier fließen alle nicht erfolgreichen Bestellungen ein – egal, ob der Kunde registriert war oder nicht oder ob er eingeloggt durch den Shop navigierte oder nicht. Das heißt allerdings auch: An dieser Stelle können Sie dem Kunden keine E-Mail senden und fragen, warum er den Kauf abgebrochen hat. Dennoch kann Ihnen diese Übersicht interessante Einblicke gewähren. Haben Sie z. B. dauerhaft hohe Absprungquoten im Check-out-Prozess, sollten Sie in Erwägung ziehen, den Check-out zu optimieren.

Zunächst können Sie den Zeitraum der Statistik selbst definieren. Geben Sie unter VON: das Startdatum und unter BIS: das Enddatum ein, zu dem Sie eine Auswertung der verlorenen Warenkörbe erhalten möchten. Anschließend klicken Sie auf FILTERN, um den Zeitraum einzugrenzen. Es werden die einzelnen Tage in der Übersicht aufgegliedert angezeigt. Unter BETRAG finden Sie die Summe des verlorenen Umsatzes. Da jeder Monat aufgeschlüsselt wird, erhalten Sie unter jedem abgeschlossenen Monat auch eine Summe der einzelnen Spalten.

Neben dem Reiter ÜBERSICHT finden Sie ARTIKEL. In dieser Statistik sehen Sie, wie häufig ein bestimmter Artikel zwar in den Warenkorb gelegt, dann aber nicht bestellt wurde. Dazu sehen Sie dort die Artikelnummer, hier BESTELLNUMMER genannt. Außerdem den Artikelnamen und die Anzahl der verlorenen Bestellungen. Zusätzlich können Sie die Artikelverwaltung über den Aktionsbutton rechts öffnen.

> **Warum werden manche Artikel häufiger als andere links liegen gelassen?**
>
> Diese Frage soll darauf abzielen, dass Sie sich fragen, warum es einzelne Artikel häufiger nicht zum Ende des Check-out-Prozesses schaffen als andere. Könnte die Nutzenargumentation aufgefrischt werden? Können Sie die Bilder oder Kurzbeschreibungen überarbeiten?
>
> Um Optimierungspotenzial zu finden, lohnt sich immer eine Frage: *Würde ich selbst in meinem Shop bestellen?*

Sollte es also vorkommen, dass ein bestimmter Artikel häufiger als andere dann doch nicht bestellt werden, können Sie diesen direkt überarbeiten.

Um zu verstehen, an welchen Stellen die Besucher besonders häufig den Shop verlassen und gleichzeitig mindestens einen Artikel im Warenkorb haben, schauen Sie sich unter WARENKÖRBE den Reiter AUSSTIEGSSEITEN an.

Dabei ist die Ausgangsbasis wieder der Zeitraum, den Sie ausgewählt haben. In den Ausstiegsseiten sehen Sie, wie hoch prozentual in Zahlen der Verlust auf den jeweiligen Seiten war. Dabei sehen Sie zwar nicht detailliert, auf welcher Seite sich der verlassende Besucher aufgehalten hat, aber zumindest grob in welchem Umfeld.

Ist hier LISTING aufgeführt, hat der Besucher Sie auf einer Kategorie- oder Einkaufswelt-Seite verlassen. ACCOUNT bezeichnet die Seite »Mein Konto«, Ihr Besucher war also bereits eingeloggt. Tragisch ist der Verlust auf den CHECK-OUT-SEITEN, denn dann war der Kunde bereits kurz vor dem Abschluss der Bestellung. Der Wert CUSTOM bezeichnet den Ausstieg auf einer Shopseite, wie z. B. dem Impressum.

Startseiten-Ausstiege finden Sie unter INDEX – ist dieser Wert besonders hoch, sollten Sie eine Überarbeitung der Startseite in Betracht ziehen. Der unter DETAIL angezeigte Wert zeigt die Ausstiege aus der Produktdetailseite an. Dies ist nicht zu verwechseln mit den aufgeführten Produkten im Reiter ARTIKEL. Dort handelt es sich um abgebrochene Warenkörbe mit den dort aufgeführten Artikeln.

Wird ein Besucher Ihren Shop auf einer Registrierungsseite für einen Kunden-Account verlassen, sehen Sie dies an REGISTER. Auch auf Suchergebnis-Seiten können die Besucher den Shop verlassen, dies würde Ihnen durch den Wert SEARCH mitgeteilt werden. Zuletzt könnte eine Ausstiegsseite auch ein Formular sein, dies würde dann unter FORMS laufen. Haben Sie einen leeren Namen, so handelt es sich um eine Seite, die ggf. durch ein Plugin erzeugt wird.

Als letzten Reiter sehen Sie im Modul ABGEBROCHENE BESTELLUNGEN die Statistik.

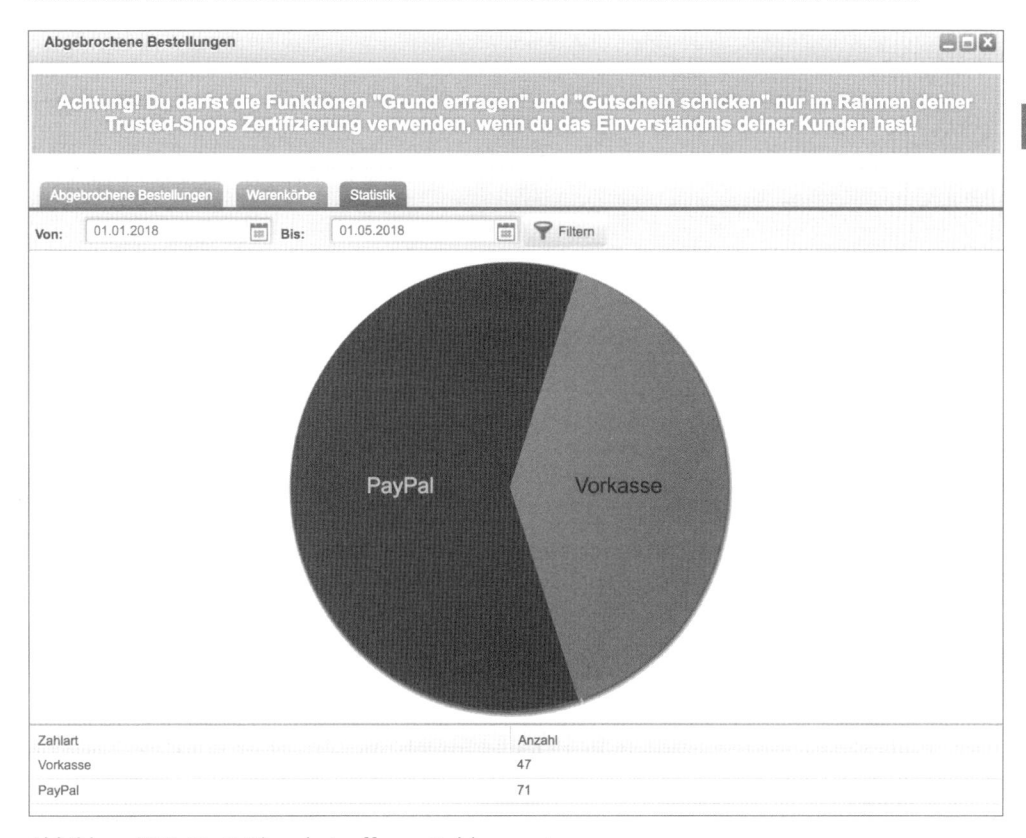

Abbildung 13.9 Statistik zu betroffenen Zahlungsarten

Hat Ihr Kunde sich für ein Produkt entschieden, seine Daten eingegeben, bereits eine Zahlungsart ausgewählt und dann doch die Bestellung abgebrochen, finden Sie die betroffene Zahlungsart in dem Reiter STATISTIK. Es kann interessante Erkenntnisse mit sich bringen, wenn eine Zahlungsart häufiger betroffen ist als andere. Das lässt beispielsweise auf einen unsauberen technischen Prozess schließen, der es den Kunden nicht erlaubt, zu bestellen.

In solchen Fällen sollten Sie dem Problem umgehend auf den Grund gehen und schauen, wo der Fehler liegen könnte.

13.1.4 E-Mail-Benachrichtigung

Erinnern Sie sich noch an die Einstellung in den Artikeldetails, mit welcher sich Ihre Kunden informieren lassen konnten, wenn ein Artikel wieder verfügbar ist (Abschnitt 7.2.7)? Diese Statistik knüpft daran an. Hier sehen Sie, für welche Artikel sich Ihre Kunden angemeldet haben.

Abbildung 13.10 Auswertung der E-Mail-Benachrichtigung

Auch diese Auswertung ist recht übersichtlich gehalten, beinhaltet jedoch alle wichtigen Informationen. Auf der linken Seite finden Sie alle Artikel, über die Kunden benachrichtigt werden wollen, sobald der Artikel wieder verfügbar ist.

Dazu finden Sie noch den Artikelnamen, die Artikelnummer, die Anzahl der registrierten Nutzer sowie die Anzahl der noch nicht verschickten Benachrichtigungen.

Mit einem Klick auf das Menschen-Symbol öffnen Sie eine Übersicht der Kunden, die sich für die Benachrichtigung eingetragen haben. Sie erfahren das Registrierdatum und die E-Mail-Adresse sowie den Namen, falls dieser hinterlegt ist. Außerdem sehen Sie, ob dieser Kunde bereits benachrichtigt wurde.

Von dieser Stelle aus können Sie keine manuelle Benachrichtigung anstoßen, das funktioniert vollautomatisch über einen Cronjob und zwei aktivierten Plugins. Wie Sie alles im Detail einrichten, lesen Sie in Abschnitt 7.2.8.

13.2 Artikelstatistik – kleine Performance-Übersicht

Auch gibt Ihnen Shopware eine grobe Artikelstatistik, anhand derer Sie die Besucherzahlen auf den Artikel sowie den dahinterliegenden Umsatz betrachten können.

Abbildung 13.11 Artikelstatistik

Die Artikelstatistik teilt sich in zwei Bereiche auf, wie in Abbildung 13.11 zu sehen ist. In der oberen Hälfte sehen Sie einen Verlauf der Besucherzahlen auf diesen Artikel.

Daran können Sie mit einem Blick ablesen, ob der noch attraktiv ist oder ob das Interesse Ihrer Kunden daran nachlässt. In diesem Beispiel sieht man bereits den leicht negativen Verlauf der Besucherzahlen über ein Jahr. Auch wenn es hier immer wieder Ausschläge nach oben und nach unten gegeben hat, pendelt es sich in den letzten drei Monaten dieser Zeitleiste eher im unteren Drittel ein.

Dies könnte ein Indiz dafür sein, dass das Interesse der Kunden am Produkt schwindet. Wie Sie Statistiken interpretieren, erfahren Sie ausführlich im nächsten Abschnitt.

In der zweiten Hälfte sehen Sie die Verkaufsübersicht zum Artikel. Wie weit diese Übersicht in die Vergangenheit reicht bzw. von welchem Zeitraum Sie sich die Verkäufe anzeigen lassen, können Sie frei wählen. Haben Sie das Start- und Enddatum ausgewählt, klicken Sie auf ABSENDEN, um die Daten daraufhin zu erhalten.

Anschließend sehen Sie, an welchen Tagen wie viele Verkäufe stattfinden und den daraus resultierenden Umsatz. Auch die Gesamtsumme und die Gesamtverkäufe für den angegebenen Zeitraum sehen Sie zum Abschluss der Tabelle.

Viel mehr gibt diese Statistik leider nicht her, ist aber für einen groben Überblick über die Entwicklung eines Artikels, sehr einfach und übersichtlich gehalten.

13.3 Optimierungen am Shop anhand der Statistiken

Eine Statistik ist natürlich immer nur so gut, wie Sie sie interpretieren. Datensammelei an sich bringt den Shop nicht voran, sondern sollte als Basis für die Entwicklung des Shops gesehen werden.

Dabei gibt es keine allgemeingültige Formel, wie eine Statistik zu interpretieren ist. Zumal Sie mit Shopware auch eine Menge Informationen erhalten, die Sie auch gut kombinieren und daraus Ihre Schlüsse ziehen können.

Prinzipiell ist natürlich jede Statistik für sich betrachtet interessant. Für die Optimierung von Umsatz und Shop gibt es dabei aber einige Auswertungen, die Sie regelmäßig im Blick behalten sollten.

ARTIKEL NACH VERKÄUFEN kann so eine Auswertung sein. Mit ihr können Sie Topseller schnell identifizieren und ggf. den Preis anheben. Wichtig ist, nach solchen Änderungen nachzuvollziehen, wie diese sich auf die Verkäufe auswirken. Hierfür können Sie dann z. B. die Statistik in den Artikeldetails ansehen. Dort können Sie dann den Zeitraum einstellen und sehen direkt den Kurvenverlauf. Bleiben die Verkäufe auf konstantem Niveau, war Ihre Entscheidung goldrichtig. Und selbst wenn die Verkäufe zurückgehen, bleibt immer noch die Abwägung, ob Sie durch die Verkaufspreiserhöhung mehr Gewinn machen. Ist beides negativ – die Umsatzkurve und der Gewinn –, können Sie die Preisänderung rückgängig machen. Dies können Sie dann auch geschickt per Newsletter an Ihre Kunden à la *Jetzt wieder da zum alten Preis* kommunizieren.

Sicherlich interessant ist auch die Auswertung *Umsatz nach Zahlungsarten*. Hier sehen Sie den aufsummierten Umsatz je nach ausgewählter Zahlungsart und finden so leicht heraus, wie Ihre Kunden am liebsten zahlen. Und so sehen Sie auch auf einen Blick, welche Zahlungsart Ihnen unter Umständen mehr Kosten als Erträge einbringt. Straffen Sie so Ihre Kosten, und optimieren Sie Ihr Betriebsergebnis.

Eine der wichtigsten Auswertungen allerdings sind die BELIEBTEN SUCHBEGRIFFE. Dort erfahren Sie viel über Ihre Besucher und deren Wunschprodukte. Nutzen Sie die dort gewonnenen Informationen und bringen Sie die Suchbegriffe unter anderem als Meta-Keyword oder in der Artikel-Bezeichnung in Ihren Artikeln unter – sofern diese natürlich sinnvoll für den Artikel sind. Damit erhöhen Sie die Sichtbarkeit einzelner Produkte und zeigen Ihrem Kunden für ihn spannende Produkte.

Besonderes Augenmerk sollten Sie dabei auf Produkte legen, bei denen keine Ergebnisse angezeigt werden. Das könnte auf beliebte Schreibfehler Ihrer Kunden hindeuten, in diesem Fall sollten Sie diese Schreibweisen in die Artikel-Keywords aufnehmen, damit das die interne Suche abdeckt. Oder Kunden suchen nach Artikeln, die Sie nicht im Sortiment haben, da könnte es sich lohnen, über eine Sortimentserweiterung nachzudenken.

Wie Sie sehen, gibt es unzählige Möglichkeiten, aus den gebotenen Statistiken einen Mehrwert für sich als Shopbetreiber zu ziehen und gleichzeitig den Shop für Ihre Kunden attraktiver machen.

Denn eines ist ganz klar: Ein Shop wird nur erfolgreich, wenn dieser dauerhaft anhand von harten Zahlen analysiert und optimiert wird. Diese Zahlen liefert Ihnen Shopware von Haus aus ohne weitere Plugins oder Einbindung von Drittanbieter-Systemen.

13.4 Google Analytics und Co. einbinden

Um ausführlichere Statistiken zu erhalten, können Sie auch andere Trackingtools einbinden. Eines der wohl bekanntesten Tools ist Google Analytics. So umstritten dieses Tool – gerade bei Datenschützern – ist, so umfangreich und mächtig ist diese Informationsquelle allerdings auch.

Unter Google Analytics können Sie Ihre Besucherzahlen in Echtzeit verfolgen und sehen, wo sich Ihre Besucher auf Ihrer Webseite aufhalten. Zudem können Sie einsehen, auf welchen Seiten sich die Besucher insgesamt auch über einen längeren Zeitraum hinweg aufgehalten haben, und dadurch auch nachvollziehen, welche Inhalte besonders interessant sind. Zusätzlich sehen Sie, wie lange sich die Besucher auf Ihrer Seite aufhalten, und können auch den Verhaltensfluss analysieren, beispielsweise von welcher Seite die Besucher auf welche weitere Seite gesprungen sind, und wo diese den Shop letztendlich verlassen haben. Das ist nur ein kleiner Teil der Analytics-Funktionen.

Dadurch, dass das Tool so mächtig ist, indem es quasi alle Daten sammelt, die es sammeln kann, und anschließend auch analysiert, steht es seit Jahren stark in der Kritik. Letztlich stehen Ihnen aber weitreichende Analysen zur Verfügung, mit deren Hilfe Sie Ihre Besucher verstehen lernen können. Dabei gehen die zur Verfügung gestellten Daten tiefer als die Shopware-eigenen Statistiken.

> **Achtung beim Einsatz von Google Analytics**
>
> Bitte prüfen Sie, ob Sie Google Analytics rechtmäßig einsetzen können. Hierzu hat sich in der Rechtsprechung in den letzten Jahren viel getan. Allen voran trat am 25. Mai 2018 die neue Datenschutz-Grundverordnung in Kraft. Hierzu finden Sie im Kapitel 19 Informationen. Eine Beratung bei einem Anwalt ist aber auch durch das Kapitel nicht zu ersetzen.

Wenn Sie das Tool nun trotz aller rechtlichen Bedenken einsetzen möchten, registrieren Sie Ihren Account unter *https://analytics.google.com*. Auf die weitere Anmeldestrecke gehe ich an dieser Stelle nicht weiter ein.

Sobald Sie die Anmeldung fertiggestellt und die Inhaberschaft Ihres Onlineshops bestätigt haben, benötigen Sie den TRACKING-CODE. Diesen sehen Sie in der Analytics-Verwaltung unter PROPERTY • TRACKING INFORMATIONEN. Dort finden Sie einen Code, der in etwa so aussieht:

```
<!-- Global site tag (gtag.js) - Google Analytics -->
<script async src="https://www.googletagmanager.com/gtag/js?id=UA-XXXXXXXX-X">
</script>
<script>
  window.dataLayer = window.dataLayer || [];
  function gtag(){dataLayer.push(arguments);}
  gtag('js', new Date());

  gtag('config', 'UA- XXXXXXXX-X);
</script>
```

Um eine wichtige Anforderung zu erfüllen, muss dieser Code noch um eine wichtige Zeile ergänzt werden. Diese sorgt dafür, dass die IP-Adressen anonymisiert an Google Analytics übertragen werden. Die zusätzliche Zeile lautet:

```
ga('set', 'anonymizeIp', true);
```

Setzen Sie die Zeile einfach vor den Abschluss des Codes. Der vollständige Code sieht damit so aus:

```
<!-- Global site tag (gtag.js) - Google Analytics -->
<script async src="https://www.googletagmanager.com/gtag/js?id=UA-XXXXXXXX-X">
</script>
<script>
  window.dataLayer = window.dataLayer || [];
  function gtag(){dataLayer.push(arguments);}
  gtag('js', new Date());

  gtag('config', 'UA- XXXXXXXX-X);
ga('set', 'anonymizeIp', true);
</script>
```

Anschließend wechseln Sie in das Shopware Backend und öffnen EINSTELLUNGEN • THEME MANAGER. Wählen Sie Ihr aktiviertes Theme aus und konfigurieren Sie es.

Unter KONFIGURATION finden Sie weiter unten bei den ERWEITERTEN EINSTELLUNGEN ein Feld namens WEITERE JAVASCRIPT-BIBLIOTHEKEN, siehe Abbildung 13.12. Dort tragen Sie den Google-Analytics-Code ein. Übrigens können Sie dort auch jeden weiteren JavaScript-Code einfügen und brauchen dafür nicht zwingend immer ein Plugin.

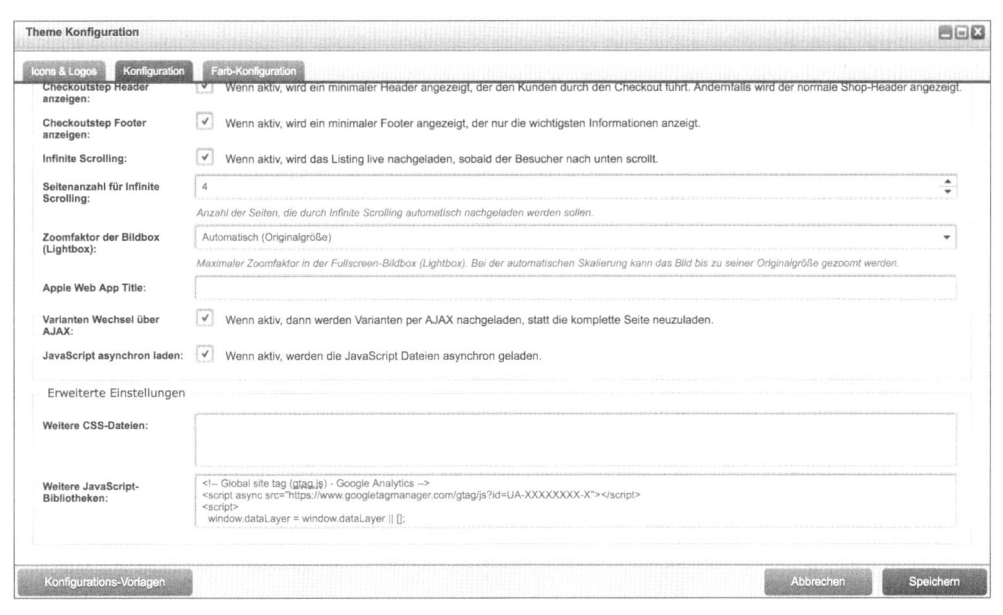

Abbildung 13.12 Google-Analytics-Code ins Template integrieren

Als Alternative zu Google Analytics hat sich Matomo, ehemals Piwik, bewährt. Dieses Tracking-Tool hat auch den großen Vorteil, dass Sie es auf Ihren eigenen Servern installieren können und die dort angesammelten Daten Ihnen gehören. Zudem ist es Open Source und kann durch diverse Plugins erweitert werden. Ein Blick darauf lohnt sich in jedem Fall.

Nun ist es egal, welches System Sie zum Tracking einsetzen. Jedes System hat seine Vor- und Nachteile, und alle haben sicherlich ihre Daseinsberechtigung. Wichtig ist, dass Sie die Möglichkeiten nutzen und Sie sinnvolle Schlüsse aus den Daten ziehen, um Ihren Shop dauerhaft weiterzuentwickeln.

Kapitel 14
Die große Bühne – Ihr Onlineshop international

Das Internet löst Grenzen auf und Sie können weltweit verkaufen. Auch Shopware bietet Ihnen diese Möglichkeit. Was es bei der Einrichtung eines Sprachshops zu beachten gilt, erfahren Sie in diesem Kapitel.

Die allermeisten Händler starten mit dem Verkauf in ihrem Heimatland bzw. in ihrer Heimatsprache. Für einen Österreicher ist es sehr einfach, auch nach Deutschland zu verkaufen, da ein gemeinsamer Wirtschaftsraum und die gleiche Sprache eine gute Basis dafür bilden. Doch was, wenn Sie die Grenzen sprengen und auch international verkaufen möchten?

Shopware bietet mit einfach einzurichtenden Sprachshops dafür die Grundlage. Diese werden bereits ab der Community Edition bereitgestellt und sind leicht einzurichten, wenn auch teilweise Fleißarbeiten vonnöten sind.

Zunächst einmal müssen die grundlegenden Unterschiede zwischen einem Sprach- und einem Subshop benannt werden. Ein Sprachshop ist eine Unterdomain eines bestehenden Shops, also zum Beispiel *https://ihrshop.de/nl*.

Abbildung 14.1 Umschalter für die Sprachshops

Hierbei wird der zugeordnete Hauptshop geladen, und durch einen Umschalter kann Ihr Kunde seine gewünschte Sprache wählen.

Der Sprachshop kann auch aus unterschiedlichen Kategorien, Produkten und Einkaufswelten bestehen. Allerdings können Sie kein eigenes Theme zuweisen.

Mit Subshops hingegen haben Sie weitere Freiheiten. Diese haben den gleichen Mehrwert wie Sprachshops, nur dass die Subshops auf einer eigenständigen Domain laufen, also zum Beispiel *https://ihrshop.com* anstatt *https://ihrshop.de/nl*. Außerdem ist ein separates Theme möglich. Mehr zu dem Thema Subshops lesen Sie im nachfolgenden Kapitel 15.

14.1 Die Vorbereitung für einen Sprachshop

Um einen Sprachshop anlegen zu können, müssen im Vorfeld einige Einstellungen vorgenommen werden. Dies betrifft neue Kundengruppen, weitere Shopseiten und mehr. Die Vorbereitung ist wichtig, damit Sie die Anlage des Sprachshops ohne weitere Hürden vollziehen können.

14.1.1 Eine neue Währung

In einer Shopware-Standard-Installation ist die Währung Euro bereits voreingestellt. Damit kommen Sie zu Beginn Ihrer Internationalisierung bereits sehr weit. Wenn Sie allerdings die europäischen Grenzen überschreiten möchten, kommen Sie nicht darum herum, in Shopware eine neue Währung anzulegen.

Öffnen Sie dazu die EINSTELLUNGEN • GRUNDEINSTELLUNGEN. Anschließend öffnen Sie SHOPEINSTELLUNGEN, der dritte Menüpunkt ist dann WÄHRUNGEN.

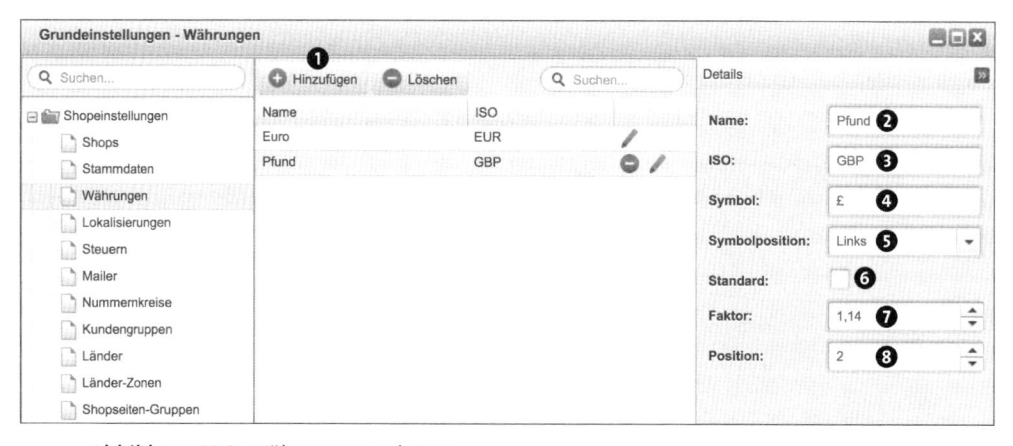

Abbildung 14.2 Währungen anlegen

Klicken Sie auf den Button HINZUFÜGEN ❶, um eine neue Währung anzulegen. Tragen Sie zunächst den NAMEN ❷ der Währung, hier Pfund (oder auch britisches Pfund) sowie die offizielle Abkürzung unter ISO ❸ ein. Das SYMBOL ❹, welches Sie hinterlegen, wird anschließend auch im zugewiesenen Shop angezeigt. Danach wählen Sie die SYMBOLPOSITION ❺ – links vor dem eigentlichen Betrag oder rechts nach dem Betrag. Da das Währungssymbol des Pfunds vor dem Betrag angezeigt wird, wähle ich hier links aus.

Wenn dies die STANDARD-Währung ❻ werden soll, aktivieren Sie die entsprechende Checkbox. Die Standardwährung wird auch herangezogen, um den Umrechnungsfaktor für alle weiteren Währungen zu bestimmen. In diesem Fall soll das britische Pfund nicht die Standardwährung sein. Daher ist hier einen FAKTOR ❼ hinterlegt, welcher den Euro-Preis als Basis nimmt und das GBP umrechnet.

> **Tagesaktueller Umrechnungskurs**
>
> Nun sind Währungskurse nie statisch, sondern ändern sich täglich. Wenn Sie das Währungsrisiko minimieren möchten, sollten Sie ein Plugin einsetzen, das täglich die aktuellen Wechselkurse der Europäischen Zentralbank (EZB) abruft und diese per Cronjob in den Shop überträgt.
>
> Ein Plugin, das dies für Sie erledigt, heißt *Tagesaktuelle Währungskurse & Fremdwährungen – CurrentCurrencies* von Net Inventors GmbH. Dieses Plugin könne Sie für 39 Euro im Community Store erwerben.

Zuletzt bestimmen Sie noch die POSITION ❽ der Währung. Das ist jedoch eher unwichtig und kann auch ignoriert werden. Für eine verbesserte Übersicht können Sie die Währungen allerdings auch durchnummerieren, sodass diese immer gleich sortiert werden, wenn Sie im Backend damit in Berührung kommen, wie z. B. bei der Konfiguration des Sprachshops.

Damit haben Sie eine neue Währung angelegt, die Sie anschließend in Sprach- und Subshops einsetzen können. Der erste Vorbereitungsschritt ist damit abgeschlossen. Im weiteren Verlauf dieses Kapitels beziehe ich mich auf einen niederländischen Sprachshop, daher wird es keinen weiteren Bezug auf das britische Pfund geben.

14.1.2 Eigene Kategorie für jeden Sprachshop

In Shopware lässt sich so ziemlich alles übersetzen – Artikel, E-Mails, PDF-Dokumente etc. Eine Ausnahme bilden dabei die Kategorien, die sich nicht übersetzen lassen. Dies ist aber auch nicht weiter schlimm, da Sie damit auch die Möglichkeit bekommen, eine andere Kategoriestruktur anzulegen oder Artikel in Sprachshops gar nicht erst zu kategorisieren. Es kann schließlich auch vorkommen, dass einige Hersteller oder Lieferanten den Verkauf in bestimmte Länder untersagen. In diesem Fall hilft es Ihnen, dass Sie separate Kategorien anlegen und Artikel manuell zuweisen müssen.

Prinzipiell legen Sie Kategorien auch für Sprachshops so an, wie Sie es bereits in Kapitel 7 gelesen haben. Einen Unterschied gibt es dennoch.

Während Sie bei einem deutschen Shop bereits auf eine Überkategorie zugreifen können, nämlich die Kategorie Deutsch, ist dies für Sprachshops noch nicht gegeben.

Das heißt, diese übergeordnete Kategorie müssen Sie erst anlegen, wie in diesem Beispiel die Kategorie NL ❷ für den angedachten niederländischen Sprachshop.

Abbildung 14.3 Kategorien für einen Sprachshop anlegen

Um eine übergeordnete Kategorie anzulegen, die neben und nicht unterhalb der Kategorie Deutsch platziert ist, klicken Sie zunächst in der Übersicht links auf den Eintrag SHOPWARE ❶. Anschließend tragen Sie den Namen der Kategorie (hier: NL) in das Feld UNTERKATEGORIE ANLEGEN ❸ ein und speichern diese über den gleichnamigen Button, siehe Abbildung 14.3. Den hier angegebenen Namen werden Sie später auch in der Anlage der Sprachshops wiederfinden.

Die weiteren Kategorien (Smaak, Verkoop etc.) legen Sie entsprechend der gleichen Logik an, nur dass Sie als übergeordnete Kategorie nicht mehr Shopware auswählen, sondern die eben erstellte Kategorie NL.

Außerdem haben Sie hier die gleichen Möglichkeiten, wie in allen anderen Kategorien und Sprachen auch: Sie können ein Kategoriebild hinzufügen, auf eine externe Seite verlinken, einen Product Stream hinterlegen und auch Kategorietexte und SEO-Einstellungen vornehmen. Tiefer gehende Informationen finden Sie in Kapitel 7.

14.1.3 Einteilung in verschiedene Kundengruppen

In Shopware haben Sie die Möglichkeit, Ihre Kunden in verschiedene Gruppen einzuteilen. Wichtig dabei ist, dass ein Kunde nur jeweils einer Kundengruppe zugeordnet werden kann.

Diese Einteilung hilft Ihnen direkt zu Beginn, da Sie jeder Kundengruppe verschiedene Preise zuweisen können, oder auch im späteren Verlauf Ihres Shopbetreiber-Alltags bei Marketing und weiteren Möglichkeiten.

Es ist enorm sinnvoll, für jeden Sprachshop oder zumindest für jede Sprache eine eigene Kundengruppe anzulegen. Legen Sie für jeden Shop eine eigene Gruppe an, können Sie mit Preisen variieren und gezieltere Newsletter senden. Legen Sie je Sprache eine Kundengruppe an, haben Sie immerhin noch den Vorteil, dass Sie im Newsletter zumindest die Kundensprache benutzen.

Dennoch sollten Sie auf ein gutes Gleichgewicht achten. Haben Sie viele Kundengruppen angelegt, könnte ihre Verwaltung enorme Ausmaße annehmen. Die Einteilung nach Land oder Sprache sollte hier also genau überlegt sein.

Ich halte die Anlage der neuen Kundengruppe hier bewusst einfach. Daher werden hier den Kunden auch keine Mindestbestellwerte, Aufschläge für Bestellungen oder Rabatte eingeräumt. Diese Kundengruppe soll sich zudem an Endkunden richten.

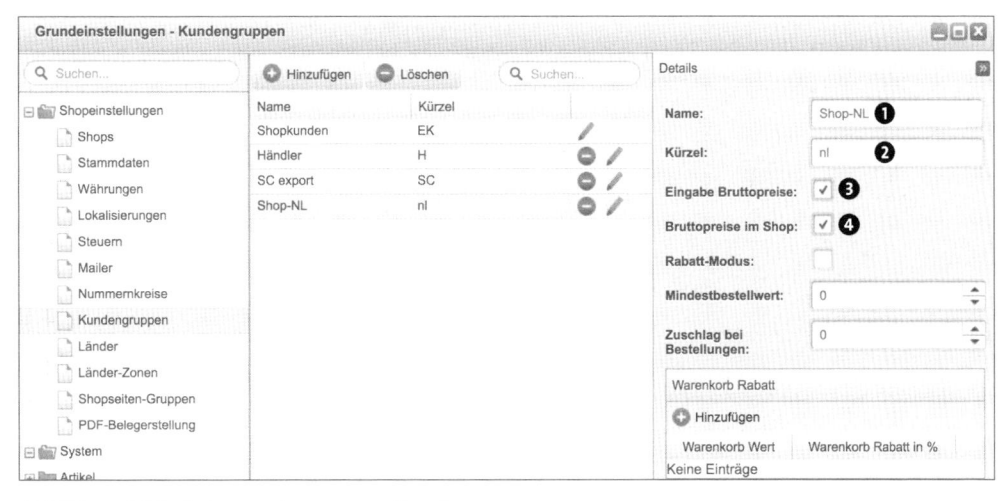

Abbildung 14.4 Anlegen einer neuen Kundengruppe

Tragen Sie zunächst einen treffenden NAMEN ❶ für diese Gruppe ein. Der Kunde sieht Ihre interne Zuordnung nicht, für die spätere Anwendung in den verschiedenen Modulen hilft Ihnen diese aber sehr. Als Nächstes tragen Sie ein KÜRZEL ❷ ein. Das darf nicht aus Sonderzeichen, Leer- oder Umlauten bestehen und sollte maximal 5 Zeichen lang sein. Das Kürzel dient maßgeblich als Eintrag in der Datenbank sowie den Im- und Exporten.

Als Nächstes habe ich definiert, dass für diese Kundengruppe die Artikelpreise brutto angegeben werden (EINGABE BRUTTOPREISE ❸) und diese Preise auch im Shop zu sehen sind (BRUTTOPREISE IM SHOP ❹).

Dies sind ausreichende Einstellungen für die Kundengruppe, die später alle Endkunden aus dem niederländischen Sprachshop versammeln soll.

Speichern Sie Ihre Einstellungen. Damit ist der dritte von vier Vorbereitungsschritten abgeschlossen.

14.1.4 Shopseiten anpassen

Die Shopseiten beinhalten alles, was abseits von Artikeln und suchmaschinenrelevanten Inhalten wichtige und notwendige Informationen sind. Darunter fallen z. B. alle Rechtstexte wie das Impressum oder die Datenschutzerklärung.

In einem internationalen Shop sollten Sie diese Texte natürlich auch in der jeweiligen Landessprache bereitstellen. Wie Sie es bereits aus Ihrem Hauptshop kennen, werden die Shopseiten in Gruppen verwalten, die dann später ihren Positionen im Theme zugewiesen werden.

> **Nicht nötig bei einem englischen Sprachshop**
>
> Sie richten einen englischen Sprachshop ein? Dann können Sie diesen Arbeitsschritt überspringen. Dafür ist schon in der Grundinstallation von Shopware alles vorbereitet. Beachten Sie dazu die Gruppen *Englisch links*, *Englisch unten (Spalte 1)* und *Englisch unten (Spalte 2)*..

Öffnen Sie zunächst INHALTE • SHOPSEITEN. Klicken Sie nun auf den Button unten links, NEUE GRUPPE.

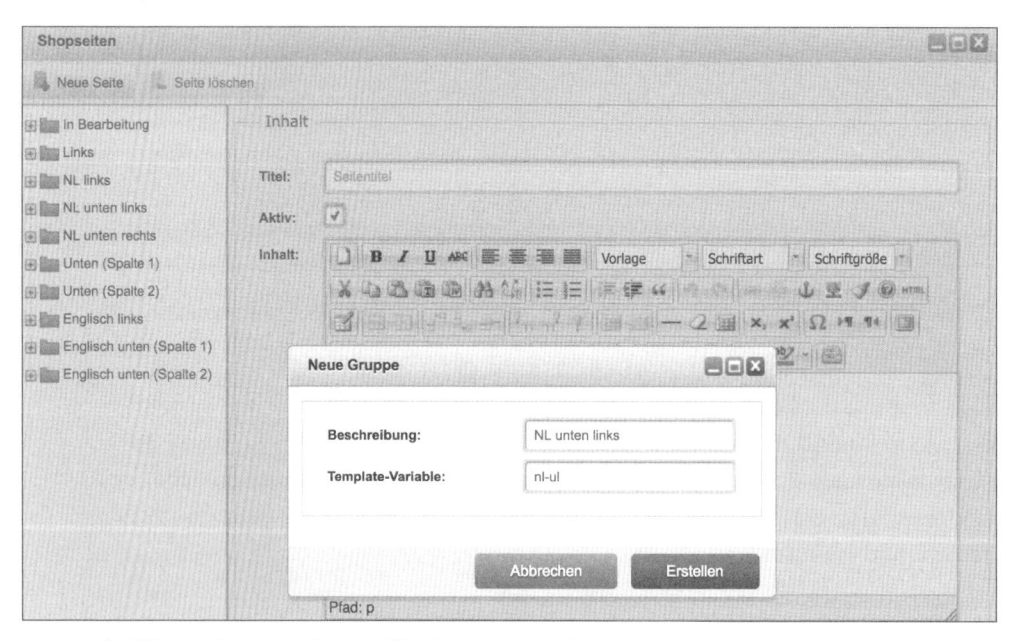

Abbildung 14.5 Neue Gruppe für Shopseiten anlegen

Wie Sie in der Abbildung 14.5 sehen, lege ich hier eine Gruppe namens NL UNTEN LINKS an. Dies bezeichnet zum einen die Sprache des Shops (NL) sowie die spätere Position der hier zugewiesenen Shopseiten (unten links). Diese Position bezeichnet den Footer, in dem im Standard Responsive Theme zwei Spalten zur Verfügung stehen, um die Shopseiten anzuzeigen. Im Standardshop gibt es auch noch weitere Positionen, um die Shopseiten anzuzeigen:

- Footer Spalte links (siehe Beispiel)
- Footer Spalte rechts
- Links (Seitenleiste, wenn eine Shopseite aufgerufen wird)

Legen Sie also nun die Pendants dazu an. Wie Sie sie dabei benennen, ist relativ egal. Es ist wichtig, dass die Bezeichnungen, die Sie unter Beschreibung eingeben, wenn Sie eine neue Gruppe anlegen, für Sie schlüssig sind, damit diese korrekt zugewiesen werden können.

Haben Sie alle drei Gruppen angelegt, können Sie dort auch direkt die Texte einfügen. Beachten Sie dazu bitte die Abbildung 14.6.

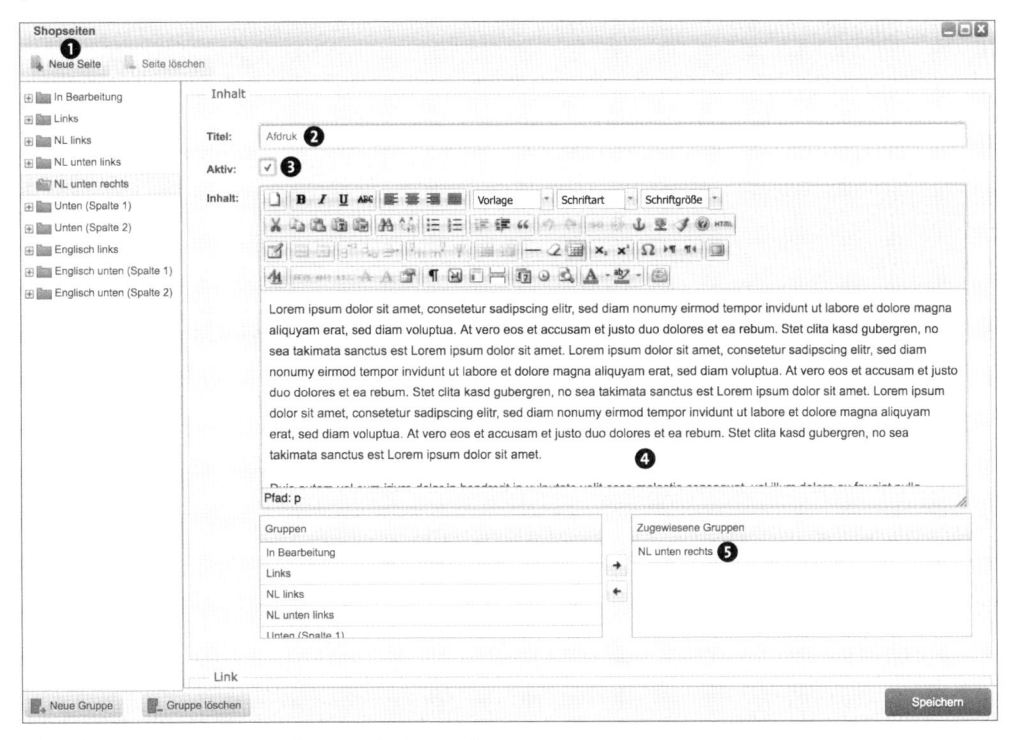

Abbildung 14.6 Shopseite für Sprachshop anlegen

Eine Shopseite anzulegen ist sehr leicht. Klicken Sie einfach auf den Button NEUE SEITE ❶. Anschließend können Sie die Seite auf dem Abschnitt unter Inhalt bearbeiten. Tragen Sie zunächst einen TITEL ❷ für die neue Seite ein, hier wird diese als Afdruk bezeichnet, was im Deutschen dem Impressum entspricht. Die neue Shopseite ist auch direkt aktiviert, sodass Sie den Haken unter AKTIV ❸ nicht manuell setzen müssen.

Im Feld INHALT ❹ haben Sie dann die Möglichkeit, die Seite zu definieren und Texte wie z. B. das Impressum zu hinterlegen. Das kennen Sie bereits von Ihrem Hauptshop.

Danach weisen Sie eine Gruppe ❺ zu. Damit entscheiden Sie, an welcher Position die Shopseite später im Shop erscheinen soll. In diesem Beispiel habe ich die Gruppe NL unten rechts gewählt, was eine Position in der rechten Spalte des Footers bedeutet.

Auf weitere Optionen und Möglichkeiten wie z. B. externe Links verzichte ich an dieser Stelle. Wenn Sie sich dazu weitere Informationen benötigen, finden Sie diese in Kapitel 4.

Sobald die Shopseite also mit Leben gefüllt und einer entsprechenden Gruppe zugewiesen ist, können Sie speichern und sich der nächsten Shopseite widmen. Wenn Sie alle Shopseiten angelegt und zugewiesen haben, folgt der nächste Schritt, um die Positionierung der Gruppen einzustellen.

Nun müssen Sie die neu angelegten Gruppen noch der originalen Shopseiten-Gruppe zuweisen. Gehen Sie dazu wieder in die EINSTELLUNGEN • GRUNDEINSTELLUNGEN. Anschließend öffnen Sie die SHOPEINSTELLUNGEN und wählen dort den Eintrag SHOPSEITEN-GRUPPEN ❻ aus.

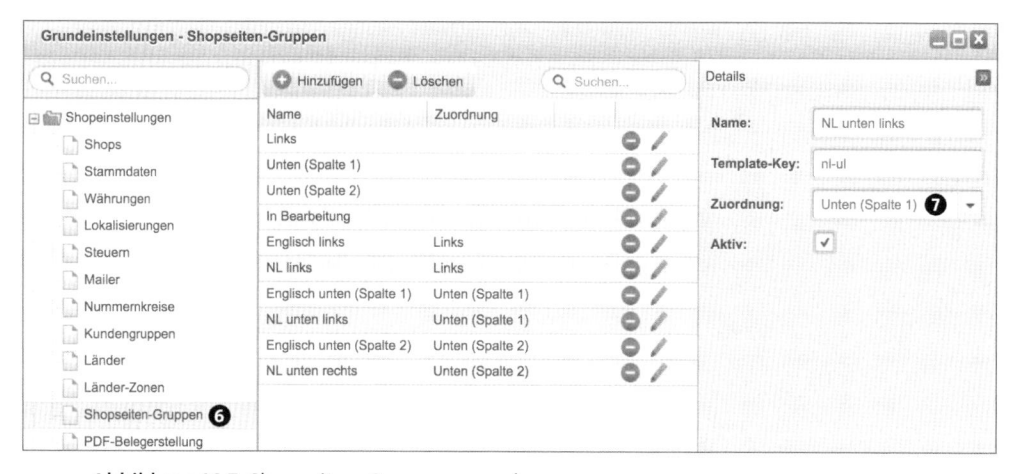

Abbildung 14.7 Shopseiten-Gruppen zuordnen

Wie Sie in Abbildung 14.7 unter den Details auf der rechten Seite sehen können, ist die Zuordnung relativ simpel. Sie wählen eine Gruppe aus, die Sie zuweisen möchten. Daraufhin öffnet sich die Detailansicht auf der rechten Seite. Unter ZUORDNUNG ❼ wählen Sie dann entsprechend die im Hauptshop definierte Gruppe. Eine passende Zuordnung ist damit wie im Beispiel zu sehen:

▶ NL unten links wird der Gruppe Unten (Spalte 1) zugeordnet.
▶ NL unten rechts wird der Gruppe Unten (Spalte 2) zugeordnet.
▶ NL links wird der Gruppe Links zugeordnet.

Sobald Sie diesen Arbeitsschritt abgeschlossen haben, ist auch die Vorbereitung abgeschlossen. Sie haben damit den Grundstein gelegt, um im weiteren Verlauf schnell einen Sprachshop anlegen zu können.

14.1.5 Für schnelles Übersetzen: Download der Sprachpakete

Shopware bietet auch eine schnelle Möglichkeit, die Textbausteine, aus denen der Shop besteht, zu übersetzen. Dafür werden Sprachpakete bereitgestellt, die Sie ganz einfach über den Community Store herunterladen können.

Shopware selbst bietet Ihnen bereits neun Sprachen kostenlos an, wiederum andere können Sie von Drittanbietern kaufen. Wie Ihnen bereits bekannt ist, brauchen Sie das englische Sprachpaket nicht separat herunterzuladen, denn das ist bereits vorinstalliert.

Weitere Sprachpakete, die Shopware anbietet:

- Polnisch
- Portugiesisch
- Tschechisch
- Italienisch
- Bulgarisch
- Französisch
- Spanisch
- Niederländisch

> **Helfen Sie mit**
>
> Die Weiterentwicklung von Sprachpaketen kann jeder unterstützen. Auf der Webseite *https://crowdin.com/project/shopware* können Sie helfen, fehlende Sprachen zu übersetzen.

14.2 Wie Sie Sprachshops anlegen

Da ein Sprachshop eine recht einfache Ableitung des Hauptshops ist, ist die grundsätzliche Einrichtung schnell gemacht. Die Verwaltung aller Shops, die Sie betreiben (egal ob Haupt-, Sub- oder Sprachshop), finden Sie in den EINSTELLUNGEN • GRUNDEINSTELLUNGEN. Dort öffnen Sie SHOPEINSTELLUNGEN ❶ • SHOPS ❷, siehe Abbildung 14.8.

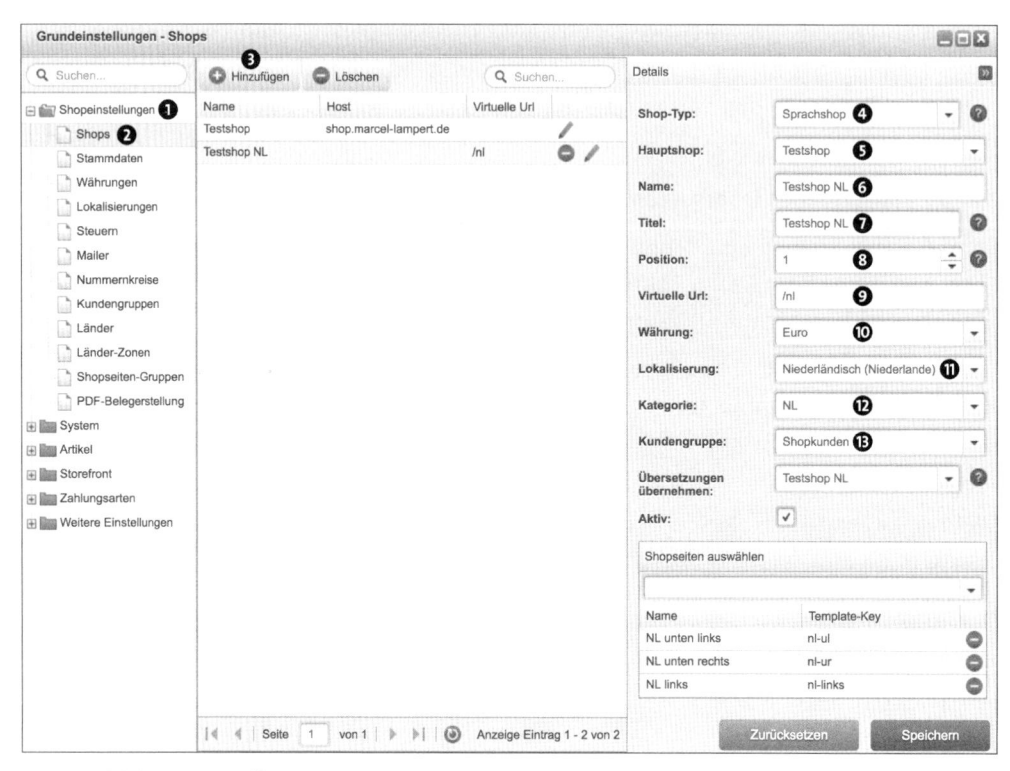

Abbildung 14.8 Übersicht aller verwalteten Shops

Wie Sie in diesem Beispiel sehen, habe ich einen niederländischen Sprachshop angelegt. Und das machen Sie so:

Zunächst legen Sie einen neuen Shop an, indem Sie auf den Button HINZUFÜGEN ❸ klicken. Es öffnet sich die Detailansicht. Dort wählen Sie als SHOP-TYP ❹ Sprachshop aus. Anschließend wählen Sie den HAUPTSHOP ❺ aus, auf den sich der übersetzte Sprachshop bezieht. In diesem Fall ist es der Testshop. Anschließend vergeben Sie einen NAMEN ❻, welcher im Umschalter angezeigt wird. Der TITEL ❼, im nächsten Feld, ist der Name des Shops, welcher auch im Tab Ihres Browsers angezeigt wird. Dies dient dem Besucher als Orientierung, falls er mehrere Tabs geöffnet hat.

Sollten Sie mehrere Sprachshops anlegen, können Sie außerdem die Reihenfolge bestimmen, wie diese in dem Sprachshop-Umschalter angezeigt werden. Tragen Sie unter POSITION ❽ entsprechend aufsteigende Ziffern ein. Hier ist eine 1 eingetragen, da der Hauptshop die Position 0 hat. Damit wird der niederländische Sprachshop unterhalb des deutschen Hauptshops angezeigt.

Die VIRTUELLE URL ❾ wird in der Browserzeile an Ihre eigentliche Shopdomain angehängt, hier wäre es zum Beispiel: *https://ihr-shop.de/nl*. Wichtig ist hier, dass Sie keinen Schrägstrich zum Ende eintragen, da Shopware ansonsten auf die Startseite des Hauptshops umleitet. Das ist technisch bedingt.

Als Nächstes legen Sie eine WÄHRUNG ❿ für diesen Sprachshop fest. Hier können Sie zunächst nur Euro auswählen, außer Sie haben wie in Abschnitt 14.1.1 eine eigene, neue Währung angelegt. Dann steht Ihnen diese hier auch in der Auswahl zur Verfügung.

Nun stellen Sie die LOKALISIERUNG ⓫ ein. Dies ist vor allem für die Anzeige der Landesflagge im Shop relevant. Achten Sie also auch dabei darauf, nicht nur die korrekte Sprache, sondern auch das anvisierte Zielland korrekt anzugeben.

Im nächsten Schritt folgt die Angabe der KATEGORIE ⓬. Durch den Abschnitt 14.1.2, »Eigene Kategorie für jeden Sprachshop«, haben Sie vermutlich schon eine neue, sprachshopfähige Kategorie angelegt. Wählen Sie diese hier nun aus. In diesem Beispiel ist es die Kategorie NL.

Als Nächstes definieren Sie die zugehörige KUNDENGRUPPE ⓭ – zu welcher Gruppe sollen Kunden, die in diesem Sprachshop kaufen, zugeordnet werden? Im obigen Beispiel werden alle Kunden der Kundengruppe Shopkunden zugewiesen. Wenn Sie allerdings auch konkrete Marketingmaßnahmen, z. B. spezielle Newsletter oder andere Preise für diesen Sprachshop, planen, sollten Sie zu jedem Sprachshop eine eigene Kundengruppe anlegen. Dazu finden Sie im Abschnitt 14.1.3 eine entsprechende Anleitung.

Die nächste Option ÜBERSETZUNGEN ÜBERNEHMEN sollten Sie anwählen, wenn ein Sprachshop die gleiche Sprache benutzt wie ein zuvor angelegter Sprachshop. Das hilft Ihnen zum Beispiel dabei, den Verwaltungsaufwand zu reduzieren, da die Übersetzungen, etwa beim Anlegen von Artikeln, nur noch einmal in diese Sprache übersetzt werden müssen anstatt mehrfach. Dies wäre der Fall wie im vorher genannten Beispiel: Frankreich und Belgien teilen sich eine Sprache. In einem belgischen Sprachshop können Sie also gut die Übersetzungen aus dem französischen Sprachshop übernehmen.

Mit den hier aktivierten Übersetzungen werden allerdings nur die Textbausteine übersetzt, weiter nichts. Dies müssen Sie manuell erledigen. Lesen Sie mehr dazu im folgenden Abschnitt.

14.3   Übersetzen Sie Ihre Artikel, Service-E-Mails etc.

Sollten Sie die Internationalisierungs-Pakete von Shopware heruntergeladen haben, wird Ihnen damit bereits ein Großteil der Arbeit abgenommen. Alle Textbausteine, immerhin mehrere Tausend, wurden bereits übersetzt. Was fehlt, sind Ihre Artikel, die E-Mail-Vorlagen sowie Zahlungs- und Versandbezeichnungen.

Sobald Ihnen ein übersetzungsfähiges Element vorliegt, wird Ihnen dies durch eine Weltkugel symbolisiert. Diese sehen Sie in Abbildung 14.9.

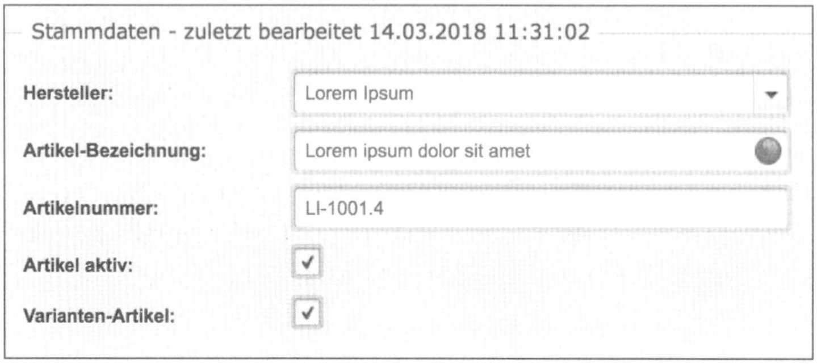

Abbildung 14.9 Übersetzen eines Elements mit der Weltkugel

Wenn Sie die Weltkugel nun anklicken, erscheint ein neues Fenster. Sollten Sie mehrere Sprachshops installiert haben, sehen Sie dort alle Sprachshops aufgelistet. Benannt sind diese nach dem Namen, den Sie dem Sprachshop gegeben haben. In diesem Beispiel wäre das *Nederlands*.

Zusätzlich zu der Auswahl aller Shops sehen Sie dort aber auch alle übersetzbaren Felder. Möchten Sie also z. B. eine Artikelbeschreibung übersetzen, öffnen Sie den betreffenden Artikel. In den STAMMDATEN werden Ihnen mehrere Weltkugeln beggnen. An der Artikel-Bezeichnung, der Beschreibung, den Meta-Informationen, der Verpackungseinheit, der Lieferzeit und an den bereits freigeschalteten Freitextfeldern. Alle diese Informationen können Sie dort übersetzen bzw. anpassen.

Dabei ist es unerheblich, auf welche Weltkugel Sie klicken, um die Übersetzung zu hinterlegen. Es öffnet sich immer ein Fenster mit allen verfügbaren Feldern. Das heißt: Im Beispiel Artikel-Stammdaten würde sich ein Fenster mit allen oben genannten Feldern öffnen. Damit können Sie einen Artikel schnell überarbeiten – wie Sie in Abbildung 14.10 sehen.

Wie Sie in Abbildung 14.10 sehen, werden die ursprünglichen Texte in diesem Fenster leicht grau hinterlegt. Das hilft Ihnen als Gedächtnisstütze, und Sie müssen nicht zwischen den einzelnen Fenstern hin und her springen.

Tragen Sie also dort die entsprechenden Übersetzungen für den ausgewählten Sprachshop ein. In diesem Beispiel ist das der Shop Nederlands. Wie in einem regulären Artikel steht Ihnen dies natürlich auch bei jeder Variante zur Verfügung, sofern der Artikel welche enthält. Auch können Sie die Bildbeschriftung übersetzen.

Eine Abkürzung für die Übersetzungen gibt es ebenfalls. In Abbildung 14.10 ist Ihnen sicherlich schon der GOOGLE-ÜBERSETZER-Button aufgefallen. Mit diesem können Sie halb automatisch Übersetzungen vom Google-Dienst Translate erhalten. Wählen Sie einfach ein bestimmtes Feld aus, das Sie übersetzen möchten. Die Benennung der

Felder ist dabei gleich wie im eigentlichen Modul. Damit können Sie genau abgleichen, dass Sie das richtige Feld übersetzen lassen. In diesem Beispiel könnte das z. B. die Artikel-Bezeichnung sein, also der Titel des Produktes. Dafür wählen Sie diesen Eintrag. Anschließend geben Sie noch die Zielsprache ein, hier also Niederländisch (Niederlande).

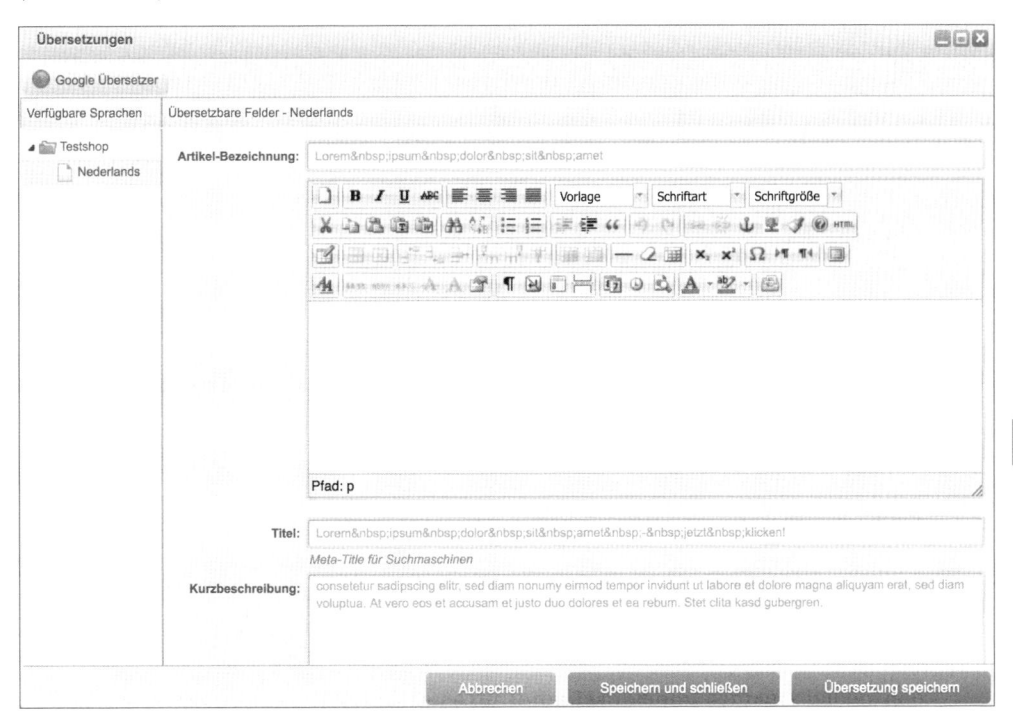

Abbildung 14.10 Fenster für die Übersetzungen

Mit dem Klick auf ÜBERSETZUNG STARTEN öffnet sich ein neues Fenster mit dem Google-Übersetzungsdienst. Die Daten werden von Shopware automatisch übertragen, sodass Sie hier die Übersetzung direkt kopieren können.

> **Obacht bei automatischen Übersetzungen**
>
> Achten Sie bei automatischen Übersetzungen wie z. B. über Google Translate auch darauf, dass die Variablen, die Shopware für eine dynamische Informationsanzeige nutzt, nicht falsch kopiert werden, z. B. {config name=shopName}. Mit dieser Variablen wird der in den Stammdaten hinterlegte Shopname eingefügt. Der Google-Dienst aber setzt in die Übersetzung neben dem Gleichheitszeichen jeweils ein Leerzeichen, also so {config name = shopName}.
>
> Dies darf nicht sein, da die Variable sonst nicht mehr funktioniert. Achten Sie daher auch darauf, dass die komplette Variable, also alles was von den geschweiften Klammern umschlossen wird, korrekt übernommen wird.

Sobald Sie die Übersetzung kopiert haben, fügen Sie diese in das entsprechende Feld ein. So gehen Sie nun mit jedem Feld vor, bis Sie alle Übersetzungen getätigt und hinterlegt haben.

Des Weiteren können Sie die Artikeleigenschaften übersetzen. Hierzu steht Ihnen jeder Bestandteil der Eigenschaften zur Verfügung: die Sets, die Gruppen und die Optionen.

Um die Übersetzungen dafür zu aktivieren, klicken Sie das Stift-Symbol bei einem Eintrag an. Damit erhalten Sie eine Übersicht über weitere Möglichkeiten. Unter anderen finden Sie dort den Globus, mit dem Sie wie bereits eben beschrieben die Übersetzung hinterlegen können. Massenübersetzungen aller Einträge sind allerdings leider nicht möglich.

Damit sind Sie am Ende der Möglichkeiten angekommen, welche Elemente Ihres Shops Sie übersetzen können. Als Nächstes folgen eigene Einkaufswelten, korrekte Zuweisungen von Zahlungsarten sowie, wenn nötig, das manuelle Anpassen der Textbausteine. Dies wird vor allem dann wichtig, wenn sich Ihre Kundenansprache anders gestaltet, als von Shopware vorgesehen.

14.4 Passen Sie Ihre Einkaufswelten an

Sie sind nun bereits einen großen Schritt vorangekommen. Sie haben alle grundlegenden Einstellungen getätigt, haben den Sprachshop angelegt und auch die Übersetzungen vorgenommen. Nun folgt ein zentrales Element in Shopware: die Einkaufswelten. Erst damit kommt Leben in Ihren Shop.

Die Einkaufswelten werden je nach Kategorie ausgesteuert, und bei der Erstellung des Sprachshops wird eine neue Kategorie angelegt und dem Shop zugewiesen. Diese Schritte haben Sie bereits hinter sich.

Nun legen Sie also eine Einkaufswelt für die dem Sprachshop zugewiesene Kategorie an. Öffnen Sie dazu MARKETING • EINKAUFSWELTEN.

Dort haben Sie vermutlich bereits einige Einkaufswelten für Ihre Startseite und Ihre Kategorien angelegt. Nun haben Sie grundsätzlich zwei Möglichkeiten:

1. Sie legen ganz neue Einkaufswelten an.
2. Sie kopieren die vorhandene Einkaufswelt und ändern diese einfach nur in die Zielsprache ab.

Für welches Modell von beiden Sie sich entscheiden, ist Ihre freie Wahl. Es gibt dabei kein richtig oder falsch. In diesem Beispiel gehe ich auf eine kopierte Einkaufswelt ein, die ich an die Zielsprache anpasse.

Klicken Sie dafür zunächst auf das Kopieren-Symbol, in jeder Zeile jeweils das Symbol ganz rechts.

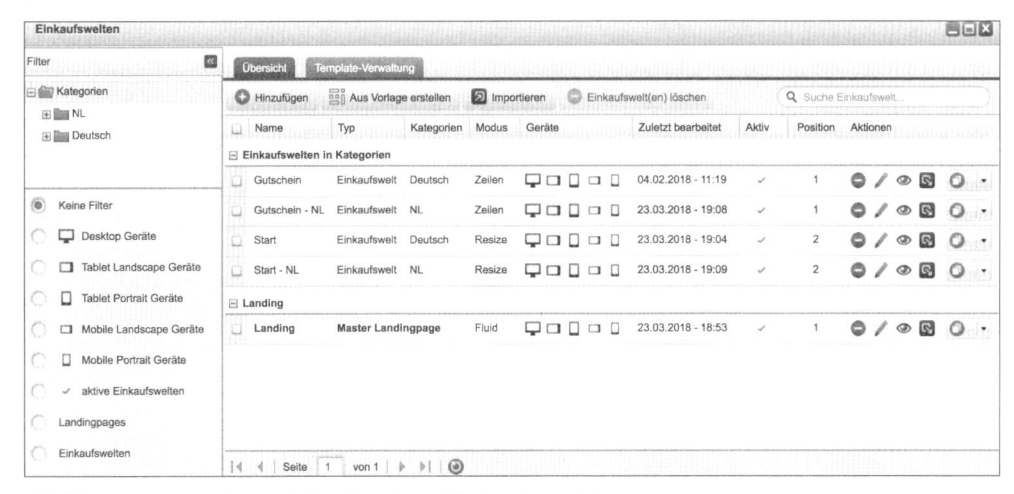

Abbildung 14.11 Kopierte Einkaufswelten für den Sprachshop

Wie Sie sehen, habe ich die Einkaufswelten kopiert, umbenannt und in die richtige Kategorie eingeordnet.

> **Bessere Übersicht**
>
> Mit steigender Anzahl von Sprachshops und dazugehörigen Einkaufswelten leidet oft die Übersicht im Modul der Einkaufswelten. Sie können daher auch recht simpel filtern.
>
> Möchten Sie nur die einem bestimmten Sprachshop zugewiesenen Einkaufswelten sehen, klicken Sie einfach auf die entsprechende Kategorie. Danach sehen Sie nur noch die dazugehörigen Seiten.
>
> Oder Sie benennen die Einkaufswelten sinnvoll nach Sprachshop, wie hier z. B. mit NL als Zusatz. Danach können Sie anschließend ebenfalls filtern, tippen Sie dafür das entsprechende Suchwort einfach oben rechts in das Suchfeld.

Sobald die Einkaufswelten kopiert sind, können Sie einzelne Elemente an den neuen Sprachshop anpassen.

Haben Sie zum Beispiel ein verlinktes Element wie einen Banner-Slider oder ein einfaches Banner, das auf eine Kategorie verweist, muss diese natürlich für den neuen Sprachshop hinterlegt werden.

Haben Sie in der regulären Einkaufswelt für Ihren Hauptshop verlinkte Produkte, die in einem Slider oder als konkreter Artikel auf der Einkaufswelt dargestellt werden sollen, müssen hierzu natürlich auch die ausgewählten Kategorien ausgetauscht werden.

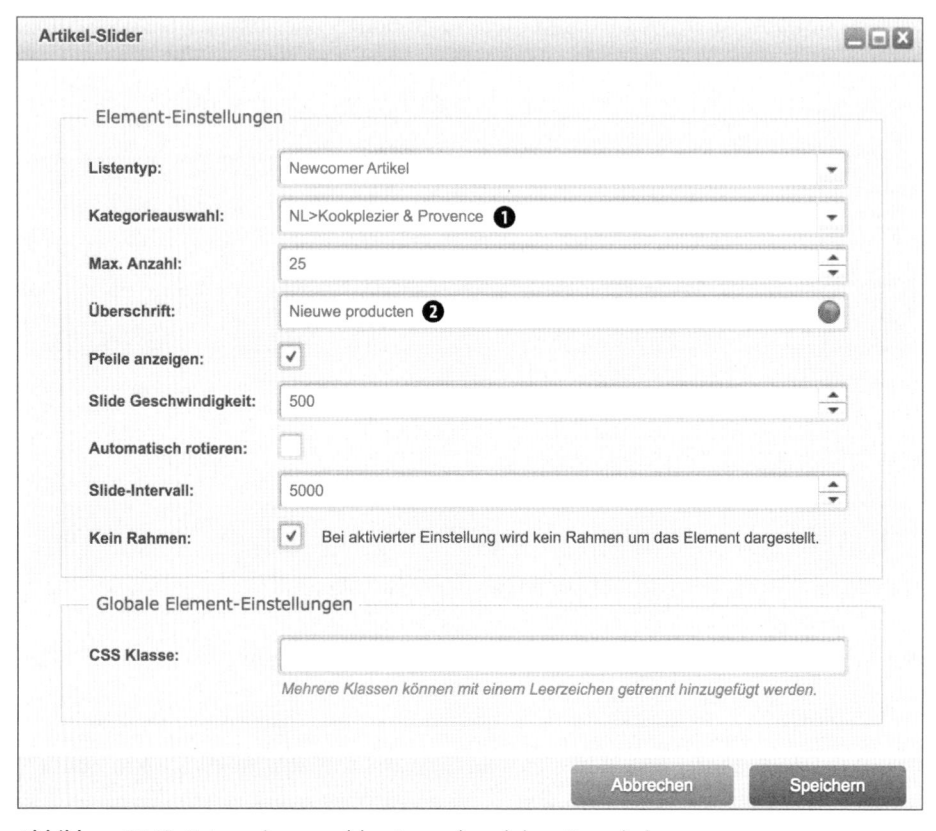

Abbildung 14.12 Kategorieauswahl entsprechend dem Sprachshop

Wie Sie in Abbildung 14.12 sehen können, habe ich die Kategorieauswahl ❶ geändert. Im Hauptshop war hier die Kategorie *Deutsch>Kochlust & Provence* ausgewählt gewesen. Für den niederländischen Sprachshop habe ich das passende Pendant, *NL>Kookplezier & Provence*, zugewiesen.

Natürlich muss in diesem Fall die Überschrift ❷ ebenfalls angepasst werden.

Es gibt natürlich noch weitere Elemente, aus denen eine Einkaufswelt bestehen kann. Dass Texte in die Zielsprache übersetzt werden sollten, liegt auf der Hand. Aber achten Sie auch auf die richtige Kategoriezuordnung, wenn Sie einen Artikel, Kategorie-Teaser, Blogartikel oder Artikel-Slider in die Einkaufswelt integrieren. Das Gleiche gilt für Banner und Banner-Slider. Sollten Sie dort Links hinterlegt haben, prüfen Sie, ob diese auch auf den richtigen Shop und die korrekte Kategorie verlinken. Haben Sie Videos eingebunden, sollten Sie diese ggf. ebenfalls durch eine andere Sprachversion austauschen. Sollte es diese nicht geben, helfen Untertitel oder eine Umgestaltung der Einkaufswelt.

14.5 Die richtige Zahlungs- und Versandart je Zielland

Zahlungs- und Versandarten sind enorm wichtig für einen Onlineshop. Hier muss alles passen, sonst verlieren Sie potenzielle Kunden sehr schnell. In Zeiten, in denen Neukundenakquise teuer ist, sind verlorene Kunden extrem ärgerlich. Sie können Ihren Teil dafür tun, um diesen Verlust so gering wie möglich zu halten.

14.5.1 Zahlungsarten nach Sprachshop aussteuern

Zunächst betrachte ich die Zahlungsarten. Wie Sie sicherlich schon im Vorfeld gesehen haben, können Sie hier einige Einstellungen vornehmen. Öffnen Sie also EINSTELLUNGEN • ZAHLUNGSARTEN.

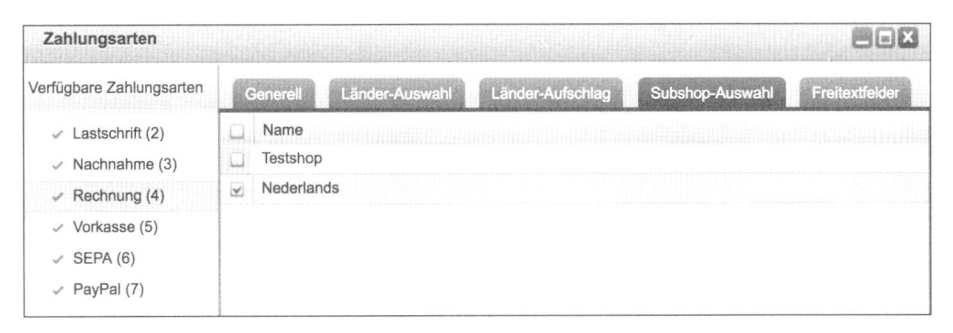

Abbildung 14.13 Zielland-Einstellungen für eine Zahlungsart

Wichtig ist zunächst der Reiter SUBSHOP-AUSWAHL, siehe Abbildung 14.13. Diese Bezeichnung ist etwas irreführend, da hier nicht nur Subshops aufgeführt sind, sondern auch Sprachshops. Wie in diesem Beispiel zu sehen, bekommen die niederländischen Kunden Rechnung als Zahlungsart freigeschaltet. Dies steht den Kunden aus dem Hauptshop nicht zur Verfügung. Natürlich können Sie eine Zahlungsart auch mehreren oder allen Sprachshops zuordnen.

Da Ihre Kunden in einem Sprachshop natürlich auch ein entsprechendes Lieferland angeben, sollten Sie prüfen, ob dieses in der LÄNDERAUSWAHL ebenfalls freigeschaltet ist.

In diesem Beispiel müsste also für die Zahlungsart Rechnung das Lieferland Niederlande ausgewählt werden und, wie in Abbildung 14.13 zu sehen, auch die passende Auswahl eines oder mehrerer Subshops bzw. Sprachshops.

Diese Einstellungen wiederholen Sie mit allen Zahlungsarten.

14.5.2 Welche Zahlungsart in welchem Land?

Auch ein Onlinehändler muss nationale Gegebenheiten kennen, und seinen Shop darauf ausrichten. Ein zentrales Instrument dafür sind die Zahlungsarten. Es hilft nichts, wenn Sie in einem Land lediglich Vorkasse anbieten, die Kunden dort aber meist nur mit PayPal bezahlen. Damit wäre ein Scheitern des Shops bereits vorprogrammiert. Die folgende Auflistung gibt Ihnen einen groben Überblick, welche Zahlungsarten in welchem Land gefordert werden. Ich beschränke mich hierbei auf einige europäische Länder.

Während in Deutschland Lastschrift nach wie vor das wichtigste Zahlungsmittel ist, kommen Sie in Frankreich und Großbritannien nicht um die großen Kreditkartenanbieter VISA und Mastercard herum. Ähnlich sieht es in Irland, Spanien, Italien und Schweden aus. Ausnahmen bei diesem Trend bilden zum einen die Niederlande, welche auf iDeal schwören und dort mehr als ein Drittel aller Zahlungen ausmachen. In Polen hingehen setzen fast die Hälfte aller Kunden auf die klassische eigenhändige Banküberweisung. Und in Österreich und der Schweiz verlangen fast alle Kunden die Zahlung per Rechnung.

Sie sehen also: Es kann große regionale Unterschiede allein schon in Europa geben. Und PayPal ist in keinem Land die Nummer eins. Als Faustregel kann gelten: Mit Kreditkarte und PayPal machen Sie nichts verkehrt, regionale Ausreißer wie die Niederlande oder Polen müssen aber ebenfalls berücksichtigt werden.

14.5.3 Nur wenn nötig: Versandkosten anpassen

Sie können in den Versandkosten nicht explizit auswählen, für welche Sprachshops die Versandkostenart gelten soll. Sie können nur über die Versandadresse bzw. die Länderauswahl die Versandmöglichkeit in ein bestimmtes Land einschränken oder freigeben.

In der Einstellung SHOPS können Sie nur Subshops auswählen. Diese umfangreiche Thematik wird in Kapitel 15 behandelt. Sprachshops werden in der Drop-down-Liste nicht angezeigt, daher müssen Sie sich, wie Sie in Abbildung 14.14 sehen, mit der Freigabe einzelner Länder behelfen.

Sollten Sie nun mehrere Sprachshops verwalten, welche die gleiche Versandkostenart zugewiesen bekommen sollen, können Sie die Versandart für verschiedene Lieferländer freigeben, und anschließend den Namen, die Beschreibung und die Tracking URL, wie bekannt, über das Globus-Symbol übersetzen. Wichtig dabei ist natürlich zu wissen, dass die Versandkosten dann für alle zugewiesenen Länder gleich sind.

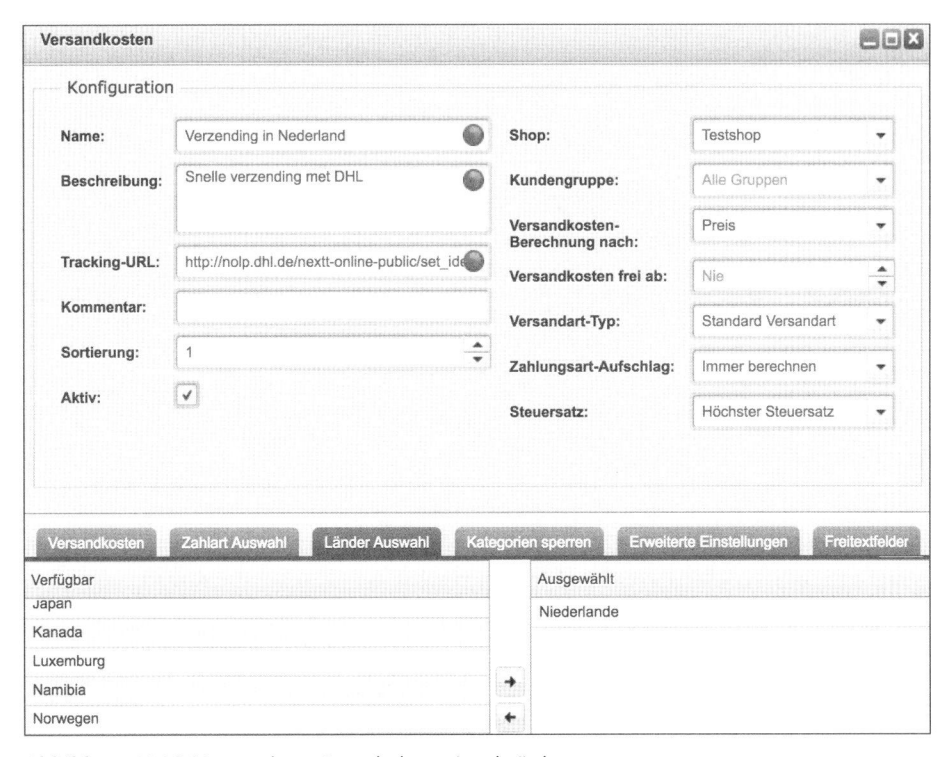

Abbildung 14.14 Versand pro Sprachshop einschränken

14.6 Manuelles Übersetzen der Textbausteine

Durch das Installieren von Sprachpaketen haben Sie viel Arbeit und vor allem unglaublich viel Zeit gespart. Jedoch kann es schnell vorkommen, dass Ihre Kundenansprache sich deutlich von der von Shopware vorgegebenen Sprache abhebt. Dies wäre bereits der Fall, wenn Sie Ihre Kunden duzen.

Da hilft es zu wissen, dass Sie jeden Textschnipsel, den Sie im Onlineshop – und auch im Backend sehen – ändern können. Darauf bin ich bereits in Kapitel 4 eingegangen. Die Situation für Sprachshops ist allerdings ein klein wenig anders, sodass ich im folgenden Abschnitt noch einmal auf die Feinheiten eingehe.

Wie Ihnen bekannt ist, öffnen Sie zunächst EINSTELLUNGEN • TEXTBAUSTEINE. Dort werden Sie bereits einige Reiter sehen, die die verschiedenen Sprachshops und Sprachpakete bezeichnen. Diese werden bezeichnet wie Default / de_DE oder Default / nl_NL, wie z. B. im niederländischen Sprachpaket.

Um eine eigene Übersetzung zu hinterlegen, müssen Sie zunächst den Textbaustein finden, den Sie übersetzen möchten. Kopieren Sie daher einen Auszug, und fügen Sie diesen in die Suche im Modul ein. Ich möchte den *In-den-Warenkorb*-Button (niederländisch *In het winkelmandje*) umbenennen.

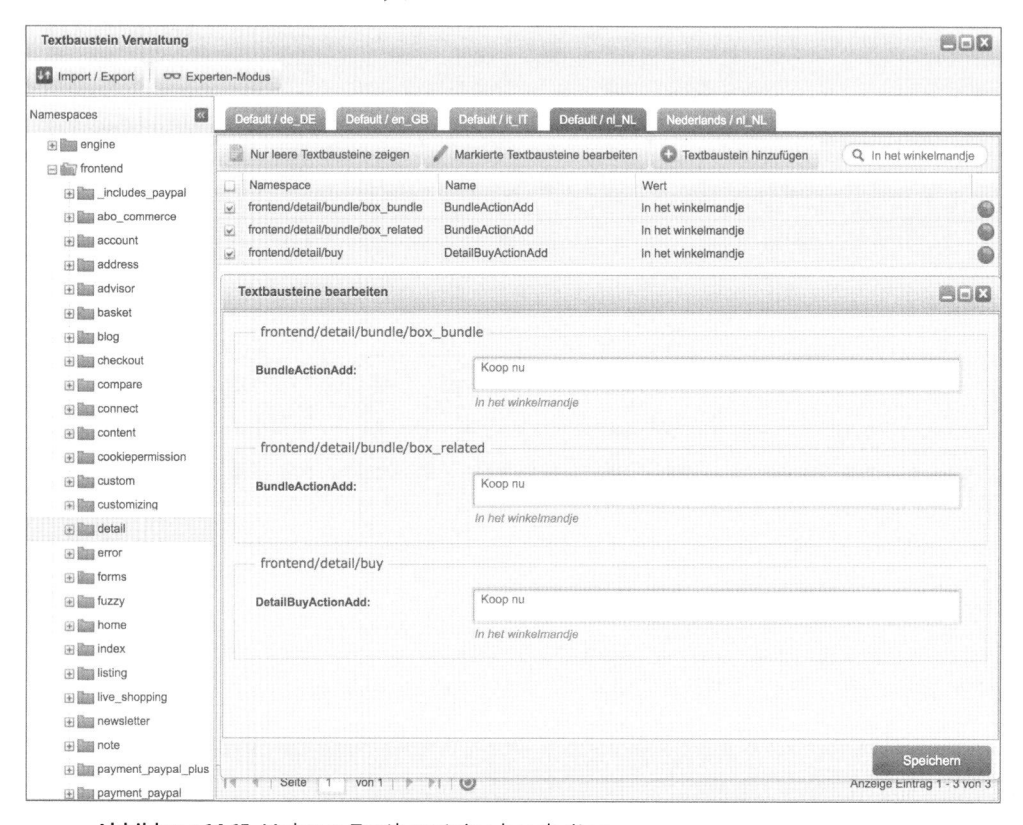

Abbildung 14.15 Mehrere Textbausteine bearbeiten

In der Abbildung 14.15 sehen Sie, dass diese Bezeichnung mehrfach verwendet wird. Um ein einheitliches Bild zu erzeugen, werde ich alle Textbausteine umbenennen.

Dazu markieren Sie alle Textbausteine, die Sie ändern möchten, und klicken auf den Button MARKIERTE TEXTBAUSTEINE BEARBEITEN. Anschließend erscheint ein neues Fenster, das alle gewünschten Werte anzeigt, und ein Textfeld, in dem Sie Ihre eigene Übersetzung hinterlegen können.

So verfahren Sie mit allen Texten, die Sie ändern möchten. Achten Sie auch hierbei darauf, keine Variablen zu zerstören. Variablen stehen bei Shopware immer in geschweiften Klammern und sorgen für eine dynamische Informationsanzeige, wie z. B. die Benennung des Herstellers. Der Textbaustein sieht dafür so aus: *Weitere Artikel von {$sArticle.supplierName|escape}*. Sie können die Variable an eine andere Stelle setzen, aber niemals etwas zwischen den geschweiften Klammern ändern. Auch die Klammern an sich müssen zwingend erhalten bleiben. Andernfalls werden die Informationen nicht mehr korrekt zusammengesetzt. Wenn Sie darauf allerdings acht-

14.7 Bestellungen aus Ihrem Sprachshop bearbeiten

geben, haben Sie völlig freie Handhabe in der Art und Weise, wie Sie durch Ihren Shop mit Ihren Kunden kommunizieren.

14.7 Bestellungen aus Ihrem Sprachshop bearbeiten

Natürlich soll Ihr Sprachshop auch Umsatz generieren. Bestellungen bearbeiten Sie daher genauso, wie Sie es aus Ihrem Hauptshop kennen. Öffnen Sie zunächst KUNDEN • BESTELLUNGEN. Dort finden Sie wie üblich die eingegangenen Bestellungen chronologisch absteigend sortiert.

Es ist an dieser Stelle leider nicht möglich, Bestellungen nach einem bestimmten Sprachshop zu filtern. Zwar können Sie die Anzeige nach Shops eingrenzen, dies ist allerdings nur auf Subshop-Ebene möglich. Über einen Umweg können Sie doch nach Sprachshops filtern.

Dazu müssen Sie im Vorfeld eine bestimmte Einstellung bei der Anlage des Sprachshops getätigt haben: Sie müssen für jeden Sprachshop eine eigene Kundengruppe angelegt haben. Dies haben Sie im Abschnitt 14.1.2, »Eigene Kategorie für jeden Sprachshop«, kennengelernt.

Damit können Sie die eingegangenen Bestellungen über die Filteroption KUNDENGRUPPE auf der linken Seite eingrenzen. Am Prozess der Bestellbearbeitung ändert das nichts. Sie bearbeiten jede Bestellung, egal aus welchem Shop diese kommt, immer gleich. Dazu lesen Sie mehr in Kapitel 9.

Sollten Sie Ihren Kunden Status-E-Mails oder gar Bestelldokumente per E-Mail senden, werden diese allerdings in der Sprache des Shops verschickt, sofern diese übersetzt sind.

Mit Sprachshops können Sie also relativ leicht neue Zielgruppen und Märkte erschließen. Wie Sie noch einen Schritt weitergehen und Subshops erstellen, auf denen Sie u. a. komplett andere Produkte als in Ihrem Hauptshop verkaufen, lesen Sie im nächsten Kapitel.

Kapitel 15
Subshops – weitere Shops unter eigener Domain

Neben Sprachshops, die im vorigen Kapitel behandelt wurden, bietet Shopware auch Subshops an. Der große Unterschied dabei ist, dass ein Sprachshop quasi eine Erweiterung des Hauptshops ist, ein Subshop hingegen kann über eine eigenständige Domain aufgerufen werden.

Anders als in einem Sprachshop haben Sie in einem Subshop völlige Freiheiten. Es ist denkbar, dass Sie Ihren Shop einfach und simpel mit einer anderen Landesdomain versehen, also z. B. *https://ihrshop.at*. In diesem Fall könnten Sie alle Einstellungen, Kategorien und Einkaufswelten übernehmen und einen Subshop damit in kürzester Zeit platzieren.

Im anderen Fall ist es denkbar, dass Sie einen völlig anderen Shop erstellen. Mit eigenem Sortiment, eigenen Zahlungs- und Versandmethoden und gänzlich eigenen Einstellungen.

Je nachdem, für welchen Weg Sie sich entscheiden, liegt mal mehr und mal weniger Arbeit vor Ihnen. Einen Subshop aufzubauen dauert allerdings in der Regel länger, als einen Sprachshop zu konfigurieren.

> **Kombination denkbar**
>
> Es ist auch möglich, dass Sie Sub- und Sprachshops kombinieren. Damit wäre es Ihnen möglich, Ihren Shop auf einer weiteren Domain laufen zu lassen, z. B. *https://ihrshop.com*, und gleichzeitig darunter Sprachshops zu platzieren, also z. B. *https://ihrshop.com/francais*.

In diesem Kapitel werde ich einen Subshop anlegen, der auf einer eigenen Domain laufen und ein separates Sortiment aufweisen wird.

15 Subshops – weitere Shops unter eigener Domain

15.1 Vorbereitungen für den Subshop treffen

Ähnlich wie bei einem Sprachshop können und sollten Sie auch bei einem Subshop im Vorfeld einige Vorbereitungen treffen. Dadurch sparen Sie viel Zeit beim Einrichten des Shops und können direkt auf alle Daten zurückgreifen.

15.1.1 Bei abweichendem Sortiment: neuen Kategoriebaum anlegen

Ein Subshop kann zwei grundverschiedene Ausrichtungen haben:

1. Sie spiegeln Ihren Hauptshop eins zu eins und lassen diesen lediglich auf einer zweiten Domain laufen. So etwas könnte sinnvoll sein, wenn Sie Ihre .de-Domain auch unter .at anbieten möchten.
2. Ihr Subshop soll sich vom Hauptshop in Produkten, Domain oder Sprache unterscheiden. In diesem Fall sind die Parameter für den Subshop separat zu konfigurieren.

Der erste Fall wird relativ selten eintreten, da eine komplette Spiegelung eines Shops meist nicht sinnvoll ist und dann doch an der einen oder anderen Stelle andere Daten angegeben werden müssen.

Daher konzentriere ich mich in diesem Beispiel auf den zweiten Fall: Der Subshop unterscheidet sich von seinem Hauptshop. Es geht sogar so weit, dass der Subshop ganz andere Produkte verkauft als der Hauptshop.

Also lege ich zunächst eine eigene Kategorie an, die später dem Subshop zugeordnet wird. Wie Sie es bereits kennen, wählen Sie ARTIKEL • KATEGORIEN. Es öffnet sich das Modul aus Abbildung 15.1.

Neue Kategorien legen Sie hier an, wie Sie es bereits kennen. Einziger Unterschied: Als Oberkategorie wählen Sie nicht Deutsch, um dort eine neue Unterkategorie anzulegen, sondern Sie wählen den Zweig SHOPWARE ❶ aus. Dadurch legen Sie eine neue Kategorie an, die Sie im späteren Verlauf dem Subshop zuweisen können. Betrachten Sie diese Kategorie wie die Kategorie Deutsch, welche als Oberkategorie für jeden Hauptshop gilt.

Tragen Sie den Namen der Kategorie (hier: Freizeitmalen) in das Feld UNTERKATEGORIE ANLEGEN ❷ ein und speichern Sie ihn über den gleichnamigen Button. Den hier angegebenen Namen werden Sie später auch in der Anlage des Subshops wiederfinden.

Kategorien, die im Navigationsmenü von freizeitmalen.de zu finden sein sollen, legen Sie nun entsprechend der Ihnen bekannten Logik als Unterkategorie unter Freizeitmalen an. In dem o. g. Beispiel wären das also die Kategorien PAINT BY NUMBERS, KATEGORIE 2 und KATEGORIE 3.

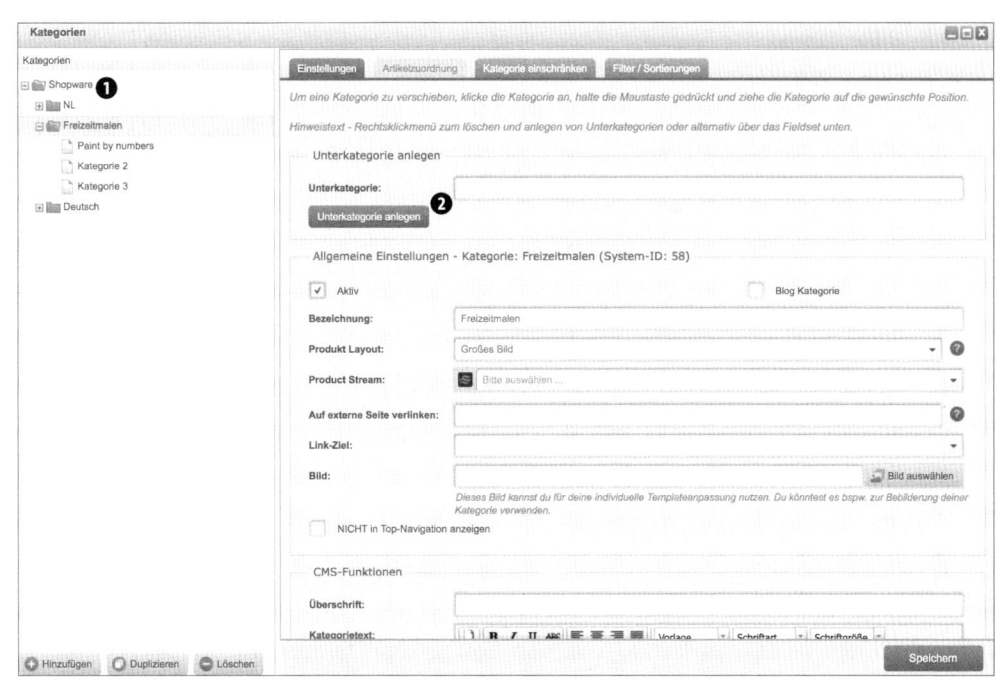

Abbildung 15.1 Neue Hauptkategorie für den Subshop

Zu den einzelnen Kategorien haben Sie nun weiter die Möglichkeit, eigene Kategoriebilder, Layouts und Texte zu hinterlegen. Dieses Thema wird genauer in Kapitel 7 betrachtet, dort dreht sich alles um Artikel und Kategorien.

15.1.2 Artikel den neuen Kategorien zuweisen.

Wie ebenfalls in Ihrem Hauptshop müssen Sie die passenden Artikel natürlich auch den neuen Kategorien zuweisen. Das klingt nach einer Selbstverständlichkeit, sollte aber nicht vergessen werden.

Dafür eignet sich in diesem Fall ideal die Massenzuweisung der betreffenden Artikel. Öffnen Sie dafür die Kategorieverwaltung und aktivieren Sie eine bestimmte Kategorie, zu der Sie nun die Artikel zuweisen möchten. Wechseln Sie danach in den Tab ARTIKELZUORDNUNG, siehe Abbildung 15.2.

Dort wählen Sie nun die Artikel aus, die Sie der Kategorie zuweisen möchten. Hier ist auch eine Massenauswahl möglich. Um die Artikel der Kategorie zuzuordnen, drücken Sie den Pfeil in der Mitte des Moduls nach rechts. Die Zuordnung ist direkt gespeichert.

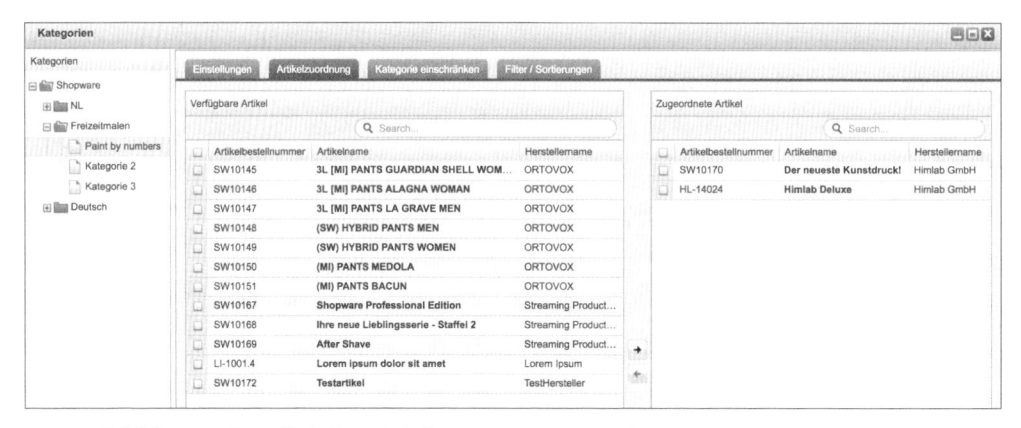

Abbildung 15.2 Artikel einer Subshop-Kategorie zuweisen

15.1.3 Neue Kundengruppe erstellen

Das Prinzip der Kundengruppen wurde bereits im Vorfeld erläutert. Dies bedeutet, dass Sie Ihre Kunden segmentieren können, also in Gruppen einteilen können. Dies geschieht recht oberflächlich, die Zuweisung kann nur zu einer Gruppe erfolgen. Dafür allerdings bieten Ihnen diese Kundengruppen enorme Vorteile: Sie können separate Preise anlegen oder gezielteres Newsletter-Marketing mit Shopware betreiben.

In diesem konkreten Fall habe ich zwei grundverschiedene Shops mit zwei völlig verschiedenen Produktgruppen angelegt. Also muss ich die Kunden in Gruppen einteilen, damit diese zum Beispiel beim Newsletterempfang nicht die Produkte des jeweils anderen Shops angezeigt bekommen.

Um eine eigene Kundengruppe anzulegen, öffnen Sie zunächst die Grundeinstellungen, siehe Abbildung 15.3.

Unter SHOPEINSTELLUNGEN ❶ finden Sie die Option KUNDENGRUPPEN ❷. Klicken Sie nun auf HINZUFÜGEN ❸, um eine neue Kundengruppe anzulegen. Dies soll recht schlicht sein, ohne automatische Rabatte oder Mindestbestellwerte. Es geht hier ausschließlich darum, die Kategorisierung der einzelnen Kunden zu ermöglichen, je nachdem, in welchem Shop diese gekauft haben.

Wählen Sie also einen NAMEN ❹ und ein KÜRZEL ❺ für die neue Kundengruppe aus. Da sich dieser Beispielshop an Endkunden richtet, sind dort natürlich auch Bruttopreise ausgewiesen. Die entsprechenden Optionen (Eingabe BRUTTOPREISE und BRUTTOPREISE IM SHOP) sind bereits vorausgewählt.

Sie können die neue Kundengruppe nun speichern. Damit ist ein kleiner, aber wichtiger Bestandteil des neuen Subshops eingerichtet.

Abbildung 15.3 Eigene Kundengruppe für den Subshop

15.1.4 Eigene Shopseiten erstellen

Auch die Shopseiten sind ein wichtiger Bestandteil des neuen Subshops. Diese beinhalten das Impressum, die Datenschutzerklärung, die AGBs etc. Auch diesen Bestandteil kennen Sie bereits von Ihrem Hauptshop. Wie Sie es von dort kennen, werden die Shopseiten in Gruppen verwaltet.

Um eine neue Gruppe anzulegen, öffnen Sie zunächst INHALTE • SHOPSEITEN. Daraufhin öffnet sich ein weiteres Fenster. Klicken Sie dort unten links auf NEUE GRUPPE.

Anschließend geben Sie einen Namen und eine Template-Variable für die neue Shopseiten-Gruppe an, siehe Abbildung 15.4. Die grundsätzliche Benennung ist dabei egal, sie muss nur für Sie schlüssig sein, damit Sie diese bei der Erstellung des Subshops korrekt zuweisen können. Daher habe ich hier den Namen des Shops (FZM für Freizeitmalen) sowie die später angedachte Position (UL für unten links) ausgewählt. Gleiches gilt für die Template-Variable. Die Gruppe, die hier angelegt wird, wird also später im Footer zu sehen und die linke der zwei Shopseiten-Spalten sein.

Da Shopware noch zwei weitere Positionen für Shopseiten hat, legen Sie die entsprechenden Gruppen dafür ebenfalls an: unten rechts (Position im Footer) und links (wird bei einer aktiv aufgerufenen Shopseite auf der linken Seite dargestellt).

In dem Beispiel aus Abbildung 15.4 könnten das also sein FZM-UR (für Freizeitmalen unten rechts) und FZM-L (für Freizeitmalen links) sein.

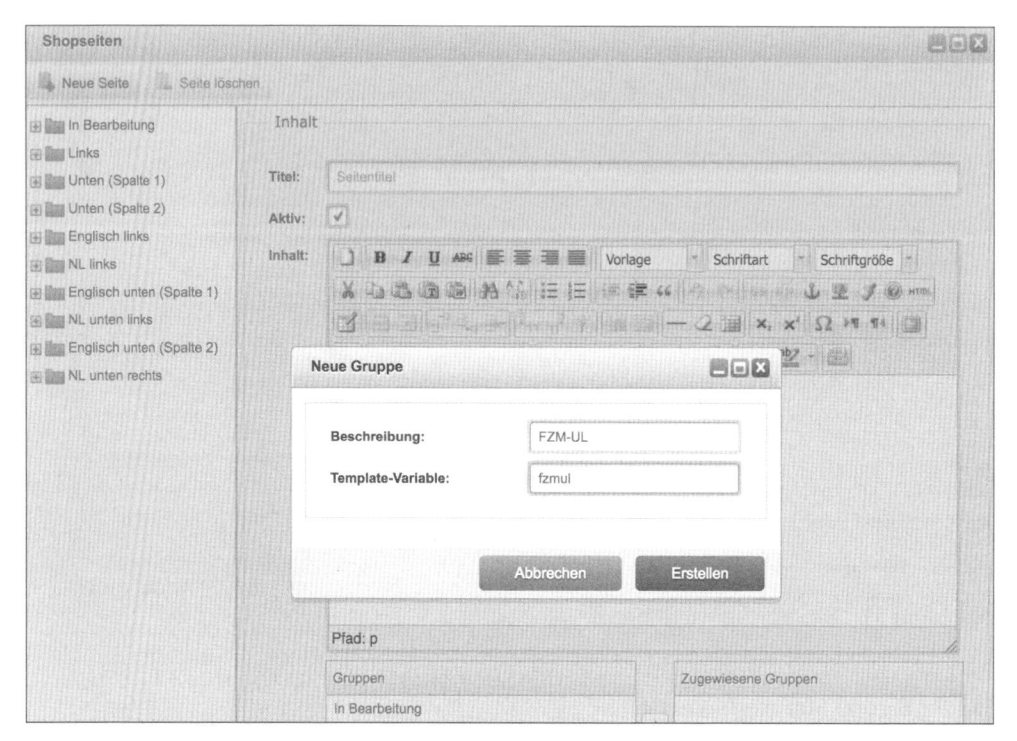

Abbildung 15.4 Eigene Shopseiten-Gruppen anlegen

Nun ist die Vorarbeit geleistet, die Gruppen sind angelegt. Als Nächstes folgen die eigentlichen Shopseiten.

Einige der Seiten, die Sie bereits für den Hauptshop vorbereitet hatten, können Sie nun auch den neuen Gruppen zuweisen. Sollten Sie z. B. zwei Shops betreiben, dies aber von der gleichen Firma heraus, könnten Sie dasselbe Impressum verwenden. Damit sparen Sie auch später Zeit, falls Sie dieses anpassen müssen.

Suchen Sie dafür die entsprechende Seite aus den bestehenden Gruppen heraus (wie in Abbildung 15.5 das Impressum aus der Gruppe *Unten* (Spalte 2)) ❶. Anschließend können Sie eine neue Gruppe zuweisen, wie im Beispiel zu sehen, der FZM-UR ❷.

Neue Seiten, die Sie nicht aus bestehenden Shopseiten übernehmen können, legen Sie neu an. Dazu klicken Sie zunächst auf den Button NEUE SEITE.

Sofort können Sie den Inhalt der neuen Seite mitsamt dem Titel, also der Überschrift und dem eigentlichen Inhalt, hinzufügen. Wählen Sie anschließend eine der neu erstellen Gruppen aus, um diese dort zuzuordnen und speichern Sie Ihre Fortschritte.

So gehen Sie mit jeder Shopseite vor, bis Sie schließlich alle nötigen Seiten zusammengetragen haben. Anschließend folgt die Zuordnung der neuen Shopseiten-Grup-

15.1 Vorbereitungen für den Subshop treffen

pen zu den bestehenden Gruppen. Damit weiß Shopware entsprechend, an welchen Stellen Ihre Gruppen platziert werden sollen.

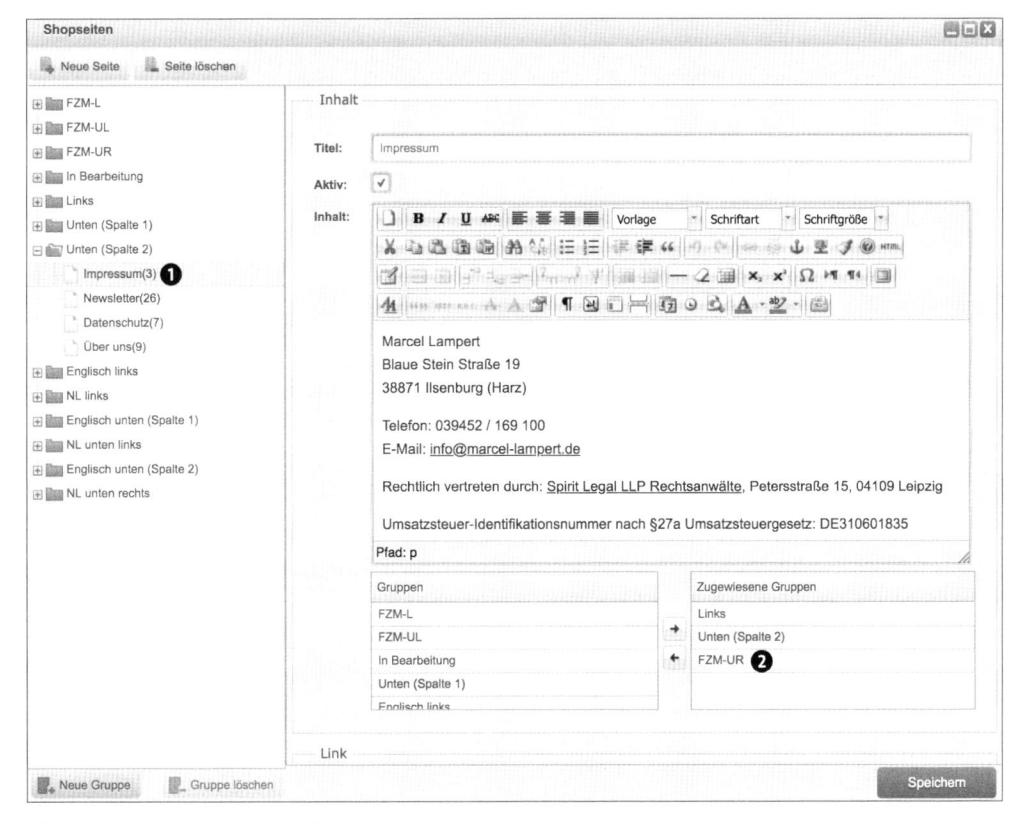

Abbildung 15.5 Bestehende Shopseiten zu neuen Gruppen zuweisen

Dafür öffnen Sie zunächst die Grundeinstellungen, siehe Abbildung 15.6. Dort wählen Sie den Eintrag SHOPEINSTELLUNGEN • SHOPSEITEN-GRUPPEN ❸ aus. In diesem Fenster werden anschließend alle Gruppen angezeigt. Wählen Sie eine der neu erstellten Shopseiten-Gruppen aus und weisen Sie diese unter ZUORDNUNG ❹ der entsprechenden Position zu. In dem Beispiel wäre das also:

- FZM-UL wird der Gruppe *Unten* (Spalte 1) zugeordnet, Darstellung im Footer, Linkliste links.
- FZM-UR wird der Gruppe *Unten* (Spalte 2) zugeordnet, Darstellung im Footer, Linkliste rechts.
- FZM-L wird der Gruppe *Links* zugeordnet, Darstellung bei geöffneter Shopseite als Shopseiten-Menü auf der linken Seite.

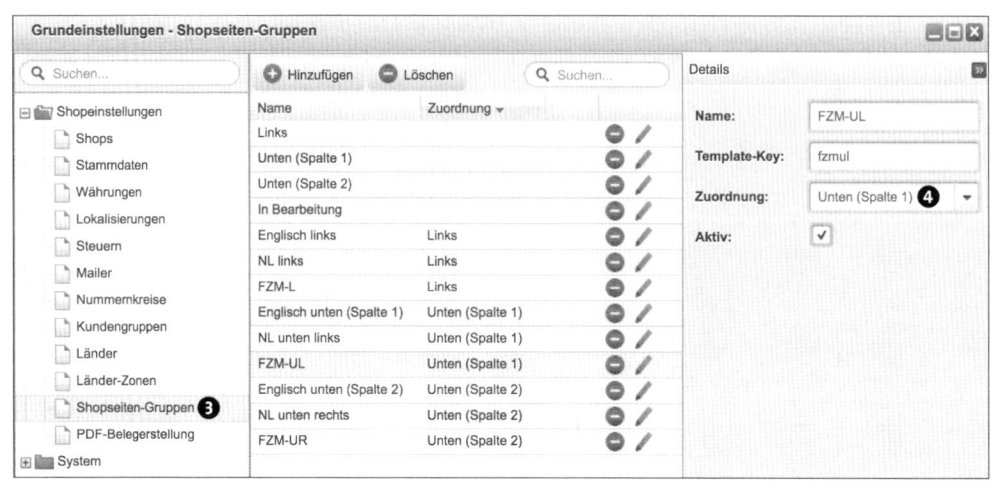

Abbildung 15.6 Zuordnung der neuen Shopseiten-Gruppen

15.1.5 Domainzuweisung des Subshops

Eine große Besonderheit des Subshops besteht darin, dass er über eine separate Domain verfügbar ist. Während Ihr Hauptshop also auf der Domain *https://ihr-shop.de* laufen kann, wird Ihr Subshop unter *https://shop2.de* erreichbar sein. Das heißt also, dass Sie zunächst eine zweite Domain registrieren müssen. Doch diese muss schließlich auch den Ordner aufrufen, in welchem Ihre Shopware-Installation vorhanden ist, siehe Abbildung 15.7.

Abbildung 15.7 Ordnerpfad für den Subshop

Im nächsten Schritt legen Sie den Shop im System an und weisen ihm dort auch einen Host zu, also einen Domainnamen. Dadurch, dass von dieser Domain auf den Shop zugegriffen wird, weiß Shopware, welche Daten an den Kunden ausgegeben werden sollen – also welche Produkte, Preise, Textbausteine etc.

Damit ist die Vorbereitung für den Subshop abgeschlossen. Es gäbe noch die Möglichkeit, neue Währungen anzulegen, da Shopware von Haus aus ausschließlich Euro anbietet. Die Währung Euro ist für den vorliegenden Fall ausreichend. Sollten Sie jedoch eine weitere Währung benötigen, erfahren Sie in Kapitel 14, wie Sie diese anlegen können.

15.2 Subshop anlegen

Die Vorbereitung für den Subshop sind abgeschlossen. Nun können Sie den neuen Shop anlegen. Dazu bleiben Sie im Modul Grundeinstellungen und wechseln dort von Shopseiten-Gruppen zu SHOPS ❶. Um einen neuen Subshop anzulegen, klicken Sie dort auf den Button HINZUFÜGEN ❷.

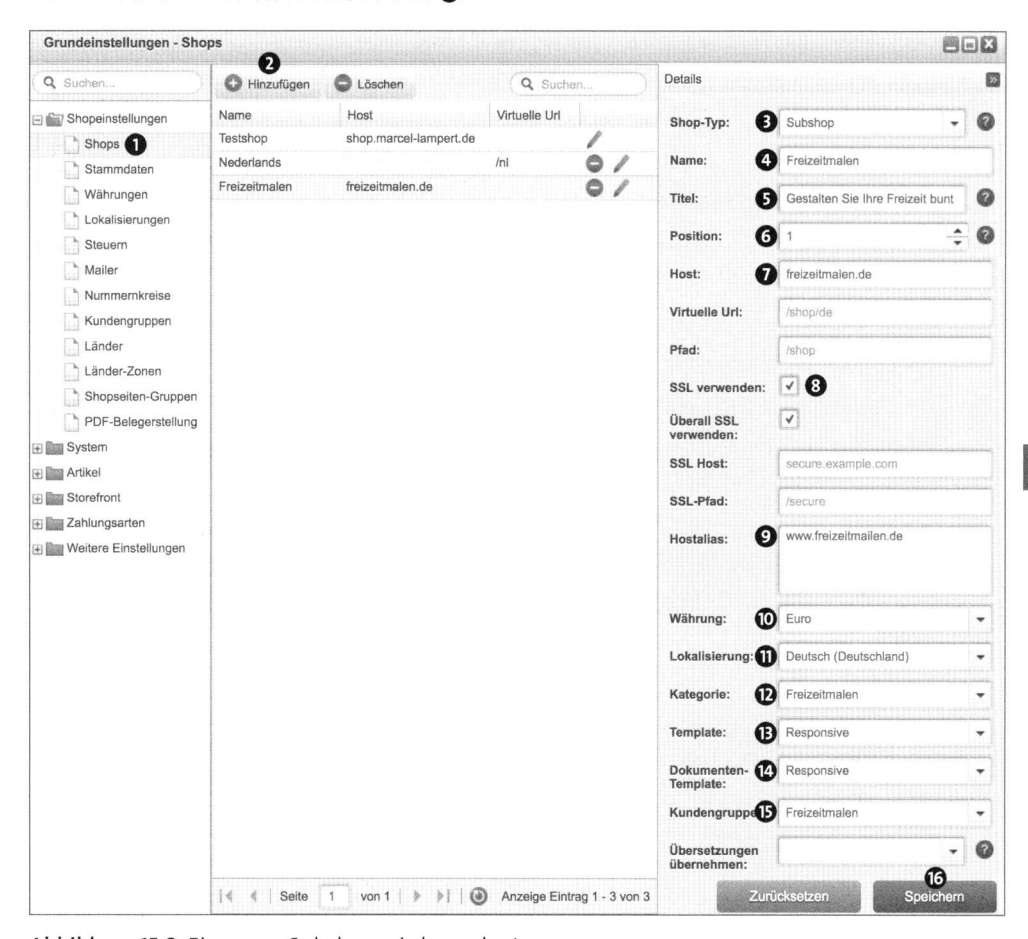

Abbildung 15.8 Ein neuer Subshop wird angelegt

Damit öffnet sich ein neues Menü, in dem Sie die Einstellungen zum Subshop vornehmen.

Zunächst wählen Sie den SHOP-TYPEN ❸ aus, in diesem Fall also Subshop. Danach benennen Sie den Shop ❹ und vergeben einen TITEL ❺. Sollten Sie mehrere Subshops anlegen wollen, können Sie unter POSITION ❻ bestimmen, an welcher Stelle der aktuelle Shop in der Übersicht aus Abbildung 15.8 steht.

Im HOST ❼ hinterlegen Sie den Domainnamen und aktivieren ebenfalls die SSL-Nutzung ❽. Sollte der Shop auf mehrere Domains anspringen, hinterlegen Sie hier alle Domains, für die der Shop aufgerufen werden soll. Da technisch betrachtet eine www-Adresse anders behandelt werden kann als eine Adresse ohne www, bietet es sich an, als HOSTALIAS ❾ mindestens auch die www-Adresse des Shops zu hinterlegen. Das finden Sie so auch in Abbildung 15.8.

Weisen Sie als Nächstes die WÄHRUNG ❿ und die passende LOKALISIERUNG ⓫ zu. In diesem Fall verkauft der Shop in Deutschland und rechnet in Euro ab.

Danach folgt die Auswahl der richtigen KATEGORIE ⓬. Hier finden Sie schließlich die angelegten Kategorien, welche neben und nicht unter der Kategorie Deutsch existieren. Die ausgewählte Kategorie wird dem neuen Subshop zugewiesen und seine darunter liegenden Kategorien (Paint by numbers, Kategorie 2 und Kategorie 3) werden schließlich im Shop als Navigationsmenü angezeigt.

Im Anschluss folgt die Auswahl der TEMPLATES, sowohl für den Shop ⓭ als auch für die DOKUMENTE ⓮, wie z. B. Ihre Rechnung.

Als vorletzten Schritt wählen Sie die KUNDENGRUPPE ⓯ aus. Wie bereits erwähnt, lohnt sich eine separate Kundengruppe für jeden Shop, um darauf sinnvolle Segmentierung in Preis und Marketing zu erreichen.

Während der Einrichtungsphase sollten Sie den Shop noch nicht aktivieren, dies sollte der letzte Schritt sein. Deaktivieren Sie daher die Checkbox, bis die Einrichtung abgeschlossen ist. Als letzten Schritt hinterlegen Sie noch die SHOPSEITEN-Gruppen, welche für diesen Shop geladen werden sollen. In diesem Beispiel wären es die Gruppen FZM-UL, FZM-UR und FZM-L.

Speichern ⓰ Sie nun Ihre Fortschritte. Zu guter Letzt prüfen Sie noch, ob der neue Shop unter der angelegten Domain erreichbar ist. In einigen Fällen kann es vorkommen, dass die Serverkonfiguration neu geschrieben werden muss. Dies passiert automatisch, hier müssen Sie nicht tätig werden, sondern einfach nur warten. Ihr neuer Subshop sollte nach einigen Minuten erreichbar sein.

15.3 Eigene Einkaufswelten für Subshops anlegen

Nach dem Anlegen des Subshops folgen nun die Einkaufswelten. Diese werden je nach Kategorie angelegt und müssen daher von Grund auf neu erstellt werden. Öffnen Sie dazu MARKETING • EINKAUFSWELTEN.

In diesem Beispiel soll eine komplett neue Einkaufswelt angelegt werden, da es sich bei freizeitmalen.de ja um einen eigenständigen Shop mit komplett anderen Produkten zum Hauptshop handelt. Um eine neue Einkaufswelt anzulegen, klicken Sie zunächst den Button HINZUFÜGEN. In den ANZEIGE-EINSTELLUNGEN wählen Sie schließlich die korrekte Kategorie aus, für die Sie eine Einkaufswelt anlegen möchten. Für die Startseite in meinem Beispiel ist das die Kategorie Freizeitmalen.

Ab dieser Stelle legen Sie eine Einkaufswelt wie gewohnt an, der Prozess unterscheidet sich nicht für Sub- oder Hauptshops. Mehr zu diesem Thema lesen Sie in Kapitel 8.

15.4 Administration ausdehnen

Sie kennen die Arbeit bereits aus der Konfiguration Ihres Hauptshops. Dort haben Sie schon viele Einstellungen vorgenommen, Vorlagen an Ihre Bedürfnisse angepasst und die passenden Zahlungs- und Versandarten eingerichtet. Viel davon können Sie für Ihren Subshop übernehmen. Einiges davon sollten Sie auf den Prüfstand stellen und ggf. an den Subshop anpassen. Auf den folgenden Seiten lesen Sie, welche Punkte Sie bei der Konfiguration Ihres Subshops unbedingt beachten müssen.

15.4.1 Versandarten verfügbar

Als Sie die Versandarten für Ihren Hauptshop eingerichtet haben, haben Sie sicherlich gesehen, dass Sie diese auch auf einen einzelnen Shop eingrenzen können. Sie haben also immer drei Möglichkeiten, eine Versandart einzuschränken:

1. Versandart steht für alle Shops zur Verfügung.
2. Versandart steht für alle Shops zur Verfügung, ist aber auf bestimmte Länder eingeschränkt.
3. Versandart wird je nach Shop angelegt und konfiguriert.

Bei Möglichkeit 1 und 2 müssen Sie nichts weiter unternehmen, schließlich wird die Versandart ohne Ihr Zutun direkt im Subshop zur Verfügung gestellt. Daher gehe ich hier auch nicht näher auf diese Möglichkeiten ein. Dieses Beispiel soll Ihnen aufzeigen, wie Sie eine bestehende Versandart kopieren und an die Gegebenheiten des Subshops anpassen.

Öffnen Sie zunächst das Modul VERSANDKOSTEN unter den EINSTELLUNGEN. Um eine Versandart zu kopieren, klicken Sie zunächst in der VERSANDKOSTEN VERWALTUNG auf den Button ganz rechts, dieser heißt DIESE VERSANDKOSTENART DUPLIZIEREN. Daraufhin öffnet sich die kopierte Versandkostenart.

Um die Versandkostenart einzuschränken, reicht es zunächst aus, unter SHOP ❶ den betreffenden Subshop anzugeben, für den diese Versandart freigeschaltet werden soll. Dies sehen Sie auch in Abbildung 15.9.

Dadurch, dass Sie hier eine komplett neue Versandart angelegt haben, sind Sie auch frei in der Konfiguration und können diese nach Belieben einrichten. Zu dem Thema Versandkosten finden Sie eine ausführliche Anleitung in Kapitel 4.

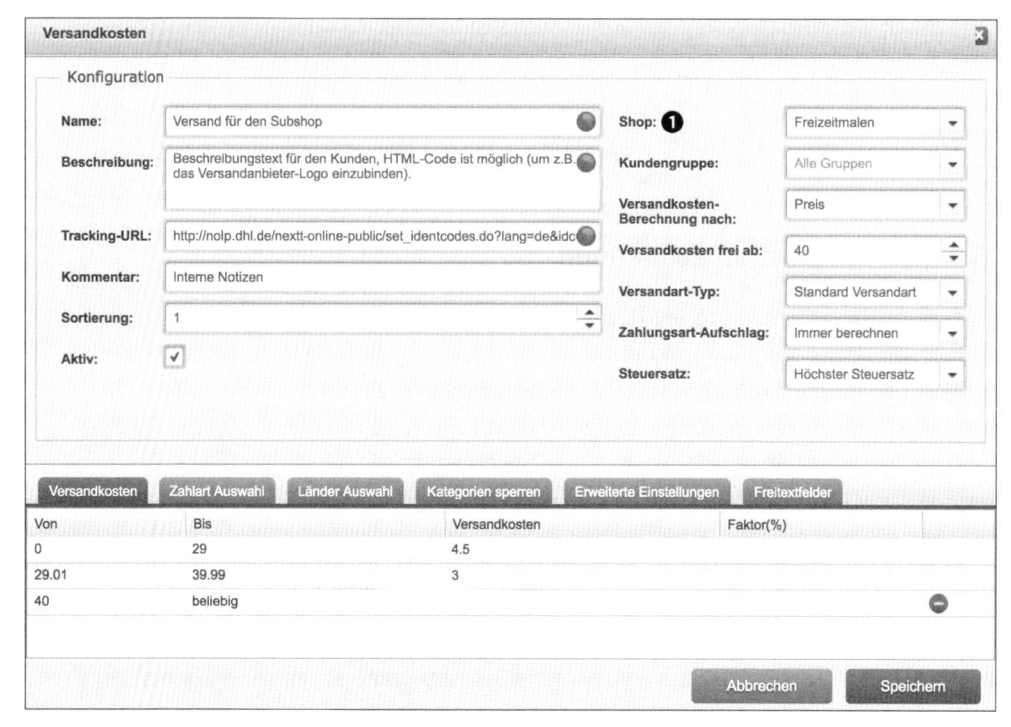

Abbildung 15.9 Kopierte Versandart an den Subshop anpassen

15.4.2 Zahlungsarten freigeben

Etwas einfacher als die Versandarten können Sie Zahlungsarten für einen Subshop freigeben. Hierzu müssen Sie die Zahlungsarten nicht erst kopieren.

Öffnen Sie die ZAHLUNGSARTEN unter den EINSTELLUNGEN, und wählen Sie dort die gewünschte Zahlungsart aus, z. B. Vorkasse.

Nun klicken Sie auf den Reiter SUBSHOP-AUSWAHL. Dort können Sie alle Sub- und Sprachshops auswählen, die für diese Zahlungsart freigeschaltet werden sollen. Anschließend speichern Sie Ihre Änderungen und fahren mit den weiteren Zahlungsarten fort, die Sie ebenfalls für den neuen Subshop freigeben möchten.

Übrigens werden Zahlungsarten nicht bei Anlage eines Subshops dafür freigeschaltet. Sie müssen die Zahlungsarten immer über den eben genannten Weg freigeben.

15.4.3 E-Mail-Vorlagen an den neuen Shop anpassen

Selbstverständlich versendet Shopware auch für einen Subshop die E-Mails an Ihre Kunden. Damit dies professionell für Ihren Kunden geschieht, können Sie auch die E-Mail-Vorlagen an die entsprechenden Subshops anpassen und separate Header, Footer und E-Mail-Texte hinterlegen.

15.4 Administration ausdehnen

Um den Header und den Footer der E-Mails auf den Subshop anzupassen, öffnen Sie die GRUNDEINSTELLUNGEN und finden dort unter STOREFRONT ❶ den Menüpunkt E-MAIL-EINSTELLUNGEN ❷. Shopware baut die Einstellungen so auf, dass Sie zwischen den Einstellungen für die einzelnen (Sub-)Shops per Reiter wechseln können. Wählen Sie daher den Reiter für Ihren Subshop aus ❸.

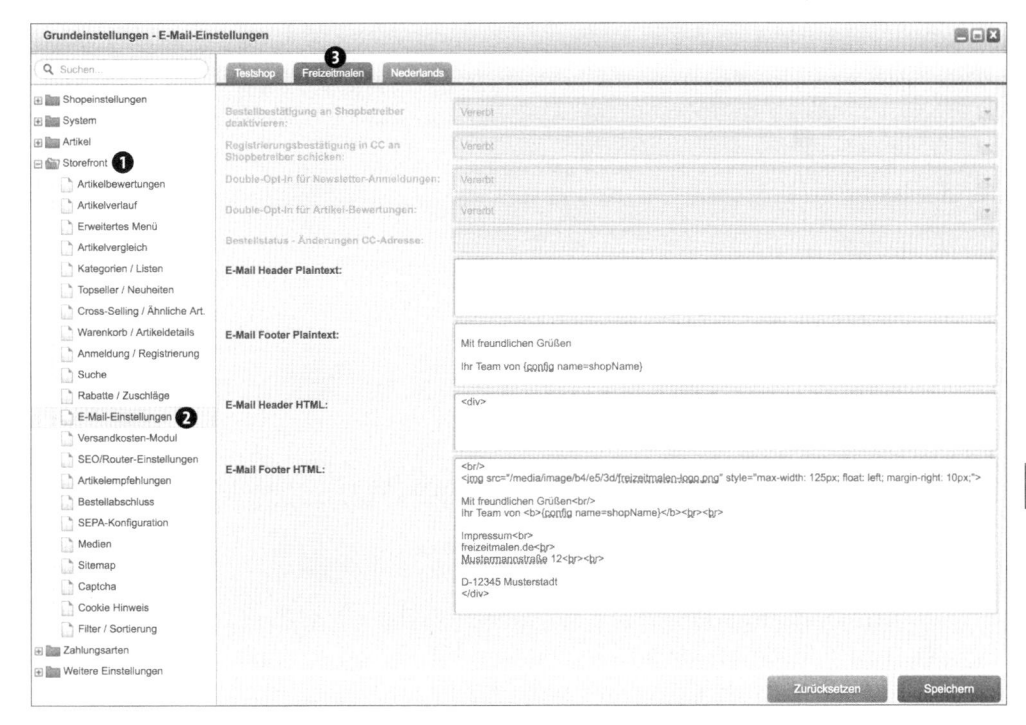

Abbildung 15.10 E-Mail-Einstellungen für den Subshop

Hier haben Sie nun alle Möglichkeiten, die Header und Footer der E-Mails zu gestalten. Wie Sie sehen, habe ich hier alle Vorgaben aus dem Hauptshop übernommen und auf den Shop freizeitmalen.de angepasst. Damit habe ich keinen unbedingt individuellen E-Mail-Footer. Allerdings ist es wichtig, diesem Aspekt dennoch Aufmerksamkeit zu widmen. Shopware setzt bei der Erstellung eines Sub- oder Sprachshops in die E-Mail-Header und -Footer Demodaten ein. Es ist also zwingend notwendig, diesen Bereich anzupassen. Sobald Sie dies abgeschlossen haben, widmen Sie sich den E-MAIL-VORLAGEN, welche Sie in den EINSTELLUNGEN finden. Öffnen Sie eine beliebige E-Mail. Eine der wichtigsten E-Mails ist wohl die Bestellbestätigungsmail. Diese finden Sie unter System-E-Mails, dort wählen Sie sORDER aus. Um der E-Mail einen individuellen und auf den Shop passenden Anstrich zu verpassen, öffnen Sie das Modul ÜBERSETZUNGEN. Das startet, sobald Sie auf eine Weltkugel klicken. Welche Kugel ist dabei völlig nebensächlich, da immer alle Felder angezeigt werden und somit angepasst werden können.

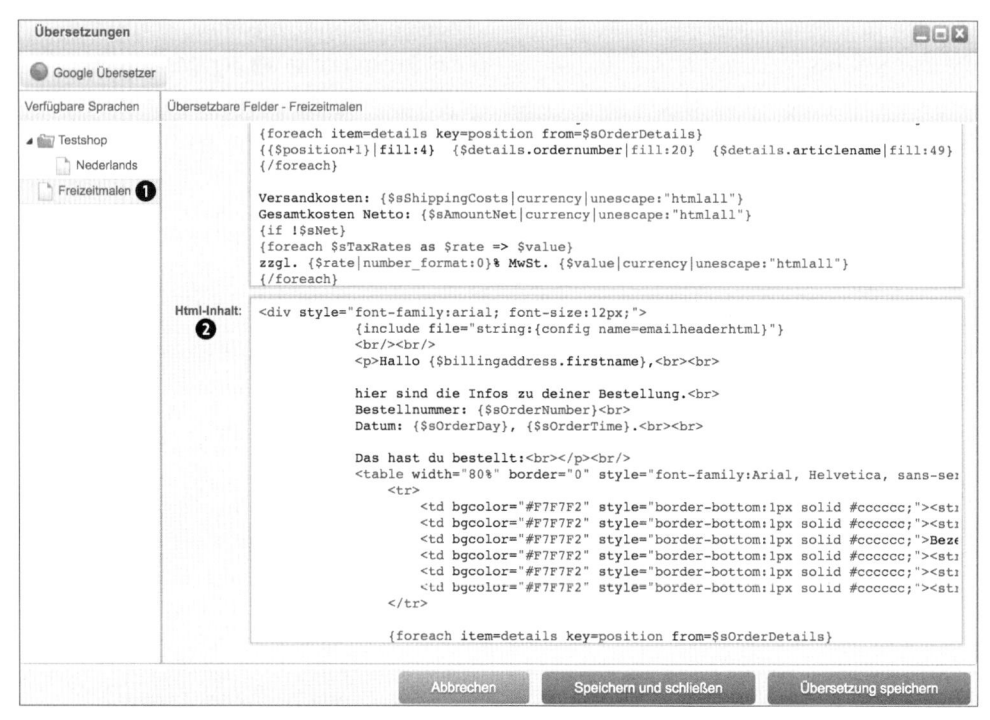

Abbildung 15.11 E-Mail-Vorlage für Subshop anpassen

Zunächst wählen Sie einen Shop aus, für den Sie den E-Mail-Text anpassen möchten ❶. Dazu sind die einzelnen Sub- und Sprachshops auf der linken Seite aufgeführt. Anschließend öffnen sich auf der rechten Seite die Felder, die Sie zu der ausgewählten E-Mail anpassen können.

Ich habe in diesem Fall den Betreff und den HTML-INHALT ❷ angepasst. Da die E-Mail im HTML-Format versendet wird, brauche ich mich also auch nicht um die Text-E-Mail (Plaintext) zu kümmern. Zudem werden die Felder Absender und Name durch eine Shopware-Variable automatisch mit der korrekten Angabe versehen.

Felder oder Texte, die Sie nicht ändern möchten, ignorieren Sie einfach. Shopware wird dann automatisch die in diesen Feldern hinterlegten Informationen aus dem Hauptshop nutzen.

In diesem Verfahren gehen Sie anschließend alle E-Mail-Vorlagen durch, und können so recht schnell die E-Mail-Kommunikation auf den neuen Subshop anpassen.

15.4.4 Rechnung und Co. designen

Als letzten Schritt der administrativen Aufgaben richten Sie die Shopware-Dokumente ein. Schließlich sollen auch Ihre Rechnungen, Lieferscheine etc. der Optik des neuen Shops entsprechen.

15.4 Administration ausdehnen

Diese richten Sie wie auch schon die E-Mail-Vorlagen über das Übersetzungsmodul ein. Öffnen Sie dazu erst die GRUNDEINSTELLUNGEN. Unter SHOPEINSTELLUNGEN • PDF-BELEGERSTELLUNG ❶ finden Sie alle Dokumente, die Sie verwenden. Hier können Sie nun einen Beleg auswählen, den Sie bearbeiten möchten.

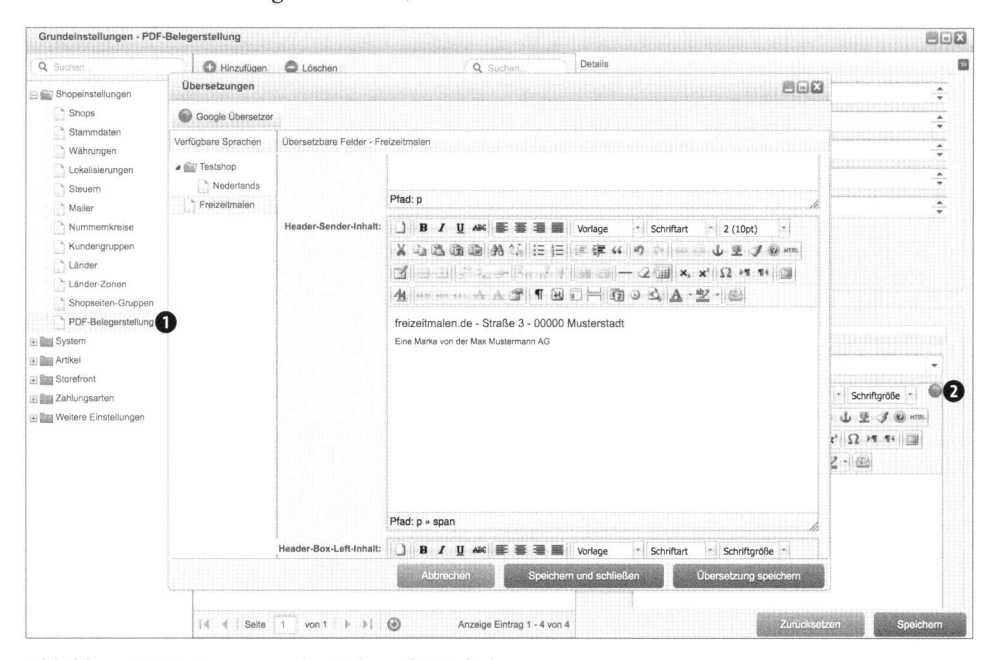

Abbildung 15.12 Anpassen der Belege für Subshops

> **Zeit sparen**
>
> Sie müssen nicht jedes Dokument separat anpassen. Sofern auf allen Dokumenten die gleichen Informationen stehen, reicht es, wenn Sie einen PDF-Beleg mit all seinen Elementen an den Subshop anpassen und anschließend alle Daten auf die weiteren Dokumententypen übertragen.
>
> Dafür klicken Sie nach fertiger Einrichtung eines Dokumentes auf den Button EIGEN-SCHAFTEN FÜR ALLE DOKUMENTTYPEN ÜBERNEHMEN.

Nun wählen Sie ein Element aus und klicken direkt auf die Weltkugel ❷, um das Modul Übersetzungen zu öffnen.

Der Vorteil an diesem Modul: Sie müssen nicht durch jedes Element separat klicken, sondern haben alle Elemente, die Ihre Dokumente umfassen, auf einen Blick verfügbar.

Der Nachteil an diesem Modul ist, dass die Informationen aus dem Hauptshop hier nicht zu sehen sind. Das führt dazu, dass Sie häufig zwischen den Modulen hin und her klicken und zwischenspeichern müssen, um keine Informationen zu verlieren.

Es ist ärgerlich, dass die bestehenden Einträge nicht übernommen werden und Sie daher auch viel selbst kopieren müssen. Dennoch hilft Ihnen das Modul, wie Sie es in Abbildung 15.12 sehen, schnell Ihre Belege auf den neuen Subshop anzupassen.

Die wichtigsten Elemente dafür sind:

- *Logo*
- *Header_Sender*
- *Header_Box_Right*
- *Footer*
- *Content_Info*

In diesen Elementen sind standardmäßig Demodaten enthalten, die Sie sicherlich auch bei der Erstellung des Hauptshops angepasst haben. Übertragen Sie also die Werte aus diesen Elementen, und passen Sie diese an die Gegebenheiten des Subshops an, wie z. B. eine korrekte Absenderadresse (siehe Abbildung 15.12).

Hiermit sind die administrativen Aufgaben abgeschlossen. Weiter geht es mit der Optik des Subshops.

15.5 Eigenes Theme für den Subshop

Sie haben sicherlich bis hierhin schon bemerkt, dass Sie fast einen zweiten Shop einrichten. Der Aufwand, einen Subshop einzurichten, ist im Gegensatz zu einem Sprachshop um ein Vielfaches höher. Das betrifft auch das Design des Shops. Es gibt auch hier zwei Möglichkeiten:

1. Sie nutzen das vorhandene Theme, das bereits vorkonfiguriert ist, und weisen dieses einfach dem Subshop zu.
2. Sie legen für den Subshop ein eigenes Theme an.

Beide Möglichkeiten sind passend, je nachdem, welche Ausrichtung Ihr Subshop hat. Sollte Ihr Subshop die Kopie Ihres Hauptshops sein und nur auf einer anderen Domain laufen (z. B. *https://ihr-shop.de* und als Subshop *https://ihr-shop.at*), ist es natürlich völlig ausreichend, wenn Sie das vorhandene Theme zuweisen. Dies bedingt auch eine durchgehende Optik (Logo, Farben etc.) Ihrer Shops und jeder Kunde weiß, dass es sich bei beiden Shops um den gleichen Betreiber handelt.

Für den Fall, dass Sie allerdings einen zweiten Shop betreiben, der sich völlig von Ihrem Hauptshop unterscheidet, ist es ratsam, ein zweites Theme einzurichten.

Dazu legen Sie zunächst ein sogenanntes *Child Theme* an. Unter EINSTELLUNGEN • THEME MANAGER finden Sie die Möglichkeit dazu. Klicken Sie dort auf den Button THEME ERSTELLEN.

15.5 Eigenes Theme für den Subshop

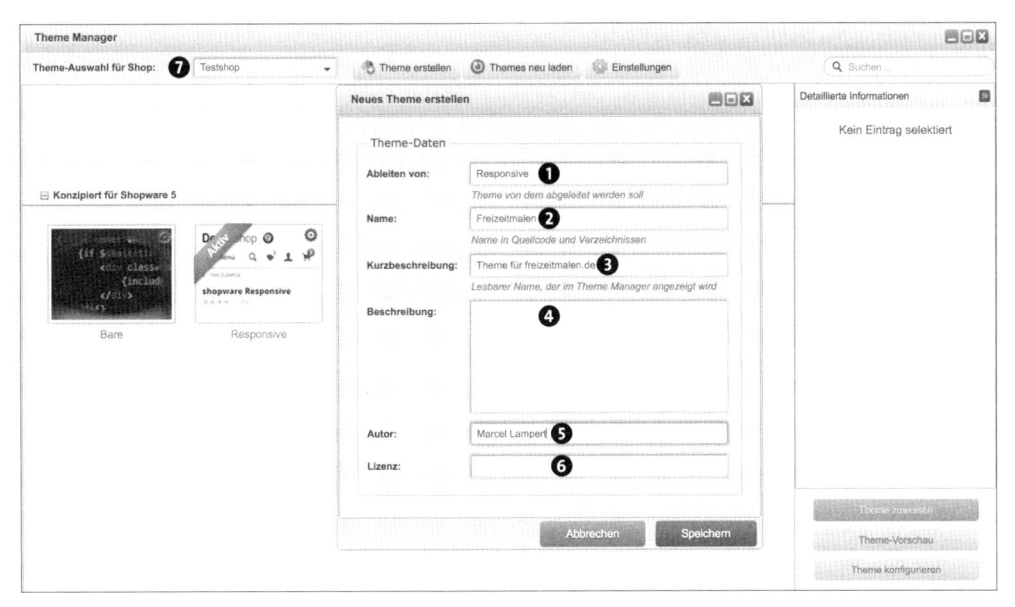

Abbildung 15.13 Erstellung eines Child Themes für einen Subshop

Mit einem Child Theme haben Sie die Möglichkeit, eigene Design-Informationen zu hinterlegen. Dies kann ein anderes Logo sein, verschiedene Farbtöne, Schriften etc. Auch eigene Theme-Programmierungen, die den eigenen Shop noch weiter individualisieren, sind damit pro Subshop umsetzbar. Mehr zu diesem Thema lesen Sie in Kapitel 6, dort gehe ich intensiv darauf ein.

Sobald Sie auf den Button klicken, um ein neues Theme zu erstellen, öffnet sich ein weiteres kleines Fenster, wie in Abbildung 15.13 zu sehen ist. Dort wählen Sie unter ABLEITEN VON ❶ zunächst das Theme aus, dass die Basis für das Child Theme sein soll, und benennen das Theme unter NAME ❷. Es bietet sich an, das Theme nach dem Namen des Shops zu benennen, da Sie ja mit verschiedenen Subshops arbeiten. Dadurch haben Sie immer den konkreten Bezug zum entsprechenden Shop.

Zusätzlich, aber nicht notwendig, können Sie eine KURZBESCHREIBUNG ❸ und BESCHREIBUNG ❹ des neuen Themes hinzufügen. Auch die letzten zwei Angaben sind optional. Zum einen können Sie einen AUTOR ❺ angeben und eine LIZENZ ❻ (z. B. Open-Source-Lizenz) hinterlegen, unter der Sie das Theme anlegen. Speichern Sie anschließend Ihre Fortschritte. Danach finden Sie ein neues Theme in Ihrem Theme Manager.

Um das Theme nun einzurichten, müssen Sie zunächst unter THEME-AUSWAHL FÜR SHOP ❼ den betreffenden Subshop auswählen. Sie können dann mit der Einrichtung und Konfiguration des Themes beginnen, wie Sie es bereits aus Kapitel 6 kennen. An dem Prozess ändert sich nichts, egal welche Art von Shop Sie einrichten.

15.6 Subshop aktivieren

Es ist so weit: Ihr Subshop ist fertig eingerichtet und nun bereit, die weite Welt kennenzulernen. Als ich den Subshop angelegt habe, wurde dieser bewusst deaktiviert. Zunächst sollten alle Einstellungen korrekt und alles Weitere vorbereitet sein. An dieser Stelle ist dies abgeschlossen.

Um den Subshop zu aktivieren, öffnen Sie die GRUNDEINSTELLUNGEN. Unter SHOP-EINSTELLUNGEN • SHOPS wählen Sie nun den entsprechenden Subshop aus. Scrollen Sie etwas weiter nach unten, bis Sie den Eintrag AKTIV sehen. Setzen Sie dort den Haken, und speichern Sie dies. Der Shop ist nun erreichbar.

15.7 Bestellungen aus dem Subshop bearbeiten

Jede Bestellung ist wichtig und muss pünktlich in dem vorgegebenen Rahmen Ihrer Firma bearbeitet werden. Dazu können Sie die Bestellungen aus dem Subshop separat betrachten und diese gezielt bearbeiten.

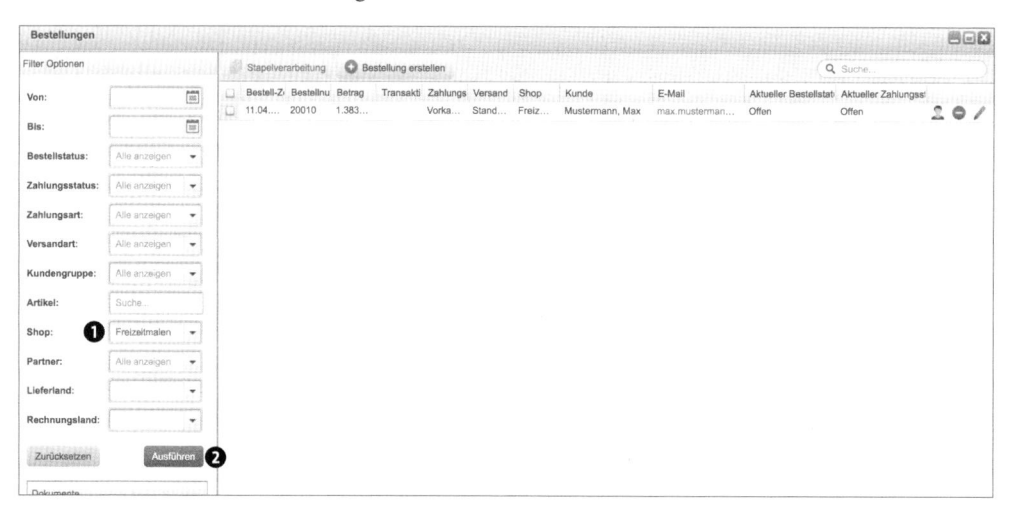

Abbildung 15.14 Bestellungen im Subshop filtern und bearbeiten

Auch Bestellungen aus einem Subshop werden auf der gleichen Oberfläche bearbeitet wie Bestellungen aus Ihrem Hauptshop. Dazu öffnen Sie das Modul unter KUNDEN • BESTELLUNGEN.

Um die Bestellungen nach den einzelnen Shops einzugrenzen, nutzen Sie die Filterfunktion auf der linken Seite des Moduls. Dort finden Sie auch die Filtermöglichkeit nach SHOPS ❶. Klicken Sie nun auf AUSFÜHREN ❷, um nur die passenden Bestellungen anzuzeigen.

In diesem Schritt könnten Sie, sobald Sie Bestellungen aus dem Subshop in Ihrem System haben, auch nach Bestell- und Zahlungsstatus filtern, um sich nur Bestellungen anzeigen zu lassen, die tatsächlich Ihre Aufmerksamkeit verdienen. Bereits bearbeitete Bestellungen werden somit ausgeblendet.

Der weitere Verlauf der Bestellbearbeitung ist identisch zu dem bereits bekannten Prozess. Tiefer gehende Informationen zur Bearbeitung der Bestellungen finden Sie in Kapitel 9.

Kapitel 16
Ladenlokal und Onlineshop vereinen mit POS

Viele Händler haben neben dem stationären Ladengeschäft einen Onlineshop eröffnet, und fahren mit dieser Strategie sehr erfolgreich. Auch Shopware hat hierfür eine Lösung, diese nennt sich POS powered by Pickware und wird von der Pickware GmbH (vormals VIISON GmbH) entwickelt.

Die Pickware GmbH entwickelte auch die Shopware-eigene ERP-Pickware, über die Sie in Kapitel 10 mehr erfahren haben. Außerdem können die passenden Kassensysteme direkt im Hardwareshop bei der Pickware GmbH erworben werden.

> **Hinweis**
> Ein Hinweis an dieser Stelle: Dieses Kapitel wurde mit Screenshots aus dem Demoshop von Pickware angereichert.
> Vielen Dank an Pickware für die Genehmigung, die Screenshots verwenden zu dürfen.

16.1 Den Point of Sale konfigurieren

Bevor Sie mit der Einrichtung im Ladenlokal beginnen können, benötigen Sie noch einige Schritte der Vorbereitung. Zum einen müssen je Ladenlokal Subshops eingerichtet, Benutzeraccounts und Lager angelegt sowie Zahlungs- und Versandarten freigegeben werden.

Bevor dies alles geschehen kann, ist es allerdings notwendig, dass Sie das POS-Plugin aus dem Shopware Store herunterladen. Das finden Sie unter dem Namen *Shopware POS powered by Pickware*.

Dort können Sie direkt wählen, wie viele Lizenzen Sie benötigen, oder ob Sie zunächst eine Testversion herunterladen möchten. Bis zu 10 Lizenzen können Sie mieten. Sollten Sie mehr Lizenzen benötigen, kann dies direkt bei der Pickware GmbH angefragt werden. Bevor Sie dieses Plugin allerdings sinnvoll konfigurieren können, sind weitere Vorbereitungen notwendig.

16.1.1 Ein Ladenlokal anlegen

Technisch betrachtet ist ein Ladenlokal ein weiterer Subshop. Das heißt, es gibt keinen separaten Menüpunkt, um ein oder mehrere Ladenlokale anzulegen. Diese Ladenlokale legen Sie, wie andere Subshops auch, in den Grundeinstellungen von Shopware fest. Dies ist der gleiche Vorgang, wie bereits in Kapitel 15 erläutert – jedoch etwas ausgedünnt. Öffnen Sie also die GRUNDEINSTELLUNGEN.

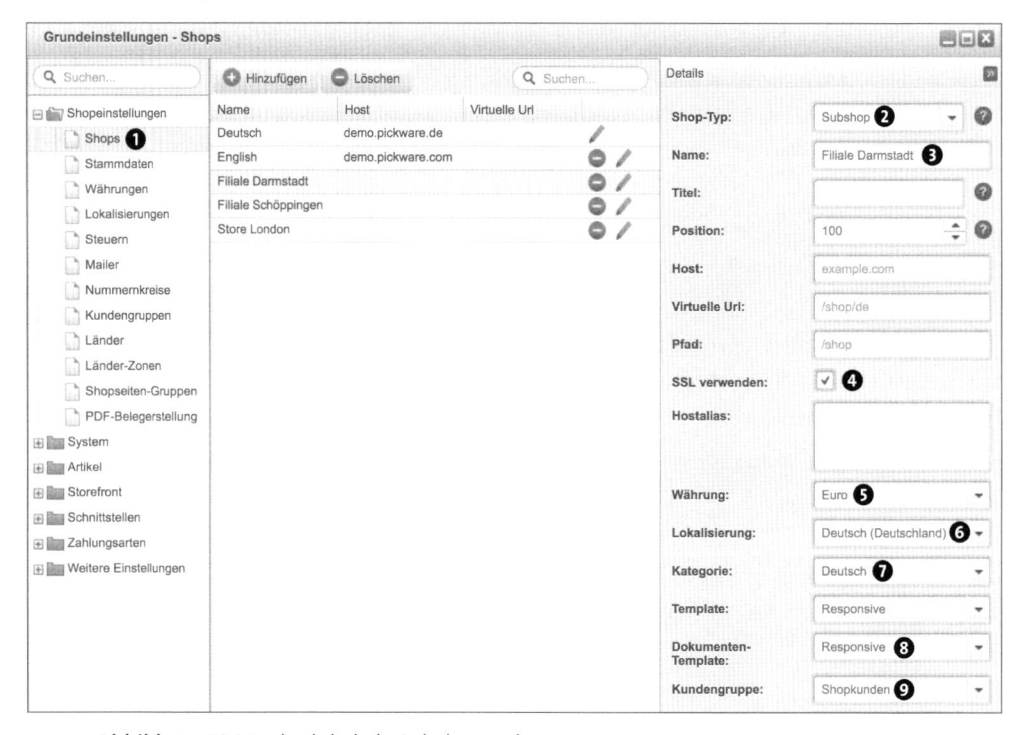

Abbildung 16.1 Ladenlokal als Subshop anlegen

Dort öffnen Sie den Menübaum unter SHOPEINSTELLUNGEN und wählen dort SHOPS ❶ aus. Mit einem Klick auf den Button HINZUFÜGEN legen Sie einen neuen Shop an. Auf der rechten Seite öffnen sich die Details zu diesem neuen Shop, welche Sie direkt bearbeiten können.

Als SHOP-TYP ❷ geben Sie also Subshop an und vergeben auch direkt einen NAMEN ❸. Idealerweise ist dies natürlich der Ort, an dem sich das Ladenlokal befindet. Nun aktivieren Sie noch die SSL-Verschlüsselung ❹ (das ist zwar kein Zwang, dennoch empfehle ich Ihnen aus Sicherheitsgründen die Aktivierung), tragen die WÄHRUNG ❺ und LOKALISIERUNG ❻ ein, wählen eine KATEGORIE ❼ und das DOKUMENTEN-TEMPLATE ❽ aus. Damit werden sofort alle richtigen Daten im Shop verfügbar.

Durch die Auswahl einer KUNDENGRUPPE ❾ haben Sie es noch in der Hand, separate Preise für den Offlineverkauf zu pflegen und Ihren Kunden anbieten zu können. Natürlich müssen Sie den Shop noch aktivieren, damit der Datenaustausch zwischen den Shops und die automatische Dokumentengenerierung richtig arbeiten. Die Synchronisation der Lagerbestände funktioniert allerdings auch ohne Aktivierung des Subshops.

Sobald der Subshop als Ladenlokal angelegt ist, legen Sie die Stammdaten fest. Die dort angegebenen Daten werden später auf dem Kassenbon abgedruckt, welche Sie dem Kunden aushändigen. In den Shopeinstellungen gehen Sie nun also einen Punkt tiefer und steigen in die STAMMDATEN ❿ ein.

Abbildung 16.2 Stammdaten für das Ladenlokal angeben

Zunächst wählen Sie den passenden Reiter, wie in diesem Beispiel die FILIALE DARMSTADT ⓫. Damit werden nur die Stammdaten für diesen speziellen Subshop geändert. Dort tragen Sie also, wie Sie es für Ihren Hauptshop gemacht haben, den NAMEN ⓬, eine SHOPBETREIBER E-MAIL ⓭ und die ADRESSE ⓮ des Ladenlokals ein. Ist dieser Schritt abgeschlossen, legen Sie für jeden Mitarbeiter im Ladenlokal einen neuen Benutzeraccount an. Mit diesem loggt sich der entsprechende Mitarbeiter bei Beginn seiner Schicht in der POS-App an.

16.1.2 Ein Benutzeraccount für jeden Mitarbeiter

Damit Sie für jeden Mitarbeiter, der Ihre Kunden im Ladenlokal bedient, einen eigenen Shopware-Benutzeraccount anlegen können, öffnen Sie wie bekannt EINSTELLUNGEN • BENUTZERVERWALTUNG.

Da standardmäßig zunächst nur Admin-Accounts angelegt werden können, müssen Sie zunächst eine neue Rolle anlegen. Klicken Sie dazu links auf den Button LISTE DER ROLLEN ❶ und wählen dort ROLLE HINZUFÜGEN ❷, siehe Abbildung 16.3.

16 Ladenlokal und Onlineshop vereinen mit POS

Abbildung 16.3 Eine neue Rolle anlegen

Dadurch öffnet sich eine neue Zeile. Tragen Sie nun unter NAME einen für Sie prägnanten Titel ein, um später zu wissen, dass sich die Benutzerberechtigungen für Ihre Ladenmitarbeiter dahinter verbergen. Ich wähle dafür LADENMITARBEITER ❸. Eine Beschreibung ist nicht notwendig. Setzen Sie den Haken in der Spalte *Aktiviert* und ignorieren Sie die Spalte *Admin*, da Sie keine Admin-Accounts anlegen möchten. Nun wechseln Sie in die Zuweisung der Regeln mit einem Klick auf den Button REGELN & BERECHTIGUNGEN EDITIEREN ❹.

Abbildung 16.4 Berechtigungen der Nutzerrolle definieren

Zunächst wählen Sie hier die Rolle aus, deren Berechtigungen Sie editieren bzw. vergeben möchten ❺.

Wie hier abgebildet, aktivieren Sie folgende Checkboxen:

- customer ❻
  - create
  - read

Das sorgt dafür, dass die Mitarbeiter Kundendaten erstellen und lesen können. Dies ist vor allem wichtig, da in der POS-App auch Kunden ausgewählt werden können, deren Ladenkauf schließlich auch im Onlineshop sichtbar ist.

- voucher ❼
  - read

Da auch Gutscheine offline Anwendung finden können, müssen die Mitarbeiter natürlich auch darauf Zugriff haben.

- order ❽
  - create
  - read
  - update

Diese Berechtigung erwirkt, dass die Mitarbeiter Bestellungen erzeugen, lesen oder auch aktualisieren können.

Haben Sie diese Berechtigungen ausgewählt, so hinterlegen Sie diese zur Rolle mit einem Klick auf den Button AKTIVIERTE PRIVILEGIEN DER AUSGEWÄHLTEN ROLLE ZUWEISEN ❾. Damit ist die einmalige Aktivierung einer eigenen Rolle für Ladenlokal-Mitarbeiter abgeschlossen. Nun können Sie übergehen und für jeden Mitarbeiter einen eigenen Benutzer anlegen. Gehen Sie dazu wieder auf die LISTE DER BENUTZER ❿. Wie Sie es bereits kennen, erstellen Sie einen neuen Benutzeraccount über den Button BENUTZER HINZUFÜGEN.

Das sich öffnende Fenster (siehe Abbildung 16.5) haben Sie bereits in Kapitel 5 gesehen, dort habe ich die Benutzerverwaltung behandelt.

Wie Sie es bereits kennen, tragen Sie einen BENUTZERNAMEN ❶ ein, aktivieren den Account ❷ und vergeben ein PASSWORT ❸. Wichtig ist, dass das Passwort lediglich für das Shopware Backend benötigt wird und für die POS-App zunächst keine Verwendung findet. Anschließend aktivieren Sie den API-ZUGANG ❹. Das nächste Feld ist sehr wichtig. Dort tragen Sie die PICKWARE APP PIN ❺ ein. Mit diesem Pin loggt sich der Benutzer in die POS-App ein. Notieren Sie diese also gut und vergeben Sie, wenn möglich, keinen Pin zweimal. Darauf folgen die Stammdaten, dies kennen Sie bereits.

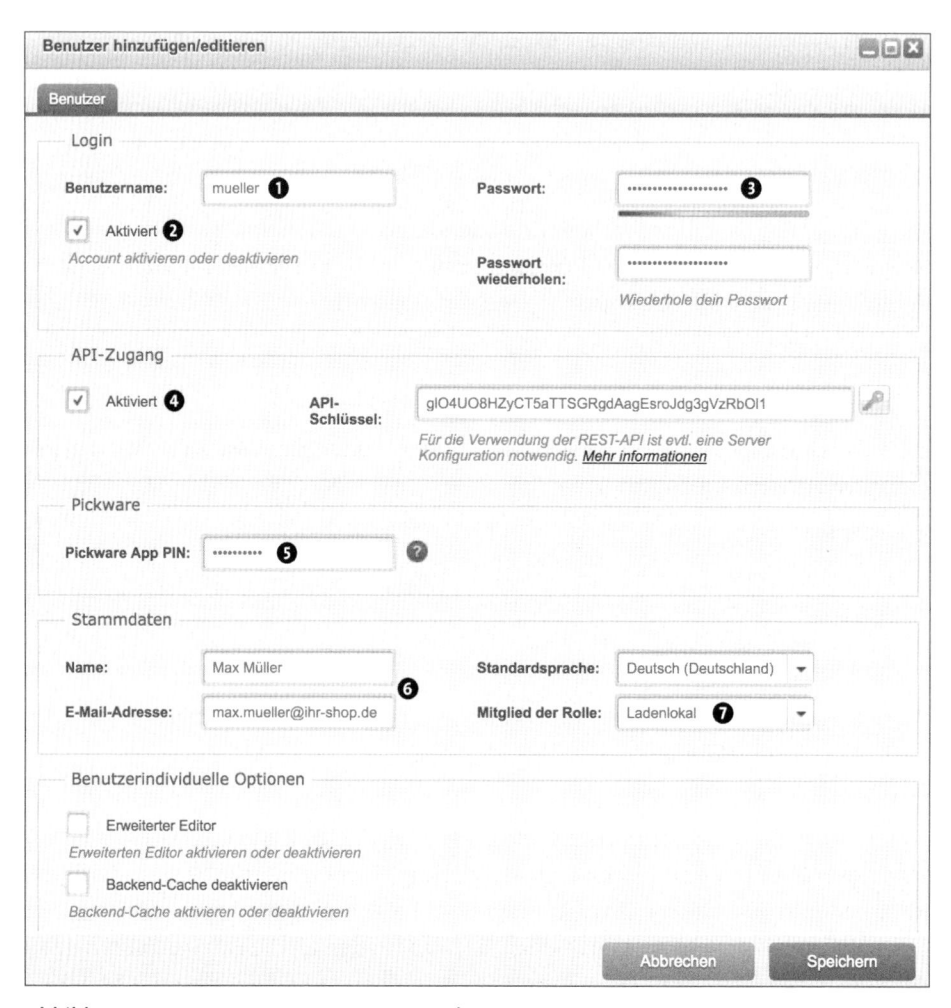

Abbildung 16.5 Neuen Benutzeraccount anlegen

Tragen Sie den NAMEN und die E-MAIL-ADRESSE ❻ des Mitarbeiters ein, vergeben Sie die Sprache, sodass die App und das Backend auf die richtigen Textbausteine zurückgreifen können. Unter MITGLIED DER ROLLE ❼ wählen Sie nun aus der Drop-down-Liste die eben angelegte Rolle aus, in diesem Beispiel ist es *Ladenlokal*. Sobald Sie alle Daten hinterlegt haben, können Sie den Benutzeraccount speichern. Wenn Sie das erledigt haben, legen Sie noch ein Lager je Ladenlokal an. Öffnen Sie dazu ARTIKEL • LAGER • LAGERVERWALTUNG, und klicken Sie auf den Button NEUES LAGER ERSTELLEN. In dem sich öffnenden Fenster (siehe Abbildung 16.6) tragen Sie nun die relevanten Daten ein. Zunächst vergeben Sie einen NAMEN und ein KÜRZEL ❽ für das Lager, welches Sie im Shopware Backend und auch in der POS-App sehen werden. Dies sollte also klar benannt sein, damit es zu keinen Missverständnissen kommt.

Abbildung 16.6 Lager für das Ladenlokal anlegen

Wichtig ist, dass das neu angelegte Lager kein STANDARDLAGER ist, und dass auch der WARENBESTAND NICHT IM SHOP VERFÜGBAR ❾ ist. Die Ausnahme bestätigt hier natürlich die Regel: Wenn Sie explizit wünschen, dass Ihr Lokal-Warenbestand auch im Shop zur Verfügung steht, aktivieren Sie an dieser Stelle natürlich die Checkbox.

In den weiteren Feldern tragen Sie den zuständigen ANSPRECHPARTNER vor Ort ein sowie dessen E-MAIL-ADRESSE und die dazugehörige TELEFONNUMMER ❿. Die letzteren zwei Felder sind zwar keine Pflichtfelder, aber es ist dennoch sinnvoll, diese Felder auszufüllen, um die Kontaktdaten schnell aufrufen zu können. Die Adresse und der interne Kommentar sind ebenfalls keine Pflichtfelder, diese können Sie also ignorieren. Allerdings empfiehlt es sich, diese Felder zu füllen, um schnell alle Informationen zur Hand zu haben. Sofern Sie mehrere Ladenlokale besitzen, lohnt es sich ebenfalls, die Adresse und ggf. einen Kommentar hinzuzufügen, damit Sie eine saubere Zuordnung zu all Ihren Lagern und Ladenlokale haben.

16.1.3 Versandarten und Zahlungsmöglichkeiten konfigurieren

An dieser Stelle müssen Sie einige obligatorische Einstellungen vornehmen und eigene Zahlungs- und Versandarten für den Offlineverkauf angeben. Diese Einstellungen dienen zum einen zu statistischen Zwecken, manche sind allerdings auch technischer Natur.

Zunächst legen Sie eine Versandart für das Ladenlokal an. Das erscheint zwar grundsätzlich wenig sinnvoll, allerdings benötigt eine Shopware-Bestellung immer auch eine zugewiesene Versandart.

Wie gewohnt gehen Sie über EINSTELLUNGEN • VERSANDKOSTEN.

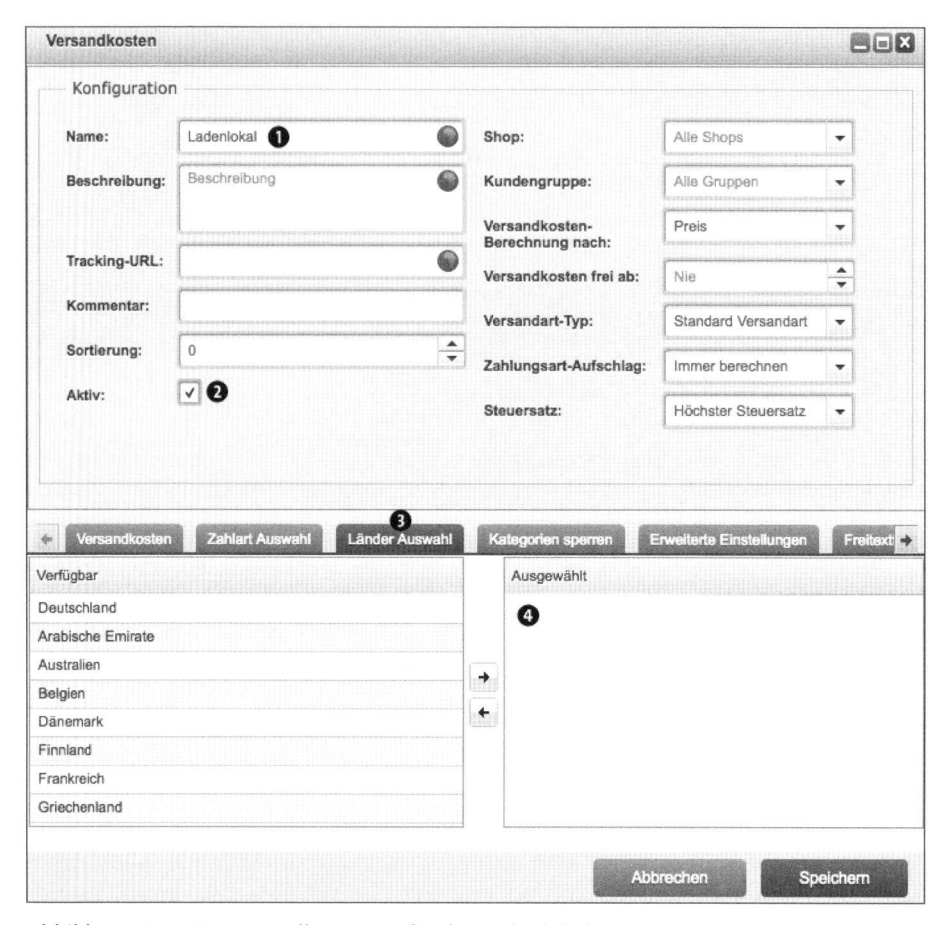

Abbildung 16.7 Die Versandkostenart für das Ladenlokal

Nun kann diese Versandkostenart recht schnell angelegt werden. Sie benötigen zunächst nur einen Namen ❶ und aktiv ❷ sollte diese Versandart sein. Die übrigen Einstellungen können Sie ignorieren. Wechseln Sie nun zum Reiter Länder-Auswahl ❸. Stellen Sie an dieser Stelle sicher, dass in der Spalte Ausgewählt ❹ keine Länder zu finden sind. Dies verhindert, dass diese Versandart später bei einem Kaufvorgang im Onlineshop zu sehen ist und dort für Irritationen sorgen kann.

Sollten Sie zudem noch Click & Collect anbieten, müssen Sie zudem für jedes Ladenlokal eine eigene Versandkostenart erstellen. Dabei gehen Sie genauso vor wie bei der vorherigen Versandkostenart.

Die Versandkostenart erhält nur einen passenden Namen und wird aktiviert. Hier müssen Sie allerdings Lieferländer angeben, damit die Versandart auch im Check-out angezeigt werden kann. Außerdem sollten Sie sicherstellen, dass für diese Versandart auch entsprechende Zahlungsarten im Reiter Zahlart-Auswahl freigeschaltet werden, wie zum Beispiel Zahlung bei Abholung.

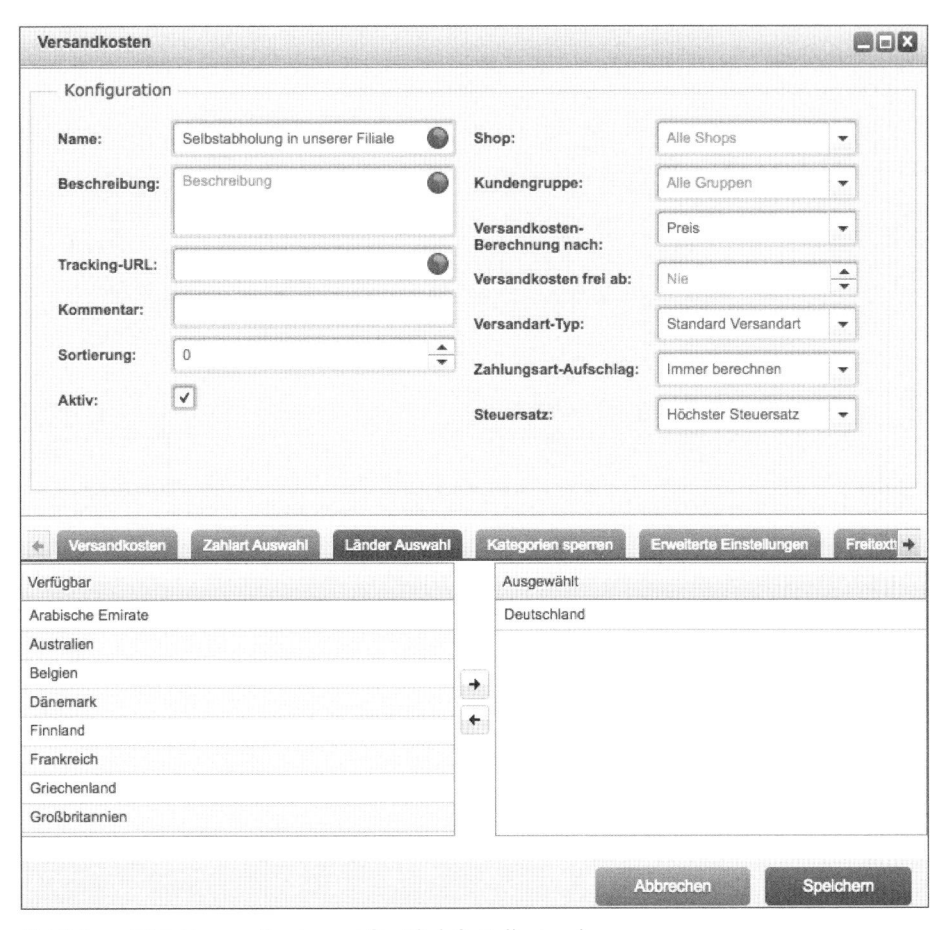

Abbildung 16.8 Versandkostenart für Click & Collect anlegen

Haben Sie nun die obligatorische Versandart für das Ladenlokal und ggf. alle Click-&-Collect-Versandarten angelegt, geht es nun weiter mit den Zahlungsarten. Zunächst ist eine Barzahlung sinnvoll. Doch auch wenn Sie im Onlineshop Zahlungsarten anbieten, die Sie offline ebenfalls anbieten möchten, lohnt es sich, diese zu kopieren und nur für die Ladenlokale freizugeben.

> **Nicht alle Zahlungsarten stehen zur Verfügung**
>
> Es ist hier nicht möglich, alle komfortablen Online-Zahlungsmethoden anzubieten. Zum Beispiel sind PayPal-Zahlungen offline nicht möglich. Bedenkenlos können Sie jene Zahlungsarten anbieten, die heute offline regulär genutzt werden.

Das lohnt sich vor allem bei einer Auswertung der Zahlungsarten. Dann haben Sie die Möglichkeit, nach Online- und Offline-Kreditkartenzahlung zu unterscheiden. Aber von vorn: Zunächst lege ich die Barzahlung als Zahlungsart an. Wie gewohnt öffnen

Sie dazu EINSTELLUNGEN • ZAHLUNGSARTEN, um eine neue Zahlungsart anzulegen, klicken Sie auf den Button NEU, unten links.

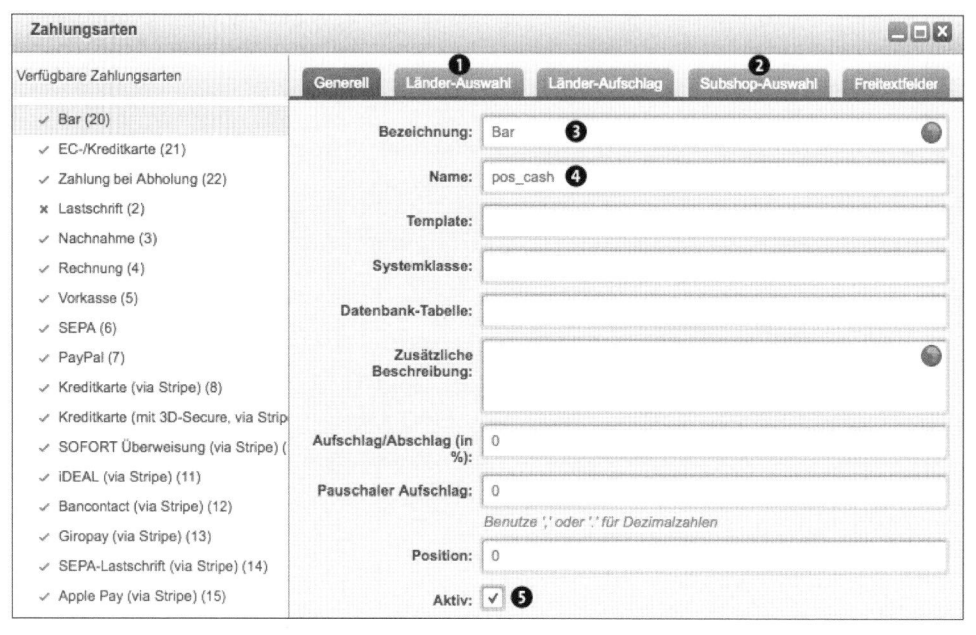

Abbildung 16.9 Neue Zahlungsart anlegen

Wie auch schon bei den Versandarten legen Sie hier eine nur sehr reduzierte Zahlungsart an und geben lediglich die BEZEICHNUNG ❸ und den NAMEN ❹ vor. Aktiviert ❺ sollte diese Zahlungsart natürlich auch sein.

Im nächsten Schritt wechseln Sie in den Reiter LÄNDER-AUSWAHL ❶ und stellen sicher, dass dort *kein* Land ausgewählt ist. Anschließend wechseln Sie in den Reiter SUBSHOP-AUSWAHL ❷ und markieren dort alle als Subshop angelegten Ladenlokale. Den Onlineshop lassen Sie dabei außen vor, damit diese Zahlungsart nicht versehentlich dort angezeigt wird. Und damit haben Sie nun eine neue Zahlungsart angelegt, die nur für die Offline-Shops verfügbar ist. Wiederholen Sie diesen Vorgang mit allen offline zur Verfügung stehenden Zahlungsarten.

Wichtig ist dabei zu wissen, dass die eben angelegten Zahlungs- und Versandarten keinerlei Auswirkungen auf den Kaufprozess und auch keine auf technische Prozesse wie Datentransfer von oder hin zu Zahlungsdienstleistern haben. Sie sorgen eher für eine saubere Zuordnung und Trennung von Online- und Offlinegeschäft.

Damit sind Sie nun wichtige Schritte der Vorbereitung gegangen. Weiter geht es mit dem Feinschliff und dem Einrichten des POS-Plugins.

16.1.4 Der letzte Feinschliff vor dem Start

Nun folgt die Konfiguration des POS-Plugins im Shopware Backend sowie zwei kleine Einstellungen. Grundsätzlich sind diese Schritte schnell abgeschlossen und finden in den GRUNDEINSTELLUNGEN statt.

Zunächst öffnen Sie WEITERE EINSTELLUNGEN • SHOPWARE POS POWERED BY PICKWARE. Dort richten Sie das Plugin einmalig ein, hinterlegen ein Logo, wählen verschiedene Zahlungsarten für das Kassensystem aus und ein wenig mehr.

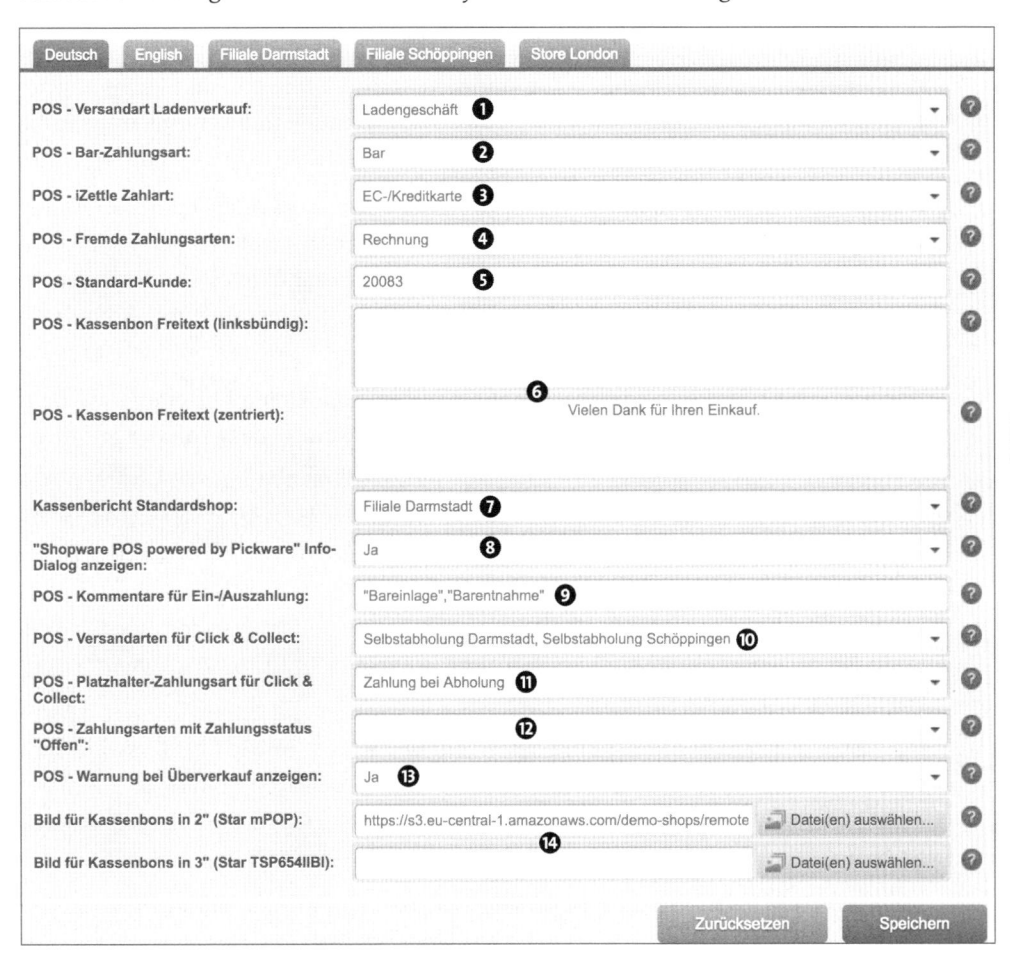

Abbildung 16.10 Die Grundeinstellungen des POS-Plugins

Zu Beginn der Konfiguration hinterlegen Sie die POS-VERSANDART ❶, welche Sie im Vorfeld angelegt haben, wie hier in diesem Beispiel die Versandart Ladenlokal. Diese wird bei jedem Offline-Kauf der Bestellung zugewiesen. Anschließend wählen Sie aus der Drop-down-Liste die Zahlungsart, die Sie für den Barverkauf angelegt haben. Ich habe unter dem Konfigurationspunkt POS – BAR-ZAHLUNGSART ❷ logischerweise die Zahlungsart Bar hinterlegt. Auch diese habe ich im Vorfeld angelegt. Sollten Sie das Kartelesegerät iZettle verwenden, tragen Sie unter POS – iZettle Zahlart ❸ die Zahlungsarten, welche Sie mit Kartenzahlung akzeptieren, ein. In diesem Beispiel sind das Zahlungen mit EC- und Kreditkarte. Wie schon im Vorfeld erwähnt, lohnt es sich hier, diese Zahlungsart neu anzulegen und ausschließlich dem Offlineverkauf zuzuordnen. Dadurch können Sie viel gezielter herausfinden, wie die unterschiedlichen Zahlungsarten auf den verschiedenen Kanälen bei Ihren Kunden ankommen.

Zusätzlich zur Bar- und Kartenzahlung können Sie POS fremde Zahlungsarten ❹ angeben. In diesem sehr kundenfreundlichen Beispiel habe ich Rechnung ausgewählt. Die Kunden können also in den Laden kommen und erhalten später die Rechnung per E-Mail. Allerdings müssen Sie hier nichts ausfüllen, fremde Zahlungsarten müssen Sie nicht zwingend angeben. Es liegt in Ihrem Ermessen, wie Sie damit verfahren.

Im nächsten Schritt können Sie einen Standardkunden auswählen, dem alle Offline-verkäufe zugewiesen werden, wenn in der POS-App beim Kassiervorgang kein Kundenkonto ausgewählt wurde. Erstellen Sie dazu einfach ein fiktives Kundenkonto im Menüpunkt Kunden • Anlegen, z. B. Max Mustermann. Die diesem Konto hinterlegte Kundennummer tragen Sie schließlich in das Feld POS – Standard-Kunde ❺ ein.

Danach haben Sie die Möglichkeit, Ihrem Kunden eine kleine Mitteilung auf dem Kassenbon mitzugeben. Wenn Sie sich also für den Kauf bedanken oder auf Ihren Onlineshop hinweisen möchten, tragen Sie Ihre Nachricht im Feld POS – Kassenbon Freitext (linksbündig) oder POS – Kassenbon Freitext (zentriert) ❻ ein, je nachdem, wie die Mitteilung angezeigt werden soll.

Weiter geht es mit einer Konfiguration des Kassenberichtes. Wählen Sie unter Kassenbericht Standardshop ❼ aus, welcher Kassenbericht geladen werden soll, wenn Sie das Backend-Modul Kassenbericht (siehe Abschnitt 16.4 Täglicher Kassenabschluss und Statistiken) öffnen.

Der nächste Konfigurationspunkt ist eigentlich relativ unwichtig. Pickware lädt einen Willkommensbildschirm für jeden, der sich ins Backend einloggt. Wenn Sie diesen nicht erhalten möchten, stellen Sie bei Info-Dialog anzeigen ❽ einfach Nein ein.

In der POS-App haben Sie auch die Möglichkeit, Barein- und -auszahlungen als solche zu definieren. Damit ist dann auch der Kassenbericht am Ende eines Tages korrekt. Diese Zahlungen können Sie auch mit einem Kommentar versehen. Die möglichen Kommentare bzw. Beschreibungen, wie es in der App genannt wird, können Sie im Feld POS – Kommentare für Ein-/Auszahlungen ❾ hinterlegen. Tragen Sie jeden Kommentar in Anführungszeichen ein und trennen Sie diese mit einem Komma, also z. B. »Bareinlage«, »Barentnahme«, wie Sie es in Abbildung 16.10 sehen.

Für den Fall, dass Sie Click & Collect in Ihrem Onlineshop anbieten, tragen Sie die dafür vorgesehenen Versandarten unter POS – Versandarten für Click & Col-

LECT ❿ ein. Haben Sie dafür mehrere Versandarten vorgesehen, z. B. bei mehreren Ladenlokalen, wählen Sie aus der Drop-down-Liste einfach alle aus – dazu genügt ein simpler Klick ohne weitere Tastenkombinationen. Das Gleiche gilt für eine Click-&-Collect-Zahlungsart. Sollten Sie Ihren Kunden eine Zahlungsart anbieten, die ausschließlich für die Abholung bestimmt ist, wählen Sie diese unter POS – PLATZHALTER-ZAHLUNGSART FÜR CLICK & COLLECT ⓫ aus. Ihre Mitarbeiter im Lokal sehen dadurch, dass die Ware noch bezahlt werden muss. Sollten Sie es eher so handhaben wollen, dass auch Click-&-Collect-Bestellungen im Vorfeld bezahlt werden müssen, ignorieren Sie dieses Feld einfach.

Im vorherigen Konfigurationspunkt haben Sie eine Zahlungsart ausgewählt, bei der der Kunde ganz bewusst im Laden bezahlt. Nun kann es aber auch Verkäufe geben, bei der Kunde zwar eine Bezahlabsicht signalisiert, die Bezahlung aber noch nicht durchführt, wie z. B. beim Rechnungskauf. Diese Bestellung ist formal nicht bezahlt, also offen. Diese Zahlungsarten können Sie unter POS – ZAHLUNGSARTEN MIT ZAHLUNGSSTATUS »OFFEN« ⓬ angeben.

Um Überverkäufe zu vermeiden, bietet die POS-App eine Warnung an. Das ist sehr sinnvoll, denn so können Kunden rechtzeitig auf diesen Umstand hingewiesen werden. Wählen Sie also Ja im Konfigurationspunkt POS – WARNUNG BEI ÜBERVERKAUF ANZEIGEN ⓭ aus, wie es in der Abbildung 16.10 zu sehen ist.

Und natürlich darf auch das Logo einer Firma nicht auf einem Kassenbon fehlen. Unter BILD FÜR KASSENBON ⓮ tragen Sie den Link zu Ihrem Logo ein. Dieses Logo wird der Bondrucker verarbeiten. Dabei können Sie verschiedene Formate hinterlegen, je nachdem, welches System Sie nutzen. Entweder ein 2"System, wie bei dem Star mPOP (wie in Abbildung 16.10) oder eben ein 3"System wie bei dem Star TSP654IIBI. Beide Systeme bietet Pickware zum Kauf an, dazu mehr in Abschnitt 16.1.5. Sie können die Konfiguration nun speichern und sich mit dem nächsten Detail beschäftigen.

Wechseln Sie dazu in den GRUNDEINSTELLUNGEN im Menübaum auf STOREFRONT • BESTELLABSCHLUSS ❶ (siehe Abbildung 16.11).

Regulär versendet Shopware bei jedem Kauf im Onlineshop eine Bestellbestätigung. Dies sollten Sie jedoch für den Verkauf im Laden deaktivieren. Immerhin hat ein Kunde den Kassenbon als Bestätigung seines Kaufes erhalten. Zudem haben Sie auch nicht von jedem Kunden die E-Mail-Adresse.

Klicken Sie also auf einen Reiter, der ein Ladenlokal bezeichnet, wie in diesem Beispiel FILIALE DARMSTADT ❷. Im unteren Drittel finden Sie den Konfigurationspunkt BESTELL-ABSCHLUSS-E-MAIL VERSENDEN ❸. Wählen Sie dort NEIN aus, um den Versand der E-Mail zu deaktivieren. Wiederholen Sie diesen Vorgang mit allen Offline-Geschäften, die Sie als Subshop angelegt haben, hier wäre es z. B. die Filiale Schöppingen und der Store London. Ein letzter Feinschliff fehlt nun noch.

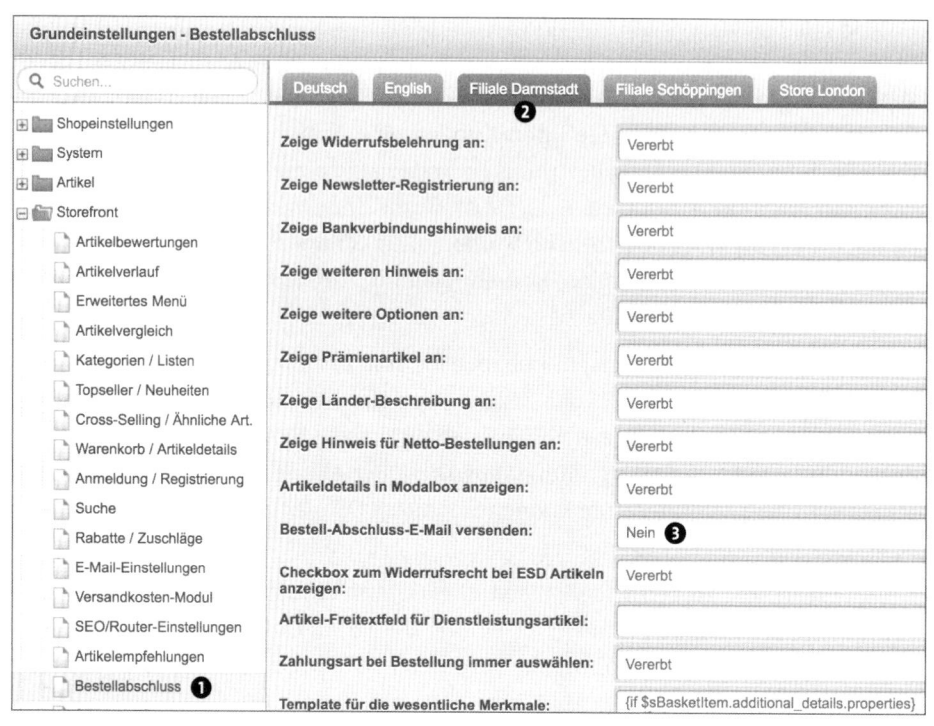

Abbildung 16.11 Keine Bestellbestätigung beim Offlinekauf

Zuletzt ist es ratsam, eine separate Kundengruppe für die Offlinekäufer anzulegen. Dadurch haben Sie die Möglichkeit, separate Preise für diese Kundengruppe einzupflegen (siehe Kapitel 7) und auch in den Statistiken Umsätze und Weiteres separat zu betrachten.

Wie Ihnen bekannt ist, legen Sie dazu in den GRUNDEINSTELLUNGEN unter SHOPEINSTELLUNGEN • KUNDENGRUPPEN ❹ einen weiteren Eintrag an. Klicken Sie dazu auf den Button HINZUFÜGEN ❺.

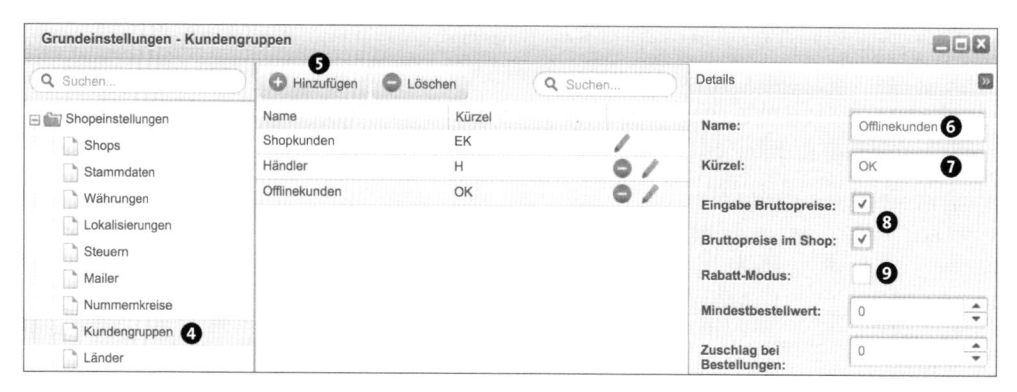

Abbildung 16.12 Kundengruppe für Offlineverkäufe anlegen

Nun wählen Sie einen prägnanten NAMEN ❻ für diese Kundengruppe aus und ein entsprechendes KÜRZEL ❼. Wie Sie in Abbildung 16.12 sehen, wähle ich hierfür auch aus, dass die Preisangabe im Shop direkt brutto ❽ erfolgt. Hierzu muss die Mehrwertsteuer also direkt auf den Preis aufgerechnet werden. Dieser wird dann auch dem Kunden im Laden als Verkaufspreis angezeigt. Allgemeine Rabatte möchte ich hierfür nicht direkt geben – bei allgemeinen Preisaktionen oder im Schlussverkauf können Sie allerdings den RABATT-MODUS ❾ aktivieren und einen Prozentsatz hinterlegen. Dieser wird jeder Transaktion automatisch abgezogen.

Sollten Sie eine neue Kundengruppe angelegt haben, vergessen Sie nicht, diese auch dem Subshop (unter SHOPEINSTELLUNGEN • SHOPS, siehe Abbildung 16.1) zuzuweisen.

Damit sind nun auch die Feinheiten der POS-Vorbereitung abgeschlossen.

16.1.5 Die Hardware

Ein Kassensystem besteht bekanntermaßen nicht nur aus Software, die eingerichtet wird, sondern maßgeblich auch aus der Hardware. Also einem Terminal samt Bargeldkasse. Um einen optimalen Prozess im Alltag zu haben und möglichst abgestimmte Komponenten einzusetzen, bietet Pickware neben dem passenden Plugin und einer App auch die Point-of-Sale Hardware an.

Unter *https://www.pickware.de/shop/shopware-pos* finden Sie die Geräte, welche mit dem Pickware-POS zusammenarbeiten. Dort finden Sie also das Kartenlesegeräte iZettle, verschiedene Barcodescanner, eine Kassenschublade und Bondrucker. Idealerweise kaufen Sie sich allerdings das Shopware-POS-Kassenset, dort haben Sie alles Wichtige für einen Kaufvorgang vereint. Einzig und allein ein Kartenlesegerät ist in diesem Set nicht enthalten.

Da die Komponenten aufeinander abgestimmt sind, funktionieren diese auch sofort, nachdem Sie alles mit dem Stromnetz und dem Internet verbunden haben. Den Rest erledigen die Apps und Benutzeraccounts Ihrer Mitarbeiter.

16.2 Bevor es Beep macht – Etiketten mit Barcode nicht vergessen

Nun haben Sie die nötigen Voraussetzungen geschaffen, ihr Ladenlokal mit Ihrem Onlineshop zu verknüpfen. Im nächsten Schritt werden Sie alle Produkte mit einem Barcode versehen, damit die Barcodescanner auch wissen, zu welchem Produkt ein Barcode zugewiesen wurde. Dazu haben Sie zwei Möglichkeiten: bestehende Barcodes mit Ihren Produkten verknüpfen oder eigene Barcodes erstellen.

16   Ladenlokal und Onlineshop vereinen mit POS

16.2.1   Bestehende Barcodes mit den Produkten verknüpfen

Sofern Sie Ihre Produktdaten im Shopware Backend gut pflegen, werden verkaufbare Produkte am POS sofort erkannt. In den Artikeldetails muss in jedem Fall eine korrekte EAN hinterlegt sein, die sich mit der EAN auf dem Barcode deckt. Damit erkennt der Barcodescanner das Produkt und erhält die wichtigen Produktinformationen (z. B. der Preis in Abhängigkeit zur Kundengruppe) aus der Shopware-Datenbank.

16.2.2   Eigene Barcodes erstellen

Neben bestehenden Barcodes können Sie auch eigene erstellen. Zunächst wählen Sie alle Produkte aus, für die keine Barcodes existieren. Öffnen Sie dazu ARTIKEL • ÜBERSICHT.

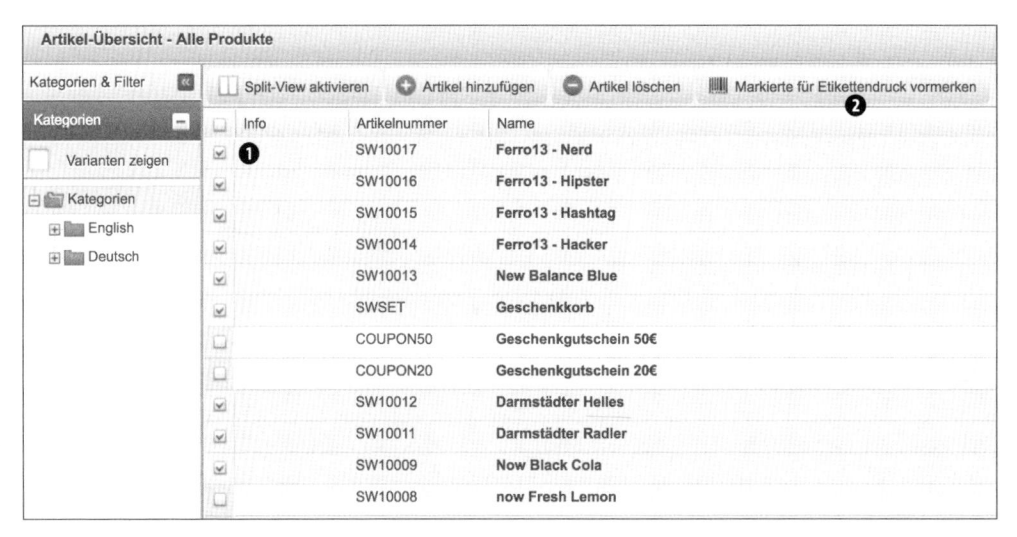

Artikel-Übersicht - Alle Produkte			
Kategorien & Filter	Split-View aktivieren ⊕ Artikel hinzufügen ⊖ Artikel löschen ▐ Markierte für Etikettendruck vormerken ❷		
Kategorien	Info	Artikelnummer	Name
Varianten zeigen	☑ ❶	SW10017	Ferro13 - Nerd
Kategorien	☑	SW10016	Ferro13 - Hipster
⊞ English	☑	SW10015	Ferro13 - Hashtag
⊞ Deutsch	☑	SW10014	Ferro13 - Hacker
	☑	SW10013	New Balance Blue
	☑	SWSET	Geschenkkorb
	☐	COUPON50	Geschenkgutschein 50€
	☐	COUPON20	Geschenkgutschein 20€
	☑	SW10012	Darmstädter Helles
	☑	SW10011	Darmstädter Radler
	☑	SW10009	Now Black Cola
	☐	SW10008	now Fresh Lemon

Abbildung 16.13 Artikel markieren, um Barcodes zu erstellen

Dort wählen Sie nun alle Artikel aus, für die Sie eigene Barcodes erstellen möchten ❶. Sind diese markiert, klicken Sie auf den Button MARKIERTE FÜR ETIKETTENDRUCK VORMERKEN ❷. Wechseln Sie nun in das Modul ETIKETTENDRUCK unter ARTIKEL • ETIKETTEN. Es öffnet sich das Modul, das Sie in Abbildung 16.14 sehen.

Hier finden Sie nun alle Artikel wieder, welche Sie zuvor ausgewählt haben. Um den Etikettendruck starten zu können, markieren Sie auch hier wieder alle Artikel ❸. Weiter wählen Sie eine ETIKETTENVORLAGE ❹ aus der Drop-down-Liste aus. Sie können entscheiden, ob der Barcode unten, mittig oder oben auf dem Etikett gedruckt wird und ob Sie ihn mit einem Artikelbild oder dem Herstellerlogo ausstatten. In diesem Fall soll der Barcode mittig auf das Etikett gedruckt werden.

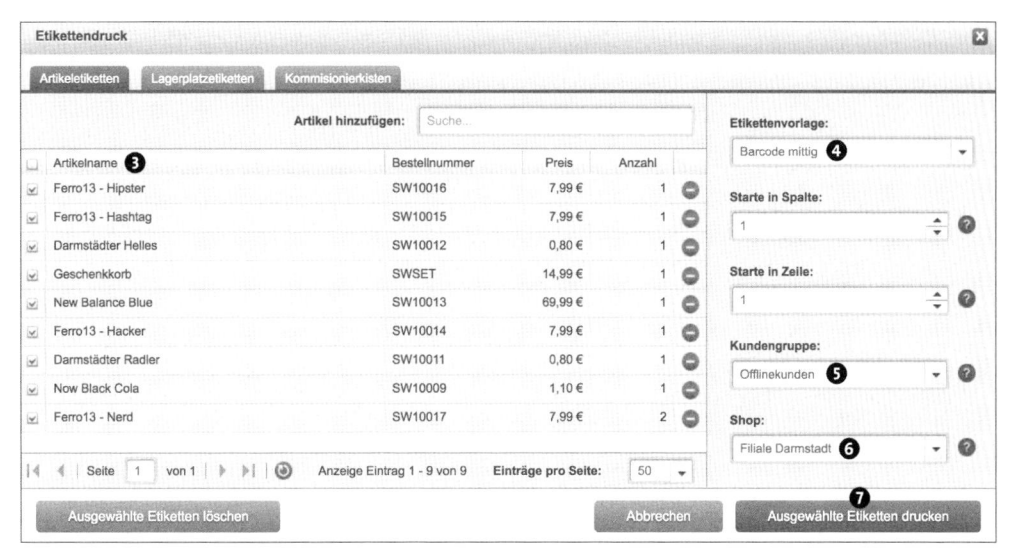

Abbildung 16.14 Etiketten drucken

Auch die Preise oder jedes weitere Artikelattribut wird auf dem Barcode-Etikett gedruckt. Wählen Sie daher die passende KUNDENGRUPPE ❺ aus, wie hier die Offlinekunden. Außerdem wählen Sie den SHOP ❻ aus, für den die Etiketten erstellt werden. Um den Druck für die ausgewählten Artikel zu starten, klicken Sie auf den Button AUSGEWÄHLTE ETIKETTEN DRUCKEN ❼.

Nachdem Sie nun alle Artikel mit einem Etikett versorgt haben, kann der Verkauf beginnen.

16.3 Kommt der Kunde in Ihren Laden

Sobald die Konfiguration eines oder mehrerer Ladenlokale abgeschlossen und die Hardware vor Ort aufgebaut wurde, können Sie auch direkt mit dem Verkauf loslegen. Installieren Sie die Pickware POS App aus dem App Store, die Sie in Abbildung 16.15 sehen.

Dazu loggt sich der entsprechende Mitarbeiter in die App ein. In der Regel sollte das Profil, also die Verbindung zum Shopware Backend, bereits hinterlegt sein. Dann muss sich Ihr Mitarbeiter nur noch mit seinem Benutzernamen und seinem Passwort über den Button ANMELDEN in die App einloggen.

Abbildung 16.15 Anmeldebildschirm vom POS

16.3.1 Kauft der Kunde im Ladengeschäft

Sofort öffnet sich der Arbeitsbildschirm, mit dem der Mitarbeiter nun seine Arbeit verrichten wird. Dort gibt es zwei Suchen: eine, um einen Bestandskunden zu suchen, und die weitere Suche ist die Artikelsuche. Diese ist allerdings nur dann sinnvoll, wenn Sie keinen Barcodescanner einsetzen möchten oder dieser defekt ist. Aber auch bei kleinteiligen Artikeln hat es sich bewährt, die Artikelsuche zu nutzen, da an diesen Artikeln schlicht kein Platz für einen Barcode ist. In beiden Suchfenstern haben Sie die Möglichkeit einen Teil des gewünschten Produktes oder des Kundennamens einzutippen. Die POS-App tut ihr Übriges und findet alle Datensätze, in denen diese Zeichenkette vorkommt. Ganze Namen müssen dabei nicht eingegeben werden.

Idealerweise verwenden Sie natürlich einen Barcodescanner, da dies den Kaufvorgang wesentlich beschleunigt.

> **Der Kunde erhält die gleichen Preise**
>
> Sofern Sie einen Kunden offline identifizieren und diesen in der App auswählen, wird automatisch die Zuordnung seiner Kundengruppe geladen. Dadurch erhält der Kunde online wie offline die gleichen Preise.

Außerdem können Sie zu einzelnen Produkten Rabatt geben, klicken Sie dazu einfach auf die Zeile, in der das Produkt im virtuellen Warenkorb liegt. Damit öffnet sich eine Detailansicht zu diesem Produkt, samt Lagerplatz, Bestellnummer und der Möglichkeit, die Produktbeschreibung zu öffnen. Dort gibt es auch den Punkt RABATT %. Tragen Sie dort den Prozentwert, mit dem Sie den Warenwert reduzieren möchten, ein. Zurück im Warenkorb kommen Sie weiter zum nächsten Schritt durch einen Klick auf den Button BEZAHLEN.

Nun können Sie auch an dieser Stelle dem Kunden noch einen Rabatt einräumen, hier sogar mit der Auswahl zwischen prozentualem und absolutem Rabatt. In Abbildung 16.16 erhält der Kunde 5 Euro Rabatt.

Außerdem finden Sie in der Mitte des Bildschirms eine Zusammenfassung der Bestellung. Sofern ein Kunde ausgewählt wurde, wird er sowie die Summe, die er zu zahlen hat, aufgeführt. Am Ende des Bildschirms finden Sie auch die Auswahl der Zahlungs- und Versandarten. Der Kunde kann nämlich Produkte auch im Laden kaufen und bezahlen und sich diese später nach Hause liefern lassen. In der Kombination mit einem Kauf auf Rechnung wäre es dadurch sogar denkbar, dass der Kunde zwar offline seine Bestellung aufgibt, diese allerdings per Paketdienst gesendet bekommt und die offene Summe später überweist. In jedem Fall ist damit eine Rechnung per E-Mail sinnvoll. Diese Option finden Sie standardmäßig aktiviert im Bereich der Rechnungserstellung, siehe Abbildung 16.16.

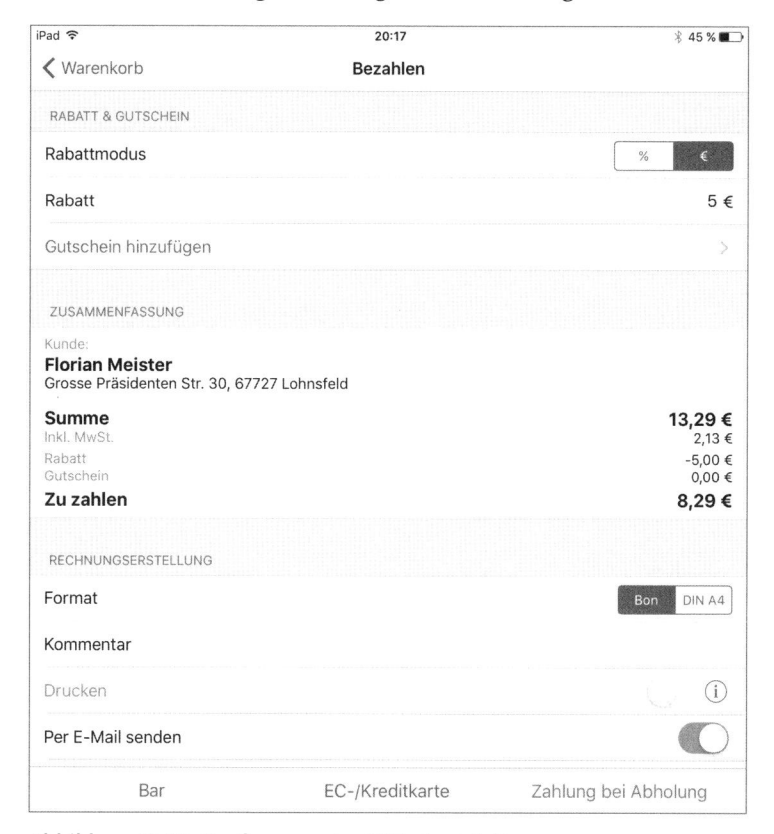

Abbildung 16.16 Kaufvorgang im POS abschließen

16 Ladenlokal und Onlineshop vereinen mit POS

Zusätzlich können Sie auch einen Kaufvorgang unterbrechen und einen anderen Kunden vorziehen. Diese Funktion heißt BON PARKEN und Sie finden diese im Zahnrad-Menü oben links in der App. Dadurch können Sie weitere Kunden bedienen, bis Sie den geparkten BON ZURÜCKHOLEN. Die gleichlautende Funktion in der POS-App finden Sie ebenfalls im Zahnrad-Menü. Aber nicht nur der Verkauf ist durch das POS möglich.

16.3.2 Retouren offline abwickeln

Neben dem Verkauf in einem stationären Ladengeschäft ist für Sie auch die Retourenabwicklung möglich. Dabei ist es unerheblich, ob die Ware im Laden oder im Onlineshop gekauft wurde.

Auch hier ist wieder eine Zuordnung zu einem Kunden möglich. Das Prinzip ist dabei grundsätzlich das gleiche: bei Bestandskunden das Kundenprofil auswählen, Produkt und Stückzahl auswählen und die Retoure abschließen.

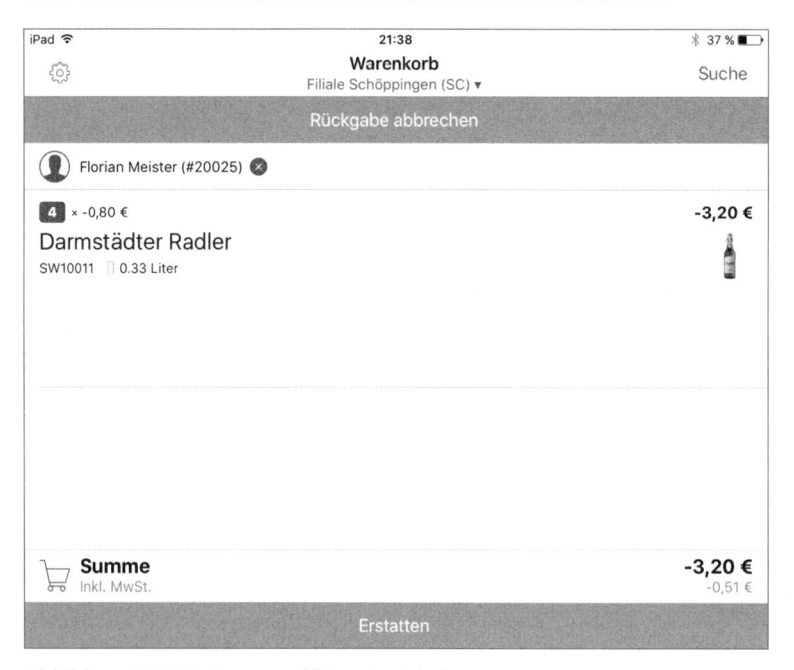

Abbildung 16.17 Retouren offline abwickeln

Sobald Sie alle Artikel gescannt haben, die der Kunde zurückgeben möchte, gehen Sie einen Schritt weiter über den Button ERSTATTEN. Diese Ansicht ist ähnlich aufgebaut wie die im Kaufprozess. Nur dass dort die zu erstattende Summe hinterlegt ist, und Sie die Möglichkeit haben, die Ware direkt wieder einzulagern. Damit stünde Sie dem nächsten Kunden wieder zur Verfügung. Auch hier können Sie auswählen, ob ein entsprechender Beleg per E-Mail an den Kunden verschickt wird. Die Auszahlung erfolgt schließlich in bar.

16.3.3 Online bestellen, offline abholen – mit Click & Collect

Inzwischen bieten viele Händler das Modell Click & Collect an. Dabei kauft und bezahlt ein Kunde online seine Ware und lässt sich diese in eine bestimmte Filiale liefern. Oftmals kaufen Kunden vor Ort ebenfalls weitere Ware, sodass dies für viele Händler ein erfolgreiches Modell ist. Natürlich können Sie dies auch mit Shopware und dem POS abbilden.

Dazu definieren Sie in der Plugin-Konfiguration, bei welchen angelegten Versandarten Click & Collect greifen soll.

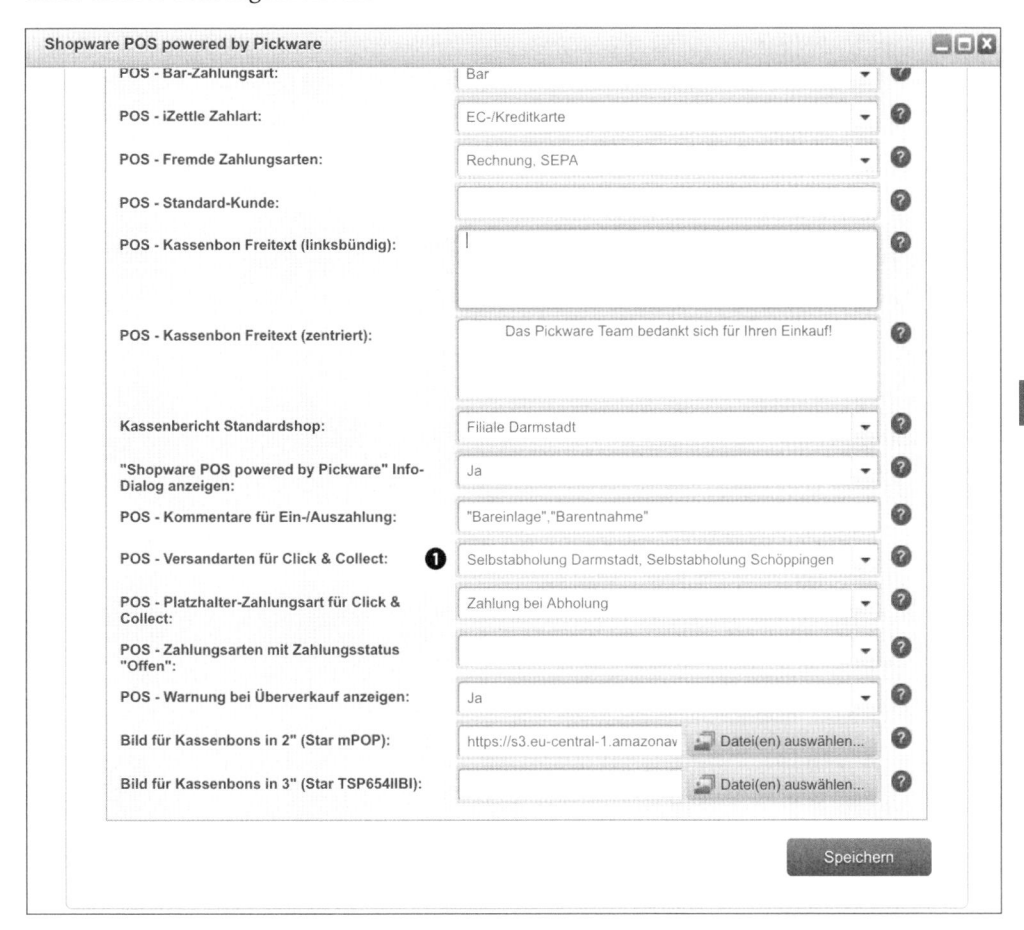

Abbildung 16.18 Konfiguration Click & Collect

Unter dem Konfigurationspunkt POS – VERSANDARTEN FÜR CLICK & COLLECT ❶ wählen Sie entsprechend alle Versandarten aus, die Sie dafür freischalten möchten.

Sobald ein Kunde sich für eine der hinterlegten Versandarten entschieden hat, laufen diese automatisch in einen separaten Menüpunkt der POS-App. Dadurch sehen Sie alle Abholwünsche in einer Liste und wählen den entsprechenden Kunden, der nun seine Ware abholen möchte, aus.

In der POS-App finden Sie diese im linken Zahnradmenü unter dem Punkt ABHOLUNG.

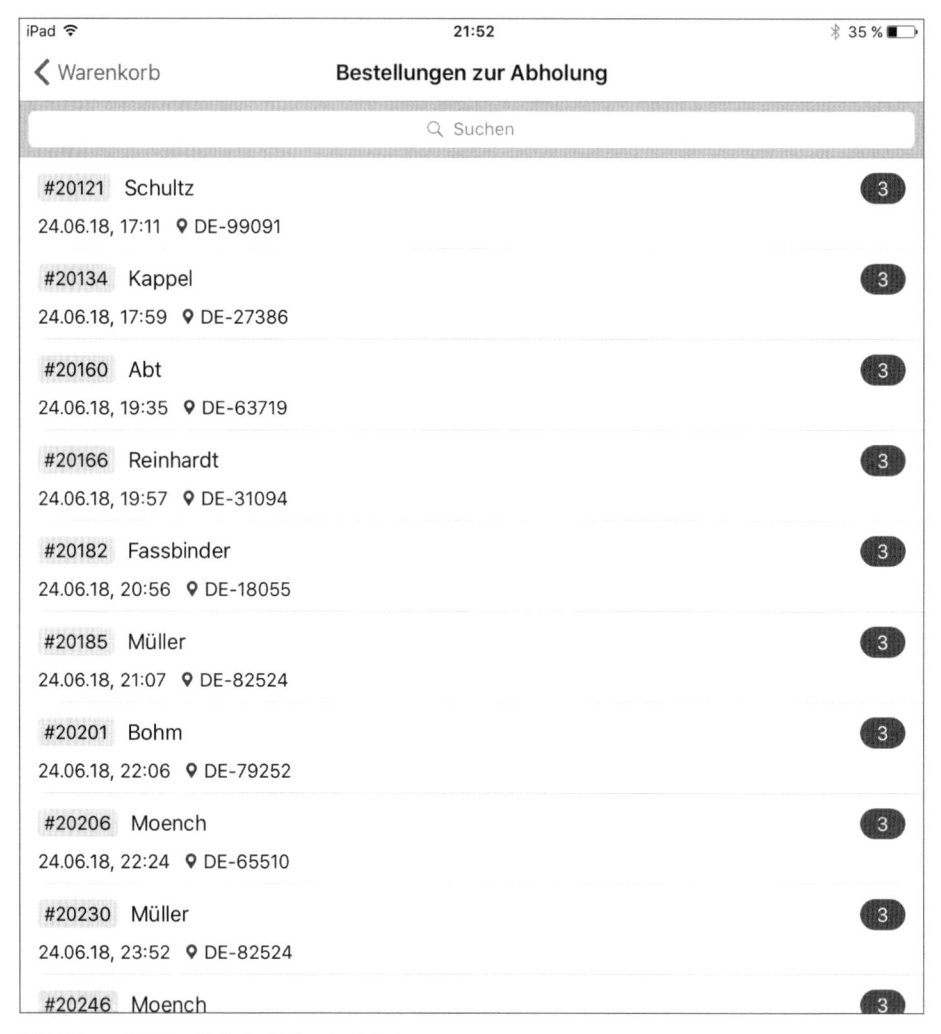

Abbildung 16.19 Click-&-Collect-Abholungen

Mit diesem Klick erhalten Sie alle offenen Abholaufträge Ihrer Kunden. Wählen Sie entsprechend einen Kunden aus, erhalten Sie eine Übersicht seiner erworbenen Artikel und können auch den Zahlungsstatus einsehen.

Ist die Bestellung also bereits bezahlt, können Sie dem Kunden die Ware aushändigen und anschließend mit einem Klick auf den Button ALS AUSGELIEFERT MARKIEREN abschließen.

16.4   Täglicher Kassenabschluss und Statistiken

Sobald Ihre Kunden bedient sind und ein weiterer Tag sich dem Ende entgegenneigt, beginnt das große Zählen. Täglich muss der Kassenstand aktualisiert werden. Natürlich erleichtert Ihnen Pickware auch diese tägliche Praxis.

Dazu klickt der entsprechende Mitarbeiter in der POS-App wieder auf das Zahnrad-Symbol in der linken Ecke und wählt im aufklappenden Menü *Kassenabschluss* aus.

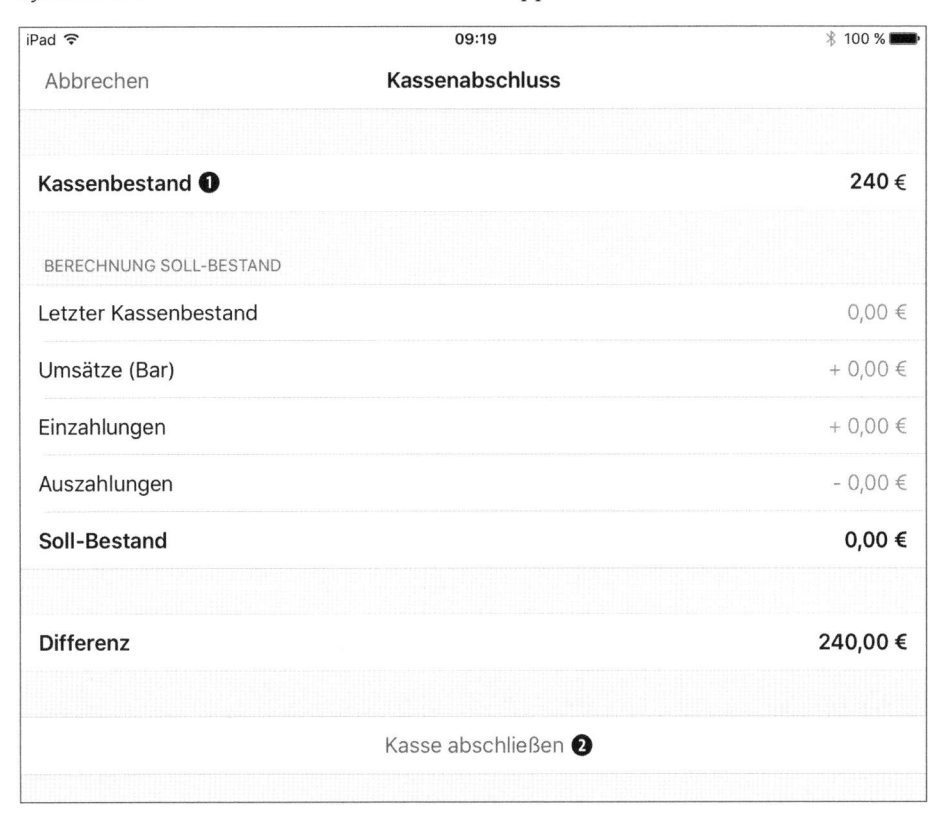

iPad 🛜	09:19	✳ 100 % 🔋
Abbrechen	**Kassenabschluss**	
Kassenbestand ❶		240 €
BERECHNUNG SOLL-BESTAND		
Letzter Kassenbestand		0,00 €
Umsätze (Bar)		+ 0,00 €
Einzahlungen		+ 0,00 €
Auszahlungen		- 0,00 €
Soll-Bestand		0,00 €
Differenz		240,00 €
	Kasse abschließen ❷	

Abbildung 16.20 Kassenabschluss in der POS-App

Dort tragen Sie in der ersten Zeile den KASSENBESTAND ❶ zum Verkaufsende des Tages ein. Mit einem Klick auf den Button KASSE ABSCHLIESSEN ❷ werden die Daten an das Shopware Backend übertragen. Dort können Sie die Tagesberichte unter KUNDEN • KASSENBERICHT einsehen.

Die aktuellen, also noch nicht abgeschlossenen Tage, können direkt im Reiter OFFEN eingesehen werden. Das heißt also, Sie können live verfolgen, was in den einzelnen Läden verkauft wird. Dort aufgeführt sind die Umsätze, eine Differenzierung der Umsätze je nach Mehrwertsteuersatz und welche Ein- und Auszahlungen getätigt wurden. Außerdem können Sie jeden einzelnen Kaufvorgang aus einem Ladenlokal aufrufen. Dazu werden die Verkäufe in einer Tabelle aufgelistet und deren Brutto- und Nettowert dargestellt. Mit einem Klick können Sie über ein Icon die konkrete Bestellung öffnen.

Einzelne, abgeschlossene Tagesberichte rufen Sie über den Reiter ABGESCHLOSSEN auf. Dort finden Sie eine Tabelle mit den abgeschlossenen Kassenberichten, an welchem Tag und in welcher Filiale diese erstellt wurden. Die Details öffnen Sie über das Lupen-Symbol.

Abbildung 16.21 Abgeschlossener Tagesbericht

Auch dort finden Sie die Informationen, die Sie im offenen Tagesbericht einsehen können: den Kassenbestand am Ende des Tages, die Umsätze gesamt und sortiert nach Mehrwertsteuersatz sowie alle getätigten Verkäufe.

Außerdem lohnt sich ein Blick in die Statistiken. Öffnen Sie dazu MARKETING • AUSWERTUNGEN • AUSWERTUNGEN. Im etwa letzten Drittel der Auswahlliste finden Sie die Auswahl KASSENUMSÄTZE und KASSENUMSÄTZE NACH MITARBEITER.

In den Kassenumsätzen können Sie bequem nach einzelnen Filialen, einer Zeitspanne und sogar noch konkreten Kassen filtern. Dadurch erhalten Sie einen Überblick, welche Zahlungsarten, gekoppelt an den Mehrwertsteuersätzen, bei Ihren Offlinekunden beliebt sind und in welcher Höhe diese ausfallen. Zusätzlich zum Bruttoumsatz finden Sie dort entsprechend auch den Nettoumsatz sowie einen ausgewiesenen Eurobetrag der Mehrwertsteuer.

Um die Effektivität Ihrer Mitarbeiter zu untersuchen oder auch um firmeninterne Leistungsanreize (Incentives) auszuschreiben, ist die Auswertung *Kassenumsätze nach Mitarbeiter* interessant.

Diese Auswertung ist ebenfalls filterbar nach dem betreffenden Ladenlokal, einem Zeitraum und auch der zugeordneten Kasse. Nach der Eingrenzung finden Sie an der Stelle den Namen der Mitarbeiter, die Arbeitstage in dem angegebenen Zeitraum, die Anzahl der verkauften Güter und Transaktionen sowie den Umsatz in brutto und netto. Vor allem finden Sie dort den Anteil der einzelnen Mitarbeiter am Gesamtumsatz. Sollten Sie also tatsächlich Leistungsanreize oder Umsatzprovisionen ausschütten, können Sie in dieser Tabelle schnell herausfinden, welchen Ihrer Mitarbeiter Sie belohnen können.

Kapitel 17
Mehr Umsatz erzeugen

In Kapitel 11 habe ich Ihnen die Möglichkeiten gezeigt, für Ihren Shop zu werben und diesen bekannt zu machen. Nun ist einmaliger Umsatz mit einem Kunden leider nicht das, was Sie sich wünschen. In diesem Kapitel lesen Sie, wie Sie mehr Umsatz pro Kunde erwirtschaften.

Es gibt viele Stellschrauben, mit denen Sie Ihre Kunden zufriedenstellen können und gleichzeitig mehr Umsatz mit diesen machen. Im nachfolgenden Kapitel erfahren Sie, wie Sie dies mit Shopware realisieren.

17.1 Mit Varianten mehr Umsatz

Artikel sind in einem Onlineshop das Wichtigste überhaupt, auch wenn es viele wichtige Stellschrauben gibt. Nur: Je mehr Produkte Sie verfügbar haben, desto mehr können Sie potenziell auch verkaufen. Leichte Abwandlungen, wie eine andere Farbe oder Größe eines Produktes sollten allerdings nicht als separates Produkt verkauft werden. Denn wenn ein Kunde sich für ein Produkt interessiert, es aber vielleicht in der falschen Farbe geöffnet hat, wäre es äußerst ärgerlich für den Kunden, wenn er wegen seiner Wunschfarbe weiter durch die Kategorie suchen müsste. Besser ist es, wenn Sie alle verfügbaren Farben in einem Artikel bündeln und diese gezielt dort anbieten. Dadurch hat der Kunde schneller sein Wunschprodukt, ist dank des schnellen Prozesses zufrieden und die Wiederkaufwahrscheinlichkeit steigt.

Gleiches gilt übrigens auch für Zubehörartikel, auch diese können Sie über eine Variante anbieten, und damit sogar den Warenkorb erhöhen. Das Anlegen von Varianten habe ich bereits in Kapitel 7 thematisiert. Daher kürze ich an dieser Stelle etwas ab. Mit diesem Beispiel möchte ich einen Zubehörartikel mit verkaufen. Dies ist über mehrere Wege möglich, unter anderem Cross-Selling, welches in Abschnitt 17.4 thematisiert wird. Bekanntlich führen aber viele Wege nach Rom, so auch mit Shopware.

Der Grund, warum ich einen Zubehörartikel als Variante anlege, ist, dass der Kunde die Zubehörartikel schon auf den ersten Blick auf der Artikeldetailseite sehen soll.

Zunächst wähle ich also einen Artikel, für den Zubehörartikel verkauft werden sollen. In diesem Fall ist es *Feinstes IKARIMI-Lachsfilet*, ein Artikel aus den Shopware-Demodaten. Zunächst definiere ich diesen Artikel als Varianten-Artikel und kann nun neue Varianten anlegen, wie in Abbildung 17.1 zu sehen ist.

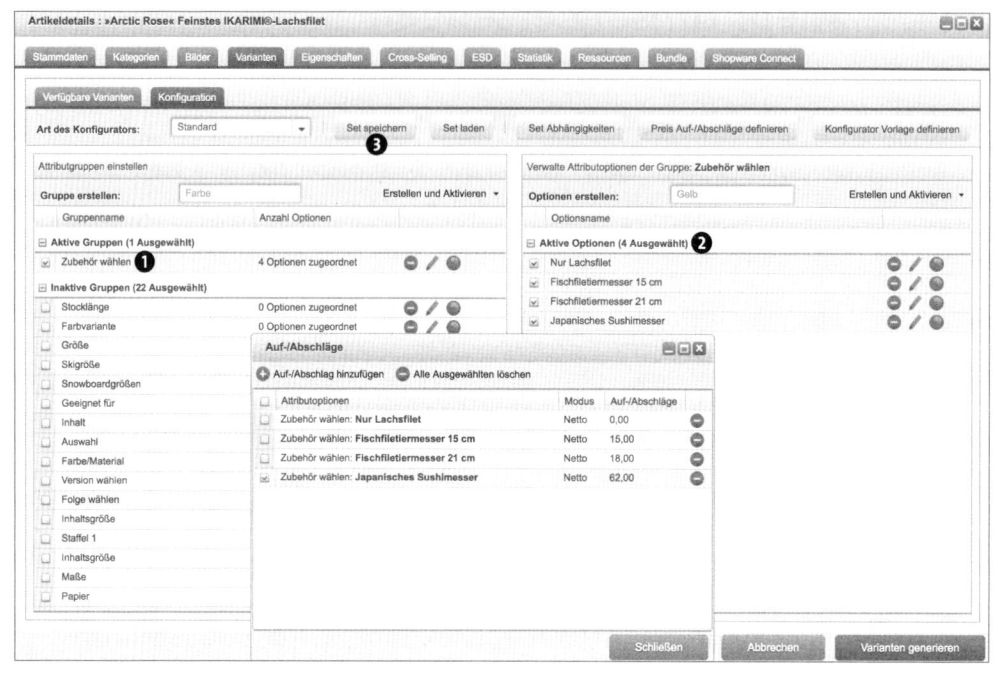

Abbildung 17.1 Zubehörartikel als Variante anlegen

Die Varianten-GRUPPE ❶ benenne ich mit *Zubehör wählen*, da dies eine direkte Handlungsaufforderung ist, und aktiviere diese. Nun erstelle ich dazu vier Optionen ❷, die der Gruppe zugeordnet sind.

Dieses Varianten-Set kann und soll später bei weiteren Fisch-Artikeln zum Einsatz kommen. Daher hinterlege ich die einzelnen Aufschläge zu jedem Artikel, wie Sie es in Abbildung 17.1 sehen. Wenn schließlich das Set gespeichert wird ❸, um es bei anderen Artikeln zu verwenden, werden direkt die korrekten Verkaufspreise geladen. Somit sparen Sie sich enorm viel Arbeit und müssen die immer gleichen Artikel nicht wieder und wieder als Variante anlegen. Um die Varianten nun anzulegen, klicken Sie auf VARIANTEN GENERIEREN. Diesen Prozess kennen Sie bereits aus Kapitel 7.

Nachdem die Varianten generiert sind, wechselt Shopware automatisch in den Reiter VERFÜGBARE VARIANTEN. Dort sehen Sie nun den Hauptartikel samt der verfügbaren Zubehörartikel.

Optimal ist es nun, wenn Sie den einzelnen Varianten noch Bilder hinzufügen, damit sich die Varianten auch optisch voneinander abheben. Schließlich ist eine Dropdown-Liste nicht sonderlich ansprechend.

Abbildung 17.2 Varianten-Auswahl über Bilder, Bild: pexels.com

Dadurch wird die Varianten-Auswahl natürlich stark vereinfacht und von den Bildern unterstützt. Ein Nachteil gegenüber dem Cross-Selling, wie Shopware es ebenfalls anbietet (wird in Abschnitt 17.4 behandelt), ist durch die Bilderauswahl aufgehoben.

Da die Bilder allerdings nur rund 100 Pixel lang sind, muss aus den Bildern klar ersichtlich sein, worum es sich dabei handelt. In diesem Beispiel sollte also klar lesbar sein, dass es sich um zusätzliche Artikel handelt, die der Kunde bestellt.

Dieses Beispiel war etwas außergewöhnlich und sollte Ihnen die Möglichkeiten der Varianten aufzeigen. Oftmals sind Varianten schlichter gehalten und bieten lediglich Farben oder Größen als Auswahl. Nach der gleichen Logik wie hier beschrieben, können Sie auch einfachere Varianten anlegen.

17.2   Bundles erfolgreich verkaufen

Das Zusammenführen von Artikeln ist eine tolle Möglichkeit, Ihre Besucher auf zusätzliche Artikel aufmerksam zu machen, an die diese im Vorfeld möglicherweise gar nicht gedacht haben. Und damit die Hemmschwelle für einen Kauf sinkt, können Sie sogar Rabatte für das gesamte Bundle hinterlegen.

Mit Bundle werden Sie ein Shopware Premium Plugin einrichten und Ihre Abverkaufsraten erhöhen. Der Installationsprozess läuft dabei wie immer über den Plugin Manager.

17.2.1 Das Plugin Bundle grundsätzlich konfigurieren

Es gibt vier allgemeine Möglichkeiten, wie Sie das Plugin konfigurieren können. Dabei handelt es sich um globale Einstellungen, die für alle Bundles gelten und nicht artikelbezogen sind. Die Konfiguration finden Sie in den GRUNDEINSTELLUNGEN unter den WEITEREN EINSTELLUNGEN ❶.

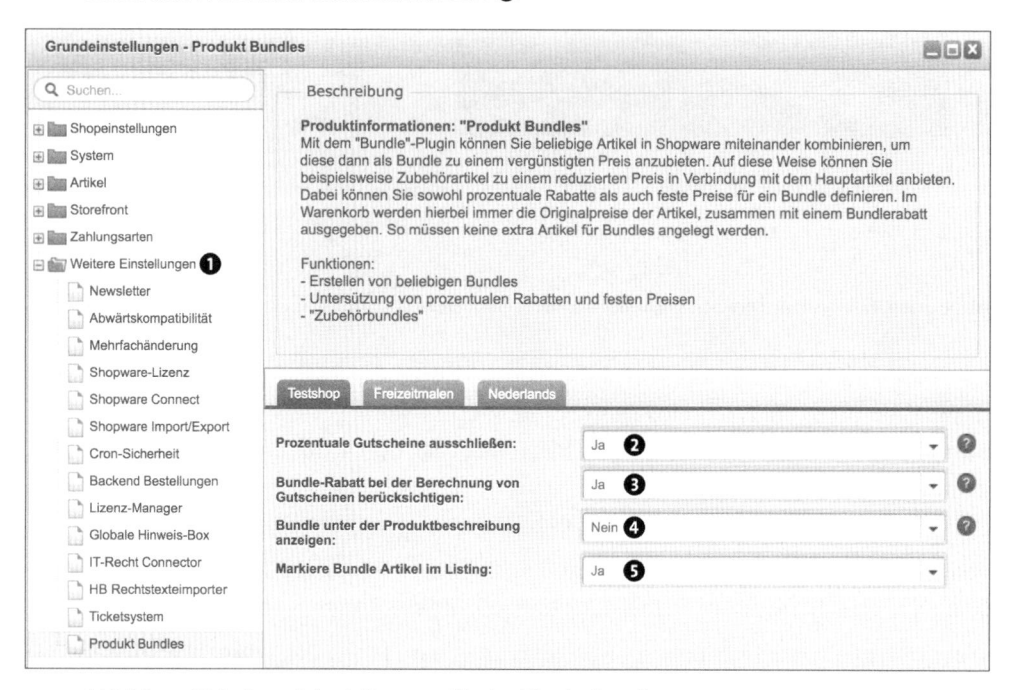

Abbildung 17.3 Grundeinstellungen für das Plugin Bundle

Die Konfiguration bezieht sich hierbei maßgeblich auf die Betrachtung von weiteren Rabatten durch Gutscheine oder der Darstellung von Bundles im Shop.

Es ist möglich, PROZENTUALE GUTSCHEINE ❷ beim Kauf von Bundles zu unterbinden. Das heißt: Liegt ein Bundle-Artikel im Warenkorb, kann kein prozentualer Gutschein angewendet werden. Sollte der Kunde weiterhin einen Gutschein einsetzen wollen, müsste dieser einen Gutschein mit absolutem Rabatt einsetzen.

Zusätzlich ist in diesem Beispiel eingestellt, dass der Kunde keine zwei Rabatte erhalten kann. Dies wird realisiert durch die aktivierte Option BUNDLE-RABATT BEI DER BERECHNUNG VON GUTSCHEINEN BERÜCKSICHTIGEN ❸. Dadurch wird der Gutscheinwert nur vom Bundle-Wert abgezogen und nicht von den Einzelpreisen der Artikel. Die weiteren Optionen beziehen sich auf die Darstellung im Shop. Das Bundle kann unterhalb der Produktbeschreibung auf der Detailseite angezeigt werden, hier ist diese Möglichkeit deaktiviert ❹. In diesem Fall wird dem Kunden das Bundle direkt unterhalb der Bildergalerie und über der eigentlichen Produktbeschreibung angezeigt.

17.2 Bundles erfolgreich verkaufen

Zuletzt haben Sie die Option, Bundle-Artikeln in der Kategorieansicht ein Badge zu verpassen, mit diesem werden die Kunden auf die potenziellen Sparmöglichkeiten aufmerksam gemacht. In Abbildung 17.3 habe ich dies aktiviert ❺.

17.2.2 Bundles anlegen

In diesem Beispiel lege ich ein Bundle an, das einen hochwertigen Lachs, einen Lagerkorn Bordeaux sowie ein tolles Öl zum Kochen beinhaltet. All diese Artikel sind Demodaten von Shopware.

Zunächst öffne ich einen beliebigen der drei Artikel und klicke auf den Reiter BUNDLE ❶.

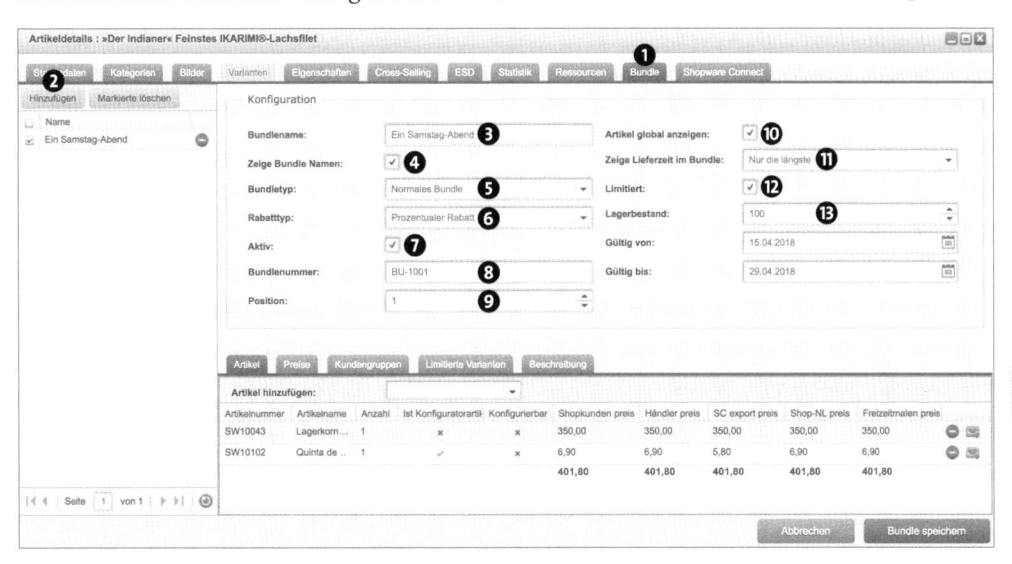

Abbildung 17.4 Bundle-Artikel angelegt

Um ein neues Bundle anzulegen, klicken Sie zunächst auf HINZUFÜGEN ❷. Direkt öffnet sich die Konfiguration für diesen Artikel, und Sie können die allgemeinen Vorgaben für dieses Bundle einstellen.

Zunächst vergeben Sie einen Namen für das Bundle ❸, welcher optional auch im Shop angezeigt werden kann ❹. Als Nächstes wählen Sie aus zwei BUNDLETYPEN ❺ aus. Entweder geben Sie das Bundle vor, so wie in Abbildung 17.4 zu sehen ist (NORMALES BUNDLE), oder die Kunden können auch einzelne Bestandteile des Bundles abwählen. Dann wäre es ein selektierbares Bundle.

Im nächsten Schritt wählen Sie den RABATTTYP ❻ aus. Wie Sie es bereits von den Gutscheinen kennen, ist hier ein absoluter Rabatt in festen Eurobeträgen oder eben ein prozentualer Rabatt möglich. Für dieses Beispiel habe ich einen prozentualen Rabatt von 10 % eingestellt. Weiter in der Konfiguration sollten Sie das Bundle auch aktivieren ❼ und eine BUNDLENUMMER ❽ vergeben. Diese Nummer gilt als Artikelnummer für den Rabatt und wird im Warenkorb angezeigt. Tragen Sie danach unter POSITION ❾ eine aufsteigende Ziffer ein, sofern Sie für einen Artikel mehr als ein Bundle anlegen. Die verschiedenen Bundles werden dann nach Ihrer Vorgabe auf der Artikelseite sortiert.

Die nächste Checkbox, ARTIKEL GLOBAL ANZEIGEN ❿, ist enorm wichtig. Damit wird das Bundle auf allen im Bundle eingebundenen Artikeln angezeigt und nicht nur in dem Artikel, den Sie derzeit bearbeiten. Ich finde dies sehr wichtig, da der Erfolg eines solchen Bundles natürlich stark mit der Sichtbarkeit steigt. Je häufiger Ihre Kunden damit in Berührung kommen, desto eher wird das Bundle auch gekauft.

Danach entscheiden Sie, welche Lieferzeit angezeigt werden soll ⓫. Sie können wählen aus:

- für jeden Artikel einzeln
- nur die längste, wie Sie es auch in Abbildung 17.4 sehen
- nur die längste und für jeden Artikel einzeln
- keine Anzeige

Die Anzeige der Lieferzeit ist für die Kunden ein wichtiger Indikator und hat direkten Einfluss auf die Kaufabsicht. Daher ist es generell sinnvoll, eine Lieferzeit anzuzeigen. In diesem Beispiel habe ich mich für die längste Lieferzeit entschieden, da ich davon ausgehe, dass alle Bundle-Artikel gemeinsam verschickt werden. Dadurch muss ich von der längst möglichen Lieferzeit ausgehen, damit die Kunden nicht irritiert sind und immer mit dieser langen Lieferzeit rechnen können.

Mit der Checkbox LIMITIERT ⓬ stellen Sie ein, dass ein Bundle nur angezeigt wird, wenn alle betreffenden Artikel einen positiven Lagerbestand haben und damit auch verkauft werden können. Auch dies erachte ich als sehr wichtig, da nichts ärgerlicher ist, als eine Lieferverschiebung aufgrund von nicht im Lager vorhandenen Bundle-Bestandteilen.

Wenn Sie das Bundle eingrenzen, und damit etwas exklusiver machen möchten, können Sie einen LAGERBESTAND ⓭ hinterlegen. Sobald die Anzahl verkauft ist, wird das Bundle automatisch deaktiviert. Das bedingt natürlich auch, dass die einzelnen Artikel bereits einen höheren Lagerbestand haben, als Sie in dem Bundle-Lagerbestand angegeben haben. Andernfalls ist das Bundle bereits vorher nicht mehr zu erwerben.

Zuletzt können Sie den Zeitraum einstellen, in dem das Bundle aktiv sein und verkauft werden soll. Hier wähle ich einen Zeitraum von zwei Wochen.

Die weiteren Einstellungen erfolgen in den darunter liegenden Reitern, auf die ich mich in den nächsten Abschnitten beziehe.

17.2.3 Artikel für ein Bundle hinterlegen

Nachdem Sie einen Artikel ausgewählt haben, für den Sie ein Bundle anlegen möchten, ist es natürlich auch notwendig, die weiteren Bundle-Artikel anzugeben. Im Reiter ARTIKEL hinterlegen Sie diese entsprechend.

Tragen Sie die Artikelbezeichnung oder die Artikelnummer in das Feld ARTIKEL HINZUFÜGEN ein. Möchten Sie nur eine spezielle Variante eines Artikels auswählen, können Sie dies ebenfalls tun. Shopware schlägt dazu die verfügbaren Varianten eines Artikels vor.

Wenn Sie einen Varianten-Artikel hinterlegen, haben Sie zwei Möglichkeiten: Entweder Sie geben die Variante vor, die Ihre Kunden mit dem Bundle erwerben können, oder – und das ist sicherlich die charmantere Variante – die Kunden können sich die Variante selbst auswählen.

Für den Fall, dass Sie Letzteres bevorzugen, aktivieren Sie die Checkbox in der Spalte KONFIGURIERBAR. Zudem sehen Sie in diesem Reiter auch die Preise des Artikels für die einzelnen Kundengruppen.

17.2.4 Preise und Kundengruppen für das Bundle festlegen

Weiter geht es im Reiter PREISE. Dort wählen Sie zunächst die entsprechende Kundengruppe aus, für die das Bundle freigeschaltet werden soll, und tragen in die Spalte RABATT den entsprechenden Wert ein. In dieser Tabelle sehen Sie auch, was die Einzelartikel in Summe kosten werden und für welchen rabattierten Wert Sie diese als Bundle verkaufen.

Abbildung 17.5 Preise und Rabatte für ein Bundle

In diesem Beispiel, welches Sie in Abbildung 17.5 sehen, habe ich nur für Shopkunden, also nicht für Händler, einen Rabatt von 10 % angelegt. Damit reduziert sich der Einzelpreis aller Artikel von 401,80 Euro auf 361,62 Euro brutto.

Sie können hierzu für jede Kundengruppe einen individuellen Bundle-Rabatt hinterlegen.

Haben Sie in der Bundle-Konfiguration hinterlegt, dass Sie einen absoluten Rabatt anbieten, legen Sie hier auch den Rabatt in Eurowerten fest, also z. B. 10 Euro.

Im Reiter KUNDENGRUPPEN wählen Sie aus der Drop-down-Liste die entsprechende Kundengruppe aus, für die das Bundle frei geschaltet werden soll. Damit können Sie gezielt steuern, dass Ihre Bundles auch z. B. nur von Endkunden gekauft werden können.

17.2.5 Varianten eingrenzen

Falls Ihr ausgewählter Artikel, zu dem Sie ein Bundle anlegen, ein Varianten-Artikel ist, können Sie die Anwendung eines Bundles auch auf eine einzelne Variante des Artikels beschränken.

Gehen Sie dazu auf den Reiter LIMITIERTE VARIANTEN. Im Feld VARIANTE HINZUFÜGEN sehen Sie nun die Auswahl aller Varianten des Artikels, für den Sie aktuell das Bundle anlegen. Aus dieser Liste können Sie eine oder mehrere Varianten auswählen.

Danach wird das Bundle nur noch angezeigt, wenn ein Kunde die betreffende Variante auswählt.

17.2.6 Bundle beschreiben

Auch ein Bundle ist kein Selbstläufer. Trotz des Rabattes, den Sie einräumen, müssen Sie den Besuchern dennoch Lust auf das Bundle machen und von den Vorteilen überzeugen, die damit einhergehen.

Abbildung 17.6 Beschreibung für ein Bundle

Eine BESCHREIBUNG hinterlegen Sie im gleichnamigen Reiter. Dort finden Sie den bekannten Editor vor, mit dem Sie die Beschreibung auch optisch aufwerten können. Videos, Bilder und Weiteres sind damit auch möglich.

Nach dem Speichern ist die Beschreibung des Bundles im Shop zu sehen. Sie leitet die Bundle-Artikel ein, wie Sie in Abbildung 17.6 sehen können.

Mit diesen Schritten haben Sie einen Bundle-Artikel angelegt und können sofort mit dem Verkauf loslegen. Es wird sich lohnen, immerhin unterstützen Sie Ihre Kunden dabei, weitere tolle Artikel zu entdecken und den Kauf so einfach wie möglich zu machen – mit nur einem Klick.

17.3 Sale-Aktionen planen und vermarkten

Wie auch in der Offline-Welt werden Rabatt-Aktionen von den Kunden meist belohnt. Ein Umsatzplus ist damit oft leicht zu erzielen, allerdings leidet darunter natürlich der Gewinn. Und man sollte vorsichtig mit solchen Aktionen sein, schließlich kann man damit seine eigenen Kunden falsch erziehen. Zu oft angewendet warten die Kunden quasi schon auf die nächste Sale-Aktion und kaufen daher nicht mehr zu den regulären Preisen. Vorsicht ist also angebracht. Trotz dieser Gefahr sind gezielte Verkaufsaktionen sinnvoll. Etwa bei einem Sortimentswechsel oder bei der allgemeinen Rabatt-Stimmung vor Weihnachten.

17.3.1 Liveshopping mit Shopware

Liveshopping kennen Sie wahrscheinlich aus verschiedenen Homeshopping-TV-Kanälen. Das Prinzip ist dabei relativ simpel: Sie bieten einen Artikel zeitlich begrenzt für einen attraktiven Preis an. Durch den Countdown baut sich beim Kunden ein enormer Verkaufsdruck auf, dem oftmals nachgegeben wird. Mit diesem Premium Plugin, welches direkt von Shopware entwickelt wird, können Sie das auch in Ihrem Onlineshop umsetzen.

Es ist möglich, damit einen zeitlich begrenzten Rabatt zu gewähren, welcher auch mit einem Countdown versehen wird. Außerdem können Sie einen Rabatt oder Aufpreis pro Minute einstellen.

Zunächst installieren und aktivieren Sie das Plugin wie gewohnt und bekannt über den Plugin Manager. Nachdem Sie das Backend neu geladen haben, finden Sie die LIVESHOPPING-INTEGRATION als weiteren Reiter in den Artikeln. Im folgenden Beispiel werde ich eine Liveshopping-Aktion planen, bei der in jeder Minute der Preis des Produktes steigt. Dies soll – neben dem Countdown –zusätzlichen Druck beim Kunden erzeugen.

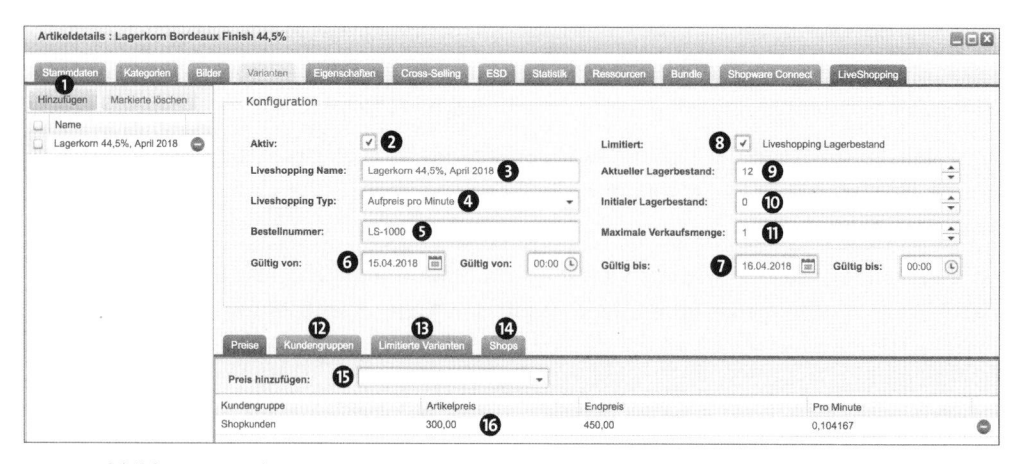

Abbildung 17.7 Planung einer Liveshopping-Aktion

Um eine neue Liveshopping-Aktion zu planen, klicken Sie auf HINZUFÜGEN ❶. Damit öffnet sich die Konfiguration. Die Aktion ist bereits aktiviert ❷. Falls Sie dies nicht wünschen, deaktivieren Sie die Checkbox. Vergeben Sie danach einen LIVESHOPPING-NAMEN ❸. Dieser wird allerdings nur intern verwendet und ist dem Kunden nicht zugänglich. Im nächsten Schritt wählen Sie den LIVESHOPPING-TYP ❹. Wie bereits erwähnt, können Sie hier wählen aus:

- Standard: reduzierter Preis für einen bestimmten Zeitraum
- Rabatt pro Minute
- Aufpreis pro Minute

In diesem Beispiel habe ich den Aufpreis pro Minute gewählt. Shopware errechnet damit automatisch den Steigerungswert pro Minute, welcher aus dem Anfangspreis, dem Endpreis und der Dauer der Aktion berechnet wird.

Auf der Produktseite ist außerdem zu sehen, dass der Preis jede Minute um 0,10 Euro steigt. Sollte sich der Kunde also eine Weile auf der Seite aufhalten, wird dieser mitbekommen, dass er besser sofort als später zuschlägt.

Mit der BESTELLNUMMER ❺ definieren Sie die Artikelnummer der Aktion, welche im Warenkorb angezeigt wird.

Da Liveshopping immer eine zeitlich begrenzte Aktion ist, müssen Sie in der Konfiguration auch ein Startdatum ❻ und ein Enddatum ❼ samt der Uhrzeit angeben. Des Weiteren ist es möglich, dass die verkaufbare Stückzahl innerhalb der Liveshopping-Aktion begrenzt wird. Aktivieren Sie also zunächst die Checkbox LIMITIERT ❽, und tragen Sie im Feld AKTUELLER LAGERBESTAND ❾ die zur Verfügung stehende Menge ein. Zusätzlich können Sie einen Pseudobestand festlegen, welcher unter INITIALER LAGERBESTAND ❿ eingetragen wird. Im nächsten Feld tragen Sie die MAXIMALE VER-

17.3 Sale-Aktionen planen und vermarkten

KAUFSMENGE ⓫ ein, die ein Kunde mit einer Bestellung erwerben kann. In dem Beispiel aus Abbildung 17.7 könnte ein Kunde maximal 10 Artikel in einer Bestellung kaufen.

Als Nächstes hinterlegen Sie die Preise. Der korrekte Reiter ist dafür bereits geöffnet. Wählen Sie zunächst eine betreffende Kundengruppe aus, für die Sie die Preise hinterlegen möchten. Diese wählen Sie auf der Drop-down-Liste unter PREIS HINZUFÜGEN ⓯ aus. Für die Shopkunden wurde in diesem Beispiel ein Anfangsbetrag von 300 Euro berechnet ⓰. Dies ist der Betrag, welcher in der ersten Minute der Aktion galt. In jeder weiteren Minute steigt der Preis um 0,10 Euro, sodass der finale Preis am Ende der Aktion auf 450 Euro gestiegen ist.

Im Reiter KUNDENGRUPPEN ⓬ legen Sie die Kundengruppe fest, für den die Liveshopping-Aktion gelten soll. Eingeloggte Kunden, die anderen Kundengruppen zugeordnet sind, werden von der Aktion nichts zu sehen bekommen.

Wie bereits im Bundle-Plugin können Sie auch im Liveshopping die Aktion bei Varianten-Artikeln auf bestimmte Varianten begrenzen. Unter LIMITIERTE VARIANTEN ⓭ legen Sie die Variante(n) fest, für die diese Liveshopping-Aktion gelten soll. Und schließlich definieren Sie im Reiter SHOPS ⓮ noch, für welchen Ihrer verwalteten Shops diese Aktion freigeschaltet wird.

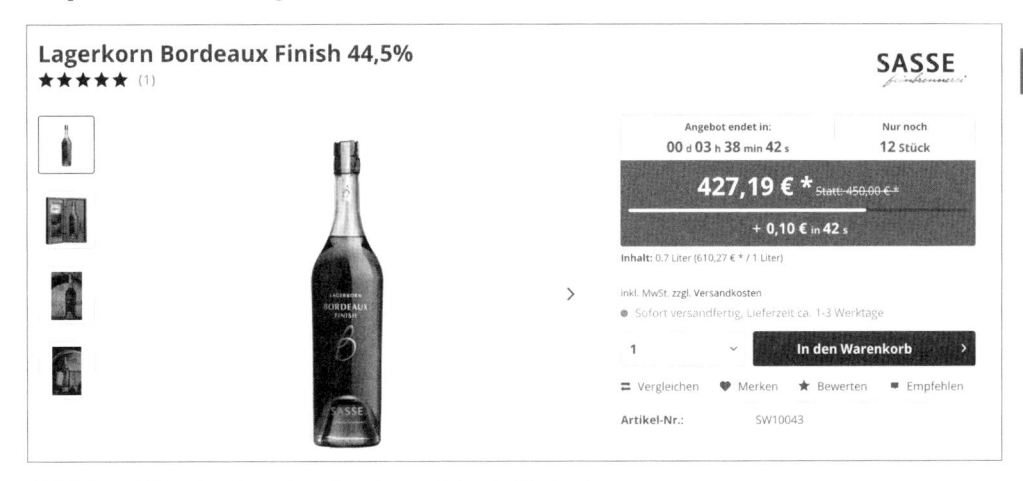

Abbildung 17.8 Liveshopping-Anzeige auf der Artikelseite

Mit einem Klick auf LIVESHOPPING SPEICHERN werden die gemachten Angaben gespeichert. Damit ist die Aktion geplant oder wird sofort gestartet, sofern das Beginn-Datum bereits abgelaufen ist.

Auf der Artikelseite wird das Liveshopping dargestellt wie in Abbildung 17.8. Haben Sie den Liveshopping-Typ Standard eingestellt, so wird KEIN AUFPREIS IN X SEKUNDEN angezeigt.

Mit dem Liveshopping-Plugin können Sie nun gezielt den Abverkauf von einzelnen Artikeln forcieren und auch schnelle Verkaufserfolge durch den sich aufbauenden Druck erzeugen.

17.3.2 Zeitgesteuerte Einkaufswelten

Wenn Sie auf zeitlich begrenzte, aber besondere Aktion hinweisen möchten, können Sie dafür eigene Einkaufswelten anlegen. Diese lassen sich nämlich auch zeitlich aussteuern. Und das Beste daran: Die zeitlich gesteuerte Einkaufswelt wird immer höher priorisiert als eine nicht-gesteuerte.

Das heißt: Sie haben zwei Einkaufswelten angelegt und jeweils an die erste Stelle sortiert. Dann sortiert Shopware diese beiden Einkaufswelten so, dass die zeitlich eingegrenzte Einkaufswelt oben steht und erst danach die reguläre Einkaufswelt angezeigt wird. Damit rückt die Sonderaktion immer in den Vordergrund, ohne dass Ihre ursprüngliche Einkaufswelt für den Zeitraum verloren geht. Auch diese Einstellungen legen Sie im Einkaufswelten-Designer fest.

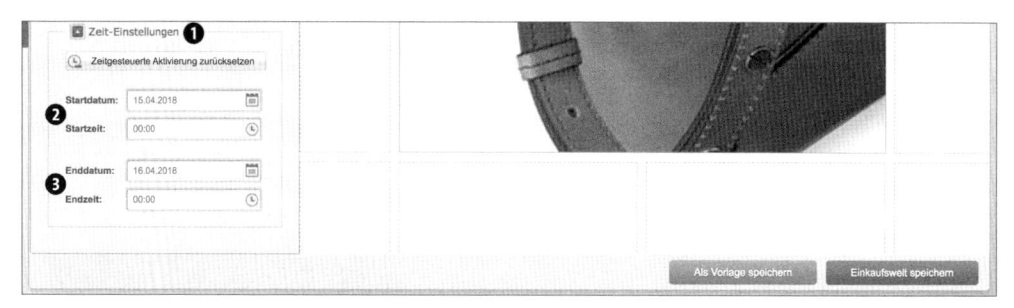

Abbildung 17.9 Einkaufswelt zeitlich begrenzen

Das Gute daran ist natürlich auch, dass Sie dadurch Aktionen vorplanen können.

Im Designer der Einkaufswelten finden Sie auf der linken Seite alle relevanten Einstellungsmöglichkeiten für die dort bearbeitete Einkaufswelt. Scrollen Sie herunter, finden Sie die ZEIT-EINSTELLUNGEN ❶.

Sie können entsprechend ein Startdatum samt Uhrzeit ❷ eingeben und auch direkt ein Enddatum und Uhrzeit ❸ angeben.

Es ist auch möglich, nur ein Startdatum oder nur ein Enddatum einzugeben. Damit ist es Ihnen möglich, nicht nur kurz laufende Aktionen zu planen, sondern auch längerfristige Einkaufswelten, wie z. B. bei einem Sortiments- oder Saisonwechsel, anzulegen und im Voraus zu planen.

17.4 Passende Cross-Selling- und Upselling-Möglichkeiten

Ein Kunde kauft einen Artikel – soweit, so bekannt. Das ist Ihr täglich Brot und damit kennen Sie sich bestens aus. Doch was wäre, wenn der Kunde anstatt eines Artikels gleich zwei oder drei kaufen würde oder direkt einen höherwertigen Artikel?

Dabei handelt es sich um klassisches Cross-Selling (Kauf von Komplementär-Artikeln) oder Upselling (Verkauf eines hochwertigeren Artikels anstatt des ursprünglichen Artikels). Diese Marketingmaßnahmen finden sich in fast jedem Shop – egal ob online oder offline.

17.4.1 Manuelles Cross- und Upselling

Den Prozess an dieser Stelle haben Sie bereits grob in Kapitel 7 gesehen. In den Artikeldetails gibt es einen Reiter namens CROSS-SELLING ❶. Hier können Sie entweder ähnliche Artikel oder Zubehörartikel manuell hinterlegen, welche anschließend auf der Produktseite des Artikels zu sehen sind. Beispielhaft werde ich hier einem Artikel alle höherwertigen Produkte aus der gleichen Kategorie zuweisen.

Der betreffende Artikel heißt Feinstes IKARIMI-Rückenfilet und ist ein Lachsfilet für 29,90 Euro. Im Shop gibt es weitere Lachs-Artikel, welche höherwertiger und damit auch teurer sind.

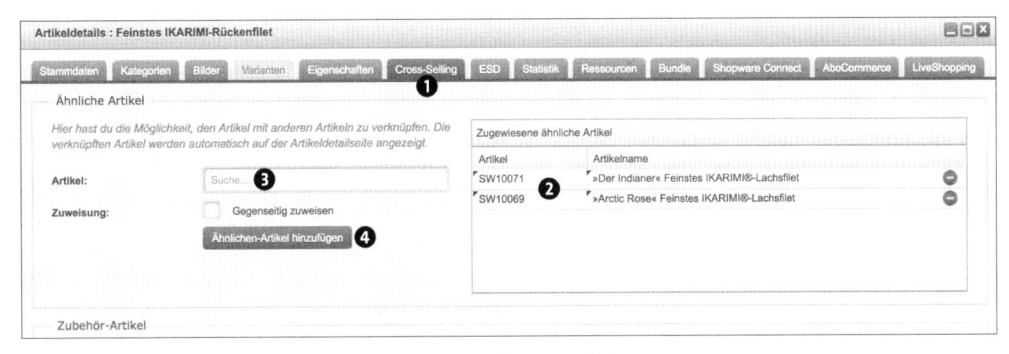

Abbildung 17.10 Manuelles Zuweisen von Upselling-Artikeln

Hierzu habe ich zwei Artikel hinzugefügt ❷. Diese Artikel können Sie durch die Artikelnummer oder den Artikelnamen in der Suche ❸ finden. Anschließend klicken Sie nur noch auf den Button ÄHNLICHEN-ARTIKEL HINZUFÜGEN ❹ oder ZUBEHÖRARTIKEL HINZUFÜGEN. Je nachdem, welche Art von Artikeln Sie zusätzlich anbieten möchten. Durch das manuelle Hinzufügen ist der Verwaltungsaufwand natürlich enorm und kann bei einer bestimmten Anzahl von Produkten schlicht unübersichtlich werden.

Auch darauf hat Shopware eine Antwort und ermöglicht es, automatisiert Produktempfehlungen auf der Produktseite auszusprechen.

17.4.2 Zeit sparen mit automatisierten Produktvorschlägen

Bei einer großen Anzahl von Produkten können Sie Cross-Selling-Artikel nicht mehr manuell zuweisen. Das frisst zu viel Zeit. Besser ist es da, die Cross-Selling-Artikel automatisch von Shopware bestimmen zu lassen. Shopware bewerten anhand von Kriterien wie den abgegebenen Bestellungen und den Impressionen eines Artikels, wie relevant dieser im Allgemeinen ist, und wird diesen dann entsprechend auch eigenständig als Cross-Selling-Artikel auswählen.

Zunächst legen Sie fest, wie viele Cross-Selling-Artikel Sie jeweils ausgeben möchten. Öffnen Sie dazu die GRUNDEINSTELLUNGEN. Dort dann STOREFRONT und den Menüpunkt CROSS-SELLING/ÄHNLICHE ART.

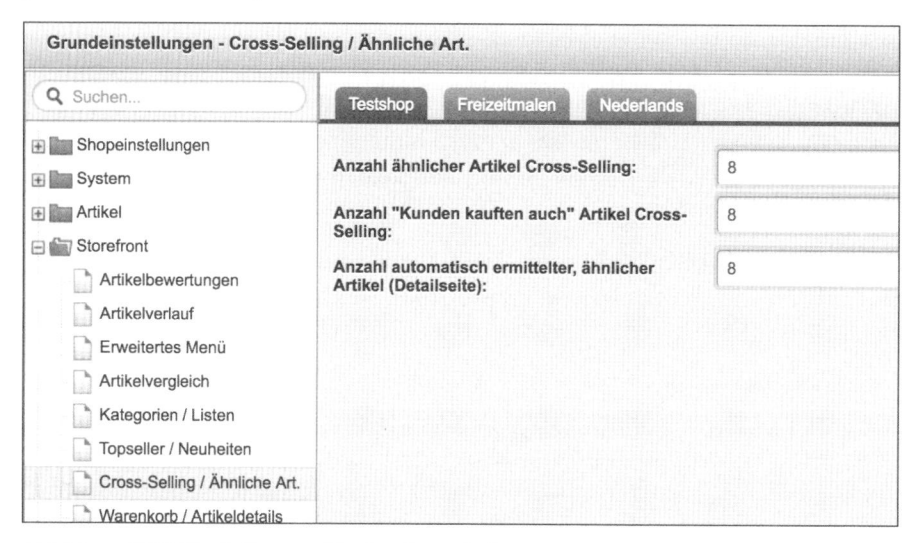

Abbildung 17.11 Einstellungen für das Cross-Selling

Tragen Sie hier nun – besonders aber im Feld ANZAHL AUTOMATISCH ERMITTELTER, ÄHNLICHER ARTIKEL (DETAILSEITE) – Ihre gewünschte Anzahl an Produkten ein. Es sollten nicht zu viele sein, denn durch zu viel Auswahl lähmt man die Kaufentscheidung beim Kunden. Ich halte daher einen Wert von 8 ideal – gut, damit der Kunde selbst noch entscheiden kann und ihm eine echte Auswahl präsentiert wird, jedoch nicht zu viel, dass ihm eine Entscheidung schwerfällt.

Als Nächstes öffnen Sie EINSTELLUNGEN • CACHES/PERFORMANCE • CACHES/PERFORMANCE. Dort klicken Sie anschließend den Reiter EINSTELLUNGEN an und öffnen das EMPFEHLUNGSMARKETING ❶.

Hier legen Sie zunächst fest, welche Artikel Sie anzeigen lassen möchten – wählen Sie aus KUNDEN KAUFTEN AUCH ❷ oder KUNDEN HABEN SICH EBENFALLS ANGESEHEN ❸.

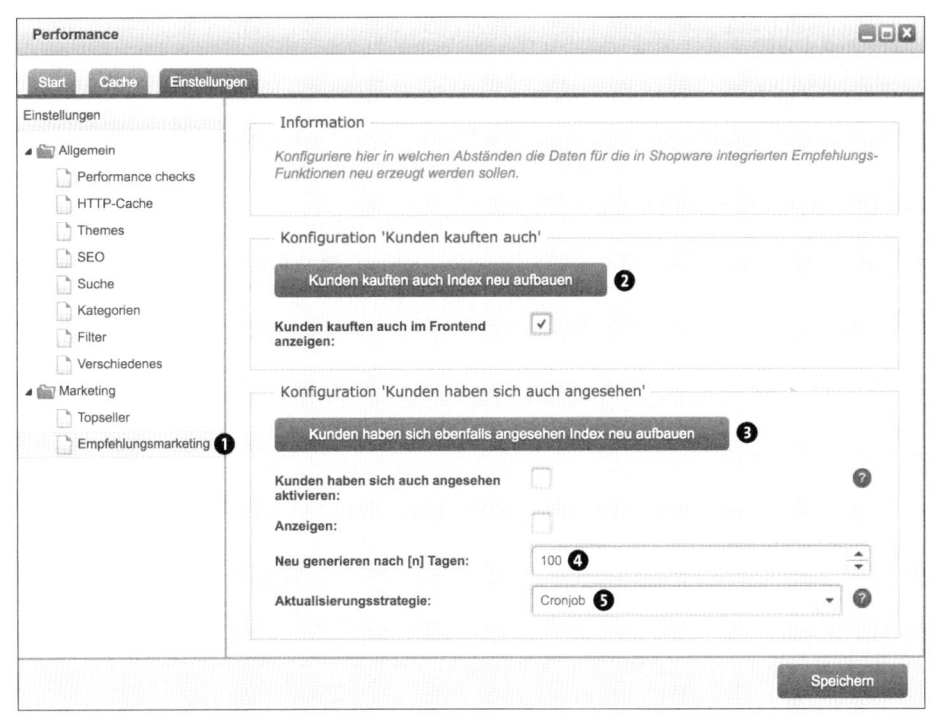

Abbildung 17.12 Einstellungen für das automatische Cross-Selling

Den Index für KUNDEN KAUFTEN AUCH erachte ich als sehr wichtig und wertvoll. Leider bietet Shopware hier keine automatische Aktualisierung des Indexes an, sodass Sie diesen manuell anstoßen müssen. Klicken Sie dazu auf den Button KUNDEN KAUFTEN AUCH INDEX NEU AUFBAUEN. Dies muss nicht täglich geschehen. Das wäre sogar eher kontraproduktiv. Immerhin braucht Shopware ja viele Daten, um die Artikel vergleichen zu können, und darauf wiederum Empfehlungen für das konkrete Kundeninteresse ableiten zu können. Eine Aktualisierung innerhalb einiger Wochen oder gar Monate halte ich daher für legitim – je nach Größe Ihres Shops. Je mehr Kundenbestellungen Sie haben, desto eher können Sie auch den Cross-Selling-Index neu aufbauen, um aktuellere Empfehlungen aussprechen zu können.

KUNDEN HABEN SICH AUCH ANGESEHEN habe ich deaktiviert, da jeder Shop sorgfältig mit Empfehlungen von Produkten umgehen sollte. Das Prinzip ist auch hier: Weniger ist mehr. Schließlich ist auch jede Produktempfehlung (oder sonst ein anderes Feature) ein potenzieller Ablenkungsfaktor vom Kaufprozess. Zudem bewerte ich den Wert für angesehene Produkte niedriger als von gekauften Produkten. Durch diese beiden Gedankengänge erscheint es nur logisch, zumindest den Index KUNDEN HABEN SICH AUCH ANGESEHEN abzuschalten.

Sollten Sie auf diese Cross-Selling-Möglichkeit nicht verzichten wollen, lesen Sie in den nächsten Zeilen, wie Sie idealerweise damit verfahren.

Als Feinjustierung sollten Sie noch den Zeitraum einstellen, in dem der Index neu aufgebaut wurde. Unter Neu generieren nach [n] Tagen ❹ tragen Sie den Wert ein, wann eine Neuberechnung des Index erfolgen soll. 100 ist der Standardwert, welchen ich ebenfalls als sinnvoll erachte. Dadurch kann Shopware auf die Daten der abgelaufenen drei Monate zurückgreifen und damit ein realistisches Bild von interessanten Artikeln zeichnen.

Zuletzt sollten Sie die Aktualisierungsstrategie ❺ ändern. Standardmäßig ist hier Live hinterlegt, womit Shopware die Berechnung der Artikel bei jedem Aufruf einer Artikelseite ausführt. Das führt zu Serverlasten und zu langsamerem Seitenaufbau. Beides ist eher schlecht – für Sie und für Ihre Besucher. Von daher lohnt es sich, den Modus auf Cronjob umzustellen. Dadurch wird der Index automatisch neu generiert, allerdings nur in einem bestimmten Intervall. Und da der Cronjob idealerweise sowieso ausgeführt wird und damit tägliche mehrere Automatisierungsaufgaben übernimmt, kann der Aufbau eines Cross-Selling-Indexes dadurch ebenfalls abgedeckt werden.

Alternativ gäbe es die Möglichkeit, die Aktualisierungsstrategie auf Manuell zu stellen. In diesem Fall wird der Index nur neu generiert, wenn Sie auf die zwei Buttons klicken, die Sie in Abbildung 17.12 sehen können. Auf diesen Aspekt gehe ich nicht weiter ein und konzentriere mich hierbei auf die Cronjob-Strategie.

Nachdem Sie die Aktualisierungsstrategie festgelegt haben, sollten Sie noch prüfen, ob die Funktion, die der Cronjob ausführen soll, aktiv ist. Öffnen Sie dazu die Grundeinstellungen, unter System finden Sie den Eintrag Cronjobs ❻.

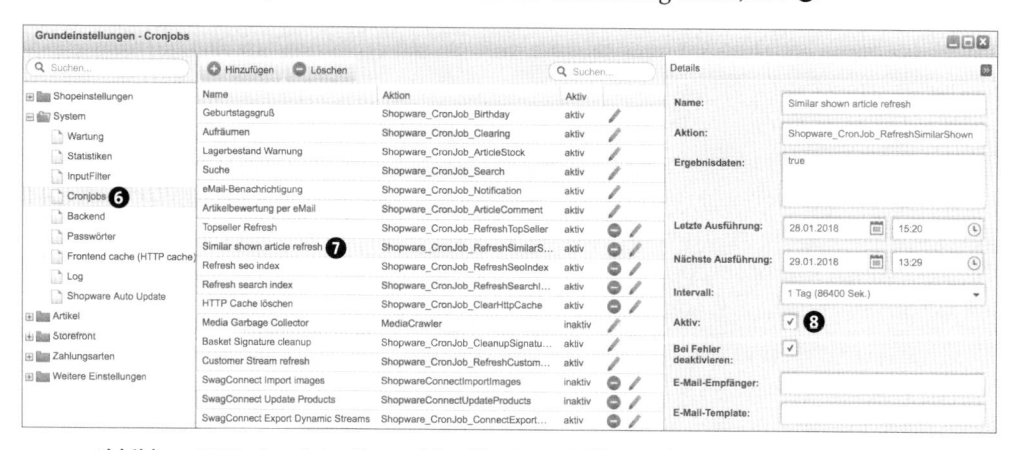

Abbildung 17.13 Cronjobs überprüfen für Cross-Selling-Index

Hier finden Sie den Eintrag Similar shown article refresh ❼, welcher für den Aufbau des Indexes *Kunden haben sich auch angesehen* verantwortlich ist. Aktivieren ❽ Sie diesen Cronjob, falls dies notwendig ist.

Mit diesen Schritten ist das Einrichten des automatischen Cross-Sellings erledigt. Ab hier übernimmt Shopware für Sie diese Aufgabe und analysiert anhand von Shopdaten und Warenkörben, welche Produkte für Ihre Kunden am interessantesten sind.

Shopware listet nun ähnliche Produkte auf der Produktseite unterhalb der Artikelbeschreibung auf. Damit sind die Produktempfehlungen stark sichtbar. Ihre Kunden entdecken interessante Produkte und Sie haben mehr Umsatz. Insgesamt also eine äußerst zufriedenstellende Situation für alle Beteiligten.

17.5 Automatischer Umsatz mit Abonnements

Nichts ist einfacher und besser als regelmäßig, automatisch wiederkehrender Umsatz. Nicht nur, dass Sie dadurch Kunden an Ihren Shop binden, regelmäßig wiederkehrende Zahlungsströme sind auch unglaublich entspannend für den Geschäftsalltag.

Grade Verbrauchsartikel eigenen sich hervorragend für ein Abonnement, aber auch andere regelmäßig erscheinende Artikel (z. B. Zeitschriften als PDF). Theoretisch könnte sogar jeder Artikel als Abonnement verkauft werden. Und solch ein Abonnement können Sie mit dem Premium Plugin AboCommerce einrichten. Installieren und aktivieren Sie das Plugin wie gewohnt über den Plugin Manager.

Ein paar kleine Einstellungen können Sie vornehmen, wenn Sie MARKETING • ABO-COMMERCE wählen. Es öffnet sich das Modul aus Abbildung 17.14.

Dies ist auch das Modul, in dem alle Abo-Artikel zu finden sind. Zunächst können Sie die Zahlungsarten ❶ festlegen, die Sie für die Abonnement-Artikel zulassen möchten. Hierbei bieten sich automatische Zahlungen an, wie z. B. über PayPal oder per SEPA-Lastschrift. Die Zuordnung der Zahlungsarten erfolgt dabei wie auch bei der Zuordnung der Zahlungs- zu einer Lieferart. Klicken Sie einfach alle gewünschten Zahlungsarten per Doppelklick in das Fenster AUSGEWÄHLT und schon sind diese Zahlungsarten für einen Abo-Artikel zugewiesen.

Im Reiter EINSTELLUNGEN ❷ hingegen, können Sie einige weitere Rahmenbedingungen festlegen.

Zunächst stelle ich ein, dass für einen Abo-Artikel immer der aktuelle Artikelpreis verwendet werden soll ❸. Damit sind auch Preiserhöhungen automatisch eingeschlossen und Sie brauchen sich dabei um nichts zu kümmern. Ohne diese Einstellung würde der Abo-Artikel immer zum Initialpreis verkauft – also dem Preis, zu dem der Kunde das Abo abgeschlossen hat.

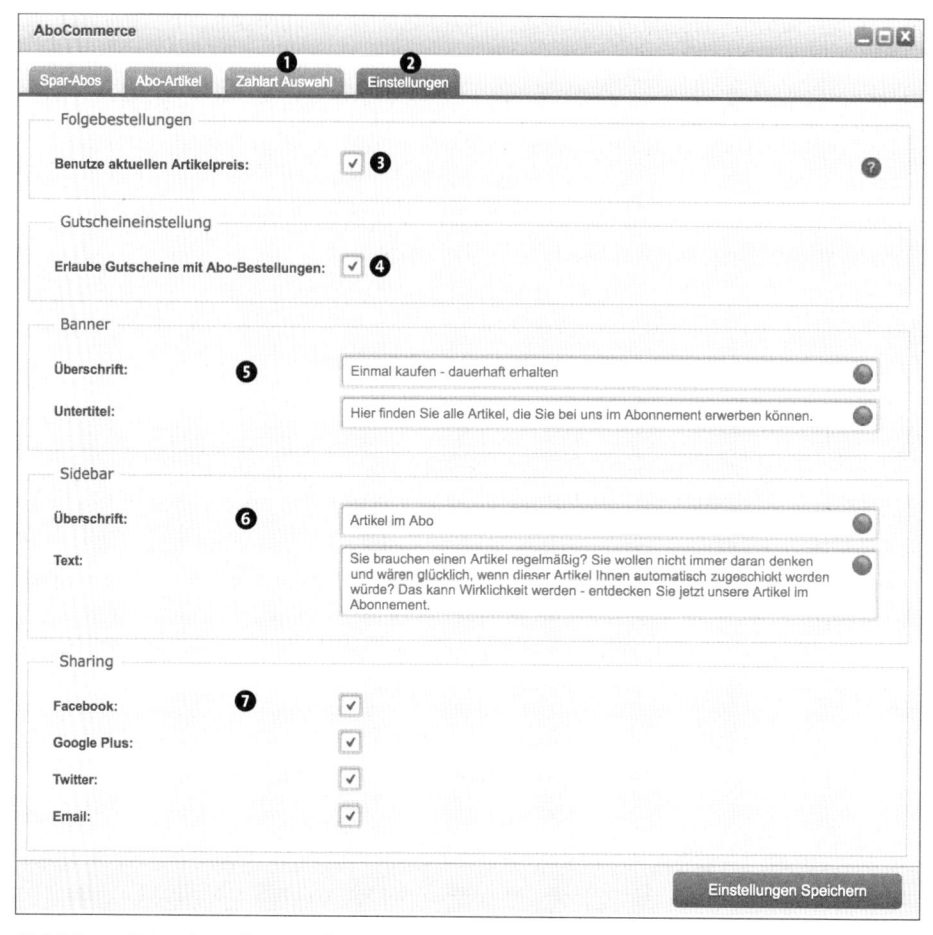

Abbildung 17.14 Einstellungen für AboCommerce

Außerdem erlaube ich GUTSCHEINE MIT ABO-BESTELLUNGEN ❹. Gutscheine werden nur gezählt für die erste Bestellung, damit soll dem Kunden ein Abo-Artikel schmackhaft gemacht werden. Schließlich kann man damit auch Marketing betreiben. Legen Sie z. B. einen Gutschein an, der ausschließlich für die Abo-Artikel gültig ist. Das wäre ein möglicher Weg, um Ihren Kunden ein Abonnement verkaufen zu können.

Die nachfolgenden Einstellungen beziehen sich auf eine Übersichtsseite. Diese wird von AboCommerce automatisch angelegt und listet alle Abonnement-Artikel auf. Dort können Sie auch einen kleinen Einleitungstext ❺ und einen kleinen Sidebar-Text ❻, welcher unterhalb des Kategoriebaums angezeigt wird, aufsetzen.

Auch die soziale Komponente fehlt nicht – wenn Ihre Kunden also Ihre Abo-Artikel weiterempfehlen möchten, können Sie dies auf Facebook, Google+, Twitter und via E-Mail tun ❼.

17.5.1 Einen Abo-Artikel anlegen

Die Einstellungen wären damit abgeschlossen. Im Folgenden wird ein Artikel als Abo-Artikel angelegt. Ich wähle dazu wieder den Shopware-Demo-Artikel Räucherlachs »Classic« Feinstes Lachsfilet.

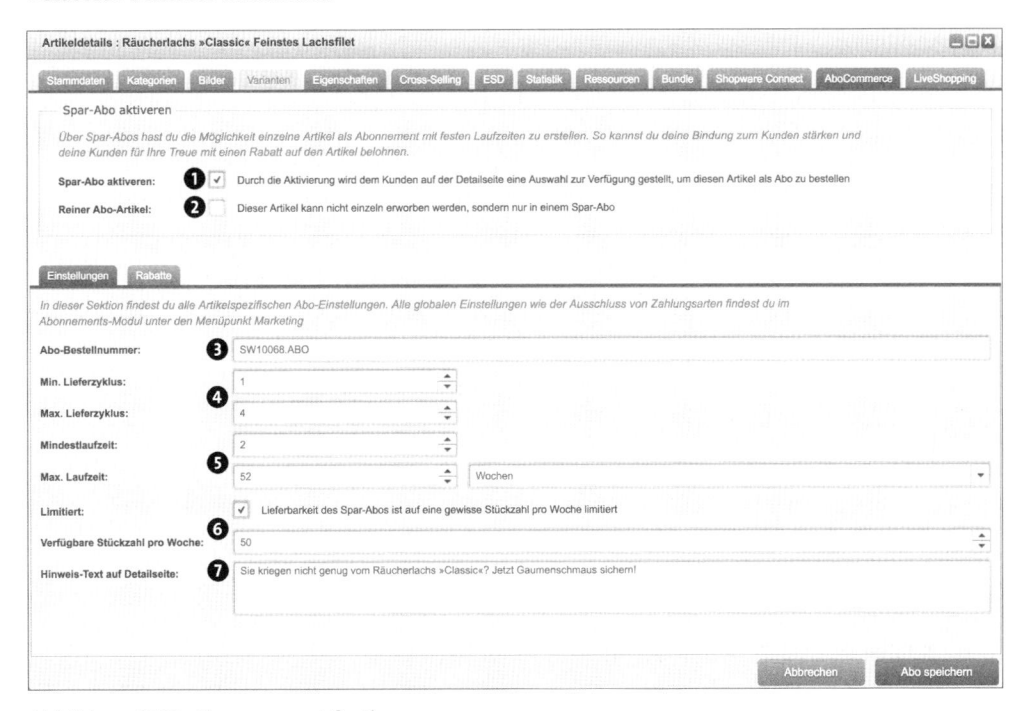

Abbildung 17.15 Abonnement festlegen

Zunächst einmal muss das AboCommerce für diesen Artikel aktiviert werden ❶. Auch wäre es möglich, einen Artikel als REINEN ABO-ARTIKEL ❷ zu verkaufen. In diesem Beispiel möchte ich das allerdings nicht.

Des Weiteren legen Sie eine Bestellnummer für den Abo-Artikel an, diese wird auch automatisch vergeben durch die Logik: ursprüngliche Artikelnummer plus ABO ❸.

In den nächsten Schritten legen Sie die Abo-Bedingungen fest. Zunächst definieren Sie den Lieferzyklus ❹, den Ihr Kunde auswählen kann – in diesem Beispiel kann der Kunde wählen, ob der Lachs ihm jede Woche zugeschickt werden soll oder ob ihm ein Lieferzyklus von maximal vier Wochen lieber wäre.

Im nächsten Schritt geben Sie eine minimale und maximale Laufzeit ❺ des Abos vor – in diesem Beispiel sind es mindestens zwei und maximal 52 Wochen.

Nicht nur Wochen sind möglich, sondern auch Monate. Im Beispiel von Lachs bot es sich allerdings eher an, auf ein wöchentliches Abonnement zu setzen.

Als Nächstes habe ich festgelegt, dass das Abo nur eine bestimmte Anzahl pro wöchentlicher Lieferungen umfassen darf, hier 50 Abo-Lieferungen pro Woche ❻. Wenn Sie so viel verkaufen wollen, wie es geht, ignorieren Sie die LIMITIERT-Checkbox.

Zuletzt können Sie noch einen kleinen HINWEISTEXT AUF DIE DETAILSEITE ❼ hinzufügen. Damit können Sie dem Kunden das Abo ein wenig schmackhaft machen. Allerdings ist der Hinweistext auf 100 Zeichen begrenzt, sodass Sie Ihre Nachricht knackig verpacken müssen.

17.5.2 Preise und Rabatte definieren

Im nächsten Schritt definieren Sie die Preise und Rabatte, die Sie Ihren Kunden ja nach Laufzeit gewähren können. Klicken Sie dazu zunächst auf den Reiter RABATTE ❶.

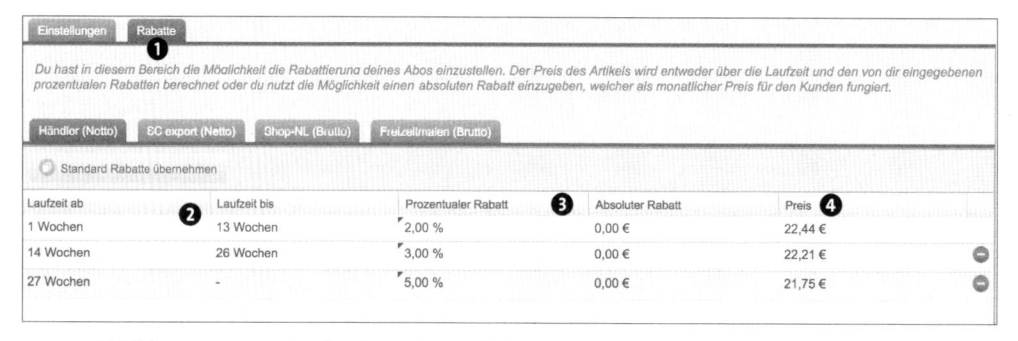

Laufzeit ab	Laufzeit bis	Prozentualer Rabatt	Absoluter Rabatt	Preis
1 Wochen	13 Wochen	2,00 %	0,00 €	22,44 €
14 Wochen	26 Wochen	3,00 %	0,00 €	22,21 €
27 Wochen	-	5,00 %	0,00 €	21,75 €

Abbildung 17.16 Preise für den Abo-Artikel anlegen

Dort können Sie nun für jede Kundengruppe individuelle Preise und Rabatte einrichten. Zunächst wählen Sie die Laufzeit aus, die Sie rabattieren möchten ❷. In diesem Beispiel gibt es drei Stufen, welche unterschiedliche Rabatte haben:

- 1 bis 13 Wochen Abonnement
- 14 bis 26 Wochen Abonnement
- 27+ Wochen Abonnement

Daraufhin ist für jeden Zeitraum eine eigene Rabattstufe ❸ eingerichtet – zwei, drei und fünf Prozent. Natürlich sollen die Kunden, die ein längeres Abo abschließen, auch höher dafür belohnt werden. Schließlich haben auch Sie als Unternehmer etwas davon: planbaren Umsatz.

Zuletzt sehen Sie in dieser Tabelle auch direkt den finalen Preis, den Ihr Kunde je nach Rabattstufe für eine Lieferung zu zahlen hat ❹. Diese Rabatte können Sie nun für jede Kundengruppe separat anlegen.

Übrigens ist ein Rabatt für ein Abonnement keine Pflicht. Es ist nur ein zusätzlicher Anreiz, um die Kunden länger an ein Abo zu binden.

17.5.3 E-Mail-Vorlage

Zusätzlich zum Plugin richtet Shopware auch eine weitere E-Mail-Vorlage ein. Diese bestätigt dem Kunden sein in Auftrag gegebenes Abonnement.

Sie finden die Vorlage in den E-Mail-Vorlagen und dort unter Benutzer-E-Mails.

An dieser Stelle können Sie die vorgegebene E-Mail in Ihrem Sinne ändern, wie Sie es in Kapitel 4 kennengelernt haben.

17.5.4 Bestellungen per Cronjob auslösen lassen

Mit der Zeit werden sich einige Kunden für ein Abo registriert haben. Diese Bestellungen müssen auch regelmäßig bearbeitet werden. Shopware bietet hierfür eine komfortable Funktion an: Alle fälligen Bestellungen werden durch einen Cronjob ausgelöst.

Da optimalerweise täglich ein Cronjob läuft und diverse Funktionen übernimmt (neues Aufbauen des Suchindexes, HTTP-Cache aufwärmen etc.), kann er auch noch eine weitere Funktion übernehmen: Alle Abo-Bestellungen, die zu diesem Zeitpunkt fällig sind, in eine ordentliche Bestellung umwandeln. Damit sehen Sie auch die fälligen Abo-Bestellungen in dem Ihnen bekannten Bestell-Modul und verwalten diese nicht an verschiedenen Stellen. Den Cronjob aktivieren Sie über die Grundeinstellungen.

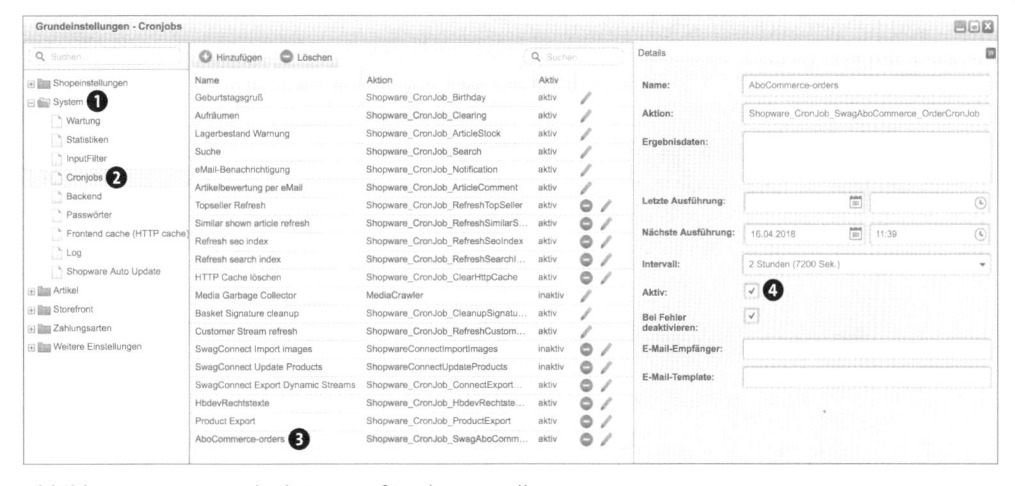

Abbildung 17.17 Cronjob aktivieren für Abo-Bestellungen

Die Verwaltung der Cronjobs finden Sie unter System ❶ • Cronjobs ❷. Dort finden Sie einen Eintrag namens AboCommerce-orders ❸. Standardmäßig ist dieser Cronjob nicht aktiv, dies müssen Sie übernehmen. Klicken Sie auf Aktiv ❹ und speichern Sie.

Wichtig dabei ist noch, dass der Cronjob bei jedem Durchlauf nur fünf Bestellungen gleichzeitig erzeugt. Heißt: Haben Sie täglich mehr als fünf Bestellungen, sollten Sie einen zweiten Cronjob anlegen, der dann unter Umständen alle 12 oder 6 Stunden durchläuft. Je nachdem, wie viele Abo-Bestellungen bei Ihnen verarbeitet werden müssen.

17.6 Umsatz durch Individualisierung

Der Trend geht hin zu individuellen Produkten. Jeder Kunde möchte sein Unikat haben, dass nur er besitzt und niemand sonst. Mit Shopware können Sie auch diese Kunden bedienen und individuelle Produktkonfigurationen oder passende Start- und Kategorieseiten anbieten.

17.6.1 Trend zu individuellen Produkten mit Custom Products umsetzen

Ein großer Trend ist es aktuell, Produkte zu individualisieren. Viele Kunden möchten sich abheben und einen Artikel kaufen, den es so nicht an jeder Straßenecke zu kaufen gibt. Um auch diese Kunden bedienen zu können, gibt es das Shopware Premium Plugin Custom Products. Damit erstellen Sie schnell und relativ simpel verschiedene Optionen eines Artikels, z. B. verschiedene Schnallen für einen Gürtel. Damit kann sich der Kunde schließlich *sein* Produkt in Ihrem Shop zusammenbauen. Dies müssen Sie natürlich zunächst vorbereiten.

Installieren und aktivieren Sie das Plugin Custom Products. Noch im Plugin Manager können Sie zwei Einstellungen vornehmen, welche dann für jeden verwalteten Shop übernommen werden.

Abbildung 17.18 Einstellungen für Custom Products

Legen Sie fest, welche GÜLTIGKEIT DIE CUSTOM PRODUCTS KONFIGURATION eines Kunden hat. Shopware hat hier bereits 30 Tage voreingestellt. Das heißt: 30 Tage lang hat ein Kunde Zeit, seine individuelle Konfiguration zu bestellen, andernfalls verfällt sie.

Sollten Sie bereits Custom Products vor Shopware 5.2 eingesetzt haben, können Sie sich eine Migrationsschaltfläche anzeigen lassen. Da ich davon ausgehe, dass Sie bisher nicht mit dem Plugin oder der Möglichkeit der Produktindividualisierungen in Berührung gekommen sind, habe ich die Schaltfläche ausgeblendet.

Die Logik hinter dem Custom Product Plugin ist, dass Sie Ihren Kunden Möglichkeiten an die Hand geben, sich selbst ein Produkt zusammenzustellen. Ob der Stuhl nun mit Holz- oder Metallbeinen hergestellt wird oder die Tasche noch eine Namensaufschrift erhält – machen Sie es durch das Custom Products Plugin möglich.

Zunächst installieren Sie das Plugin wie gewohnt über den Plugin Manager und aktivieren es. Anschließend können Sie sofort eine Konfiguration über ARTIKEL • CUSTOM PRODUCTS anlegen. In dem Modul klicken Sie auf HINZUFÜGEN, um eine neue Konfiguration anzulegen.

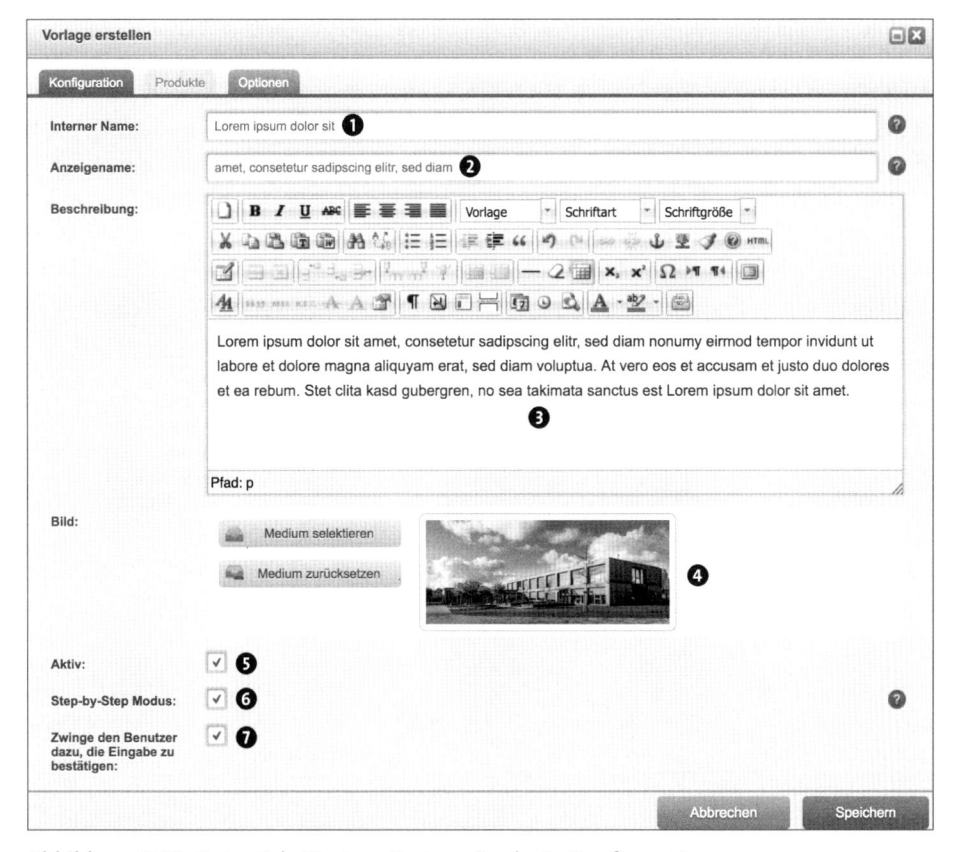

Abbildung 17.19 Erster Schritt einer Custom-Products-Konfiguration

Zunächst vergeben Sie einen INTERNEN NAMEN ❶, der lediglich auf der Vorlagenübersicht zu sehen ist. Danach wählen Sie einen ANZEIGENAMEN ❷, dies dient auf den zugeordneten Produkten als Überschrift der Konfiguration. Es folgt die BESCHREIBUNG ❸, welche dem Kunden ebenfalls angezeigt wird. An dieser Stelle können Sie also etwas werblich werden und Ihrem Kunden von der Besonderheit (s)eines neuen und individuellen Produktes überzeugen.

Als Nächstes können Sie ebenfalls ein BILD ❹ hinterlegen, welches dem Kunden später oberhalb der Beschreibung angezeigt wird. Final legen Sie noch ein paar Funktionen fest. Natürlich sollte die Konfiguration AKTIV ❺ sein, damit die Kunden überhaupt erst in den Genuss einer individuellen Produktkonfiguration kommen. Der STEP-BY-STEP MODUS ❻, den ich hier ausgewählt habe, sorgt dafür, dass die Kunden Schritt für Schritt durch die Konfiguration geleitet werden, was die Übersichtlichkeit erhöht. Außerdem zwinge ich den Benutzer, seine Eingaben zu bestätigen ❼. Dadurch kann der Kunde seine Konfiguration nicht abschließen, bevor er die Richtigkeit bestätigt hat. Das soll verhindern, dass eine Konfiguration zu schnell abgeschlossen wird und es am Ende dann doch noch Fehler gibt. An dieser Stelle können Sie nun speichern.

Im nächsten Schritt wechseln Sie in die OPTIONEN. An dieser Stelle legen Sie nun die konfigurierbaren Bestandteile Ihres Produktes fest und können dazu verschiedene Auswahltypen bestimmen, wie z. B. ein Textfeld, ein Drop-down-Feld, Checkboxen oder gar eine Bildauswahl. Insgesamt stehen Ihnen 14 Auswahltypen zur Verfügung. Zuallererst biete ich den Kunden ein Textfeld für einen individuellen, kurzen Spruch an.

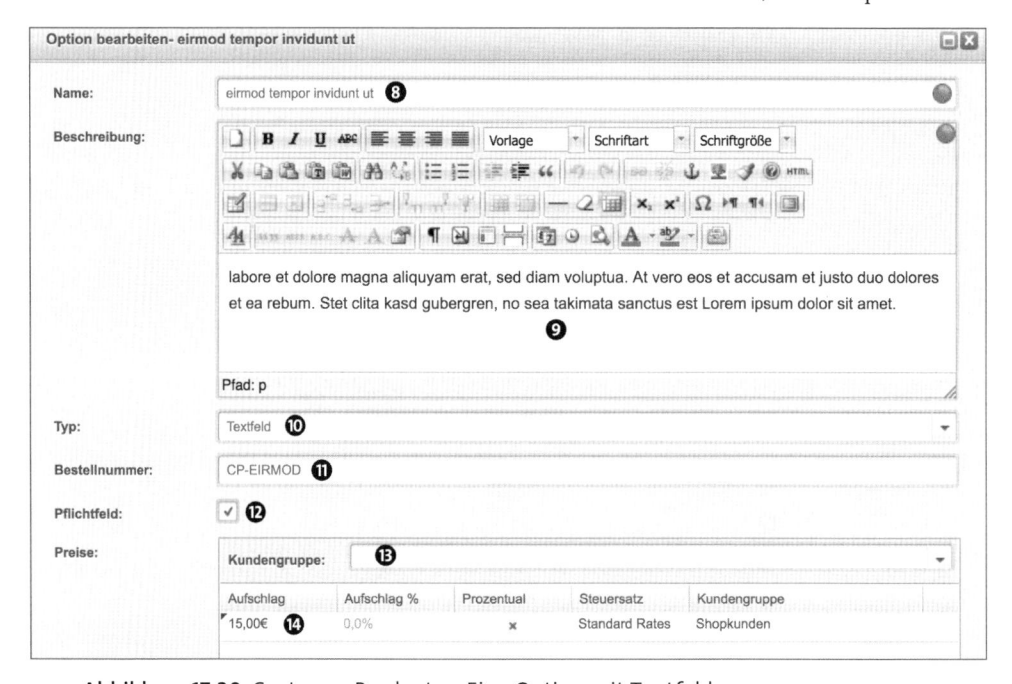

Abbildung 17.20 Customer Products – Eine Option mit Textfeld

Für diese Option vergebe ich zunächst einen NAMEN ❽, welcher auch als Optionsüberschrift im Konfigurationsschritt angezeigt wird. Danach erstelle ich eine kurze BESCHREIBUNG ❾ für diese Option, um den Kunden klar zu machen, was genau dieser Konfigurationsschritt bewirkt.

Wie die Kunden ihre Auswahl tätigen, legen Sie in der TYP-Auswahl ❿ fest. Dort finden Sie die Drop-down-Liste mit den 14 verschiedenen Auswahl-Typen. Je nach Auswahl ändert sich der weitere Verlauf der Options-Einstellungen.

Da jede Option auch auf der Bestellbestätigung mitgeschickt wird, wird dazu natürlich auch eine BESTELLNUMMER ⓫ benötigt, die Sie im entsprechenden Feld benennen können. Zusätzlich können Sie entscheiden, ob eine Konfigurations-Option ein PFLICHTFELD ⓬ ist oder ob die Konfiguration auch ohne eine Auswahl der Option fortgesetzt werden kann. Danach folgt die Auswahl der KUNDENGRUPPE ⓭, wobei verschiedene PREISE ⓮ für verschiedene Kundengruppen hinterlegt werden können. Dabei ist Kundengruppe Shopkunden immer notwendig, alle weiteren Kundengruppen, wie z. B. Händler, sind optional.

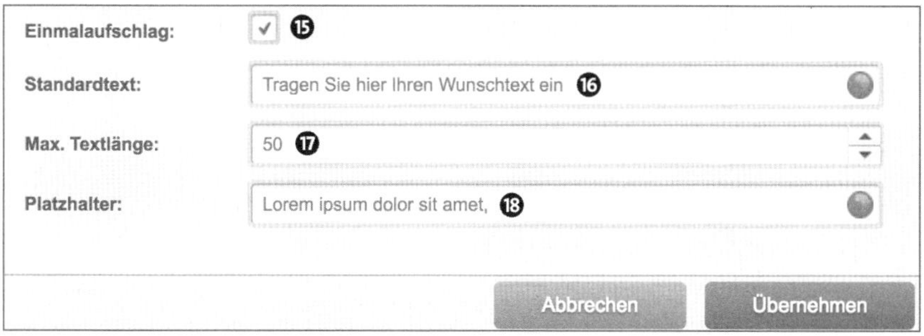

Abbildung 17.21 Weitere Einstellungen für eine Textfeld-Option

Abbildung 17.21 ist eine Fortführung von Abbildung 17.20. Weiter geht es mit der Option auf einen EINMALAUFSCHLAG ⓯. Die definiert, dass der zur Kundengruppe definierte Aufschlag nur einmalig berechnet wird, egal wie häufig der Artikel bestellt wird.

Speziell in der Option Textfeld muss ein STANDARDTEXT ⓰ hinterlegt werden, der in dem Textfeld zu sehen sein wird, die MAX. TEXTLÄNGE ⓱ bestimmt die Anzahl der Zeichen, die vom Kunden im Textfeld eingegeben werden können. Zuletzt legen Sie noch einen PLATZHALTER ⓲ fest, welcher erscheint, sobald jemand den voreingestellten Standardtext aus dem Textfeld löscht. Mit einem Klick auf den Button ÜBERNEHMEN ist die erste Konfigurations-Option fertig. Ich erstelle nun noch mit dem Typ Bildauswahl eine zweite Option. Die ist in großen Teilen gleich der eben erstellten Option. Legen Sie also wie eben gesehen einen Namen und eine Beschreibung fest. Als Typ habe ich nun Bildauswahl genommen, eine Bestellnummer hinterlegt und Preise für Kundengruppen angegeben. Nun kann ich im Feld AUSWÄHLBARE

Werte auf den Button Hinzufügen klicken, um einen neuen Wert anzulegen, aus dem sich die Kunden später ihre Wunschfarbe aussuchen können.

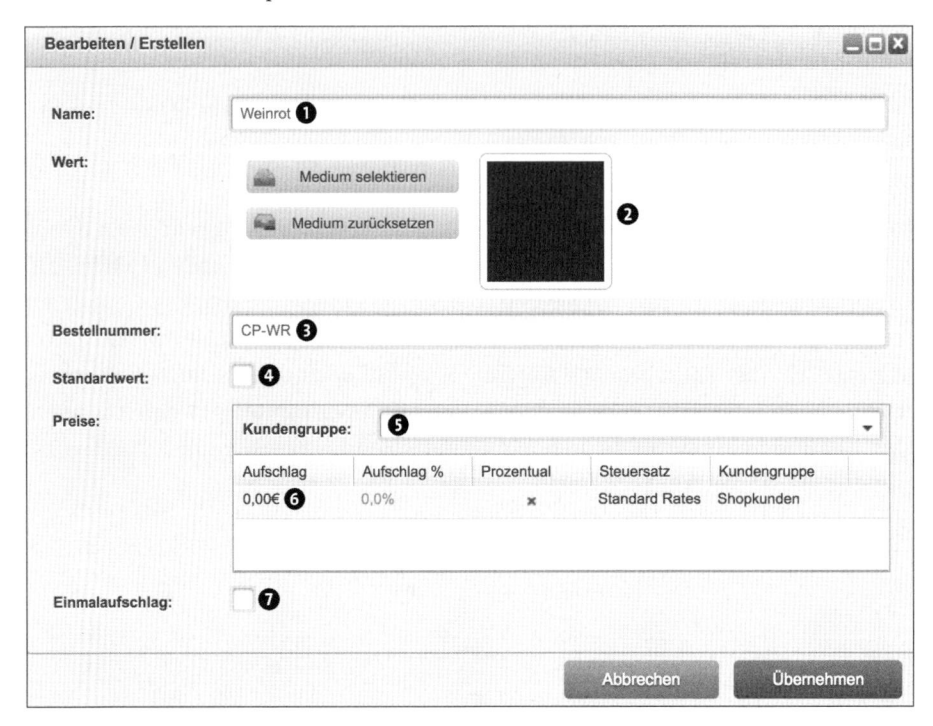

Abbildung 17.22 Bildauswahl konfigurieren mit Custom Products

Damit öffnet sich ein neues Fenster, in dem Sie die Details festlegen. In diesem Beispiel wird es eine Farbauswahl. Hier lege ich also den Namen ❶ mit Weinrot fest und lade gleichzeitig unter Wert ❷ ein entsprechendes Bild davon hoch. Schließlich folgt die Angabe einer Bestellnummer ❸, welche Ihnen und Ihrem Kunden später auf der Bestellbestätigung angezeigt wird. Möchten Sie einen Wert als Standardwert ❹ definieren – dieser wäre dann bereits für den Kunden vorausgewählt – aktivieren Sie die entsprechende Checkbox.

Die weiteren Schritte kennen Sie bereits vom vorherigen Beispiel. Legen Sie zunächst eine Kundengruppe ❺ fest, und definieren Sie anschließend für diese die Preise ❻. Auch hier wieder: Wird der Aufschlag nur einmal fällig, egal wie häufig das Produkt bestellt wird, aktivieren Sie die Checkbox Einmalaufschlag ❼. In diesem Beispiel verzichte ich darauf.

Nach diesem Muster verfahren Sie, bis Ihre Konfiguration vollständig ist. Anschließend wechseln Sie in den Reiter Produkte. Dort wählen Sie die Produkte aus, die Sie mit dieser eben erstellen Konfiguration versehen möchten. Shopware stellt Ihnen dazu eine Drop-down-Liste aller Artikel zur Verfügung, aus der Sie die betreffenden Produkte mit einem Klick auswählen können.

Abbildung 17.23 Konfiguration eines Produktes starten

Sobald Sie ein Produkt zugewiesen haben, ist die Konfiguration in diesem Artikel möglich. Dazu wird der interne Name, das Bild sowie die Beschreibung auf der Produktdetailseite angezeigt, wie Sie in Abbildung 17.23 sehen. Klickt Ihr Kunde auf den Button JETZT KONFIGURIEREN, öffnet sich ein kleines Fenster, in dem die Konfiguration des Produktes durchgeführt werden kann.

Sie können einer Konfiguration so viele Produkte zuweisen, wie Sie das möchten und es sinnvoll ist. Ergibt sich nur eine Abweichung von einer vorher angelegten Konfiguration, muss der ganze Prozess leider für die abweichende Konfiguration von vorn erstellt werden.

Mit dem Plugin Custom Products bieten Sie Ihren Kunden die Möglichkeit, sich ein individuelles Produkt zu erstellen und damit mit dem Trend von Individualisierung mitzugehen.

17 Mehr Umsatz erzeugen

17.6.2 Individuelle Ansprache des Kunden durch Customer Streams

Mit den Customer Streams hat Shopware in der Version 5.3 eine tolle Möglichkeit gefunden, wie jeder Shopbetreiber mit seinen individuellen Kunden umgehen und zielgerichteter ansprechen kann.

> **Hinweis**
>
> Die Screenshots aus diesem Abschnitt stammen aus dem Pickware-Demoshop. Für die Einwilligung, dass ich diese hier verwenden darf, möchte ich mich an dieser Stelle nochmals bedanken.

Customer Streams sind Klassifizierungen von Kunden nach verschiedenen Kriterien. Die Logik dabei ist stark an den Product Streams angelehnt. Heißt: Sie wählen einen Filter aus und stellen die Parameter dieses Filters ein. Shopware wird dann alle Kunden zuordnen, die zu diesem Schema passen. Dabei können auch mehrere Filter kombiniert werden. Damit sollten Sie allerdings, je nach Größe Ihrer Kundendatenbank, vorsichtig sein. Eine zu starke Eingrenzung auf verschiedene Faktoren wird die potenzielle Kundenanzahl im Stream stark beschränken. Damit hätte Sie zwar grundsätzlich extrem individuelle Customer Streams, aber auch einen stark erhöhten Verwaltungsaufwand.

Zunächst lege ich einen Customer Stream an. Öffnen Sie dazu KUNDEN • CUSTOMER STREAMS. Beim erstmaligen Öffnen des Moduls ist es erforderlich, dass Sie Ihre KUNDEN ANALYSIEREN ❶. Zusätzlich ist es ratsam, die Analyse automatisch bei jedem Start des Moduls zu wiederholen. Aktivieren Sie dafür die Checkbox AUTOMATISCH ANALYSIEREN BEIM START ❷.

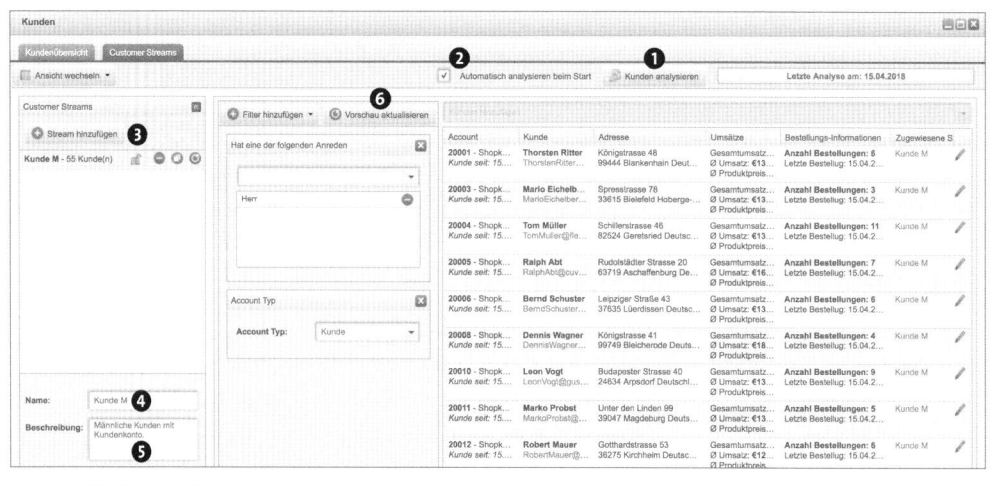

Abbildung 17.24 Anlegen eines Customer Streams

Danach hat Shopware die Parameter Ihrer Kunden gesammelt, mit denen Sie nun arbeiten können.

Klicken Sie nun auf STREAM HINZUFÜGEN ❸, um einen neuen Customer Stream anzulegen. Vergeben Sie einen NAMEN ❹ und eine BESCHREIBUNG ❺. Ein statischer Stream hat zudem noch ein Ablaufdatum, welches Sie fest definieren können. Allerdings ist der statische Stream von Ihrer Zuarbeit abhängig. Hier werden die Kunden nicht nach Parametern zusammengetragen, sondern Sie legen selbst fest, welche Kunden in dem Stream landen und welche nicht. Eine stark manuelle Arbeit, daher fokussiere ich mich in diesem Beispiel auf die dynamischen Streams.

Sie können für einen dynamischen Stream aus verschiedenen Filtern wählen: Account-Typ, die Anzahl der Bestellungen oder welche Kundengruppe der Kunde zugeordnet ist – Sie können aus insgesamt 22 Filtern auswählen.

Für das Beispiel aus Abbildung 17.24 habe ich lediglich zwei Filter ausgewählt: die Anrede und der Account-Typ. Damit werden gezielt männliche Kunden angesprochen, die bereits ein Kundenkonto im Shop besitzen.

Sobald Sie alle gewünschten Filter zusammengetragen haben, klicken Sie auf VORSCHAU AKTUALISIEREN ❻. Dadurch bekommen Sie einen Eindruck von der Größe des Streams und können auch direkt die zugewiesenen Kunden einsehen.

Mit diesem Stream können Sie nun an verschiedenen Modulen und Plugins im Shop arbeiten: in den Einkaufswelten, als Einschränkung bei Gutscheinen, für individuelle Newsletter und in der Advanced Promotion Suite. Die Handhabung ist dabei immer gleich: Sie erstellen eine neue Einkaufswelt oder einen neuen Gutschein, wie Sie es gewohnt sind, und wählen schließlich einen Customer Stream aus, für den dies gelten soll. Dadurch sind die Customer Streams tief in Shopware integriert und die Handhabung so einfach, wie Sie es kennen. Auf die einzelnen Elemente gehe ich daher an dieser Stelle nicht weiter ein, da sie bereits im Verlaufe des Buches behandelt wurden. Informationen zu den Einkaufswelten finden Sie in Kapitel 8, Gutscheine und Newsletter wurden in Kapitel 11 behandelt.

Eine kleine Besonderheit bei den Einkaufswelten gibt es allerdings, wie Sie in Abbildung 17.25 sehen können. Wenn Sie eine neue Einkaufwelt anlegen, müssen Sie gleichzeitig angeben, welche bestehende Einkaufswelt für diese neue Einkaufswelt ersetzt werden soll. In diesem Fall wurde also für alle männlichen Kunden mit Kundenkonto eine neue Startseite angelegt. Diesen Kunden wird die allgemeingültige Startseite nicht angezeigt.

Wenn Sie mit den Customer Streams arbeiten, achten Sie darauf, dass die Streams regelmäßig aktualisiert werden. Dies wird das Modul automatisch erledigen, sofern Sie es so eingestellt haben, wie oben beschrieben.

Wenn die Streams also regelmäßig aktualisiert werden, werden diese auch dauerhaft durchmischt und die gewünschten Kunden werden Ihre individuellen Angebote nutzen können.

Abbildung 17.25 Customer Streams in den Einkaufswelten

Sie können Ihre angelegten Streams auch analysieren. Nichts ist wichtiger als eine dauerhafte Analyse der angelegten Maßnahmen, und ob diese von den Kunden angenommen werden oder es Nachbesserungsbedarf gibt.

Öffnen Sie also wieder das Modul CUSTOMER STREAMS, welches Sie im Menüpunkt KUNDEN finden.

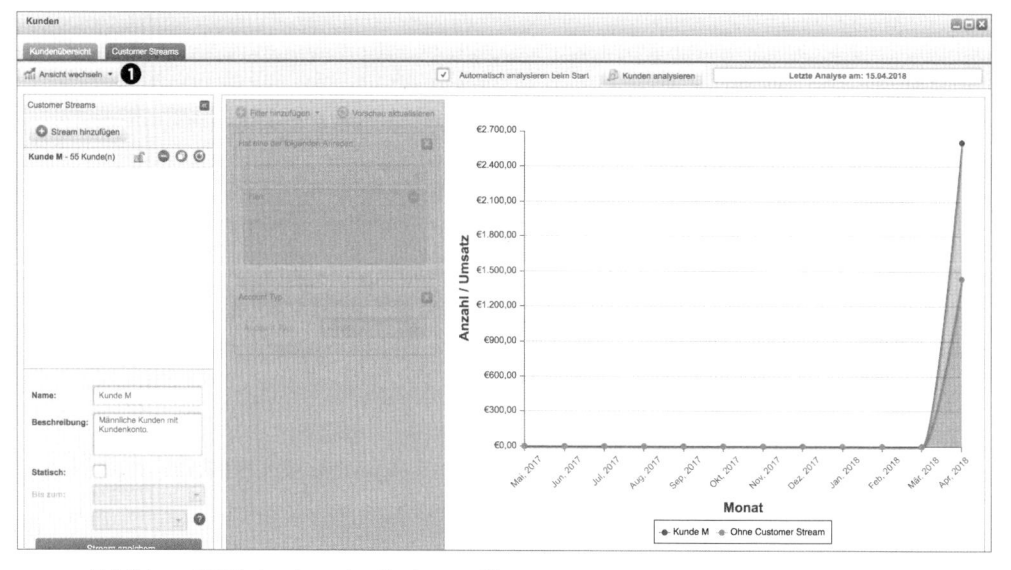

Abbildung 17.26 Analyse der Customer Streams

Die Analysen finden Sie auf dem Button ANSICHT WECHSELN ❶. Hierbei tauchen drei Punkte auf:

- Übersicht: Dies ist die Verwaltungsoberfläche für Ihre Customer Streams.
- Stream-Umsatz: Hier können Sie einen Stream auswählen und sich den Verlauf des Umsatzes anhand verschiedener Parameter anschauen.
- Umsatzvergleich: Ist in Abbildung 17.26 zu sehen und vergleicht die Bestellungen von Kunden aus den Streams mit Bestellungen im Shop ohne Stream-Zuordnung.

Daher ist der Umsatzvergleich besonders interessant: Denn er zeigt auf, ob Ihre Marketingmaßnahmen auf einen zielgerichteten Kundenkreis erfolgreich sind und ob Sie dadurch mehr Umsatz einfahren. In dem Beispiel aus der Abbildung 17.26 ist dies eindeutig der Fall. Denn der Stream *Kunde M* hat mit 2.604 Euro deutlich mehr Umsatz als die Bestellungen von Kunden ohne Stream-Zuordnung. Werden Sie mehr als einen Stream nutzen, sehen Sie in der Analyse UMSATZVERGLEICH alle Streams gemeinsam, und können daher auf einen Blick beurteilen, welche Streams erfolgreich sind und welche nicht.

Kapitel 18
Bleiben Sie auf dem Laufenden – Updates installieren

Sie wissen nun, wie Sie Shopware nutzen und einrichten. Jetzt geht es darum, wie Sie neue Funktionen erhalten, indem Sie Shopware aktualisieren.

Wenn Sie Shopware installiert haben, werden Sie dies wahrscheinlich mit der zu diesem Zeitpunkt aktuellsten Version getan haben. Nun ist eine Software aber nie perfekt. Es gibt immer Schwachstellen, Sicherheitslücken oder Logikfehler in der Anwendung – dies gilt für jede Art von Software.

Updates sind also essenziell und sollten in jedem Fall in die Wochen- oder Monatsplanung mit einbezogen werden. Grundsätzlich ist ein Shopware Update schnell gemacht – je nach Server und der Konfiguration – dauert es gern mal nur knapp eine Minute. Zudem wird ein Shopware-Update auch seltener auftreten als die Plugin-Updates. Dennoch gibt es dazu einiges zu beachten.

18.1 Wann sollten Sie Updates installieren?

Updates sind eine tolle Sache. Sie schließen Sicherheitslücken, bringen neue Features oder verbessern die Stabilität und Performance. Es ist allerdings nicht ratsam, ein Update immer sofort zu installieren. Insbesondere dann nicht, wenn ein großer Versionssprung vor Ihnen liegt, z. B. Shopware Version 5.3.4. auf 5.4.

Bei solchen großen Sprüngen haben Entwickler immer den Anspruch, neue Features zu integrieren. Grundsätzlich ist es zu begrüßen, wenn Software mit neuen Features versorgt wird. So wird sichergestellt, dass Sie als Onlinehändler mit dem Markt Schritt halten können. Auf der anderen Seite gibt es jedoch immer Kinderkrankheiten.

Die Ausprägung dieser Krankheiten ist immer unterschiedlich und bedingt durch viele Einflussfaktoren. So kann sich die neue Shopware-Version an einer bestimmten Server-Konfiguration stören. Oder eine Kombination aus verschiedenen Plugins löst eine Kettenreaktion bis hin zum Ausfall Ihres Shopware-Shops aus.

Klar, das ist ein düsteres Szenario, das in den seltensten Fällen eintritt. Und gleichzeitig ist es doch so realistisch, dass Sie sich dieser Gefahr bewusst sein müssen. Das soll heißen: **Gehen Sie mit Updates behutsam um!**

Nun gibt es auch kleinere Versionssprünge, z. B. von der 5.3.0 auf die 5.3.1. Mit diesen Updates sollten Sie nicht zu lange warten, da hiermit oftmals Fehler und Sicherheitslücken behoben werden. Hier ist es ratsam, von Fall zu Fall zu entscheiden.

Wenn Sie mit der aktuellen Shopware-Installation zufrieden sind und es im Alltag keinerlei Probleme gibt, müssen Sie nicht zwingend ein Update vornehmen. Sie können auch ruhigen Gewissens eine Versionsnummer überspringen und z. B. erst das Update von 5.3.1 auf 5.3.3 installieren. Sobald Sie Version 5.3.3 installieren, werden aber auch die Inhalte des Updates aus Version 5.3.2 mitinstalliert.

> **Sicherheitsupdates werden besonders kommuniziert**
> Wie immer gibt es aber auch in diesem Bereich keine allgemeingültige Antwort. Schließlich kann es auch vorkommen, dass Sicherheitslücken geschlossen werden, dann sollten Sie schnell handeln. Shopware wird Ihnen dann, sofern Sie dem Newsletter-Empfang zugestimmt haben, sofort eine entsprechende E-Mail schicken.

18.2 Lohnt sich ein Update?

Ob sich ein Update für Sie lohnt und welche Änderungen Sie in der neuen Shopware-Version erwarten, können Sie öffentlich im ISSUE TRACKER einsehen, siehe Abbildung 18.1. Unter *http://issues.shopware.com* sehen Sie, welche Fehler in der neuen Version behoben wurden.

Um dort nun die abgearbeiteten Tickets für das anstehende Update zu lesen, wählen Sie unter SHOPWARE VERSION zunächst die Version aus, die Sie installieren möchten. In diesem Fall betrifft das die 5.3.3. Als STATUS wählen Sie dann *Gelöst* und filtern anschließend. Schon sehen Sie alle abgearbeiteten Tickets, die mit der angegebenen Shopware-Version umgesetzt wurden.

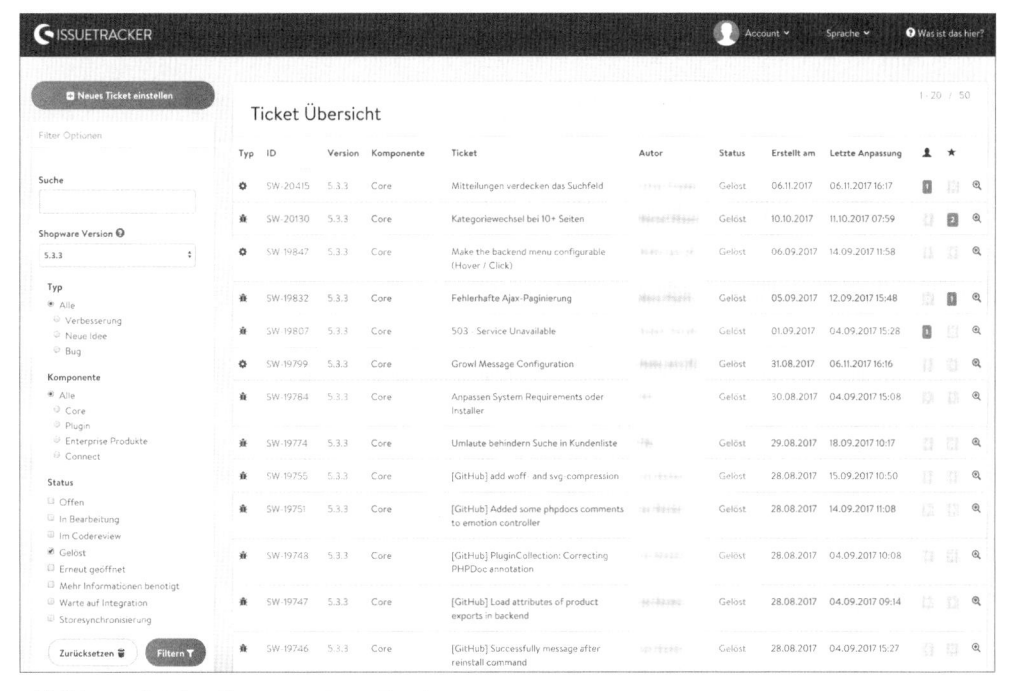

Abbildung 18.1 Der Shopware Issue Tracker

18.3 Wie installieren Sie ein Shopware Update?

Sie haben sich also informiert und sind nun bereit, ein Update zu installieren. Bevor Sie dies tun, sollten Sie zwingend ein Backup Ihres Shops anlegen. Dazu können Sie sich mit Ihren FTP-Zugangsdaten auf dem Server einloggen und die Daten manuell herunterladen.

Unter Umständen bietet Ihr Hoster auch die Möglichkeit, in der Verwaltungsoberfläche des Servers ein Backup in Auftrag zu geben. Die beste Möglichkeit wäre sogar, wenn Sie in Ihrem Hosting-Paket regelmäßige Backups inklusive haben und diese automatisch ausgeführt werden. In diesem Fall brauchen Sie natürlich nichts zu unternehmen.

In jedem Fall ist es ratsam, auch ein Backup der Datenbank zu erstellen, kurz bevor Sie das Update installieren. Hierzu loggen Sie sich auf die Datenbank-Oberfläche ein.

Öffnen Sie anschließend die Datenbank – es öffnet sich ein Baum, in dem Sie die verschiedenen Tabellen sehen, z. B. sw_connect oder s_articles. Ignorieren Sie diesen Baum komplett, und klicken Sie in der oberen Menüleiste auf Exportieren. Als Format ist standardmäßig SQL voreingestellt, Sie können aber zum Beispiel auch auf

CSV umstellen. Das Format SQL ist an dieser Stelle empfehlenswert. Mit einem Klick auf OK, wird der Export vorbereitet und die Datei anschließend heruntergeladen.

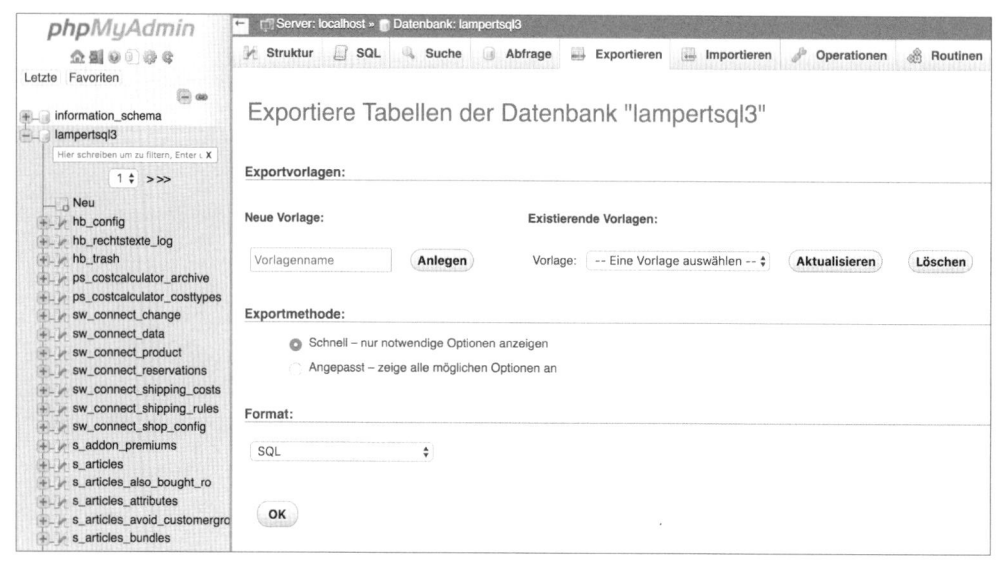

Abbildung 18.2 Datenbank exportieren

Sollten Sie ein manuelles Backup über die Verwaltungsoberfläche Ihres Hosters anlegen oder dieser automatisch ein Backup erstellt, sind Datenbank-Backups höchstwahrscheinlich mit dabei. Informieren Sie sich aber vorher darüber. Denn: Kaputte Shopware-Daten können Sie ein zweites Mal herunterladen, eine kaputte Datenbank ist nicht wiederherzustellen.

> **Vorsichtig bei der Zeitauswahl**
>
> Sobald Sie ein Update installieren, wird Ihr Shop in den Wartungsmodus versetzt und Ihre Kunden können keine Aktionen mehr durchführen. Auch wenn das Update recht schnell erfolgt, ist dies für Besucher, die sich aktuell im Shop aufhalten, irritierend. Unter Umständen werden diese Besucher Ihren Shop verlassen.
>
> Achten Sie also darauf, ein Update zu einer Zeit zu installieren, zu der Sie wenige oder keine Besucher haben, beispielsweise morgens.

Sobald Ihr Backup angelegt ist, können Sie sich in das Backend von Shopware einloggen. Links neben der Suche werden Sie eine rote Eins sehen.

Klicken Sie anschließend in dem kleinen Menü auf SOFTWAREAKTUALISIERUNG. Nun öffnet sich ein kleines Fenster. Dort sehen Sie, was das Update beinhaltet. Zudem werden unter dem Reiter VORAUSSETZUNGEN die Systemvoraussetzungen mit den technischen Daten des Servers abgeglichen. Gibt es hier größere Abweichungen von den Vorgaben, werden Sie entsprechend darauf hingewiesen. Sofern Sie das Handwerk beherrschen, sollten Sie Serverkonfigurationen vornehmen. Alternativ wenden Sie sich mit diesen Informationen an Ihren Hoster oder Dienstleister.

Das Gleiche gilt für einen Plugin-Check – zu finden im Reiter PLUGINS. Shopware prüft vor dem Update, ob ein Plugin für die neue Version freigegeben wurde und ob die entsprechenden Plugins auch in der neuesten Version installiert sind. Werden Sie gebeten zunächst die ausstehenden Plugin-Updates zu installieren, sollten Sie diesem Wunsch nachkommen. Nur dann ist in Verbindung mit der Kompatibilitäts-Markierung gewährleistet, dass nach dem Shopware-Update alles reibungslos miteinander harmoniert.

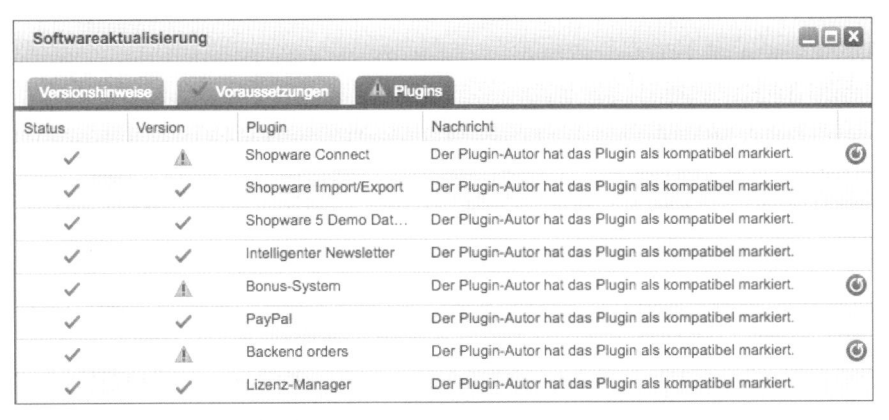

Abbildung 18.3 Plugin-Check

Dabei prüft der Plugin-Check nicht, ob das Plugin mit der zu installierenden Shopware-Version kompatibel ist, sondern ausschließlich, ob es sich um die neueste Version des Plugins handelt. Das heißt, das Plugin könnte auch mit der vorliegenden Version kompatibel sein. Dennoch empfiehlt es sich, die Plugin Updates zu installieren.

Wenn Sie in dieser Ansicht auf den rechten blauen Kreis klicken, öffnet sich der Plugin Manager und direkt das betreffende Plugin. Von dort aus können Sie direkt das Update starten.

Nachdem Sie alle ausstehenden Plugin-Updates installiert haben, können Sie wieder zum Reiter VERSIONSHINWEISE wechseln. Dort bestätigen Sie, dass Sie ein Backup angelegt haben und das Shopware-Update ausführen möchten.

Zunächst werden die benötigten Installationsdateien vom Shopware-Server heruntergeladen. Sobald diese vorliegen, startet die Installation ohne Ihr Zutun. Es läuft also vollautomatisch.

In einem Zwischenschritt bestätigen Sie noch das Löschen von temporären Dateien. Sobald diese gelöscht sind, ist das Update fertig installiert und zur Nutzung bereit.

Auch Ihr Shop wird dann wieder in den Live-Modus versetzt und ist bereit für neue Bestellungen.

Mit einem gut konfigurierten Server ist das Shopware Update innerhalb von zwei bis drei Minuten erledigt.

18.4 Was passiert, wenn ein Update fehlschlägt?

Prinzipiell gibt es etliche Möglichkeiten, warum ein Update nicht gestartet werden kann oder zwischenzeitig fehlschlägt. Es ist nie auszuschließen, dass das Update nicht planmäßig ausgeführt werden kann. Selbst bei Shopware-zertifizierten Hostern ist es mir bereits untergekommen, dass Updates nicht durchgeführt werden konnten.

Daher hier noch einmal der Hinweis: Legen Sie immer ein Backup an, das Sie anschließend wieder einspielen können, sobald ein Fehler im Update-Prozess vorliegt.

18.4.1 Cache umbenennen

Es kann durchaus vorkommen, dass sich der Update-Prozess mal verschluckt. Dann wird der Prozess abgebrochen, und der Wartungsmodus bleibt dennoch aktiv. Löschen Sie in diesem Fall zunächst einmal alle Caches über das Backend. Über die EINSTELLUNGEN • GRUNDEINSTELLUNGEN • CACHES/PERFORMANCE • CACHE. Wählen Sie hier ALLE AUSWÄHLEN und anschließend LEEREN.

Schafft dies keine Abhilfe, dann loggen Sie sich auf Ihrem Server mit den FTP-Zugangsdaten ein und benennen die Cache-Ordner um – *nicht löschen*! Diese finden Sie unter */var/cache/production_revisionsnummer*.

Das Update können Sie danach noch einmal manuell anstoßen. Rufen Sie dafür die folgende Domain auf: *https://ihr-shop.de /backend/recovery/update*.

18.4.2 CRFS Protection aktivieren

Ein Update kann ebenfalls nicht installiert werden, wenn die CRFS Protection deaktiviert ist. Diese Schutzfunktion haben einige Shopbetreiber deaktiviert, da es Fehlermeldungen produziert, die nicht zwingend bedenklich sind. Sollten Sie ein Update planen und haben die CRFS Protection deaktiviert, loggen Sie sich auf Ihrem Server mit den FTP-Zugangsdaten ein. Öffnen Sie einfach die *config.php*-Datei in Ihrem Shopordner und *löschen* Sie folgende Zeilen:

```
'csrfProtection' => [
'frontend' => false,
'backend' => false
],
```

Speichern Sie die Änderungen in der *config.php*-Datei, wechseln Sie zurück in das Shopware Backend und führen Sie das Update aus. Auch in diesem Fall können Sie das Update manuell über die Domain *https://ihr-shop.de /backend/recovery/update* neu starten.

Trotz all der möglichen Fehlerquellen kommen Probleme beim Update eher selten vor. Ein Update für Shopware zu installieren, ist in der Regel komfortabel und geht reibungslos vonstatten.

Kapitel 19
Damit Sie sicher sind – wie Sie Ihren Shop rechtssicher konfigurieren

Funktionalität, Benutzerführung, Optik – all das muss in einem Onlineshop möglichst gut und zielgruppengenau umgesetzt werden. Allerdings bedarf es auch einer juristischen Korrektheit, andernfalls drohen kostenpflichtige Abmahnungen. Je nach Branche, je nach Waren- bzw. Dienstleistungsangebot gilt es hier, mal mehr und mal weniger zu beachten. Es gibt aber auch bestimmte Grundelemente, die in jedem Onlineshop vorhanden sein müssen.

Jedem, der heutzutage einen Onlineshop betreibt oder zukünftig betreiben möchte, ist sicherlich klar, dass gewisse juristische Rahmenbedingungen erfüllt sein müssen. Es braucht ein Impressum – logisch. Eine Datenschutzerklärung muss her – kein Problem. Die Allgemeinen Geschäftsbedingungen müssen passen – selbstverständlich. Neben diesen »Klassikern« gibt es aber noch zahlreiche andere »Rechtsbaustellen«. Außerdem weisen auch solche vermeintlich simplen Dinge, wie das Impressum, immer wieder Stolperfallen auf, an die man als Nichtjurist so nicht gedacht hat. Insbesondere der Umgang mit der Datenschutzerklärung ist durch die Vorgaben der europäischen Datenschutz-Grundverordnung (DSGVO) auch nicht gerade einfacher geworden.

Die nachfolgende Übersicht dient als Orientierungshilfe und Überblick über die wichtigsten Eckpfeiler des juristischen Rahmens eines Onlineshops. Die nachfolgenden Punkte müssen in Ihrem Onlineshop vorhanden sein bzw. umgesetzt werden:

- Anbieterkennzeichnung/Impressum
- Datenschutzerklärung
- Content (Urheberrecht, Recht am eigenen Bild)
- Produktbeschreibungen
- Preisangaben
- Versandinformationen
- Widerrufsbelehrung
- Händleridentität

- Angaben zum Vertragsschluss
- Speicherung des Vertragstextes
- Eingangs- bzw. Annahmebestätigung
- Gewährleistung
- Angabe eines Lieferdatums
- Zahlungsarten
- Hinweis auf alternative Streitschlichtung/OS-Plattform
- branchenspezifische Informationspflichten (u. a. beim Vertrieb von Batterien, Motoröl, »weißer Ware«, Spielzeug, Textilien, Chemikalien, Kosmetik etc.)
- Gestaltung Bestellablauf, Checkout-Site, Bestellbutton
- Allgemeine Geschäftsbedingungen (AGB)
- E-Mail-Marketing
- Online-Werbung
- ggf. Pflichtinformationen für Anbieter von Dienstleistungen
- ggf. beschränkter B2B-Bereich
- Beachtung fremder Namensrechte bzw. Markenrechte
- Domainrecht
- ggf. Jugendschutz
- Cross-Border-Shop
- Handelsplattformen (Amazon, eBay, Etsy etc.)
- Social Media

Diese Auflistung ist zwar schon recht umfangreich, kann aber schon aufgrund der Dynamik im Onlinerecht nicht als abschließend betrachtet werden. Sie müssen nicht immer und auf jeden Fall alle Punkte berücksichtigen, bisweilen kommt aber auch noch das eine oder andere hinzu.

19.1 Impressum

Es gilt der Grundsatz: Jede nicht nur rein private Internetseite muss ein Impressum bereitstellen. Dieses muss sowohl aus formeller als auch aus inhaltlicher Sicht juristisch korrekt sein. Die Frage, wann eine Webseite noch rein privat ist und wann sie diese Grenze überschreitet, muss im Falle eines Onlineshops gar nicht beantwortet werden. Denn die Sachlage ist hier eindeutig: Jeder Webshop – unabhängig vom Waren- oder Dienstleistungsangebot – benötigt ein Impressum. Allerdings stellt sich dann schnell die weitere Frage, wie denn die Formalien bzw. die Pflichtinhalte auszusehen haben.

19.1.1 Gestaltung des Menüpunktes

Der Gesetzgeber hat klare Vorstellung davon, wie ein Online-Impressum gestaltet werden muss. In § 5 des Telemediengesetzes (TMG) gibt er drei Kriterien vor:

- leicht erkennbar
- unmittelbar erreichbar
- ständig verfügbar

Bei Lichte betrachtet bedeuten diese Vorgaben für die Praxis, dass der Menüpunkt weniger kreativ, als vielmehr eindeutig z. B. mit »Impressum« bezeichnet werden sollte. Außerdem muss er von jeder einzelnen Unterseite gleichermaßen gut erreichbar sein. Die Besucher des Webshops müssen mit maximal zwei Mausklicks zu den Pflichtinhalten gelangen können. Der »Impressum«-Menüpunkt sollte sich daher idealerweise in der höchsten Navigationsebene befinden und nicht irgendwo in den »Untiefen« der Site-Struktur versteckt sein. Auch eine Platzierung im Site-Header oder -Footer ist inzwischen gleichermaßen verbreitet wie zulässig. Solange mehr als nur eine bloße »Baustellen«- oder »Wartungsmodus«-Seite dargestellt wird, muss auch ein korrektes Impressum vorgehalten werden. Im Zweifel also lieber ein Impressum zu viel als gar keins angeben.

Abbildung 19.1 Ein Beispiel für einen korrekt benannten und platzierten »Impressum«-Menüpunkt

19.1.2 Pflichtinhalte

Die korrekte Gestaltung des Menüpunktes macht in der Praxis nur sehr selten wirklich Probleme. Etwas kniffliger ist da schon die Suche nach den vollständigen und richtigen Impressumsinhalten. Die hängen entscheidend davon ab, wer den Shop betreibt und ob der über das eigentliche Warenangebot noch weitere Inhalte, wie etwa einen Blog, bereithält. Ein Einzelunternehmer muss andere Dinge angeben als beispielsweise eine GmbH oder ein Angehöriger eines reglementierten Berufs (also z. B. ein Apotheker).

Die folgenden Angaben sind allgemeiner Natur und daher für alle Onlineshops gleichermaßen verpflichtend:

- Vor- und Nachname bzw. Firma inklusive Rechtsformzusatz (also GmbH, AG, Ltd. o. Ä.).
- ladungsfähige Anschrift (also Straße plus Hausnummer, Postleitzahl und Ort)
- Kontaktdaten (Telefonnummer, E-Mail, ggf. Faxnummer).
- ggf. Vertretungsberechtigte des Unternehmens (z. B. Name des GmbH-Geschäftsführers)
- Registerangaben (Nummer und Gericht) bei vorhandenen Eintragungen im Handels- oder Vereinsregister etc.
- Umsatzsteuer-Identifikationsnummer (falls vorhanden)
- Wirtschafts-Identifikationsnummer (falls vorhanden)

Betreiben Sie in Ihrem Webshop auch noch einen Blog, eine Rubrik »News« oder vergleichbare Inhalte, die über die reine Produktbeschreibung hinausgehen, so müssen Sie zusätzlich noch eine für den Inhalt verantwortliche Person nennen. Hierbei darf kein Unternehmen, sondern nur eine natürliche Person angeführt werden. Sie müssen an dieser Stelle den vollständigen Vor- und Nachnamen sowie auch die ladungsfähige Anschrift nennen.

Wird der Shop beispielsweise von einem Apotheker oder einem anderen Angehörigen einer reglementierten Berufsgruppe betreiben, dann kommen die folgenden Pflichtangaben noch hinzu:

- Berufsbezeichnung und das Land ihrer Erteilung
- die zuständige Aufsichtsbehörde bzw. Kammer inklusive der Anschrift sowie der Kontaktdaten
- einschlägiges Berufsrecht und der Hinweis, wo diese Gesetze zu finden sind

> **Praxistipp: Datenbank der reglementierten Berufe**
> Die Europäische Kommission stellt für jedermann kostenfrei eine Online-Datenbank (*http://ec.europa.eu/growth/tools-databases/regprof/index.cfm*) zur Verfügung, in der Sie die in den einzelnen EU-Mitgliedsstaaten reglementierten Berufe recherchieren können. Diese Datenbank gilt zusätzlich auch für die Schweiz.

Die folgenden Informationen müssen zwar nicht zwingend im Impressum untergebracht werden, sind dort aber durchaus sinnvoll platziert:

- Hinweis plus Link (*https://ec.europa.eu/consumers/odr*) auf die OS-Plattform der EU-Kommission
- Informationen zur alternativen Streitbeilegung
- Öffnungs- bzw. Service-Zeiten inklusive Kontaktdaten
- Urheberrechtsnachweise (z. B. beim Einsatz von Stock-Fotos)

- spezielle Pflichtangaben für Anbieter von Dienstleistungen gemäß Dienstleistungs-Informationspflichten-Verordnung (DL-InfoV)
- ggf. Haftungshinweis (»Disclaimer«)
- Sonstiges (z. B. Bankverbindung)

Soll Ihr Webshop-Impressum nicht nur für diesen, sondern auch noch für einen anderen von Ihnen betriebenen Blog oder auch eventuell bestehende Social-Media-Profile gelten, dann müssen Sie dies mit einem entsprechenden Hinweis kenntlich machen.

> **Musterformulierung: Webshop-Impressum einer GmbH**
>
> Das Muster-Impressum eines Onlineshops, der von einer GmbH betrieben wird, kann also z. B. wie folgt aussehen:
>
> »Impressum
>
> Verantwortlich für die Domain www.mustershop.de sowie für die Facebook-Seite (Facebook.com/mustershop), das Twitter-Profil (Twitter.com/Mustershop), das LinkedIn-Profil (Linkedin.com/in/mustershop123) und den YouTube-Kanal (Youtube.com/channel/ABCD1eF-GHijKLMN2OP-QRSTU3):
>
> Mustershop GmbH
>
> Geschäftsführer: Max Mustershop
>
> Musterstr. 123
>
> 12345 Musterhausen
>
> Telefon: +49 (0) 20 12345678
>
> Telefax: +49 (0) 20 12345679
>
> E-Mail: info@mustershop.de
>
> Handelsregistereintrag: AG Musterhausen, HRB 12345
>
> Umsatzsteuer-Identifikationsnummer: DE 123456789
>
> Inhaltlich verantwortliche Person: Moritz Mustershop (Anschrift s. o.)
>
> Service/Reklamationen:
>
> Unseren Service erreichen Sie von Montag bis Freitag jeweils im Zeitraum zwischen 8.00 und 17.00 Uhr unter der Telefonnummer +49 (0) 20 12345670, per Fax unter +49 (0) 20 12345679 sowie via E-Mail unter service@mustershop.de.
>
> Alternative Streitbeilegung/OS-Plattform:
>
> Die EU-Kommission stellt eine Internetplattform zur Online-Beilegung von Streitigkeiten (sogenannte OS-Plattform) bereit. Diese OS-Plattform soll als Anlaufstelle zur außergerichtlichen Beilegung von Streitigkeiten im Zusammenhang mit vertraglichen Verpflichtungen aus Online-Kaufverträgen dienen. Die OS-Plattform ist unter

> folgendem Link erreichbar: https://ec.europa.eu/consumers/odr. Unsere E-Mail-Adresse finden Sie oben bei unseren Kontaktdaten.
>
> Wir sind zur Beilegung von Streitigkeiten mit Verbrauchern vor einer Schlichtungsstelle weder bereit noch verpflichtet.
>
> Haftungshinweis:
>
> Trotz sorgfältiger inhaltlicher Kontrolle übernehmen wir keine Haftung für die Inhalte externer Links. Für den Inhalt der verlinkten Seiten sind ausschließlich deren Betreiber verantwortlich.
>
> Urheberrechtsnachweise:
>
> © namedesfotografen1 – fotolia.com
>
> © namedesfotografen2 – fotolia.com
>
> iStock.com/namedesfotografen3«

Nutzen Sie fremdes (Bild-)Material, etwa aus Stock-Foto-Archiven, so müssen Sie dies durch entsprechende Urheberhinweise kenntlich machen. Die diesbezüglichen Vorgaben werden von der Rechtsprechung jedoch leider nicht ganz einheitlich bewertet. Es kommt hier in erster Linie entscheidend auf die Vorgaben des Urhebers bzw. Rechteinhabers an. Der kann bestimmen, wo und wie der Hinweis auf ihn zu erfolgen hat. Deshalb empfiehlt sich stets ein genauer Blick in die Nutzungsbestimmungen von Fotolia, Pixelio, Getty Images und Co. Im Zweifel machen Sie jedoch mit einem in der Bildunterschrift platzierten Urhebernachweis nicht viel falsch. Oftmals wird auch die Nennung an zentraler Stelle, wie eben im Impressum, zugelassen. In manchen Fällen wird aber auch die Angabe auf der Seite gefordert, auf der Sie das jeweilige Bild eingebunden haben. Daher ist es empfehlenswert, vorab genau abzuklären, wo und wie der Urhebernachweis zu erfolgen hat.

19.2 Datenschutzerklärung

Im Hinblick auf die Hinweise rund um das Thema Datenschutz gelten im Grunde die gleichen Grundüberlegungen, wie beim Impressum. Jede nicht nur rein private Site, also auch jeder Webshop, ist verpflichtet, eine Datenschutzerklärung bereitzustellen. Der entsprechende Menüpunkt muss ebenfalls leicht erkennbar, unmittelbar erreichbar und ständig verfügbar sein. Es bieten sich Bezeichnungen, wie »Datenschutz«, »Datenschutzhinweise« oder auch »Datenschutzerklärung« sowie eine Platzierung auf der obersten Navigationsebene als eigenständiger Punkt an. Oft findet sich der Menüpunkt auch im Site-Header oder -Footer in unmittelbarer Nähe zum Impressum.

19.2.1 Seit Mai 2018: Die Datenschutz-Grundverordnung (DSGVO)

In Bezug auf die Inhalte bestimmt die DSGVO seit dem 25. Mai 2018 die Marschroute, sie geht den deutschen Regelungen im TMG vor. Rein formell verlangt die DSGVO, dass die Datenschutzhinweise zugleich präzise, transparent, verständlich und leicht zugänglich erfolgen müssen. Außerdem müssen sie in einer klaren und einfachen Sprache formuliert werden – insbesondere bei Webangeboten, die sich speziell an Kinder und Jugendliche richten.

Aufgrund der Tatsache, dass der Umfang der Datenschutzhinweise beachtlich ausfallen kann, empfiehlt sich das Voranstellen eines Inhaltsverzeichnisses, dessen einzelne Punkte per Anker-Link mit den jeweiligen Abschnitten verknüpft werden sollten. Das erleichtert die Suche nach einzelnen Informationen sowie die Navigation in einem unter Umständen recht ausführlichen Text.

> **Praxistipp: Nutzung von Icons**
>
> Auch sollten Sie überlegen, ob Sie zusätzlich erläuternde Bildsymbole einsetzen, wie sie beispielsweise vom Chaos Computer Club in Berlin entworfen wurden (»Iconset for Data-Privacy Declarations«, online z. B. unter *www.netzpolitik.org/2007/iconset-fuer-datenschutzerklaerungen*). Es bleibt abzuwarten, ob und wann der europäische Gesetzgeber standardisierte Icons bereitstellt. Die Verwendung von Eigenkreationen ist aber natürlich ebenfalls möglich.

19.2.2 Pflichtinhalte gemäß DSGVO

Bei der erstmaligen Erhebung von personenbezogenen Daten (dazu zählen u. a. die IP-Adressen) muss die betroffene Person darüber in Kenntnis gesetzt werden, sofern sie nicht schon über diese Informationen verfügt. In der Datenschutzerklärung müssen Sie die folgenden Informationen bereitstellen:

- Name und Kontaktdaten des Unternehmens, das den Webshop betreibt
- Kontaktdaten des Datenschutzbeauftragten (falls vorhanden)
- Zwecke der Datenverarbeitung
- Rechtsgrundlagen der Datenverarbeitung.
- ggf. Angabe des berechtigten Interesses (wenn die Datenverarbeitung aufgrund berechtigter Interessen erfolgt)
- ggf. Empfänger oder Kategorien von Empfängern, denen die personenbezogenen Daten übermittelt werden
- ggf. Informationen über die Absicht der Übermittlung in ein Nicht-EU-Land (oder eine internationale Organisation) sowie die Grundlage für die Zulässigkeit der Übermittlung

- ggf. Zweckänderungen
- Dauer der Datenspeicherung bzw. Kriterien für die Festlegung dieser Dauer
- Hinweis auf die Betroffenenrechte (Auskunft, Berichtigung, Löschung, Einschränkung, Widerspruch und Datenportabilität)
- Hinweis auf das Widerrufsrecht
- Hinweis auf das Beschwerderecht bei der Datenschutzaufsichtsbehörde
- ggf. Hinweis auf automatisierte Entscheidungsfindungen (z. B. Profiling) sowie aussagekräftige Informationen über die involvierte Logik, Tragweite und Auswirkungen
- ggf. Hinweis auf gesetzliche oder vertragliche Pflichten zur Bereitstellung der Daten und die Folgen der Nichtbereitstellung

Bei Gestaltung der Datenschutzhinweise müssen Sie beachten, dass der Text nicht nur auf großen Computerbildschirmen vernünftig lesbar dargestellt werden muss, sondern auch auf Tablets oder Smartphones. Ein responsives Design ist also auch hier immens wichtig.

19.2.3 Kontaktformular

Stellen Sie ein Kontaktformular z. B. für Kundenanfragen bereit, müssen Sie aus datenschutzrechtlicher Hinsicht ein paar Spielregeln befolgen. Weil hierbei gezwungenermaßen immer personenbezogene Daten, nämlich zumindest die E-Mail-Adresse, übertragen werden, müssen Sie eine Verschlüsselung einsetzen (SSL-/TLS-Zertifikat). Spätestens bei der Ausführung von Bestellungen ist dies ebenfalls erforderlich, sodass idealerweise alle Shopseiten per Verschlüsselung geschützt werden.

Außerdem muss in unmittelbarer Nähe des Kontaktformulars, am besten zwischen letztem Formularfeld und »Absenden«-Button, ein Hinweistext eingebunden werden. Darin muss beschrieben werden, welche Daten zu welchen Zwecken verarbeitet, wie lange diese aufbewahrt werden und dass grundsätzlich ein Widerrufsrecht besteht. Außerdem sollten Sie in diesem Hinweistext die eigene Datenschutzerklärung verlinken.

Generell müssen Sie den Grundsatz der Datensparsamkeit bzw. Datenminimierung beachten. Es dürfen nur diejenigen personenbezogenen Daten erhoben werden, die für den konkreten Zweck auch erforderlich sind. Im Falle von Kunden- bzw. Supportanfragen also die E-Mail-Adresse, der Name und ggf. noch eine Telefonnummer für Rückrufe. Auch eine eventuell existierende Kunden-, Auftrags- oder Rechnungsnummer kann abgefragt werden. Faustregel: so wenig wie möglich, so viel wie nötig.

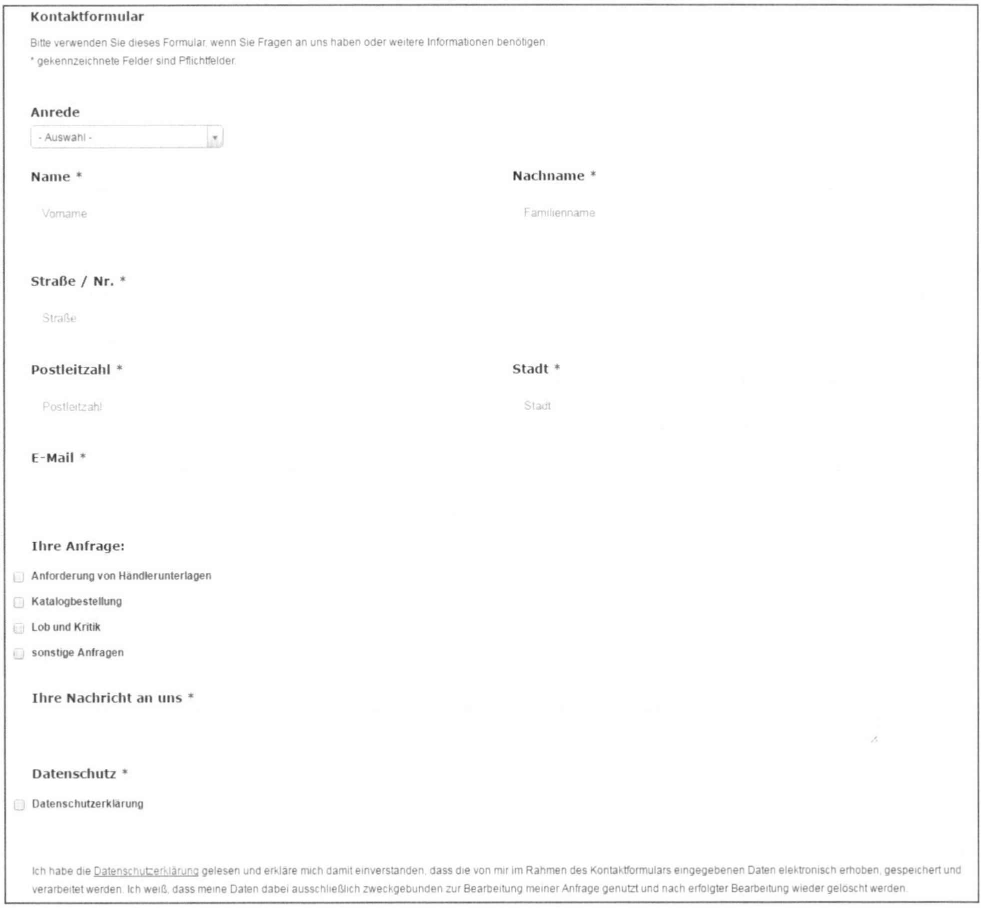

Abbildung 19.2 Die Erläuterungen zum Thema Datenschutz dürfen nicht fehlen

19.2.4 Analysesoftware

Beim Einsatz von Google Analytics, Matomo (ehemals Piwik), Adobe Omniture, Etracker und Co. werden ebenfalls personenbezogene Daten (IP-Adressen) verarbeitet. Daher dürfen Sie solche Analysetools ebenfalls nur unter bestimmten Bedingungen einsetzen. In Bezug auf Google Analytics sind beispielsweise folgende Schritte zu beachten:

- Modifikation zur Kürzung der IP-Adressen im Code (`anonymizeIp`) bzw. im Google Tag Manager (unter WEITERE EINSTELLUNGEN • FESTZULEGENDE FELDER ein Feld »anonymizeIp« mit dem Wert »true« hinzufügen)
- Widerspruchsmöglichkeit (z. B. per Link zum Deaktivierungs-Add-on für den Browser oder durch das Setzen eines Opt-out-Cookies)

- Informationen in der Datenschutzerklärung über Art und Funktionsweise des Analysetools
- Vertrag mit dem Anbieter der Analysesoftware über die sogenannte Auftragsverarbeitung

Diese Maßnahmen gelten analog natürlich auch für andere Analysesoftware. Sollten Sie diese bislang nicht berücksichtigt, so müssen Sie die bisher erhobenen Daten vollständig löschen und im Zweifel einen neuen Account anlegen. Alle genannten Voraussetzungen galten bereits vor Inkrafttreten der DSGVO und gelten auch nach dem 25. Mai 2018.

19.2.5 Social Plugins

Elemente, wie einen Like-, Share- oder Tweet-Button, findet man auf zahlreichen Internetseiten und vor allem auch in Onlineshops. Mithilfe dieser Social Plugins sollen beispielsweise Produkte einen einfacheren und schnelleren Einzug in die sozialen Netzwerke und damit schlicht eine größere Verbreitung finden. Da aber auch hierbei IP-Adressen verarbeitet werden, dürfen Sie die Social Plugins nicht so ohne Weiteres nutzen. Sie müssen vielmehr durch technische Maßnahmen sicherstellen, dass die Nutzer zuvor über die Funktionsweise aufgeklärt werden, und anschließend dann selbst darüber entscheiden können, ob die eigentlichen Funktionen der Social Plugins »scharfgeschaltet« werden oder nicht. Dies gelingt u. a. durch Verwendung einer sogenannten »Zwei-Klick-Lösung«, wie etwa »c't Shariff« aus dem Heise Verlag (siehe Abschnitt 11.10.2). Es existieren verschiedene Lösungen, z. B. auch in Form als Plugin bzw. Extension für nahezu alle gängigen Content-Management-Systeme. Und natürlich gibt es auch entsprechende Lösungen für Shopware.

Eine »Zwei-Klick-Lösung« funktioniert folgendermaßen:

- zunächst Einbindung von Platzhalter-Grafiken ohne sonstige Funktionen
- Einblendung von Informationen über die Social Plugins bzw. die »Zwei-Klick-Lösung« als Mouse-over-Text
- Aktivierung der Funktionen der Social Plugins erst nach Mausklick des Nutzers
- Nutzungsmöglichkeit der Funktionen erst nach weiterem Mausklick des Nutzers
- Information über die Social Plugins bzw. die »Zwei-Klick-Lösung« müssen in die Datenschutzerklärung aufgenommen werden.

Ob und inwieweit eine so funktionierende »Zwei-Klick-Lösung« auch nach Maßgabe der DSGVO noch zulässig ist, ist noch nicht abschließend geklärt und daher bleibt abzuwarten. Es gibt gute Argumente, die sich dagegen aussprechen. Aus diesem Grund sollten Sie die weiterentwickelte Technik in Form der neuen Version von »c't Shariff« nutzen. Sie setzt die Funktionsweise der bisherigen »Zwei-Klick-Lösungen«

sowohl eleganter, nämlich mit nur noch einem Mausklick, als auch rechtskonform im Sinne der DSGVO um.

Datenschutz und Social Media: Der c't Shariff ist im Einsatz

heise online 02.12.2014 15:04 Uhr — Volker Briegleb   vorlesen

Die c't hat ihre datenschutzfreundlichen Social-Media-Buttons verbessert. Der "Shariff" benötigt nur einen Klick für ein Like oder Share – und ist ab sofort hier im Einsatz.

Auf den Webseiten von c't und heise online sowie den anderen Titeln des Heise Zeitschriften Verlags kommen ab sofort neue Social-Media-Buttons zum Einsatz. Der "c't Shariff" passt auf, dass soziale Netzwerke erst dann Daten von Nutzern abfragen können, wenn diese auf den entsprechenden Button klicken. Webseitenbetreiber und Admins können die neue Lösung auf ihren eigenen Seiten einbauen. c't hat den Shariff als Open Source auf Github veröffentlicht.

Abbildung 19.3 Die Verwendung von »c't Shariff« o. ä. Techniken beim Einsatz von Social Plugins ist Pflicht

Wichtig: Wenn Sie lediglich einen »nackten« Link auf Social-Media-Profile ohne weitergehende Funktionalität einbinden möchten, dann müssen dazu die gerade beschriebenen Lösungen nicht zum Einsatz kommen. Denn in diesem Fall handelt es sich ja um einen »normalen« Hyperlink, ohne dass dabei großartig Daten der Nutzer gesammelt werden. Insofern ist Ihre Nutzung z. B. der Facebook-, Twitter-, WhatsApp- oder LinkedIn-Symbole von Font Awesome oder anderen Anbietern mit jeweils unterlegten Links aus datenschutzrechtlicher Sicht kein Problem.

19.3 Der Webshop-Content

Genau wie andere Internetseiten auch lebt ein Onlineshop in erster Linie von seinen Inhalten und deren gezielter Präsentation. Aus diesem Grund sind zumindest Grundkenntnisse im Urheberrecht oder in Bezug auf das Recht am eigenen Bild für Webshopbetreiber unerlässlich. Ebenso sollten Ihnen die zentralen wettbewerbsrechtlichen Themen bekannt sein, wie etwa die rechtskonforme Beschreibung von Produkten oder auch die juristisch korrekte Preisauszeichnung.

19.3.1 Urheberrecht

Das Urheberrecht entsteht im europäischen Raum kraft Gesetz, und zwar im Zeitpunkt der Erschaffung eines Werks, also etwa dem Niederschreiben eines Textes, dem Zeichnen eines Bildes oder der Aufnahme eines Fotos. Es kommt nicht auf eine Kennzeichnung mit dem bekannten ©-Symbol oder das Anbringen irgendeiner Art von Kopierschutz an. Im internationalen Kontext kann jedoch ein Hinweis in der Art von »© [Name des Urhebers] [Jahreszahl]« (z. B. »© Michael Rohrlich 2018«) auch nicht schaden. Denn nach dem Genfer Welturheberrechtsabkommen gilt ein Werk dann als geschützt. Nach Maßgabe des deutschen Urheberrechtsgesetzes (UrhG) ist dies jedoch, wie gesagt, nicht nötig.

Es gibt unterschiedliche Arten von Werken. Für die Verwendung in Onlineshops relevant sind insbesondere

- Texte,
- Fotos,
- Grafiken,
- Filme,
- Musik oder auch
- Darstellungen wissenschaftlicher oder technischer Art.

Allerdings genießt nicht jedes Werk automatisch mit seiner Entstehung urheberrechtlichen Schutz. Voraussetzung hierfür ist eine ausreichende Schaffenshöhe (oder auch Schöpfungshöhe genannt). Bei dem konkreten Werk muss es sich um eine persönlich geistige Schöpfung handeln, es darf nicht nur eine alltägliche, routinemäßige Leistung vorliegen. Bei der Bewertung kommt es also wenig auf Quantität, als vielmehr auf Qualität an. Ein einzelner Tweet dürfte schon wegen seines geringen

Umfangs in den seltensten Fällen die ausreichende Schaffenshöhe erreichen, die Gesamtheit an Tweets in einem Twitter-Account hingegen schon eher. Eine Produktbeschreibung dürfte nur dann schützenswert sein, wenn sie über die Auflistung der Produktmerkmale hinausgeht. Aber: Auch die sogenannte »kleine Münze« ist geschützt, sodass es nicht auf die Länge der Produktbeschreibung ankommt. Es geht primär darum, ob eine »individuelle Handschrift« zu erkennen ist.

Fotos sind aus urheberrechtlicher Sicht ein Sonderfall, denn diese genießen in jedem Fall urheberrechtlichen Schutz. Ohne hier näher auf die rechtlichen Hintergründe eingehen zu wollen, kann man sich ganz einfach merken, dass jedes Foto automatisch Schutz genießt.

Das Urheberrecht gilt nicht grenzenlos – es gibt zeitliche, räumliche und inhaltliche Schrankenregelungen. Die urheberrechtliche Schutzfrist beträgt 70 Jahre nach Tod des Urhebers bzw. bei Fotos 50 Jahre nach erstmaligem Erscheinen. Inhaltliche Schranken bestehen u. a. in Form des Zitatrechts oder auch des Rechts auf Privatkopie.

Weil das Urheberrecht als solches nicht übertragbar (sondern nur vererbbar) ist, können lediglich Nutzungsrechte daran auf Dritte übertragen werden. Die Einzelheiten können in entsprechenden Lizenzvereinbarungen festgelegt werden. Und weil bei der Verwendung fremder Werke in der Regel eine Einwilligung des Urhebers bzw. Rechteinhabers vorliegen muss, sind bestimmte Voraussetzungen zu erfüllen. Anhand der folgenden Checkliste können Sie leicht ablesen, welche Werke zulässig zum Einsatz kommen können:

- selbst geschaffene Werke (die nicht gegen Gesetze verstoßen oder sittenwidrig sind)
- fremde Werke mit Einwilligung für den konkreten Verwendungszweck (z. B. für die Nutzung im Webshop, in den sozialen Medien etc.)
- Werke ohne ausreichende Schaffenshöhe (hier ist aufgrund der schwierigen Abgrenzung aber Vorsicht geboten)
- sogenannte gemeinfreie Werke (z. B. Urteils- oder Gesetzestexte, aber auch Werke, deren Schutzfrist abgelaufen ist)
- Zitate fremder Werke (nur als Beleg für eine eigene Leistung, mit Kennzeichnung und Quellennachweis)
- Personenfotos (im Zweifel mit Einwilligung des/der Abgebildeten)

Weil auch für Fachleute bisweilen die Einordnung schwierig ist, sollten Sie im Zweifel von einem urheberrechtlichen Schutz eines Werkes ausgehen. Das bedeutet, dass dann in aller Regel eine Einwilligung erforderlich ist, bevor Sie es einsetzen können. Zwar dürfen fremde Werke Ihnen als Vorlage, als Inspiration dienen, Sie dürfen sie aber eben nicht einfach so eins zu eins übernehmen. Erfolgt eine Bearbeitung eines fremden Werks, z. B. eines Fotos, so entsteht dadurch nur dann ein neues, eigenständiges Werk, wenn die charakteristischen Züge des Originals nur noch schwach durchschimmern oder gar nicht mehr zu erkennen sind. Faustformel: Je mehr das Originalwerk noch zu erkennen ist, desto eher ist von einer unzulässigen Bearbeitung auszugehen.

19.3.2 Recht am eigenen Bild

Jeder Mensch hat, zumindest in Deutschland, das Recht am eigenen Bild. Dieses Grundrecht resultiert letztlich aus dem allgemeinen Persönlichkeitsrecht gemäß Art. 1, 2 Grundgesetz (GG). Daraus folgt, dass eine erkennbare Abbildung einer Person nur mit deren vorheriger Zustimmung erfolgen darf, so legt es § 22 des Kunsturhebergesetzes (KUG) fest. Eine »erkennbare Abbildung« liegt schon dann vor, wenn die betreffende Person theoretisch erkannt werden kann, ein tatsächliches Erkennen ist insoweit nicht erforderlich. Die Erkennbarkeit kann sich nicht nur durch die abgebildete Person selbst, sondern auch durch die Begleitumstände ergeben, also z. B. durch

- Ort,
- Zeit,
- Begleitperson(en),
- Tätowierung(en) oder die
- Bildunterschrift.

Es kommt prinzipiell nicht darauf an, ob es sich um Foto- oder Videoaufnahmen handelt und ob diese analog oder digital entstehen. Auch macht die Verwendung der Aufnahmen für private oder für gewerbliche Zwecke grundsätzlich keinen Unterschied.

Es existieren gemäß § 23 KUG aber auch verschiedene Ausnahmen vom Einwilligungsgrundsatz. In folgenden Fällen muss folglich keine Einwilligung vorliegen:

- Bildnisse aus dem Bereiche der Zeitgeschichte (z. B. Politiker-Auftritt)
- Bilder, auf denen die Personen nur als Beiwerk neben einer Landschaft oder sonstigen Örtlichkeit erscheinen (z. B. Urlaubsfoto vom Aachener Dom)
- Bilder von Versammlungen, Aufzügen und ähnlichen Vorgängen, an denen die dargestellten Personen teilgenommen haben (z. B. Konzert, Fußballspiel)
- Bildnisse, die nicht auf Bestellung angefertigt sind, sofern die Verbreitung oder Schaustellung einem höheren Interesse der Kunst dient (z. B. Foto zur Illustration eines wissenschaftlichen Textes)

Gäbe es diese Ausnahmefälle nicht, wäre der Job von Fotografen oder Kameraleuten wohl kaum sinnvoll auszuüben.

Bei Aufnahmen von Prominenten kann man sich folgende Faustregel merken: Je bekannter eine Person ist, desto eher darf sie in der Öffentlichkeit ungefragt fotografiert werden. Geschützt sind immer nur die Bereiche Privat- sowie Intimsphäre. Aufnahmen in den umzäunten Garten sind daher genauso tabu wie durch das Schlafzimmerfenster.

Will man mit (zulässigen) Promi-Fotos Werbung machen, so ist das prinzipiell möglich. Allerdings müssen hier bestimmte Grenzen eingehalten werden. Die folgende Checkliste verdeutlicht Ihnen das:

- Grundsatz: keine Nutzung der Aufnahme zu Werbezwecken ohne vorherige Zustimmung
- Ausnahme: kommerzielle Nutzung ausnahmsweise möglich, sofern nicht nur wirtschaftliche Interessen im Vordergrund stehen, sondern auch ein gewisser Informationsgehalt besteht (z. B. bei kritischem Bezug der Werbung auf ein aktuelles Ereignis aus Politik, Kultur oder Sport)
- Gegenausnahme: Es darf nicht der Eindruck erweckt werden, dass der abgebildete Promi sich mit dem beworbenen Produkt identifiziert.

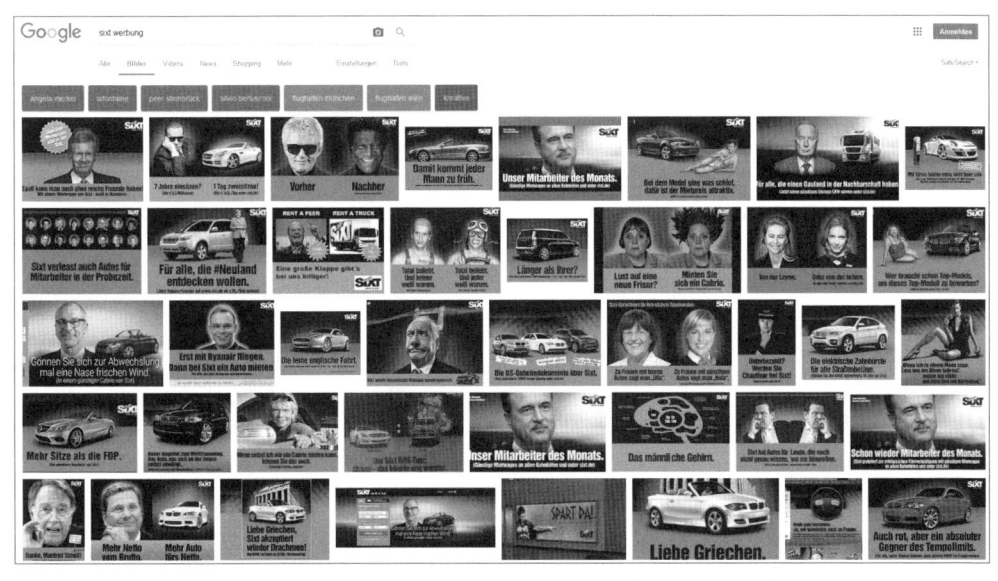

Abbildung 19.4 Das Unternehmen Sixt ist berühmt für seine kreativen Werbungen mit Promi-Gesichtern

Im Hinblick auf die Verwendung von Fotos, auf denen Personen erkennbar abgebildet sind, sollten Sie ebenfalls die Zweifelsregelung »lieber mit Einwilligung, also ohne« berücksichtigen. Kommen Personen-Fotos aus Stock-Archiven zum Einsatz, so können Sie davon ausgehen, dass die Frage der Einwilligung bereits durch den Stock-Anbieter geklärt ist. In aller Regel handelt es sich dabei um Modells, die vermutlich für ihre Dienste entlohnt worden sind, und schon allein deshalb jedenfalls eine stillschweigende Einwilligung erteilt haben. Normalerweise gibt es in diesem

Bereich aber sogenannte Modell-Release-Verträge, die u. a. das Recht am eigenen Bild regeln. Abschließend noch der Hinweis darauf, dass die KUG-Regelungen wohl auch nach Wirksamwerden der DSGVO weiterhin anwendbar bleiben. Dies haben zumindest die Richter des Oberlandesgerichts Köln so entschieden (Beschluss vom 18.06.2018, Aktenzeichen: 15 W 27/18).

19.3.3 Produktbeschreibungen

Wenn es um Content von Onlineshops geht, dreht es sich naturgemäß auch um solche Dinge, wie Produktbeschreibungen, Preisangaben und Versandinformationen. Es versteht sich von selbst, dass Sie hierbei inhaltlich korrekte, wahrheitsgetreue Angaben leisten müssen. Aus juristischer Perspektive gehen die Pflichten von Onlinehändlern hier aber noch viel weiter.

Die Produktbeschreibungen müssen generell alle essenziellen Merkmale einer Ware bzw. Dienstleistung aufweisen, also Preis, Maße, Farbe, Anzahl, Features usw. Abgesehen von den eigentlichen Produkteigenschaften gibt es je nach Branche bzw. Produkt bestimmte Informations- oder gar Handlungspflichten. So bestehen beispielsweise in den folgenden Fällen spezifische Hinweispflichten:

- Alkohol/Tabak
- FSK18-Filme/-Games
- Batterien/Akkus
- Chemikalien
- Elektrogeräte
- Fahrzeuge/Fahrzeugteile
- Textil-Produkte
- »weiße Ware«
- Spielzeug
- Kosmetika
- Nahrungs(ergänzungs)mittel

Außerdem gibt es noch weitere Spezialgesetze, wie z. B. das Einheiten- und Zeitgesetz, die Fertigpackungsverordnung oder auch das Produktsicherheitsgesetz, aus denen sich bestimmte Erfordernisse im Rahmen von (Online-)Produktpräsentationen ergeben.

In folgenden Fällen müssen Sie als Onlinehändler aufgrund spezieller Handlungspflichten aktiv werden:

- Altöl-Rücknahme
- Registrierung/Rücknahme von Verpackungen
- Registrierung/Rücknahme von Elektrogeräten

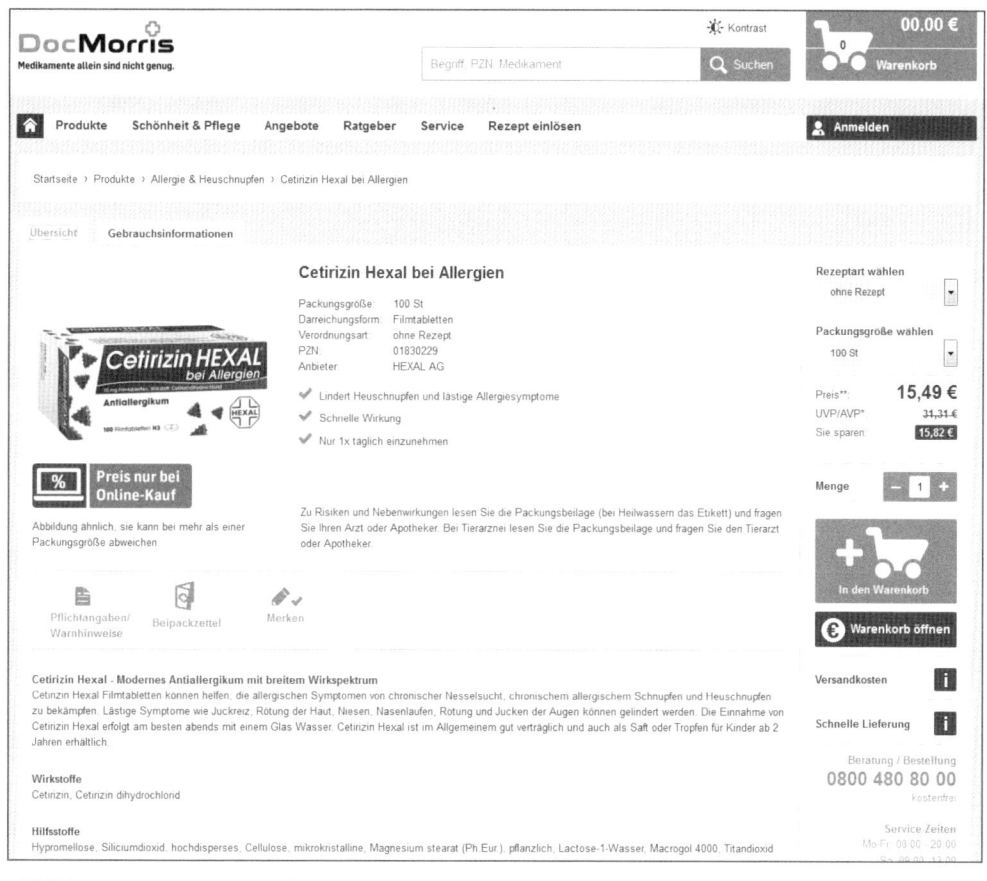

Abbildung 19.5 Beim Vertrieb von Medikamenten sind einige Dinge zu beachten

Beim Einsatz von Produktfotos müssen Sie beachten, dass dort nur das mit abgebildet wird, was auch tatsächlich veräußert werden soll. Andernfalls müssen Sie in unmittelbarer Nähe des Bildes, z. B. in der Bildunterschrift, entsprechende Hinweise geben. Infrage kommen hier u. a.

- »ohne Zubehör«,
- »Deko nicht im Lieferumfang« oder auch
- »Serviervorschlag«.

Je deutlicher Sie in Bild und Text darstellen, was der Kunde im Lieferumfang erwarten darf, desto besser. Etwaige Missverständnisse gehen im Zweifel zulasten des Händlers, also zu Ihren.

Ganz allgemein sei noch der Hinweis erlaubt, dass Sie Texte, Bilder oder Videos, die vom Hersteller stammen, nicht einfach so ungefragt für eigene Zwecke übernehmen dürfen – auch dann nicht, wenn Sie die Produkte dieses Herstellers zulässigerweise vertreiben. Nur, weil der Hersteller ein potenzielles Interesse am Verkauf seiner Waren und damit eventuell auch an der Nutzung seines Materials hat, darf nicht zugleich auch von einer Einwilligung im urheberrechtlichen Sinne ausgegangen werden. Im Zweifel gilt auch hier: Fragen Sie lieber einmal zu viel um Erlaubnis als einmal zu wenig.

19.3.4 Preisangaben

In puncto Preisangaben muss zunächst differenziert werden, ob es sich um ein Angebot gegenüber Verbrauchern (B2C) oder gegenüber Unternehmern (B2B) handelt. Im erstgenannten Fall müssen Sie stets Endpreis angeben, also die Summe inklusive Umsatzsteuer und sonstiger Bestandteile (Zölle, Rabatte etc.). Die Angabe von Nettopreisen im B2C-Bereich ist nur dann zulässig, wenn Sie unter die sogenannte Kleinunternehmerregelung fallen und deshalb von der Umsatzsteuer befreit sind. In jedem Fall muss aber zumindest ein Hinweis auf die Bestandteile erfolgen, die sich erst beim Abschluss der Bestellung ergeben, wie beispielsweise die Versandkosten. Berechnen Sie allerdings immer nur eine Versandkostenpauschale, so können und müssen Sie diese in unmittelbarer Nähe zum Preis beziffern. Wenn Sie bestimmte Produkte vertreiben, wie etwa Getränke, Kosmetik oder Nahrungsmittel, müssen Sie in aller Regel auch den Grundpreis angeben. Diesen müssen Sie in unmittelbarer Nähe zur eigentlichen Preisangabe platzieren.

Abbildung 19.6 Sollen Endpreis, Grundpreis, Zusatzgebühren und Versandkostenhinweis korrekt dargestellt werden, ist ein gutes Layout gefragt

> **Musterformulierung: Preisangaben im B2C-Bereich**
> - »100 Euro inkl. MwSt. zzgl. Versandkosten«
> - »100 Euro inkl. MwSt. zzgl. 5 Euro Versand«
> - »100 Euro inkl. MwSt. zzgl. Versandkosten, Grundpreis: 10 Euro/kg«
> - »100 Euro, umsatzsteuerbefreit nach § 19 UStG, zzgl. Versandkosten«
>
> Hinweis: In den aufgeführten Beispielen müssen Sie jeweils das Wort »Versandkosten« mit der entsprechenden Unterseite verlinken.

Gegenüber anderen Gewerbetreibenden können Sie auch Nettopreise angeben. Der Hinweis auf die Versandkosten darf aber auch hier nicht fehlen. Das Gleiche gilt für die eventuell erforderliche Angabe des Grundpreises. Zusätzlich zu den Nettopreisen können Sie auch die Endpreise angeben, was insbesondere bei gemischten B2B-/B2C-Shops ohne getrennte Shopbereiche sinnvoll ist. Es ist unerlässlich, dass Sie explizit auf die Angabe von Nettopreisangaben hinweisen. Es muss für Verbraucher, die auf diese Seiten gelangen, eindeutig erkennbar sein, dass es sich um spezifische Angebote für Gewerbetreibende handelt. Insofern sollten Sie den ausdrücklichen B2B-Hinweis (z. B. »Nettopreise, Verkauf nur an Gewerbetreibende und Freiberufler« o. ä.) gut sichtbar auf jeder Einzelseite unterbringen, idealerweise im Header-Bereich.

> **Musterformulierung: Preisangaben im B2B-Bereich**
> - »100 Euro zzgl. MwSt. & Versandkosten«
> - »100 Euro zzgl. MwSt. & 5 Euro Versand«
> - »100 Euro zzgl. MwSt. & Versandkosten, Grundpreis: 10 Euro/kg«
>
> Hinweis: Auch hier müssen Sie jeweils das Wort »Versandkosten« mit der entsprechenden Unterseite verlinken.

19.3.5 Versandinformationen

Sofern keine Versandkostenpauschale, sondern gestaffelte Versandkosten erhoben werden, können diese natürlich nicht schon betragsmäßig neben den Preisangaben genannt werden. Deshalb müssen Sie den Hinweis »zzgl. Versandkosten« mit der Unterseite verknüpfen, auf der die Übersicht der Versandkosten dargestellt wird. Kunden müssen hier erkennen können, wann sie wie viel Versandkosten zu zahlen haben. Gerade bei einer Staffelung z. B. nach Gewicht oder Anzahl der Produkte bietet sich die Darstellung der Versandkosten in Form einer Tabelle an. Auch das Liefergebiet sollten Sie angeben, durch Hinweise wie z. B.

- »Wir liefern nur innerhalb Deutschlands«,
- »Wir liefern innerhalb der EU«,

- »Wir liefern nach Deutschland und China« oder
- »Wir liefern nach Deutschland, Österreich und die Schweiz (DACH-Region)«.

Machen Sie keine Angaben zu Lieferzeiten bzw. Warenverfügbarkeit, kann der Kunde davon ausgehen, dass die Waren im Zweifel sofort verfügbar sind und im Rahmen der gängigen Postlaufzeiten bei ihm eintreffen. Hier können und sollten Sie mittels individueller Lieferzeitangaben gegensteuern, indem Sie z. B. auf den Produkteinzelseiten »Verfügbarkeits-Ampeln« o. ä. anzeigen oder die einzelnen Lieferzeiten im Rahmen der Versandhinweise aufführen.

19.4 Allgemeine Geschäftsbedingungen

Allgemeine Geschäftsbedingungen (AGB) sind für eine Vielzahl von Verträgen vorformulierte Bedingungen, die sozusagen den juristischen Rahmen für alle einzelnen individuellen Verträge bilden. Es besteht generell keine Pflicht zur Verwendung von AGB – wenn Sie solche Regelwerke einsetzen, dann müssen diese natürlich auch korrekt sein. Denn: Fehlerhafte AGB-Klauseln gehen im Zweifel zulasten des Verwenders, also zu Ihren.

Im B2B-Bereich ist es durchaus sinnvoll, eigene AGB zu verwenden, um hier z. B. die eigene Haftung zu beschränken, Zahlungsziele zu definieren oder der Gegenseite bestimmte Prüfpflichten aufzuerlegen. Hingegen lässt sich im B2C-Bereich nur wenig im Sinne des Händlers regeln. Die meisten Dinge werden durch unabdingbares Verbraucherschutzrecht normiert, sodass kaum Spielraum für eigene Vorgaben bleibt. Allerdings können und sollten Sie die AGB als »Info-Zentrale« nutzen, um so Ihre eigenen Informationspflichten zu erfüllen. Beispielsweise müssen Sie Verbraucher auf die bestehenden Gewährleistungsvorschriften hinweisen – so etwas passt natürlich perfekt in AGB.

19.4.1 Gestaltung des Menüpunktes

AGB müssen vor Vertragsschluss in zumutbarer Weise zur Kenntnis genommen werden können. Das bedeutet, dass Sie diese unter einem eigenen Menüpunkt darstellen sollten. Diese müssen Sie dann, ähnlich wie das Impressum und die Datenschutzerklärung, in die Hauptnavigation oder den Header- bzw. Footer-Bereich einbinden und eindeutig bezeichnen (»Allgemeine Geschäftsbedingungen«, »AGB« o. ä.).

Idealerweise sollten Sie zusätzlich zum eigentlichen AGB-Text auf der entsprechenden Unterseite eine Möglichkeit zum Ausdruck und/oder zum Download als PDF-Datei bereitstellen. Da der Inhalt der AGB mitunter recht umfangreich sein kann, bietet sich auch hier die Lösung eines vorangestellten Inhaltsverzeichnisses an, deren einzelne Punkte Sie per Anker-Link mit den jeweiligen Abschnitten verlinken. Das erleichtert sowohl die Übersichtlichkeit als auch die Navigation.

19.4.2 Typische Regelungsinhalte

B2C-AGB unterscheiden sich fundamental von B2B-AGB, da in den letztgenannten – wie erwähnt – wesentlich mehr geregelt werden kann. Die folgenden Aspekte finden sich jedoch regelmäßig in beiden Varianten:

- Identität des Unternehmens
- Angaben zum Vertragsschluss bzw. Bestellablauf
- Speicherung des Vertragstextes
- Gewährleistung
- Garantie
- Widerrufsbelehrung
- Zahlarten
- Zahlungsbedingungen
- Lieferbedingungen (Gebiet, Dauer, Kosten)
- Hinweis alternative Streitschlichtung/OS-Plattform
- spezielle Hinweispflichten (BattG, AltölVO etc.)

Generell ist zu empfehlen, dass Sie die eigenen AGB von einem Fachmann erstellen lassen. Von einem Kopieren fremder AGB-Texte muss gleich aus mehreren Gründen abgeraten werden.

19.5 Der Bestell-Prozess genauer beleuchtet

Bereits seit dem 1. August 2012 gilt in Deutschland die »Button-Lösung«. Diese Vorgabe des Gesetzgebers war dazu gedacht, sogenannten »Abo-Fallen« die Grundlage zu entziehen, indem ab diesem Zeitpunkt die Beschriftung von Bestellbuttons in allen Onlineshops eindeutig zu sein hatte. Außerdem müssen auch der Bestellablauf sowie insbesondere die Checkout-Seite nach spezifischen Vorgaben gestaltet sein.

19.5.1 Bestellprozess, Checkout-Seite, Bestellbutton

Der Kunde muss genau wissen, wo er sich im Rahmen der Bestellung gerade befindet. Deshalb müssen Sie den Bestellprozess optisch und auch von der Nutzerführung her so gestalten, dass klar erkennbar ist, wo Ihr Kunde aktuell ist und wann er zur letzten Seite (Checkout-Seite) gelangt. Insofern ist es ideal, wenn Sie die einzelnen Schritte des Bestellprozesses nummerieren oder mit eindeutigen Überschriften versehen (z. B. »Schritt 3/5« oder »Schritt 2: Adresseingabe«). Ihre Kunden müssen immer vor bzw. zurück navigieren können, jedenfalls über die entsprechenden Browser-Funktionen, besser noch mittels spezieller Buttons (z. B. »zurück« und »weiter«). Außerdem muss die Möglichkeit bestehen, Angaben zu löschen bzw. zu korrigieren.

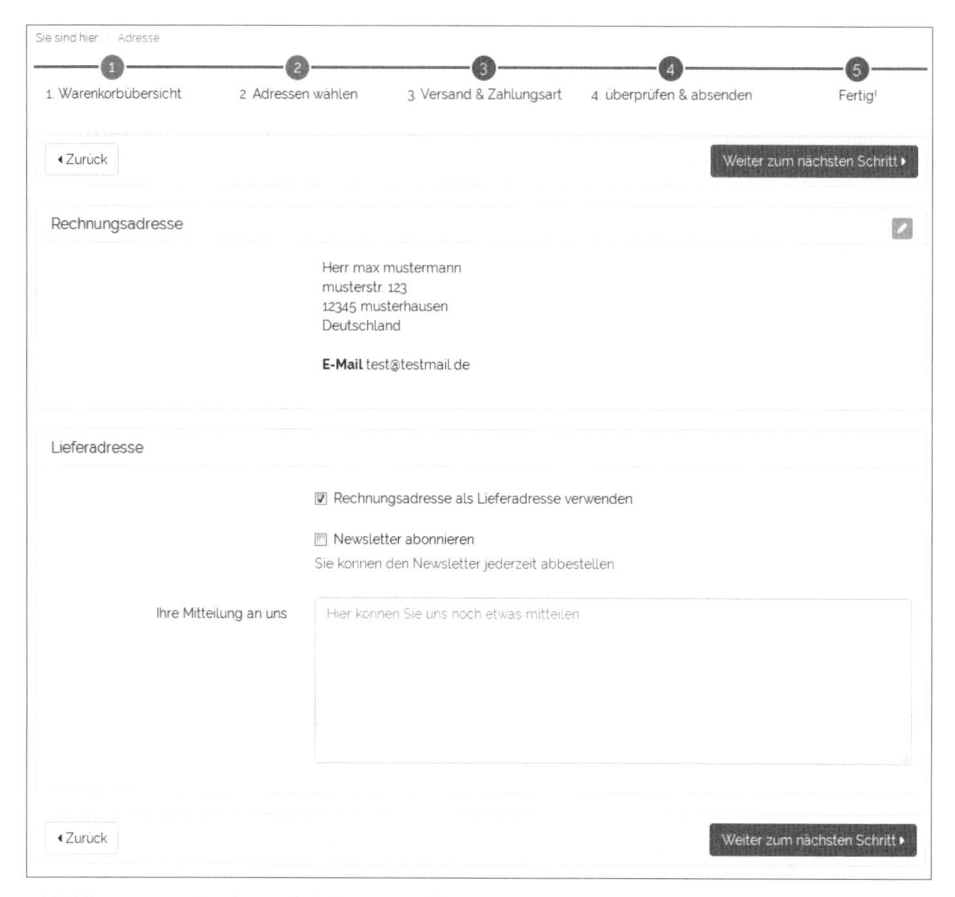

Abbildung 19.7 Ein übersichtlicher Bestellprozess und eine gute Benutzerführung sind das A und O in einem Webshop

Bevor der Kunde eine verbindliche Erklärung abgibt, indem er den Bestellbutton anklickt, muss er sich darüber auch im Klaren sein. Das bedeutet, dass er zum einen eindeutig erkennen können muss, dass er sich auf der Checkout-Seite befindet, nach der kein weiterer Schritt im Bestellprozess mehr folgt. Zum anderen müssen die Informationen auf Ihrer Checkout-Seite bestimmte Voraussetzungen erfüllen. Die nachfolgend beschriebene Reihenfolge müssen Sie zwingend einhalten:

- Hinweis auf Checkout-Seite (z. B. »Schritt 5/5«)
- sprechender Link auf AGB (z. B. »hier finden Sie unsere AGB«)
- sprechender Link auf Widerrufsbelehrung/Widerrufsformular (z. B. »hier finden Sie unsere Widerrufsbelehrung und das Widerrufsformular«)
- sprechender Link auf Datenschutzerklärung (z. B. »hier finden Sie unsere Datenschutzerklärung«)
- Angabe von Liefer- bzw. Rechnungsadresse

- Angabe der gewählten Zahlungsart
- wesentliche Produktmerkmale aller im Warenkorb befindlichen Artikel
- ggf. sprechender Link auf besondere Pflichtinformationen (BattG, AltölVO o. ä.)
- eindeutig beschrifteter Bestellbutton

Zu den »wesentlichen Produktmerkmalen« gehören nicht nur die essenziellen Produkteigenschaften, sondern unter Umständen auch ein Produktbild, die Angabe des Einzelpreises sowie des Endpreises, des Umsatzsteuersatzes und -betrags, die Angabe der Versandkosten.

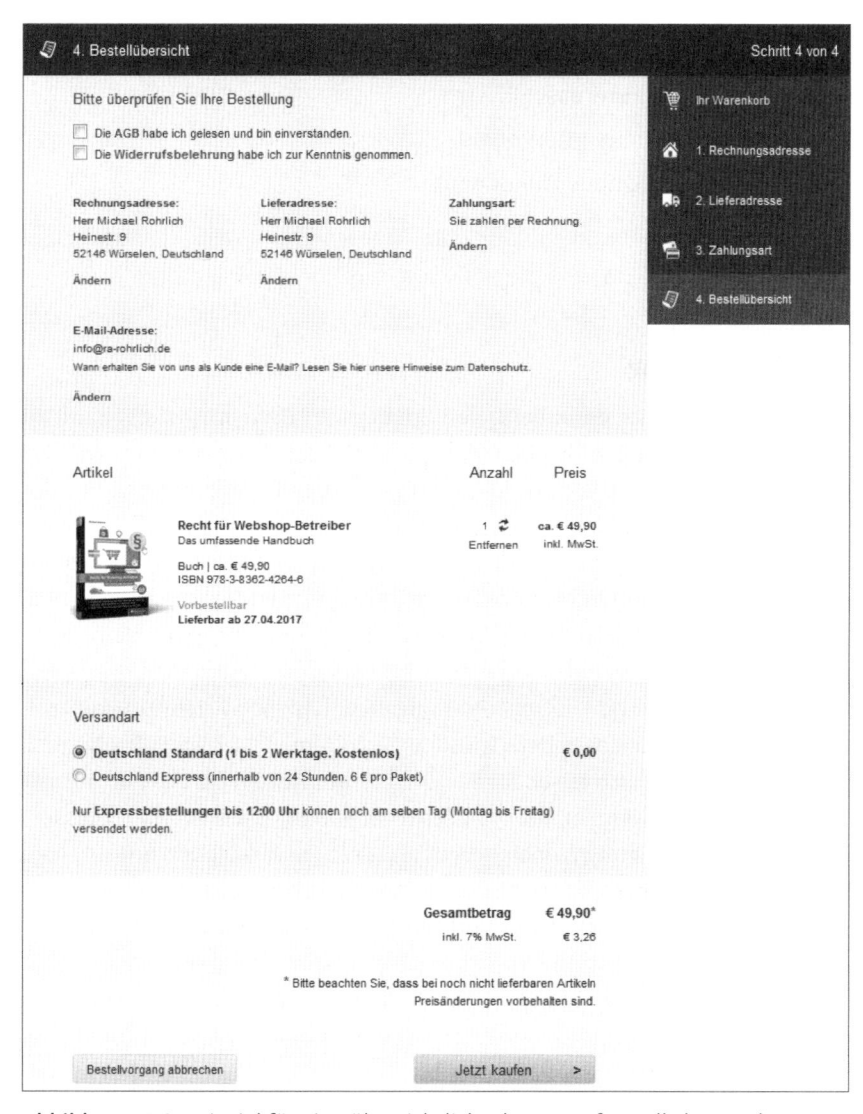

Abbildung 19.8 Beispiel für eine übersichtliche, benutzerfreundlich gestaltete Checkout-Seite

Im Falle von Abonnements müssen Sie deren Vertragslaufzeit angeben und hervorgehoben darstellen (z. B. andere Schriftart bzw. -farbe, Fett-Formatierung, Umrandung).

Unterhalb des Bestellbuttons dürfen keine für den Vertragsschluss wesentlichen Informationen mehr folgen. Außerdem muss die Beschriftung des Buttons eindeutig darauf hinweisen, dass der Kunde dadurch ein verbindliches Vertragsangebot abgibt. Daher sind im Wesentlichen nur die folgenden Buttontexte zulässig:

- »zahlungspflichtig bestellen«
- »kostenpflichtig bestellen«
- »kaufen«
- »zahlungspflichtigen Vertrag abschließen«
- »Gebot abgeben« (bei Online-Auktionen)
- »Gebot bestätigen« (bei Online-Auktionen)

Beschriftungen, wie z. B. »Bestellen«, »Weiter«, »abschicken« oder »jetzt zuschlagen«, sind tabu.

19.5.2 Bestellbestätigung

Sie haben als Onlinehändler die Pflicht, den Erhalt einer Bestellung umgehend zu bestätigen. Dies erfolgt regelmäßig per E-Mail, die nach Bestelleingang automatisiert vom System an den Besteller verschickt wird. Das dürfen Sie jedoch nicht mit der rechtswirksamen Annahme dieser Vertragserklärung verwechseln. Es besteht zwar die rechtlich zulässige Möglichkeit, jede Bestellung im Rahmen der Bestellbestätigung automatisch zu akzeptieren und so einen verbindlichen Vertrag einzugehen. Dadurch würden Sie sich jedoch selbst in Ihrer Handlungsfreiheit beschränken. Denn in diesem Fall hätten Sie nicht die Chance, eine Bonitätsprüfung durchzuführen, den Vorgang auf etwaige Fehler (z. B. falsche Preisangaben, fehlende Artikel) zu kontrollieren oder den Kunden – aus welchen Gründen auch immer – schlicht abzulehnen. Wird die Bestätigungsmail also falsch formuliert, kommt mit ihr bereits ein gültiger Vertrag zustande, den Sie dann zu den vereinbarten Bedingungen erfüllen müssen. Geht aus der Bestellbestätigung jedoch hervor, dass es sich tatsächlich nur um eine solche handelt (»Vielen Dank für Ihre Bestellung. Dies ist noch keine Annahme Ihrer Vertragserklärung …«), können Sie die Vertragsannahme auf einen späteren Zeitpunkt verschieben. Diese kann dann ausdrücklich mit einer separaten E-Mail (»Hiermit nehmen wir Ihr Vertragsangebot per Bestellung vom … an.«) oder aber konkludent durch Übersendung der bestellten Waren erfolgen. Wie auch immer Sie dies letztlich lösen, den Vorgang müssen Sie beschreiben und Ihren Kunden mitteilen (z. B. in den eigenen AGB).

19.5.3 Beschränkung für Unternehmenskunden (B2B)

Bei einer gemischten B2C-/B2B-Zielgruppe ist es ideal, wenn Sie einen separaten Shopbereich oder gar einen eigenen Shop für Unternehmenskunden bereitstellen. Da Sie gegenüber dieser Kundengruppe derzeit noch keine verbraucherschützenden Vorschriften beachten müssen und z. B. Nettopreise angeben können, müssen Sie streng darauf achten, dass keine Verbraucher in den B2B-Bereich bzw. -Shop gelangen oder dort eine Bestellung durchführen können. Dazu bedarf es bestimmte Vorkehrungen, die Sie im B2B-Bereich treffen müssen. Es geht im Wesentlichen um drei Aspekte:

- optische Gestaltung mit deutlichen Hinweisen
- Nachweispflicht der gewerblichen Tätigkeit
- Pflicht zur Verifizierung des Nachweises

Es muss jedem Besucher auf den ersten Blick bewusst werden, dass der Bereich bzw. der Shop ausschließlich für Gewerbekunden gedacht ist. Ihre erste Maßnahme sollte daher die Platzierung eines deutlichen Hinweises (z. B. (»Unser Angebot richtet sich ausschließlich an gewerbliche Kunden, alle Preise zzgl. MwSt.«), idealerweise im Header-Bereich des Webshops sein.

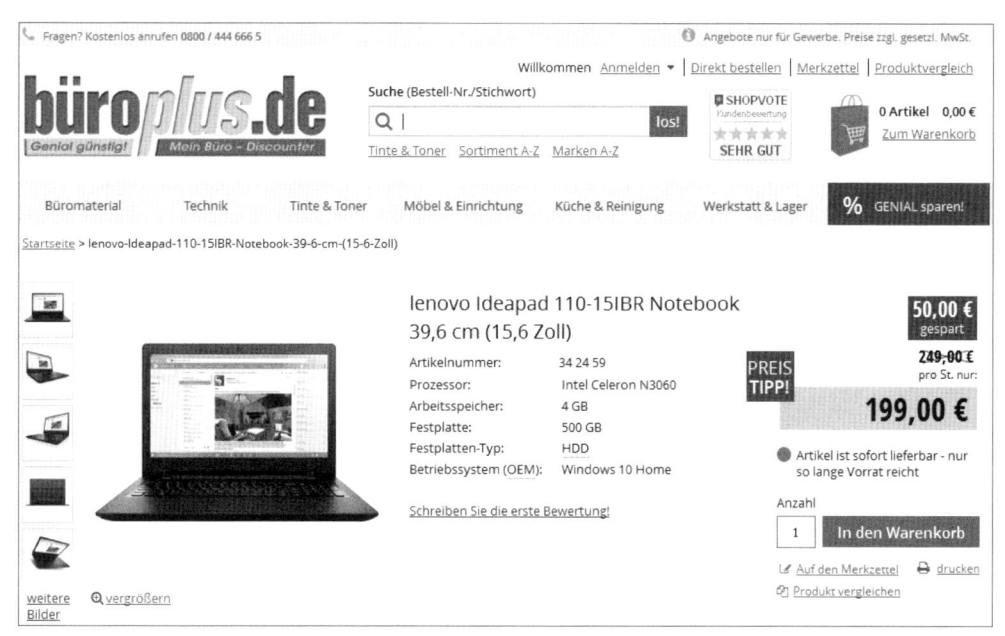

Abbildung 19.9 Der B2B-Hinweis darf ruhig etwas markanter gestaltet werden, ist so aber wohl auch noch zulässig

Eine markante Schriftfarbe und/oder die Umrandung des Hinweistextes sowie die Voranstellung eines Info-Symbols (z. B. ein »i« im Kreis) sind hierbei Mittel der Wahl.

Auch Ihre eigenen AGB sollten dann auf den gewerblichen Bereich ausgerichtet sein, d. h. ausdrücklich als »B2B-AGB« betitelt werden und darüber hinaus eine Klausel mit dem ausdrücklichen Hinweis auf den Verkauf an Gewerbetreibende enthalten. Die Angebote im Shop können und sollten Sie dann mit Nettopreisen und ggf. dem Hinweis »zzgl. MwSt.« versehen.

Außerdem müssen Sie sicherstellen, dass ausschließlich gewerbliche Kunden auf Ihre Shopangebote zugreifen können. Die Registrierung vor der ersten Bestellung ist daher zwingend notwendig. Das Registrierungsformular müssen Sie dabei so gestalten, dass die Unternehmensbezeichnung als Pflichtfeld abgefragt wird. Auch sollte es hier die Möglichkeit zum Hochladen von Gewerbenachweisen (z. B. Handelsregisterauszug oder Gewerbeschein) geben.

GEWERBENACHWEIS

Übersenden Sie uns bitte Ihren Gewerbenachweis oder einen Auszug des Handelsregisters. Bitte beachten Sie, dass nur Dateien im PDF-Format mit maximal 2 MB Dateigröße hochgeladen werden können. Der Dateiname darf keine Sonderzeichen oder Leerzeichen enthalten.

Gewerbenachweis
[Durchsuchen...] Keine Datei ausgewählt.

Abbildung 19.10 Die Bereitstellung einer Upload-Funktion erspart die eigene Nachforschung bezüglich des Gewerbenachweises

Ebenfalls empfiehlt sich die optionale Eingabemöglichkeit einer Umsatzsteuer-Identifikationsnummer oder auch von Registernummer und -gericht. Unterhalb des Registrierungsformulars sollte Sie dann noch eine verpflichtend anzuklickende Checkbox platzieren, die den Hinweistext »Hiermit bestätige ich, dass ich mich nicht als Privatperson (Verbraucher), sondern in meiner Eigenschaft als Unternehmer anmelde« aufweist.

Um die Angaben im Registrierungsprozess zu verifizieren, sollten Sie dort – nach Möglichkeit – einen automatisierten Prüfmechanismus integrieren. Wenn dies nicht realisierbar ist, dann müssen Sie die Gewerbeeigenschaft manuell überprüfen, z. B. durch Internetrecherchen oder Einblick ins Handelsregister.

19.5.4 Beachtung des Jugendschutzrechts

Bieten Sie Artikel mit Altersbeschränkungen, wie z. B. Alkohol, Tabak, Videos oder Games, an, müssen Sie darauf achten, dass auch nur solche Personen darauf zugreifen können, die bereits das vorgeschriebene Alter erreicht haben. Dazu sollten Sie die entsprechenden Artikel mit einem deutlichen Hinweis versehen (z. B. »Achtung: erst ab 18! Eine Lieferung an Minderjährige ist nicht möglich. Hier finden Sie weitere Informationen.«). Außerdem schadet es nicht, wenn die eigenen AGB entsprechende Klauseln enthalten, die darauf hinweisen, dass Verträge über solche Artikel ausschließlich mit volljährigen Personen geschlossen werden.

Es reicht aber natürlich nicht aus, den »guten Worten« müssen auch Taten folgen. Das bedeutet konkret: Sie müssen ein wirksames Altersverifikationssystem (AVS) verankern. Eine Altersprüfung kann etwa im Rahmen der Eröffnung des Kundenkontos erfolgen. Es gibt verschiedene Lösungen am Markt, die das sogar automatisiert erledigen. Als weiteren Schritt müssen Sie dann sicherstellen, dass die Waren tatsächlich auch nur an den konkreten Kunden verschickt bzw. übergeben werden. Der Zusteller muss also eine Sichtprüfung des Alters durchführen und sich zur Sicherheit auch den Personalausweis vorzeigen lassen. Das gilt umso mehr, wenn der Zusteller den Kunden noch nicht persönlich kennt.

19.6 Elektronische Werbung

Elektronische Werbung ist nach wie vor ein sehr effizientes Mittel, um bestehende oder potenzielle neue Kunden zu erreichen und zielgruppen-genau Werbung zu verschicken. Allerdings gilt in Deutschland diesbezüglich eine strenge Regelung. Gilt in Bezug auf postalische Werbung der Grundsatz, dass so lange Werbung verschickt werden darf, bis der Empfänger dem Erhalt widerspricht, gilt hinsichtlich Werbung in elektronischer Form genau das Gegenteil. Hier muss eine ausdrückliche Zustimmung vorliegen, bevor mit dem Werbeversand begonnen werden darf. Dieser Grundsatz muss nicht nur in Bezug auf die »klassische« E-Mail-Werbung eingehalten werden, sondern auch bei anderen Formen der Werbung auf elektronischem Wege. So ist beispielsweise auch das Empfehlungsmarketing durch Kurznachrichten in den sozialen Netzwerken oder in Form der »Tell-a-friend«-Funktion davon umfasst. Bei Lichte betrachtet ist auch ein kurzer Hinweis nach dem Motto »Beachten Sie auch unsere aktuellen Angebote« schon Empfehlungsmarketing, wenn er z. B. in einer Autoresponder-E-Mail mit der Abwesenheitsnotiz verbunden ist. Letztlich greift der Begriff sogar noch weiter, denn auch der Klick auf ein »Like« oder »Share« kann schon als elektronische Werbeform eingestuft werden. Einfaches und effektives Empfehlungsmarketing – und trotzdem oder gerade deshalb müssen Sie die juristischen Grundregeln berücksichtigen. Dies gilt für das Wettbewerbsrecht im Allgemeinen (z. B. Verbot von Lockangeboten, als Information getarnter Werbung, sonstiger Irreführung, Pyramiden- bzw. Schneeballsystemen etc.) und für das Einwilligungserfordernis im Besonderen.

Zunächst stellt sich aber die Frage, was überhaupt mit dem Begriff »Werbung« gemeint ist. Darunter wird jede Äußerung eingestuft, die bei der Ausübung eines Handels, Gewerbes, Handwerks oder freien Berufs getätigt wird und das Ziel hat, den Absatz von Waren oder die Erbringung von Dienstleistungen zu fördern. Eine mittelbare Absatzförderung reicht insoweit schon aus, wie etwa bei Imagewerbung oder beim Sponsoring. Deshalb zählen beispielsweise folgende Dinge zur elektronischen Werbung:

- Pressemitteilungen
- Newsletter
- Bewertungsanfragen
- Befragungen zur Kundenzufriedenheit
- Produktempfehlungen von Dritten (»Tell-a-Friend«-Funktion)
- Meinungsumfragen
- mit Schufa-Drohung verbundene Zahlungsaufforderungen
- Autoresponder-E-Mails
- Textnachrichten in sozialen Netzwerken

Sobald auch nur ein kleiner Hinweis auf eine beabsichtigte Absatzförderung enthalten ist, fällt die betreffende elektronische Nachricht – unabhängig von der konkreten Gestaltungsform – unter den Werbebegriff. Deshalb müssen Sie beim Versand von elektronischer Werbung die folgenden Voraussetzungen beachten:

- korrekte E-Mail-Signatur
- Double-Opt-In oder Ausnahmeregelung
- Grundsatz der Datensparsamkeit (nur E-Mail-Adresse erheben)
- keine unlauteren Inhalte bzw. Preisangaben

> **Praxistipp: E-Mail-Signatur**
>
> Nahezu alle Unternehmen, egal ob GbR, GmbH, oHG oder AG sowie auch eingetragene Einzelkaufleute (e.K. bzw. e.Kfr.) sind verpflichtet, ihre E-Mail-Signatur nach bestimmten Vorgaben zu gestalten; Freiberufler und Selbstständige sind hiervon jedoch ausgenommen. Unternehmen müssen insbesondere den Namen ihres Unternehmens inklusive Rechtsformzusatz, ihre Anschrift, Vor- und Nachnamen des bzw. der Vertretungsberechtigten sowie Registergericht und -nummer angeben. Es ist daher empfehlenswert, die Pflichtangaben aus dem Impressum in die E-Mail-Signatur zu übernehmen.

19.6.1 Double-Opt-In-Prinzip

Besonders wichtig ist es, dass Sie vor dem Versand von elektronischer Werbung die Einwilligung eines jeden Empfängers vorliegen haben. Allerdings sollten Sie wissen, dass solche Einwilligungserklärungen nicht unendlich gelten. Wird z. B. der Newsletter erst etwa ein bis zwei Jahre nach erfolgter Einwilligung verschickt, so ist dies dann nicht mehr zulässig. Eine Einwilligung muss zeitnah genutzt werden.

Um eine solche Einwilligungserklärung rechtskonform zu erhalten und dies auch sauber zu dokumentieren, muss das Double-Opt-In-Verfahren zur Anwendung kommen. Anhand eines Newsletter-Versands kann dieses Verfahren kurz skizziert werden:

- Der Interessent muss den Newsletter selbst aktiv anfordern (z. B. durch Eintrag der eigenen E-Mail-Adresse im Webformular).
- Die Checkbox muss vorhanden, darf aber nicht vorausgefüllt sein.
- Versand einer Bestätigungs-E-Mail mit Aktivierungslink
- Der Newsletter-Versand darf erst nach erfolgreicher Verifikation starten.
- Jeder Newsletter muss den Hinweis auf eine Abmeldemöglichkeit enthalten.

Nur dann, wenn Sie alle genannten Voraussetzungen erfüllen, ist rechtskonformes E-Mail-Marketing möglich. Im Zweifel müssen Sie die korrekte Umsetzung des Double-Opt-In-Verfahrens nachweisen, daher sollten Sie den Eintragungs- und Prüfungsvorgang insbesondere mit Uhrzeit, E-Mail und IP-Adresse protokollieren.

Naturgemäß können beim Empfehlungsmarketing die vorgeschriebenen Schritte kaum durchgeführt werden, wie sollte das in Bezug auf eine Kurznachricht bei WhatsApp oder bei einem Klick auf »Gefällt mir« auch praktisch durchzuführen sein. Dennoch bleibt es auch hier grundsätzlich bei dem Erfordernis der vorherigen Zustimmung. Im Einzelfall können Sie unter Umständen von einer stillschweigenden Einwilligung ausgehen, wenn Sie Werbung nur an Ihre eigenen Follower verschicken oder eine Bewerbungsanfrage in sozialen Business-Netzwerken, wie Xing oder LinkedIn, stellen. Das kann aber leider nicht pauschal, sondern muss stets individuell bewertet werden, sodass im Zweifel eine konkrete Einwilligung vorliegen sein sollte.

19.6.2 Ausnahme von Double-Opt-In

Es gibt eine praktische Ausnahmesituation, die das Double-Opt-In-Verfahren überflüssig macht. Dies ist in § 7 Abs. 3 des Gesetzes gegen den unlauteren Wettbewerb (UWG) normiert. Sofern Sie die folgenden Bedingungen erfüllen, ist keine explizite Vorab-Einwilligung notwendig:

- E-Mail-Adresse im Zusammenhang mit dem Verkauf von Ware oder Dienstleistung erhalten
- Nutzung ausschließlich für Direktwerbung für eigene ähnliche Waren oder Dienstleistungen
- kein Widerspruch durch den Empfänger
- Hinweis auf kostenfreie Widerspruchsmöglichkeit in jeder einzelnen Werbe-E-Mail

Hierbei stellt sich nicht selten die Frage, was genau »ähnliche Waren oder Dienstleistungen« sind. Eine Ähnlichkeit besteht dann, wenn die jeweiligen Waren bzw. Dienstleistungen generell austauschbar sind bzw. gleichen oder ähnlichen Zwecken dienen. Dies betrifft etwa gleiche Produkte anderer Hersteller, aber auch Zubehörartikel. Insgesamt sollten Sie beachten, dass es sich bei § 7 Abs. 3 UWG um eine Ausnahmevorschrift handelt, die Sie restriktiv auslegen und daher eher zurückhaltend anwenden sollten.

19.7 Haftung für Inhalte/Links

Bei etwaigen Rechtsverstößen im eigenen Webshop besteht grundsätzlich eine Haftung des Onlinehändlers. Werden z. B. unwahre Behauptungen aufgestellt, Beleidigungen ausgesprochen, unzulässige Werbeaussagen getätigt oder Datenschutzverstöße begangen, ist in erster Linie der betreffende Webshopbetreiber – also Sie – dafür verantwortlich. Sie können aber unter Umständen auch für Inhalte Dritter haftbar sein, etwa für Rechtsverstöße im Rahmen von Produktbewertungen oder im Rahmen eines an seinen Shop angebundenen Blogs. Für eigene Inhalte haftet der Händler also vollumfänglich nach den allgemeinen Vorschriften (je nach Verstoß also aus dem Urheberrecht, Strafrecht etc.). Für fremde Inhalte haften Sie, wenn Sie

- sie provoziert haben,
- sich diese zu eigen gemacht haben oder
- trotz Kenntnis diese nicht unverzüglich gelöscht bzw. zumindest gesperrt haben.

Es besteht zwar keine Pflicht zur anlasslosen Vorabkontrolle, aber unregelmäßige Stichproben können nicht schaden. Sobald Sie Kenntnis von Rechtsverstößen haben, müssen Sie auf jeden Fall so schnell wie möglich handeln.

Auch für Verlinkungen auf fremde Inhalte kann eine Haftung bestehen. Zwar unterfallen Hyperlinks grundsätzlich der Meinungs-, Wissenschafts- bzw. Pressefreiheit, allerdings wird auch hier der Linksetzer zur Verantwortung gezogen, wenn er

- Kenntnis von der Rechtswidrigkeit der verlinkten Inhalte,
- sich die verlinkten Inhalte zu eigen gemacht oder
- den betreffenden Link nach Kenntniserlangung des Rechtsverstoßes nicht unverzüglich entfernt hat.

Im Grunde ist die Verknüpfung mit fremden Webseiten per Hyperlink wertneutral, auch die sogenannten Deep Links sind zulässig. Es muss also nicht immer auf die Startseite verwiesen, es können auch direkt bestimmte Unterseiten verlinkt werden.

Jedoch hat der Europäische Gerichtshof (EuGH) im Jahre 2016 entschieden, dass die Verlinkung auf eine fremde Internetpräsenz rechtswidrig sein kann, wenn dort ein Rechtsverstoß begangen wird. Konkreter Anlass war die Beurteilung des Sachverhalts, dass auf einer Internetseite gegen fremdes Urheberrecht verstoßen wurde, indem Fotos veröffentlicht wurden, ohne dass zuvor die entsprechende Zustimmung des Urhebers bzw. Rechteinhabers eingeholt worden war. Der Urheberrechtsverstoß war unstrittig, problematisch zu beurteilen war hingegen die Frage, ob in der Verlinkung der Site ein eigenständiger Rechtsverstoß zu sehen ist. Die EuGH-Richter haben dies bejaht. Auch Teile der deutschen Rechtsprechung haben sich (eingeschränkt) diesem Ergebnis angeschlossen. Das hat letztlich zur Konsequenz, dass Links mit »Gewinnerzielungsabsicht« einen eigenständigen Rechtsverstoß darstellen, wenn sie auf rechtswidrige Fremdinhalte verweisen. Dies gilt nicht nur in Bezug auf das Urheberrecht, sondern kann auf alle anderen Rechtsbereiche sinngemäß übertragen werden. Zur Lösung dieses Dilemmas gibt es im Prinzip nur zwei Möglichkeiten: Entweder Sie holen sich vor der Verlinkung die (im Idealfall schriftliche) Bestätigung des Betreibers der zu verlinkenden Website ein, dass dort keine Rechtsverstöße begangen werden. Oder Sie setzen den Link schlichtweg nicht. Ob sich diese Rechtsauffassung und die daraus folgende gravierende Konsequenz für die Onlinepraxis auch in Zukunft so in der deutschen Rechtsprechung halten wird, muss abgewartet werden.

Gastbeitrag von Michael Rohrlich

Dieses Kapitel zum Thema Recht schrieb Michael Rohrlich, Rechtsanwalt mit Kanzlei in Würselen. Seine beruflichen Schwerpunkte liegen auf den Gebieten IT-, Online- und Datenschutzrecht sowie gewerblicher Rechtsschutz.

Als Dozent hält er Vorträge, gibt Schulungen und leitet Seminare. Sein Wissen gibt er auch als Autor weiter: Seit vielen Jahren veröffentlicht er regelmäßig Beiträge für verschiedene Print- und Online-Publikationen und ist Autor zahlreicher Bücher. Sein Buch »Recht für Webshop-Betreiber« (Rheinwerk Verlag 2017) gibt Antwort auf alle rechtlichen Fragen, mit denen Webshop-Betreiber im Alltag konfrontiert werden.

Index

@badge-discount-bg 155
@badge-discount-color 155
@badge-download-bg 155
@badge-download-color 155
@badge-newcomer-bg 155
@badge-recommendation-bg 155
@badge-recommendation-color 155
@brand-primary 147
@btn-default-border-color 149
@btn-default-bottom-bg 149
@btn-default-hover-bg 149
@btn-default-hover-border-color 149
@btn-default-text-color 149
@btn-default-top-bg 149
@btn-font-size 149
@btn-icon-size 149
@btn-primary-bottom-bg 151
@btn-primary-hover-bg 151
@btn-primary-hover-text-color 151
@btn-primary-text-color 151
@btn-primary-top-bg 151
@btn-secondary 151
@font-base-stack 148
@font-base-weight 148
@font-bold-weight 148
@font-headline-stack 148
@font-size-base 152
@font-size-h1 149
@font-size-h2 149
@highlight-info 147
@highlight-success 147
@input- success-border 154
@input-bg 153
@input-border 153
@input-color 153
@input-error-bg 153
@input-error-border 153
@input-error-color 154
@input-focus-bg 153
@input-focus-border 153
@input-focus-color 153
@input-font-size 153
@input-placeholder-color 153
@input-success-bg 154
@input-success-color 154
@label-color 152
@label-font-size 152
@link-color 147
@panel-bg 152
@panel-border 152
@panel-header-color 152
@panel-header-font-size 152
@panel-table-header-bg 154
@panel-table-header-color 154
@penal-header-bg 152
@rating-star-color 147
@table-header-bg 155
@table-header-color 155
@table-row-bg 155
@table-row-color 155
@table-row-highlight-color 155
@text-color 148
@text-color-dark 148

A

Abbruch-Analyse 340
Abgebrochene Bestellungen 341–343
Abhängigkeiten der Varianten 174
AboCommerce 437
Abonnements 437
Abverkauf 163
Affiliate-Programm 277
AGB 119, 480
 rechtskonform gestalten 480
Allgemeine Geschäftsbedingungen → AGB
Als neuen ESD-Artikel anlegen 196
Als Vorschau verwenden 171
Amazon Pay 78
Analysetools rechtskonform einsetzen 469
Anlegen mehrerer Varianten 174
Art des Konfigurators 173
Artikel 205
Artikel im Shop hervorheben 167
Artikel nach Aufrufen 339
Artikel nach Umsätzen 339
Artikel nach Verkäufen 335
Artikelbeschreibung 163
Artikel-Bezeichnung 159
Artikeleigenschaften 177
Artikel-Slider 206
Artikelstatistik 346
Artikelzuordnung 190, 243
Auf externe Seite verlinken 187

Ausstiegsseiten … 344
Auswertungen … 331, 333
Automatisierte Produktvorschläge … 434
Automatisierung … 125

B

B2B … 325
   von B2C abgrenzen … 485
Backend-Bestellungen … 232
Backup … 455
Banner … 205, 311
Banner-Slider … 205
Barcodes erstellen … 410
Barcodescanner … 409
Beliebte Suchbegriffe … 338
Benachrichtigungsfunktion … 168
Benutzer … 133
Benutzer hinzufügen … 138
Benutzerverwaltung … 133–134
Bestände anpassen … 239
Bestandsführung … 163
Bestellbestätigung … 484
Bestellbutton … 481
Bestelldetails … 227
Bestellprozess … 481
Bestellstatus ändern … 230
Bestellübersicht … 225
Bestellung bearbeiten … 228, 230
Bestellungen … 225
Bestellungen filtern … 226
Bestellungen manuell anlegen … 232
Bestellwesen … 247
Besucher-Zugriffsquellen … 335
Bewertungen … 304
Bild hinzufügen … 170
Bilder importieren … 170
Blog … 316
Blogartikel … 205, 318
Blogartikel Kommentare … 323
Blog-Kategorie … 186
Breadcrums … 169
Breite … 167
Bruttopreise im Shop … 326
Bundles … 423
Button-Lösung … 481
Buttons & Panels … 149

C

Cart2Cart … 56
Checkout-Seite … 481
Child Theme anlegen … 141
CMS-Funktionen … 188
Code-Element … 206
Community Edition (CE) … 22
Community Store … 25
Content_Info … 390
Content-Seiten … 220
Conversion-Übersicht … 334
CronBirthday … 126
Cronjobs … 125
CronProductExport … 126
CronRating … 126
CronRefresh … 126
CronStock … 126
Cross-Selling … 180, 433
Custom Products … 442
Customer Streams … 256, 448

D

Datenbank-Backups … 456
Datenschutz … 119
Datenschutzerklärung … 466
   Pflichtinhalte … 467
Datenschutz-Grundverordnung → DSGVO
Default / de_DE … 371
Defektes Produkt … 86
Demodaten … 41
Detaillierte Informationen … 187
Digital Publishing … 207
Digital Publishing Slider … 207
Digitaler Download … 195
Dokument erstellen … 229
Dokument Kommentar … 229
Dokumente … 110, 228
Domainzuweisung … 382
Double-Opt-In-Prinzip … 488
   Ausnahme … 489
Download freigeben bei Zahlstatus … 196
Downloadoptionen für ESD-Dateien … 196
DSGVO … 467

E

EAN … 167
Eigene Formulare … 86

Eigenschaften 177
   für alle Dokumenttypen übernehmen ... 389
Eingabe Bruttopreise 162, 326
Einkaufspreis 161
Einkaufswelten 199
   Elemente 203
   Vorlagen 208
Einstelldatum 167
Elektronische Werbung 487
   ausdrückliche Zustimmung 487
E-Mail-Benachrichtigung 163, 166, 346
E-Mail-Signatur 488
E-Mail-Vorlagen 90
E-Mail-Werbung 487
Empfängergruppen 289
Empfehlungsmarketing 314, 487
Englisch links 358
Englisch unten (Spalte 1) 358
Englisch unten (Spalte 2) 358
Enterprise Edition (EE) 24
Erscheinungsdatum 167
Erweiterter Editor 112, 138
ESD 195
ESD-Key 195
ESD-Min-Serials 195
Etikettendruck 410

F

Farb-Konfiguration 152
Filter und Sortierungen 191
Filter/Sortierung 192
First Run Wizard 39
Fluid/Responsive 202
Footer 390
Formulare 86
Frage zum Artikel 86
Freitextfeld-Filter hinzufügen 193

G

Generierte Dokumente 230
Gewicht 167
Google Analytics 349
Google Übersetzer 364
Großes Bild 187
Grundeinheit 166
Grundpreisangabe 165
Grundpreisberechnung 165
Gutschein Modus 254
Gutschein senden 343

Gutscheine 252
Gutschrift 110, 228

H

Haftung für Inhalte/Links 490
Händlerfreischaltung 329
Header_Box_Right 390
Header_Sender 390
Hersteller anlegen 157
Hersteller Seitentitel 158
Herstellernummer 167
Hersteller-Slider 206
Höhe 167
Hostingpaket 33
HTML5-Video-Element 205
HTML-Inhalt 388

I

iFrame-Element 206
Import mit dem Migrationstool 50
Impressum
   Muster 465
   Pflichtinhalte 463
   rechtssicher gestalten 462
Individuelle 404-Fehlerseite 222
Individuelle Gutscheine 254
Installationsprozess 37
Installieren 35
Intelligenter Newsletter 282
Internationalisierung 354
IP-Adressen 44
Issue Tracker 454
iZettle 409

J

Jugendschutz 486
   Altersverifikationssystem 487
Juristische Rahmenbedingungen 461

K

Kategorie einschränken 191
Kategorie Standard Sortierung 191
Kategorien 169
   anlegen 185
Kategoriestruktur 185
Kategorie-Teaser 205
Kauf auf Rechnung 83

Keywords 165
Kombinierten Filter hinzufügen 192
Kommunikation 228
Konfiguration des Responsive Themes 142
Kontaktformular 86
Kontaktformular DSGVO-konform
　gestalten 468
Kundenalter 336
Kundenbestellungen 225
Kundengruppe 161, 226, 356
　Händler 325
Kundenkommunikation 90
Kundenrückmeldung 341
Kurzbeschreibung 164

L

Ladenlokal 395
Lager 238
Lagerbestand 162–163, 237
Lagerführung 241
Lager-Mindestbestand 162
Lagerplätze 162–163, 238
　zuweisen 239
Lagerumschlagshäufigkeit 339
Lagerverwaltung 238
Landingpage 220
Länge 167
Lastschrift 81
Lieferanten anlegen 242
Lieferantenbestellung 111, 228, 242
Lieferschein 110, 228
Lieferzeit (in Tagen) 167
Link-Ziel 187
Liste der Benutzer 138
Liste der Rollen 134
Liveshopping 429
Lizenzcode 46
local_admins 134
Logo 390
Lokalisierung 363

M

Mailer 290
Mail-Server 101
Marge 162
Markierte Textbausteine bearbeiten 372
Maßeinheit 165
Matomo 351
Maximalabnahme 167

Mehrfachänderung 182
Meta-Description 189
Meta-Informationen 164, 189
Meta-Keywords 189
Meta-Title 189
Migrationstool 49
Mindestabnahme 167
Mindestbestand 162
Mindestbestellwert 326

N

Neu- und Stammkunden 335
Neue Währung 354
Neuen Artikel anlegen 159
Newsletter 282
NICHT in der Top-Navigation angezeigt 188
Normales Bundle 425
Nur wichtige Informationen 187

O

Offcanvas Warenkorb 143

P

Partneranfrage 86
Partnerauswertung 279
Partnerprogramm 277
PayPal 71
PayPal Plus 76
PDFs 110
Pickware 237
Pickware APP Pin 399
Piwik 351
Plugin 26
Plugin Manager 116
Point of Sale 395
POS 395
Positionen 228
Präfix für automatisch generierte
　Artikelnummern 160
Prämienartikeln 249
Preis Auf-/Abschläge definieren 175
Preisangabe, rechtskonform 478
Preise 161
Preiseinheiten 165
Preisgruppen 160
Preisvergleichsplattformen 260
Produkt Layout 187
Produktbeschreibung 163

496

Produktbeschreibung, rechtskonform	476
Produktexporte	261
Produktliste	187
Produktlizenzen	47
Professional Edition	46, 237
Professional Edition (PE)	23
Professional Plus Edition	24, 46
Pseudopreise	161

R

Rabatt-Modus	325, 327
Rechnungen	110, 228
Rechnungs- und Versandadresse	228
Rechnungs-Nummer	229
Recht am eigenen Bild	474
Rechtstexte	120
Regeln & Berechtigungen editieren	134
Reglementierte Berufe	464
Resize/Skalierung	202
Responsive Theme	141
Ressourcen	133, 181
Retourenabwicklung	414
Riskmanagement	83
Rohertrag	339
Rolle des Mitglieds	138
Rollen	133
Rückgabeformular	86

S

Sale-Aktionen	429
sARTICLECOMMENT	306
sCANCELEDQUESTION	341
sCANCELEDVOUCHER	342
Schnell-Übersicht	333
Selektierbares Bundle	425
Sendungsnummer	66, 230
SEO	292
SEO-Kategorie	169
SEO-Urls Artikel-Template	294
SEO-Urls Blog-Template	294
SEO-Urls Kategorie-Template	294
SEO-Urls Landingpage-Template	294
Seriennummern hinzufügen	198
Serverkonfigurationen	34
Sets speichern	176
Shariff	315
Shop wegen Wartung sperren	44
Shopseiten	119
Shopseiten-Gruppen	360

Shop-Typ	362
Shopware Account	35
Shopware Community Store	25
Shopware Dokumentation	31
Shopware Forum	30
Shopware ID	41
Shopware Installer	37
Shopware POS Kassenset	409
Shopware POS powered by Pickware	405
Shopware Store	46
Shopware Support	31
Shopware Update	453
Shopware-Lizenz	38, 47
Sicherheitslücken	453
Sideview-Element	206
Social Plugins	470
Sofortdownloads	195
Softwareaktualisierung	456
sOPTINVOTE	306
sOrder	387
Sortierungen	194
Sprachpakete	40, 361
Sprachshops	353
Staffelpreise	161
Staffelung	167
Stammdaten	159
Stapelverarbeitung	231
Statistiken	331
Status History	228
Stornorechnungen	111, 228
Storytelling	202, 214
Subshop	375
aktivieren	392
Suchbegriffe ohne Ergebnis	339
Suchmaschinenoptimierung	292

T

Tabellen & Badges	154
Teilstornierungen	228
Text Element	205
Textbausteine	114, 371
Theme	27, 139
Theme Manager	142
Ticketsystem	103
Titel	164
Trackingcode	228
Trackinglink	66
Tracking-URL	66
Typografie	152

U

Umrechnungskurs	355
Umsatz nach Geräte-Typ	338
Umsatz nach Hauptshop-Kategorien	336
Umsatz nach Herstellern	338
Umsatz nach Kundengruppe	335
Umsatz nach Ländern	337
Umsatz nach Partnern	335
Umsatz nach Referrer	334
Umsatz nach Versandarten	337
Umsatz nach Zahlungsarten	337
Updates	453
Upselling	180, 433
Urheberrecht	472
URL-Strukturen	294

V

Validierung anfordern	45
Varianten	171, 421
Varianten-Auswahl als Drop-down-Menü	171
Varianten-Auswahl über Bilder	173
Verfügbare Artikel	190
Verkaufspreis	162
Verpackungseinheit	166
Versandart	65
Versandinformationen	479
Versandkosten	65, 230
Versandkostenfrei	167
Virtuelle URL	362
Vorkasse	80

W

Warenkorb-Rabatt	327–328
Warenwirtschaft	237
Wartungsmodus	43
Weitere JavaScript-Bibliotheken	350
Werbung mit Prominenten-Fotos	475

Y

YouTube-Video	205

Z

Zahlungsarten	70
Zeilen	202
Zeitgesteuerte Einkaufswelten	432
Zertifizierte Hoster	33
Zugeordnete Artikel	190
Zuschlag bei Bestellungen	326
Zwei-Klick-Lösung	470

ONLINE-MARKETING
DIE BIBLIOTHEK FÜR IHRE WEITERBILDUNG

Content-Marketing, Social Media, SEO, Monitoring, E-Commerce – wir bieten zu allen Marketing-Disziplinen fundiertes Know-how, das Sie wirklich weiterbringt.

- **Nehmen Sie Ihre Weiterbildung in die Hand!**
  Mit unseren Büchern können Sie sich teure Kurse sparen. Oder nutzen sie als wertvolle Ergänzung zum Seminar.

- **Hochwertiges Marketing-Wissen**
  Unsere Autoren zählen zu den führenden Digitalmarketing-Experten und zeigen Ihnen, wie Sie Kampagnen und Projekte erfolgreich umsetzen.

- **Offline und online weiterbilden**
  Unsere Bücher gibt es in der Druckausgabe, als E-Book oder als Online-Buch. Lernen Sie jederzeit und überall im Webbrowser.

rheinwerk-verlag.de/marketing

*Ab Ende
Oktober 2018*

600 Seiten, gebunden, 49,90 Euro
ISBN 978-3-8362-6684-0
www.rheinwerk-verlag.de/4792

Das erste große Handbuch für Amazon-Seller

Erfolg auf dem Amazon Marketplace: dafür brauchen Sie als Händler kompetenten Rat und Insiderwissen. Und das finden Sie hier im Doppelpack von Trutz Fries und Stephan Bruns. Die beiden Amazon-Profis zeigen Ihnen, welche Produkte sich für den Vertrieb eignen, was ein gutes Produktlisting auszeichnet, und wie Sie Ihre Produkte FBA europaweit anbieten. Sie erfahren, wie der Amazon-Algorithmus funktioniert und wie Sie Wettbewerber in den Suchergebnissen überholen. Konkrete Tipps zu Selbstorganisation, Automatisierung und Erfolgsmessung runden das Buch ab.

Die neue Auflage des Bestsellers!

Ab Ende Dezember 2018

800 Seiten, gebunden, 39,90 Euro
ISBN 978-3-8362-6618-5
www.rheinwerk-verlag.de/4745

Der Leitfaden auf Ihrem Weg zum eigenen Online-Shop

Nutzen Sie die Chance für Ihr Unternehmen: Verkaufen Sie Ihre Produkte und Dienstleistungen im eigenen Online-Shop. Dieses Buch unterstützt Sie bei der Wahl der richtigen E-Commerce-Lösung. Es begleitet Sie von der Konzeption bis zum Betrieb Ihres Shops. Lernen Sie, wie Sie Kunden gewinnen, Umsätze steigern, Conversions optimieren sowie rechtliche und buchhalterische Fallen vermeiden. Perfekt für Gründer, Unternehmer und Selbstständige, die einen eigenen Shop aufbauen wollen.

Jetzt bei uns im Rheinwerk-Shop: Buch, E-Book und Bundle!
www.rheinwerk-verlag.de

»Das Buch ist ein Muss für jeden, der mit Marketing zu tun hat.«

– eStrategy

604 Seiten, gebunden, 49,90 Euro
ISBN 978-3-8362-4451-0
www.rheinwerk-verlag.de/4301

Kunden verführen, Beziehungen aufbauen, Umsätze steigern

Von der Push- zur Pull-Strategie: Inbound-Marketing heißt, Ihre Kunden nicht länger mit Werbebotschaften zu überhäufen, sondern mit nützlichem Content eine hohe Anziehungskraft zu entwickeln. Lernen Sie, wie Sie mit integrierten Kampagnen und Marketing-Automation Ihren Traffic steigern, Kunden gewinnen und dauerhaft an sich binden. Dieses Buch begleitet Sie von der ersten Planung bis zur Erfolgsmessung Ihrer Kampagnen.

»Das SEO-Standardwerk!«

– t3n

1.070 Seiten, gebunden, 49,90 Euro
ISBN 978-3-8362-6250-7
www.rheinwerk-verlag.de/4629

Der Leitfaden auf Ihrem Weg zum eigenen Online-Shop

SEO ist Ihr Schlüssel, um Webseiten, Produkte und Landingpages bekannt zu machen. Sebastian Erlhofer bietet Ihnen fundiertes SEO-Wissen zu allen Bereichen der Suchmaschinen-Optimierung. Sein Buch gilt in Fachkreisen zu Recht als Referenz. Planung, Strategie, Monitoring, OnPage-Optimierung, Keyword-Recherche, Linkbuilding – hier finden Sie alles, was Sie für ein Top-Ranking brauchen. Unverzichtbar in der Online-Marketing-Ausbildung!

Ausführliche Leseproben zu allen Büchern:
www.rheinwerk-verlag.de